D1718816

Der GmbH-Geschäftsführer

Rocco Jula

Der GmbH-Geschäftsführer

Rechte und Pflichten
Anstellung
Vergütung und Versorgung
Haftung und Strafbarkeit

 Springer

Dr. iur. Rocco Jula
Pestalozzistraße 66
10627 Berlin
jula@jula-partner.de

ISBN-10   3-540-25686-5 Springer Berlin Heidelberg New York
ISBN-13   978-3-540-25686-1 Springer Berlin Heidelberg New York

Bibliografische Information Der Deutschen Bibliothek
Die Deutsche Bibliothek verzeichnet diese Publikation in der Deutschen Nationalbibliografie; detaillierte bibliografische Daten sind im Internet über <http://dnb.ddb.de> abrufbar.

Springer ist ein Unternehmen von Springer Science+Business Media

springer.de

© Springer-Verlag Berlin Heidelberg 2006
Printed in Germany

Umschlaggestaltung: Erich Kirchner, Heidelberg

SPIN 11419396   64/3153-5 4 3 2 1 0 – Gedruckt auf säurefreiem Papier

Vorwort

Jeder Geschäftsführer wird mit einer Vielzahl von Pflichten konfrontiert. Als leitendem Manager stehen ihm aber auch zahlreiche Gestaltungsinstrumente zur Verfügung. Um seine Aufgaben ordnungsgemäß erfüllen und seine Handlungsspielräume effektiv nutzen zu können, ist für den Geschäftsführer die Kenntnis der rechtlichen Rahmenbedingungen unerlässlich. Die Risiken der zivilrechtlichen Haftung und der persönlichen Strafbarkeit können den Geschäftsführer existenzbedrohend treffen. Die Entwicklung tendiert zu einer Verschärfung der Haftung und Strafbarkeit. Deshalb ist der Geschäftsführer daran interessiert, seine haftungsrechtlichen Risiken zu erkennen und zu minimieren.

Der vorliegende Band stellt in seinem ersten Teil die wichtigsten Aufgaben des Geschäftsführers dar. Ausführlich informiert wird er über die rechtlichen Grundlagen und den Inhalt seiner einzelnen Rechte und Pflichten.

Der zweite Teil dieses Ratgebers betrifft den persönlichen Status des Geschäftsführers. Den Schwerpunkt bildet hierbei der Anstellungsvertrag. Die beim Abschluss und bei der Beendigung des Anstellungsvertrags auftretenden Rechtsfragen werden umfassend erörtert. Hierbei wird auch eine Beratungshilfe für die inhaltliche Gestaltung des Anstellungsvertrags gegeben. Der zweite Teil enthält zudem einen detaillierten Abschnitt zur Versorgung des Geschäftsführers mit entsprechendem Mustervertrag.

Im dritten Teil werden die haftungs- und strafrechtlichen Folgen für den GmbH-Geschäftsführer erörtert. Hierbei wird das Augenmerk insbesondere auch darauf gerichtet, inwieweit die haftungsrechtliche Verantwortung, z.B. durch Versicherungslösungen oder vertragliche Gestaltungen minimiert werden kann.

Dieses Handbuch wendet sich an GmbH-Geschäftsführer, Gesellschafter und ihre Berater.

Bitte bedenken Sie, dass sich Rechtsfragen nicht stets vorhersehbar lösen lassen; jeder Einzelfall muss gesondert gewürdigt werden, selbst gefestigte Rechtssprechung kann sich jederzeit ändern.

Bei der Überarbeitung des Manuskripts danke ich vor allem Frau stud. jur. Annette Gehrz für ihre konstruktive Mitwirkung. Entscheidenden Anteil am Gelingen dieses Werks hatte zudem vor allem meine Ehefrau Christine Jula, die mich unermüdlich und tatkräftig unterstützte.

Ihre kritischen Anregungen sind willkommen und werden dankbar aufgegriffen. Sie können diese über den Verlag oder auch direkt an meine Kanzlei richten (jula@jula-partner.de, Pestalozzistr. 66, 10627 Berlin).

Berlin, August 2005   Dr. Rocco Jula

Inhaltsübersicht

Inhaltsverzeichnis

2. Teil

Der persönliche Status des GmbH-Geschäftsführers

Abkürzungsverzeichnis

Abs.	Absatz
AG	Aktiengesellschaft
AktG	Aktiengesetz
AO	Abgabenordnung
AP	Nachschlagewerk des Bundesarbeitsgerichts (Entscheidungsnummer und Gesetzesstelle)
BB	Der Betriebsberater (Jahr, Seite)
BFH	Bundesfinanzhof
BAG	Bundesarbeitsgericht
BetrAVG	Betriebsrentengesetz (=Gesetz zur Verbesserung der betrieblichen Altersversorgung)
BetrVG	Betriebsverfassungsgesetz
BGB	Bürgerliches Gesetzbuch
BGH	Bundesgerichtshof
BGHZ	Entscheidungen des Bundesgerichtshofs in Zivilsachen (Band, Seite)
BGHSt	Entscheidungen des Bundesgerichtshofs in Strafsachen (Band, Seite)
BSG	Bundessozialgericht
BStBl.	Bundessteuerblatt (Jahr, Teil, Seite)
cic	culpa in contrahendo
bzw.	beziehungsweise
d.h.	das heißt
DB	Der Betrieb (Jahr, Seite)
FG	Finanzgericht
ggf.	gegebenenfalls
GenG	Genossenschaftsgesetz
GmbH	Gesellschaft mit beschränkter Haftung
GmbHG	Gesetz betreffend die Gesellschaften mit beschränkter Haftung
GmbHR	GmbH-Rundschau (Jahr, Seite)
HGB	Handelsgesetzbuch
InsO	Insolvenzordnung
i.V.m.	in Verbindung mit
LAG	Landesarbeitsgericht
LG	Landgericht

MitbestG	Mitbestimmungsgesetz
NJW	Neue Juristische Wochenschrift
NJW-RR	NJW-Rechtsprechungs-Report Zivilrecht
NZA	Neue Zeitschrift für Arbeitsrecht
NZA-RR	Rechtsprechungs-Report Arbeitsrecht
NZG	Neue Zeitschrift für Gesellschaftsrecht
OLG	Oberlandesgericht
OWiG	Gesetz über Ordnungswidrigkeiten
sog.	so genannt
StGB	Strafgesetzbuch
wistra	Zeitschrift für Wirtschaft, Steuern
WM	Wertpapier-Mitteilungen (Jahr, Seite)
z.B.	zum Beispiel
ZIP	Zeitschrift für Wirtschaftsrecht (Jahr, Seite)

Verzeichnis der abgekürzt verwendeten Literatur

Baumbach/Hueck	GmbHG, Kommentar, 17. Aufl. 2000
Hachenburg	GmbHG, Großkommentar 8. Aufl. 1992 ff.
Jula	Der GmbH-Gesellschafter. 2. Aufl. 2003
Jula	Der GmbH-Geschäftsführer im Arbeits- und Sozialversicherungsrecht, 2003
Lutter/Hommelhoff	GmbHG, Kommentar, 16. Aufl. 2004
Meyke	Die Haftung des GmbH-Geschäftsführes, 4. Auflage 2004
Rowedder/Schmidt-Leithoff	GmbH-Gesetz, Kommentar, 4. Aufl. 2002
Roth/Altmeppen	GmbHG, Kommentar, 4. Aufl. 2003
Scholz	GmbH-Gesetz, Kommentar, 9. Aufl. 2000 (Bd. 1) /2002 (Bd. 2)

1. Teil
Der organschaftliche Status
des GmbH-Geschäftsführers

A. Einleitung

Jede GmbH benötigt einen Geschäftsführer, um handlungsfähig zu sein. Der Geschäftsführer ist das Leitungsorgan der Gesellschaft. Er muss von den Gesellschaftern sorgfältig ausgesucht und überwacht werden. Zahlreiche Krisen und Insolvenzen sind auf das Missmanagement von Geschäftsführern zurückzuführen. Der Geschäftsführer sollte selbst kritisch prüfen, ob er für die Position sämtliche Qualifikationen aufweist bzw. ob er sich dieselben aneignen oder über Dritte beschaffen kann. Es liegt auf der Hand, dass der Manager die erforderlichen Führungsqualitäten besitzen sollte. Er hat nicht nur die fachlichen Qualifikationen mitzubringen, sondern auch eine Leitungspersönlichkeit zu sein. Hierzu gehören ein entsprechendes Durchsetzungsvermögen sowie die Fähigkeit, die Mitarbeiter zu motivieren. Neben den betriebswirtschaftlichen Voraussetzungen für ein erfolgreiches Geschäftsführeramt stellt auch das Recht Anforderungen an einen Geschäftsführer. Die rechtlichen Vorgaben begrenzen den Gestaltungsspielraum des Geschäftsführers. Ihm werden zahlreiche Pflichten aufgebürdet, aber auch Rechte eingeräumt. Die den Geschäftsführer betreffenden Rechtsfragen sind Gegenstand dieser Abhandlung.

Das GmbH-Gesetz (GmbHG) schreibt zwingend für jede GmbH mindestens einen Geschäftsführer vor. Der Geschäftsführer bzw. die Geschäftsführung ist neben der Gesellschafterversammlung das zweite notwendige Organ der Gesellschaft[1].

Der Geschäftsführer als Allround-Manager

---

[1] Ein Aufsichtsrat als drittes Organ muss bei der GmbH nur dann gebildet werden, wenn dies rechtlich vorgeschrieben ist. Eine solche Verpflichtung kann sich aus dem Arbeitnehmermitbestimmungsrecht oder dem Kommunalrecht ergeben.

Der Geschäftsführer

Herausragende
Stellung des Ge-
schäftsführers

- ist das sog. Exekutiv-, d.h. ausführende Organ der Gesellschaft. Erst durch ihn wird die GmbH als juristische Person handlungsfähig.

- vertritt die Gesellschaft *extern*, d.h. nach außen, in allen Angelegenheiten gerichtlich und außergerichtlich. Ferner hat er *intern* die Geschicke der GmbH zu leiten.

- ist weisungsabhängig von der Gesellschafterversammlung der GmbH. Er hat deren Beschlüsse auszuführen und ihre Einhaltung sicherzustellen.

- kann Gesellschaftergeschäftsführer oder Fremdgeschäftsführer sein. Der Gesellschaftergeschäftsführer ist selbst Gesellschafter der GmbH, während der Fremdgeschäftsführer am Stammkapital in keiner Weise beteiligt ist.

Bestellung und
Anstellung

Die Gesellschafterversammlung bestellt den Geschäftsführer. Hiervon zu unterscheiden ist die sog. *Anstellung*, die ebenfalls in die Kompetenz der Gesellschafter fällt. Die *Bestellung* ist ein körperschaftlicher Organisationsakt. Bei der Anstellung hingegen handelt es sich um den bloßen Abschluss eines Dienstvertrags im Sinne von § 611 BGB.

Der Geschäfts-
führer hat grund-
sätzlich nicht die
Privilegien eines
Arbeitnehmers -
dies gilt insbe-
sondere für die
Haftung

Der *Geschäftsführer* ist grundsätzlich kein Arbeitnehmer im Sinne des Arbeitsrechts. Das *BAG* wendet jedoch auf den Geschäftsführer einzelne Vorschriften des Arbeitsrechts, wie etwa die Kündigungsfristen des § 622 BGB, entsprechend an.

Wichtig ist, dass nach ganz herrschender Meinung die Grundsätze der Arbeitnehmerhaftung nicht für den GmbH-Geschäftsführer gelten. Nach diesen Grundsätzen müssen Arbeitnehmer im Falle einfacher Fahrlässigkeit im Verhältnis zum Arbeitgeber nicht für die durch sie herbeigeführten Schäden aufkommen. Dieser privilegierende Haftungsmaßstab wird auf GmbH-Geschäftsführer nicht angewendet. Das heißt, der GmbH-Geschäftsführer haftet im Verhältnis zur GmbH auch für einfach fahrlässig verursachte Schäden. Während der Arbeitnehmer in der Entwicklung der Rechtsprechung haftungsrechtlich privilegiert wird, gelten bei der Haftung des Geschäftsführers grundsätzlich keine Erleichterungen.

Unabhängig von der arbeitsrechtlichen Einordnung des Geschäftsführers ist seine steuerrechtliche und sozialversicherungsrechtliche Behandlung zu beurteilen. Der Geschäftsführer kann durchaus, wenn ein sog. abhängiges Beschäftigungsverhältnis vorliegt, sozialversicherungspflichtig sein.

Des Weiteren bezieht der GmbH-Geschäftsführer *steuerrechtlich* Einkünfte aus unselbständiger Tätigkeit. Dies führt jedoch *arbeitsrechtlich* nicht dazu, dass er den Arbeitnehmerstatus erhält.

B. Persönliche Voraussetzungen

Das Gesetz legt in § 6 II GmbHG bestimmte persönliche Eignungsvoraussetzungen für den Geschäftsführer fest. Weitere gesetzliche Anforderungen für das Amt des Geschäftsführers können sich aus branchen- bzw. berufsspezifischen Sonderbestimmungen ergeben. Bei Gesellschaften beispielsweise, die freiberufliche Dienste erbringen, wie Rechtsanwalts- oder Steuerberatungsdienstleistungen, müssen die Geschäftsführer die entsprechende Zulassung besitzen.

Besteht bei der GmbH ein Aufsichtsrat, so gilt der Grundsatz der Unvereinbarkeit einer gleichzeitigen Mitgliedschaft im Aufsichtsrat und in der Geschäftsführung derselben Gesellschaft (§§ 52 I GmbHG, 105 I AktG; sog. Inkompatibilität). Dies hat zur Folge, dass ein Doppelmandat im Aufsichtsrat und in der Geschäftsführung unzulässig ist. Das Aufsichtsratsmitglied darf sich nicht selbst als Geschäftsführer kontrollieren. Kontrolle und Leitung müssen getrennt bleiben.

Unvereinbarkeit von Aufsichtsratsmandat und Geschäftsführeramt

Neben den gesetzlichen Voraussetzungen enthält gelegentlich auch die Satzung (= Gesellschaftsvertrag) Vorgaben hinsichtlich der Qualifikation bzw. der sonstigen persönlichen Eigenschaften des Geschäftsführers. So könnte der Gesellschaftsvertrag z.B. vorsehen, dass nur derjenige Geschäftsführer werden kann, der ein abgeschlossenes Hochschulstudium absolviert hat.

Vorgaben in der Satzung

I. Voraussetzungen des § 6 II GmbHG

Die maßgebliche Vorschrift lautet wie folgt:

§ 6 II GmbHG [Persönliche Voraussetzungen]
Geschäftsführer kann nur eine natürliche, unbeschränkt geschäftsfähige Person sein. Ein Betreuter, der bei der Besorgung seiner Vermögensangelegenheiten ganz oder teilweise einem Einwilligungsvorbehalt (§ 1903 des Bürgerlichen Gesetzbuches) unterliegt, kann nicht Geschäftsführer sein. Wer wegen einer Straftat nach den §§ 283 - 283 d des StGB verurteilt worden ist, kann auf die Dauer von 5 Jahren seit der Rechtskraft des Urteils nicht Geschäftsführer sein; in die Frist wird die Zeit nicht eingerechnet, in welcher der Täter auf behördliche Anordnung in einer Anstalt verwahrt worden ist. Wem durch gerichtliches Urteil oder durch vollziehbare Entscheidung einer Verwaltungsbehörde die Ausübung eines Berufszweiges, Gewerbes oder Gewerbezweiges untersagt worden ist, kann für die Zeit, für welche

das Verbot wirksam ist, bei einer Gesellschaft, deren Unternehmens-
gegenstand ganz oder teilweise mit dem Gegenstand des Verbotes ü-
bereinstimmt, nicht Geschäftsführer sein.

Verschärfung geplant

Aufgrund einer Initiative des Bundesrats vom 11.06.2004 sollen die persönlichen Voraussetzungen für die Übernahme des Amtes des Geschäftsführers künftig - sofern das Gesetz in Kraft tritt – deutlich verschärft werden. Die Verschärfung ist im Gesetz zur Sicherung von Werkunternehmeransprüchen und zur verbesserten Durchsetzung von Forderungen (Forderungssicherungsgesetz = FoSiG) „versteckt" (siehe Bundestagsdrucksache 15/3594). Der Katalog der Vorstrafen (rechtskräftige Verurteilungen innerhalb der letzten fünf Jahre), die die Amtsfähigkeit ausschließen, wird deutlich erweitert (siehe unten bei Nr. 3).

Das Gesetz verlangt damit zunächst, dass der Geschäftsführer ein Mensch (natürliche Person) und keine juristische Person ist und zudem unbeschränkt geschäftsfähig ist.

1. Geschäftsfähigkeit des Geschäftsführers

Geschäftsfähigkeit

Der Geschäftsführer muss unbeschränkt geschäftsfähig sein. Damit scheiden Minderjährige als Geschäftsführer aus. Selbst wenn die Eltern und das Vormundschaftsgericht damit einverstanden sind, dass ein Minderjähriger Geschäftsführer wird, ist dies nicht zulässig.

2. Geisteskranke und Betreute

Speziell: Betreute

Geschäftsunfähig sind Geisteskranke, ohne dass dies einer „amtlichen Bestätigung" in Form einer Betreuung bedarf; man redet hier von der natürlichen Geschäftsunfähigkeit. Betreute hingegen sind grundsätzlich uneingeschränkt geschäftsfähig; etwas anderes gilt nur, soweit ein Einwilligungsvorbehalt in Vermögensangelegenheiten angeordnet ist. Ein Einwilligungsvorbehalt hat zur Folge, dass der Betreute nur mit Zustimmung des Betreuers wirksam Geschäfte tätigen kann. Ist ein solcher Einwilligungsvorbehalt angeordnet, so entfällt damit die Fähigkeit, Geschäftsführer einer GmbH zu sein. Fehlt jedoch ein entsprechender Einwilligungsvorbehalt, so kann der Betreute problemlos - wie jeder andere - Geschäftsführer einer GmbH werden.

Konsequenzen für die Praxis

Diese rechtliche Gleichstellung der Betreuten mag menschlich betrachtet verständlich sein, sie ist jedoch für den geschäftlichen bzw. unternehmerischen Bereich sehr belastend. Man stelle sich den alkoholkranken Geschäftsführer vor, der infolge seines jahrelangen Alkoholismus immer weniger in der Lage ist, rationale Entscheidungen zu treffen und die Tragweite seiner Handlungen zu überblicken. Wenn dieser Mensch nun unter Betreuung - ohne

Einwilligungsvorbehalt - gestellt wird, so kann er weiterhin Geschäftsführer sein. Erst wenn ein Einwilligungsvorbehalt angeordnet ist, entfällt seine Fähigkeit, das Geschäftsführeramt auszuüben. In Anbetracht der Tatsache, dass oftmals zahlreiche Arbeitsverhältnisse, aber auch sonstige Vertragsverhältnisse, von dem Bestand des Unternehmens abhängig sind, ist die gesetzgeberische Entscheidung, wonach Betreute grundsätzlich - solange kein Einwilligungsvorbehalt des Vormundschaftsgerichts angeordnet ist - Geschäftsführer sein dürfen, äußerst bedenklich. Im Falle zusätzlicher Geisteskrankheit ist der Betreute allerdings schon aus diesen Gründen geschäftsunfähig, so dass dann die Fähigkeit, das Amt des Geschäftsführers zu bekleiden, in dem Moment entfällt, in dem die Geisteskrankheit eintritt.

Achtung!

Die Geisteskrankheit muss für die Vertragspartner, die mit der GmbH in Kontakt stehen, nicht unbedingt erkennbar sein. Oft wird sie erst in einem nachfolgenden Gerichtsprozess durch medizinische Gutachter ermittelt. Das geltende Recht schützt den Geisteskranken vor Geschäftsabschlüssen, unabhängig davon, ob dieser dabei übervorteilt wird oder nicht. Ein Schutz für die redlichen Vertragspartner wird hingegen grundsätzlich nicht gewährt. Geschäfte, die ein Geschäftsunfähiger tätigt, sind grundsätzlich nichtig. Ein Schutz über das Handelsregister, in dem der Geschäftsführer noch als solcher eingetragen ist, kann hier nicht erreicht werden. Die Geschäftsfähigkeit und das Erlöschen derselben sind keine eintragungspflichtigen Tatsachen, sondern lediglich persönliche Voraussetzungen, die als solche nicht in das Handelsregister gehören. Dies hat zur Folge, dass das Geschäft grundsätzlich nichtig ist und auch nicht wegen des Umstandes, dass der Geschäftsführer noch im Handelsregister eingetragen ist, als wirksam behandelt werden kann. Allenfalls dann, wenn die Gesellschafter hätten merken können und müssen, dass der Geschäftsführer geschäftsunfähig ist, kann eine sog. *Rechtsscheinshaftung der GmbH* ausgelöst werden, da die Gesellschafter zurechenbar veranlasst haben, dass ein amtsunfähiger Geschäftsführer für die Gesellschaft auftritt[2].

---

[2] BGHZ 115, 78, 81 ff.

Beispiel: *„Der durchgedrehte GmbH-Geschäftsführer"*
G ist Geschäftsführer einer GmbH. Infolge einer Psychose wird er geschäftsunfähig. Dies ist jedoch auf den ersten Blick nicht erkennbar. Im Zustand der Geschäftsunfähigkeit veräußert er das Betriebsgrundstück der Gesellschaft an einen Interessenten. Der Verkauf und die anschließende Übereignung des Grundstücks sind unwirksam. Selbst nach Jahren (Verjährungsfrist 30 Jahre) muss das Grundstück daher wieder an die GmbH herausgegeben werden. Hätten die Gesellschafter allerdings bemerken können und müssen, dass der Geschäftsführer geschäftsunfähig ist, so kann man sie nach den Grundsätzen der Rechtsscheinshaftung für verpflichtet halten, den Käufer so zu stellen, als sei der Kaufvertrag wirksam zustande gekommen. Denn die Gesellschafter haben zugelassen, dass ihr Geschäftsführer für die Gesellschaft auftritt und handelt, obwohl er geschäftsunfähig ist. Dann aber müssen sie auch die Vertragspartner, die auf eine Geschäftsfähigkeit vertraut haben, entschädigen.

3. Verurteilung wegen der Insolvenzdelikte in §§ 283 - 283 d StGB

Insolvenzdelikte

Ist der Geschäftsführer wegen eines Insolvenzdelikts gemäß §§ 283 - 283 d StGB rechtskräftig verurteilt worden, so darf er für die Dauer von fünf Jahren ab Rechtskraft des Urteils nicht das Amt eines Geschäftsführers bekleiden[3]. Eine Erweiterung des Katalogs ist unzulässig. Die Insolvenzdelikte des StGB sind:

- der Bankrott,
- die Schuldnerbegünstigung,
- die Gläubigerbegünstigung sowie
- die Verletzung der Buchführungspflicht.

Abschließender Katalog

Nicht in diesem Katalog bisher enthalten sind weitere typische Wirtschaftsstraftaten des GmbHG sowie des StGB, beispielsweise die Insolvenzverschleppung, der Betrug, die Untreue und die Unterschlagung. Ein Geschäftsführer, der wegen Insolvenzverschleppung rechtskräftig verurteilt worden ist, kann also ohne weiteres erneut „sein Unwesen treiben" und wiederum Geschäftsführer einer GmbH werden.

Beispiel: *„Fortsetzung folgt"*
G war Geschäftsführer einer Reiseveranstaltungs-GmbH. Trotzdem diese schon seit Monaten zahlungsunfähig ist, setzt G die Geschäfte fort, da er die Krise nicht wahrhaben möchte. Er wird schließlich wegen vorsätzlicher Insolvenzverschleppung (§ 84 GmbHG) rechtskräftig zu einer Geldstrafe verurteilt. Sofort nach Stellung des Insolvenz-

---

[3]   Die Einzelheiten der Strafbarkeit der Insolvenzdelikte werden im 3. Teil unter G III. 2 und G IV.1 erläutert.

antrags hat er jedoch bereits eine neue GmbH gegründet und sich selbst zum Geschäftsführer bestellt. Mit ihr betreibt er ebenfalls in der Reiseveranstaltungsbranche Geschäfte. Die erneute Bestellung als Geschäftsführer ist gesetzlich zulässig. Auch Geschäftsführer, die massiv, z.B. im Kapitalanlagebereich, Anleger betrogen haben, können ohne weiteres erneut Geschäftsführer werden. Etwas anderes gilt nur dann, wenn ihnen ein Berufsverbot erteilt oder die Ausübung eines Gewerbes untersagt worden ist.

Durch das geplante Forderungssicherungsgesetz = FoSiG wird der Katalog der Straftaten, die für die Dauer von fünf Jahren ab rechtskräftiger Verurteilung zu einer Amtsunfähigkeit des Verurteilten führen, deutlich erweitert[4]. So entfallen künftig die persönlichen Voraussetzungen für die Übernahme des Amtes eines Geschäftsführers bei einer Verurteilung wegen *vorsätzlicher* Insolvenzverschleppung[5] oder wegen falscher Angaben gegenüber dem Handelsregister. Ferner darf – sollte das Gesetz in Kraft treten - nicht mehr Geschäftsführer werden, wer rechtskräftig zu einer Freiheitsstrafe von mindestens einem Jahr wegen Betrugs, Computerbetrugs, Subventionsbetrugs, Kapitalanlagebetrugs, Kreditbetrugs, Untreue, Vorenthaltens von Arbeitnehmerbeiträge zur Sozialversicherung oder wegen Verstoßes gegen § 2 des geplanten Gesetzes über die Sicherung der Bauforderungen (Bauforderungssicherungsgesetz = BauFG[6]) verurteilt wurde.

Katalog wird deutlich erweitert

Durch das geplante Gesetz soll ferner in § 6 II GmbHG eine Schadensersatzpflicht der Gesellschafter gegenüber der Gesellschaft eingeführt werden. Die Gesellschafter, die vorsätzlich oder grob fahrlässig einen Geschäftsführer bestellen, ihn nicht abberufen oder ihm auch nur faktisch die Führung der Geschäfte der GmbH überlassen, sollen danach für Schäden haften, die der GmbH dadurch entstehen, dass der Geschäftsführer seine Obliegenheiten nicht erfüllt.

Schadensersatzverpflichtung der Gesellschafter geplant

4. Verbot der Berufs- und Gewerbeausübung

Die Fähigkeit, Geschäftsführer einer GmbH zu sein, büßt derjenige ein, dem durch Gerichtsurteil oder durch eine vollziehbare Entscheidung einer Verwaltungsbehörde, die Ausübung eines Berufs oder Gewerbes untersagt worden ist (§ 6 II Satz 4 GmbHG). Die Verwaltungsentscheidung muss hierbei nur vollziehbar sein; es ist nicht erforderlich, dass sie endgültig Bestandskraft erlangt hat.

„Staatliche Verbote"

---

[4] Siehe Bundestags-Drucksache 15/3594 (über www.bundestag.de) sowie *Melchior*, GmbH Report 2005, R 29.

[5] Damit ist die Bestellung zum Geschäftsführer weiterhin bei einer rechtskräftigen Verurteilung wegen fahrlässiger Insolvenzverschleppung möglich.

[6] Das BauFG geht aus dem bisherigen Gesetz zur Sicherung von Bauforderungen (GSB) hervor, das unter neuem Titel mit Ergänzungen fortgilt.

Vollziehbar heißt, dass das Verbot durch die Verwaltung, notfalls auch mit hoheitlicher Gewalt durchgesetzt werden kann. Selbst wenn sich später herausstellen sollte, dass die Entscheidung der Behörde rechtswidrig war, muss sie, solange sie vollziehbar ist, beachtet werden. Das Berufs- bzw. Gewerbeverbot kann sich auf eine bestimmte Tätigkeit bzw. Branche beziehen. In diesem Bereich darf derjenige, für den das Verbot ausgesprochen wurde, nicht mehr als Geschäftsführer tätig sein. Hierbei genügt es, wenn der Unternehmensgegenstand der GmbH sich teilweise mit der Tätigkeit überschneidet, für die das Berufsverbot erteilt worden ist.

Ein Verbot gegen die GmbH, durch das ihr eine bestimmte Tätigkeit untersagt wird, gilt nicht gleichzeitig auch für den GmbH-Geschäftsführer[7]. Adressat ist nur die GmbH, nicht der Geschäftsführer persönlich. Nach § 35 VII a der Gewerbeordnung ist es allerdings möglich, ein Gewerbeverbot sowohl gegen die GmbH als auch gegen den Geschäftsführer auszusprechen. Auch genügt es, wenn das Verbot gegenüber einem Einzelunternehmer erteilt worden ist und dieser dann später Geschäftsführer wird. Dies ist schon vom Wortlaut der Vorschrift des § 6 II Satz 4 GmbHG erfasst.

Beispiel: *„Haare schneiden verboten"*
G ist Friseurmeister und betreibt als Einzelunternehmer einen Friseursalon. Die einschlägigen Hygienevorschriften missachtet er nachhaltig. Die geschnittenen Haare lässt er allenfalls einmal täglich wegfegen, die Haare der Kunden werden in demselben Waschbecken gewaschen, ohne dass dieses zwischendurch gereinigt wird, auch Kämme werden nur gelegentlich ausgewaschen. Da G günstige Preise anbietet, kommen dennoch Kunden. Trotz mehrmaliger Aufforderung seitens der zuständigen Behörde, die einschlägigen Hygienevorschriften einzuhalten, ändert G seine Geschäftspolitik nicht. Ihm wird nach § 35 der Gewerbeordnung schließlich untersagt, das Friseurhandwerk zu betreiben. Nunmehr gründet G eine GmbH und wird Geschäftsführer. Das ihm gegenüber erteilte Verbot nimmt ihm gleichzeitig die Eigenschaft, vertretungsberechtigtes Organ der GmbH zu sein. Dies gilt selbst dann, wenn in dem Verbot nicht ausdrücklich zusätzlich angeordnet ist, dass dieses auch für die Ausübung der Tätigkeit als vertretungsberechtigtes Organ gilt[8].

Eidesstattliche Versicherung ist kein Hindernis

Kein Berufsverbot bzw. keine Untersagung der Gewerbeausübung stellt es dar, wenn der Geschäftsführer die eidesstattliche Versicherung infolge eines erfolglosen Zwangsvollstreckungsversuchs abgegeben hat. Dass dies für die Kreditwürdigkeit der Gesellschaft äußerst schädlich ist, steht auf einem anderen Blatt. Geschäftsführer darf jedenfalls auch derjenige werden, der nach den Vorschriften der Zivilprozessordnung die Richtigkeit seines Vermögensver-

---

[7]   BayObLG GmbHR 1987, 20, 21.
[8]   OLG Frankfurt GmbHR 1994, 802.

zeichnisses an Eides statt versichert hat. Gleiches gilt, wenn er sich weigerte, die eidesstattliche Versicherung abzugeben und deshalb die Erzwingungshaft angeordnet wurde. Die Beispiele zeigen schon, dass der Gesetzgeber hinsichtlich der Eignungsvoraussetzung für den Geschäftsführer sehr großzügig ist.

II. Rechtsfolgen

Wer das Geschäftsführeramt bekleidet, obwohl die persönlichen Eignungsvoraussetzungen nicht gegeben sind, verliert sein Amt ab dem Zeitpunkt, in dem die Umstände eintreten, die zum Verlust der persönlichen Eignung führen[9]. Hierfür bedarf es keiner Abberufung des Geschäftsführers aus seinem Amt durch die Gesellschafterversammlung. In dem Augenblick, in dem der Geschäftsführer beispielsweise geschäftsunfähig wird, verliert er automatisch die Eigenschaft, GmbH-Geschäftsführer zu sein und ist seines Amtes verlustig. Das Handelsregister löscht von Amts wegen den Geschäftsführer im Handelsregister (§ 144 FGG). In dem Fall der Geschäftsunfähigkeit ist - wie oben ausgeführt - ein Schutz des Rechtsverkehrs nur eingeschränkt möglich. In den sonstigen Fällen, in denen die Eignungsvoraussetzungen wegen eines Berufsverbots bzw. Gewerbeverbots oder wegen Verurteilung nach einem einschlägigen Insolvenzdelikt nicht vorliegen, kann sich der Rechtsverkehr gemäß § 15 I HGB auf die Handelsregistereintragung berufen, so dass dadurch ein gewisser Schutz erreicht wird. Die Rechtsgeschäfte des „Geschäftsführers" werden dann als wirksam behandelt, falls sie zu einem Zeitpunkt getätigt wurden, als der Geschäftsführer noch im Handelsregister eingetragen war.

Automatischer Verlust der Geschäftsführerstellung

Beispiel: *„Das Handelsregister schützt"*
> G ist gestern wegen Bankrotts rechtskräftig zu einer Freiheitsstrafe auf Bewährung verurteilt worden. Mit Rechtskraft des Urteils ist er nicht mehr Geschäftsführer der GmbH, da er die Eignungsvoraussetzungen nicht mehr besitzt. Heute veräußert er ein Fahrzeug der GmbH, das schon bezahlt, aber erst morgen abgeholt werden soll. Der Käufer hat zwar keinen wirksamen Kaufvertrag mit der GmbH abgeschlossen, da G nicht mehr vertretungsberechtigt war; unter Berufung auf § 15 I HGB muss sich die GmbH jedoch so behandeln lassen, als sei G noch Geschäftsführer. Damit hätte dieser auch den Kaufvertrag abschließen können, so dass der Käufer die Übereignung des Autos verlangen kann. Der Käufer darf daher die Übereignung des Fahrzeugs beanspruchen.

---

[9] Lagen die persönlichen Voraussetzungen bereits bei Bestellung nicht vor, ist diese nichtig, siehe OLG Naumburg GmbHR 2000, 378.

> **Achtung!**
> Tritt der Geschäftsführer auf, obwohl er seines Amtes verlustig
> geworden ist, so kann ihn dies teuer zu stehen kommen. Der Ge-
> schäftspartner, der über den vermeintlichen Geschäftsführer mit
> der GmbH in Kontakt getreten ist, darf sich auch an diesen persön-
> lich halten. Der Geschäftsführer haftet als Vertreter ohne Vertre-
> tungsmacht dem Vertragspartner nach dessen Wahl auf Erfüllung
> oder auf Schadensersatz. Der Vertragspartner kann sich aussuchen,
> ob er sich auf die unterbliebene Austragung des Geschäftsführers
> aus dem Handelsregister beruft und seine Ansprüche gegen die
> GmbH richtet oder ob er sich für eine Inanspruchnahme des Ge-
> schäftsführers entscheidet. Ist die Gesellschaft insolvent, wird er
> sich an den Geschäftsführer halten, der ihm unbeschränkt mit sei-
> nem Vermögen haftet.

III. Der ausländische Geschäftsführer

Aufenthaltser-
laubnis erforder-
lich?

Geschäftsführer einer GmbH kann auch ein ausländischer Staats-
angehöriger sein. Bei EU-Angehörigen gibt es ohnehin keine
Schwierigkeiten. Problematisch sind die Fälle, in denen der Geschäftsführer keine Aufenthaltserlaubnis besitzt und diese auch
nicht bekommt. Grundsätzlich stellt dies kein Bestellungs- oder
Eintragungshindernis für das Handelsregister dar. Das Registergericht kann den Geschäftsführer trotzdem eintragen. Einige Registergerichte verlangen allerdings die Vorlage einer Aufenthaltserlaubnis bzw. eines Negativattestes der Ausländerbehörde. Die Praxis ist hier uneinheitlich.

Pflichterfüllung
ausschlagge-
bend

Von entscheidender Bedeutung ist es, ob der Geschäftsführer
aufgrund der fehlenden Aufenthaltserlaubnis in der Lage ist, seine
Pflichten zu erfüllen. Die strenge Auffassung fordert eine jederzeitige Einreisemöglichkeit ins Inland[10]. Teils wird aber auch vertreten, dass sich der Geschäftsführer aufgrund moderner Kommu-
nikationsmittel (wie Telefon, Fax, Videokonferenzen) in die Lage
versetzen kann, die Geschäfte zu führen und auch die gesetzlichen
Pflichten zu erfüllen[11]. Mit vielen Staaten existieren zudem Ab-
kommen, wonach Geschäftsführer bis zur Dauer von drei Monaten
ohne vorherige Beantragung und Erteilung einer Aufenthaltserlaubnis ins Bundesgebiet einreisen und sich hier aufhalten dürfen.
Diese Personen können nach zutreffender Ansicht als Geschäfts-

---

[10]   OLG Zweibrücken NJW-RR 2001, 1689; OLG Köln OLGR 1999, 108; OLG
      Hamm ZIP 1999, 1919 unter Hinweis auf die Pflichterfüllung im Hinblick auf
      die Insolvenzantragspflicht, die Pflicht zur Sicherung des Stammkapitals und
      der unverzüglichen Gewährung des Auskunfts- und Einsichtsrechts des Gesell-
      schafters, das solle auch dann gelten, wenn mehrere Geschäftsführer existieren.
[11]   OLG Frankfurt/Main NJW 1977, 1595; OLG Düsseldorf GmbHR 1978, 110;
      OLG Dresden GmbHR 2003, 537, 538.

führer fungieren[12]. In den Fällen, in denen sich der Geschäftsführer jedoch definitiv nicht in Deutschland aufhalten darf - etwa weil er schon rechtskräftig abgeschoben worden ist und ihm auch in absehbarer Zukunft aufgrund einschlägiger, ausländerrechtlicher Vorschriften keine Aufenthaltsgenehmigung erteilt werden wird -, muss das Registergericht eine Eintragung des Geschäftsführers versagen.

Tipp!
Soll ein ausländischer Geschäftsführer bestellt werden, bei dem es mit der Eintragung Probleme geben könnte, ist es empfehlenswert, zunächst die Praxis des zuständigen Handelsregisters zu ermitteln. Lehnt dieses eine Eintragung ab und ist die Person des Geschäftsführers entscheidend, so sollte überlegt werden, ob der Sitz der Gesellschaft in den Zuständigkeitsbereich eines Registergerichts verlegt wird, das bereit ist, eine Eintragung des Geschäftsführers vorzunehmen.

Zur Belehrung des Geschäftsführers im Ausland bei der Abgabe der Versicherung nach § 8 III GmbHG, siehe 1. Teil, J II 2. b. bb.

C. Bestellung des Geschäftsführers

I. Überblick

Grundsätzlich bestimmen die Anteilseigner, d.h. die Gesellschafter, wer die Geschicke ihres Unternehmens leiten soll und Geschäftsführer werden soll. Gewöhnlich erfolgt die Bestellung des Geschäftsführers durch einen Beschluss der Gesellschafterversammlung. Die Gesellschafter haben aber auch die Möglichkeit, bereits durch eine Anordnung im Gesellschaftsvertrag zu bestimmen, wer der Geschäftsführer wird. In dringenden Fällen kann anstelle der Gesellschafterversammlung auch das Amtsgericht einen Notgeschäftsführer berufen.

Zuständigkeit

Bei Gesellschaften, die unter das Mitbestimmungsgesetz von 1976 oder unter die Montanmitbestimmung fallen, wird der Geschäftsführer nicht von der Gesellschafterversammlung, sondern vom Aufsichtsrat bestellt.

---

[12] OLG Frankfurt 2001, 209; siehe auch OLG Dresden GmbHR 2003, 537, wonach die jederzeitige Einreisemöglichkeit nicht gefordert werden könne. Das Gericht bejahte die Eignung als Geschäftsführer in einem Fall, in dem der Geschäftsführer längstens für drei Monate im Jahr ein Visum erhielt.

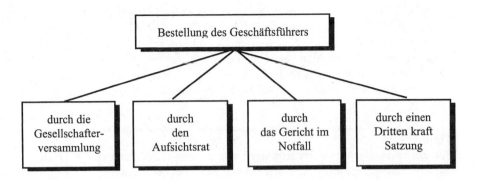

Geschäftsführer ist zwingend zu bestellen

Ein Geschäftsführer muss notwendig im Amt sein, damit die Gesellschaft dauerhaft handlungsfähig bleibt. Für eine Übergangszeit können zwar auch Angestellte, wie z.B. Prokuristen oder Handlungsbevollmächtigte - sofern sie vorhanden sind - für die Gesellschaft auftreten. Deren Befugnisse sind jedoch weniger weitreichend.

Bestellung schon bei Gründung

Der Geschäftsführer ist bereits im Gründungsstadium notwendig zu berufen. So ist er für die Entgegennahme der Einlageleistungen und für die Anmeldung der Gesellschaft beim Handelsregister zuständig. Der Geschäftsführer ist es, der an Eides statt versichern muss, dass die Einlagen zur freien Verfügung der Gesellschaft geleistet worden sind. Schon hieraus folgt, dass die Gesellschaft ohne einen Geschäftsführer nicht erfolgreich gegründet werden kann.

Einer Gesellschaft können ein oder mehrere Geschäftsführer vorstehen, eine Begrenzung nach oben existiert nicht. Unterliegt die GmbH der unternehmerischen Mitbestimmung der Arbeitnehmer nach dem Mitbestimmungsgesetz von 1976 oder der Montanmitbestimmung, so ist ein Arbeitsdirektor als gleichberechtigtes Mitglied der Geschäftsführung zu bestellen. Hieraus lässt sich schließen, dass die GmbH dann wenigstens zwei Geschäftsführer haben muss.

II. Anordnungen im Gesellschaftsvertrag

Satzung kann Anordnungen treffen

Die Gesellschafter haben es in der Hand, bereits im Gesellschaftsvertrag anzuordnen, wer Geschäftsführer wird. Hierbei muss unterschieden werden, ob diese Anordnung im Gesellschaftsvertrag als sog. *echter* bzw. *korporativer* Satzungsbestandteil gewollt ist oder ob es sich nur um eine sonstige willkürliche Bestimmung in der Satzung (*unechter* Satzungsbestandteil) handelt. Im ersten Fall, wenn die Bestimmung als echter Satzungsbestandteil qualifiziert wird, stellt das Recht zur Geschäftsführung ein Sonderrecht des in der Satzung Benannten dar. Dieses Sonderrecht ist dem Begünstigten nur durch Satzungsänderung entziehbar. Ist also beispielsweise ein Gesellschafter in der Satzung als Geschäftsführer vorgesehen und ist diese Bestimmung als Sonderrecht ausgestaltet, so kann ihm dieses Recht nur dadurch entzogen werden, indem mit satzungsändernder Mehrheit der Gesellschaftsvertrag entsprechend geändert wird. Eine Abberufung ist nur aus wichtigem Grund möglich[13].

Es muss unterschieden werden, ob das Sonderrecht auch die Befugnis zur Ausübung des Geschäftsführeramts beinhaltet oder ob es auch oder nur darauf gerichtet ist, einen anderen als Geschäftsführer einzusetzen bzw. zu berufen. Die Satzung kann einem Gesellschafter nämlich auch das Sonderrecht einräumen, einen Dritten verbindlich zum Geschäftsführer zu bestellen. Hiervon wiederum zu unterscheiden sind sog. verbindliche Vorschlags- bzw. Präsentationsrechte eines Gesellschafters, die ebenfalls in der Satzung verankert sein können. Aufgrund dieser Rechte hat dann der Gesellschafter die Möglichkeit, einen Geschäftsführer vorzuschlagen, der nur aus wichtigem Grund durch die Gesellschafterversammlung abgelehnt werden kann.

Achtung!

Scharf zu trennen von den satzungsmäßigen Sonderrechten sind die unechten Satzungsbestandteile, die zwar in der Satzungsurkunde, d.h. im Gesellschaftsvertrag enthalten sind, die jedoch materiell nicht wirklich dazu gehören. Ob die Bestimmung tatsächlich echter Bestandteil der Satzung ist, muss notfalls durch objektive Auslegung der Satzung – losgelöst vom individuellen Verständnis der Gesellschafter - ermittelt werden[14]. Wird z.B. der Geschäftsführer beim Abschluss des Gesellschaftsvertrags durch eine entsprechende Satzungsklausel bestellt, so ist bei der Berufung des Geschäftsführers anlässlich der Gründung anzunehmen, dass diese nur „bei Gelegenheit" des Abschlusses erfolgt, ohne dass damit dem Begünstigten tatsächlich ein dauerndes Sonderrecht auf die Geschäftsführung eingeräumt werden soll. In diesen Fällen ist daher eine Abberufung ohne wichtigen Grund durch einfachen Mehrheitsbeschluss, d.h. ohne Satzungsänderung möglich[15].

Beispiel: *„Der erste Geschäftsführer"*
Anselmo Amaro (A) und Gustavo Gnocchi (G) gründen eine GmbH, die sich mit dem Import von italienischen Lebensmitteln befassen soll. Im Gesellschaftsvertrag, den die beiden anlässlich der ersten Gesellschafterversammlung, die vor dem Notar stattfindet, abschließen, wird G zum Geschäftsführer bestellt. A ist Mehrheitsgesellschafter. Er

---

[13] Siehe die Ausführungen unten S. 119 ff.
[14] BGHZ 142, 116, 125.
[15] BGHZ 18, 207, 208; OLG Naumburg GmbHR 1998, 90, 92.

hält 60 % der Anteile und verfügt damit über Stimmrechte in gleicher Höhe. Da G, der mit den restlichen 40 % an der Gesellschaft beteiligt ist, sich nicht besonders „geschickt anstellt" und die Geschäfte nur schleppend anlaufen, möchte A den versierten Paolo Penne (P) anstelle von G zum Geschäftsführer bestellen. Hiergegen wendet sich G, der meint, dafür sei eine Änderung der Satzung erforderlich. Ein satzungsändernder Beschluss bedarf jedoch gemäß § 53 II GmbHG einer Mehrheit von 75 % der abgegebenen Stimmen. Da A diese Mehrheit nicht zusammenbekommt, ist G der Meinung, dass er ohne wichtigen Grund nicht abberufen werden könne.

Hier irrt G, da seine erste Bestellung anlässlich des Abschlusses des Gesellschaftsvertrags nur tatsächlich, nicht aber rechtlich zur Satzung gehört, so dass für eine Änderung nicht die Einhaltung der für eine Satzungsänderung gegebenen Voraussetzungen erforderlich ist. Hier kann vielmehr wie üblich durch einfachen Mehrheitsbeschluss der Gesellschafterversammlung eine Abberufung sowie die Bestellung eines neuen Geschäftsführers erfolgen.

III. „Ordentliche" Bestellung des Geschäftsführers

1. Einführung

Bestellung und Anstellung

Die Bestellung ist streng von der sog. Anstellung zu trennen. Die Bestellung ist ein körperschaftlicher Akt, durch den dem Betreffenden die Funktion des Geschäftsführers mit allen Rechten und Pflichten eingeräumt wird. Bei der Anstellung handelt es sich um den Abschluss des zugrunde liegenden Dienstvertrags. Die Wirksamkeit der Bestellung und der Anstellung ist daher jeweils gesondert zu untersuchen. Jemand kann zum Geschäftsführer bestellt worden sein, ohne dass ein Anstellungsvertrag existiert. Umgekehrt kann schon ein Anstellungsvertrag abgeschlossen worden sein, ohne dass der Vertragspartner bereits zum Geschäftsführer bestellt worden ist.

2. Zuständigkeit

a. Überblick

Grundsätzlich ist gemäß § 46 Nr. 5 GmbHG die Gesellschafterversammlung für die Bestellung des Geschäftsführers zuständig. Dies ist auch bei der Einpersonen-GmbH der Fall, wobei der Alleingesellschafter gemäß § 48 III GmbHG den Beschluss über die Bestellung des Geschäftsführers schriftlich zu dokumentieren hat.

In Gesellschaften, die unter die Montanmitbestimmung oder unter das Mitbestimmungsgesetz von 1976 fallen, wird der Geschäftsführer durch den Aufsichtsrat bestellt[16]. Unterliegt die Gesellschaft hingegen nur dem Mitbestimmungsstatut des Betriebsverfassungsgesetzes von 1952, so bleibt die Gesellschafterversammlung für die Bestellung des Geschäftsführers zuständig. Nach den insoweit fortgeltenden §§ 76 ff. des Betriebsverfassungsgesetzes von 1952 ist bei Gesellschaften, die in der Regel mehr als 500 Arbeitnehmer beschäftigen, ein Aufsichtsrat zu bilden, wobei ein Drittel der Mitglieder des Aufsichtsrats von der Arbeitnehmerseite zu bestimmen ist. Dieser Aufsichtsrat ist für die Kontrolle der Geschäftsführung zuständig, darf die Mitglieder der Geschäftsführung jedoch nicht bestimmen bzw. abberufen. Wird bei Gesellschaften außerhalb des Anwendungsbereichs der Mitbestimmungsgesetze ein fakultativer, d.h. ein Aufsichtsrat auf freiwilliger Basis installiert, was aufgrund der sog. Satzungsautonomie der Gesellschafter ohne weiteres möglich ist (siehe auch § 52 GmbHG), so richten sich seine Befugnisse nach der Anordnung in der Satzung. Einem derartigen fakultativen Aufsichtsrat kann durchaus auch durch Satzungsbestimmung die Kompetenz eingeräumt werden, die Geschäftsführer zu bestellen und abzuberufen. Ohne eine solche Satzungsbestimmung bleibt die Gesellschafterversammlung für die Bestellung der Geschäftsführer zuständig.

Bestellung durch Aufsichtsrat

Die Satzung kann ferner bestimmen, dass auch Dritte, etwa Kreditgeber oder ein Berater das Recht erhalten, den Geschäftsführer zu berufen. Dies ist zwar nicht ganz unumstritten, aber zutreffend, da die Gesellschafterversammlung jederzeit die Bestellungskompetenz durch Satzungsänderung wieder an sich ziehen könnte, so dass es in der Hand der Gesellschafter liegt, wie lange der Dritte die Befugnis besitzt[17].

Bestellung durch Dritte

b. Normalfall: Zuständigkeit der Gesellschafterversammlung

aa. Ordnungsgemäße Bestellung

Der Geschäftsführer wird gemäß § 46 Nr. 5 GmbHG durch Gesellschafterbeschluss, der mit einfacher Mehrheit zu fassen ist, bestellt. Der Gesellschaftsvertrag (= Satzung) kann eine höhere Stimmenzahl vorschreiben. Ist der Geschäftsführer, der bestellt werden soll, gleichzeitig Gesellschafter, so darf er trotzdem mit-

Bestellung durch Gesellschafterversammlung

---

[16] Siehe § 31 Mitbestimmungsgesetz 1976; § 12 Montanmitbestimmungsgesetz; § 13 Mitbestimmungsergänzungsgesetz jeweils i.V.m. § 84 AktG.

[17] Dafür KG Juristische Wochenschrift 1926, 598; *Hueck* in: Baumbach/Hueck, GmbHG, § 6 Rdnr. 18 a m.w.N., dagegen *Zöllner* in Baumach/Hueck, GmbHG, § 46 Rdnr. 22.

stimmen. Das Verbot des Selbstkontrahierens gemäß § 181 BGB gilt hier nicht.

Jeder Gesellschafter hat ein unverbindliches Vorschlagsrecht. Die Satzung kann jedoch ein verbindliches Vorschlagsrecht, d.h. ein Benennungsrecht einzelner Gesellschafter vorsehen. In diesem Fall ist grundsätzlich anzunehmen, dass die Gesellschafterversammlung den Kandidaten bestellen muss, es sei denn, es bestehen wichtige Gründe, wie z.B. eine mangelnde fachliche Eignung, davon abzusehen.

Vollzug der Bestellung

Ist der Gesellschafterbeschluss gefasst, so bedarf es noch des Vollzugs desselben, dieser muss also ausgeführt werden. Dies geschieht durch eine entsprechende Erklärung gegenüber dem gewählten Manager. Die Erklärung muss nicht durch alle Gesellschafter gemeinsam erfolgen; die Gesellschafterversammlung kann vielmehr einen Gesellschafter oder auch einen Mitgeschäftsführer bevollmächtigen, die Erklärung gegenüber dem „zum Geschäftsführer Auserwählten" abzugeben. Auch ein Dritter, z.B. ein sonstiger Mitarbeiter der Gesellschaft, könnte diese Erklärung vornehmen. Der Kandidat muss die *Annahme* des Geschäftsführeramts erklären. Diese ist zwingend erforderlich, da mit dem Amt des Geschäftsführers weitreichende Pflichten und auch eine einschneidende Haftung verbunden sind.

Der Vollzug kann auch konkludent, d.h. schlüssig geschehen. Ist beispielsweise der Geschäftsführer bei der Gesellschafterversammlung anwesend und nimmt dort zur Kenntnis, dass die Gesellschafterversammlung ihn zum Geschäftsführer bestellt, so ist von einer konkludenten Annahme auszugehen, wenn der Betreffende keinen Widerstand zeigt, sondern freudig (oder auch nicht freudig) nickt oder durch sein sonstiges Verhalten zeigt, dass er sich nicht gegen seine Nominierung zur Wehr setzen möchte. Wird dem Geschäftsführer seine Bestellung gesondert mitgeteilt und anschließend ein Anstellungsvertrag abgeschlossen, so ist spätestens dadurch ebenfalls konkludent die Annahme der Bestellung erklärt.

bb. Fehlerhafte Bestellung

Unwirksamer Bestellungsbeschluss

Die Bestellung des Geschäftsführers kann fehlerhaft sein, z.B. weil der Beschluss der Gesellschafterversammlung unwirksam ist. Diese Unwirksamkeit kann durch eine Nichtigkeits- oder Anfechtungsklage festgestellt bzw. erreicht werden. Denkbar sind z.B. Mängel bei der Einberufung der Gesellschafterversammlung, etwa weil die Gesellschafter nicht unter Wahrung der Ladungsfrist zur Gesellschafterversammlung eingeladen wurden[18].

Schutz Dritter

Nimmt nun ein unwirksam bestellter Geschäftsführer seine Tätigkeit auf, so müssen Dritte, die mit der Gesellschaft in Kontakt treten, geschützt werden. Der Schutz vollzieht sich einerseits nach

---

[18]   Siehe unten 1. Teil, E II 1 c. bb.

den Grundsätzen der sog. *Rechtsscheinshaftung*, d.h. die Gesellschaft muss sich an den Verträgen, die der unwirksam bestellte Geschäftsführer abgeschlossen hat, festhalten lassen, wenn sie zurechenbar den Anschein gesetzt hat, dass es sich um ihren Geschäftsführer handelt. Wird dieser beispielsweise auf den Briefbögen aufgenommen und gehen alle davon aus, dass der Betreffende ihr Geschäftsführer ist, so muss sich die Gesellschaft dies entgegenhalten lassen, obwohl die Bestellung tatsächlich unwirksam ist.

Ein weiterer Schutz erfolgt durch die Publizität des Handelsregisters, wenn der fehlerhaft bestellte Geschäftsführer ins Handelsregister eingetragen worden ist und dies auch unrichtig bekannt gemacht wurde. Die Bekanntmachung erfolgt in den Tageszeitungen, die das Handelsregister bestimmt hat sowie im Bundesanzeiger. Wurde dort also veröffentlicht, dass der Betreffende Geschäftsführer ist, so können sich Dritte hierauf berufen und beanspruchen, so gestellt zu werden, als sei die Gesellschaft wirksam vertreten worden. Dies gilt unabhängig davon, ob sie tatsächlich von der Bekanntmachung Kenntnis genommen haben oder nicht. Entscheidend ist nur, dass sie keine positive Kenntnis von der Unwirksamkeit des Bestellungsbeschlusses hatten.

Publizität des Handelsregisters

Ferner besteht ein Schutz über die Grundsätze des sog. *faktischen Geschäftsführers*. Diese besagen, dass derjenige, der das ihm angetragene Amt tatsächlich angetreten und konkrete Geschäftsführerhandlungen vorgenommen hat, sich auch als solcher behandeln lassen muss. Die bloße Annahme des Amtes als Geschäftsführer genügt allerdings nicht, er muss die Bestellung tatsächlich umsetzen und Rechtsgeschäfte vornehmen. Das Handeln des faktischen Geschäftsführers löst damit also zum Schutze des Rechtsverkehrs dieselben Wirkungen aus wie die Erklärungen eines ordnungsgemäß bestellten Geschäftsführers. Dies gilt nach richtiger Auffassung unabhängig davon, ob der Geschäftsführer Kenntnis davon hat, dass er lediglich faktischer Geschäftsführer ist[19].

Faktischer Geschäftsführer

cc. Eintragung des Geschäftsführers

Der zum Geschäftsführer Bestellte ist schließlich im Handelsregister einzutragen. Dies ist in allen Fällen erforderlich. Die Handelsregistereintragung wirkt allerdings nur deklaratorisch, d.h. verkündend. Wirksam ist die Bestellung bereits mit dem Vollzug derselben. Jeder Geschäftsführer, auch der soeben bestellte, ist verpflichtet, die Handelsregisteranmeldung vorzunehmen (§ 39 GmbHG). Meldet sich der Bestellte selbst an, so ist spätestens in dieser Anmeldung auch konkludent die Annahme der Bestellung

Eintragung im Handelsregister

---

[19]   Siehe zu den Einzelheiten der Definition des faktischen Geschäftsführers und zu strafrechtlichen und zivilrechtlichen Konsequenzen für den faktischen Geschäftsführer unten 3. Teil B III.

zu sehen, da damit der Geschäftsführer signalisiert, dass er mit der Bestellung einverstanden ist.

Nach § 39 III GmbHG hat der neue Geschäftsführer in der Anmeldung zu versichern, dass keine Umstände vorliegen, die seiner Bestellung nach § 6 II Satz 3 und 4 GmbHG entgegenstehen[20]. Hierbei ist er zur unbeschränkten Auskunft verpflichtet, auch wenn sich eine etwaige Verurteilung wegen einer Insolvenzstraftat nicht (mehr) aus dem Bundeszentralregister ergibt und daher nicht auf seinem Führungszeugnis eingetragen werden würde. Vorausgesetzt wird allerdings, dass der Notar den Geschäftsführer über diese Pflicht entsprechend belehrt hat[21]. Macht der Geschäftsführer bei der Versicherung vorsätzlich falsche Angaben, so hat er gemäß § 82 I Nr. 5 GmbHG eine Straftat begangen.

IV. Bestellung eines Notgeschäftsführers

Gericht hilft bei Notlage

In dringenden Fällen kann das Amtsgericht einen Notgeschäftsführer bestellen[22]. Als Rechtsgrundlage wird § 29 BGB entsprechend herangezogen. Zuständig ist das Amtsgericht am Sitz der Gesellschaft, d.h. das zuständige Registergericht.

Voraussetzungen für die Bestellung eines Notgeschäftsführers sind:

1. a) Ein Geschäftsführer ist nicht vorhanden, z.B. weil dieser sein Amt niedergelegt hat, verstorben ist oder weil eine unwirksame Bestellung vorliegtoder

b) der Geschäftsführer ist dauerhaft verhindert, z.B. weil er schwer erkrankt ist, verschollen ist, sich ins Ausland abgesetzt hat oder weil das betreffende Rechtsgeschäft gegen das Verbot des Selbstkontrahierens verstoßen würde.

und

2. Es muss ein dringender Fall vorliegen. Ein solcher Eilfall ist nur dann anzunehmen, wenn die Gesellschafter nicht in der Lage sind, rechtzeitig selbst einen Geschäftsführer ordnungsgemäß zu bestellen. Zerstrittene Gesellschafter müssen sich grundsätzlich einigen. Nur dann, wenn ohne die Notbestellung der Gesellschaft oder sonstigen Beteiligten ein Schaden droht, weil eine erforderliche Maßnahme nicht vorgenommen werden kann, liegt ein dringender Fall vor[23].

---

[20]   Siehe unten 1. Teil, J II 2 b.bb.
[21]   Siehe unten 1. Teil, J II 2 b.bb.
[22]   Siehe grundlegend: *Gustavus*, Probleme mit der GmbH ohne Geschäftsführer, GmbHR 1992, 15.
[23]   BayObLG DB 1995, 2364.

Das Verfahren vollzieht sich wie folgt:

Erforderlich ist zunächst der Antrag eines Betroffenen. An- Verfahren
tragsberechtigt sind die Gesellschafter, die Aufsichtsratsmitglieder
sowie die Gläubiger, die ein einzelnes Recht gegen die Gesellschaft nicht durchsetzen können, ferner Behörden, wie die IHK
oder das Finanzamt. Die Voraussetzungen, d.h. der Eintritt eines
Eilfalls und der Umstand, dass ein Geschäftsführer nicht vorhanden bzw. verhindert ist, sind glaubhaft zu machen. Beantragen
Gläubiger oder sonstige berechtigte Personen beim Gericht die
Bestellung eines Notgeschäftsführers, so genügt für den dringenden Fall auch, dass die Gesellschafter zerstritten sind und sich
nicht einigen können. Entscheidend ist, dass im Interesse des
Gläubigers die Erfüllung der Verbindlichkeiten, die Einhaltung der
Buchführungs- bzw. Kapitalerhaltungspflichten oder auch der
Pflicht zur Stellung des Insolvenzantrags nicht gewährleistet sind.
Der Gläubiger muss allerdings geltend machen, dass er ein Recht
hat, das er nicht durchsetzen kann.

Der Gläubiger kann ferner einen unverbindlichen Personalvor-
schlag vorbringen.

Das Gericht wird in jedem Fall die Gesellschafter anhören. Diese haben ein verfassungsmäßig abgesichertes Recht auf rechtliches
Gehör (Artikel 103 I Grundgesetz).

Bei der Auswahl des Geschäftsführers ist das Gericht frei. Dies Gericht hat
liegt in seinem ordnungsgemäßen Ermessen. Fehlt ein Vorschlag Auswahl-
eines Gläubigers, ist es Sache des Gerichts, sich „auf die Suche" ermessen
zu machen. Gegebenenfalls bittet es die zuständige IHK bzw. die
Handwerkskammer, Vorschläge zu unterbreiten. Satzungsregelun-
gen, die bestimmte Qualifikationen an den Geschäftsführer vorsehen, sind zu beachten.

Der vom Gericht eingesetzte Notgeschäftsführer hat nach außen
dieselben Befugnisse wie ein ordnungsgemäß bestellter Geschäftsführer. Nach innen kann das Gericht allerdings den Wirkungskreis
des Geschäftsführers einschränken, z.B. auf die Vornahme eines
bestimmten Rechtsgeschäfts. Denkbar ist etwa auch, dass der Geschäftsführer nur zur Entgegennahme von Zustellungen berechtigt
sein soll.

Der Beschluss des Amtsgerichts, mit dem ein Notgeschäftsfüh- Notgeschäfts-
rer bestellt wird, ist dem Antragsteller, den Gesellschaftern sowie führer hat
dem Bestellten bekannt zu geben. Der Bestellte ist berechtigt, die Anspruch auf
Annahme der Bestellung zu verweigern. Dies wird er vor allem Vergütung
dann tun, wenn seine Vergütung nicht gesichert ist[24]. Nach bestrittener Auffassung darf das Amtsgericht selbst keine Vergütung
festsetzen[25]. Der Notgeschäftsführer hat lediglich von der Gesell-

---

[24] OLG Hamm DB 1996, 369, 370.
[25] BayObLG DB 1988, 1945 f.

schaft - nicht von dem Gericht oder den Gesellschaftern - ein angemessenes Entgelt zu beanspruchen. Mit dem Amtsantritt des
Geschäftsführers kommt konkludent ein Anstellungsvertrag mit
der Gesellschaft zustande, mit der dann auch das Gehalt ausgehandelt werden muss[26]. Gelingt keine Einigung, so ist ein übliches
Entgelt gemäß § 612 II BGB zu zahlen.

Sicherstellung des Vergütungsanspruchs

Viele Interessenten, die grundsätzlich Notgeschäftsführer werden würden, lassen sich jedoch auf diesen unsicheren Weg nicht
ein, sondern verlangen, dass im Vorfeld ihre Vergütung gesichert
ist. Oft ist es völlig zweifelhaft und unsicher, ob aus dem Gesellschaftsvermögen überhaupt noch die Vergütung bestritten werden
kann. Deshalb wird das Gericht in solchen Fällen verlangen, dass
vor der Bestellung des Notgeschäftsführers vom Antragsteller ein
Kostenvorschuss zur Sicherstellung des Vergütungsanspruchs eingezahlt wird. Ferner kann das Gericht anordnen, dass der ins Auge
gefasste Geschäftsführer bereits eine Einverständniserklärung sowie die gemäß § 39 III GmbHG erforderliche Versicherung in notariell beglaubigter Form abgibt, wonach keine gesetzlichen Hinderungsgründe gegen die Bestellung bestehen.

Gesellschafter als Notgeschäftsführer

Strittig ist, ob ein *Gesellschafter* selbst gegen seinen Willen
zum Notgeschäftsführer bestellt werden kann. Schon weil es sehr
zweifelhaft ist, ob dieser überhaupt ordnungsgemäß das Amt ausführen wird, ist diese Ansicht abzulehnen[27]. Das Gericht wird sich
entscheidend vom Know-how des zukünftigen Geschäftsführers
leiten lassen; ein Gesellschafter, der die Handlungsunfähigkeit der
Gesellschaft zumindest mit herbeigeführt hat, dürfte grundsätzlich
ein ungeeigneter Kandidat sein. Auch sind Interessenkollisionen
zu befürchten, so dass eine ordnungsgemäße Geschäftsführung
nicht gesichert ist. Gegen seinen Willen kann daher auch ein Gesellschafter nicht zum Notgeschäftsführer bestellt werden.

Abberufung des Notgeschäftsführers

Der Notgeschäftsführer wird wie ein „normaler" Geschäftsführer in das Handelsregister eingetragen. Eine Abberufung ist grundsätzlich nur durch das Gericht möglich, nicht jedoch durch die Gesellschafter selbst. Diese können lediglich beim Gericht die Abberufung des Geschäftsführers beantragen, sofern ein wichtiger
Grund vorliegt[28]. Auch das Amtsgericht kann von Amts wegen aus
wichtigem Grund den Geschäftsführer abberufen. Ferner endet das
Amt des Notgeschäftsführers dadurch, dass die Gesellschafterversammlung ordentlich einen neuen Geschäftsführer bestellt. Es besteht dann kein Bedürfnis mehr, dass der Notgeschäftsführer seine
Tätigkeit fortsetzt.

---

[26] OLG Hamm DB 1996, 369, 370.
[27] So auch BGH GmbHR 1985, 149 f.; siehe auch KG GmbHR 2000, 660, 662
m.w.N.
[28] OLG München GmbHR 1994, 259.

D. Kernaufgabe: Leitung des Unternehmens

I. Überblick

Dem Geschäftsführer obliegt die Leitung des Unternehmens. Zweck der Gesellschaft ist grundsätzlich die Gewinnerzielung. Der Gewinn soll durch die optimale Verwirklichung des Unternehmensgegenstands erwirtschaftet werden. Der Geschäftsführer muss eine umfassende Tätigkeit sowohl im kaufmännischen, technischen als auch im personellen bzw. sozialen Bereich entfalten, um die Gesellschaft möglichst günstig am Markt zu positionieren. Er hat ständig darauf zu achten, dass sich die Gesellschaft bzw. deren Tätigkeit auf die Erfordernisse des Wettbewerbs einstellt. Auch wenn sich in der Realität viele Betriebe „durchwursteln", sollte eine solche Gesellschaft nicht das Leitbild des Geschäftsführers sein. Er muss vielmehr eine langfristige Planung verfolgen und diese ständig den Gegebenheiten anpassen. Der Geschäftsführer hat dafür Sorge zu tragen, dass das Unternehmen genügend Aufträge erhält und sich der Absatz möglichst günstig entwickelt. Die Rahmenbedingungen, etwa im personellen oder im technischen Bereich, sind zu optimieren. Notfalls muss der Geschäftsführer Personal einstellen oder aber - wenn es die Lage erfordert - entlassen. Gleiches gilt für die Ausstattung des Unternehmens. Sind Investitionen nötig, so muss er diese tätigen bzw. die Gesellschafterversammlung anregen, ihn entsprechend anzuweisen. Benötigt die Gesellschaft Kapital, so muss der Geschäftsführer dieses Anliegen der Gesellschafterversammlung vortragen, falls er nicht selbst die Kompetenzen haben sollte, Kredite aufzunehmen.

Leitungsaufgabe des Geschäftsführers

Neben der Akquisition neuer Aufträge muss der Geschäftsführer das Bestehende absichern. Hierzu gehört, dass unternehmerische Risiken erkannt werden und gegen ihre Realisierung Vorsorge getroffen wird. Der Postein- und -ausgang sowie der Zahlungsverkehr müssen kontrolliert werden. Gleichfalls hat der Geschäftsführer den Auftragseingang und die ordnungsgemäße Abwicklung der vertraglich übernommenen Verpflichtungen im Auge zu behalten. Die offenen Forderungen sind ordnungsgemäß in Rechnung zu stellen und einzuziehen. Das Mahnverfahren muss professionell ausgestaltet sein.

Organisation ist wichtig!

Die Liquiditätsentwicklung muss vorausschauend beobachtet werden, so dass stets sichergestellt ist, dass die Gesellschaft ihre fälligen Verbindlichkeiten erfüllen kann.

Liquidität muss sichergestellt werden

Ergibt sich kurzfristiger Liquiditätsbedarf, ist dieser - ggf. nach Rücksprache mit der Gesellschafterversammlung - abzudecken.

Beispiel: *„Brand im Turm"*

G ist Geschäftsführer einer Handwerks-GmbH, die Sanierungsarbeiten in einem historischen Turm durchführt. Im Rahmen dieser Sanierungsarbeiten entsteht durch das Verschulden eines Mitarbeiters ein Brand, der zu einer völligen Zerstörung des Turms führt. Der entstandene Schaden beträgt eine Million €. G hat zwar eine Betriebshaftpflichtversicherung abgeschlossen, diese deckt jedoch nur Schäden bis zu 500.000 € ab. Hier entsteht also eine Liquiditätslücke in Höhe von 500.000 €. In der Bilanz muss G für diesen Zweck „präventiv" eine Rückstellung bilden. Er sollte sich darüber Gedanken machen, ob und inwieweit die GmbH in der Lage sein wird, die Forderung zu erfüllen. Hat G festgestellt, dass die GmbH tatsächlich Schadensersatz schuldet, so eröffnen sich ihm vier Möglichkeiten:

1. G vereinbart mit dem Geschädigten eine Ratenzahlung, die es der GmbH ermöglicht, aus den laufenden Erträgen die Verbindlichkeit abzutragen. Möglicherweise kann er die Forderung im Vergleichswege auch der Höhe nach reduzieren.

2. G nimmt nach Rücksprache mit den Gesellschaftern einen Kredit auf.

3. G fordert die Gesellschafter zu einer Kapitalerhöhung auf, damit diese die Mittel zur Verfügung stellen. Alternativ kann auch über Gesellschafterdarlehen nachgedacht werden.

4. Gelingt es G nicht, die Mittel aufzubringen, dann muss er wegen der Überschuldung bzw. Zahlungsunfähigkeit Insolvenzantrag stellen.

Auf keinen Fall darf der Geschäftsführer untätig bleiben und den Dingen ihren Lauf lassen. Er ist der Leiter des Unternehmens, der ständig alle Fäden in den Händen halten muss. Dass die Gesellschafter ihn weitgehend „an die Kandare nehmen können", steht auf einem anderen Blatt.

Einhaltung der rechtlichen Rahmenbedingungen

Der Geschäftsführer ist es, der die gesetzlichen Pflichten des Steuer- und Sozialversicherungsrechts einhalten muss. Überhaupt liegt es in seinem Verantwortungsbereich, dass die GmbH die gesetzlichen Vorschriften erfüllt. Hierzu gehören insbesondere die Kapitalerhaltung sowie die rechtzeitige Anmeldung des Insolvenzverfahrens im Falle der Insolvenzreife (bei Zahlungsunfähigkeit oder Überschuldung).

Darüber hinaus muss der Geschäftsführer die Einhaltung der zahlreichen anderen Vorschriften gewährleisten, wie z.B. die vorschriftsmäßige Gestaltung der Briefbögen entsprechend den Voraussetzungen des § 35 a GmbHG, also mit Angabe des Sitzes der Gesellschaft, des zuständigen Amtsgerichts, der Handelsregisternummer sowie dem Namen des Geschäftsführers. Hierzu kann er gemäß § 79 GmbHG mit Zwangsgeld durch das Handelsregister angehalten werden.

II. Die Geschäftsführung

1. Begriff

Der Geschäftsführer hat die Geschäfte der Gesellschaft zu führen. Der Begriff der Geschäftsführung beinhaltet Leitungsbefugnisse des Geschäftsführers im Verhältnis zur Gesellschaft, d.h. im sog. Innenverhältnis. Die *Geschäftsführungsbefugnis* legt fest, in welchem Umfang bzw. in welcher Art und Weise der Geschäftsführer im Verhältnis zur Gesellschaft die Erlaubnis hat, die Geschäfte zu führen. Damit ist sowohl das Auftreten des Geschäftsführers intern, z.B. im Bereich der Organisation, als auch das Auftreten nach außen am Markt gemeint. Tritt der Geschäftsführer nach außen auf und nimmt rechtsgeschäftliche Handlungen vor, so benötigt er hierfür *Vertretungsmacht*. Diese hat der Geschäftsführer kraft seiner Organstellung automatisch gemäß § 35 GmbHG. Danach wird die Gesellschaft durch den Geschäftsführer gerichtlich und außergerichtlich vertreten. Der Geschäftsführer *kann* daher die Gesellschaft grundsätzlich vertreten. Ob und in welchen Angelegenheiten er dies *darf*, bestimmt sich nach seiner Geschäftsführungsbefugnis. Die Geschäftsführungsbefugnis legt aber nicht nur fest, wann der Geschäftsführer für die GmbH auftreten darf, sondern regelt darüber hinaus alle sonstigen Aufgaben und Funktionen, zu deren Wahrnehmung der Geschäftsführer befugt ist.

Geschäftsführung und Vertretung

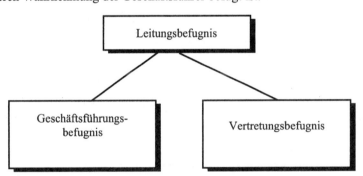

Die *Vertretungsmacht* regelt das „Können" im Außenverhältnis, die *Geschäftsführung* betrifft hingegen das „Dürfen" im Innenverhältnis. Beide Kompetenzen werden unter dem Oberbegriff der Leitung zusammengefasst. Der Geschäftsführer kann mehr im Außenverhältnis bewirken, als die Gesellschaft ihm erlauben muss. Die Gesellschaft, vertreten durch die Gesellschafterversammlung, ist befugt, den Geschäftsführer weitgehend „an der kurzen Leine" zu führen. Die Gesellschafter bestimmen, was geschehen soll und nach welchen Richtlinien der Geschäftsführer zu handeln hat. Hiervon zu trennen ist die Befugnis des Geschäftsführers, aufgrund der unbeschränkbaren Vertretungsmacht für die Gesellschaft

Der Geschäftsführer kann vieles, er darf aber nicht alles!

im Außenverhältnis aufzutreten. Der Geschäftsführer kann vieles im Außenverhältnis, er darf möglicherweise im Einzelfall jedoch nur wenig davon realisieren. Tut er dies trotzdem, so macht er sich schadensersatzpflichtig, wenn dadurch der Gesellschaft ein Schaden entsteht. Ferner kann ihm deswegen sein Anstellungsvertrag gekündigt werden.

Beispiel: *„Medizintechnik für alle"*
G ist Geschäftsführer einer GmbH, die Produkte im Bereich der Medizintechnik vertreibt. Kunden sind Ärzte und Kliniken. Bisher ist der Vertrieb über selbstständige Handelsvertreter organisiert. G möchte die Vertriebsstruktur ändern und die hohen Vertriebskosten aufgrund der Provisionen und der Ausstattung der Handelsvertreter einsparen. Er verspricht sich hierdurch eine bessere Rendite, da jeder Handelsvertreter allein ein monatliches Fixum von 3.000 € erhält, das dann entfallen würde. Ohne Rücksprache mit der Gesellschafterversammlung kündigt er daher die Verträge der Handelsvertreter, die nunmehr im Anschluss an die Kündigung Ausgleichsansprüche nach § 89 b des Handelsgesetzbuchs geltend machen. Nach dieser Vorschrift können nämlich Handelsvertreter unter bestimmten Voraussetzungen Ausgleich verlangen, wenn der Unternehmer aus den vom Vertreter aufgebauten Kundenbeziehungen auch noch in der Zukunft Vorteile ziehen kann. An diese Ausgleichsansprüche, die nach dem Gesetz die Höhe von drei Jahresvergütungen erreichen können, hatte der Geschäftsführer nicht gedacht. Die GmbH sieht sich mit einer Forderung in Höhe von einer halben Million € konfrontiert.

Im Außenverhältnis ist die Kündigung der Handelsvertreterverträge wirksam, d.h. die GmbH hat jetzt keine Möglichkeit mehr, die Handelsvertreter ohne Zustimmung derselben wieder einzustellen. Im Innenverhältnis ist G gegenüber der Gesellschaft zum Schadensersatz verpflichtet, wenn er mit dieser „Aktion" seine Geschäftsführungsbefugnis überschritten hat. Eine solche Überschreitung läge vor, wenn G derartige Geschäfte nur nach Rücksprache mit der Gesellschafterversammlung durchführen dürfte. Dies ist einerseits dann der Fall, wenn es in der Satzung oder im Anstellungsvertrag oder aufgrund von Gesellschafterbeschlüssen bereits Vorgaben gibt, wonach der Geschäftsführer sich zuvor die Zustimmung der Gesellschafterversammlung etwa bei Änderungen der Vertriebsstruktur einholen muss. Andererseits wird aber auch angenommen, dass bei außergewöhnlichen Geschäften dann eine Vorlagepflicht des Geschäftsführers gegenüber der Gesellschafterversammlung besteht, wenn dieser mit einem Widerspruch der Gesellschafterversammlung rechnen musste.

Es lässt sich daher gut vertreten, dass G diesen weit reichenden Schritt, d.h. die Veränderung der Vertriebsstruktur als außergewöhnliche Geschäftsmaßnahme, nicht ohne Rücksprache mit der Gesellschafterversammlung tätigen durfte. Dann also hätte er seine Geschäftsführungsbefugnis überschritten und sich gemäß § 43 GmbHG schadensersatzpflichtig gemacht. Ferner gäbe er möglicherweise durch dieses Verhalten einen wichtigen Grund zur Kündigung seines Anstellungsvertrags.

Das Beispiel zeigt deutlich, dass sich der Geschäftsführer immer vergegenwärtigen muss, dass seine unbeschränkte Kompetenz, die Gesellschaft nach außen zu vertreten, im Innenverhältnis Schranken unterliegt. Der Geschäftsführer ist oft gerade nicht der „omnipotente Manager", der alles darf. Er kann zwar im Außenverhältnis vieles „aus- und anrichten", von dem er jedoch meistens im Innenverhältnis nicht alles realisieren darf. Gerade in Gesellschaften, in denen die Gesellschafter den Geschäftsführer wie eine „Vertretungsmarionette" halten, wird der Spielraum des Geschäftsführers eng begrenzt sein. In der Praxis handelt es sich teils um Geschäftsführer, die jahrelang als Arbeitnehmer dem Unternehmen „gedient" haben und die schließlich zu Geschäftsführern ernannt wurden, ohne dass sich jedoch ihre Abhängigkeit zu den Gesellschaftern dadurch verringert hätte.

> Gesellschafterversammlung bestimmt den Handlungsspielraum

Diese übergeordnete Geschäftsführungskompetenz der Gesellschafter muss sich der Geschäftsführer immer vor Augen halten. Sie soll nun im Folgenden konkretisiert werden.

2. Übergeordnete Geschäftsführungskompetenz der Gesellschafter

a. Grundsatz

Die Gesellschafterversammlung kann dem Geschäftsführer in Fragen der Geschäftsführung detaillierte Vorgaben hinsichtlich seiner Tätigkeit erteilen. Grenzen hierfür bestehen lediglich bei den gesetzlichen Pflichten zur Kapitalerhaltung bzw. zum Stellen des Insolvenzantrags, den Handelsregisterpflichten, den Pflichten zur Buchführung sowie zur Aufstellung eines Jahresabschlusses. Ferner muss der Geschäftsführer sich grundsätzlich rechtmäßig verhalten. Ob darüber hinaus ein „eingriffsfester" Bereich besteht, in dem die Gesellschafterversammlung ihm keine Vorgaben machen darf, ist strittig. Ein solcher Bereich dürfte wohl abzulehnen sein, da die Gesellschafterversammlung als oberstes Organ die Organisation der GmbH so gestalten kann, wie sie es für richtig hält, solange die zwingenden Vorschriften zum Schutze der Gläubiger und der Interessen der Allgemeinheit eingehalten werden[29]. Der Geschäftsführer selbst ist jedenfalls nicht vor den Gesellschaftern zu schützen.

> Gesellschafterversammlung hat das „Sagen"

Die Dominanz der Gesellschafterversammlung geht allerdings nicht so weit, dass sie auch die Vertretung der Gesellschaft nach außen an sich ziehen darf. Die Gesellschaft wird durch den oder die Geschäftsführer vertreten. Diese Aufgabe verbleibt den Ge-

> Vertretung bleibt Sache des Geschäftsführers

---

[29] OLG Düsseldorf ZIP 1984, 1476, 1478; OLG Nürnberg NZG 2000, 154, 155: Die oberste Leitungsfunktion kann im Gesellschaftsvertrag bzw. durch Gesellschafterbeschluss bis auf die unentziehbaren Mindestbefugnisse abgeschwächt werden.

schäftsführern, auch wenn sie diese im Innenverhältnis nur nach Anweisung ausführen.

Instrumente der
Gesellschafter-
versammlung

Der Gesellschafterversammlung stehen mehrere Instrumentarien zur Verfügung, mit denen sie ihre übergeordnete Geschäftsführungskompetenz durchsetzen kann. Die Gesellschafter müssen sich überlegen, ob und in welchem Umfang sie von diesen Möglichkeiten Gebrauch machen. Dies hängt von ihrem eigenen Know-how und der Person des Geschäftsführers ab. Sicherlich gibt es Geschäftsführer, die erst dann „zur vollen Blüte" gelangen, wenn man ihnen Spielräume für ein eigenverantwortliches Tätigsein lässt. Ist ein solcher Geschäftsführer zudem noch kompetenter als die Gesellschafterversammlung, wäre jeder Eingriff schädlich. Die Entscheidungen des Geschäftsführers würden durch die Vorgaben der Gesellschafterversammlung allenfalls „verschlimmbessert".

Entscheidet sich die Gesellschafterversammlung - aus welchen Gründen auch immer - hingegen dafür, dem Geschäftsführer Vorgaben zu erteilen, so bieten sich folgende Maßnahmen an:

1. Bereits im Gesellschaftsvertrag, d.h. in der Satzung, können Vorgaben gemacht werden, die der Geschäftsführer einzuhalten hat.
2. Durch Gesellschafterbeschlüsse, insbesondere Weisungsbeschlüsse, kann der Geschäftsführer angewiesen werden, wie er sich zu verhalten hat.
3. Die Gesellschafter haben ferner einige Geschäftsführungskompetenzen nach § 46 GmbHG, wie die Mitwirkung bei der Bestellung von Prokuristen und Generalhandlungsbevollmächtigten.
4. Bei außergewöhnlichen Geschäften ist die Gesellschafterversammlung einzuschalten. Auf dieses Recht können die Gesellschafter bestehen oder auch den Geschäftsführer gewähren lassen.
5. Im Anstellungsvertrag können Zustimmungsvorbehalte für einzelne Geschäfte verankert werden.

Achtung!
Als Geschäftsführer müssen Sie die Satzung im Einzelnen kennen; in ihr enthaltene Vorgaben müssen Sie beachten. Gleiches gilt für Gesellschafterbeschlüsse und Zustimmungsvorbehalte, die im Anstellungsvertrag vereinbart sind. Tritt ein Geschäftsführer sein Amt an, sollte er sich die Satzung und alle noch geltenden Gesellschafterbeschlüsse beschaffen.

Zu den einzelnen Instrumentarien, mit denen auf die Geschäftsführungsbefugnis eingewirkt werden kann, wird im Folgenden eingegangen.

b. Satzungsbestimmungen

Der Gesellschaftsvertrag kann vorsehen, dass der Geschäftsführer
wichtige Angelegenheiten der Gesellschafterversammlung vorlegen muss. Hier kann ein Katalog von Geschäften in der Satzung
aufgeführt werden, die vorlagepflichtig sind. Der Geschäftsführer
darf dann nur mit Zustimmung der Gesellschafterversammlung
dieses Geschäft vornehmen. Der Katalog kann z.B. wichtige Geschäfte wie die Errichtung von Filialen, den Erwerb von Beteiligungen bzw. die Gründung von Tochtergesellschaften, Grundstücksgeschäfte, bauliche Maßnahmen im wesentlichen Umfang,
den Abschluss, die Änderung bzw. Kündigung langfristiger Verträge, die Eingehung von Krediten sowie die Einstellung und Entlassung von Arbeitnehmern umfassen.

*Zustimmungs-
katalog in
Satzung*

c. Gesellschafterbeschlüsse, insbesondere Weisungen

Vorgaben in der Satzung sind starr, eine Umgestaltung dieser Vorgaben bedarf einer Satzungsänderung. Damit die Gesellschafterversammlung flexibel reagieren kann, hat sie die Möglichkeit,
durch Gesellschafterbeschlüsse Weisungen zu erteilen. Diese Weisungsbeschlüsse setzen dem Geschäftsführer für sein Handeln
Schranken. Es besteht eine Folgepflicht des Geschäftsführers. Als
Belohnung für diese Folgepflicht tritt allerdings auch eine haftungsentlastende Wirkung für den Geschäftsführer ein, d.h. der
Geschäftsführer kann, sofern die gesetzlichen Rahmenbedingungen gewahrt bleiben, gemäß § 43 GmbHG grundsätzlich nicht für
sein Handeln auf Weisung von der Gesellschaft zur Verantwortung
gezogen werden[30].
  Der Gesellschafterversammlung steht es zu, konkrete Weisungen oder auch allgemeine Weisungen zu erteilen. Eine konkrete
Weisung liegt etwa vor, wenn die Gesellschafterversammlung anordnet, dass ein bestimmtes, bereits ins Auge gefasstes Dienstfahr-
zeug nicht angeschafft wird. Eine allgemeine Weisung wäre es,
wenn die Gesellschafterversammlung beschließt, dass Anschaf-
fungen im Bereich des Fuhrparks generell nur nach Rücksprache
und Genehmigung durch die Gesellschafterversammlung zulässig
sind.
  Die Weisungsbefugnis der Gesellschafterversammlung endet
dort, wo das zwingende Recht Vorgaben macht, die auch die Ge-

*Weisungsrecht
der Gesell-
schafter-
versammlung*

---

[30] BGHZ 122, 333, 336, 31, 258, 278; BGH NZG 1999, 1001, 1002; Siehe dazu
im einzelnen unten 3. Teil, D II 2 b.

sellschafterversammlungen nicht aushebeln können. Dies betrifft insbesondere den Bereich der Kapitalerhaltung[31].

Ferner sind die Geschäftsführer nicht verpflichtet, nichtige Gesellschafterbeschlüsse auszuführen. Bei einem anfechtbaren Beschluss, der unanfechtbar wird, weil niemand Anfechtungsklage erhebt, besteht hingegen eine Folgepflicht. Ist der Beschluss noch anfechtbar bzw. wurde er bereits angefochten und fehlt es nur noch an einem rechtskräftigen Urteil, so hat der Geschäftsführer grundsätzlich einen Ermessensspielraum, ob er den Beschluss bereits ausführt oder den Ausgang des Prozesses abwartet.

Existenzgefährdende Weisungen

Einen noch nicht hinreichend geklärten Problemkreis stellt die Frage dar, ob der Geschäftsführer die Ausführung von Weisungen, die für die GmbH *existenzgefährdend* sind, verweigern darf.

Dazu folgendes Beispiel, das an den vom *OLG Frankfurt* vom 7. Februar 1997 entschiedenen Fall angelehnt ist[32]:

Beispiel: *„ Third-World-Products via Belgium "*
Das Unternehmen Agro Products AG (AG) importiert Lebensmittel aus der Dritten Welt. In Deutschland hat die AG mit der Lagerhaltung die Lightlagergesellschaft mbH (GmbH) beauftragt. Hierfür wurde ein Bewirtschaftungsvertrag abgeschlossen, aufgrund dessen die GmbH monatlich 40.000 € für die Lagerung der Produkte und die Verteilung im Inland erhält. Geschäftsführer der GmbH ist G. Die GmbH ist eine hundertprozentige Tochtergesellschaft der AG. Die AG möchte nunmehr ihr Vertriebskonzept ändern und zentral in Belgien ein Lager für ganz Europa errichten. Daneben wird es nur noch kleinere Warenlager geben. Der Bewirtschaftungsvertrag soll daher modifiziert werden. Der Geschäftsführer G wird von der Gesellschafterversammlung, die aus der Alleingesellschafterin, d.h. der AG besteht, angewiesen, einer Änderung des Bewirtschaftungsvertrags zuzustimmen. Danach sollen lediglich 20.000 € monatlich bei entsprechend reduzierter Leistung an die GmbH gezahlt werden. G ist mit dieser Änderung nicht einverstanden, da er die Gefahr einer Insolvenz befürchtet. Diese Ansicht teilt die AG nicht, da sie meint, dass G durch Personalabbau und durch die Untervermietung des freigewordenen Lagerplatzes das Unternehmen durchaus retten kann. G verweigert nachhaltig trotz mehrmaliger Aufforderung mit Fristsetzung die Unterzeichnung und wird sodann wegen dieser Pflichtverletzung fristlos gekündigt und mit sofortiger Wirkung abberufen.
Die Weisung war grundsätzlich rechtmäßig, weil das wirtschaftliche Wohl der GmbH als solches nicht unter dem Schutz der Rechtsordnung steht. Auch für die Gesellschaft offensichtlich nachteilige Weisungen sind unbedenklich, der Geschäftsführer ist verpflichtet, sie umzusetzen[33]. Anders läge der Fall nur dann, wenn die Weisung derart sittenwidrig wäre, dass die GmbH sehenden Auges in die Insolvenz getrieben werden würde. Eine geradezu greifbare Wahrscheinlichkeit

---

[31] Siehe unten 1. Teil, E I 1.
[32] OLG Frankfurt ZIP 1997, 450.
[33] OLG Frankfurt ZIP 1997, 450, 451.

der Insolvenz lag hier jedoch nach Ansicht des Gerichts nicht vor, so dass von einer existenzgefährdenden Weisung, deren Ausführung verweigert werden dürfte, nicht auszugehen ist. Nur in Ausnahmefällen liegen daher sittenwidrige, weil existenzgefährdende Weisungen vor, deren Ausführung der Geschäftsführer verweigern darf.

d. Kompetenzen nach § 46 GmbHG

In § 46 GmbHG sind einige Kompetenzen zur Geschäftsführung der Gesellschafterversammlung und nicht dem Geschäftsführer zugewiesen. So ist es gemäß § 46 Nr. 7 GmbHG Aufgabe der Gesellschafterversammlung, über die Bestellung von Prokuristen und Generalhandlungsbevollmächtigten zu entscheiden. Prokuristen haben eine sehr weitgehende rechtsgeschäftliche Vollmacht. Sie sind nach den Vorschriften des HGB zu allen gerichtlichen und außergerichtlichen Handlungen ermächtigt, die der Betrieb eines Handelsgewerbes mit sich bringt. Weniger weitgehend ist die Vollmacht der Generalhandlungsbevollmächtigten; diese dürfen lediglich Handlungen vornehmen, die der betreffende Handelsbetrieb gerade erfordert. Zur Prozessführung sind sie grundsätzlich nicht bevollmächtigt, so dass sich ihre Tätigkeit nur auf die außergerichtliche Interessenwahrnehmung erstreckt.

Bestellung von Prokuristen und Generalhandlungsbevollmächtigten

Die Gesellschafterversammlung entscheidet also über die Bestellung dieser, dem Geschäftsführer nachgeordneten Manager.

Allerdings gilt dies nur im Innenverhältnis, so dass die Umsetzung der Entscheidung der Gesellschafterversammlung wieder vom Geschäftsführer selbst vorgenommen werden muss. Aufgabe des Geschäftsführers ist es dann, den Prokuristen rechtsgeschäftlich zu bevollmächtigen, d.h. ihm die Prokura zu erteilen bzw. dem Generalhandlungsbevollmächtigten die Generalhandlungsvollmacht einzuräumen[34]. Aufgrund der im Außenverhältnis weit reichenden Vertretungsmacht wäre eine eigenmächtige Bestellung von Prokuristen und Generalhandlungsbevollmächtigten durch den Geschäftsführer zwar wirksam, jedoch pflichtwidrig.

Umsetzung durch Geschäftsführer

Strittig ist, ob der Gesellschafter, der Prokurist oder Generalhandlungsbevollmächtigter werden soll, selbst auf der Gesellschafterversammlung mitstimmen darf. Soweit ersichtlich, liegt zu dieser Frage noch keine höchstrichterliche Rechtsprechung vor. Dies hängt wohl damit zusammen, dass eine Person, die nicht das Vertrauen aller Gesellschafter oder zumindest einer qualifizierten Mehrheit besitzt, nicht zum Prokuristen bestellt werden sollte und dies in der Praxis auch nicht sehr häufig geschieht. Da der Gesellschafter-Geschäftsführer auch bei seiner eigenen Bestellung berechtigt ist, mit abzustimmen, bestehen erst recht keine Bedenken, dass er für seine eigene Einsetzung als Prokurist, der ja weniger

---

[34] BGHZ 62, 166, 168 f.

weit reichende Befugnisse als ein Geschäftsführer hat, votieren darf.

Widerruf durch Geschäftsführer

Der Widerruf der Prokura bzw. die Abberufung des Generalhandlungsbevollmächtigten liegt im Kompetenzbereich des Geschäftsführers. Gleiches gilt für den Abschluss und die Beendigung des Anstellungsvertrags mit dem nachgeordneten Manager. Selbstverständlich hat der Geschäftsführer die Interessen der Gesellschafterversammlung zu wahren und muss sich insoweit loyal verhalten. Auch ist es jederzeit möglich, dass die Gesellschafterversammlung dem Geschäftsführer in diesen Fragen Einzelweisungen erteilt.

e. Außergewöhnliche Geschäfte und Grundlagenentscheidungen

Grundlagenentscheidungen sind Aufgabe der Gesellschafter

Grundlagenentscheidungen gehören nicht zur Geschäftsführung. Unter diesem Begriff werden wesentliche Entscheidungen, die den einzelnen Gesellschafter betreffende Mitgliedschaft berühren, wie z.B. die Veränderung der Gewinnverteilung und der Stimmrechte sowie Strukturentscheidungen, zusammengefasst. Satzungsänderungen sind immer Grundlagengeschäfte. Zu Strukturentscheidungen zählen beispielsweise die Auflösung der Gesellschaft, wesentliche Änderungen der Unternehmensorganisation sowie der Abschluss von Beherrschungs- und Gewinnabführungsverträgen. Diese Grundlagenentscheidungen sind stets Aufgabe der Gesellschafter, die in ihrer Gesamtheit hierüber zu befinden haben.

Außergewöhnliche Maßnahmen gehören zur Geschäftsführung

Ungewöhnliche bzw. außergewöhnliche Maßnahmen hingegen gehören zur Geschäftsführung. Was ungewöhnliche Maßnahmen im Einzelnen sind, lässt sich nicht eindeutig festlegen. Auf jeden Fall gehören dazu solche Maßnahmen, die über das Tagesgeschäft hinausgehen und von besonderer Bedeutung sind. Die Bedeutung muss immer in Relation zu dem Gesellschaftszweck und der Größe gesehen werden. Sie kann sich aus dem Risiko, dem Umfang und dem Ausnahmecharakter des Geschäfts ergeben. So ist etwa die Einführung eines neuen Vertriebssystems wie im oben genannten Beispiel (*"Medizintechnik für alle"*) ein ungewöhnliches Geschäft. Auch Maßnahmen, die sich außerhalb des Unternehmensgegenstands bewegen, sind ungewöhnlich.

Zustimmungsvorbehalt der Gesellschafterversammlung

Ungewöhnliche Maßnahmen darf die Gesellschafterversammlung an sich ziehen, indem sie etwa einen Zustimmungskatalog vorschreibt, der entweder in der Satzung, in Gesellschafterbeschlüssen oder auch im Anstellungsvertrag verankert wird. Die Gesellschafterversammlung hat aufgrund ihrer überragenden Finanz-, Personal- und Überwachungskompetenz das Recht, dem Geschäftsführer hier Schranken aufzuerlegen.

Aber auch wenn ein solcher Zustimmungsvorbehalt fehlt, ist anerkannt, dass aus § 49 II GmbHG eine Pflicht des Geschäftsführers resultieren kann, der Gesellschafterversammlung vor der Vornahme des außergewöhnlichen Geschäfts selbiges zur Genehmigung vorzulegen. Nach § 49 II GmbHG ist die Gesellschafterversammlung dann einzuberufen, wenn es im Interesse der Gesellschaft erforderlich erscheint. Steht ein außergewöhnliches Geschäft an, kann eine Einberufungspflicht bestehen. Jedenfalls dann, wenn der Geschäftsführer damit rechnen muss, dass seine Entscheidung auf den Widerspruch der Gesellschafterversammlung stößt, muss er diese zuvor einberufen. Dies ist etwa der Fall, wenn der Geschäftsführer die Unternehmenspolitik ändern will, da die Bestimmung der Unternehmenspolitik grundsätzlich Aufgabe der Gesellschafterversammlung ist.

Vorlagepflicht des Geschäftsführers

Beispiel: *„ Vom Buchhandel zum Multimedia-Markt"*
Die GmbH betrieb bisher einen Bucheinzelhandel mit drei Ladengeschäften. Der Geschäftsführer möchte nunmehr diesen verstaubten Bereich etwas „aufpeppen" und aus den Buchläden Multimedia-Märkte machen. In den Märkten sollen dann auch moderne Medien, wie CD-ROMs und Musik-CDs sowie andere Tonträger und Computerspiele angeboten werden. Selbst wenn diese Maßnahme noch vom satzungsmäßig festgelegten Unternehmensgegenstand gedeckt sein würde, bestünde hier eine Vorlagepflicht, da der Geschäftsführer vermuten muss, dass die Gesellschafter mit einer derart einschneidenden Änderung der Unternehmenspolitik nicht so ohne weiteres einverstanden sein werden. Besteht also Anlass anzunehmen, dass die Gesellschafterversammlung Widerspruch erhebt bzw. Änderungen vorschlagen oder vorschreiben könnte, so ist ihr ein solches Vorhaben vorzulegen[35].

Tipp für den Geschäftsführer!
Haben Sie Zweifel, ob Sie ein ungewöhnliches Geschäft vornehmen, für das Sie die Zustimmung der Gesellschafterversammlung benötigen, so legen Sie dies im eigenen Interesse vorsorglich der Gesellschafterversammlung vor. Eigeninitiative ist zwar wünschenswert, zahlt sich aber dann nicht aus, wenn sich Risiken des geplanten Geschäfts realisieren, für die man dann Sie zur Verantwortung ziehen könnte.

---

[35] Siehe auch BGH NJW 1984, 1461.

f. Zustimmungskatalog im Anstellungsvertrag

Vorgaben im An-
stellungsvertrag

Ein Katalog von Geschäften, zu deren Ausführung der Geschäftsführer der Zustimmung der Gesellschafterversammlung bedarf,
kann nicht nur in der Satzung, sondern auch im Anstellungsvertrag
verankert werden[36].

Da die Gesellschafterversammlung für den Abschluss des Anstellungsvertrags zuständig ist, bestehen gegen eine Aufnahme
solcher Zustimmungsvorbehalte keine Bedenken. Der Geschäftsführer hat diese Vorgaben einzuhalten.

3. Gesamt- oder Einzelgeschäftsführungsbefugnis

Mehrere Ge-
schäftsführer

Hat die GmbH mehrere Geschäftsführer, so gilt der Grundsatz der
Gesamtgeschäftsführungsbefugnis. Das bedeutet, dass alle Ge-
schäftsführer Entscheidungen gemeinsam treffen müssen. Dieses
Prinzip wird aus § 35 II Satz 2 GmbHG gefolgert. Dort ist der
Grundsatz der Gesamtvertretung verankert, der besagt, dass im
Außenverhältnis - sofern nichts anderes geregelt ist - nur *alle* Ge-
schäftsführer *gemeinsam* handeln können. Entsprechendes gilt
auch für das Innenverhältnis, also für die Geschäftsführung.

Die Geschäftsführer müssten also über jede Maßnahme zunächst einen Beschluss fassen. Nach überwiegender Ansicht muss
dieser Beschluss einstimmig verabschiedet werden, so dass alle
Geschäftsführer ihre Zustimmung zu erteilen hätten. Die Satzung
bzw. die Gesellschafter können per Beschluss aber auch das
Mehrheitsprinzip einführen.

Der Grundsatz der Gesamtgeschäftsführung schränkt die Gesellschaft in ihrer Flexibilität sehr ein. Er kann daher gelockert o-
der auch durch Einzelgeschäftsführungsbefugnis ersetzt werden.
Die Gesellschafter können hier völlig frei darüber befinden, wie
sie die Kompetenzverteilung der Geschäftsführung untereinander
regeln. Sie haben die Wahl, es grundsätzlich bei der Gesamtgeschäftsführung zu belassen und nur für Entscheidungen von gerin-
gerer Bedeutung Einzelgeschäftsführungsbefugnis anzuordnen.
Bestimmten Geschäftsführern kann Einzelgeschäftsführungsbefugnis erteilt werden, während den übrigen Geschäftsführern nur
eine Gesamtgeschäftsführungsbefugnis zugebilligt wird.

Geschäftsver-
teilung ist
üblich

In der Praxis ist die Einführung von Einzelgeschäftsführungs-
befugnissen im Wege der Geschäftsverteilung üblich. Hierfür werden verschiedene Ressorts eingerichtet und einzelnen Geschäftsführern zur eigenverantwortlichen Erfüllung übertragen. Welche
Ressorts gebildet werden, hängt von den Bedürfnissen der konkreten Gesellschaft ab. Denkbar sind beispielsweise die Ressorts Ein-

---

[36]   Siehe § 4 des im Anhang 1 abgedruckten Mustervertrags.

kauf, Vertrieb/Absatz, Personalwesen, Organisation, Finanzen und Rechnungswesen, technische Leitung sowie Außenbeziehungen.

Die Gesellschafter können durch Weisungen oder auch in der Satzung eine Geschäftsordnung beschließen, durch die die Ressorts aufgeteilt werden. Diese Weisungen bzw. Vorgaben der Gesellschafterversammlung sind dann für die Geschäftsführer bindend.

Treffen die Gesellschafter selbst keine Entscheidungen, legen sie jedoch generell fest, dass Einzelgeschäftsführungsbefugnis besteht, so können die Geschäftsführer untereinander selbst Ressorts aufteilen.

Die Einführung von Einzelgeschäftsführungsbefugnis führt zwar dazu, dass der betreffende Geschäftsführer in seinem Ressort einen eigenen Verantwortungsbereich hat, in welchem er auch grundsätzlich allein entscheiden kann. Essentielle Entscheidungen von überragender Bedeutung bleiben aber der Geschäftsführung als Kollegialorgan vorbehalten. Hier gilt der Grundsatz der Gesamtverantwortung[37]. Der Grundsatz der Gesamtverantwortung, der von einer Allzuständigkeit der Geschäftsführer in wichtigen Fragen ausgeht, führt dazu, dass auch Geschäftsführer, deren Ressort nicht betroffen ist, eine Pflichtverletzung begehen können, wenn sie sich an der Entscheidung nicht beteiligen bzw. gegen die Entscheidung ihres Ressortkollegen nicht einschreiten.

Ressort- und Gesamtverantwortung

Aus dem Grundsatz der Gesamtverantwortung folgt auch, dass trotz einer Ressortaufteilung bei Entscheidungen von besonderem Gewicht jeder Mitgeschäftsführer vorab zu informieren ist und ein Widerspruchsrecht hat. Die Maßnahme muss dann von allen Geschäftsführern gemeinsam beraten und beschlossen werden. Gleichzeitig muss geprüft werden, ob möglicherweise eine ungewöhnliche Maßnahme vorliegt, die bereits eine Einberufung der Gesellschafterversammlung erfordert.

III. Die Vertretung der Gesellschaft

1. Überblick

Der Geschäftsführer ist *organschaftlicher* Vertreter der Gesellschaft. Dies bedeutet, dass der Geschäftsführer bereits kraft seiner Stellung die Gesellschaft vertreten kann. Er hat „automatisch" Vertretungsberechtigung. Ein Organ zeichnet sich gerade dadurch aus, dass es exklusive Zuständigkeiten hat, die nur dieses Organ wahrnehmen kann. Weitere Organe der GmbH sind die Gesellschafterversammlung sowie ggf. ein vorhandener Aufsichtsrat oder Beirat.

Geschäftsführer als „oberster" Vertreter

Aufgrund der Vertretungsbefugnis darf der Geschäftsführer im Namen der Gesellschaft wirksam Willenserklärungen abgeben.

---

[37] Siehe 3. Teil, B II.

Die Vertretung gehört zur Geschäftsführung im weitesten Sinne (= Leitung). Die Geschäftsführung im weitesten Sinne umfasst sowohl die Geschäftsführungsbefugnis im Innenverhältnis als auch die Vertretungsberechtigung im Außenverhältnis. Sämtliche Verträge, die die Gesellschaft im Außenverhältnis abschließt, z.B. Arbeitsverträge, Kaufverträge oder Mietverträge, kommen durch zwei korrespondierende Willenserklärungen zustande. Die GmbH als juristische Person ist nur durch die Mitwirkung natürlicher Personen, d.h. durch Menschen, handlungsfähig. Dies können der Geschäftsführer oder auch ihm nachgeordnete Angestellte sein, wie z.B. weitere Manager, die im Rahmen einer Prokura oder Handlungsvollmacht auftreten. Oberster Vertreter bleibt jedoch der Geschäftsführer, dessen organschaftliche Vertretung weit reichender ist als die rechtsgeschäftliche Vertretung der Prokuristen oder Handlungsbevollmächtigten.

Der Geschäftsführer vertritt die GmbH außerdem in allen Gerichtsprozessen. Er nimmt sämtliche Prozesshandlungen vor. Wird gegen die GmbH ein erfolgloser Zwangsvollstreckungsversuch unternommen und anschließend die Abgabe der eidesstattlichen Versicherung beantragt, so ist der Geschäftsführer verpflichtet, das Vermögensverzeichnis der GmbH an Eides statt zu versichern.

2. Unbeschränkbarkeit und Unübertragbarkeit der Vertretungsmacht

Vertretungsmacht ist „unantastbar"

Die Vertretungsmacht des Geschäftsführers ist grundsätzlich unentziehbar und mit Wirkung für das Außenverhältnis unbeschränkbar. Der Geschäftsführer hat die gesetzlich in § 35 GmbHG vorgesehene Vertretungsmacht, ohne dass die Gesellschafter oder Dritte hieran etwas ändern können. In § 35 GmbHG heißt es:

§ 35 GmbHG [Vertretung durch Geschäftsführer]
(1) Die Gesellschaft wird durch die Geschäftsführer gerichtlich und außergerichtlich vertreten.
(2) Dieselben haben in der durch den Gesellschaftsvertrag bestimmten Form ihre Willenserklärungen kundzugeben und für die Gesellschaft zu zeichnen. Ist nichts darüber bestimmt, so muss die Erklärung und Zeichnung durch sämtliche Geschäftsführer erfolgen. Ist der Gesellschaft gegenüber eine Willenserklärung abzugeben, so genügt es, wenn dieselbe an einen der Geschäftsführer erfolgt.
(3) Die Zeichnung geschieht in der Weise, dass die Zeichnenden zu der Firma der Gesellschaft ihre Namensunterschrift hinzufügen.
(4) Befinden sich alle Geschäftsanteile der Gesellschaft in der Hand eines Gesellschafters oder daneben in der Hand der Gesellschaft und ist er zugleich deren alleiniger Geschäftsführer, so ist auf seine Rechtsgeschäfte mit der Gesellschaft § 181 des Bürgerlichen

Gesetzbuchs anzuwenden. Rechtsgeschäfte zwischen ihm und der von ihm vertretenen Gesellschaft sind, auch wenn er nicht alleiniger Geschäftsführer ist, unverzüglich nach ihrer Vornahme in eine Niederschrift aufzunehmen.

Dass sich der Geschäftsführer im Innenverhältnis strikt an die Weisungen der Gesellschafterversammlung halten muss, ändert nichts daran, dass er im Außenverhältnis unbeschränkte Vertretungsmacht hat. Diese wird durch § 37 II GmbHG geschützt. Diese Bestimmung lautet:

Unbeschränkbarkeit der Vertretungsmacht

§ 37 II GmbHG [Unbeschränkbarkeit der Vertretungsbefugnis im Außenverhältnis]

Gegen dritte Personen hat eine Beschränkung der Befugnis der Geschäftsführer, die Gesellschaft zu vertreten, keine rechtliche Wirkung. Dies gilt insbesondere für den Fall, dass die Vertretung sich nur auf gewisse Geschäfte oder Arten von Geschäften erstrecken oder nur unter gewissen Umständen oder nur für eine gewisse Zeit oder an einzelnen Orten stattfinden soll, oder dass die Zustimmung der Gesellschafter oder eines Organs der Gesellschaft für einzelne Geschäfte erfordert ist.

§ 37 II GmbHG ist, so der *BGH*[38], Ausdruck des Prinzips, dass der Handelsverkehr auf dem Gebiet der organschaftlichen Vertretungsbefugnis klare Verhältnisse erfordert. Für den Dritten, der mit dem Geschäftsführer ein Rechtsgeschäft abschließt bzw. diesem gegenüber (für die Gesellschaft) Erklärungen abgibt, ist es unzumutbar, sich in jedem Einzelfall über den Umfang der Vertretungsmacht zu informieren. Daher hat sich der Gesetzgeber dafür entschieden, dem Geschäftsführer eine fest umrissene, nicht einschränkbare Vertretungsmacht einzuräumen.

Der Geschäftsführer kann somit im Rahmen seiner Vertretungsmacht im Außenverhältnis im beliebigen Umfang auftreten, auch wenn er dies im Innenverhältnis gegenüber der Gesellschafterversammlung nicht darf.

Achtung!
Missachten Sie als Geschäftsführer interne Bindungen, indem Sie im Außenverhältnis ein von der Gesellschafterversammlung nicht erwünschtes Geschäft abschließen, so machen Sie sich schadensersatzpflichtig. Je nach den Umständen des Einzelfalls kann eine solche Pflichtverletzung die Gesellschafterversammlung auch zu einer Abberufung aus wichtigem Grund bzw. zur fristlosen Kündigung des Anstellungsvertrags berechtigen.

---

[38] BGH ZIP 1997, 1419.

Generalvollmacht neben Vertretungsmacht des Geschäftsführers

Die Vertretungsmacht des Geschäftsführers ist *unübertragbar.* Der Geschäftsführer kann zwar einzelne Befugnisse delegieren, nicht jedoch seine Position und seine organschaftliche Vertretungsmacht als Ganzes[39]. Auch die Gesellschafter können die Vertretung der GmbH im Rechtsverkehr nicht an sich ziehen[40]. Nicht in allen Einzelheiten geklärt ist die Frage, inwieweit eine Generalvollmacht eines Dritten, die GmbH im beliebigen Umfang zu vertreten, rechtlich zulässig ist. Einigkeit besteht darüber, dass der Generalbevollmächtigte nicht alle Funktionen anstelle des Geschäftsführers ausüben darf. Eine solche verdrängende Generalvollmacht wäre in jedem Fall unwirksam[41]. Es ist ferner strittig, inwieweit neben der organschaftlichen Vertretungsmacht des Geschäftsführers eine Generalvollmacht ergänzend oder teilweise verdrängend möglich ist. Das *OLG Naumburg*[42] hält eine solche Generalvollmacht solange für zulässig, wie dem Geschäftsführer ein eigenverantwortlicher Bereich verbleibt. In keinem Fall dürfen dem Geschäftsführer die gesetzlichen Pflichten (Handelsregisteranmeldungen, Kapitalerhaltung, Insolvenzantragstellung) entzogen werden. Meines Erachtens ist auch eine teilweise verdrängende Generalvollmacht in keinem Fall zulässig. Sie kann nur ergänzend neben der organschaftlichen Vertretungsmacht bestehen[43]. Die Gesellschaft muss zwingend in jedem Bereich auch durch den Geschäftsführer vertreten werden können. Ist eine Generalvollmacht im Einzelfall unzulässig, so bietet sich eine Umdeutung in eine General*handlungs*vollmacht an, die trotz ihres irreführenden Wortlautes weniger weitgehend ist als die Generalvollmacht. Eine Generalhandlungsvollmacht räumt sogar weniger Kompetenzen als eine Prokura ein[44].

3. Grundsatz der Gesamtvertretung

a. Bedeutung

Gesamtvertretung bei mehreren Geschäftsführern

Hat die Gesellschaft mehrere Geschäftsführer, so müssen grundsätzlich alle Geschäftsführer an den rechtsgeschäftlichen Erklärungen mitwirken. Dies folgt aus § 35 II Satz 2 GmbHG, wonach - sofern nichts anderes bestimmt ist - eine Erklärung und Zeich-

---

[39]   BGH WM 1988, 1418, 1421 ,siehe auch BGH GmbHR 2002, 972, wonach die Befugnis des Geschäftsführers einer GmbH zur organschaftlichen Willensbildung und -erklärung und die damit verbundene Verantwortung unübertragbar ist.

[40]   BGHZ 113, 62, 67.

[41]   BGH WM 1976, 1246.

[42]   OLG Naumburg GmbHR 1994, 556.

[43]   So auch *Baumbach/Hueck*, GmbHG, § 35 Rdnr. 36 a; siehe auch KG GmbHR 1991, 579, das wohl nur die Organbefugnisse übertragende Generalvollmacht für unzulässig hält.

[44]   Zur Umdeutung siehe BGH WM 1988, 1418, 1421; GmbHR 2002, 972.

nung durch sämtliche Geschäftsführer erfolgen muss. Die Gesamtvertretung kann sich auf verschiedene Weise realisieren. Entweder geben alle Geschäftsführer gemeinschaftlich eine gleichlautende Willenserklärung ab; denkbar ist aber auch, dass die Abgabe der Willenserklärung getrennt erfolgt. Entscheidend ist nur, dass eine inhaltliche Übereinstimmung vorliegt.

Da die Gesamtvertretung recht umständlich ist, lässt die Praxis **Ermächtigung** gegenseitige Ermächtigungen zu. Jeder Geschäftsführer kann daher andere Mitgeschäftsführer ermächtigen, für ihn aufzutreten. Dies bietet sich insbesondere dann an, wenn Ressorts gebildet worden sind. Mit der Ermächtigung erklärt sich der Geschäftsführer damit einverstanden, dass der andere allein auftritt[45]. Der Umfang der Ermächtigung kann variabel ausgestaltet werden. Tritt ein Geschäftsführer alleine und ohne Ermächtigung des Mitgeschäftsführers auf, so kann der übergangene Geschäftsführer auch nachträglich seine Zustimmung erteilen, so dass das Geschäft dann wirksam wird. Fehlt es jedoch an einer Ermächtigung oder nachträglichen Zustimmung, so tritt der Handelnde als Vertreter ohne Vertretungsmacht auf und muss damit rechnen, dass er selbst in die Haftung genommen wird. Die Gesellschaft ist jedenfalls nicht verpflichtet worden. Etwas anderes gilt nur, wenn der Vertragspartner aufgrund der Vorverhandlungen darauf vertrauen konnte, dass der Geschäftsführer allein auftreten darf. Dann kann ausnahmsweise die Gesellschaft nach den sog. Grundsätzen der Rechtsscheinshaftung verpflichtet werden, obwohl der Geschäftsführer eigentlich gar nicht allein hätte handeln dürfen.

Der Geschäftsführer, der seinen Mitgeschäftsführer ermächtigt, **Widerruf der** allein aufzutreten, kann diese Ermächtigung jederzeit ohne Zu- **Ermächtigung** stimmung des Mitgeschäftsführers widerrufen. Gültig ist auch der Widerruf eines anderen Geschäftsführers.

Die Gesamtvertretung schützt die Gesellschaft und damit die **Umfang der** Gesellschafterversammlung. Daher darf die Ermächtigung nicht so **Ermächtigung** weit gehen, dass dadurch die Geschäftsführer eigenmächtig die Gesamtvertretung in eine Einzelvertretung umwandeln[46].

Beispiel: *„Der Bund ruft"*
G und H sind Geschäftsführer einer GmbH. Es besteht Gesamtvertretung. H wird zur Bundeswehr einberufen, so dass er nicht mehr als Mitgeschäftsführer zur Verfügung steht. Damit die Geschäfte ordnungsgemäß weiterlaufen, erteilt er dem Mitgeschäftsführer G umfassende Vollmacht, ihn in allen Fragen der Geschäftsführung zu vertreten. Eine solche umfassende Vollmacht würde die Gesamtvertretung in eine Einzelvertretung umwandeln und wäre daher zumindest im In-

---

[45] Siehe *Baumbach/Hueck*, GmbHG, § 35 Rdnr. 66, wonach die Ermächtigung einen organschaftlichen Akt besonderer Art bedeutet, durch den organschaftliche Gesamtvertretungsmacht zur Alleinvertretungsmacht „erstarkt".

[46] BGH WM 1978, 1047, 1048.

nenverhältnis unzulässig. Hier müsste entweder die Gesellschafterversammlung dem G Einzelgeschäftsführungsbefugnis erteilen oder aber H abberufen und an seiner Stelle einen neuen Geschäftsführer bestellen. Im Außenverhältnis ist jedoch eine Generalermächtigung grundsätzlich wirksam, sofern die Berufung hierauf nicht missbräuchlich ist[47].

Passivvertretung durch jeden Geschäftsführer möglich

Eine Ausnahme vom Grundsatz der Gesamtvertretung besteht bei der sog. Passivvertretung. Diese betrifft die Entgegennahme von Willenserklärungen, die an die Gesellschaft gerichtet werden. Kündigt beispielsweise ein Mitarbeiter seinen Arbeitsvertrag, so genügt es, wenn diese Kündigungserklärung einem der Geschäftsführer zugeht. Sie muss nicht sämtlichen Geschäftsführern zugehen, bloß weil Gesamtvertretung besteht. Der Grundsatz, wonach bei der Passivvertretung der Zugang bei einem Geschäftsführer genügt, ist in § 35 II Satz 3 GmbHG verankert. Die Passivvertretung gilt nicht nur für echte Willenserklärungen, sondern auch für geschäftsähnliche Handlungen, wie Mängelanzeigen bei der Lieferung mangelhafter Ware oder Zahlungsaufforderungen an die GmbH.

b. Wegfall eines Geschäftsführers

Ein Geschäftsführer kann gänzlich oder auch nur vorübergehend verhindert sein, das Amt des Geschäftsführers auszuüben.

Vorübergehende Verhinderung lässt Gesamtvertretung unberührt

Ist ein Geschäftsführer nur *vorübergehend* verhindert, das Amt des Geschäftsführers auszuüben, z.B. weil er zur Bundeswehr einberufen wird oder längere Zeit im Ausland weilt, so tritt nicht automatisch eine Einzelgeschäftsführungsbefugnis des verbleibenden Geschäftsführers ein. Auch ist, wie soeben dargestellt, keine umfassende Ermächtigung des Abwesenden möglich[48].

Letztlich muss eine Auslegung der Satzung ergeben, was für den Fall einer längerfristigen Abwesenheit eines Geschäftsführers gelten soll.

Tipp für die Gesellschafter!
Belassen Sie es bei der Gesamtvertretung, so sollten Sie in der Satzung eine Regelung aufnehmen, die anordnet, was für den Fall gelten soll, wenn ein Geschäftsführer dauerhaft oder vorübergehend wegfällt. Sie könnten in der Satzung ausdrücklich regeln, dass für diese Situation Einzelgeschäftsführungsbefugnis, zumindest kommissarisch, besteht. Oder aber Sie ordnen an, dass in einem solchen Fall der verbleibende Geschäftsführer unverzüglich die Gesellschafterversammlung einzuberufen hat, die dann einen zweiten Geschäftsführer bestellt.

---

[47] *Baumbach/Hueck*, GmbHG, § 35 Rdnr. 67.
[48] Siehe auch BGHZ 34, 27, 30.

Fällt ein Geschäftsführer *dauerhaft* weg, z.B. weil er verstirbt oder auf unabsehbare Zeit geisteskrank geworden ist, darf der verbleibende Geschäftsführer die Gesellschaft grundsätzlich allein vertreten. Dies gilt jedenfalls dann, wenn es in der Satzung heißt, dass die Gesellschaft einen oder mehrere Geschäftsführer hat und bei dem Vorhandensein mehrerer Geschäftsführer Gesamtvertretung besteht. Daraus ist zu schließen, dass in dem Fall, in dem es nur einen Geschäftsführer gibt, dieser die Gesellschaft auch allein vertreten darf. Sieht die Satzung allerdings zwingend vor, dass die Gesellschaft mindestens zwei Geschäftsführer hat, die die Gesellschaft gemeinsam vertreten, so kann der verbleibende Geschäftsführer organschaftlich die Gesellschaft nicht allein vertreten. Hier muss die Gesellschafterversammlung entsprechend der Satzung zügig einen zweiten Geschäftsführer bestellen. Sofern die Voraussetzungen vorliegen, kann das Gericht auch einen Notgeschäftsführer bestellen.

Dauerhafter Wegfall eines Geschäftsführers

4. Beteiligung von Prokuristen

Prokuristen dürfen grundsätzlich allein auftreten. Das HGB sieht jedoch die Möglichkeit einer Gesamtprokura vor. Diese besagt, dass die Prokuristen nur gemeinsam auftreten dürfen. Die Gesamtprokura ist damit der Gesamtvertretung vergleichbar. Zulässig ist jedoch auch die Bindung von Prokuristen an den allein- oder den gesamtvertretungsberechtigten Geschäftsführer[49].

Hier sind alle Varianten möglich, solange die Geschäftsführer auch allein - ohne Mitwirkung der Prokuristen - auftreten dürfen. Keinesfalls zulässig ist eine zwingende Bindung der Geschäftsführer an Prokuristen. Die organschaftlichen Vertreter müssen immer auch die Gesellschaft ohne Mitwirkung Dritter vertreten können.

Hingegen kann der Prokurist im beliebigen Umfang an den oder die Geschäftsführer gebunden werden. Denkbar ist etwa die *gemischte Gesamtvertretung*, bei der die Gesellschaft entweder durch die Geschäftsführer in ihrer Gesamtheit, durch zwei Geschäftsführer oder einen Geschäftsführer und einen Prokuristen vertreten wird. Bei der gemischten Gesamtvertretung ist also eine Vertretung der Gesellschaft nur durch die Geschäftsführer möglich. Der Prokurist kann hingegen niemals allein die Gesellschaft vertreten, er bedarf immer der Mitwirkung eines Geschäftsführers. Denkbar ist auch die *halbseitige* Gesamtvertretung, wonach jeder Geschäftsführer die Gesellschaft allein vertreten darf, der Prokurist jedoch nur im Zusammenspiel mit einem Geschäftsführer.

Gemischte Gesamtvertretung

---

[49] BGHZ 99, 76, 78.

5. Grenzen der Vertretungsmacht

a. Überblick

Der Grundsatz der unbeschränkten Vertretungsmacht stößt allerdings auf Grenzen. Es gibt Fälle, bei denen eine Geltung dieses Prinzips nicht angezeigt ist.

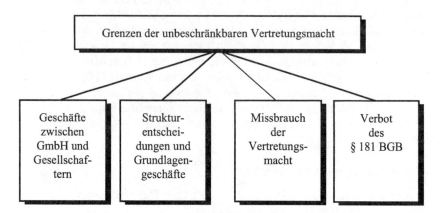

"Binnengeschäfte" zwischen Gesellschaft und Gesellschaftern

Dies betrifft zunächst die Rechtsgeschäfte zwischen den Gesellschaftern und ihrer Gesellschaft. Für den Rechtsverkehr zwischen der GmbH und einzelnen Gesellschaftern soll nach übereinstimmender Auffassung des *BAG*[50] und des *BGH*[51] der Grundsatz der unbeschränkten Vertretungsmacht nicht gelten. Die gesetzliche Anordnung der für das Außenverhältnis grundsätzlich unbeschränkbaren Vertretungsmacht dient den Bedürfnissen des Handelsverkehrs, der klare Rechtsverhältnisse erfordert. Es ist nicht möglich, dass ein Dritter, der Rechtsgeschäfte mit einem organschaftlichen Vertreter abschließt, in jedem Einzelfall über dessen Vertretungsbefugnis Erkundigungen einzuziehen hat. Im Verhältnis zwischen der Gesellschaft und den Gesellschaftern ist ein solcher Schutz hingegen nicht erforderlich. In dem vom *BAG* entschiedenen Fall[52] ging es um die Kündigung eines Arbeitnehmers, der gleichzeitig Gesellschafter der GmbH gewesen ist. Im Arbeitsvertrag war geregelt, dass die fristgerechte Kündigung eines mitarbeitenden Gesellschafters nur mit vorheriger Zustimmung der Gesellschafterversammlung möglich ist. Eine solche Zustimmung würde im Prinzip dem Grundsatz der unbeschränkbaren Vertretungsmacht widersprechen. Das *BAG* hat jedoch den Grundsatz im Innenverhältnis zwischen der Gesellschaft und den Gesellschaftern nicht für anwendbar gehalten, so dass die Kündigung allein durch

[50] BAG ZIP 1994, 1290, 1292 f.; BAG ZIP 1998, A 72.
[51] BGHZ 38, 26, 33; BGH ZIP 1997, 1419.
[52] BAG ZIP 1994, 1290.

den Geschäftsführer mangels Zustimmung der Gesellschafterversammlung unwirksam war[53].

Keine Anwendung findet § 37 II GmbHG, wenn der Geschäftsführer ausdrücklich beim Abschluss des Vertrags darauf hinweist, dass zur Wirksamkeit desselben die Zustimmung der Gesellschafterversammlung nötig ist und er deshalb auch im Außenverhältnis nur dann eine vertragliche Bindung herbeiführen möchte, wenn diese Zustimmung erteilt wird[54].

Zustimmungsvorbehalt kann vereinbart werden

Beispiel: *„Investitionen nur nach Rücksprache"*
G darf Investitionen über 20.000 € nur mit Zustimmung der Gesellschafterversammlung tätigen. Er kauft für die GmbH eine Baumaschine für 50.000 €, betont jedoch bei Vertragsabschluß, dass das Geschäft nur unter dem Vorbehalt geschlossen werden könne, dass die Gesellschaft zustimmt. Eine solche Vereinbarung ist zulässig und wirksam. Verweigert die Gesellschafterversammlung ihre Zustimmung, ist der Vertrag hinfällig.

Keine Vertretungsmacht haben die Geschäftsführer ferner für den Abschluss und die Änderung ihres Anstellungsvertrags. Hierfür ist die Gesellschafterversammlung zuständig[55].

Für Anstellungsvertrag keine Vertretungsmacht

Eine weitere Grenze für die Vertretungsmacht des Geschäftsführers bilden außerdem bestimmte Strukturentscheidungen. So ist der Abschluss eines Beherrschungsvertrags nur mit Zustimmung der Gesellschafterversammlung sowohl des Tochterunternehmens als auch des beherrschenden Mutterunternehmens zulässig. Wird ein Beherrschungsvertrag ohne Zustimmung der Gesellschafterversammlungen abgeschlossen, so ist er schwebend unwirksam.

Grenze sind Strukturentscheidungen

Weitere Zustimmungsvorbehalte enthalten § 32 Mitbestimmungsgesetz sowie § 15 Montanmitbestimmungsergänzungsgesetz. Diese beiden Vorschriften sind recht kompliziert formuliert. Es geht im Kern darum, dass die Anteilseignervertreter im Aufsichtsrat der Muttergesellschaft bei bestimmten Entscheidungen in Tochtergesellschaften bzw. abhängigen Gesellschaften mitwirken müssen. Eine Vertiefung dieses Problemkreises würde jedoch den Rahmen dieses Werks sprengen.

b. Sonderproblem: Missbrauch der Vertretungsmacht

Die im Außenverhältnis unbeschränkbare Vertretungsmacht bringt erhebliche Gefahren für die Gesellschaft mit sich. Der Geschäftsführer kann die GmbH nahezu unbegrenzt verpflichten und dadurch großen Schaden anrichten.

---

[53] BAG NJW 1994, 3117, 3119.
[54] BGH ZIP 1997, 1419.
[55] Siehe ausführlich unten 2. Teil D; zum Problem des § 181 BGB, siehe unten D III 5 c.

Beispiel: *„Der Kutscher ohne Droschken"*

A ist Alleingesellschafter der Subito-Kraftdroschken-GmbH (S-GmbH). Die GmbH betreibt das Taxigeschäft mit 65 Droschken. Geschäftsführer ist G. Zwischen G und A gab es in letzter Zeit einige Spannungen. Die Tage des G sind daher gezählt. G möchte A vor seinem Abgang noch einen Denkzettel verpassen und veräußert daher den gesamten Fuhrpark, d.h. sämtliche 65 Taxen, an einen auswärtigen Taxiunternehmer, der aufgrund eines Inserats von dem Verkauf erfuhr. Die Fahrzeuge werden übereignet, die Kfz-Briefe übergeben. Das Geschäft ist wirksam, da G im Rahmen seiner im Außenverhältnis unbeschränkbaren Vertretungsmacht handelte. Der Käufer hatte keinerlei Erkundigungspflichten, ob dieses weitreichende Geschäft von der Gesellschafterversammlung abgesegnet wurde bzw. im Interesse der Gesellschafter lag.

Keine Nachforschungspflicht des Vertragspartners

Auch der *BGH* lehnt ausdrücklich eine besondere Verpflichtung des Vertragspartners ab, zu überprüfen, ob und inwieweit der Vertreter im Innenverhältnis gebunden ist, von einer nach außen unbeschränkbaren Vertretungsmacht nur begrenzt Gebrauch zu machen. Das Risiko, dass der Vertreter seine Vertretungsmacht missbräuchlich ausübe, trage grundsätzlich der Vertretene, hier also die GmbH[56]. Der Geschäftsführer hätte im letzten Beispiel sicherlich bei einem Geschäft von dieser Tragweite, bei dem es sich um eine außergewöhnliche Maßnahme handelte, die Gesellschafterversammlung einberufen müssen, damit diese über das Geschäft entscheidet.

Selbst der Umstand, dass der Geschäftsführer bewusst zum Nachteil der GmbH handelte, genügt allein nicht, um dem Geschäft im Außenverhältnis seine Wirksamkeit zu nehmen.

Missbrauch ist Grenze

Es besteht allerdings Einigkeit darüber, dass dem Geschäftsführer bei einer missbräuchlichen Ausübung seiner Vertretungsmacht Schranken gesetzt werden müssen. Erforderlich ist eine Abwägung zwischen den Interessen der Gesellschaft, die davor geschützt werden „möchte", dass der Geschäftsführer missbräuchlich seine Vertretungsmacht ausübt, und den Interessen des Vertragspartners, der seinerseits ein schutzbedürftiges Interesse daran hat, dass der Geschäftsführer die gesetzlich vorgesehene Vertretungsmacht auch tatsächlich besitzt und dem zudem eine Erkundigungspflicht nicht aufgebürdet werden soll. Schließlich hat sich die GmbH ihren Geschäftsführer selbst ausgesucht und daher grundsätzlich das Risiko der missbräuchlichen Ausübung der Vertretungsmacht zu tragen. Mit dem Ziel, diese widerstreitenden Interessen auszugleichen, entwickelte die Rechtsprechung daher die Grundsätze des *Missbrauchs der Vertretungsmacht*, bei denen ausnahmsweise das Geschäft nicht der GmbH entgegengehalten werden kann.

---

[56]   Siehe BGH WM 1994, 1204, 1206.

Die Grundsätze des Missbrauchs der Vertretungsmacht knüpfen an zwei Voraussetzungen an:

1. Pflichtwidriger Gebrauch der Vertretungsmacht
2. Schutzwürdigkeit des Dritten

Zunächst setzen die Grundsätze des Vollmachtsmissbrauchs voraus, dass der Geschäftsführer von seiner Vertretungsmacht im Innenverhältnis pflichtwidrig Gebrauch macht. Ein solcher Gebrauch liegt vor, wenn der Geschäftsführer seine im Innenverhältnis bestehenden Schranken bewusst überschritt, etwa weil er sich gegen Weisungen hinwegsetzte oder außergewöhnliche Geschäfte ohne Rücksprache mit der Gesellschafterversammlung vornahm. So lagen die Verhältnisse im vorgenannten Beispiel. Aber selbst wenn im Innenverhältnis keine Schranken bestehen, kann ein pflichtwidriger Gebrauch vorliegen. Dies ist dann der Fall, wenn das konkrete Geschäft bewusst zum Nachteil der Gesellschaft vorgenommen wurde oder aber wenn der mutmaßliche Wille der Gesellschafterversammlung gegen dieses Geschäft gerichtet ist.

Der Vertreter überschreitet pflichtwidrig seine Kompetenzen bzw. Pflichten im Innenverhältnis, wenn er seine formal nach außen wirksame Vollmacht ausnutzt. Schädigungsabsicht ist nicht erforderlich. Strittig ist, ob Vorsatz zu fordern ist oder ob Fahrlässigkeit des Vertreters ausreicht. Für die handelsrechtlich unbeschränkbare organschaftliche Vertretungsmacht des GmbH-Geschäftsführers (§ 37 II GmbHG) soll nach dem *BGH* nur eine bewusste, also vorsätzliche Ausnutzung der Vollmacht zum Nachteil der Handelsgesellschaft ausreichen[57].

Zweite Voraussetzung ist die Schutzwürdigkeit des Vertragspartners. Dieser ist grundsätzlich schutzwürdig und darf darauf vertrauen, dass der Geschäftsführer die gesetzlich eingeräumte Vertretungsmacht auch tatsächlich ausüben darf. Der Dritte ist jedoch nicht mehr schutzwürdig, wenn er weiß oder wenn es sich ihm „geradezu aufdrängen" muss, dass der Vertreter seine Vertretungsmacht missbraucht[58]. Im Urteil vom 19.4.1994[59] spricht der *BGH* von einer sog. *objektiven Evidenz* des Missbrauchs. Ausschlaggebend ist nicht, ob der betroffene Vertragspartner den Missbrauch tatsächlich erkannt hat[60]. Entscheidend ist vielmehr, ob

Pflichtwidriger Gebrauch

Schutzwürdigkeit des Dritten

---

[57] BGH NJW 1990, 384, 385; außerhalb der handelsrechtlichen Vollmachten lässt auch der *BGH* einfache Fahrlässigkeit genügen: BGH MDR 1964, 592; NJW 1988, 3013; eine eindeutige Linie des *BGH* besteht aber nicht.

[58] BGH NJW 1984, 1461, 1462; BGHZ 113, 315, 320.

[59] BGH WM 1994, 1204, 1206.

[60] Nach *Baumbach/Hueck*, GmbHG, § 37 Rdnr. 26 soll die Ansicht, wonach positive Kenntnis des Vertragspartners von dem pflichtwidrigen Handeln verlangt wird, nicht mehr vertreten werden; strittig ist, ob bereits einfache oder erst grob fahrlässige Unkenntnis schadet.

der Missbrauch für den Vertragspartner erkennbar gewesen war. Es kommt also bei objektiver Betrachtungsweise darauf an, ob das Verhalten des Vertreters so verdächtig war, dass sich beim Vertragspartner Zweifel förmlich aufdrängen mussten. Maßgeblich ist, ob der Missbrauch für den Vertragspartner offensichtlich, d.h. evident ist. Diese Lösung bürdet dem Vertragspartner keine unzumutbaren Nachforschungspflichten auf und ist daher praktikabel.

Beispiel: *„Verkauf an Verbandskollegen"*
Fortführung des obigen Taxi-Beispiels: G verkauft den Fuhrpark der S-GmbH diesmal nicht an einen auswärtigen Taxiunternehmer, sondern an einen ortsansässigen Gewerbetreibenden, der den Alleingesellschafter der S-GmbH aus dem Taxi-Verband sehr gut kennt und weiß, dass dieser mit Leib und Seele Taxiunternehmer ist. Auch hat der Interessent bereits gehört, dass es Spannungen zwischen dem Geschäftsführer und dem Alleingesellschafter gibt. Er reflektiert diese Kenntnis jedoch nicht weiter, sondern freut sich, dass er die 65 Taxen günstig erwerben kann.

Hier könnte das Geschäft nach den Grundsätzen des Missbrauchs der Vertretungsmacht unwirksam sein. Wie oben ausgeführt, hat der Geschäftsführer G im Innenverhältnis seine Pflichten verletzt, da er dieses außergewöhnliche Geschäft nicht der Gesellschafterversammlung - bestehend aus A - vorgelegt hat. Ferner handelt G bewusst zum Nachteil der Gesellschaft. Auch entspricht das Geschäft nicht dem mutmaßlichen Willen des Gesellschafters. Für den pflichtwidrigen Gebrauch der Vertretungsmacht würde es schon genügen, wenn eines der Kriterien vorliegt.

Der Geschäftspartner, d.h. der Käufer, ist allerdings nicht schutzwürdig, da sich ihm der Vollmachtsmissbrauch - unter Berücksichtigung seiner Kenntnisse - hätte aufdrängen müssen. Aus Sicht des Käufers war das Verhalten des Geschäftsführers so verdächtig, dass er an der Zulässigkeit des Geschäfts hätte zweifeln müssen. Der Treueverstoß des G war hier offensichtlich. Aufgrund dieser Evidenz ist der Geschäftspartner nicht mehr schutzwürdig.

Eine weitere, eindeutige Fallgruppe des Vollmachtsmissbrauchs ist das kollusive Zusammenwirken zwischen dem Vertragspartner und dem Geschäftsführer.

Beispiel: *„Der neue Job"*
Fortführung des obigen Beispiels: G wirkt mit dem Käufer, dem ortsansässigen Taxiunternehmer, einvernehmlich zusammen. Dieser weiß von der Pflichtwidrigkeit des Verkaufs, möchte jedoch die Taxen günstig erwerben. Als Gegenleistung für das lukrative Geschäft bietet er G einen neuen Job in seinem Betrieb an. Hier wirken der Käufer und der Geschäftsführer kollusiv zusammen, das ganze Geschäft ist schon aus diesen Gründen sittenwidrig und damit nichtig.

Die Grundsätze des Vollmachtsmissbrauchs bieten damit in Extremfällen eine Begrenzung der Vertretungsmacht und schützen die GmbH in derartigen Ausnahmefällen vor ihrem treuwidrigen Geschäftsführer.

c. Sonderproblem: Verbot des § 181 BGB

aa. Überblick

§ 181 BGB umfasst die Fälle des Selbstkontrahierens sowie der Mehrfachvertretung:

> **§ 181 BGB [Verbot des Selbstkontrahierens und der Mehrfachvertretung]**
>
> *Ein Vertreter kann, soweit ihm nicht ein anderes gestattet ist, im Namen des Vertretenen mit sich im eigenen Namen oder als Vertreter eines Dritten ein Rechtsgeschäft nicht vornehmen, es sei denn, dass das Rechtsgeschäft ausschließlich in der Erfüllung einer Verbindlichkeit besteht.*

Diese Vorschrift soll Interessenkollisionen verhindern, die dadurch entstehen könnten, dass der Geschäftsführer Interessen der Gesellschaft mit eigenen vermischt bzw. sowohl die Belange der Gesellschaft als auch gleichzeitig jene eines Dritten wahrnimmt. Damit dient § 181 BGB dem Schutz des Vertretenen, aber auch dem Schutz der Gläubiger der Gesellschaft, die sich darauf verlassen können, dass Rechtsgeschäfte, die von derartigen Interessenskonflikten geprägt sind und die der Gesellschaft schaden könnten, nicht ohne weiteres vorgenommen werden können[61]. | Zweck des § 181 BGB

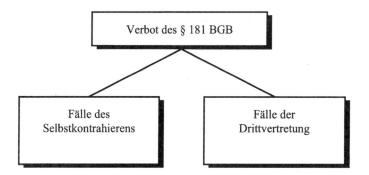

Die erste Fallgruppe des § 181 BGB, das Verbot des Selbstkontrahierens, ist einschlägig, wenn der Geschäftsführer als Vertreter der Gesellschaft mit sich selbst Geschäfte tätigt. | Verbot des Selbstkontrahierens

---

[61] BGHZ 87, 59, 62.

Beispiel: *„Oldtimer-Träume"*

G ist Geschäftsführer einer GmbH, die zu Werbezwecken einen Oldtimer im Fuhrpark hält. G meint, dass die Werbewirkung des Oldtimers im Laufe der Zeit etwas nachgelassen hat, so dass man sich neue Akquisitionsmöglichkeiten überlegen sollte. G persönlich könnte den Oldtimer allerdings gut gebrauchen. Er schließt daher über den Erwerb des Oldtimers mit der GmbH einen Kaufvertrag ab, wobei als Kaufpreis der Marktwert des Fahrzeugs vereinbart wird.

Mit der Vornahme dieses Geschäfts verstößt G grundsätzlich gegen das Verbot des Selbstkontrahierens gemäß § 181 BGB. Daran ändert auch der Umstand nichts, dass als Gegenleistung ein marktüblicher Preis vereinbart wurde. Ein solches Geschäft wäre grundsätzlich schwebend unwirksam gemäß § 177 BGB. Zu Möglichkeiten, wie der Verstoß geheilt werden kann, siehe die folgenden Ausführungen.

Das Verbot des Selbstkontrahierens ist nicht einschlägig, wenn der Aufsichtsrat im Verhältnis zum Geschäftsführer die Gesellschaft vertritt. Hätte G also im vorigen Beispiel das Fahrzeug von der Gesellschaft, vertreten durch den Aufsichtsrat, gekauft, so stünde der Wirksamkeit des Rechtsgeschäfts das Verbot des § 181 BGB nicht entgegen.

Verbot der Mehrfachvertretung

Von einer Mehrfachvertretung spricht man, wenn der Geschäftsführer sowohl die GmbH als auch einen Dritten beim Abschluss eines Rechtsgeschäfts vertritt. Der Dritte kann hier auch eine konzernverbundene Gesellschaft sein. Das Verbot der Mehrfachvertretung ist ebenfalls von § 181 BGB erfasst.

Beispiel: *„Der Oldtimer für den Freund"*

G möchte wie im vorigen Beispiel den Oldtimer veräußern. Ein guter Freund von ihm ist Sammler derartiger Fahrzeuge und hat Interesse am Erwerb des Oldtimers. G schließt nun namens der GmbH mit dem Freund einen Kaufvertrag ab, wobei der Freund selbst nicht auftritt, sondern sich seinerseits ebenfalls von dem Geschäftsführer vertreten lässt. Der schriftliche Kaufvertrag wird also namens der GmbH vom Geschäftsführer G, aber auch namens des Freundes vom Geschäftsführer G unterzeichnet. Dies verstößt gegen das in § 181 BGB verankerte Verbot der Mehrfachvertretung.

bb. Anwendungsbereich des § 181 BGB

Einzelfälle

§ 181 BGB gilt nicht, wenn ein anderer einzelvertretungsberechtigter Geschäftsführer auftritt. Im vorletzten Beispiel des Selbstkontrahierens könnte der Oldtimer also an G verkauft werden, wenn für die Gesellschaft ein zweiter Geschäftsführer handelt, der Einzelvertretungsbefugnis hat.

Ebenfalls nicht vom Anwendungsbereich des § 181 BGB erfasst, sind Rechtsgeschäfte, bei denen die Gesellschaft durch einen Prokuristen oder Handlungsbevollmächtigten vertreten wird. Diese Fallgruppe ist allerdings strittig, der *BGH* lehnt eine Anwendung des § 181 BGB ab[62]. Die Prokuristen einer GmbH sind, so der *BGH*, nicht als Unterbevollmächtigte des Geschäftsführers anzusehen, sondern erfüllen ihre Vertretungsaufgabe in eigener Verantwortung gegenüber der Gesellschaft. Schaltet der Geschäftsführer hingegen Unterbevollmächtigte ein, ohne ihnen Prokura zu erteilen, so gilt das Verbot des § 181 BGB[63]. Der *BGH* begründet seine Ansicht unter anderem damit, dass ein Unterbevollmächtigter typischerweise von den Weisungen seines (Unter-)Vollmachtgebers abhängig ist; seine Vertretungsmacht kann entsprechend beschränkt werden[64]. Eine Beschränkung der Prokura mit Wirkung für das Außenverhältnis ist dagegen nicht möglich. Bei der Einschaltung des Unterbevollmächtigten ist es unerheblich, ob dieser für die GmbH oder für den Geschäftsführer selbst, der mit der GmbH Geschäfte machen will, eingeschaltet wird.

Besteht in der Gesellschaft Gesamtvertretung, so soll § 181 BGB nach der Ansicht des *BGH* nicht gelten, wenn der eine Gesamtvertreter, d.h. der Geschäftsführer, den anderen zur Alleinvertretung für dieses konkrete Geschäft ermächtigt[65]. Derjenige, der den anderen Gesamtgeschäftsführer ermächtigt hat, kann dann selbst Vertragspartner des Geschäfts werden bzw. einen Dritten vertreten.

Eine Geltung des Verbots des § 181 BGB wird hingegen für den Fall bejaht, in dem der Geschäftsführer für die Gesellschaft und der Ehegatte des Geschäftsführers für den Vertragspartner auftritt.

§ 181 BGB gilt schon nach seinem Wortlaut nicht, wenn das Rechtsgeschäft ausschließlich in der Erfüllung einer Verbindlichkeit besteht. Zahlt sich der Geschäftsführer also beispielsweise sein Gehalt aus, indem er Bargeld aus der Kasse entnimmt und dies auch ordnungsgemäß deklariert, so gilt für dieses Rechtsgeschäft, d.h. für die Übereignung des Bargelds, nicht das Verbot des § 181 BGB.

Ferner soll nach der Rechtsprechung des *BGH* § 181 BGB keine Anwendung finden, wenn das Geschäft für den Vertretenen, hier also die Gesellschaft, lediglich rechtlich vorteilhaft ist[66]. Schenkt also der Geschäftsführer der Gesellschaft seinen PC, so ist diese Schenkung durch ihren Vollzug wirksam, auch wenn der Geschäftsführer dadurch mit sich selbst ein Rechtsgeschäft vorgenommen hätte. Von dem Rechtsgeschäft gingen keinerlei Gefahren

---

[62] BGHZ 91, 334, 335 ff.
[63] Siehe BGHZ 64, 72, 76.
[64] BGHZ 64, 72, 77.
[65] Siehe BGHZ 64, 72, 75 für die Kommanditgesellschaft; **a.A.** *Baumbach/Hueck*, GmbHG, § 35 Rdnr. 76.
[66] Siehe BGHZ 59, 236, 239 ff.

für die Gesellschaft oder die Gläubiger aus, so dass § 181 BGB für
diesen Fall nicht gelten muss.

cc. Rechtsfolgen

**Schwebende
Unwirksamkeit
- Genehmigung
möglich**

Nach herrschender Ansicht ist ein Geschäft, das gegen § 181 BGB
verstößt, schwebend unwirksam[67]. Der Geschäftsführer wird als
Vertreter ohne Vertretungsmacht behandelt. Es gelten die
§§ 177 ff. BGB. Das Geschäft müsste also nachträglich „abgesegnet", d.h. genehmigt werden. Für die Erteilung der Genehmigung
ist die Gesellschafterversammlung zuständig. Auch eine Genehmigung der übrigen Geschäftsführer, die selbst die erforderliche
Vertretungsmacht haben, wird für ausreichend erachtet[68]. Die Genehmigung führt zur Wirksamkeit des Geschäfts. Besonderheiten
bestehen jedoch bei der Einpersonen-GmbH, bei der der Alleingesellschafter zudem Geschäftsführer ist. Auf die Besonderheiten der
Einpersonen-GmbH wird sogleich eingegangen. Bei einer mehrgliedrigen GmbH, bei der es mehrere Gesellschafter gibt, bzw. bei
einer Einpersonen-GmbH, bei der der Geschäftsführer nicht mit
dem Gesellschafter identisch ist, ist eine Genehmigung des
Rechtsgeschäfts, das gegen § 181 BGB verstößt, grundsätzlich
durch Beschluss der Gesellschafterversammlung möglich.

Anstelle einer nachträglichen Genehmigung kommt auch eine
vorherige Gestattung bzw. Befreiung in Betracht.

dd. Gestattung/Befreiung vom Verbot des Selbstkontrahierens

§ 181 BGB gilt nicht, wenn dem Geschäftsführer derartige Rechtsgeschäfte vorher gestattet worden sind. Eine Gestattung kann entweder als Generalbefreiung oder als Ad-hoc-Befreiung für den
Einzelfall erfolgen. Denkbar ist auch eine Befreiung für eine bestimmte Art von Geschäften.

Generalbefreiung

Eine Generalbefreiung bei der mehrgliedrigen Gesellschaft ist
in jedem Fall durch eine entsprechende Regelung in der Satzung,
d.h. im Gesellschaftsvertrag, möglich. Strittig ist, ob eine Generalbefreiung auch ohne Verankerung in der Satzung durch bloßen
Beschluss der Gesellschafterversammlung zulässig ist[69]. Die herr-

---

[67]   BFH GmbHR 1997, 907.
[68]   *Lutter/Hommelhoff*, GmbHG, § 35 Rdnr. 19.
[69]   Siehe OLG Köln GmbHR 2000, 1098; aus den Gründen: *Denn jedenfalls für
den Fall, dass eine generelle Befreiung des Geschäftsführers von dem Verbot
des Selbstkontrahierens erteilt werden soll, entspricht es der st.Rspr. des BGH
(vgl. BGH v. 28.3.1982 - II ZB 8/82, DB 1983, 1192 (1193) = GmbHR 1983,
269; v. 18.11.1999 - IX ZR 402/97, GmbHR 2000, 136ff.), die formell
ordnungsgemäße Änderung der Satzung zumindest dann zu verlangen, wenn -
wie hier dem Gesellschaftsvertrag v. 25.11.1996 - die bisherige Satzungsre-
gelung auf Dauer geändert werden soll. Die nachträgliche generelle Erweiterung der Vertretungsbefugnis des Geschäftsführers einer mehrgliedrigen*

schende Ansicht meint, dass in der Satzung zumindest eine prinzipielle Ermächtigung enthalten sein muss, nach der die Gesellschafterversammlung den Geschäftsführer vom Verbot des § 181 BGB befreien darf[70]. In jedem Fall muss eine generelle Befreiung nach Ansicht des *BGH* in das Handelsregister eingetragen werden[71]. Die bloße Ermächtigung der Gesellschafterversammlung, dem Geschäftsführer eine Befreiung erteilen zu können, ist nach richtiger Ansicht weder eintragungspflichtig noch eintragungsfähig, weil es letztlich nur darauf ankommen kann, ob von dieser Befreiung Gebrauch gemacht wurde. Wird hiervon Gebrauch gemacht, so ist dies anschließend beim Handelsregister anzumelden und die Befreiung einzutragen.

Eine Befreiung für ein einzelnes Geschäft (Ad-hoc-Befreiung) ist bei der mehrgliedrigen GmbH jederzeit ohne satzungsmäßige Grundlage möglich[72]. Es wird sogar vertreten, dass ein förmlicher Gesellschafterbeschluss für die Befreiung nicht erforderlich ist, wenn die Gesellschafter durch schlüssiges Verhalten deutlich gemacht haben, dass sie mit dem Geschäft einverstanden sind.

Befreiung im Einzelfall

Praxistipp für den Geschäftsführer!
Sie sollten als Geschäftsführer im eigenen Interesse darauf achten, dass eine Befreiung vom § 181 BGB zuverlässig vorgenommen worden ist. Bei der generellen Befreiung müssen Sie selbst darauf achten, dass dies beim Handelsregister angemeldet und eingetragen wird. Für eine Befreiung bedarf es in jedem Fall eines Gesellschafterbeschlusses. Sie sollten darauf hinwirken, dass Grundlage für den Gesellschafterbeschluss eine entsprechende Ermächtigung über eine generelle Befreiung in der Satzung ist.
Bei einer Ad-hoc-Befreiung sollten Sie auf einen förmlichen Gesellschafterbeschluss drängen. Nur mit diesem können Sie zuverlässig unter Beweis stellen, dass die Gesellschafterversammlung mit Ihrem Handeln einverstanden war.

GmbH, durch die er allgemein von dem Verbot des Selbstkontrahierens befreit wird, ist nämlich eine Satzungsänderung und bedarf daher der Form des § 53 GmbHG, wenn der Gesellschaftsvertrag (...) hierzu keine Regelung enthält.

[70] Siehe BayObLG DB 84, 1517 f.; OLG Köln GmbHR 1993, 37; OLG Hamm GmbHR 1998, 682.

[71] BGHZ 87, 59, 61 f.

[72] KG GmbHR 2001, 327: Aus den Gründen: *Ausreichend ist auch ein formloser Beschluß außerhalb der Gesellschaftsversammlung, selbst schlüssiges Verhalten der Gesellschafter reicht aus, aus dem sich die Gestattung ergibt (vgl. Schneider in Scholz, GmbHG, 9. Aufl., § 35 Rz. 99; BGH WM 1971, 1082; Konow, GmbHR, 1972, 262). Sog. Befreiungen "ad hoc" sind hiernach ohne satzungsmäßige Grundlage möglich.*

ee. Besonderheiten bei der Einpersonen-GmbH

aaa. Voraussetzungen

§ 181 BGB gilt! Hat die GmbH nur einen Gesellschafter und ist dieser gleichzeitig auch einziger Geschäftsführer, so könnte man annehmen, dass § 181 BGB nicht gilt, da die Gefahr der Interessenkollision weitaus geringer ist. Zumindest besteht keine Gefahr, dass zu Lasten anderer Gesellschafter Rechtsgeschäfte vorgenommen werden. Risiken entstehen jedoch, wenn der Geschäftsführer zu Lasten der GmbH in die eigene Tasche wirtschaftet und Rechtsgeschäfte mit sich selbst möglichst zu seinen Gunsten abschließt. Der Gesetzgeber hat diese Gefahr erkannt und daher mit Wirkung zum 1.1.1981 den § 35 IV GmbHG geschaffen, der ausdrücklich für den Fall der Einpersonen-GmbH, bei der der Gesellschafter gleichzeitig alleiniger Geschäftsführer ist, die Geltung des § 181 BGB anordnet. Auch bei der Einpersonen-GmbH gilt daher das Verbot des § 181 BGB. Ferner bestimmt diese Vorschrift, dass sämtliche Rechtsgeschäfte zwischen dem Gesellschafter-Geschäftsführer und der GmbH unverzüglich nach ihrer Vornahme in eine Niederschrift aufzunehmen sind.

§ 35 IV 4 GmbHG hat zwei Voraussetzungen:

1. Alle Anteile müssen sich in der Hand eines Gesellschafters bzw. in der Hand der Gesellschaft befinden,
2. der Gesellschafter muss alleiniger Geschäftsführer sein.

Die Vorschrift wird allerdings auch dann entsprechend angewandt, wenn die Gesellschaft mehrere Geschäftsführer hat, aber der Alleingesellschafter-Geschäftsführer die Gesellschaft bei dem konkreten Rechtsgeschäft vertritt.

bbb. Befreiung und Genehmigung

Enge Voraussetzungen Bei Geltung des § 35 IV GmbHG erfordert die generelle Befreiung vom Verbot des § 181 BGB ebenfalls eine Verankerung im Gesellschaftsvertrag. Diese wird im Handelsregister eingetragen und bekannt gemacht[73].

Auch bei der Einpersonen-GmbH ist es möglich, dass die generelle Befreiung aufgrund einer Ermächtigung im Gesellschaftsvertrag durch anschließenden Gesellschafterbeschluss erfolgt[74]. Wird sodann von dieser Ermächtigung Gebrauch gemacht, muss dies im Handelsregister eingetragen werden. Das ist wichtig, da die Gläubiger sich über die Vertretungsverhältnisse zuverlässig informieren

---

[73]   BGHZ 57, 59, 60.
[74]   BayObLG DB 1984, 1517 f.; OLG Hamm GmbHR 1998, 682, 683.

können müssen[75]. Der *BGH* hält auch eine konkludente Befreiung für möglich[76].

Die Möglichkeit einer Ad-hoc-Befreiung wie bei der mehrgliedrigen GmbH ohne satzungsmäßige Ermächtigung besteht bei der Einpersonen-GmbH nicht[77]. Liegt also keine wirksame Befreiung vor und hat der Alleingesellschafter-Geschäftsführer gegen § 35 IV GmbHG i.V.m. § 181 BGB verstoßen, so bleiben ihm lediglich folgende Möglichkeiten, das Geschäft zu heilen:

Befreiung allein durch Gesellschafterbeschluss genügt nicht

Er nimmt eine nachträgliche Satzungsänderung vor, durch die er sich von dem Verbot des § 181 BGB befreit. Damit werden auch die Rechtsgeschäfte, die zuvor vorgenommen wurden und die gegen das Verbot des § 181 BGB verstießen, wirksam. Etwas anderes würde nur gelten, wenn man von einer Nichtigkeit ausgeht, was jedoch nicht der herrschenden Ansicht entspricht. Diese nimmt eine schwebende Unwirksamkeit an, so dass eine spätere Heilung noch möglich ist[78].

Heilung durch Satzungsänderung

Statt einer nachträglichen Satzungsänderung käme aber auch die Bestellung eines zweiten, alleinvertretungsberechtigten Geschäftsführers in Betracht, der dann das schwebend unwirksame Rechtsgeschäft genehmigt. Hier muss allerdings damit gerechnet werden, dass diese Maßnahme als eine unzulässige Umgehung des Verbots des § 181 BGB gewertet werden könnte.

Heilung durch Mitgeschäftsführer

Die Genehmigung durch einen Prokuristen soll nach richtiger Ansicht nicht genügen, da der Prokurist vollständig vom alleinigen Gesellschafter abhängig ist[79]. Dies ist allerdings insofern nicht ganz nachvollziehbar, als dass ja auch ein zweiter Geschäftsführer als Fremdgeschäftsführer vom Willen des Alleingesellschafters „beliebig" geleitet werden könnte.

ccc. Speziell: Abschluss des Anstellungsvertrags

Umstritten ist, ob § 181 BGB auch für den Abschluss des Anstellungsvertrags zwischen der GmbH und dem Alleingesellschafter-Geschäftsführer gilt[80]. Der Anstellungsvertrag ist ein freier Dienstvertrag und regelt den persönlichen Status des Geschäftsführers, wie z.B. seine Vergütung. Ein Alleingesellschafter, der gleichzeitig Geschäftsführer ist, benötigt ebenso einen Anstellungsvertrag wie jeder andere Geschäftsführer auch. Da er sich zudem selbst zum

Anstellungsvertrag für den Alleingesellschafter-Geschäftsführer

---

[75] BayObLG WM 1982, 1033.
[76] BGH GmbHR 2004, 949: soweit eine eine Befreiung vom Verbot des Selbstkontrahierens erforderlich ist, spricht bei der üblichen notariellen Satzungsgestaltung eine tatsächliche Vermutung für deren Vorliegen.
[77] KG GmbHR 2001, 327.
[78] BFH GmbHR 1998, 546, 548; *Baumbach/Hueck*, GmbHG, § 35 Rdnr. 78.
[79] Siehe *Scholz/Schneider*, GmbHG, Rdnr. 113; **a.A.** *Baumbach/Hueck*, GmbHG, § 35 Rdnr. 78.
[80] *Baumbach/Hueck*, GmbHG, § 35 Rdnr. 78.

Geschäftsführer bestellen kann und für diesen Akt § 181 BGB anerkanntermaßen nicht gilt, lässt sich vertreten, dass für den Abschluss des Anstellungsvertrags als Annex dieses Verbot ebenfalls nicht einschlägig ist. Der *BGH* hatte bisher keine Gelegenheit, diese Frage zu entscheiden[81]. Der *Bundesfinanzhof* hat offen gelassen, ob er eine Geltung des § 181 BGB für den Abschluss des Anstellungsvertrags annimmt[82]. Dieser Aspekt wird allerdings gerade für die Frage, ob steuerrechtlich verdeckte Gewinnausschüttungen vorliegen, relevant.

Tipp für die Gesellschafterversammlung!
Ist bei einer Einpersonen-GmbH der Alleingesellschafter gleichzeitig einziger Geschäftsführer, kann nur dringend geraten werden, diesen von dem Verbot des § 181 BGB zu befreien. Ansonsten gibt es schon Probleme beim Abschluss des Anstellungsvertrags. Man stelle sich nur vor, was geschähe, wenn sämtliche Vergütungen an den Geschäftsführer steuerrechtlich als verdeckte Gewinnausschüttungen deklariert würden. Die Rechtslage ist hier leider noch ungeklärt.

---

ff. Steuerrechtliche Auswirkungen

Verdeckte Gewinnausschüttung bei Verstoß gegen §181 BGB

Verstößt ein Rechtsgeschäft gegen das Verbot des § 181 BGB und kommt es aufgrund dieses Rechtsgeschäfts zu Zuwendungen an den Geschäftsführer, so stellen diese verdeckte Gewinnausschüttungen dar[83]. Dies gilt sowohl für die mehrgliedrige als auch für die Einpersonen-GmbH.

Die Finanzrechtsprechung fordert rechtswirksame Verträge zwischen der Kapitalgesellschaft und ihrem beherrschenden Gesellschafter. Dies soll dazu dienen, Gewinnausschüttungen und Leistungen aufgrund schuldrechtlicher Verpflichtungen klar voneinander unterscheiden zu können, um auf diese Weise steuerrechtliche Manipulation des beherrschenden Gesellschafters zu vermeiden[84].

Die Finanzverwaltung erkennt daher nur solche Geschäfte an, die auch zivilrechtlich wirksam sind. Die Einhaltung des § 181 BGB bzw. die korrekte Befreiung von seinen Voraussetzungen ist daher auch aus steuerrechtlicher Sicht wichtig.

Relevant wird dies in der Praxis beim Abschluss des Anstellungsvertrags zwischen der GmbH und dem Alleingesellschafter-Geschäftsführer. Werden hier die zu leistenden Geschäftsführer-

---

[81] Beim Anstellungsvertrag, der bei der GmbH & Co. KG zwischen der KG und dem Geschäftsführer der Komplementär-GmbH geschlossen wurde, hielt der BGH § 181 BGB für anwendbar, siehe BGH NJW 1985, 1158, 1159.
[82] BFH GmbHR 1997, 34, 35.
[83] BFH GmbHR 1997, 907.
[84] BFH GmbHR 1997, 34, 35; BFH GmbHR 1997, 907.

vergütungen (z.B. monatliches Festgehalt, Weihnachtsgeld, Tantieme, Pkw-Nutzung, Sozialversicherungsbeiträge, Versorgungszusagen) als verdeckte Gewinnausschüttungen gewertet, so hat dies erhebliche Auswirkungen, da der steuerpflichtige Gewinn der GmbH um diese Ausschüttungen entsprechend erhöht werden müsste.

Wie ausgeführt, hat der *Bundesfinanzhof*[85] offen gelassen, ob er sich der Ansicht anschließt, dass § 181 BGB für den Abschluss des Anstellungsvertrags nicht gilt. Jedenfalls lässt das höchste deutsche Finanzgericht entsprechend der zivilrechtlichen Regelung eine spätere Genehmigung zu. Dadurch entfällt der Verstoß gegen § 181 BGB und damit auch das Vorliegen einer verdeckten Gewinnausschüttung[86]. Zum Zeitpunkt der Verpflichtung zur Zahlung der Vergütungen aus dem Anstellungsvertrag müssen aber immer klare und eindeutige Vertragsvereinbarungen vorgelegen haben, die dann auch so durchgeführt wurden[87]. Hier handelt es sich um weitere Voraussetzungen der Finanzrechtsprechung zur steuerrechtlichen Anerkennung von Anstellungsverträgen, die vom Verbot des § 181 BGB zu trennen sind. Man kann also nachträglich eine Befreiung vom Verbot des § 181 BGB erteilen, nicht jedoch im Nachhinein einen Anstellungsvertrag konzipieren und diesen mit Wirkung für die Vergangenheit anwenden wollen (sog. Nachzahlungsverbot).

IV. Zurechnung

1. Überblick

Im letzten Abschnitt wurde ausführlich dargestellt, dass der Geschäftsführer die Gesellschaft umfassend vertritt. Die Willenserklärungen, die er im Namen der Gesellschaft abgibt, binden diese unmittelbar rechtsgeschäftlich. Er kann für die GmbH etwa Verträge abschließen oder diese kündigen. Anstelle des Geschäftsführers können auch nachgeordnete Manager, wie Prokuristen oder Handlungsbevollmächtigte, auftreten. Sämtliche Erklärungen werden grundsätzlich der GmbH zugerechnet. Die Zurechnung von Willenserklärungen ist daher gesetzlich eindeutig und klar geregelt. Das Problem der Zurechnung stellt sich jedoch nicht nur bei Willenserklärungen, sondern auch bei sonstigen Verhaltensweisen des Geschäftsführers, z.B. bei zum Schadensersatz verpflichtenden Handlungen. Hier muss geprüft und geklärt werden, inwieweit schuldhaftes Verhalten des Geschäftsführers der GmbH zurechenbar ist.

Bindung der GmbH durch Geschäftsführer

---

[85] BFH GmbHR 1997, 34, 35.
[86] BFH GmbHR 1998, 546, 548.
[87] BFH GmbHR 1997, 907; BFH GmbHR 1998, 546, 548.

Ein weiteres Feld der Zurechnungsproblematik ist die Zurechnung von Wissen und Irrtümern. Häufig kommt es auf die Kenntnis oder das Kennenmüssen gewisser Umstände an. Das Gesetz sieht z.B. Möglichkeiten vor, sich vom Vertrag zu lösen, wenn man sich bei der Abgabe von Willenserklärungen geirrt hat. In diesen Fällen ist eine Anfechtung des Vertrags unter bestimmten Umständen möglich. Es muss daher entschieden werden, ob ein Irrtum des Geschäftsführers zur Anfechtung berechtigt.

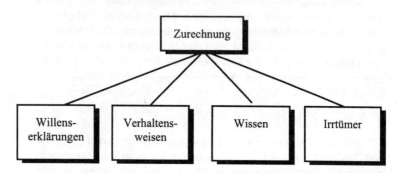

Wer einen anderen arglistig täuscht, z.B. indem er vorgibt, dass die verkaufte Münze aus Gold ist, während sie in Wirklichkeit nur aus minderwertigem Metall besteht, muss damit rechnen, dass die Gegenseite den Vertrag wegen arglistiger Täuschung anficht. Wurde die Täuschung von einem Geschäftsführer verübt, so muss entschieden werden, ob sich die GmbH dies zurechnen lassen muss. Ferner stellt das Gesetz (z.B. §§ 932 II, 892 BGB) beim Erwerb vom Nichtberechtigten auf die Gutgläubigkeit des Erwerbers hinsichtlich der Eigentümerstellung des Veräußerers ab. Wer diesbezüglich bösgläubig ist, kann nicht von einem unberechtigten Veräußerer Eigentum erwerben. Ist hier die Bösgläubigkeit des handelnden Geschäftsführers entscheidend? Hat die GmbH beispielsweise Ansprüche gegen einen Dritten, so beginnt die Verjährungsfrist in dem Augenblick, in dem die Kenntnis von den Tatsachen vorliegt, die den Anspruch begründen. Genügt hier die Kenntnis eines Geschäftsführers oder vielleicht sogar eines nachgeordneten Mitarbeiters? Die fristlose Kündigung eines Arbeitsverhältnisses aus wichtigem Grund muss innerhalb von zwei Wochen erfolgen, nachdem Kenntnis von den Tatsachen, die den wichtigen Grund begründen, erlangt wurde. Auch hier muss geprüft werden, auf wessen Kenntnis es ankommt.

Die Fragen lassen bereits vermuten, dass der Bereich der Wissens- und Irrtumszurechnung recht kompliziert ist. Dies spiegelt sich auch in vielen konträren Ansichten wider, die zu der ganzen Problematik vertreten werden. Weniger umstritten sind hingegen die Grundsätze der Verhaltenszurechnung, auf die zunächst eingegangen werden soll.

2. Verhaltenszurechnung

a. *Voraussetzungen und Rechtsfolgen*

Bei der Verhaltenszurechnung geht es um das Problem, inwieweit der Gesellschaft das Verhalten ihres Geschäftsführers zuzurechnen ist. Grundlage einer Zurechnung von Handlungen des Geschäftsführers ist § 31 BGB. Diese Vorschrift lautet:

Verhalten des Geschäftsführers

§ 31 BGB Haftung des Vereins für Organe
Der Verein ist für den Schaden verantwortlich, den der Vorstand, ein Mitglied des Vorstandes oder ein anderer verfassungsmäßig berufener Vertreter durch eine in Ausführung der ihm zustehenden Verrichtungen begangene, zum Schadensersatze verpflichtende Handlung einem Dritten zufügt.

Diese Bestimmung aus dem Vereinsrecht wird für alle körperschaftlich strukturierten Verbände, daher auch für die GmbH angewandt. Sie ordnet an, dass sich die Gesellschaft sämtliche zum Schadensersatz verpflichtende Handlungen ihres Geschäftsführers zurechnen lassen muss, die dieser - vereinfacht ausgedrückt - „im Dienst" vornimmt.

Beispiel: *„Der Chef im Dienst"*
G ist Geschäftsführer einer Steuerberatungs-GmbH. Er fährt mit dem Dienstrad der GmbH zu einem Klienten, um Buchhaltungsunterlagen vorbeizubringen. Als er schon fast am Ziel ist, fährt er unachtsam eine Passantin „über den Haufen". Er entschuldigt sich vielmals bei ihr und erklärt ihr, dass er Steuerberater und Geschäftsführer einer Steuerberatungsgesellschaft sei und es sehr eilig gehabt habe, da er dringend zu einem Klienten müsse. Er drückt der Passantin, die sich wieder aufgerappelt hat, seine Visitenkarte in die Hand und macht sich von dannen. Die Passantin verklagt nun die GmbH auf Zahlung eines angemessenen Schmerzensgeldes. Die Klage ist erfolgreich, da sich die GmbH die unerlaubte Handlung ihres Geschäftsführers zurechnen lassen muss. Die Passantin kann sich also aussuchen, ob sie sich an die GmbH oder an den Geschäftsführer wendet, der selbstverständlich auch persönlich für die von ihm begangene unerlaubte Handlung haftet.

Nach § 31 BGB wird das schuldhafte Verhalten des Geschäftsführers der GmbH zugerechnet, ohne dass die Gesellschaft eine Entlastungsmöglichkeit hat. Voraussetzung ist aber, dass der Geschäftsführer „in Ausführung der ihm zustehenden Verrichtungen", also im Rahmen seiner dienstlichen Tätigkeit gehandelt hat.

Tatbestandsvoraussetzungen

Hätte also im vorhergehenden Beispiel der Geschäftsführer G die Passantin auf einem privaten Sonntagsausflug verletzt, so wäre dies nicht mehr „in Ausführung der ihm zustehenden Verrichtungen" geschehen, so dass die GmbH hierfür auch nicht einstehen müsste. Eine Zurechnung würde in diesem Fall scheitern.

„Bei Gelegenheit" genügt nicht

Der GmbH werden auch solche Handlungen nicht zugerechnet, die der Geschäftsführer zwar während seines Dienstes vornimmt, die aber nur „bei Gelegenheit" desselben geschehen.

Beispiel: *„Der Geschäftsführer im Keller"*
Fortsetzung des vorhergehenden Beispiels: Der Geschäftsführer G hat dem Klienten die Buchhaltungsunterlagen schließlich zurückgebracht. Dieser bittet G, die Unterlagen doch in den Keller zu tragen und händigt ihm hierfür den Kellerschlüssel aus. Als G im Keller die Unterlagen verstaut, fällt sein Blick auf eine Bronze-Skulptur des Berliner Künstlers Reichmann. Von der Skulptur ist er sofort so fasziniert, dass er nicht anders kann, als diese zu entwenden. Selbstverständlich hat sich der Geschäftsführer schadensersatzpflichtig und darüber hinaus auch strafbar gemacht. Eine Zurechnung dieses Verhaltens gegenüber der GmbH scheidet hier aus, da der Diebstahl nicht in Ausführung der Verrichtung, sondern nur *bei Gelegenheit* derselben erfolgt. Die Abgrenzung, wann eine Handlung „in Ausführung" oder nur „bei Gelegenheit" erfolgte, ist vielfach schwierig. Der Fall der gestohlenen Bronze-Skulptur lässt sich - meines Erachtens allerdings wenig überzeugend - auch gegenteilig entscheiden, wenn man argumentiert, dass der Geschäftsführer G ja gerade beim Verstauen der Geschäftsunterlagen den Diebstahl beging. Dies ist deshalb zweifelhaft, weil die Statue nichts mit den Unterlagen zu tun hat.

b. Einzelfragen

aa. Gesamtvertretung

Zurechnung bei mehreren Geschäftsführern

Hat die GmbH mehrere Geschäftsführer, die nur *gemeinsam* zur Vertretung berechtigt sind (Gesamtvertretung), so genügt es nach Ansicht des *BGH* für eine Verhaltenszurechnung, wenn einer der Geschäftsführer die deliktische Schädigung vornimmt[88].

Beispiel: *„Die Bürgschaft für einen guten Klienten"*
Fortführung des vorhergehenden Beispiels[89]: Die GmbH wird durch G und den Geschäftsführer H vertreten. Beide sind nur gemeinsam vertretungsberechtigt. Diese Gesamtvertretung ist im Handelsregister eingetragen und bekannt gemacht. Geschäftsführer G der Steuerberatungs-GmbH will seine Tätigkeit für diese wegen zahlreicher Spannungen - die auch wegen des Diebstahls der Skulptur entstanden sind - in absehbarer Zeit beenden. Er träumt von einem ruhigen Leben auf Mallorca. Sein Busenfreund F möchte dort ein Haus kaufen und kümmert sich daher um die Finanzierung bei einer Bank. Die Bank ist

---

[88] BGH NJW 1986, 2941, 2942 f.
[89] In Anlehnung an BGHZ 98, 148 = NJW 1986, 2941.

jedoch nur gegen Stellung weiterer Sicherheiten, etwa in Form einer Bürgschaft, zur Gewährung eines Kredits bereit. G verspricht daher F, dass die GmbH eine solche Bürgschaft ohne Kenntnis des Mitgeschäftsführers und der Gesellschafter stellen könne.

G gibt schließlich namens der GmbH - ohne Rücksprache mit dem Mitgeschäftsführer H - eine Bürgschaftserklärung in Höhe von 200.000 € ab, indem er die Bürgschaftsurkunde unterzeichnet. Daraufhin wird F der Kredit gewährt.

Es kommt, wie es kommen musste: F kann den Kredit Jahre später nicht zurückzahlen, weshalb die Bank aufgrund der Bürgschaft von der Steuerberatungs-GmbH Zahlung verlangt. G ist zwischenzeitlich als Geschäftsführer ausgeschieden und lebt bei F auf Mallorca. Geschäftsführer H teilt der Bank mit, dass G seinerzeit wegen der Gesamtvertretung die Bürgschaftserklärung gar nicht hätte allein abgeben dürfen. Deshalb bestünde auch keine Verpflichtung seitens der Steuerberatungs-GmbH.

Es ist richtig, dass ein Bürgschaftsvertrag zwischen der Bank und der Steuerberatungs-GmbH hier nicht zustande gekommen ist, da die Gesamtvertretung grundsätzlich verlangt, dass alle vertretungsberechtigten Geschäftsführer das Rechtsgeschäft vornehmen. Der Bürgschaftsvertrag ist daher mangels Vertretungsmacht schwebend unwirksam und wird durch die nunmehrige Verweigerung der Genehmigung durch die Gesellschaft, vertreten durch H, endgültig unwirksam.

Dennoch könnte aber ein Anspruch der Bank aus unerlaubter Handlung gegen die GmbH bestehen, da ihr Geschäftsführer G die Bank beim Abschluss des Bürgschaftsvertrags getäuscht und damit im Ergebnis einen Betrug im Sinne von § 263 StGB begangen hat. Wegen dieses Betrugs wäre der Geschäftsführer G gemäß § 823 II BGB i.V.m. § 263 StGB persönlich schadensersatzpflichtig. Diese unerlaubte Handlung könnte über § 31 BGB der GmbH zugerechnet werden. Trotz der angeordneten Gesamtvertretung schuldet daher die GmbH grundsätzlich Schadensersatz, sofern - und hierauf wird es entscheidend ankommen - G „in Ausführung der ihm zustehenden Verrichtungen" handelte. Die Abgabe der Bürgschaftserklärung müsste in den ihm zugewiesenen Wirkungskreis fallen. Eine Steuerberatungs-GmbH gibt grundsätzlich keine Bürgschaften ab, so dass G zur Abgabe einer solchen auch nicht bestellt bzw. eingesetzt war. Hier wird man daher wohl sagen müssen, dass die Abgabe der Bürgschaftserklärung nur „bei Gelegenheit", nicht aber „in Ausführung" der dem G zustehenden Verrichtungen erfolgte. Deshalb dürfte im Ergebnis eine Inanspruchnahme der GmbH scheitern.

In dem vom *BGH* entschiedenen Fall wurde die Bürgschaftserklärung von einem Vorstandsmitglied einer Genossenschaftsbank abgegeben, das ohnehin für die Abgabe von Bürgschaftserklärungen zuständig war. Das Vorstandsmitglied hatte, wie in unserem Beispiel, betrügerisch gehandelt und zu Lasten der Bank eine hohe Bürgschaftsverpflichtung begründet. Hier hat der *BGH* angenommen, dass diese nicht „bei Gelegenheit", sondern durchaus „in Ausführung der Verrichtungen" erfolgt ist[90]. Die Lösung des *BGH* ist angreifbar, weil da-

---

[90] BGH NJW 1986, 2941, 2942; siehe auch BGH NJW 1986, 2939.

mit trotz fehlender Vertretungsmacht eine Haftung des Vertretenen, d.h. im vorliegenden Beispiel der Genossenschaftsbank, begründet wird[91].

bb. Organisationsverschulden

Unzureichende Organisation des Geschäftsbetriebs

Ein weiterer Anwendungsbereich des § 31 BGB ist das sog. Organisationsverschulden. Die Gesellschaft, die einen Geschäftsbetrieb unterhält, muss dafür Sorge tragen, dass sämtliche Verkehrssicherungspflichten eingehalten werden. Jeder Geschäftsbereich muss so organisiert werden, dass Schäden Dritter verhindert werden. Die hieraus erwachsenen sog. Organisationspflichten muss der Geschäftsführer umsetzen. Versäumt er dies, so liegt ein schuldhaftes Fehlverhalten vor, das sich die GmbH über § 31 BGB zurechnen lassen muss.

Beispiel: *„Die gefährliche Treppe"*
Die Steuerberatungs-GmbH betreibt ihren Geschäftsbetrieb in einer ihr gehörenden Villa. Die Stufen der Treppe zum Hochparterre sind allerdings völlig heruntergekommen, das Geländer ist schadhaft. Stürzt die Treppe unter einem Besucher ein und wird dieser dadurch geschädigt, so kommt eine Verantwortlichkeit der GmbH wegen Verletzung dieser Verkehrssicherungspflicht in Betracht. Der Geschäftsführer hätte dafür sorgen müssen, dass die Treppe in einem verkehrssicheren Zustand gehalten wird. Dieses Fehlverhalten ist der GmbH über § 31 BGB zuzurechnen.

Achtung!
Selbst wenn die GmbH haftet und dem Geschädigten zum Schadensersatz verpflichtet ist, heißt dies nicht, dass der Geschäftsführer von seiner eigenen Haftung als Schädiger endgültig befreit wäre. Die Gesellschaft kann diesen vielmehr im Innenverhältnis in Regress nehmen. Als Grundlage für den Rückgriff kommen sowohl § 43 GmbHG als auch der übergegangene Anspruch des Geschädigten aus § 823 BGB in Betracht, den nun die GmbH geltend machen darf (§ 823 BGB i.V.m. § 426 II BGB).

---

cc. Verletzung vertraglicher Pflichten

§ 31 BGB gilt auch für Verträge

Über § 31 BGB werden der GmbH nicht nur deliktische Handlungen des Geschäftsführers aus den §§ 823 ff. BGB, sondern auch vertragliche Pflichtverletzungen zugerechnet. Verletzt daher der Geschäftsführer schuldhaft Vertragspflichten der Gesellschaft, so muss sich die GmbH dies entgegenhalten lassen.

---

[91]   Zum Streitstand siehe *Reuter* in: Münchener Kommentar zum BGB, § 31 Rdnr. 35 f.

Beispiel: *„Die Steuer wird teuer"*
Geschäftsführer G der Steuerberatungs-GmbH berät einen Klienten fehlerhaft, so dass dieser infolge der Falschberatung zusätzliche Steuern in Höhe von 100.000 € zahlen muss. Die Falschberatung durch G beruhte auf einem fahrlässigen Übersehen relevanter Rechtsvorschriften. Die GmbH muss sich diese Falschberatung gemäß § 31 BGB zurechnen lassen und den Schaden des Mandanten ersetzen.

dd. Verletzung steuerrechtlicher Pflichten

Die Zurechnung aus § 31 BGB geht sogar soweit, dass selbst fehlerhafte Handlungen im Steuerrecht der GmbH zugerechnet werden können.

§ 31 BGB im Steuerrecht

Beispiel: *„Die Rechnung ohne Lieferung"*
G ist Geschäftsführer eines Möbelhauses, das in der Rechtsform der GmbH betrieben wird. Geschäftsführer ist neben G noch H; beide sind nur gemeinsam zur Vertretung berechtigt. G stellt einem Freund eine Gefälligkeitsrechnung über die Lieferung von Büromöbeln über 200.000 € zuzüglich 16 % Mehrwertsteuer (Umsatzsteuer) aus. Der Freund macht die 16 % Umsatzsteuer, also einen Betrag in Höhe von 32.000 €, beim Finanzamt als Vorsteuer geltend. Die Möbel wurden nie geliefert, der Kaufpreis niemals entrichtet. Der Vorgang fliegt schließlich aufgrund einer anonymen Anzeige auf. Nunmehr soll die GmbH die in Rechnung gestellte Umsatzsteuer in Höhe von 32.000 € an das Finanzamt abführen. Umsatzsteuer fällt im Prinzip nur dann an, wenn auch tatsächlich eine Lieferung oder Leistung ausgeführt wurde. Dies war hier nicht der Fall. Jedoch wurde eine Rechnung über eine Lieferung ausgestellt, was das Umsatzsteuergesetz in § 14 c II 2[92] (früher § 14 III) genügen lässt, um eine Umsatzsteuerschuld zu begründen. Wer eine Rechnung ausstellt, muss auch die ausgewiesene Umsatzsteuer abführen, unabhängig davon, ob tatsächlich eine Lieferung erfolgte oder nicht. Hierauf hat sich das Finanzamt gestützt. Die Ausstellung der Rechnung durch den Geschäftsführer G muss sich die GmbH gemäß § 31 BGB zurechnen lassen. Die GmbH haftet daher für die Abführung der Umsatzsteuerschuld, da sie zurechenbar eine Rechnung ausgestellt hat, in der Umsatzsteuer ausgewiesen wurde. Der *Bundesfinanzhof*, der einen vergleichbaren Fall entschieden hatte[93], ließ eine Verantwortlichkeit der GmbH auch nicht daran scheitern, dass hier eine Gesamtvertretung angeordnet war und einer der Geschäftsführer eigenmächtig handelte. Überzeugend führte der *Bundesfinanzhof* vielmehr aus, dass es hier nicht um den Schutz der GmbH vor einer rechtsgeschäftlichen Bindung ging, sondern um eine Schades stiftende Handlung, die über § 31 BGB der Gesellschaft zugerechnet wird.
Vorausgesetzt wird aber stets, dass der Geschäftsführer im Rahmen seines Wirkungskreises gehandelt hat. Da der Geschäftsführer G je-

---

[92] Siehe dort auch die Sätze 3 und 4 von 14 c II UStG zu den Voraussetzungen der Berichtigung des Steuerabzugs, der u.a. dann möglich ist, wenn der Empfänger den Vorsteuerbetrag an die Finanzbehörde zurückgezahlt hat.
[93] BFH BB 1993, 1645.

doch auch ansonsten Rechnungen ausstellte, war dies hier kein Problem.

> **Achtung!**
> Das vorige Beispiel zeigt recht deutlich, wie wichtig ein innerbetriebliches Controlling ist. Ein Geschäftsführer kann der Gesellschaft nicht nur dadurch schaden, dass er nachteilige Verträge abschließt. Begeht er vielmehr vorsätzlich Schaden stiftende Handlungen, indem er beispielsweise Rechnungen ausstellt, ohne dass tatsächlich Leistungen ausgeführt wurden, so kann er der Gesellschaft durch die dann abzuführende Umsatzsteuer einen enormen Schaden zufügen, ohne dass diese auch nur irgendeinen Nutzen davon hat.

3. Wissenszurechnung

a. Überblick

„Wissen der GmbH"

Die GmbH hat als juristische Person selbst kein Gehirn und kann deshalb kein Wissen erwerben oder speichern. Ihr muss vielmehr das Wissen von Menschen zugerechnet werden. Unter welchen Voraussetzungen sich die GmbH das Wissen und die Kenntnisse ihrer Geschäftsführer sowie ggf. der nachgeordneten Manager zurechnen lassen muss, ist noch nicht abschließend geklärt.
Es soll zwischen drei Fallgruppen differenziert werden:

1. Der Geschäftsführer, der das konkrete Geschäft tätigt, ist selbst Träger des Wissens bzw. kennt die Umstände bzw. müsste sie kennen.
2. Der GmbH gehen von außen Informationen zu, die rechtserhebliche Bedeutung haben.
3. Die Gesellschaft tritt aktiv nach außen durch einen bzw. mehrere Geschäftsführer auf, ohne das Wissen, das ihr zugerechnet wird, dem Gesetz entsprechend zu verwerten.

Zunächst zur ersten Fallgruppe:

b. Der Geschäftsführer als Wissensträger

„Wissen des Geschäftsführers"

Relativ unkompliziert liegen die Verhältnisse, wenn der Geschäftsführer, der für die GmbH handelt, selbst über das relevante Wissen bzw. die Kenntnisse verfügt. Dieses wird der GmbH in jedem Fall wie eigenes Wissen oder Kenntnis zugerechnet.

Beispiel: *„Ist es klamm, kommt der Schwamm"*
Geschäftsführer G leitet die Geschäfte einer GmbH, die ein Bauunternehmen betreibt. Die Geschäftsräume befinden sich in einer Eigentumswohnung, die der GmbH selbst gehört. Da die Eigentumswohnung Schwamm aufweist, soll sie veräußert werden. Bei der notariellen Beurkundung des Kaufvertrags tritt der Geschäftsführer G persönlich auf. Ihm ist der Schwammbefall nur allzu gut bekannt. Dennoch verschweigt er das Vorhandensein dieses Mangels. Nachdem der Käufer von dem Schwammbefall Kenntnis erlangt, ficht er den Kaufvertrag mit der GmbH wegen arglistiger Täuschung an.

Hier wurde die arglistige Täuschung von dem Geschäftsführer G selbst verübt. Er hätte den Mangel offenbaren müssen, da er Kenntnis davon hatte. Diese Kenntnis ist der GmbH wie eigene Kenntnis zuzurechnen. Eine Entlastungsmöglichkeit seitens der GmbH besteht nicht.

Beispiel: *„Das gemietete Mobiliar"*
Geschäftsführer G, der im vorigen Beispiel die Geschäftsräume veräußerte, hat für die GmbH neue Räume angemietet. Diese neuen Räume sollen mit hochwertigen Büromöbeln ausgestattet werden. Sein Freund F, der in finanziellen Schwierigkeiten steckt, bietet G daher an, dass die GmbH das von ihm gemietete, äußerst luxuriöse Mobiliar kaufen könne. G weiß, dass F nicht Eigentümer des Mobiliars ist, sondern dies nur gemietet hat. Dennoch kauft er für die GmbH das Mobiliar, da F es ausgesprochen günstig anbietet.

Der Vermieter des Mobiliars erfährt von den Vorfällen und verlangt von der GmbH Herausgabe der Möbel. Zu Recht, denn ein sog. gutgläubiger Eigentumserwerb des Mobiliars vom Nichtberechtigten scheidet aus, da G von den Hintergründen wusste. Da die Kenntnis des Geschäftsführers der GmbH zugerechnet wird, konnte sie nicht von dem nichtberechtigten F das Eigentum an den Möbeln erwerben. Ein gutgläubiger Erwerb würde übrigens auch schon dann scheitern, wenn der Geschäftsführer G die Eigentumsverhältnisse grob fahrlässig verkannt hätte. Selbst wenn er sich also hätte denken können, dass F nicht Eigentümer ist, wäre ein gutgläubiger Erwerb vom Nichtberechtigten ausgeschlossen gewesen.

Im letzten Beispiel hätte es übrigens weder G noch der GmbH etwas genützt, wenn sie einen Mitarbeiter dazwischen geschaltet hätten, der seinerseits gutgläubig gewesen wäre. Handelt der Vertreter auf Weisung, so kommt es neben der Kenntnis des Vertreters auch auf die Kenntnis des Anweisenden an (siehe § 166 II BGB). Der Begriff der Weisung wird weit ausgelegt. Es genügt, wenn der Geschäftsführer den Mitarbeiter zu dem Geschäft - auf welche Weise auch immer - veranlasst hat. Dadurch soll verhindert werden, dass durch das Vorschieben eines gutgläubigen Vertreters durch einen bösgläubigen „Hintermann" ein Geschäft verwirklicht wird, das nicht unserer Werteordnung entspricht und insgesamt als anstößig empfunden wird.

Umgehung durch Einschaltung von Mitarbeitern ist ausgeschlossen

c. Verarbeitung von eingehenden Informationen

Einem Unternehmen gehen täglich zahlreiche Informationen zu. Diese können teilweise rechtserhebliche Bedeutung haben. So wird beispielsweise der Lauf einer Verjährungsfrist dann in Gang gesetzt, wenn der Anspruchsberechtigte Kenntnis von den Tatsachen, die den Anspruch begründen und der Person des Schädigers hat oder ohne grobe Fahrlässigkeit Kenntnis erlangen müsste (§ 199 I Nr. 2 BGB). Erlangt daher der Geschäftsführer die maßgebliche Kenntnis, so beginnt der Lauf der Verjährungsfrist. Dies gilt unabhängig davon, ob der Geschäftsführer, dem die Tatsachen bekannt werden, intern für die Aufgabe zuständig ist. Auch ist irrelevant, ob ihm die Informationen privat oder im Dienst zugehen.

Beispiel: *„Der demolierte Baukran"*
G ist Geschäftsführer einer GmbH, die ein Bauunternehmen betreibt. Zu ihrem Maschinenpark gehört ein Baukran. Das Führerhäuschen wurde nachts demoliert. Der entstandene Schaden betrug 5.000 €. Der Täter war flüchtig und unbekannt. Ein Jahr später erfährt der Geschäftsführer G in seiner Stammkneipe, dass der ehemalige Arbeitnehmer A den Schaden aus Rache wegen der ihm gegenüber erfolgten Kündigung verursacht hatte. G unternimmt jedoch nichts. Nach weiteren drei Jahren bekommt die GmbH Post von der Staatsanwaltschaft, in der ihr mitgeteilt wird, dass man nunmehr durch eine anonyme Anzeige A als Täter ermittelt habe. Erst jetzt macht sich G daran, von A Schadensersatz zu verlangen. Hierbei äußert G gegenüber A, dass er ja schon in der Stammkneipe von seiner Tat gehört habe, es jedoch nicht glauben konnte, dass ein ehemaliger Mitarbeiter so etwas tut.
A kann hier erfolgreich die Einrede der Verjährung einwenden. Die Verjährungsfrist beträgt drei Jahre (§ 195 BGB). Sie beginnt mit dem Schluss des Kalenderjahres in dem Kenntnis vom Schaden und der Person Schädigers erlangt wurde bzw. die Kenntnis ohne grobe Fahrlässigkeit hätte erlangt werden müssen. Kenntnis vom Schaden war sofort vorhanden, Kenntnis vom Schädiger erlangte der Geschäftsführer G vor drei Jahren in der Stammkneipe. Nach Ablauf des Dreijahreszeitraums sind daher die Ansprüche gegen A verjährt. Die offizielle Mitteilung der Staatsanwaltschaft ändert daran nichts. Nur am Rande sei erwähnt, dass sich G gegenüber der GmbH schadensersatzpflichtig gemacht haben könnte (§ 43 GmbHG), wobei allerdings fraglich ist, ob die GmbH ihren Anspruch seinerzeit tatsächlich unter Beweis hätte stellen können.

Beispiel: *„Der gewalttätige Arbeitnehmer"*
Arbeitnehmer A hat auf der Arbeitsstelle einen Kollegen zusammen-
geschlagen, weil dieser ihn „nervte". Die GmbH hat zwei Geschäftsführer (G und H), wobei G für das Personal zuständig ist, während H
die sonstigen Aufgaben erledigt. Da G im Urlaub ist, wird der Vorfall
H zur Kenntnis gebracht. H unternimmt nichts. Als G nach vier Wochen aus dem Urlaub zurückkehrt, erfährt er von der Schlägerei und
möchte nun dem A sofort fristlos aus wichtigem Grund kündigen. Die
Kündigung dürfte schon deshalb unwirksam sein, da sie nicht binnen
zwei Wochen, nachdem der Kündigungsberechtigte von den für die
Kündigung maßgebenden Tatsachen Kenntnis erlangt hat, ausgesprochen wurde. Die GmbH als Arbeitgeberin und Kündigungsberechtigte
hatte durch den Geschäftsführer H bereits seit mehr als zwei Wochen
Kenntnis. Zwar war H nicht für Personalfragen zuständig, jedoch ist
auch er Organ der Gesellschaft, so dass sich die GmbH seine Kenntnis
unmittelbar zurechnen lassen muss.
    Fraglich ist, ob man danach differenzieren sollte, ob der zuständige
Geschäftsführer bei einer ordnungsgemäß geführten Organisation
Kenntnis hätte haben müssen. Dies kann für den vorliegenden Fall offen bleiben, da der Geschäftsführer H in jedem Fall dafür hätte sorgen
müssen, dass sein im Urlaub befindlicher Kollege unverzüglich informiert wird. In Zeiten moderner Telekommunikation wäre ein Anruf
im Urlaubsort zumutbar und notwendig gewesen.
    Meines Erachtens kommt es jedoch bei der Entgegennahme von
Willenserklärungen (= Passivvertretung) nicht auf die ordnungsgemäße Verarbeitung der eingehenden Information an, wenn diese einem
Geschäftsführer zugeht. Der Geschäftsführer ist immer verpflichtet,
das erlangte Wissen zu reflektieren und ordnungsgemäß zu verarbeiten bzw. weiterzuleiten.

Nach der hier vertretenen Auffassung ist daher in der Fallgruppe,
in der es lediglich auf den Informationszufluss ankommt, die
Kenntnis *eines* Geschäftsführers ausreichend, um die rechtlichen
Folgen der Zurechnung für die GmbH auszulösen. Eine andere
Frage ist es, inwieweit sich die GmbH das Wissen bzw. die Tatsa-
chen zurechnen lassen muss, die sonstige Mitarbeiter unterhalb der
Geschäftsführungsebene erlangen.
    Hier hat sich in der Rechtsprechung der Begriff des *Wissensver-*   Wissens-
treters durchgesetzt. Wissensvertreter ist gemäß der Definition des   vertreter
BGH jeder, der nach der Arbeitsorganisation des Geschäftsherrn,
d.h. der GmbH, dazu berufen ist, im Rechtsverkehr als dessen
Repräsentant bestimmte Aufgaben in eigener Verantwortung zu erledigen und die angefallenen Informationen zur Kenntnis zu nehmen sowie ggf. weiterzuleiten[94]. Ist also beispielsweise ein Mitarbeiter unterhalb der Geschäftsführerebene mit den Personalange-
legenheiten betraut und darf in gewissen Grenzen diese eigenverantwortlich wahrnehmen, so ist seine Kenntnis, z.B. von einem

---

[94] BGHZ 117, 104, 106 f.

wichtigen Grund, der zur Kündigung berechtigen würde, ausschlaggebend und wird der GmbH zugerechnet.

d. Relevantes Wissen und aktives Auftreten der GmbH

Speicherung und Aktivierung von Wissen

Wesentlich problematischer ist die Fallgruppe, bei der die GmbH aktiv nach außen auftritt, wobei sie relevantes Wissen verwerten müsste.

Beispiel: *„Vergrabene Rückstände aus dem Jahre 1955"*
In Anlehnung an BGH NJW 1996, 1339: Die GmbH verkaufte ein Grundstück, auf dem sich vormals ein „Säge- und Imprägnierwerk" befunden hat. Dies war dem Käufer insoweit bekannt. Der Käufer wusste jedoch nicht, dass das Erdreich erheblich kontaminiert war. Insbesondere befanden sich in dem Boden auch gezielt vergrabene Rückstände von Steinkohleteer und anderen Chemikalien aus den Kesseln der Holzimprägnierung, die bereits in den 50er Jahren zur Endlagerung in das Erdreich gebracht worden waren.

Der Geschäftsführer der GmbH, der das Grundstück verkaufte, hatte von diesen gezielt vergrabenen Rückständen keine Kenntnis. Er selbst war Jahrgang 1972 und erst seit zwölf Monaten für die GmbH tätig.

Der Käufer macht trotzdem Schadensersatz wegen arglistigen Verschweigens eines Fehlers der Kaufsache (Grundstück) geltend (§ 463 Satz 2 BGB). Schadensersatz kann dann begehrt werden, wenn der GmbH ein arglistiges Verschweigen des Fehlers vorzuwerfen wäre.

Hier war völlig unklar, ob überhaupt irgendein Organmitglied, d.h. ein damaliger Geschäftsführer, vom Vergraben der Rückstände Kenntnis hatte. Wäre dies der Fall, so ist fraglich, ob dies nun der GmbH nach über 40 Jahren noch zuzurechnen wäre.

Nach älterer Rechtsprechung wäre dies aufgrund folgender stereotyper Formel zu bejahen[95]:

„Eine juristische Person muss sich das Wissen aller ihrer vertretungsberechtigten Organwalter zurechnen lassen. Das Wissen schon eines in der Angelegenheit vertretungsberechtigten Organmitglieds ist als Wissen des Organs anzusehen und damit auch der juristischen Person zuzurechnen. Dies gilt auch dann, wenn das Organmitglied an dem betreffenden Rechtsgeschäft nicht selbst mitgewirkt hat. Die Wissenszurechnung kommt selbst dann in Betracht, wenn der Organvertreter von dem zu beurteilenden Rechtsgeschäft nichts gewusst hat. Auch das Ausscheiden des Organvertreters aus dem Amt steht dem Fortdauern der Wissenszurechnung nicht entgegen. "

Von dieser recht pauschalen Formel, wonach eine juristische Person sich selbst noch nach Jahrzehnten das Wissen eines (ehemaligen) Organmitglieds entgegenhalten lassen müsste, hat sich der *BGH* Mitte der 90er Jahre distanziert.

Der *BGH* stellt jedenfalls jetzt auf das Wissen ab, das typischerweise aktenmäßig festgehalten wird. Zu prüfen ist also, ob es sich bei

---

[95]   BGHZ 109, 327, 339 f.

den fraglichen Tatsachen, d.h. bei den vergrabenen Chemikalien um „typischerweise aktenmäßig festgehaltenes Wissen" handelt.

Hier differenziert der *BGH*:

Die GmbH habe, insoweit folgt der *BGH* Stimmen im Schrifttum, eine *Organisationspflicht* ähnlich einer Verkehrssicherungspflicht, woraus folge, dass die GmbH so organisiert sein müsse, dass Informationen, deren Relevanz für andere Personen innerhalb dieser Organisation für den konkret Wissenden erkennbar ist, tatsächlich an jene Personen weitergegeben werden[96]. Ferner müsse ein Unternehmen dafür sorgen, dass, wenn es nach außen auftritt, zuvor intern nachgefragt wird, ob Informationen vorhanden sind. Ein Unternehmen müsse also relevante Informationen so verarbeiten, dass diese aktenmäßig erfasst werden und für einen eventuell späteren Vorgang zur Verfügung stehen.

Entscheidende Vorfrage ist jedoch, ob die Information über den betreffenden Umstand überhaupt gespeichert werden musste. Dies hängt, so der *BGH*, davon ab, mit welcher Wahrscheinlichkeit die Information später rechtserheblich werden könnte. Beurteilungszeitpunkt ist jener, zu dem die Information wahrgenommen wurde und zwar unter Zugrundelegung des seinerzeitigen Wissensstandes. Solange also beispielsweise bestimmte Chemikalien als harmlos galten, konnte man keine Speicherung von Informationen verlangen. Der *BGH* meint in dem Beispiel der vergrabenen Chemikalien, dass dies für die Zeit vor 1955 durchaus so gewesen sein könnte. Je erkennbar wichtiger ein Umstand ist, umso länger muss er gespeichert werden. Wird die Speicherung zu früh aufgehoben, so beendet dies die Wissenszurechnung nicht[97].

Ist das Wissen schließlich gespeichert worden, kommt es zweitens noch darauf an, ob in der konkreten Situation ein Anlass bestand, sich darüber zu vergewissern, ob es entsprechende, aktenmäßig gespeicherte Informationen gab. Dies richtet sich nach der Zumutbarkeit: Maßgeblich sind vor allem die Bedeutung des Anlasses und die Schwierigkeit der Suche[98]. Zu fragen ist also, ob bei dem Verkauf des Grundstücks innerhalb des Unternehmens geforscht werden musste, ob Kontaminationen bekannt waren. Dies dürfte für den Verkauf eines ehemaligen Fabrikgrundstücks zu bejahen sein. Hier muss vor dem Verkauf intern abgefragt werden, welche Informationen über das Grundstück vorliegen.

Mit dieser Rechtsprechung entfernt sich der *BGH* damit von der pauschalen Zurechnung sämtlicher Kenntnisse bzw. Tatsachen, die einem Geschäftsführer irgendwann einmal zugegangen sind. Vielmehr tendiert er für eine im Einzelfall interessengerechte Lösung. Diese ist meines Erachtens vorzugswürdig.

---

[96] BGH NJW 1996, 1339, 1341.
[97] BGH NJW 1996, 1339, 1341.
[98] BGH NJW 1996, 1339, 1341.

4. Irrtumszurechnung

Irrtümer des Geschäftsführers

Willenserklärungen, die im Rechtsverkehr abgegeben werden, können auf Irrtümern oder auf sonstigen Willensmängeln beruhen. Irrt sich der Geschäftsführer selbst bei der Abgabe einer Willenserklärung, so wird dieser Willensmangel nach § 166 I BGB der GmbH zugerechnet. Eine Anfechtung der GmbH zugunsten der GmbH ist problemlos möglich.

Beispiel: *„Im Dutzend billiger"*
Geschäftsführer G bestellt namens und in Vollmacht der GmbH beim Möbelhaus Margot Möbius (M) telefonisch ein Dutzend Bürostühle. G nahm irrtümlich an, ein Dutzend meine eine Mengenangabe von sechs Stück. Als er darüber aufgeklärt wird, dass „ein Dutzend" für die Zahl zwölf steht, ficht er für die GmbH die Bestellung an. Hierzu ist er berechtigt, da er sich über die inhaltliche Bedeutung seiner Erklärung geirrt hat (Anfechtung wegen Inhaltsirrtums gemäß § 119 I 1. Alt. BGB). Der Kaufvertrag wäre nichtig, die GmbH nicht an ihre Erklärung gebunden. Ein etwaiger, dem M entstehender Vertrauensschaden, z.B. die Kosten der vergeblichen Anlieferung, wäre dem Möbelhaus allerdings zu ersetzen.

Irrtümer nachgeordneter Mitarbeiter

Irrt sich ein sonstiger Vertreter der GmbH (Prokurist oder Handlungsbevollmächtigter), so gilt gemäß § 166 I BGB dessen Irrtum oder Willensmangel bei der Abgabe der Willenserklärung ebenfalls als Irrtum der GmbH. Entscheidend ist grundsätzlich der Irrtum des Mitarbeiters, der die Willenserklärung abgibt. Handelt dieser allerdings auf Weisung und hat sich der Anweisende geirrt, so genügt es - wie bereits bei der Wissenszurechnung erläutert -, wenn der Anweisende einem Willensmangel unterliegt (§ 166 II BGB analog).

Handeln mehrere Geschäftsführer in Gesamtvertretung, genügt es nach herrschender Auffassung, wenn einer der beteiligten Geschäftsführer einem Irrtum oder einem Willensmangel unterlag. Das Geschäft ist dann insgesamt anfechtbar.

Beispiel: *„Die kinderlieben Mittelmeerbewohner"*

G und H sind Geschäftsführer einer GmbH und nur gemeinsam zur Vertretung berechtigt. Zum Betriebsvermögen gehört ein Grundstück. G und H sind sich uneins, ob das Grundstück an Marco Minaccia (M) veräußert werden soll. G ist dafür, H dagegen. M erfährt hiervon und bedroht daraufhin H, indem er ihm mitteilt, dass er kinderliebe Mittelmeerbewohner kenne, die sich um das Wohl seines kleinen Sohnes kümmern würden, falls er Probleme mit dem Verkauf des Grundstücks an ihn, M, habe. H stimmt angesichts der von ihm als massiv empfundenen Bedrohung einem Verkauf an M zu. Anschließend bereut er, dass er sich hat einschüchtern lassen und ficht den Vertrag wegen Drohung gemäß § 123 BGB an. Zu Recht, da es genügt, wenn in der Person eines der beiden Geschäftsführer ein Anfechtungsgrund vorliegt. Dieser berechtigt die GmbH daher zur Anfechtung.

E. Gesellschaftsrechtliche Aufgaben und Pflichten

I. Der Geschäftsführer als „Hüter des Kapitals"

1. System der Kapitalsicherung

Nach Schätzungen hat die Zahl der in Deutschland gegründeten Gesellschaften mit beschränkter Haftung die Marke von 850.000 überschritten[99]. Die GmbH erfreut sich daher nach wie vor steigender Beliebtheit. Keine andere Rechtsform ist so verbreitet wie die GmbH. Die Gründe liegen unter anderem in der Flexibilität der Satzungsgestaltung und vor allem in der Beschränkung der Haftung auf das Gesellschaftsvermögen. Die Gesellschafter selbst haften grundsätzlich nicht für die Verbindlichkeiten der GmbH. Als Ausgleich für diese fehlende Haftung der Gesellschafter besteht jedoch ein System der Kapitalsicherung, das der Gesetzgeber und ergänzend die Rechtsprechung geschaffen haben.

[Randnotiz: GmbH ist beliebteste Rechtsform]

Dieses System der Kapitalsicherung soll zum einen gewährleisten, dass das vereinbarte Stammkapital tatsächlich effektiv aufgebracht wird und zum anderen dass dieses den Gläubigern als Haftungsfonds erhalten bleibt. Der Geschäftsführer ist dazu berufen, peinlich genau darüber zu wachen, dass die Vorschriften der Kapitalsicherung eingehalten werden.

[Randnotiz: Zweck der Kapitalsicherung]

Zum Grundsatz der Kapitalaufbringung bei der Errichtung der GmbH wird gesondert im Kapitel zu den Pflichten des Geschäftsführers in der Gründung Stellung genommen[100]. In diesem Zusammenhang geht es vor allem darum, dass die Stammeinlagen auch

[Randnotiz: Kapitalaufbringung]

---

[99] Siehe *Meyer*, Die GmbH und andere Handelsgesellschaften im Spiegel empirischer Forschung, GmbHR 2002, 177.

[100] Siehe 1. Teil, J II 1.

tatsächlich effektiv in das Gesellschaftsvermögen eingezahlt werden.

Für die GmbH ist ein Stammkapital in Höhe von mindestens 25.000 € vorgeschrieben. Bei der Gründung müssen die Stammeinlagen nur zu einem Viertel eingezahlt sein, wobei allerdings als Minimum ein Betrag in Höhe von 12.500 € geleistet werden muss. Die spätere Einforderung der Stammeinlagen erfolgt gemäß § 46 Nr. 2 GmbHG auf der Grundlage eines Gesellschafterbeschlusses, der vom Geschäftsführer umgesetzt wird. Der Geschäftsführer hat also entsprechend dem Gesellschafterbeschluss die Einlageforderungen ggf. auch gerichtlich und anschließend im Wege der Zwangsvollstreckung durchzusetzen.

Die Eigenkapitalschutzvorschriften sowie die in Ergänzung hierzu ergangene Rechtsprechung sind in ihren Voraussetzungen und Rechtsfolgen im Einzelnen sehr kompliziert. Hier kann lediglich ein Überblick erfolgen, der dem Geschäftsführer das notwendige Grundlagenwissen vermittelt. Ausführlich wird dieser Komplex in meinem Band „Der GmbH-Gesellschafter" behandelt. Dort ist der Problemkreis systematisch angesiedelt, da sich die Vorschriften in erster Linie an die Gesellschafter wenden, die das Stammkapital nicht antasten dürfen.

2. Grundsatz der Kapitalerhaltung

Erhaltung des Kapitals hat absolute Priorität

Das nominelle Stammkapital wird durch das Auszahlungsverbot in § 30 GmbHG geschützt. Dort heißt es:

§ 30 [Erhaltung des Stammkapitals]
(1) Das zur Erhaltung des Stammkapitals erforderliche Vermögen der Gesellschaft darf an die Gesellschafter nicht ausbezahlt werden.
(2) Eingezahlte Nachschüsse können, soweit sie nicht zur Deckung eines Verlustes am Stammkapital erforderlich sind, an die Gesellschafter zurückgezahlt werden. Die Zurückzahlung darf nicht vor Ablauf von drei Monaten erfolgen, nachdem der Rückzahlungsbeschluss nach § 12 bekannt gemacht ist. Im Fall des § 28 Abs. 2 ist die Zurückzahlung von Nachschüssen vor der Volleinzahlung des Stammkapitals unzulässig. Zurückgezahlte Nachschüsse gelten als nicht eingezogen.

Rückzahlungsanspruch gegen Gesellschafter bei Verstoß

Wird hiergegen verstoßen, so ordnet § 31 GmbHG an, dass diese Zahlungen der Gesellschaft erstattet werden müssen. Dieser Anspruch verjährt gemäß § 31 V GmbHG in zehn Jahren ab dem Zeitpunkt der Auszahlung. In § 31 GmbHG ist im Einzelnen geregelt:

§ 31 GmbHG [Erstattung verbotener Zahlungen]

(1) Zahlungen, welche den Vorschriften des § 30 zuwider geleistet sind, müssen der Gesellschaft erstattet werden.

(2) War der Empfänger in gutem Glauben, so kann die Erstattung nur insoweit verlangt werden, als sie zur Befriedigung der Gesellschaftsgläubiger erforderlich ist.

(3) Ist die Erstattung von dem Empfänger nicht zu erlangen, so haften für den zu erstattenden Betrag, soweit er zur Befriedigung der Gesellschaftsgläubiger erforderlich ist, die übrigen Gesellschafter nach Verhältnis ihrer Geschäftsanteile. Beiträge, welche von einzelnen Gesellschaftern nicht zu erlangen sind, werden nach dem bezeichneten Verhältnis auf die übrigen verteilt.

(4) Zahlungen, welche aufgrund der vorstehenden Bestimmungen zu leisten sind, können den Verpflichteten nicht erlassen werden.

(5) Die Ansprüche der Gesellschaft verjähren in den Fällen des Absatzes 1 in zehn Jahren sowie in den Fällen des Absatzes 3 in fünf Jahren. Die Verjährung beginnt mit dem Ablauf des Tages, an welchem die Zahlung, deren Erstattung beansprucht wird, geleistet ist. In den Fällen des Absatzes 1 findet § 19 Abs. 6 Satz 2 entsprechende Anwendung.

(6) Für die in Fällen des Absatzes 3 geleistete Erstattung einer Zahlung sind den Gesellschaftern die Geschäftsführer, welchen in betreff der geleisteten Zahlung ein Verschulden zur Last fällt, solidarisch zum Ersatz verpflichtet. Die Bestimmungen in § 43 Abs. 1 und 4 finden entsprechende Anwendung.

Der Geschäftsführer ist verpflichtet, die Kapitalsicherungsvorschriften zu respektieren. Er hat dafür Sorge zu tragen, dass sich die Gesellschafter nicht aus dem Vermögen der Gesellschaft zu Lasten des Stammkapitals „bedienen". Lässt der Geschäftsführer dies zu, so ordnet § 43 III GmbHG an, dass er für derartige Ausschüttungen persönlich gegenüber der Gesellschaft haftet. In dieser Vorschrift heißt es, dass der Geschäftsführer zum Ersatze verpflichtet ist, wenn den Bestimmungen des § 30 GmbHG zuwider Zahlungen aus dem zur Erhaltung des Stammkapitals erforderlichen Vermögen der Gesellschaft getätigt werden.

Geschäftsführer ist für die Einhaltung der Kapitalsicherungsvorschriften verantwortlich

Beispiel: *„Der Griff in die Kasse"*
G ist Geschäftsführer einer GmbH, der es in letzter Zeit finanziell „etwas schlechter" geht. Einziger Gesellschafter ist Lutz Lebemann. Die GmbH hat ein Stammkapital von 50.000 €, das Reinvermögen beläuft sich allerdings derzeit auf lediglich 30.000 €. Dieses errechnet sich, indem sämtliche Vermögensgegenstände den Schulden gegenübergestellt werden. Das bedeutet, dass das Stammkapital bereits teilweise aufgezehrt wurde, so dass eine sog. Unterbilanz in Höhe der Differenz zwischen dem Reinvermögen und der Stammkapitalziffer, also in Höhe von 20.000 €, entstanden ist. Alleingesellschafter L möchte mal wieder in den Urlaub fahren und bittet daher den Geschäftsführer G, ihm 15.000 € aus dem Tresor der Gesellschaft zu

überreichen. G ist es gewöhnt, die Wünsche des L auszuführen und zahlt ihm den Betrag aus.

Später gerät die Gesellschaft in die Insolvenz und der vom Insolvenzgericht eingesetzte Verwalter verlangt von G Erstattung der an L geflossenen 15.000 €. Zu Recht, da G die 15.000 € ausgezahlt hat, als bereits eine Unterbilanz entstanden war und durch die Auszahlung die Unterbilanz sogar noch vergrößert wurde. Die Auszahlung verstieß daher gegen § 30 I GmbHG und war somit unzulässig. Dies bedeutet, dass der Gesellschafter diese Zahlung nach § 31 I GmbHG zurückzugewähren hat. Daneben haftet jedoch auch der Geschäftsführer gesamtschuldnerisch § 43 III GmbHG. Dass der Geschäftsführer auf Bitten des Alleingesellschafters handelte, entlastet ihn nicht - und zwar selbst dann nicht, wenn ein förmlicher Gesellschafterbeschluss diesbezüglich ergangen wäre. Der Geschäftsführer haftet trotzdem, da die Grundsätze der Kapitalerhaltung zum Schutze der Gläubiger nicht überbrückt oder umgangen werden dürfen.

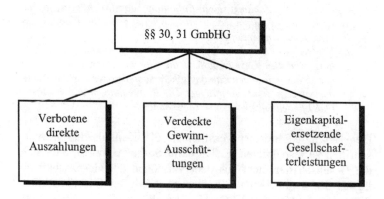

Tipp für den Geschäftsführer!
In Fragen der Kapitalerhaltung müssen Sie standhaft bleiben. Sobald einer der Gesellschafter außerhalb der Gewinnverteilung von Ihnen Zahlungen oder sonstige Leistungen aus dem Gesellschaftsvermögen begehrt, müssen Sie immer erst zunächst überprüfen, ob nicht die Kapitalerhaltungsvorschriften eine Auszahlungssperre bewirken. Ist dies der Fall, so sollten Sie sich gegen den Wunsch des Gesellschafters stellen und die Auszahlung verweigern. Eine Weisung der Gesellschafterversammlung entlastet Sie nicht von Ihrer Verantwortlichkeit (§ 43 III GmbHG).

Kredite an Geschäftsführer

Kredite an Geschäftsführer, Prokuristen oder an zum gesamten Geschäftsbetrieb ermächtigte Handlungsbevollmächtigte aus dem für das Stammkapital erforderlichen Vermögen der Gesellschaft sind gemäß § 43 a GmbHG ausdrücklich verboten. Wird hiergegen verstoßen, schuldet der Empfänger Rückzahlung des Betrages. Der

Geschäftsführer, der die Kreditgewährung vorgenommen hat, haftet gegenüber der GmbH nach § 43 III GmbHG[101].

§ 30 I GmbHG ist jedoch nicht nur dann einschlägig, wenn effektive Zahlungen aus dem Gesellschaftsvermögen erfolgen. Das Verbot gilt auch bei allen sonstigen Vermögensverschiebungen aus der Sphäre der Gesellschaft in jene des Gesellschafters zu Lasten des Stammkapitals[102]. Diese Geschäfte werden unter der Überschrift „Verdeckte Gewinnausschüttungen" zusammengefasst. Es handelt sich vor allem um Austauschverträge zu nicht marktgerechten Bedingungen. Erfasst werden aber auch die Gewährung von Darlehen an Gesellschafter[103], die Bestellung von Sicherheiten zugunsten von Gesellschaftern und die Befreiung eines Gesellschafter-Geschäftsführers vom Wettbewerbsverbot[104]. Die größte praktische Bedeutung haben Verträge zwischen der Gesellschaft und den Gesellschaftern, die zu nicht marktüblichen Konditionen abgeschlossen werden. Insoweit diese Geschäfte für die Gesellschaft nachteilig sind, liegt eine verbotene Ausschüttung vor.

Auch sonstige Vermögensverschiebungen werden erfasst

Beispiel : *„Das Schätzchen vom Chef"*
Geschäftsführer G fährt seit Jahren eine Dienstlimousine des Modells „Southern Star". Es handelt sich um eine wertvolle „Luxus-Karosse", die derzeit einen Verkehrswert von 60.000 € hat. G, der mit sich selbst Geschäfte abschließen darf und der gleichzeitig auch Gesellschafter der Gesellschaft ist, veräußert diese Limousine für 40.000 € an sich selbst. In Höhe der Differenz von 20.000 € zwischen dem Verkehrswert und dem Veräußerungspreis erfolgt eine verdeckte Ausschüttung an den Gesellschafter-Geschäftsführer G.

Diese verdeckte Gewinnausschüttung hat auch steuerrechtliche Konsequenzen, da die Ausschüttung dem körperschaftssteuerpflichtigen Gewinn hinzugerechnet wird. Gesellschaftsrechtlich ist die Ausschüttung dann unzulässig, wenn durch sie eine Unterbilanz verursacht oder eine bereits bestehende Unterbilanz vergrößert wird. Eine Rückgewähr der verdeckten Ausschüttung muss nur in der Höhe erfolgen, die benötigt wird, um die entstandene Unterbilanz auszugleichen, maximal in der Höhe der tatsächlich erhaltenen verdeckten Ausschüttung. Würde also in diesem Beispiel eine Unterbilanz in Höhe von 10.000 € bestehen, so ist diese Summe in das Gesellschaftsvermögen zum Ausgleich der Unterbilanz zu zahlen. Besteht eine Unterbilanz, die größer als 20.000 € ist, so muss G nur 20.000 € einzahlen, da er ja nur in dieser Höhe eine verdeckte Ausschüttung erhalten hat.

---

[101] *Lutter/Hommelhoff,* GmbHG, § 43 a Rdnr. 3.

[102] Auch hier werden die Einzelheiten in meinem Band „Der GmbH-Gesellschafter" behandelt.

[103] Selbst sofern der Anspruch auf Rückzahlung des Darlehens vollwertig ist, nimmt der BGH eine Verstoß gegen § 30 GmbHG an, siehe BGH GmbHR 2004, 302. Nimmt also ein Gesellschafter bei der GmbH einen Kredit bei bestehender Unterbilanz auf und fällt der Gesellschafter mit der Rückzahung der Forderung aus, haftet der Geschäftsführer gegenüber GmbH.

[104] Zum letzteren siehe 104 ff.

Unterbilanz und
Überschuldung

Betont sei hier, dass Rückzahlungsansprüche wegen Verstoßes gegen § 30 GmbHG nicht nur bei Unterbilanz, sondern erst recht auch bei Auszahlungen im Stadium der Überschuldung entstehen.

Von einer Überschuldung spricht man, wenn die Schulden das Vermögen übersteigen[105]. Bei der Unterbilanz ist hingegen immerhin noch ein Reinvermögen vorhanden, das jedoch geringer ist als die Stammkapitalziffer.

Analoge Anwendung der §§ 30, 31 GmbHG

Eine weitere wichtige Erweiterung der Kapitalsicherung zugunsten der Gläubiger hat der *BGH* vorgenommen, indem er die §§ 30, 31 GmbHG auf sog. *eigenkapitalersetzende Gesellschafterleistungen* analog bzw. direkt anwendet. Hierunter fallen insbesondere Gesellschafterdarlehen. Gewährt ein Gesellschafter der GmbH in der Krise ein Darlehen bzw. lässt er ein solches Darlehen in der Krise stehen, so wird dies „in Eigenkapital umqualifiziert", was zur Folge hat, dass es ebenfalls gemäß §§ 30, 31 GmbHG nicht an den Gesellschafter zurückgezahlt werden darf.

Beispiel: *„Die Finanzspritze vom Alten"*
Eine kleine Reiseveranstaltungs-GmbH ist in der Krise. Sie kann die Rückflüge für 2.000 Urlauber nicht vollständig bezahlen. Alleingesellschafter Horst Holiday (H) gewährt seiner GmbH ein Darlehen in Höhe von 40.000 €. Das Stammkapital der Gesellschaft von 50.000 € ist zu diesem Zeitpunkt bereits völlig aufgezehrt. Es besteht sogar schon eine Überschuldung in Höhe von 5.000 €. Nach zwei Wochen lässt sich H das Darlehen vom Geschäftsführer Gerald Grande (G) wieder zurückzahlen, was durch zwischenzeitlich eingegangene Vorauszahlungen von Urlaubern, die bereits für die nächste Saison gebucht haben, möglich ist.
Drei Monate später stellt der Geschäftsführer G Insolvenzantrag. Abgesehen davon, dass er den Tatbestand der Insolvenzverschleppung mit seinen straf- und zivilrechtlichen Konsequenzen verwirklicht hat, haftet er der Gesellschaft gegenüber auch wegen der Rückzahlung des Kredits gemäß § 43 III i.V.m. §§ 30, 31 GmbHG - neben dem Gesellschafter H - persönlich. Der Kredit wurde der GmbH in der Krise zum Zeitpunkt der Überschuldung gewährt und war damit von Anfang an eigenkapitalersetzend. Das Auszahlungsverbot der §§ 30, 31 GmbHG kam sofort zum Tragen, weshalb eine Rückzahlung unzulässig war.

3. Eigenkapitalersetzende Gesellschafterleistungen gemäß §§ 32 a/b GmbHG

§§ 32 a und b
GmbHG

Neben diesen in §§ 30, 31 GmbHG geregelten Bestimmungen sind durch die GmbH-Novelle von 1980 die §§ 32 a und b in das GmbHG eingefügt und damit spezielle Vorschriften für sog. eigenkapitalersetzende Gesellschafterleistungen geschaffen worden. Hierdurch hat der Gesetzgeber die im vorigen Abschnitt erwähnte Rechtsprechung des *BGH* aufgegriffen. Leider bleiben die gesetz-

---

[105]   Siehe unten 1. Teil, K III 2 c.

lichen Regelungen, was den Gläubigerschutz anbelangt, hinter dem Niveau der Rechtsprechung zurück. Dies hat dazu geführt, dass der *BGH*- trotz Einführung gesetzlicher Vorschriften – daneben parallel seine Regeln weiterhin anwendet.

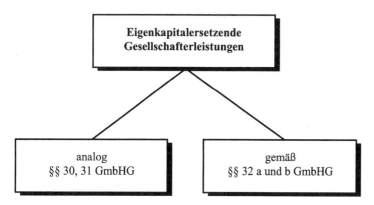

Die maßgeblichen Vorschriften lauten:

§ 32 a GmbHG [Eigenkapitalersetzende Gesellschafterdarlehen]

(1) Hat ein Gesellschafter der Gesellschaft in einem Zeitpunkt, in dem ihr die Gesellschafter als ordentliche Kaufleute Eigenkapital zugeführt hätten (Krise der Gesellschaft), statt dessen ein Darlehen gewährt, so kann er den Anspruch auf Rückgewähr des Darlehens im Insolvenzverfahren über das Vermögen der Gesellschaft nur als nachrangiger Insolvenzgläubiger geltend machen.

(2) Hat ein Dritter der Gesellschaft in einem Zeitpunkt, in dem ihr die Gesellschafter als ordentliche Kaufleute Eigenkapital zugeführt hätten, statt dessen ein Darlehen gewährt und hat ihm ein Gesellschafter für die Rückgewähr des Darlehens eine Sicherung bestellt oder hat sich dafür verbürgt, so kann der Dritte im Insolvenzverfahren über das Vermögen der Gesellschaft nur für den Betrag verhältnismäßige Befriedigung verlangen, mit dem er bei der Inanspruchnahme der Sicherung oder des Bürgen ausgefallen ist.

(3) Diese Vorschriften gelten sinngemäß für andere Rechtshandlungen eines Gesellschafters oder eines Dritten, die der Darlehensgewährung nach Absatz 1 oder 2 wirtschaftlich entsprechen. Die Regeln über den Eigenkapitalersatz gelten nicht für den nicht geschäftsführenden Gesellschafter, der mit zehn von Hundert oder weniger am Stammkapital beteiligt ist. Erwirbt ein Darlehensgeber in der Krise der Gesellschaft Geschäftsanteile zum Zweck der Überwindung der Krise, führt dies für seine bestehenden oder neu gewährten Kredite nicht zur Anwendung der Regeln über den Eigenkapitalersatz.

§ 32 b GmbHG [Erstattung zurückgezahlter Darlehen]

Hat die Gesellschaft im Fall des § 32 a Abs. 2, 3 das Darlehen im letzten Jahr vor dem Antrag auf Eröffnung des Insolvenzverfahrens oder nach diesem Antrag zurückgezahlt, so hat der Gesellschafter, der die Sicherung bestellt hatte oder als Bürge haftete, der Gesellschaft den zurückgezahlten Betrag zu erstatten; § 146 der Insolvenzordnung gilt entsprechend. Die Verpflichtung besteht nur bis zur Höhe des Betrags, mit dem der Gesellschafter als Bürge haftete oder der dem Wert der von ihm bestellten Sicherung im Zeitpunkt der Rückzahlung des Darlehens entspricht. Der Gesellschafter wird von der Verpflichtung frei, wenn er die Gegenstände, die dem Gläubiger als Sicherung gedient hatten, der Gesellschaft zu ihrer Befriedigung zur Verfügung stellt. Diese Vorschriften gelten sinngemäß für andere Rechtshandlungen, die der Darlehensgewährung wirtschaftlich entsprechen.

Zweistufiger Eigenkapitalersatzschutz

Die Problematik der eigenkapitalersetzenden Gesellschafterleistungen ist also einerseits in den §§ 32 a und b GmbHG geregelt, andererseits gelten aber die Rechtsprechungsgrundsätze, die vor In-Kraft-Treten der GmbH-Novelle vom *BGH* in Analogie zu §§ 30, 31 GmbHG entwickelt worden sind, fort[106]. Insofern redet man heute von einem zweistufigen Eigenkapitalersatzschutz.

Gesellschafterdarlehen und sonstige Leistungen

In der Praxis wird häufig die Finanzierung der GmbH nicht über die Zuführung von Stammkapital, sondern über Gesellschafterdarlehen oder sonstige Leistungen der Gesellschafter vorgenommen (wie z.B. Gebrauchsüberlassungen). Zum Schutze der Gläubiger können derartige Leistungen wie Eigenkapital eingeordnet werden, auch wenn die Zuwendung bilanz- und vertragsrechtlich wie Fremdkapital behandelt wird. Allerdings bewirken die §§ 32 a und b GmbHG nur einen *reaktiven Gläubigerschutz*. Die Gesellschaft hat nach den §§ 32 a und b GmbHG kein Leistungsverweigerungsrecht. Die Rechtsfolgen dieser Regeln greifen nämlich erst dann ein, wenn Gläubiger in der Zwangsvollstreckung mit einer Forderung ausfallen bzw. auszufallen drohen oder wenn das Insolvenzverfahren über das Vermögen der GmbH eröffnet wurde. Im ersten Fall kann der Gläubiger mit einer sog. Gläubigeranfechtung, im zweiten Fall der Insolvenzverwalter mit einer Insolvenzanfechtung reagieren. Wird nicht angefochten, hat es damit „sein Bewenden". Dieser unzureichende Gläubigerschutz wurde an den Novellenregeln der §§ 32 a und b GmbHG sofort nach ihrem In-Kraft-Treten kritisiert. Die §§ 30, 31 GmbHG hingegen, die bereits präventiv eine Auszahlung für unzulässig erklären, schützen den Gläubiger effektiver. Daher ist eine Fortgeltung der Rechtsprechungsgrundsätze des *BGH*, d.h. die Analogie zu den §§ 30, 31 GmbHG, zu begrüßen.

---

[106]   BGHZ 90, 370.

Der Geschäftsführer muss sich aber dennoch mit den Einzelheiten der Tatbestände eigenkapitalersetzender Gesellschafterleistungen auch nach den §§ 32 a und b GmbHG vertraut machen. Der Grundfall ist die Gewährung eines eigenkapitalersetzenden Gesellschafterdarlehens an die Gesellschaft in der Krise. Ist die Gesellschaft in der Krise, d.h. ist sie kreditunwürdig, so müssen sich die Gesellschafter entscheiden, ob sie der Gesellschaft Eigenkapital zuführen oder ob sie die GmbH liquidieren wollen. Gewähren die Gesellschafter stattdessen ein Gesellschafterdarlehen, führen sie also Fremdkapital zu, so kann dieses Darlehen Eigenkapitalersatzcharakter annehmen. Dies hat zur Folge, dass der diesbezügliche Rückzahlungsanspruch des Gesellschafters in der Insolvenz nur nachrangig im Verhältnis zu den sonstigen Forderungen der Gläubiger geltend gemacht werden kann.

Gesellschafterdarlehen in der Krise

Wird das Darlehen vor der Eröffnung des Insolvenzverfahrens, aber schon in der Krise zurückgewährt, besteht - im Gegensatz zu den §§ 30, 31 GmbHG - nach den Eigenkapitalersatzregeln der §§ 32 a und b GmbHG noch kein Erstattungsanspruch der GmbH gegen den darlehensgebenden Gesellschafter. Auch haftet hier der Geschäftsführer nicht persönlich, falls er eigenkapitalersetzende Gesellschafterdarlehen an den Gesellschafter zurückzahlt.

Rückzahlung in der Krise löst noch keinen Anspruch nach §§ 32 a und b GmbHG aus

Relevant werden die § 32 a und b GmbHG erst in der Insolvenz oder dann, wenn ein Gläubiger in der Zwangsvollstreckung ausfällt und nach den Vorschriften des Anfechtungsgesetzes gegen die Rechtshandlungen vorgeht, durch die gegen die Grundsätze der eigenkapitalersetzenden Leistungen verstoßen wurde.

Beispiel: *„Alles in sterilen Tüchern"*
G ist Geschäftsführer einer GmbH, die eine kleine Privatklinik betreibt. Die Gesellschaft steckt in der Krise. Das Stammkapital von 500.000 € ist bereits bis auf 30.000 € aufgezehrt. Der Anteilsinhaber und das Management sind auf der Suche nach einem neuen Betreiber, der den kompletten Geschäftsbetrieb übernehmen soll. Gesellschafter Lutz Luftikus (L) hat einen Interessenten gefunden. Dieser lässt die Klinik bewerten und will sich in einigen Wochen entscheiden. Die derzeitige Liquidität reicht jedoch nicht mehr aus, um den Klinikbetrieb einstweilen fortzusetzen. Da ein Unterbrechen des Klinikbetriebs jedoch den Kaufpreis erheblich reduzieren könnte, weil einerseits die Mitarbeiter, aber andererseits auch die Patienten und damit die Umsätze nicht zu halten wären und es zudem generell schwierig ist, ein brachliegendes Geschäft „wieder zu beleben", beschließt L durch ein Privatdarlehen seinerseits der Gesellschaft Liquidität in Höhe von 200.000 € zuzuführen, damit der Geschäftsbetrieb zunächst fortgesetzt werden kann.
Der Erwerber verliert schließlich das Interesse an dem Klinikbetrieb, so dass eine Veräußerung nicht zustandekommt.
Nunmehr entschließt sich L, das Insolvenzverfahren für die GmbH durchführen zu lassen und weist den Geschäftsführer G an, den Insol-

venzantrag zu stellen. Zuvor lässt er sich jedoch seinen Gesellschafterkredit in Höhe von 200.000 € zurückzahlen.

Diese Rückzahlung des Kredits kann durch den Insolvenzverwalter nach § 135 der Insolvenzordnung angefochten werden, sofern die Rückzahlung im letzten Jahr *vor der Stellung des Antrags auf Eröffnung des Insolvenzverfahrens* bzw. danach vorgenommen wurde. Der Anfechtungsanspruch verjährt innerhalb von zwei Jahren nach der Eröffnung des Insolvenzverfahrens (§ 146 Insolvenzordnung).

Folge der Anfechtung ist, dass der an L zurückgeführte Kredit in die Masse zurückgeleistet werden muss.

Ein weiterer Rückerstattungsanspruch gegen L besteht aus den §§ 30, 31 GmbHG analog, falls die Darlehensgewährung zu einem Zeitpunkt erfolgte, zu dem bereits eine Unterbilanz oder sogar eine Überschuldung bestand. Beide Anspruchsgrundlagen greifen nebeneinander ein.

Neben L haftet auch G gemäß § 43 III GmbHG, da er die Rückzahlung des eigenkapitalersetzenden Darlehens analog den §§ 30, 31 GmbHG zugelassen hat. Der Verstoß gegen die §§ 32 a und b GmbHG allein wird hingegen nicht als pflichtwidrig angesehen. Die Rückzahlung wird von der herrschenden Ansicht nicht als Pflichtverletzung des Geschäftsführers gewertet, so dass sich danach keine Verantwortlichkeit des Geschäftsführers ergibt[107]. Eine höchstrichterliche Entscheidung ist - soweit ersichtlich - zu diesem Problem jedoch noch nicht ergangen. Da jedoch in der Regel bei einer Rückzahlung in der Krise auch eine Unterbilanz bestehen wird, greifen meist die §§ 30, 31 GmbHG parallel ein, so dass der Geschäftsführer im Ergebnis nach diesen Vorschriften haftet.

Tipp für den Geschäftsführer!

Das vorgenannte Beispiel zeigt deutlich, dass die Kenntnis und Einhaltung der §§ 30, 31 GmbHG und die entsprechende Anwendung dieser Vorschriften auf eigenkapitalersetzende Darlehen für den Geschäftsführer wesentlich wichtiger sind als die Beherrschung der Vorschriften in den §§ 32 a und b GmbHG. Nur bei ersteren droht dem Geschäftsführer eine persönliche Haftung. Daher sollten Sie als Geschäftsführer stets im Blick behalten, ob bereits eine Unterbilanz eingetreten ist oder nicht.

Anwendungsbereich wurde ausgedehnt

Der Anwendungsbereich der Grundsätze der eigenkapitalersetzenden Gesellschafterleistungen ist durch die Rechtsprechung weit ausgedehnt worden. Sie können auch dann gelten, wenn anstelle des Gesellschafters ein naher Angehöriger beteiligt ist.

Wichtig ist die Erstreckung des Anwendungsbereichs auf Tatbestände, die der Darlehensgewährung *wirtschaftlich* entsprechen (§ 32 a III GmbHG). Hierzu existiert eine reichhaltige Judikatur, insbesondere zur Frage, inwieweit eine Vermietung und Verpachtung von Gegenständen an die Gesellschaft durch einen Gesell-

---

[107]   *Lutter/Hommelhoff*, GmbHG, §§ 32 a/b Rdnr. 94.

schafter eigenkapitalersetzend sein kann[108]. Auch hier muss der Geschäftsführer sensibilisiert sein.

Beispiel: *„Das OP-Zentrum bleibt"*
Fortführung des vorherigen Beispiels: L hat der GmbH, die die Privatklinik betreibt, die notwendigen Räume vermietet, in denen sich das OP-Zentrum, die Bettenstation sowie die Arzt- und Besprechungszimmer befinden. Als die Veräußerung des Klinikbetriebs scheitert, lässt sich L - trotz der bereits eingetretenen Überschuldung - nicht nur das Darlehen zurückzahlen, sondern auch die seit zehn Monaten rückständige Miete überweisen und fordert den Geschäftsführer zur unverzüglichen Räumung und Rückgabe der Räume auf. Wegen der Krise war die GmbH nicht mehr in der Lage gewesen, die Miete zu zahlen. L hatte zuvor trotz des Zahlungsverzugs das Mietverhältnis nicht gekündigt, sondern sogar die Mieten gestundet.
Die Gebrauchsüberlassung wurde durch das „Stehen lassen" in der Krise eigenkapitalersetzend. Dies hat zur Folge, dass im Falle der Insolvenz der Verwalter den Nutzungswert, d.h. die Räume entsprechend den Vereinbarungen im Mietvertrag, auch zukünftig zur Masse ziehen darf. Die GmbH muss die Räume weiterhin zur Verfügung stellen. Der Anspruch auf Zahlung der Mieten darf erst dann realisiert werden, wenn die sonstigen Gläubiger befriedigt sind. Die GmbH hat daher einen Rückzahlungsanspruch gegen L wegen der an ihn gezahlten Mieten nach Eintritt der Krise. Der Anspruch wird vom Insolvenzverwalter im Wege der Anfechtung geltend macht. Ferner besteht bereits vor Beantragung bzw. Eröffnung des Insolvenzverfahrens analog der §§ 30, 31 GmbHG ein Verbot, die Mieten zu zahlen sowie den Nutzungswert zurückzuerstatten. Der Gesellschafter L kann auch wegen Verstoßes gegen diese Vorschriften in Anspruch genommen werden. Neben ihm haftet zusätzlich G. Er muss ggf. die Mieten erstatten und die GmbH wegen des Entzugs der Nutzungen schadlos stellen, obwohl er sich selbst nicht bereichert hat.

Durch das sog. *Kapitalaufnahme-Erleichterungsgesetz* und das *Gesetz zur Kontrolle und Transparenz im Unternehmensbereich* sind im Jahre 1998 einige Einschränkungen des Eigenkapitalersatzrechts vorgenommen worden. Dadurch wurde die als ausufernd empfundene Rechtsprechung korrigiert.

So ist in § 32 a III GmbHG ein Satz 2 angefügt worden, der ein Sanierungsprivileg enthält. Danach gelten die Regeln über den Eigenkapitalersatz nicht, wenn ein Darlehensgeber Geschäftsanteile in der Krise der Gesellschaft zu dem Zweck erwirbt, die Krise zu überwinden. Mit dieser Regelung soll es Banken, anderen Kreditgebern oder auch interessierten Investoren und Geschäftspartnern ermöglicht werden, sich an der Sanierung durch die Gewährung von Krediten unter Übernahme bestehender Geschäftsanteile oder durch Zeichnung von „jungen" Geschäftsanteilen aus einer bei der

Neuere Entwicklungen

Schaffung eines Sanierungsprivilegs

---

[108]   BGHZ 109, 55; 121, 31.

Gesellschaft durchgeführten Kapitalerhöhung zu beteiligen. Die Altkredite werden dann - trotz der jetzt vorliegenden Gesellschafterstellung - nicht eigenkapitalersetzend. Gleiches gilt für die zusätzlich gewährten Sanierungskredite. Durch die Übernahme der Geschäftsanteile ist ein Austausch des Managements möglich, was ein wichtiger Beitrag zur Sanierung sein kann. Durch die Zeichnung neuer Anteile wird der Gesellschaft ferner „frisches" Eigenkapital zugeführt, das neben den Sanierungskrediten zur Bewältigung der Krise verwandt werden kann. Ferner wird den Gesellschaftern durch diese Befreiungsregelung nun eine neue Kreditsicherheit in Form ihrer Geschäftsanteile an die Hand gegeben, da sie diese jetzt zur Sicherheit an eine Bank abtreten können, die bereit ist, gegen diese Sicherheit einen Sanierungskredit zu gewähren. Andere Sicherheiten stehen in der Krise häufig nicht mehr zur Verfügung. Eine Gefahr dieser Neuregelung besteht allerdings darin, dass die Gesellschafter auf Druck des Kreditgebers quasi enteignet werden könnten.

Kleinbeteiligungen werden ausgenommen

Durch das Kapitalaufnahme-Erleichterungsgesetz ist eine Befreiung von GmbH-Gesellschaftern mit nichtunternehmerischen Kleinbeteiligungen von der Eigenkapitalersatzhaftung eingeführt worden, sofern ihre Beteiligung nicht mehr als 10 % beträgt. Der nichtunternehmerisch tätige Gesellschafter mit einer Beteiligung bis einschließlich 10 % ist daher nicht mehr Adressat der Vorschriften über die eigenkapitalersetzenden Gesellschafterleistungen, es sei denn, er ist Geschäftsführer der Gesellschaft. Eine Managertätigkeit unterhalb der Ebene der Geschäftsführung, z.B. als Prokurist, schadet nicht.

4. Erwerb eigener Geschäftsanteile

a. Einführung

Überblick

Die GmbH darf nur unter engen Voraussetzungen eigene GmbH-Anteile erwerben. Dies leuchtet ein, da bei einem vollständigen Erwerb aller GmbH-Anteile letztlich das System der Kapitalerhaltung nur eingeschränkt funktionieren kann und eine Kontrolle durch die Gesellschafter nicht stattfindet, da der Geschäftsführer selbst als Organ der GmbH die Anteile verwaltet und etwaige Stimmen ausüben könnte.

b. Verbot bei nicht voll eingezahlten Geschäftsanteilen

Nicht voll eingezahlte Anteile

Das Gesetz sieht daher in § 33 Abs. 1 GmbHG grundsätzlich vor, dass die Gesellschaft eigene Geschäftsanteile, auf welche die Einlage noch nicht vollständig geleistet ist, nicht erwerben oder als Pfand nehmen kann. Sofern also die Stammeinlagen nicht vollständig einbezahlt sind, besteht ein absolutes Verbot des Erwerbs eigener Anteile. Ein Verstoß gegen dieses Verbot macht das

Rechtsgeschäft sowohl schuldrechtlich als auch dinglich nichtig[109]. Durch dieses strikte Verbot wird verhindert, dass die GmbH ihre Einlageforderung dadurch verliert, dass sie die Geschäftsanteile selbst erwirbt.

c. Erwerb voll eingezahlter Anteile

Ist die Stammeinlage für einen Geschäftsanteil voll einbezahlt, kommt ein Erwerb unter den engen Voraussetzungen von § 33 Abs. 2 GmbHG in Betracht. Danach darf eine GmbH eigene Anteile nur erwerben, sofern der Erwerb aus dem über den Betrag des Stammkapitals hinausgehenden vorhandenen Vermögens geschehen kann und die GmbH eine nach § 272 Abs. 4 HGB vorgeschriebene Rücklage für eigene Anteile bilden kann, ohne das Stammkapital oder eine nach dem Gesellschaftsvertrag zu bildende Rücklage, die nicht für Zahlungen an die Gesellschafter verwandt werden darf, zu mindern. Im Ergebnis ist also nur aus ungebundenem Vermögen der Erwerb eigener Anteile möglich. Eine GmbH mit einem Stammkapital von 25.000 € darf also eigene Anteile nur erwerben soweit Reinvermögen über 25.000 € vorhanden ist. Bei Erwerb muss sodann eine Rücklage für eigene Anteile gebildet werden, ohne dass das Stammkapital oder nach Gesellschaftsvertrag zu bildende Rücklagen verwandt werden. Wird hiergegen verstoßen, ist allerdings nur das schuldrechtliche Geschäft unwirksam, d.h. es folgt grundsätzlich eine Rückabwicklung nach dem Recht der ungerechtfertigten Bereicherung. Das dingliche Geschäft, d.h. die Anteilsabtretung bleibt aber wirksam, weshalb der Rückübertragung des Anteils erfolgen muss.

Voll eingezahlte Anteile

Beispiel: *„Ärger bei der James Physio GmbH"*
Paul Physio ist Gesellschafter mit einem Geschäftsanteil von 1.000 € der James Physio GmbH. James Physio selbst ist Geschäftsführer und hält das restliche Stammkapital mit 24.000 €. Paul ist angestellter Physiotherapeut. Es entsteht Streit mit der Gesellschaft über die an Paul auszuzahlenden Honorare, der vor Gericht endet. Im richterlichen Protokoll verpflichtet sich die GmbH 10.000 € auf die offenen Honorare zu zahlen. Ferner verpflichtet sich Paul ebenfalls im gerichtlichen Protokoll, da man die geschäftliche Zusammenarbeit endgültig beenden möchte, seinen Geschäftsanteil über 1.000 € gegen Zahlung von 1.000 € auf die GmbH zu übertragen. Die GmbH hat zu diesem Zeitpunkt nur noch ein Reinvermögen von 5.000 €, so dass der Erwerb nur aus sog. gebundenem Kapital möglich ist. Dieser Vergleich ist nichtig und rückabzuwickeln. Dies kann sich möglicherweise auch auf die Honoraransprüche auswirken, wenn die Parteien den Abfindungsvergleich nicht ohne die Anteilsübertragung vereinbart hätten. Sofern allerdings der Geschäftsanteil zwischenzeitlich von der GmbH an einen Dritten übertragen worden sind, verbleibt es bei der Übertra-

---

[109] *Rowedder/Schmidt-Leithoff* § 33 GmbHG Rdnr. 2.

gung auf den Erwerber. Paul kann von diesem Dritten nicht die Abtretung des Anteils auf sich verlangen. Die GmbH schuldet allerdings Wertersatz für den Anteil gemäß §§ 812, 818 BGB[110] – wohl bezogen auf den Tag des Erwerbs.

Der Erwerb eigener Anteile ist ferner zulässig, wenn Abfindungen von Gesellschaftern im Rahmen von bestimmten Umwandlungsvorgängen zu zahlen sind (§ 33 III GmbHG).

d. Rechtsfolgen eines wirksamen Erwerbs eigener Anteile

Rechte aus eigenen Anteilen

Sofern die Gesellschaft wirksam eigene Anteile erworben hat, ruhen die Rechte aus den Geschäftsanteilen. Der Geschäftsanteil selbst bleibt jedoch erhalten. Die GmbH kann also nicht Gewinn an sich selbst aus eigenen Anteilen ausschütten oder aus eigenen Anteilen Stimmrechte auf der Gesellschafterversammlung ausüben. Bei der Beschlussfassung der Gesellschafterversammlung werden die Stimmen, die für die eigenen Geschäftsanteile bestehen, nicht mitgezählt. Die übrigen Gesellschafter halten vielmehr 100 % aller möglichen Stimmen, wonach sich dann auch die entsprechenden Mehrheiten berechnen. Die Reichweite dieses Ruhens ist allerdings nicht vollständig geklärt. Die Teilnahme der GmbH an Kapitalerhöhungen aus Gesellschaftsmitteln ist zulässig, § 57 1 Abs. 1 GmbHG. Bei einer Kapitalerhöhung durch Zuführung neuer Mittel nimmt die GmbH jedoch hieran nicht teil, da dies dem Grundsatz der effektiven Kapitalaufbringung widerspräche. Denn die neuen Einlagen würden nicht effektiv dem Gesellschaftsvermögen zugeführt werden, da sie aus demselben stammen[111].

e. Haftung des Geschäftsführers

Risiken für den Geschäftsführer

Der Geschäftsführer haftet gemäß § 43 Abs. III S. 1 Alt. 2 GmbHG, wenn entgegen den Bestimmungen des § 33 GmbHG von der GmbH eigene Geschäftsanteile erworben worden sind. Ist der Erwerb wegen Verstoßes gegen § 33 I oder II GmbHG schuldrechtlich unwirksam, müßte der Geschäftsführer einen etwaigen Kaufpreis, der aus dem Gesellschaftsvermögen für den Erwerb der Geschäftsanteile gezahlt wurde, aus ungerechtfertigter Bereicherung zurückfordern. Hat die GmbH, wie im Fall des § 33 II GmbHG den Anteil erworben, wäre dieser an den Veräußerer zurückzuübertragen. Sofern der Kaufpreis z.B. wegen Zahlungsunfähigkeit des Veräußerers nicht erlangt werden kann, haftet der Geschäftsführer gegenüber der GmbH. Die Haftung des Geschäftsführers setzt allerdings voraus, dass dem Geschäftsführer

---

[110] *Rowedder/Schmidt-Leithoff* § 33 GmbHG Rdnr. 27.
[111] Siehe *Rowedder/Schmidt-Leithoff*, § 33 GmbHG Rdnr. 48.

ein Verschulden vorzuwerfen ist und er selbst gehandelt hat. Hierbei genügt leichte Fahrlässigkeit. Der Geschäftsführer muss in jedem Fall prüfen, ob ungebundenes Vermögen für den Erwerb des Anteils zur Verfügung steht. Da die Gesellschaft durch ihn vertreten wird, wird er auch regelmäßig derjenige sein, der handelt. Etwas anderes gilt allerdings bei mehrgliedrigen Geschäftsführungsorganen, wenn der Erwerb des Anteils ohne Kenntnis des Mitgeschäftsführers geschieht. Dann haftet letzterer nicht.

II. Organisatorische Aufgaben des Geschäftsführers

1. Einberufung der Gesellschafterversammlung

Der Geschäftsführer hat innerorganisatorisch eine Reihe von Aufgaben zu erfüllen. So ist er grundsätzlich für die Einberufung der Gesellschafterversammlung verantwortlich.

Überblick

Dies ergibt sich aus § 49 GmbHG:

§ 49 GmbHG [Einberufung der Gesellschafterversammlung]
(1) Die Versammlung der Gesellschafter wird durch die Geschäftsführer berufen.
(2) Sie ist außer den ausdrücklich bestimmten Fällen zu berufen, wenn es im Interesse der Gesellschaft erforderlich erscheint.
(3) Insbesondere muss die Versammlung unverzüglich berufen werden, wenn aus der Jahresbilanz oder aus einer im Laufe des Geschäftsjahres aufgestellten Bilanz sich ergibt, dass die Hälfte des Stammkapitals verloren ist.

Die Gesellschafterversammlung ist das oberste Organ der GmbH. Der Geschäftsführer leistet im Wesentlichen Servicefunktionen für die Vorbereitung und Einberufung der Gesellschafterversammlung.

a. Anlass der Einberufung

Einmal jährlich findet eine ordentliche Gesellschafterversammlung statt, auf der der Jahresabschluss festgestellt und über die Gewinnverwendung beschlossen wird. Der Geschäftsführer sowie ggf. der Aufsichtsrat sollen entlastet und - falls erforderlich - ein Abschlussprüfer bestellt werden.

Ordentliche Gesellschafterversammlung

Neben dieser ordentlichen Gesellschafterversammlung schreibt § 49 II GmbHG vor, dass eine Gesellschafterversammlung zusätzlich dann einzuberufen ist, wenn es im Interesse der Gesellschaft erforderlich erscheint. Dieses Recht hat auch der Aufsichtsrat gemäß § 52 I GmbHG in Verbindung mit § 111 III 1 AktG. Der Geschäftsführer muss die Gesellschafterversammlung einberufen, wenn es um Entscheidungen geht, die in die Zuständigkeit der Ge-

Einberufung, falls Interesse der Gesellschaft dies erfordert

sellschafterversammlung fallen. Ist beispielsweise in der Satzung für einen Grundstückskauf die Zustimmung der Gesellschafterversammlung vorgesehen, so muss der Geschäftsführer dieses Rechtsgeschäft der Gesellschafterversammlung vorlegen, indem er sie zu diesem Zweck einberuft. Wie bereits ausgeführt, bedarf der Geschäftsführer ferner bei der Vornahme außergewöhnlicher Geschäfte ggf. der Zustimmung der Gesellschafterversammlung[112].

Einberufung bei „qualifizierter" Unterbilanz

Darüber hinaus ist der Geschäftsführer verpflichtet, eine Gesellschafterversammlung unverzüglich einzuberufen, wenn sich ergibt, dass die Hälfte des Stammkapitals aufgezehrt ist[113].

Einberufung durch Gesellschafter

Schließlich sieht § 50 GmbHG das Recht einer Gesellschafterminderheit vor, die Einberufung einer Gesellschafterversammlung unter Angabe des Zwecks und der Gründe durch den Geschäftsführer zu verlangen. Erforderlich ist, dass die Gesellschafter, die auf eine Durchführung der Gesellschafterversammlung pochen, mindestens 10 % des Stammkapitals halten. Ferner ist es rechtlich zulässig, allen oder einzelnen Gesellschaftern in der Satzung das Recht einzuräumen, eine Gesellschafterversammlung einzuberufen[114].

Selbsthilferecht

Weigert sich der Geschäftsführer, dem Begehren der Minderheit innerhalb einer angemessenen Frist nachzukommen, so haben die betroffenen Gesellschafter ein Selbsthilferecht und dürfen selbst eine Gesellschafterversammlung vorbereiten und einberufen. Wichtig ist, dass dem Geschäftsführer für die Einberufung eine *angemessene* Frist eingeräumt wurde, wobei die Angemessenheit im Einzelfall zu beurteilen ist. Der *BGH* hat eine Frist von drei Wochen für angemessen erachtet[115] und hierbei ausgeführt, dass im Regelfall eine Frist von einem Monat hinreichend sein wird. Beräumen die Gesellschafter voreilig eine Gesellschafterversammlung an, ohne dem Geschäftsführer - unter Angabe des Zwecks und der Gründe - für die Einberufung eine angemessene Frist zuzubilligen, so ist ein auf dieser Versammlung gefasster Beschluss nichtig[116].

b. Zuständigkeit des Geschäftsführers

Jeder Geschäftsführer ist einberufungsbefugt

Grundsätzlich ist der Geschäftsführer für die Einberufung der Gesellschafterversammlung gemäß § 49 I GmbHG zuständig. Gibt es mehrere Geschäftsführer, so darf jeder allein, ohne Rücksprache mit den Mitgeschäftsführern, eine Gesellschafterversammlung

---

[112]   Siehe oben 1. Teil, D II 2 e).

[113]   Siehe unten 2. Teil K II.

[114]   Dieses Recht kann allerdings nur neben der Einberufungskompetenz der Geschäftsführer stehen, diese müssen weiterhin zur Einberufung berechtigt sein, siehe *Lutter/Hommelhoff*, GmbhG, § 49 Rdnr. 6.

[115]   BGH ZIP 1998, 1269, 1271.

[116]   BGH NJW 1983, 1677; BGH ZIP 1998, 1269, 1271.

einberufen[117]. Dies gilt unabhängig davon, ob Gesamtvertretung oder Einzelvertretung besteht. Auch ein Notgeschäftsführer darf eine Gesellschafterversammlung einberufen; dies selbst dann, wenn neben ihm noch ein weiterer Geschäftsführer einberufen ist.

Ferner ist der Aufsichtsrat berechtigt, eine Gesellschafterversammlung einzuberufen, wenn dies das Wohl der Gesellschaft erfordert. Daneben gibt es das bereits erwähnte Recht einer Gesellschafterminderheit, im Wege einer Selbstvornahme eine Gesellschafterversammlung anzusetzen. Das Recht, die Durchführung einer Gesellschafterversammlung abzusagen, hat derjenige, der sie einberufen hat[118].

Aufsichtsrat darf einberufen, wenn Wohl der Gesellschaft dies erfordert

c. Formalien der Einberufung

Die wichtigsten Formalien ergeben sich aus § 51 GmbHG. Dort heißt es:

§ 51 GmbHG [Form und Inhalt der Einberufung]
> *(1) Die Berufung der Versammlung erfolgt durch Einladung der Gesellschafter mittels eingeschriebener Briefe. Sie ist mit einer Frist von mindestens einer Woche zu bewirken.*
> *(2) Der Zweck der Versammlung soll jederzeit bei der Berufung angekündigt werden.*
> *(3) Ist die Versammlung nicht ordnungsmäßig berufen, so können Beschlüsse nur gefasst werden, wenn sämtliche Gesellschafter anwesend sind.*
> *(4) Das gleiche gilt in Bezug auf Beschlüsse über Gegenstände, welche nicht wenigstens drei Tage vor der Versammlung in der für die Berufung vorgeschriebenen Weise angekündigt worden sind.*

aa. Inhalt der Einberufung

Die Einladung erfolgt grundsätzlich schriftlich durch eingeschriebenen Brief. Sie muss an die Gesellschafter persönlich gerichtet werden und zwar an die Adresse, die der Gesellschaft vom Gesellschafter mitgeteilt worden ist. Ist der Aufenthalt des Gesellschafters unbekannt, so ist umstritten, wie zu verfahren ist. Höchstrichterliche Rechtsprechung liegt - soweit ersichtlich - nicht vor. Eine Auffassung lässt es genügen, wenn die Einladung an die zuletzt bekannte Adresse gesandt wird, andere fordern eine öffentliche Zustellung der Einladung nach § 132 BGB - was allerdings sehr aufwendig und zeitraubend ist. Als weitere Möglichkeit kommt die Bestellung eines Abwesenheitspflegers durch das Amtsgericht des letzten bekannten Wohnorts in Betracht (§ 1911 BGB), der dann die Funktionen des Gesellschafters übernimmt. Ort und Zeit der durchzuführenden Gesellschafterversammlung sind in der Einladung präzise anzugeben. Ferner muss die Einladung erkennen las-

Ladung per Einschreiben

---

[117] BayObLG NZG 1999, 1063.
[118] OLG München DB 1994, 320 f.

sen, dass sie vom Geschäftsführer als zuständigem Organ stammt. Nach bestrittener Auffassung ist die Einladung außerdem zu unterschreiben.

Zumutbarkeit der Teilnahme

Die Teilnahme an der Gesellschafterversammlung muss den jeweiligen Gesellschaftern hinsichtlich des Ortes und der Zeit zumutbar sein. Grundsätzlich ist die Gesellschafterversammlung am Sitz der Gesellschaft, ggf. in näherer Umgebung in geeigneten Räumlichkeiten durchzuführen. Am Wochenende können durchaus - nach zutreffender, wenn auch bestrittener Ansicht - Gesellschafterversammlungen abgehalten werden, da dies ohne weiteres zumutbar ist. Im Gegenteil wird es den Gesellschaftern, die berufstätig sind, am Wochenende eher möglich sein, an der Gesellschafterversammlung teilzunehmen. Wird ein Gesellschafter -aus welchen Gründen auch immer - nicht eingeladen, so sind die in einer gleichwohl abgehaltenen Gesellschafterversammlung gefassten Beschlüsse grundsätzlich nichtig[119].

Tagesordnung

Mit der Einladung wird in der Regel die Tagesordnung versandt, vorgeschrieben ist dies jedoch nicht. Das Gesetz erlaubt vielmehr, dass die Tagesordnung spätestens drei Tage vor der Gesellschafterversammlung angekündigt werden muss.

Bestimmtheitserfordernis

Die Tagesordnung hat dem Bestimmtheitserfordernis zu genügen. Die Gesellschafter müssen vor Überraschungen bewahrt werden. Sie sollen sich adäquat auf die Versammlung vorbereiten können. Es ist allerdings nicht erforderlich, bereits Beschlussvorlagen bzw. -anträge beizufügen.

Ist die Abberufung eines Geschäftsführers *aus wichtigem Grund* in der Tagesordnung angekündigt, so soll es nicht mehr zulässig sein, dass dieser dann *ohne wichtigen Grund* abberufen wird[120]. In solchen Fällen ist es empfehlenswert anzukündigen, dass die Abberufung *aus wichtigem Grund, hilfsweise ohne wichtigen Grund* erfolgen soll. Dann ist jedem Gesellschafter klar, dass er auch mit einer Abstimmung über eine Abberufung ohne wichtigen Grund rechnen muss.

Ist die Tagesordnung zu spät angekündigt bzw. genügt sie nicht dem Bestimmtheitsgrundsatz, so bildet dies einen Anfechtungsgrund für getroffene Beschlüsse über die nicht ordnungsgemäß angekündigten Tagesordnungspunkte. Jeder Gesellschafter hat damit das Recht, den Gesellschafterbeschluss für nichtig erklären zu lassen. Ob das Gericht ihm dann tatsächlich folgen wird, ist damit allerdings noch nicht entschieden. Der Gesellschafter hat jedenfalls zumindest die Möglichkeit, eine Anfechtungsklage zu erheben.

---

[119] BayObLG GmbHR 1997, 1002.
[120] BGH WM 1985, 567, 570.

bb. Einberufungsfrist

Das GmbH-Gesetz sieht in § 51 eine Ladungsfrist von einer Woche durch eingeschriebenen Brief vor. Nicht geregelt ist jedoch, wann diese Frist beginnt. Nach derzeitiger Ansicht wird die Wochenfrist von dem Tag an gerechnet, an dem mit dem Zugang beim Empfänger nach der üblichen Postlaufzeit zu rechnen ist. Dies sind heute im Inland höchstens zwei Tage. Die Frist zur Ladung zur Gesellschafterversammlung beginnt also mit der Aufgabe des eingeschriebenen Briefs zur Post zuzüglich der üblicherweise zu erwartenden Postlaufzeit[121]. Auf den eigentlichen Zugang des Briefs kommt es nicht an[122]. Der Zugang muss daher auch nicht von der Gesellschaft bzw. dem Geschäftsführer bewiesen werden. Durch das Einschreiben ist mit überwiegender Wahrscheinlichkeit sichergestellt, dass der Brief zugeht. Geht er ausnahmsweise nicht zu, so liegt dies in der Risikosphäre des Gesellschafters. Die Gesellschaft muss nur beweisen, dass sie den Brief bei der Post aufgegeben hat. Dies kann sie regelmäßig durch Vorlage des Einlieferungsscheins. Für die Fristberechnung gelten dann die §§ 187 I, 188 I BGB. Das bedeutet, dass der Tag des Fristbeginns nicht mitzurechnen ist und die Frist am gleichen Wochentag in der Folgewoche abläuft. Die Gesellschafterversammlung darf dann frühestens am darauf folgenden Tag abgehalten werden.

Ladungsfrist von einer Woche

Beispiel: *„Fristenlösung"*
Gesellschafter G lädt die Gesellschafter mit Schreiben vom Montag, dem 1. März. Die Einladungsschreiben liefert er am selben Tag bei der Post ein. Nach der ortsüblichen Postlaufzeit im Inland wird von einem Zugang bei den Gesellschaftern am Mittwoch, dem 3. März ausgegangen. Die Wochenfrist beginnt damit am Donnerstag, dem 4. März um 0.00 Uhr. Die Frist endet am Mittwoch der Folgewoche, d.h. dem 10. März um 24.00 Uhr. Dies entspricht einem Zeitraum von einer Woche. Die Gesellschafterversammlung darf daher frühestens am Donnerstag, dem 11. März abgehalten werden. Endet die Frist auf einem Samstag, Sonntag oder Feiertag, so ist strittig, ob die Frist dann erst am nächsten „Arbeitstag" abläuft. Das ist zu befürworten, da dies § 193 BGB entspricht und kein Grund besteht, hiervon abzuweichen[123].

Die Tagesordnung muss ebenfalls mit eingeschriebenem Brief und unter den gleichen Formalien wie die Einladung versandt werden. Auch die Dreitagesfrist ist wie die Ladungsfrist zu berechnen. Wird die Dreitagesfrist nicht eingehalten, so ist der Beschluss ebenfalls analog § 243 AktG anfechtbar.

Versendung der Tagesordnung unterliegt ebenfalls Formalien

---

[121] BGHZ 100, 264, 267 ff.
[122] OLG Naumburg GmbHR 1998, 90, 91.
[123] So im Ergebnis auch OLG Naumburg GmbHR 1998, 90, 92.

Abweichende Satzungsbe-stimmungen sind möglich

In der Praxis werden die vorbezeichneten Fristen meist durch eine entsprechende Satzungsbestimmung verlängert und für den Fristbeginn der Tag der Einlieferung der Briefe vereinbart. Üblich ist die Vereinbarung einer Ladungsfrist von 14 Tagen ab Einlieferung für die Einberufung der Gesellschafterversammlung, wobei häufig vorgesehen wird, dass die Tagesordnung bereits beigefügt sein muss. Eine Verlängerung der Ladungsfrist ist bis zur Grenze der unangemessenen Erschwerung der Einberufung zulässig[124].

cc. Folgen von Einberufungs- und Ladungsmängeln

Folgen der Frist-versäumnis

Wird die Frist nicht eingehalten, so bleibt dies folgenlos, wenn dennoch die Gesellschafter vollzählig auf der Gesellschafterversammlung erscheinen und auf die Einhaltung „aller Formen und Fristen" verzichten. Andernfalls ist eine Beschlussfassung grundsätzlich ausgeschlossen. Falls trotzdem ein Beschluss gefasst wird, so ist zu unterscheiden:

Anfechtungs-oder Nichtig-keitsklage

Waren wegen des Einberufungsmangels nicht sämtliche Gesellschafter bei der Gesellschafterversammlung anwesend, so ist der Beschluss *nichtig*[125]. Wichtige Einberufungsmängel sind beispielsweise die unterbliebene Einladung eines Gesellschafters oder die Übersendung der Einladung mit fehlerhafter Angabe des Versammlungsortes oder der Versammlungszeit[126]. Nehmen zwar sämtliche Gesellschafter an der Versammlung teil, besteht jedoch kein Einverständnis zwischen allen Anwesenden, dass auf die Einhaltung der „Formen und Fristen" verzichtet werden kann und wird dennoch ein Gesellschafterbeschluss gefasst, so ist dieser analog § 243 I AktG *anfechtbar*[127].

Verzicht auf Formalien möglich

Nur wenn zwischen sämtlichen Gesellschaftern, die vollzählig auf der Gesellschafterversammlung erschienen sind, ein Einvernehmen besteht, dass die Gesellschafterversammlung zum Zwecke der Beschlussfassung abgehalten werden soll, ist der Einberufungs- bzw. Ladungsmangel geheilt[128]. Wird ein Beschluss trotz eines Einberufungs- bzw. Ladungsmangels gefasst und erhebt der benachteiligte Gesellschafter hiergegen Anfechtungsklage, so dürfte diese regelmäßig erfolgreich sein. Nur dann, wenn klar zutage tritt, dass der Beschluss auch bei Ordnungsgemäßheit der Einladung in gleicher Weise zustande gekommen wäre, bei vernünftiger Beurteilung also unter keinen Umständen in Betracht kommt, dass der von dem Mangel betroffene Gesellschafter das Ergebnis

---

[124]   OLG Naumburg GmbHR 1998, 90, 91.
[125]   BGHZ 36, 207, 211; BayObLG GmbHR 1997, 1002.
[126]   Siehe auch BayObLG NZG 1999, 1063, wonach die Einberufung durch einen Nichtberechtigten zur Nichtigkeit der gefassten Beschlüsse führt.
[127]   BGHZ 100, 264, 265; OLG Naumburg GmbHR 1998, 90, 92.
[128]   BGHZ 100, 264, 269; OLG München NJW-RR 1994, 939, 940; OLG Stuttgart GmbHR 1994, 257, 258.

hätte beeinflussen können, kann ein Einberufungsmangel unbeachtlich sein[129].

d. Durchführung der Gesellschafterversammlung

Die Durchführung der Gesellschafterversammlung ist nicht Aufgabe des Geschäftsführers, er hat noch nicht einmal ein Teilnahmerecht. Er ist aber verpflichtet, auf Weisung der Gesellschafterversammlung vor dieser zu erscheinen. Die Gesellschafterversammlung wird von einem Versammlungsleiter koordiniert. Dies kann der Geschäftsführer sein, es gehört jedoch originär nicht zu seinen Aufgaben. Er dürfte daher - sofern sich nicht aus dem Anstellungsvertrag etwas anderes ergibt - auch nicht verpflichtet sein, das Amt des Versammlungsleiters wahrzunehmen. Häufig wird ein Mehrheitsgesellschafter oder auch ein Dritter, wie z.B. ein Rechtsanwalt, mit der Versammlungsleitung betraut.

Kein Teilnahmerecht des Geschäftsführers

e. Beschlussfassung im schriftlichen Verfahren

Gesellschafterbeschlüsse können unter den Voraussetzungen des § 48 II GmbHG auch im schriftlichen „Umlaufverfahren" gefasst werden. Nach dieser Vorschrift ist Voraussetzung, dass entweder sämtliche Gesellschafter mit dem schriftlichen Verfahren einverstanden sind oder aber sämtliche Gesellschafter schriftlich dem konkret zu fassenden Beschluss zugestimmt haben. Im ersten Fall kann also auch eine Mehrheitsentscheidung getroffen werden, wobei sich die Gesellschafter lediglich darauf verständigt haben, dass grundsätzlich im schriftlichen Verfahren beschlossen werden kann. Im zweiten Fall hingegen stimmen die Gesellschafter ausschließlich im Einzelfall dem zu fassenden Beschluss schriftlich zu, ohne dass generell ein schriftliches Verfahren geregelt sein muss.

Schriftliches Verfahren

Der Geschäftsführer ist ebenfalls zuständig, das schriftliche Verfahren einzuleiten. Neben ihm soll jedoch auch jeder Gesellschafter das Recht haben, dieses Verfahren zu betreiben.

In der Satzung werden häufig vereinfachte Beschlussverfahren geregelt.

Tipp für den Geschäftsführer!
Sie müssen mit den gesetzlichen Regeln vertraut sein, damit Sie gewährleisten können, dass die Gesellschafterversammlungen ordnungsgemäß einberufen werden. Unterlaufen Ihnen Fehler, so schaffen Sie Nichtigkeits- und Anfechtungsgründe, die Sie in die Kritik geraten lassen sowie eine Schadensersatzpflicht Ihrerseits begründen. Bitte beachten Sie, dass Satzungsbestimmungen gegenüber der gesetzlichen Regelung vorrangig sind. Vergewissern Sie sich also immer zunächst, ob im Gesellschaftsvertrag Vor-

---

[129] BGH ZIP 1998, 22, 23.

> schriften über die Einberufung verankert sind. Nur wenn dies nicht der Fall ist, können Sie uneingeschränkt auf die gesetzlichen Regelungen zurückgreifen.

2. Informations- und Einsichtsrechte der Gesellschafter

a. Allgemeines

Wichtigstes Individualrecht der Gesellschafter

Die Gesellschafter haben umfassende Auskunfts- und Einsichtsrechte gegenüber ihrer GmbH. Der Geschäftsführer ist dazu berufen, diese Rechte zu erfüllen. Es handelt sich um Individualrechte, die jedem einzelnen Gesellschafter zustehen und die Ausdruck eines Minderheitenschutzes sind.

Die maßgebliche gesetzliche Regelung lautet:

§ 51 a GmbHG [Auskunfts- und Einsichtsrecht]
(1) Die Geschäftsführer haben jedem Gesellschafter auf Verlangen unverzüglich Auskunft über die Angelegenheiten der Gesellschaft zu geben und die Einsicht der Bücher und Schriften zu gestatten.
(2) Die Geschäftsführer dürfen die Auskunft und Einsicht verweigern, wenn zu besorgen ist, dass der Gesellschafter sie zu gesellschaftsfremden Zwecken verwenden und dadurch der Gesellschaft oder einem verbundenen Unternehmen einen nicht unerheblichen Nachteil zufügen wird. Die Verweigerung bedarf eines Beschlusses der Gesellschafter.
(3) Von diesen Vorschriften kann im Gesellschaftsvertrag nicht abgewichen werden.

§ 51 b GmbHG [Gerichtliche Entscheidung über das Auskunftsrecht]
Für die gerichtliche Entscheidung über das Auskunfts- und Einsichtsrecht findet § 132 I, III-V AktG entsprechende Anwendung. Antragsberechtigt ist jeder Gesellschafter, dem die verlangte Auskunft nicht gegeben oder die verlangte Einsicht nicht gestattet worden ist.

b. Voraussetzungen

Unentziehbares und umfassendes Recht

Das Auskunfts- und Einsichtsrecht steht jedem Gesellschafter unentziehbar zu. Der Gesellschafter darf nicht nur auf der Gesellschafterversammlung Auskünfte und die Vorlage von Unterlagen begehren, sondern auch außerhalb derselben. Das Informationsrecht bezieht sich auf sämtliche Angelegenheiten der Gesellschaft. Dies betrifft sowohl abgeschlossene als auch zukünftig geplante Vorgänge, wie z.B. in Verhandlung befindliche Verträge. Auch über die Gehälter und über die Versorgung der Geschäftsführer ist umfassend Auskunft zu erteilen. Ein spezielles Informationsbedürfnis des Gesellschafters wird nicht vorausgesetzt. Der Gesellschafter hat grundsätzlich ein Interesse daran, sich über sämtliche Geschäfte seiner Gesellschaft zu informieren.

Wie der Geschäftsführer die Auskunft erteilt, liegt prinzipiell in seinem Ermessen. Er kann dies mündlich oder auch schriftlich tun.

Das Einsichtsrecht bezieht sich auf alle Unterlagen der Gesellschaft einschließlich der EDV. Der Gesellschafter darf die Originale einsehen. Der Geschäftsführer kann jedoch von sich aus Kopien übersenden, da dem Informationsbedürfnis dadurch ausreichend Rechnung getragen wird. Wenn es auf das Original dann nicht mehr ankommt, muss dieses auch nicht zur Verfügung gestellt werden. Es besteht allerdings keine Verpflichtung des Geschäftsführers, Kopien für den Gesellschafter zu erstellen. Der Gesellschafter hat jedoch das Recht, sich auf eigene Kosten Kopien anzufertigen sowie sich beliebige Notizen zu machen[130].

Der Gesellschafter ist ferner berechtigt, sich bei der Einsichtnahme durch einen zur Berufsverschwiegenheit verpflichteten Dritten, z.B. einen Steuerberater vertreten zu lassen. Dies ist dann sinnvoll, wenn der Gesellschafter keine ausreichenden Fachkenntnisse hat, um z.B. die Unterlagen des Rechnungswesens sachgerecht beurteilen zu können.

Hinzuziehung von Sachverstand ist zulässig

Anspruchsgegner des Anspruchs auf Auskunftserteilung und Einsicht ist stets die GmbH. Der Geschäftsführer ist lediglich für die Erfüllung des Anspruchs zuständig.

c. Verweigerung der Auskunft

Der Geschäftsführer darf die Auskunft bzw. die Einsichtnahme unter bestimmten Umständen verweigern. Dies einerseits dann, wenn schon die allgemeinen Voraussetzungen des Anspruchs fehlen, z.B. weil ein entsprechendes Begehren rechtsmißbräuchlich wäre. Einen speziellen Verweigerungsgrund bietet darüber hinaus § 51 a II GmbHG. Danach dürfen die Geschäftsführer die Auskunft und die Einsicht verweigern, wenn zu befürchten ist, dass der Gesellschafter sie zu gesellschaftsfremden Zwecken verwenden und dadurch der Gesellschaft oder einem verbundenen Unternehmen einen nicht unerheblichen Nachteil zufügen wird. Der Geschäftsführer darf allerdings nicht abschließend selbst die Auskunft oder die Einsichtnahme verweigern, sondern muss einen Gesellschafterbeschluss hierüber herbeiführen. Es ist dann Aufgabe der Gesellschafterversammlung, darüber zu befinden, ob dem Gesellschafter die begehrte Auskunft bzw. Einsichtnahme gestattet werden soll.

Verweigerung ist nur in Ausnahmefällen durch Entscheidung der Gesellschafterversammlung möglich

Entscheidend ist, ob der Gesellschaft durch die Auskunft bzw. Einsichtnahme objektiv ein wirtschaftlich nicht nur geringfügiger Nachteil entsteht. Subjektiv muss dann die potentielle Gefahr der Verwendung der Informationen durch den Gesellschafter zu gesellschaftsexternen Zwecken zu befürchten sein. Hierfür ist eine hinreichend begründete Wahrscheinlichkeit zu fordern, wobei die

Nachteilszufügung bei GmbH

---

[130] OLG Köln ZIP 1985, 800, 802.

GmbH die Beweislast hat. Indizien können bereits vorhergehende Verletzungen der Verschwiegenheit bilden.

Ist beispielsweise bekannt, dass ein Gesellschafter auch an einem Konkurrenzunternehmen beteiligt ist, so ist zu befürchten, dass er sich durch sein Einsichtsrecht Informationen verschafft, um anschließend dem Konkurrenten möglichst viele Interna preiszugeben.

Speziell eingerichtetes gerichtliches Verfahren nach § 51 b GmbHG vorgesehen

Ist der Gesellschafter mit der Verweigerung nicht einverstanden, so kann er das gerichtliche Verfahren nach § 51 b GmbHG betreiben. Hierfür ist ein Antrag beim Landgericht erforderlich. Es gelten die aktienrechtlichen Vorschriften des § 132 AktG entsprechend, wobei die dort in Abs. 2 geregelte Zwei-Wochen-Frist nicht einzuhalten ist. Es sollte aber dennoch alsbald ein Antrag gestellt werden, da sonst das Recht verwirkt sein kann[131].

Achtung!

Werden Beschlüsse gefasst, obwohl die Gesellschafter nicht ausreichend informiert sind und wird ihnen weitere Auskunft bzw. Einsichtnahme verweigert, so können die auf dieser Grundlage gefassten Beschlüsse anfechtbar sein. Wird beispielsweise der Geschäftsführer entlastet, obwohl einem Gesellschafter nicht darüber Auskunft gegeben wird, ob eine von ihm behauptete Pflichtverletzung des Geschäftsführers nun tatsächlich vorliegt, so kann dies, wenn die Pflichtverletzung später bewiesen werden kann, zur Anfechtbarkeit des Entlastungsbeschlusses führen.

Der Geschäftsführer muss sich vergegenwärtigen, dass er sich gemäß § 43 GmbHG schadensersatzpflichtig macht, wenn er einem Gesellschafter unberechtigt Auskünfte erteilt bzw. die Einsichtnahme in die Geschäftsunterlagen gestattet. In Zweifelsfällen sollte er daher besser die Gesellschafterversammlung einberufen. Umstritten ist, ob der Geschäftsführer im Falle der unberechtigten Verweigerung der Auskünfte dem Gesellschafter persönlich gemäß § 823 II BGB i.V.m. § 51a GmbHG Schadensersatz schuldet. Höchstrichterliche Entscheidungen liegen hierzu - soweit ersichtlich - noch nicht vor.

---

[131]   Der Regelstreitwert beträgt gemäß § 132 V 6 AktG 5.000 €. Die Kostenverteilung erfolgt nach billigem Ermessen, so dass nicht notwendigerweise der Unterlegene alle Kosten tragen muss. Außergerichtliche Kosten, wozu auch Anwaltskosten gehören, werden nur auf Antrag erstattet (§13 a FGG). Nach OLG München, OLGR 1996, 48 gehört das Verfahren gemäß § 51 b GmbHG zu den sog. echten Streitverfahren der freiwilligen Gerichtsbarkeit, in welchen in entsprechender Anwendung des § 91 II 1 ZPO die Gebühren des Rechtsanwalts ohne Prüfung der Notwendigkeit zu erstatten sind.

> Die rechtswidrige Verweigerung der Auskunft kann jedoch einen wichtigen Grund zur Abberufung des Geschäftsführers darstellen sowie zur fristlosen Kündigung des Anstellungsvertrags führen[132].

3. Pflichten gegenüber dem Handelsregister

Die Geschäftsführer sind nach Maßgabe des § 78 GmbHG dafür verantwortlich, die notwendigen Anmeldungen zum Handelsregister vorzunehmen.

Geschäftsführer ist für Handelsregisteranmeldungen verantwortlich

§ 78 GmbHG [Anmeldung zum Handelsregister]
Die in diesem Gesetz vorgesehenen Anmeldungen zum Handelsregister sind durch die Geschäftsführer oder die Liquidatoren, die in den §§ 7 I, 57 I, 57 i I, 58 I Nr. 3 vorgesehenen Anmeldungen sind durch sämtliche Geschäftsführer zu bewirken.

Die Anmeldungen werden durch die Geschäftsführer in vertretungsberechtigter Zahl vorgenommen. Ist also Einzelvertretungsbefugnis angeordnet, so genügt es, wenn einer der Geschäftsführer die Anmeldungen vornimmt. Das Gesetz ordnet allerdings an, dass für die Fälle der Anmeldung im Rahmen der Gründung der GmbH (§ 7 I GmbHG) sowie für die Fälle der Kapitalerhöhung (§ 57 I GmbHG) und Kapitalherabsetzung (§§ 57 i I, 58 I Nr. 3 GmbHG) die Anmeldungen durch sämtliche Geschäftsführer zu bewirken sind. Gleiches gilt für einige Umwandlungsvorgänge nach dem Umwandlungsgesetz. Diese Maßnahmen hält der Gesetzgeber für so einschneidend, dass er eine Anmeldung durch alle vorhandenen Geschäftsführer, einschließlich der Stellvertreter, vorsieht.

Bevollmächtigung eines Geschäftsführers

Problematisch ist, ob eine Bevollmächtigung eines einzelnen Geschäftsführers durch die Mitgeschäftsführer bei der Anmeldung möglich ist. Für den Fall, dass nicht sämtliche Geschäftsführer die Anmeldung bewirken müssen, wird eine Bevollmächtigung nach ganz überwiegender Auffassung befürwortet[133]. Bei den Maßnahmen, bei denen sämtliche Geschäftsführer die Anmeldung zu bewirken haben, ist heftig umstritten, ob eine Bevollmächtigung zulässig ist oder ob diese als höchstpersönliche Verfahrenshandlungen einzustufen sind[134].

Grenzen der Stellvertretung

Einhellig wird angenommen, dass bei den strafbewehrten Erklärungen keinesfalls eine Stellvertretung möglich ist. Dies betrifft beispielsweise die bei der Anmeldung der GmbH abzugebende Erklärung, dass die Einlagen zur freien Verfügung der Gesellschaft geleistet worden sind oder die Versicherung der Geschäftsführer,

---

[132] OLG Frankfurt NJW-RR 1994, 498 f.
[133] BGH BB 1992, 303 ff.
[134] Für eine Bevollmächtigung auch in diesen Fällen: OLG Köln NJW 1987, 135; offen gelassen: BGH BB 1992, 303, 304.

dass Hindernisse, die ihrer Bestellung in das Amt des Geschäftsführers entgegenstehen, wie z.B. die Verurteilung wegen einer Insolvenzstraftat, nicht existieren.

> **Tipp für den Geschäftsführer!**
> Bestehen Zweifel, ob eine Bevollmächtigung im Einzelfall zulässig ist, sollte vorher beim Handelsregister mit dem zuständigen Rechtspfleger bzw. dem vorgesetzten Richter gesprochen werden, damit es anschließend bei der Anmeldung keine unangenehmen Überraschungen gibt.

Öffentlich-beglaubigte Form

Die Anmeldungen zum Handelsregister sind in öffentlich beglaubigter Form vorzunehmen. Dies bedeutet, dass der Geschäftsführer die Anmeldung im Beisein eines Notars unterschreiben muss, der die Unterschrift beglaubigt.

Deklaratorische und konstitutive Tatsachen

Hinsichtlich der Pflicht des Geschäftsführers, Handelsregisteranmeldungen vorzunehmen, muss zwischen der öffentlich-rechtlichen Anmeldepflicht gegenüber dem Handelsregister und der Allgemeinheit und der gesellschaftsrechtlichen Pflicht im Verhältnis zur Gesellschaft unterschieden werden. Die öffentlich-rechtliche Pflicht besteht zum Schutze der Allgemeinheit, insbesondere der Gläubiger, und kann mit Zwangsgeld durchgesetzt werden. Der öffentlichen Anmeldepflicht unterliegen alle sog. *deklaratorischen* Tatsachen. Hierbei handelt es sich um Tatsachen, die eine bereits bestehende Rechtslage bzw. ein schon existentes Rechtsverhältnis wiedergeben. Die Eintragung im Handelsregister führt gerade keine Änderung herbei, sondern verkündet lediglich eine Tatsache, die bereits vorliegt. Ist die Handelsregistereintragung hingegen rechtsbegründend, so spricht man von einer *konstitutiven* Eintragung. Konstitutiv ist etwa die Eintragung einer Satzungsänderung, z.B. im Rahmen einer Kapitalerhöhung, der Abschluss von Unternehmungsverträgen, wie etwa eines Beherrschungsvertrags, oder auch die Eintragung der GmbH anlässlich ihrer Gründung. Im letzteren Fall entsteht erst mit der Eintragung im Handelsregister die GmbH. Die Eintragung ist daher konstitutiv, weil sie rechtsnotwendige Voraussetzung für das Entstehen der GmbH ist.

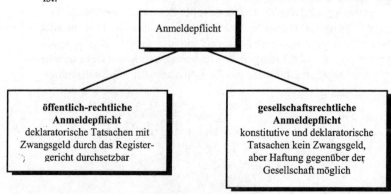

Anmeldepflicht	
öffentlich-rechtliche Anmeldepflicht deklaratorische Tatsachen mit Zwangsgeld durch das Registergericht durchsetzbar	**gesellschaftsrechtliche Anmeldepflicht** konstitutive und deklaratorische Tatsachen kein Zwangsgeld, aber Haftung gegenüber der Gesellschaft möglich

Die Eintragung konstitutiver Tatsachen muss der Gesetzgeber nicht mit Zwangsgeld durchsetzen, da es Sache der Gesellschafter ist, ob sie die Rechtsänderung herbeiführen wollen oder nicht. Niemand wird gezwungen, eine GmbH zu gründen oder eine Kapitalerhöhung vorzunehmen. Anders sieht dies bei den deklaratorischen Tatsachen aus, die nur das wiedergeben, was der tatsächlichen Rechtslage entspricht. Hier muss der Rechtsverkehr informiert werden, wie sich die Rechtslage verhält. Daher sind die Geschäftsführer ggf. mit Zwangsgeld dazu anzuhalten, die der Wahrheit entsprechende Rechtslage zur Eintragung in das Handelsregister anzumelden.

Kein Zwangsgeld bei konstitutiven Tatsachen

Deklaratorische Tatsachen sind beispielsweise:

Deklaratorische Tatsachen

- Die Erteilung und der Widerruf der Prokura (§ 53 HGB). Der Prokurist wird bereits in dem Moment ein solcher, in dem ihm ausdrücklich die Vollmacht eingeräumt wird. Die Handelsregistereintragung ist lediglich deklaratorisch.
- Die Errichtung und die Aufhebung von Zweigniederlassungen.
- Eine Änderung in der Person des Geschäftsführers oder in seiner Vertretungsbefugnis (§ 39 GmbHG). Der Geschäftsführer wird dies in dem Augenblick, in dem ihn die Gesellschafterversammlung hierzu bestellt und dieser Beschluss vollzogen wird, wobei auch eine Annahme des Beschlusses durch den Geschäftsführer nötig ist.
- Die Auflösung der Gesellschaft (§ 65 I 1 GmbHG); dies gilt nicht für die Fälle der Auflösung durch Eröffnung eines Insolvenzverfahrens bzw. wegen Ablehnung der Eröffnung eines Insolvenzverfahrens mangels Masse oder für die Löschung einer GmbH im Handelsregister wegen Vermögenslosigkeit.
- Die Bestellung von Liquidatoren bzw. die Änderung der Liquidatoren; dies gilt nicht, sofern diese gerichtlich bestellt werden.

Die Eintragung der deklaratorischen Tatsachen wird notfalls mit Zwang durchgesetzt. Das einzelne Zwangsgeld wird gegen den Geschäftsführer verhängt und darf den Betrag von 5.000 € nicht übersteigen (§ 14 Satz 2 HGB). Es kann allerdings mehrmals verhängt werden, wenn der Geschäftsführer nicht entsprechend reagiert. Vor seiner Festsetzung wird das Zwangsgeld jedoch zunächst mit Fristsetzung angedroht. Der Geschäftsführer erhält also in jedem Fall erst einmal die Gelegenheit, die von ihm geforderte Anmeldung vorzunehmen.

Deklaratorische Tatsachen dürfen mit wangsgeld durchgesetzt werden

Achtung!
Wird gegen Sie als Geschäftsführer ein Zwangsgeld verhängt, so müssen Sie dies aus eigener Tasche bezahlen. Sie haben keinen Erstattungsanspruch gegen die Gesellschaft, da Sie verpflichtet sind, die rechtlich vorgeschriebenen Anmeldungen vorzunehmen. Hier sind Sie auch nicht von den Weisungen der Gesellschafter abhängig, sondern müssen sich notfalls über diese hinwegsetzen. Sie sollten daher diese Anmeldepflichten sehr ernst nehmen, da Sie dies sonst finanziell teuer zu stehen kommen könnte.

Kein Zwangsgeld wird - wie erwähnt - bei den konstitutiven Handelsregistereintragungen verhängt. Dies ist verständlich, da sich die Rechtslage erst durch die Eintragung ändert, so dass nichts Falsches oder Unvollständiges im Handelsregister vermerkt sein kann. Ein Zwangsgeld wäre in solchen Fällen verfehlt.

Achtung!
Dennoch müssen Sie als Geschäftsführer Veränderungen zum Handelsregister anmelden, die erst konstitutiv durch die Handelsregistereintragung herbeigeführt werden. Hierzu sind Sie im Verhältnis zur Gesellschaft verpflichtet. Hat beispielsweise die Gesellschafterversammlung im Wege der Satzungsänderung eine Kapitalerhöhung beschlossen, so wird diese erst wirksam, wenn sie im Handelsregister eingetragen ist. Hier sind Sie als Geschäftsführer gegenüber der Gesellschaft verpflichtet, die Handelsregisteranmeldung alsbald vorzunehmen. Sie können zwar nicht mit Zwangsgeld dazu angehalten werden, da es sich nicht um eine öffentlich-rechtliche Anmeldepflicht handelt. Die Verpflichtung ergibt sich jedoch aus dem Gesellschaftsrecht gegenüber der Gesellschaft. Verletzen Sie diese Verpflichtung, so machen Sie sich gemäß § 43 GmbHG gegenüber der Gesellschaft schadensersatzpflichtig. Also auch die Anmeldungen, die auf konstitutive Eintragungen gerichtet sind, müssen Sie ernst nehmen.

4. Aufgaben beim Wechsel von Gesellschaftern

a. Genehmigung der Anteilsübertragung

Grundsatz der freien Übertragbarkeit

Die mitgliedschaftlichen Rechte eines GmbH-Gesellschafters sind untrennbar mit seinem Geschäftsanteil verbunden. Dieser Geschäftsanteil kann grundsätzlich frei veräußert und vererbt werden.

Die Übertragung von Geschäftsanteilen ist in § 15 GmbHG geregelt:

§ 15 GmbHG [Übertragung von Geschäftsanteilen]

(1) Die Geschäftsanteile sind veräußerlich und vererblich.

(2) Erwirbt ein Gesellschafter zu seinem ursprünglichen Geschäftsanteil weitere Geschäftsanteile, so behalten dieselben ihre Selbständigkeit.

(3) Zur Abtretung von Geschäftsanteilen durch Gesellschafter bedarf es eines in notarieller Form geschlossenen Vertrages.

(4) Der notariellen Form bedarf auch eine Vereinbarung, durch welche die Verpflichtung eines Gesellschafters zur Abtretung eines Geschäftsanteils begründet wird. Eine ohne diese Form getroffene Vereinbarung wird jedoch durch den nach Maßgabe des vorigen Absatzes geschlossenen Abtretungsvertrag gültig.

(5) Durch den Gesellschaftsvertrag kann die Abtretung der Geschäftsanteile an weitere Voraussetzungen geknüpft, insbesondere von der Genehmigung der Gesellschaft abhängig gemacht werden.

Der in § 15 I GmbHG verankerte Grundsatz der freien Übertragbarkeit der Geschäftsanteile wird in der Praxis jedoch durchweg mit Hilfe einer entsprechenden Bestimmung in der Satzung ausgeschlossen. § 15 V GmbHG lässt eine solche Satzungsklausel ausdrücklich zu. Die Gesellschafter sollen und müssen gemeinsam entscheiden, wer in ihre Mitte aufgenommen wird. Sie möchten sich ungern einen ihnen nicht genehmen Gesellschafter - ohne Aussprache auf einer Gesellschafterversammlung - vorsetzen lassen. Daher wird die Anteilsübertragung grundsätzlich an die Genehmigung der Gesellschaft geknüpft. Eine derartige Satzungsbestimmung wird Vinkulierungsklausel genannt. Dies leitet sich vom lateinischen Wort *vinculum* ab, was „Fessel" bedeutet. Der Anteil ist sozusagen solange blockiert, bis die Gesellschaft ihre Zustimmung zu der Anteilsübertragung erteilt.

> Vinkulierung der Geschäftsanteile ist üblich

Zuständig für die Zustimmungserklärung ist im Außenverhältnis der Geschäftsführer. Gibt es ein mehrköpfiges Geschäftsführungsgremium, so gelten die Vorschriften für die Vertretung. Die Genehmigung wird daher von den Geschäftsführern in vertretungsberechtigter Anzahl erteilt. Die Satzung kann vorschreiben, dass die Zustimmungserklärung von einem anderen Organ, etwa der Gesellschafterversammlung oder dem Aufsichtsrat, erteilt wird. Die Genehmigung kann gegenüber dem Veräußerer oder gegenüber dem Erwerber erteilt werden.

> Geschäftsführer erteilt die Genehmigung

Erst mit der Genehmigung wird die Abtretung des Anteils wirksam. Vorher ist sie schwebend unwirksam. Die Genehmigung wirkt zurück auf den Zeitpunkt der Abtretung.

Gesellschafter-beschluss ist notwendig

Der Geschäftsführer darf nicht selbst entscheiden, ob er eine Anteilsübertragung genehmigt. Er ist vielmehr im Innenverhältnis auf einen ihn ermächtigenden Gesellschafterbeschluss angewiesen[135]. Nach zutreffender Ansicht kann der Geschäftsführer jedoch im Außenverhältnis durchaus wirksam eine Anteilsübertragung genehmigen, obwohl ein ihn ermächtigender Gesellschafterbeschluss fehlt[136]. Es gelten hier allerdings ebenfalls die Grundsätze des Missbrauchs der Vertretungsmacht[137]. Weiß also der Erwerber, dass die bisherigen Gesellschafter der Anteilsübertragung an ihn nicht zustimmen werden, so ist die Berufung auf die unbeschränkte Vertretungsmacht des Geschäftsführers missbräuchlich und die Genehmigung daher schwebend unwirksam.

Weisungen sind zu befolgen

Weisungen der Gesellschafterversammlung an den Geschäftsführer hinsichtlich der Genehmigungserteilung sind auch in diesem Bereich zulässig und von diesem zu beachten.

Tipp für den Geschäftsführer!

Werden Sie von dem Veräußerer bzw. Erwerber eines Geschäftsanteils aufgefordert, die Übertragung zu genehmigen, so müssen Sie sich unbedingt vergewissern, ob ein Sie ermächtigender Gesellschafterbeschluss vorliegt. Fehlt dieser, so sind Sie verpflichtet, zunächst eine Gesellschafterversammlung zu diesem Zweck einzuberufen. Erst wenn diese die Anteilsübertragung „abgesegnet" hat, dürfen Sie die Genehmigungserklärung Ihrerseits abgeben. Lassen Sie dies außer Acht, so können Sie sich schadensersatzpflichtig machen. Hier dürfte es allerdings schwierig sein, den Schaden zu beziffern. Haben Sie aber beispielsweise zugelassen, dass ein Konkurrent einen Anteil erwirbt, so kann der Schaden enorm sein. Außerdem ist grundsätzlich zu befürchten, dass sich Spannungen zwischen den Gesellschaftern nachteilig auf das Wohl der GmbH auswirken. Im Übrigen schaffen Sie mit einem solchen Verhalten auch einen Abberufungsgrund gegen sich selbst.

Gesellschafter-liste

Bei einem Wechsel im Gesellschafterbestand ist eine aktualisierte Gesellschafterliste beim Handelsregister einzureichen, siehe hierzu die Ausführungen zur Gründung auf S. 144 ff.

b. Vollzug von Einziehungs- und Teilungsbeschlüssen

Einziehung und Teilung

Die Satzung kann vorsehen, dass Geschäftsanteile unter bestimmten Voraussetzungen eingezogen werden. Die Einziehung erfolgt dann durch einen Beschluss der Gesellschafterversammlung. Sie

---

[135] OLG Hamburg GmbHR 1992, 609, 610.
[136] BGHZ 14, 25, 31; OLG Hamburg GmbHR 1992, 609, 610; offen lassend allerdings BGH NJW 1988, 2241, 2242 f.
[137] Siehe oben 1. Teil, D III 5 b.

muss anschließend vollzogen werden, was durch eine einseitige, empfangsbedürftige Willenserklärung gegenüber dem auszuschließenden Gesellschafter geschieht. Diese Erklärung kann der Geschäftsführer abgeben, es handelt sich allerdings nicht um eine ihm originär übertragene Aufgabe. Möglich ist daher auch, dass die Gesellschafterversammlung selbst den Ausschluss durch Mitteilung an den auszuschließenden Gesellschafter vollzieht. Die Gesellschafterversammlung kann jedoch den Geschäftsführer hiermit beauftragen.

Gemäß § 17 I GmbHG bedarf die Teilung von Geschäftsanteilen der Genehmigung der Gesellschaft. Ein Geschäftsanteil kann in zwei oder mehrere neue und völlig selbstständige Teile zerlegt werden. Die Rechte und Pflichten aus dem ursprünglichen Anteil werden dann im Verhältnis der neuen Nennbeträge aufgeteilt. Die Zustimmung zu dieser Teilung wird im Außenverhältnis wiederum - wie bei der Anteilsübertragung - vom Geschäftsführer ausgesprochen. Im Innenverhältnis bedarf der Geschäftsführer auch hier eines Beschlusses der Gesellschafterversammlung.

c. „Registrierung" der Gesellschafter

Im Verhältnis zur Gesellschaft gilt nur derjenige als Anteilsinhaber, dessen Erwerb unter Nachweis des Übergangs bei der Gesellschaft angemeldet ist. Dies ergibt sich aus § 16 GmbHG:

Anmeldung bei der GmbH

§ 16 GmbHG [Anmeldung bei der GmbH]
(1) Der Gesellschaft gegenüber gilt im Fall der Veräußerung des Geschäftsanteils nur derjenige als Erwerber, dessen Erwerb unter Nachweis des Übergangs bei der Gesellschaft angemeldet ist.

(2) Die vor der Anmeldung von der Gesellschaft gegenüber dem Veräußerer oder von dem letzteren gegenüber der Gesellschaft in Bezug auf das Gesellschaftsverhältnis vorgenommenen Rechtshandlungen muss der Erwerber gegen sich gelten lassen.

(3) Für die zur Zeit der Anmeldung auf den Geschäftsanteil rückständigen Leistungen ist der Erwerber neben dem Veräußerer verhaftet.

Der Geschäftsführer organisiert die inneren Angelegenheiten der Gesellschaft. Er muss daher stets erfassen, wer Gesellschafter ist, welche Personalien dieser im Einzelnen hat und wie dessen ladungsfähige Anschrift lautet. Diese Daten sind für die ordnungsgemäße Durchführung von Gesellschafterversammlungen relevant, aber auch um Rechte der Gesellschaft gegenüber ihren Gesellschaftern, z.B. wegen rückständiger Einlagen, durchsetzen zu können.

Geschäftsführer erfasst Gesellschafterbestand

Wird also ein Anteil übertragen, so muss dies bei der Gesellschaft angemeldet werden. Erst mit der Anmeldung gilt der Erwerber als „neuer" Gesellschafter der GmbH.

Keine Formalien vorgesehen

Die Anmeldung der Anteilsübertragung bei der Gesellschaft ist formfrei, sie kann auch mündlich oder durch schlüssiges Verhalten, etwa durch Einholung der Genehmigung nach § 15 V GmbHG, erfolgen. Die Satzung darf jedoch Formvorschriften vorsehen. So ist es beispielsweise nicht unüblich, dass die Anmeldung durch eingeschriebenen Brief unter Beifügung einer Abschrift der notariellen Übertragungsurkunde zu erfolgen hat.

Zur Anmeldung berechtigt ist nach herrschender Ansicht sowohl der Erwerber als auch der Veräußerer. Entscheidend ist, dass der Übergang nachgewiesen wird.

Achtung!

Als Geschäftsführer müssen Sie unbedingt darauf bestehen, dass Ihnen die Anteilsübertragung durch Vorlage einer formgerechten Abtretungsurkunde belegt wird. Das Gesetz sieht den Erwerb unter Nachweis des Übergangs vor (15 III GmbHG). Hierauf können Sie sich berufen. Ansonsten kann Ihnen der Vorwurf gemacht werden, dass Sie die Anteilsübertragung nicht überprüft haben. Sieht die Abtretungsurkunde vor, dass der Anteil erst aufschiebend bedingt mit Kaufpreiszahlung übergeht, müssen Sie sich vergewissern, ob der Kaufpreis bezahlt wurde.

Entscheidend ist, wer der Gesellschaft als Gesellschafter gemeldet wird. Eine anderweitige Kenntniserlangung von einer Anteilsübertragung genügt nicht.

Tipp für den Geschäftsführer!

Erlangen Sie Kenntnis davon, dass der Anteil übertragen wurde oder dass der Gesellschafter auch nur seine Anschrift geändert hat, so sollten Sie im Zweifel die betreffenden Gesellschafter auffordern, die Anmeldung der Änderung formgerecht vorzunehmen.

Ist eine Gesellschafterversammlung einzuberufen, so sollten Sie einen Gesellschafter, dessen Anschrift sich geändert haben soll, sowohl formgerecht unter der alten als auch unter der neuen Anschrift laden. Gleichzeitig sollten Sie darauf hinweisen, dass der Gesellschafter die Veränderungen mitzuteilen hat. Hören Sie von einer Anteilsübertragung, so bleibt Ihnen nichts anderes übrig, als lediglich den alten Gesellschafter nach wie vor als solchen anzusehen und ihn zur Gesellschafterversammlung zu laden. Zusätzlich sollten Sie ihn jedoch auffordern, sich über die Anteilsübertragung zu äußern und die Verhältnisse zu bereinigen.

---

5. Vertretung der Gesellschaft bei Streitigkeiten mit den Gesellschaftern

Der Geschäftsführer vertritt bei Streitigkeiten mit den Gesellschaftern die GmbH. Macht die GmbH beispielsweise Schadensersatzansprüche gegen einen Gesellschafter geltend, sollen rückständige Einlagen bzw. Nachschüsse von ihm eingefordert werden oder erhebt die GmbH gegen einen Gesellschafter die Ausschlussklage, so ist für diese Maßnahmen grundsätzlich ein Gesellschafterbeschluss erforderlich. Die Durchsetzung dieses Beschlusses, d.h. die Erhebung der Klage, erfolgt jedoch dann durch den Geschäftsführer im Namen der Gesellschaft. Auch bei Klagen der Gesellschafter gegen die GmbH wird diese vom Geschäftsführer vertreten. Dies betrifft sowohl Nichtigkeits- als auch Anfechtungsklagen, die Gesellschafter erheben und die gegen die GmbH, vertreten durch den Geschäftsführer, zu richten sind.

Geschäftsführer vertritt auch bei internen Streitigkeiten die GmbH

III. Treuepflicht, insbesondere das Wettbewerbsverbot

1. Allgemeines

Der Geschäftsführer unterliegt einer weitreichenden Treuepflicht gegenüber der Gesellschaft. Die Treuepflicht folgt aus der Organstellung des Geschäftsführers, der Anstellungsvertrag kann diese modifizieren. Danach hat der Geschäftsführer nur das Wohl der Gesellschaft und nicht den eigenen Nutzen im Auge zu behalten. Er muss seine ganze Arbeitskraft der Gesellschaft widmen, soweit ihm eine Nebentätigkeit nicht gestattet ist. Die Treuepflicht, aus der sich dies ableitet, bindet sowohl den Fremd- als auch den Gesellschafter-Geschäftsführer.

Weitreichende Treuepflicht des Geschäftsführers

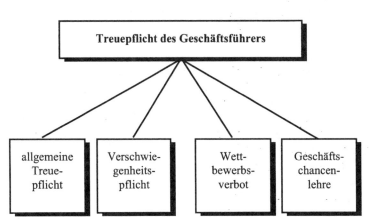

Diese Verpflichtung steht im Zusammenhang mit den weitreichenden Befugnissen des Geschäftsführers. Ihm ist das Gesellschaftsvermögen anvertraut, er hat die wirtschaftlichen Interessen der GmbH wahrzunehmen. Hieraus entsteht - wegen der weitreichenden Befugnisse des Geschäftsführers - für die Gesellschaft ein erhebliches Gefährdungspotential. Daher trifft den Geschäftsführer eine gesteigerte Rücksichtsnahmepflicht. Aus diesem Gebot der Rücksichtnahme auf das Gesellschaftsinteresse folgt unter anderem auch eine weitreichende Geheimhaltungspflicht, bei deren Verletzung sich der Geschäftsführer strafbar macht[138]. Eine besondere Ausprägung der Treuepflicht ist die Geschäftschancenlehre, wonach der Geschäftsführer Chancen, die sich der Gesellschaft bieten, für diese und nicht auf eigene Rechnung oder zugunsten eines Dritten wahrzunehmen hat.

Definition der Treuepflicht

Aus der Treuepflicht ergeben sich einerseits aktive Förderungspflichten des Geschäftsführers, wonach er den Unternehmensgegenstand möglichst effektiv und mit den ihm zur Verfügung stehenden Mitteln zu verwirklichen hat sowie andererseits Unterlassungspflichten in Form von Schutz- und Rücksichtsnahmepflichten.

Des Weiteren leitet sich aus der Treuepflicht ein Wettbewerbsverbot für den Geschäftsführer ab, das nun gesondert untersucht werden soll.

2. Wettbewerbsverbot

a. Reichweite/Umfang

Wettbewerbsverbot ist wichtigste Ausprägung der Treuepflicht

Das Wettbewerbsverbot besteht als besondere Ausprägung der Treuepflicht auch ohne ausdrückliche Regelung in der Satzung oder im Anstellungsvertrag. Es bedarf außerdem keines Gesellschafterbeschlusses, der ein solches Wettbewerbsverbot festlegt. Vielmehr unterliegt der Geschäftsführer kraft seiner Organstellung einem weitreichenden Wettbewerbsverbot, solange er sich im Amt befindet.

Umfang

Aufgrund dieses Wettbewerbsverbots sind dem Geschäftsführer Konkurrenzgeschäfte untersagt. Erfasst werden davon zunächst die Tätigkeiten, die dem tatsächlich ausgeübten Unternehmensgegenstand der GmbH entsprechen. Aber auch Geschäfte, die aufgrund der zukünftigen Entwicklung der Gesellschaft von dieser ausgeübt werden könnten, fallen unter das Wettbewerbsverbot. Strittig ist, ob das Wettbewerbsverbot sich auch auf Bereiche erstreckt, die zwar in der Satzung enthalten sind, jedoch tatsächlich nicht wahrgenommen werden[139].

---

[138] Siehe unten 3. Teil G IV 2.

[139] Der *BGH* tendiert dahin, dass nur der tatsächlich ausgeübte Unternehmensgegenstand entscheidend ist: BGHZ 89, 162, 170.

Das Wettbewerbsverbot besteht sowohl für Geschäfte, die auf eigene, aber auch für jene, die auf fremde Rechnung getätigt werden. Es ist zudem unerheblich, ob die Geschäfte mittelbar, z.b. über eine beherrschende unternehmerische Beteiligung an einem Konkurrenzunternehmen oder durch „eigenhändige" Tätigkeit, d.h. unmittelbar, ausgeübt werden. Auch eine Tätigkeit als Geschäftsführer bzw. Vorstandsmitglied oder eine sonst vergleichbare Managertätigkeit bei Konkurrenzunternehmen fallen unter das Wettbewerbsverbot.

Eine Ausnahme gilt lediglich für Alleingesellschafter-Geschäftsführer, die nach der Rechtsprechung des *BGH* grundsätzlich keinem Wettbewerbsverbot unterliegen[140].

b. Rechtsfolgen des Wettbewerbsverbots

Verstößt der Geschäftsführer gegen das Wettbewerbsverbot, so hat die Gesellschaft zunächst einen Anspruch auf Unterlassung der Konkurrenztätigkeit. Entsteht der Gesellschaft ein Schaden, kann sie diesen gemäß § 43 GmbHG oder auch nach deliktsrechtlichen Vorschriften (z.B. § 823 II BGB i.V.m. § 266 StGB [Untreue]) ersetzt verlangen. Die GmbH kann statt des Schadenersatzanspruchs ein internes Eintrittsrecht geltend machen, dass sie in die Lage versetzt, in den wirtschaftlichen Genuss des abgeschlossenen Geschäfts zu kommen. Hier wird § 113 HGB analog angewandt, der das Wettbewerbsverbot des OHG-Gesellschafters regelt. Der Geschäftsführer muss sich aufgrund dieses Eintrittsrechts so behandeln lassen, als habe er die Geschäfte auf Rechnung der GmbH abgeschlossen. Dieses Recht hat allerdings keine Außenwirkung, d.h. die GmbH tritt nicht in die Rechtsbeziehungen zwischen dem GmbH-Geschäftsführer und seinen Vertragspartnern ein[141]. Schließt der Geschäftsführer die Geschäfte auf Rechnung eines Dritten ab, so umfasst das Eintrittsrecht auch die Befugnis, die Vergütung herauszuverlangen, die der Geschäftsführer von dem Dritten bezogen hat. Die Gesellschaft ist nicht verpflichtet, Verluste aus einzelnen Geschäften zu übernehmen. Tritt sie allerdings in konkrete Geschäfte intern ein, so muss sie dem Geschäftsführer dessen Aufwendungen ersetzen. Ferner steht der GmbH ein Anspruch auf Abschöpfung des Gewinns, d.h. auf Vorteilsherausgabe zu. Anspruchsgrundlage für die Herausgabe der erlangten Vorteile sind auch die §§ 687 II, 681 Satz 2, 667 BGB.

Des Weiteren ist die Gesellschaft berechtigt, den Geschäftsführer im Einzelfall - je nach Schwere des Verstoßes gegen das Wettbewerbsverbot - aus wichtigem Grund abzuberufen und den Anstellungsvertrag fristlos zu kündigen.

Zahlreiche Ansprüche der Gesellschaft gegen den Geschäftsführer

Fristlose Kündigung des Anstellungsvertrags

---

[140] Siehe BGHZ 119, 257, 262.
[141] BGHZ 89, 162, 171.

Ist der Geschäftsführer gleichzeitig Gesellschafter, so kommt unter Umständen ein Ausschluss aus der Gesellschaft in Betracht.

c. Verjährung

Verjährungsfrist beträgt 5 Jahre

Es ist strittig, in welchem Zeitraum die Ansprüche wegen Verletzung des Wettbewerbsverbots verjähren. Die Ansprüche aus § 43 GmbHG verjähren entsprechend dem Absatz 4 zwar in fünf Jahren. In § 88 III AktG ist jedoch für Ansprüche gegen Vorstandsmitglieder einer Aktiengesellschaft eine Verjährungsfrist von drei Monaten, beginnend mit dem Zeitpunkt, in dem die übrigen Vorstandsmitglieder und die Aufsichtsratsmitglieder von der zum Schadensersatz verpflichtenden Handlung Kenntnis erlangen, geregelt. Nur wenn eine solche Kenntnis nicht vorliegt, gilt für die Aktiengesellschaft ebenfalls die Fünfjahresfrist. Es ist umstritten, ob die Dreimonatsfrist aus dem Aktienrecht entsprechend auf die Haftung des GmbH-Geschäftsführers anzuwenden ist und für welche Ansprüche (Schadensersatz, Eintrittsrecht, Vorteilsherausgabe) sie gilt. Der *BGH* will diese Dreimonatsfrist für *alle* Ansprüche analog anwenden[142].

Werden Ansprüche aus unerlaubter Handlung (§§ 823 ff. BGB) geltend gemacht, so verjähren diese gemäß §§ 195 BGB frühestens in drei Jahren. Die Frist beginnt gemäß § 199 I BGB mit dem Schluss des Jahres, in dem der Anspruch entstanden ist und der Gläubiger von den anspruchsbegründenden Umständen und der Person des Schuldners Kenntnis erlangt oder ohne grobe Fahrlässigkeit erlangen müsste. Fehlt es an der Entstehung des Anspruchs bzw. an der Kenntnis bzw. Kennen müssen der anspruchsbegründenden Tatsachen gelten längere Verjährungsfristen (§ 199 II, III BGB). Eine entsprechende Anwendung der kurzen Dreimonatsfrist auf Ansprüche aus §§ 823 ff. BGB wäre nicht sachgerecht, da bei unerlaubten Handlungen eine Ahndung über einen längeren Zeitraum möglich sein muss[143].

Entscheidend dürfte bei sämtlichen Ansprüchen nur die Kenntnis der Gesellschafterversammlung bzw. des Aufsichtsrats sein, falls ein solcher eingerichtet ist.

3. Geschäftschancenlehre

Corporate Opportunity Doctrine

Unternehmerische Chancen, die sich der Gesellschaft bieten, hat der Geschäftsführer für diese wahrzunehmen. Unterlässt es der Geschäftsführer, eine Geschäftschance für die GmbH zu verwerten und schiebt diese Geschäftschance stattdessen sich selbst oder ei-

---

[142]   BGH WM 1964, 1320, 1321, so auch *Baumbach/Hueck*, GmbHG, § 35 Rdnr. 22 a.

[143]   So im Ergebnis auch für § 61 II HGB, *Ebenroth/Boujong/Joost*, HGB, § 61 Rdnr. 30.

nem Dritten zu, so begeht er eine Pflichtverletzung. Es ist strittig, ob diese Pflichtverletzung eine besondere Ausprägung des Wettbewerbsverbots darstellt oder ob es sich um eine eigenständige Fallgruppe handelt. Einmütigkeit besteht jedenfalls darüber, dass die Geschäftschancenlehre sich ebenfalls aus der Treuepflicht herleitet. Ihren Ursprung hat sie im angloamerikanischen Recht und in der dort praktizierten *Corporate Opportunity Doctrine*[144].

Das sich eröffnende Geschäft muss in den üblichen Tätigkeitsbereich der Gesellschaft fallen und auf ein nicht unerhebliches Interesse der GmbH stoßen[145]. Nicht entscheidend ist, ob der Geschäftsführer von der Chance im Dienst oder privat erfährt. Der *BGH* lässt eine private Kenntnisnahme genügen[146].

> Geschäftsführer muss auch privat erlangte Geschäftschance sichern

Auch ist es dem Geschäftsführer verwehrt, eine Geschäftschance zu nutzen, um mit ihr den Wechsel in die Selbständigkeit zu wagen. Daran ändert auch der Umstand nichts, dass der Geschäftsführer gleichzeitig aus den Diensten der Gesellschaft ausscheidet. Der Geschäftsführer darf die berufliche Veränderung in die Selbständigkeit nicht unter Mitnahme einer Geschäftschance vollziehen, zu deren Nutzung für die Gesellschaft er als Geschäftsführer gerade verpflichtet war[147].

Beispiel: *„Die neue Reha-Klinik auf Rügen"*
G ist Geschäftsführer einer privaten Krankenhaus-Betreibergesellschaft, die bundesweit zwölf Reha-Kliniken betreibt. Von einem persönlichen Freund erfährt er, dass eine Reha-Klinik auf Rügen zum Verkauf steht, die derzeit einem Betreiber gehört, der lediglich diese Klinik unterhält und sich zur Ruhe setzen möchte. Obwohl das Unternehmen, für das G derzeit arbeitet, auf Expansion ausgerichtet ist und er sehr genau weiß, dass die Klinik auf Rügen auch für die GmbH interessant wäre, führt er in eigenem Namen mit dem bisherigen Betreiber der Reha-Klinik Verhandlungen und wird sich mit diesem handelseinig. Anschließend kündigt er seinen Anstellungsvertrag zum nächstmöglichen Zeitpunkt und legt zeitgleich das Amt des Geschäftsführers nieder. Sodann geht er als Inhaber und Geschäftsführer der Reha-Klinik nach Rügen.
Die GmbH erfährt hiervon und von den näheren Umständen und verlangt vom Geschäftsführer, dass dieser die Klinik „herausgebe". Das *OLG Frankfurt*[148] hat in einem ähnlich gelagerten Sachverhalt tatsächlich einen Anspruch der GmbH auf Herausgabe der Klinik in Erwägung gezogen. Dies ist zu bejahen, da dadurch nicht in den Unternehmenskaufvertrag mit dem ehemaligen Betreiber eingegriffen wird. Der Geschäftsführer hat hier eine Geschäftschance der Gesellschaft an sich gezogen und muss daher im Rahmen des Rechts der Gesellschaft

---

[144] Zu den haftungsrechtlichen Aspekten siehe unten 3. Teil, D II. 2 d) ee).
[145] OLG Frankfurt GmbHR 1988, 376, 378.
[146] BGH NJW 1986, 585, 586.
[147] BGH NJW 1986, 585, 586; OLG Frankfurt GmbHR 1998, 376, 378.
[148] OLG Frankfurt GmbHR 1998, 376, 378.

auf Vorteilsherausgabe akzeptieren, dass die GmbH Herausgabe der Klinik begehren darf. Der Geschäftsführer hätte der GmbH die Übernahme der Klinik anbieten müssen, so dass es nur konsequent ist, wenn er diese jetzt stattdessen herauszugeben hat. Das *OLG Frankfurt* hatte zunächst nur über Auskunftsanträge zu entscheiden, so dass der Geschäftsführer dort nicht zur Herausgabe der Klinik verurteilt werden konnte. Das Gericht ließ jedoch erkennen, dass es dieses Urteil zu fällen bereit gewesen wäre.

4. Befreiung vom Wettbewerbsverbot

a. Zivilrechtliche Voraussetzungen

Aufnahme in Satzung

Die zivilrechtlichen Voraussetzungen, unter denen ein Geschäftsführer wirksam vom Wettbewerbsverbot befreit werden kann, sind umstritten. Wer sichergehen will, sollte eine *allgemeine* Befreiung in die Satzung aufnehmen. Zugelassen wird auch eine sog. *Öffnungsklausel*, wonach die Gesellschafterversammlung ermächtigt wird, nach Bedarf über die Befreiung vom Wettbewerbsverbot zu beschließen. Welche Mehrheit für den Gesellschafterbeschluss zu fordern ist, ist strittig. Der *BGH* lässt eine einfache Mehrheit für den befreienden Beschluss der Gesellschafterversammlung genügen[149].

Tipp für die Gesellschafterversammlung!

In der Satzung sollte vorsorglich eine Öffnungsklausel vereinbart werden, damit später flexibel eine erforderlich werdende Befreiung - ohne aufwendige Satzungsänderung mit notarieller Beurkundung und Handelsregisteranmeldung - erteilt werden kann. Zum Schutz der Minderheitsgesellschafter könnte geregelt werden, dass der Gesellschafterbeschluss einer satzungsändernden oder sogar einstimmigen Mehrheit bedarf.

Ad-hoc-Befreiung durch Gesellschafterbeschluss

Fehlt eine Regelung in der Satzung, so darf die Gesellschafterversammlung *im Einzelfall* für ein konkretes Geschäft eine Befreiung durch Gesellschafterbeschluss erteilen. Ein betroffener Geschäftsführer, der gleichzeitig Gesellschafter ist, darf nach § 47 IV GmbHG nicht mitstimmen[150]. Beim Mehrheits-Gesellschafter-Geschäftsführer genügt eine Befreiung allein im Anstellungsvertrag nicht. Strittig ist, ob beim nichtbeherrschenden Gesellschafter-Geschäftsführer oder beim Fremdgeschäftsführer eine Befreiung vom Wettbewerbsverbot im Anstellungsvertrag in Verbindung mit einem Gesellschafterbeschluss, jedoch ohne Regelung in der Satzung in Form einer Öffnungsklausel, ausreichend ist.

---

[149] BGHZ 80, 69.
[150] *Roth/Altmeppen*, GmbHG, § 43 Rdnr. 22.

Wird in der Satzung eine Befreiung vom Wettbewerbsverbot verankert, so kann das für die anderen Gesellschafter, die keine Konkurrenzgeschäfte betreiben, eine sehr einschneidende Maßnahme sein. Der *BGH* fordert daher, dass eine Befreiung durch sachliche Gründe im Interesse der Gesellschaft gerechtfertigt sein muss[151].

Eine Befreiung ist in der Regel entgeltlich, d.h. der Gesellschafter-Geschäftsführer muss hierfür eine Gegenleistung erbringen. Ein Verzicht der GmbH auf ein Entgelt ist zwar möglich; ein solcher löst aber ggf. steuerrechtliche Konsequenzen aus[152].

Gegenleistung für Befreiung

Ein *Widerruf* von der Befreiung soll jederzeit durch Gesellschafterbeschluss zulässig sein. Hat der Geschäftsführer allerdings aufgrund seines Anstellungsvertrags ein Recht auf die Ausübung der Konkurrenztätigkeit, so kann ihm wegen des Widerrufs ein Schadensersatzanspruch zustehen.

Widerruf jederzeit möglich

b. Steuerrechtliche Konsequenzen

Jeder Gesellschafter muss ständig darauf achten, dass keine verdeckten Gewinnausschüttungen an ihn erfolgen. Derartige verdeckte Gewinnausschüttungen, die neben der ordentlichen Gewinnverteilung stattfinden, werden dem Gewinn der Gesellschaft hinzugerechnet, so dass sich dies auf die Körperschaftssteuer auswirkt.

Gefahr der verdeckten Gewinnausschüttung

Nach der ständigen Rechtsprechung des *Bundesfinanzhofs* liegt eine verdeckte Gewinnausschüttung vor, wenn bei einer Kapitalgesellschaft eine Vermögensminderung oder verhinderte Vermögensmehrung erfolgt, die durch die Gesellschafterstellung veranlasst ist und sich auf die Höhe des Einkommens der Gesellschaft auswirken kann, sofern diese in keinem Zusammenhang mit einer offenen Ausschüttung steht[153].

Definition

Bei einem beherrschenden Gesellschafter ist eine Veranlassung der Ausschüttung durch das Gesellschaftsverhältnis auch dann anzunehmen, wenn es an einer *klaren* und von *vornherein* abgeschlossenen Vereinbarung darüber fehlt, ob und in welcher Höhe von ihm eine Gegenleistung an die Gesellschaft gezahlt werden soll. In diesem Fall besteht wegen des fehlenden Interessengegensatzes zwischen der Gesellschaft und dem beherrschenden Gesellschafter die Möglichkeit, den Gewinn der Gesellschaft mehr oder weniger beliebig festzusetzen und ihn so zu beeinflussen, wie es bei der steuerlichen Gesamtbetrachtung der Einkommen der Gesellschaft und des Gesellschafters jeweils am günstigsten ist[154].

Spezielle Tatbestandsmerkmale beim beherrschenden Gesellschafter-Geschäftsführer

---

[151] BGHZ 80, 69, 74.
[152] Siehe hierzu sogleich die folgenden Ausführungen unter b.
[153] BFH GmbHR 2004, 1539, 1540.
[154] BFH BStBl. 1989, II, 673, 674.

Verdeckte Gewinnausschüttungen liegen also etwa vor, wenn die Gesellschaft Leistungen oder Lieferungen zugunsten des Gesellschafters unter Wert erbringt oder wenn umgekehrt der Gesellschafter zu überhöhten Konditionen seinerseits Leistungen zugunsten der GmbH vornimmt.

Auch im Zusammenhang mit dem Wettbewerbsverbot des Gesellschafter-Geschäftsführers können verdeckte Gewinnausschüttungen auftreten.

Verzicht auf Schadensersatzanspruch wegen Verstoßes gegen das Wettbewerbsverbot begründet verdeckte Gewinnausschüttung

Verstößt der Geschäftsführer gegen das Wettbewerbsverbot, so entsteht ein Schadensersatzanspruch der GmbH, den ein ordentlicher Kaufmann auch durchsetzen würde. Eine verdeckte Gewinnausschüttung wird daher angenommen, wenn die GmbH auf die Geltendmachung dieses Schadensersatzanspruchs verzichtet[155]. Hierbei nimmt der *Bundesfinanzhof* an, dass bereits in der ursprünglichen Schadenszufügung eine verdeckte Gewinnausschüttung liegt[156].

Befreiung ohne Gegenleistung stellt ebenfalls eine verdeckte Gewinnausschüttung dar

Die zweite Fallgruppe der verdeckten Gewinnausschüttung im Zusammenhang mit dem Wettbewerbsverbot stellt die Befreiung von diesem ohne angemessene Gegenleistung dar. Ein ordentlicher Kaufmann, der einen anderen von einer Pflicht befreit, würde sich hierfür eine Gegenleistung zahlen lassen. Verzichtet die GmbH daher auf eine angemessene Gegenleistung, obwohl sie ihren Gesellschafter-Geschäftsführer von dem Wettbewerbsverbot befreit, dann nimmt sie in Form dieses Verzichts ebenfalls eine verdeckte Gewinnausschüttung vor[157]. Zusammenfassend kann also sowohl bei einer Befreiung ohne angemessene Gegenleistung als auch bei einem Verstoß gegen ein bestehendes Wettbewerbsverbot mit anschließender Unterlassung der Durchsetzung der Schadensersatzansprüche der Tatbestand der verdeckten Gewinnausschüttung erfüllt sein.

Standpunkt der Finanzverwaltung und der Rechtsprechung

Hintergrund für diese Fälle verdeckter Gewinnausschüttungen ist die Gefahr der willkürlichen Zuweisung von Geschäften je nach Gutdünken des Gesellschafter-Geschäftsführers. Er könnte verlustreiche Geschäfte der Gesellschaft zuschanzen und ertragsreiche Geschäfte auf eigene Rechnung „schlüsseln". Der Bundesminister der Finanzen (BMF) hat in mehreren Schreiben ausgeführt, wann er von einer wirksamen Befreiung vom Wettbewerbsverbot für den Gesellschafter-Geschäftsführer ausgeht, so dass in diesen Fällen nach seiner Ansicht keine verdeckte Gewinnausschüttung vorliegt. Es handelt sich um die Schreiben vom 4. und 15. Februar 1992[158] sowie um das Schreiben vom 29.6.1993[159]. Im

---

[155]   BFH BStBl. 1987, II, 461, 462.
[156]   BFH NJW 1997, 1806.
[157]   BFH BStBl. 1987, II, 461, 462; BFH BStBl. 1989, II, 673, 674.
[158]   BMF NJW 1993, 247, 248.
[159]   BMF NJW 1993, 2288.

Anschluss an diese Erlasse sind jedoch einige Urteile des *Bundesfinanzhofs* ergangen, die den Standpunkt des Bundesfinanzministers modifizieren.

Im Folgenden wird daher von den Schreiben des Finanzministers ausgegangen, jedoch sogleich die aktuelle Rechtsprechung, soweit sie den Standpunkt der Finanzverwaltung ergänzt bzw. ändert, erläutert.

Die Finanzverwaltung fordert zunächst eine klare und eindeutige Aufgabenabgrenzung zwischen den Geschäften des Gesellschafter-Geschäftsführers und denen der Gesellschaft.

Klare und eindeutige Aufgabenbegrenzung

Danach müssten die Gesellschaft und der Geschäftsführer ihre Geschäftsbereiche, Kunden und Orte der Tätigkeit voneinander abgrenzen. Dieses äußerst fragwürdige Kriterium lässt der *Bundesfinanzhof* in neueren Urteilen nicht mehr gelten, wobei allerdings unklar ist, ob das Kriterium wirklich ganz aufgegeben wird. Zunächst hat der *Bundesfinanzhof* ausgeführt, dass dieses Merkmal allein nicht ausreicht, um automatisch eine verdeckte Gewinnausschüttung anzunehmen. Es handele sich vielmehr um ein rein steuerrechtliches Kriterium[160]. Kurze Zeit später hat das höchste Finanzgericht entschieden, dass diesem Merkmal auch deshalb keine Bedeutung zukommen könne, weil es sich um eine wettbewerbsbeschränkende Vereinbarung handele. Es sei Sache der Gesellschafter, in dem Unternehmensgegenstand den Aufgabenkreis einer Kapitalgesellschaft zu bestimmen. Das Steuerrecht habe diese Aufgabenzuweisung durch die Gesellschafter im Grundsatz zu akzeptieren. Eine fehlende Abgrenzung der wechselseitigen Geschäftsbereiche soll daher keine nachhaltigen Auswirkungen haben. Es genügt, wenn die Kapitalgesellschaft und die Gesellschafter von vornherein klarstellen, ob sie den Leistungsaustausch untereinander auf schuldrechtlicher oder gesellschaftsrechtlicher Ebene beabsichtigen[161].

Es ist allerdings zweifelhaft, ob der *Bundesfinanzhof* lediglich den zugrundeliegenden Einzelfall entscheiden wollte oder ob er generell von dem Kriterium der von vornherein festgelegten Abgrenzung der wechselseitigen Geschäftsbereiche abrücken will. In dem vom *Bundesfinanzhof* entschiedenen Fall war einem Gesellschafter-Geschäftsführer gestattet, noch neben dem Geschäftsführeramt Versicherungen zu vermitteln. Hierbei sollte der Geschäftsführer allerdings die Versicherungen namens der GmbH vermitteln und eine gesonderte Provision erhalten. Die Provisionsvereinbarung wurde schuldrechtlich geschlossen, die Provisionszahlungen bezog der Geschäftsführer neben seinem regulären Gehalt. Eine Abgrenzung der Geschäftsbereiche zwischen der GmbH und dem

---

[160] BFH NJW 1996, 950, 951.

[161] BFH NJW 1997, 1804, 1805, zustimmend FG München GmbHR 1998, 748, 749.

Rückwirkungs-verbot

Vereinbarung einer angemessenen Gegenleistung

Geschäftsführer erfolgte nicht und wurde vom *Bundesfinanzhof* auch nicht für notwendig erachtet.

Das zweite Kriterium des *Bundesministers für Finanzen* ist eine zivilrechtlich *wirksam im Voraus* abgeschlossene Befreiung vom Wettbewerbsverbot. Beim beherrschenden Gesellschafter-Geschäftsführer soll der Dispens - entsprechend den zivilrechtlichen Vorgaben - per Satzung oder aufgrund einer Öffnungsklausel im Gesellschaftsvertrag erfolgen[162]. Der *Bundesfinanzhof* knüpft damit weitgehend an die zivilrechtliche Wirksamkeit der Befreiung an.

Drittes Kriterium der Finanzverwaltung ist schließlich die Vereinbarung einer angemessenen Gegenleistung für die Befreiung. Auch hier hat der *Bundesfinanzhof* einige Ausnahmen festgelegt: Geschäftschancen sind häufig nicht verwertbar[163]. So fehlt es an einer Verwertbarkeit einer Geschäftschance, wenn auf dem Markt niemand bereit gewesen wäre, für die Vermittlung der Chance ein Entgelt zu zahlen. Schustert sich nun ein Geschäftsführer eine solche Geschäftschance zu, so kann eine angemessene Gegenleistung von der GmbH nicht verlangt werden, wenn ein Dritter für sie ebenfalls nichts bezahlt hätte. Bei Neugründung einer GmbH kann den Gesellschaftern Befreiung ohne Gegenleistung erteilt werden, da die GmbH noch keinen Kundenstamm hat. Ferner muss bei Geschäftschancen untersucht werden, ob die Gesellschaft persönlich, sachlich und finanziell überhaupt in der Lage gewesen wäre, die Chance wahrzunehmen. Auch kann es eine Rolle spielen, ob die Beauftragung eines Dritten mit der Nutzung der Chance gewinnmäßig günstiger gewesen wäre[164]. Ferner muss die angemessene Gegenleistung vertraglich durchsetzbar gewesen sein. Hat etwa die Gesellschaft ein Interesse, den Geschäftsführer zu halten oder ihn in das Amt zu berufen, so ist ggf. eine Gegenleistung für eine Befreiung vom Wettbewerbsverbot gar nicht durchsetzbar, weil der Geschäftsführer ohnehin nur zu gewinnen ist, wenn er weiterhin Konkurrenzgeschäfte betreiben darf[165].

---

[162] BMF NJW 1993, 2288.
[163] So der BFH NJW 1996, 950, 951 f.
[164] BFH NJW 1997, 1806, 1807.
[165] Siehe BFH NJW 1997, 1804, 1805; siehe ferner BFH GmbHR 1999, 667, 669,
2. Leitsatz: „*Übt ein (späterer) Gesellschafter-Geschäftsführer im Zeitpunkt der Gründung der GmbH bereits eine konkurrierende Tätigkeit aus und ist dies allen Gründungsgesellschaftern von vornherein bekannt, so ist von deren stillschweigender Einwilligung in die Fortführung auszugehen, wenn Gesellschafts- und Anstellungsvertrag weder ein ausdrückliches (allgemeines) Wettbewerbsverbot vorsehen noch eine spezielle Regelung zu der bisherigen wirtschaftlichen Betätigung treffen.*"

Beispiel: *„Die coolen Brillen"*
Die GmbH hat Designerbrillen entwickelt, die sie nun möglichst weltweit vertreiben möchte. G soll daher Mitgeschäftsführer werden, da er bereits Alleingesellschafter eines anderen Unternehmens ist, das Brillen entwickelt, produziert und weltweit auf den Markt bringt. Selbstverständlich wird G weiterhin mit seiner eigenen Gesellschaft Geschäfte machen und daher auch in Zukunft Konkurrenzprodukte auf den Weltmarkt bringen - zusätzlich jedoch auch die Brillen der GmbH. Da G ein enormes Know-how in diesem Geschäftsbereich hat, ist es für die GmbH sehr wichtig, ihn als Mitgeschäftsführer zu gewinnen. Sie wird ihn vom Wettbewerbsverbot befreien müssen, ohne dass G hierfür etwas bezahlt. In einer solchen Konstellation kann auch nicht von einer verdeckten Gewinnausschüttung gesprochen werden.

Die Kriterien der Finanzverwaltung sind also teilweise durch die Rechtsprechung modifiziert worden.

Achtung!

Zu beachten ist immer, dass der *Bundesfinanzhof* oft Einzelfallentscheidungen trifft, so dass nicht prognostizierbar ist, wie zukünftige Fälle ausgehen werden.

Tipp!

In Zweifelsfällen sollte bei einer Befreiung vom Wettbewerbsverbot der Vorgang besser der Finanzverwaltung vorgelegt werden, damit diese ihr Plazet gibt. Eindeutige allgemeine Regeln zur Grenze der verdeckten Gewinnausschüttung existieren nicht.

---

5. Nachvertragliches Wettbewerbsverbot

a. Voraussetzungen

Der Geschäftsführer unterliegt nach seinem Ausscheiden aus dem Amt grundsätzlich keinem Wettbewerbsverbot, selbst dann nicht, wenn ihm fristlos aus wichtigem Grund, etwa gerade wegen Verstoßes gegen das Wettbewerbsverbot, gekündigt wurde[166]. *(Wettbewerbsverbot endet mit Ausscheiden)*

Ein nachvertragliches Wettbewerbsverbot kann allerdings besonders vereinbart werden. Eine solche Vereinbarung ist jedoch nur unter engen Beschränkungen zulässig. *(Vereinbarung möglich)*

Es wird oft im Interesse der Gesellschaft liegen, ein nachvertragliches Wettbewerbsverbot zu vereinbaren, da der Geschäftsführer häufig in der Branche sehr erfahren ist, nicht selten nach innergesellschaftlichen Spannungen ausscheidet und aufgrund seines überragenden Know-hows und seiner engen Kontakte zu den Kunden in der Lage sein wird, die geknüpften Beziehungen für sich zu nutzen.

---

[166] OLG Frankfurt GmbHR 1998, 376, 378.

Der Geschäftsführer seinerseits hat ein Interesse daran, weiterhin in der Branche, in der er einschlägige Erfahrungen gesammelt hat, zu arbeiten und seine Kenntnisse gewinnbringend einzusetzen.

Rechtsfolgen streitig

Wird ein nachvertragliches Wettbewerbsverbot vereinbart, so ist im Einzelnen streitig, welche Rechtsfolgen dieses nach sich zieht.

Tipp!

Wegen der unklaren Rechtslage sollte möglichst detailliert vereinbart werden, welche Auswirkungen das nachvertragliche Wettbewerbsverbot im Einzelnen hat[167].

Es ist umstritten, ob die Vorschriften des Handelsgesetzbuchs über das Wettbewerbsverbot von Handlungsgehilfen nach den §§ 74 ff. HGB analog auf den GmbH-Geschäftsführer anwendbar sind. Nach Ansicht der höchstrichterlichen Rechtsprechung berücksichtigen die Vorschriften des Handelsgesetzbuchs nicht die besonderen Interessen der GmbH, sondern stellen primär ein Schutzrecht zugunsten des Arbeitnehmers dar, so dass eine analoge Anwendung ausscheidet[168]. Die Geltung der §§ 74 ff. HGB kann jedoch von den Beteiligten vereinbart werden.

Grenzen des nachvertraglichen Wettbewerbsverbots

Fehlt eine solche Vereinbarung, so ist ein Rückgriff auf die §§ 74 ff. HGB nach Ansicht des *BGH* nicht zulässig, weil weder der Status des Geschäftsführers noch dessen Wettbewerbsverbot mit der Situation des Arbeitnehmers vergleichbar sind. Dies folgt aus der größeren Gefährdung der Gesellschaft, da der Geschäftsführer über wesentlich mehr interne Kenntnisse als ein gewöhnlicher Arbeitnehmer verfügt. Die nachvertragliche Beschränkung des Geschäftsführers kann daher weiter gehen als jene eines Arbeitnehmers. Jedenfalls verbietet sich eine schematische Grenzziehung. Erforderlich ist vielmehr eine Abwägung der Interessen des Geschäftsführers mit jenen der Gesellschaft. Eine Beschränkung nachvertraglicher Wettbewerbsverbote kann daher aus § 138 BGB (Sittenwidrigkeit) in Verbindung mit der verfassungsrechtlich verankerten Berufsfreiheit (Art. 12 GG) hergeleitet werden[169].

Als Zwischenergebnis lässt sich festhalten, dass auch ein nachvertragliches Wettbewerbsverbot, das mit GmbH-Geschäftsführern vereinbart wird, nicht schrankenlos möglich ist. Es darf nur soweit gefasst werden, wie dies den berechtigten Interessen des Unternehmens dient.

---

[167] Siehe exemplarisch den Formulierungsvorschlag, in dem im Anhang 1 abgedruckten Muster-Anstellungsvertrag. Bitte beachten Sie, dass jeder Vertrag an den speziellen Bedürfnissen der Vertragsparteien ausgerichtet sein muss, so dass der Mustervertrag nur Anregungen enthält.

[168] BGHZ 91, 1, 3 f.; OLG Düsseldorf GmbHR 1998, 180, 181.

[169] BGHZ 91, 1, 4.

Das nachvertragliche Wettbewerbsverbot darf ferner nach Ort, Zeit und Gegenstand den Geschäftsführer nur insoweit einschränken, als es unbedingt erforderlich ist. Ist die Gesellschaft beispielsweise nur in Brandenburg tätig, so wäre ein Wettbewerbsverbot, das den Geschäftsführer bundesweit einschränkt, unzulässig. Überdies muss sich das Wettbewerbsverbot gerade auf den Unternehmensgegenstand, d.h. das Arbeitsgebiet der Gesellschaft, beziehen. Ein absolutes Wettbewerbsverbot, das dem Geschäftsführer jegliche Tätigkeit oder auch andere Tätigkeiten als jene untersagt, die die Gesellschaft ausgeübt hat, ist unzulässig.

Beschränkung auf das notwendige Maß

Das Wettbewerbsverbot darf in der Regel auf einen Zeitraum von höchstens zwei Jahren nach dem Ausscheiden erstreckt werden. Dies ist allerdings keine starre Regelung, die Dauer kann im Einzelfall durchaus überschritten werden, sofern besondere Umstände vorliegen. Die Zweijahresgrenze ist aber als Richtschnur in der Rechtsprechung anerkannt[170].

Geltung beträgt maximal 2 Jahre

Wird in unzulässiger Weise ein Wettbewerbsverbot von über zwei Jahren vereinbart, so soll dieses übrigens nicht als ganzes unwirksam sein, sondern auf die gerade zulässige Dauer von in der Regel zwei Jahren reduziert werden können[171]. Das *OLG Hamm* tritt aber in demselben Urteil dafür ein, dass bei einer Überdehnung der *räumlichen* oder *gegenständlichen* Schranken eine Reduzierung auf das rechtlich noch zulässige Maß nicht in Betracht kommt. Hier müsste der Richter sonst inhaltlich das Wettbewerbsverbot ändern. Es ist dem Richter kaum möglich festzulegen, dass der Geschäftsführer nur in einem bestimmten Gebiet keine Konkurrenzgeschäfte ausüben darf oder nur in bestimmten Branchen vom Wettbewerb ausgeschlossen ist. Ein solches überdehntes Wettbewerbsverbot dürfte daher grundsätzlich unwirksam sein. Dies ist allerdings umstritten.

Nicht abschließend geklärt ist, ob ein Wettbewerbsverbot nur dann wirksam ist, wenn dem Geschäftsführer als Gegenleistung für sein Unterlassen des Wettbewerbs eine angemessene Entschädigung versprochen wird. Diese sog. Karenzentschädigung ist bei Arbeitnehmern gemäß § 74 II HGB vorgesehen. Da diese Vorschriften jedoch nicht direkt anwendbar sind, ist strittig, ob beim GmbH-Geschäftsführer dennoch eine Entschädigung zu leisten ist. Beim Fremdgeschäftsführer wird dies vertreten[172]. Auch für den Gesellschafter-Geschäftsführer, der keine beherrschende Stellung hat, soll ein Wettbewerbsverbot nur gegen Zahlung einer Karenzentschädigung wirksam sein[173]. Einer Entscheidung des *BGH* ist al-

Karenzentschädigung

---

[170] BGH NJW-RR 1990, 226, 227; OLG Hamm NJW-RR 1993, 1314, 1315.
[171] OLG Hamm NJW-RR 1993, 1314, 1315.
[172] Siehe LG Köln, Urt. vom 1.10.1975, AP 1976 Nr. 2 zu § 37 GmbHG.
[173] *OLG Düsseldorf* GmbHR 1998, 180, 181, wo der Geschäftsführer mit 20 % an der Gesellschaft beteiligt gewesen ist und sich gegen ein in der Satzung

lerdings zu entnehmen, dass das oberste Gericht die Meinung vertreten könnte, dass ein Wettbewerbsverbot auch ohne Vereinbarung einer Karenzentschädigung rechtlich zulässig ist[174].

Fehlt eine Vereinbarung, obwohl sie für erforderlich gehalten wird, so besteht kein Wettbewerbsverbot. Ist die Entschädigung zu gering bemessen, soll das Wettbewerbsverbot nur unverbindlich sein, d.h. der Geschäftsführer kann sich entscheiden, ob er die geringe Karenzentschädigung vereinnahmt und Konkurrenzgeschäfte unterlässt oder ob er sich auf die Unverbindlichkeit des Wettbewerbsverbots beruft und in Konkurrenz zu der Gesellschaft tritt.

Anrechnung von Arbeitslosengeld

Wird eine Karenzentschädigung gewährt, so ist umstritten, inwieweit sich der Geschäftsführer einen anderweitigen Erwerb anrechnen lassen muss. Der *BGH* hatte entschieden, dass das Arbeitslosengeld, das der sozialversicherungspflichtige Geschäftsführer nach seinem Ausscheiden erhält, auf die Karenzentschädigung angerechnet wird, falls die Gesellschaft nach § 148 SGB III (früher 128 a AFG) verpflichtet ist, das Arbeitslosengeld der *Bundesagentur für Arbeit* zu erstatten. Durch das Gesetz zur Intensivierung der Bekämpfung der Schwarzarbeit und damit zusammenhängender Steuerhinterziehung vom 23. Juli 2004 (BGBl. I S. 1842) ist § 148 SGB III ersatzlos gestrichen worden[175]. § 148 SGB III schrieb vor, dass der bisherige Arbeitgeber der *Bundesagentur für Arbeit* vierteljährlich das Arbeitslosengeld zu erstatten hat, das dem Arbeitnehmer für die Zeit bezahlt worden ist, in der

---

verankertes, für Gesellschafter geltendes, nachvertragliches Wettbewerbsverbot zur Wehr setzte.

[174] BGH GmbHR 2002, 431, 432; aus den Gründen: *Zwar steht bei einem Wettbewerbsverbot das Interesse der Gesellschaft im Vordergrund, sich davor zu bewahren, dass der Geschäftsführer die in dem Unternehmen erlangten Kenntnisse und Verbindungen zu ihrem Schaden ausnutzt (BGH v. 17.2.1992 - II ZR 140/91, ZIP 1992, 543). Soweit es zum Schutz eines derartigen berechtigten Interesses der Gesellschaft erforderlich ist und die Berufsausübung oder sonstige wirtschaftliche Betätigung des Geschäftsführers zeitlich, örtlich und gegenständlich nicht unbillig erschwert werden, also ein Verstoß gegen § 138 BGB nicht vorliegt (vgl. dazu z.B. BGH v. 14.7.1997 - II ZR 283/96, NJW 1997, 3089), kann ein nachvertragliches Wettbewerbsverbot mit einem Geschäftsführer auch ohne Karenzentschädigung vereinbart werden, weil ihm gegenüber die gesetzliche Regelung für Handlungsgehilfen des § 74 Abs. 2 HGB nicht gilt (BGH v. 26.3.1984 - II ZR 229/83, BGHZ 91, 1 [5] = GmbHR 1984, 234; v. 17.2.1992 - II ZR 140/91, ZIP 1992, 543). Daraus lässt sich aber nicht schließen, dass auch bei einer vereinbarten Karenzentschädigung und bei der Auslegung dieser Vereinbarung allein die Interessen der Gesellschaft zu berücksichtigen wären. Vielmehr kommt hier auch der Dispositionsschutz des Geschäftsführers zum Tragen. Wollte die Bekl., dass die bezahlte Karenz im Fall einer Freistellung des Kl. von seinen Dienstpflichten verkürzt oder hinfällig wird, so wäre es ihre Sache gewesen, dies in dem Vertrag klarzustellen.*

[175] Zuvor hatte das Bundesverfassungsgericht entschieden, dass die Regelung verfassungswidrig sei, soweit sie nicht danach differenziert, ob das Wettbewerbsverbot die Arbeitslosigkeit bedingt, siehe BVerfG ZIP 1999, 248.

er dem nachvertraglichen Wettbewerbsverbot unterliegt. Im Gegenzug muss sich der ausgeschiedene Geschäftsführer das an ihn gezahlte Arbeitslosengeld auf die Karenzentschädigung anrechnen lassen. Dies soll nach dem *BGH*[176] auch dann gelten, wenn die GmbH der *Bundesagentur für Arbeit* das Arbeitslosengeld noch gar nicht erstattet hat. Es soll verhindert werden, dass der Geschäftsführer kumulativ sowohl die Karenzentschädigung als auch das Arbeitslosengeld erhält. Hintergrund der Erstattungspflicht der GmbH war die schwere Vermittelbarkeit von Personen, die Wettbewerbsverboten unterliegen. Eine weitere Erstattungspflicht des Arbeitgebers gegenüber der Bundesagentur für Arbeit, die weiterhin aktuell ist, regelt § 147 a SGB III. Danach muss der Arbeitgeber unter bestimmten Voraussetzungen der Bundesagentur für Arbeit Arbeitslosengeld erstatten, dass an ehemals Beschäftige für die Zeit nach Vollendung des 57. Lebensjahres des Arbeitslosen gewährt wird. Die Frage, ob und in welcher Weise das Arbeitslosengeld auch ohne etwaige Erstattungspflicht des Arbeitgebers an Dritte auf die Karenzentschädigung anzurechnen ist, ist danach offen und sollte im Anstellungsvertrag zwischen GmbH und Geschäftsführer geregelt werden.

Problematisch ist, inwieweit anderweitige Einkünfte auf die Karenzentschädigung angerechnet werden. Das HGB enthält hier in § 74 c eine Vorschrift für den Handlungsgehilfen, wonach dieser für den Fall, dass die Karenzentschädigung zuzüglich des hinzuverdienten Gehalts 110 % des ursprünglichen Gehalts übersteigt, eine Anrechnung des übersteigenden Betrags auf die Karenzentschädigung dulden muss. Ist der ausgeschiedene Mitarbeiter gezwungen, wegen des Wettbewerbsverbots seinen Wohnsitz zu verlegen, so soll eine Anrechnung erst dann erfolgen, wenn der ehemalige Arbeitnehmer nunmehr mehr als 125 % des ursprünglichen Geschäftsführergehalts bezieht. Der *BGH* hat in einem Urteil, in dem es um die Anrechnung des Arbeitslosengelds auf die Karenzentschädigung ging[177] ausdrücklich festgestellt, dass § 74 c HGB nicht analog für den GmbH-Geschäftsführer gilt. Es ist daher dringend zu raten, die Anrechnung vertraglich regeln zu lassen[178]. Eine Verpflichtung zur Anrechnung kann sich auch aus einer ergänzenden Auslegung der Vereinbarung ergeben.

Anrechnung anderweitiger Einkünfte

b. Verzicht bzw. Lossagungsrecht

Hat die GmbH mit dem Geschäftsführer ein nachvertragliches Wettbewerbsverbot vereinbart, so kann sie dies wirtschaftlich im Falle einer zu zahlenden Karenzentschädigung sehr belasten. Die GmbH hat daher häufig ein Interesse daran, sich vom Wettbe-

Lossagung durch die GmbH

---

[176] BGH GmbHR 1991, 310, 311.
[177] BGH GmbHR 1991, 310.
[178] Siehe den im Anhang beigefügten Musterentwurf zum Anstellungsvertrag.

werbsverbot loszusagen bzw. auf dieses zu verzichten, wenn sie feststellt, dass der Geschäftsführer ohnehin keinen nennenswerten Konkurrenzwettbewerb betreiben wird oder kann. Selbst wenn er dies tut, so könne es für die GmbH wirtschaftlich günstiger sein, dies zuzulassen, um stattdessen die Karenzentschädigung einzusparen. Der *BGH* hat in diesem Fall die entsprechende Vorschrift des Handelsgesetzbuchs, nämlich den § 75 a, „ausnahmsweise" für analog anwendbar gehalten. Dies deshalb, weil diese Vorschrift auf die besonderen Interessen des Unternehmens zugeschnitten ist[179]. Nach § 75 a HGB kann der Arbeitgeber vor Beendigung des Dienstverhältnisses durch schriftliche Erklärung auf das Wettbewerbsverbot mit der Wirkung verzichten, dass er nach Ablauf eines Jahres seit seiner Lossagungserklärung von der Verpflichtung zur Zahlung der Entschädigung frei wird. Der *BGH* verweigert der GmbH allerdings das Recht, sich von einem Wettbewerbsverbot loszusagen, wenn sich der Geschäftsführer nach dem Ausscheiden auf das Wettbewerbsverbot eingerichtet hat[180]. Die Freistellung des Geschäftsführers nach Kündigung bedeutet nicht, dass die Gesellschaft damit auf ein nachvertragliches Wettbewerbsverbot verzichten möchte[181].

Fristen für Lossagung

Der Verzicht auf das Wettbewerbsverbot müsste also durch schriftliche Erklärung der GmbH erfolgen. Der Geschäftsführer würde sofort ab Zugang der schriftlichen Erklärung vom Wettbewerbsverbot befreit. Nach dem Wortlaut des § 75 a HGB müsste jedoch die GmbH noch ein Jahr die vereinbarte Entschädigung fortzahlen. Es ist strittig, ob die Jahresfrist auch für das nachvertragliche Wettbewerbsverbot des Geschäftsführers gilt. Der *BGH* hat dies ausdrücklich offen gelassen[182]. Im Übrigen werden hierzu die unterschiedlichsten Ansichten vertreten; einige treten für den sofortigen Verlust des Anspruchs ein, andere halten die Jahresfrist für anwendbar. Der Musterentwurf im Anhang 1 geht von einer Frist von sechs Monaten aus. Es ist jedoch nicht auszuschließen, dass das Gericht, welches konkret über die Wirksamkeit des Verzichts auf das Wettbewerbsverbot zu entscheiden hat, die Jahresfrist des § 75 a HGB für analog anwendbar hält.

Verzicht auch nach Beendigung?

Ein weiterer Streitpunkt betrifft die Frage, ob - wie bei § 75 a HGB vorgesehen - die Verzichtserklärung der GmbH spätestens bis zur Kündigung des Anstellungsvertrags bzw. spätestens gemeinsam mit dieser dem Geschäftsführer zugehen muss. Nach dem Wortlaut des § 75 a HGB ist der Verzicht vor der Beendigung des Dienstverhältnisses auszusprechen. Daher wird vertreten, dass

---

[179] BGH WM 1992, 653.
[180] BGH GmbHR 2002, 431, 432.
[181] BGH GmbHR 2002, 431.
[182] BGH WM 1992, 653, 654.

dies auch für den GmbH-Geschäftsführer der Fall sein müsse[183]. Das *OLG Düsseldorf* hat allerdings die Ansicht vertreten, dass auch nach Beendigung des Anstellungsverhältnisses noch ein Verzicht der GmbH durch schriftliche Erklärung möglich ist[184]. Im diesem vom *OLG Düsseldorf* entschiedenen Fall existierte jedoch eine Vereinbarung im Anstellungsvertrag, dass die Gesellschaft jederzeit mit einer Ankündigung von drei Monaten auf das Wettbewerbsverbot verzichten kann. Dem *OLG Düsseldorf* ist zuzustimmen, dass die Parteien die Voraussetzungen eines Verzichts grundsätzlich ohne Rücksicht auf § 75 a HGB vereinbaren können. Haben sie allerdings nichts vereinbart, so ist durchaus die Ansicht vorzugswürdig, die davon ausgeht, dass ein Verzicht nur bis zur Beendigung des Dienstverhältnisses erklärt werden kann.

Tipp!

Es sollte eine klare Vereinbarung darüber getroffen werden, unter welchen Voraussetzungen die GmbH auf das Wettbewerbsverbot verzichten kann und welche Auswirkungen dies auf die Karenzentschädigung hat.

F. Beendigung der Geschäftsführerstellung

I. Abberufung des Geschäftsführers

1. Überblick

Den Geschäftsführer verbindet mit der Gesellschaft die organschaftliche Stellung sowie im Regelfall das schuldrechtliche Anstellungsverhältnis. Beide, streng voneinander zu trennende Rechtsverhältnisse müssen beendet werden können. Hierbei muss in jedem Einzelfall geprüft werden, ob es um die Beendigung des organschaftlichen Verhältnisses oder des Anstellungsvertrags geht. Beides kann und wird oft zusammenfallen, dies muss jedoch nicht der Fall sein.

Abberufung und Kündigung

Die Beendigung des Anstellungsverhältnisses erfolgt in der Regel durch die Kündigung seitens der Gesellschaft oder seitens des Geschäftsführers. Soll das organschaftliche Verhältnis beendet werden, so muss ebenfalls unterschieden werden, ob die Initiative von der Gesellschaft oder vom Geschäftsführer ausgeht. Die Gesellschaft hat die Möglichkeit, die Bestellung zum Geschäftsführer gemäß § 38 GmbHG zu widerrufen (= Abberufung). Der Geschäftsführer kann - dies ist allerdings nicht im Gesetz verankert - sein Amt auch von sich aus niederlegen.

Widerruf/Abberufung und Niederlegung

---

[183] So LG Frankfurt/Main GmbHR 1994, 803, 804.
[184] OLG Düsseldorf GmbHR 1996, 931, 934.

Abberufung und Niederlegung sind grundsätzlich jederzeit möglich. Für den Widerruf ist dies in § 38 GmbHG geregelt:

§ 38 GmbHG [Abberufung von Geschäftsführern]

(1) Die Bestellung der Geschäftsführer ist zu jeder Zeit widerruflich, unbeschadet der Entschädigungsansprüche aus bestehenden Verträgen.

(2) Im Gesellschaftsvertrag kann die Zulässigkeit des Widerrufs auf den Fall beschränkt werden, dass wichtige Gründe denselben notwendig machen. Als solche Gründe sind insbesondere grobe Pflichtverletzungen oder Unfähigkeit zur ordnungsgemäßen Geschäftsführung anzusehen.

Die in Absatz 1 statuierte jederzeitige Widerruflichkeit steht in Korrelation zu den weitreichenden Befugnissen und der Vertrauensstellung, die der Geschäftsführer innehat. Da diese Position für die GmbH ein enormes Gefährdungspotential beinhaltet, muss es der Gesellschaft möglich sein, „jederzeit die Notbremse zu ziehen". Nach herrschender Ansicht ist weder eine Anhörung des Geschäftsführers noch eine Begründung des Widerrufs erforderlich.

Einschränkungen aus der Treuepflicht

Strittig ist allerdings, ob bei einem Geschäftsführer, der gleichzeitig Gesellschafter ist, aus den Treuebindungen der Mitgesellschafter untereinander eine Verpflichtung des Inhalts resultiert, dass die Gesellschafterversammlung den Gesellschafter-Geschäftsführer nur mit einer *sachlichen Rechtfertigung* abberufen darf. Damit soll verhindert werden, dass ein Gesellschafter-Geschäftsführer, für den das Geschäftsführeramt möglicherweise seine wirtschaftliche Existenzgrundlage darstellt, willkürlich abberufen wird[185].

Widerruf mit sofortiger Wirkung oder Fristsetzung

Der Widerruf kann mit sofortiger Wirkung oder auch mit einer Fristsetzung erklärt werden. Wird gleichzeitig der Anstellungsvertrag ordentlich gekündigt, so bietet sich eine Abberufung zum Kündigungszeitpunkt an. Dies wird dann geboten sein, wenn der Geschäftsführer keinen Anlass gegeben hat, der seine sofortige Abberufung rechtfertigen würde. Aus dem Anstellungsvertrag hat er das Recht, bis zum Ende der Kündigungsfrist im Amt zu bleiben. Wird er dennoch mit sofortiger Wirkung abberufen, so macht sich die Gesellschaft wegen Verletzung des Anstellungsvertrags schadensersatzpflichtig. Häufig wird es jedoch an einem bezifferbaren ersatzfähigen Schaden fehlen, so dass dieses Verhalten ohne finanzielle Folgen bleibt. Selbstverständlich kann der Geschäftsführer aus dem Anstellungsvertrag Zahlung der vertraglich vereinbarten Vergütung verlangen.

Eine Auslegung der Abberufungserklärung kann ergeben, dass die Abberufung gleichzeitig die Kündigung des Anstellungsver-

---

[185]   Siehe OLG Zweibrücken GmbHR 1998, 373, 374.

trags beinhaltet und umgekehrt. Daher kann auch in der Kündigung des Anstellungsvertrags *uno actu* der Widerruf der Geschäftsführerstellung liegen. Auch sind in der Praxis Kopplungsklauseln verbreitet, die anordnen, dass bei Beendigung der Organstellung das Anstellungsverhältnis ebenfalls endet bzw. die Abberufung gleichzeitig als Kündigung des Geschäftsführer-Dienstvertrages gilt[186].

2. Zuständigkeit für die Abberufung

a. Überblick

Für die Abberufung ist gemäß § 46 Nr. 5 GmbHG grundsätzlich die Gesellschafterversammlung zuständig. Besteht ein Aufsichtsrat auf freiwilliger Basis, so bleibt es bei dieser Zuständigkeit, falls nicht die Satzung dem Aufsichtsrat diese Kompetenz zuweist. Dies gilt auch, wenn ein Aufsichtsrat nach dem BetrVG 1952 mit Arbeitnehmervertretern zu besetzen ist.

Anders ist jedoch die Situation im Geltungsbereich der Montanmitbestimmung sowie des Mitbestimmungsgesetzes von 1976. Diese Mitbestimmungsgesetze verweisen auf § 84 III AktG, wonach der Aufsichtsrat für die Abberufung der Leitungsorgane (sowie für ihre Bestellung) zuständig ist (siehe § 31 Mitbestimmungsgesetz 1976; §12 Montanmitbestimmungsgesetz; § 13 Montanmitbestimmungsergänzungsgesetz). Die Bestellung ist in diesen Fällen auf höchstens fünf Jahre befristet. Ist der Aufsichtsrat für die Abberufung zuständig, so darf dies entsprechend der aktienrechtlichen Vorschrift nur aus wichtigem Grund geschehen. Ferner ist der Widerruf einer Bestellung zum Geschäftsführer bis zur gegenteiligen rechtskräftigen Entscheidung wirksam (§ 84 III 4 AktG). Hier kann daher auch nicht durch eine einstweilige Verfügung erreicht werden, dass der Geschäftsführer vorläufig im Amt bleibt.

Zuständigkeit des Aufsichtsrats

b. Abberufung durch die Gesellschafterversammlung

Ist die Gesellschafterversammlung für die Abberufung zuständig, so beschließt sie hierüber mit einfacher Mehrheit. Die Satzung kann eine qualifizierte Mehrheit vorsehen. Bei einer Abberufung aus *wichtigem* Grund, die sogleich gesondert erörtert wird, muss aber immer eine Abberufung mit einfacher Mehrheit möglich sein[187].

Bei der ordentlichen Abberufung ohne wichtigen Grund darf der abzuberufende Gesellschafter-Geschäftsführer selbst mitstimmen. § 47 IV GmbHG gilt in dieser Konstellation nicht.

Einfache Mehrheit für Abberufung ausreichend

---

[186] Siehe unten 2. Teil E III.
[187] BGHZ 86, 177, 179.

Umsetzung des Abberufungsbeschlusses

Ist der Gesellschafterbeschluss gefasst, so muss er umgesetzt werden, indem dem abzuberufenden Geschäftsführer der Widerruf erklärt wird. Mit Zugang des Widerrufs ist die Abberufung wirksam. Zuständig für die Widerrufserklärung sind die Gesellschafter, wobei einer von ihnen, ggf. auch ein Dritter, bevollmächtigt werden kann, den Widerruf gegenüber dem Geschäftsführer zu erklären.

Handelsregistereintragung ist deklaratorisch

Anschließend wird die Abberufung im Handelsregister eingetragen, was jedoch lediglich deklaratorische Wirkung hat, da die Abberufung bereits mit dem Zugang und nicht erst mit der Handelsregistereintragung ihre Wirksamkeit entfaltet.

Der Abberufene soll sich nach herrschender Ansicht nicht mehr selbst beim Handelsregister „abmelden" dürfen. Lediglich dann, wenn mit einer Befristung widerrufen wird, kann der Geschäftsführer aufgrund seiner noch bis zum Ende der Frist bestehenden Vertretungsmacht den Wegfall der Organstellung selbst zur Eintragung beim Handelsregister anmelden.

Zu Recht wird gegen die herrschende Ansicht eingewandt, sie sei zu formalistisch. Sofern ein enger und zeitlicher Zusammenhang besteht, muss der Abberufene auch in der Lage sein, die Abberufung selbst beim Handelsregister zur Eintragung anzumelden.

Auswirkungen auf die Vertretungsverhältnisse

Mit dem Zugang der Abberufungserklärung verliert der Geschäftsführer die Organstellung und damit die Vertretungsmacht und Geschäftsführungsbefugnis. Es muss grundsätzlich ein neuer Geschäftsführer bestellt werden. Gibt es noch einen Mitgeschäftsführer und besteht Gesamtvertretungsbefugnis, so ist nunmehr der verbleibende Geschäftsführer allein vertretungsberechtigt. Dies gilt jedenfalls dann, wenn die Satzung lediglich vorsieht, dass die Gesellschaft mehrere Geschäftsführer haben *kann* und für diesen Fall Gesamtvertretung besteht. Die Satzung lässt es in dieser Konstellation offen, ob es einen oder mehrere Geschäftsführer gibt. Ordnet die Satzung allerdings definitiv an, dass es mindestens zwei Geschäftsführer mit Gesamtvertretung geben *muss*, so ist die Gesellschaft durch die Abberufung des einen gesamtvertretungsberechtigten Geschäftsführers nicht mehr organschaftlich vertretbar. Die Gesellschafterversammlung sollte daher unverzüglich einen neuen Geschäftsführer berufen. Sofern die Voraussetzungen hierfür vorliegen, kann auch das Gericht einen Notgeschäftsführer bestellen[188].

Tipp für die Gesellschafterversammlung!
Bei der Abberufung eines Geschäftsführers sollte möglichst in derselben Gesellschafterversammlung ein Nachfolger gewählt werden, damit eine Führungslosigkeit der Gesellschaft vermieden

---

[188]   Siehe oben 1. Teil C IV.

wird. Der neu bestellte Geschäftsführer darf sowohl seine Bestellung als auch die Abberufung seines Vorgängers zur Eintragung in das Handelsregister anmelden.

3. Speziell: Abberufung aus wichtigem Grund

a. Grundsätzliches

Der Grundsatz der *freien Widerruflichkeit* kann eingeschränkt werden. Dies ergibt sich schon aus § 38 II GmbHG, wonach im Gesellschaftsvertrag die Zulässigkeit des Widerrufs auf den Fall beschränkt werden kann, dass *ein wichtiger Grund* hierfür vorliegt. Die Beschränkung des Widerrufs auf den wichtigen Grund muss in der Satzung verankert werden. Diese Vorschrift ist zwingend und somit eine Abweichung hiervon nicht zulässig[189]. Andererseits darf aber auch eine Abberufung aus wichtigem Grund niemals ausgeschlossen oder erschwert werden. Ebenfalls ist anerkannt, dass eine Abberufung aus wichtigem Grund immer mit einfacher Mehrheit möglich sein muss[190].

Beschränkung auf wichtigen Grund

Achtung!

Unabhängig davon, woher der Geschäftsführer sein Recht zur Geschäftsführung herleitet, sei es durch ein Sonderrecht in der Satzung oder nur auf der Basis eines Mehrheitsbeschlusses, aufgrund dessen er in das Amt bestellt wurde, so ist er dennoch auf jeden Fall aus wichtigem Grund durch einfache Mehrheit abberufbar. Ist er selbst Gesellschafter, so darf er bei der Abberufung nicht mitstimmen (§ 47 IV GmbHG). Seine Stimmen werden nicht mitgezählt.

Der Grundsatz, wonach der Geschäftsführer jederzeit aus wichtigem Grund mit einfacher Mehrheit abberufbar sein muss, beruht auf dem Gedanken, dass die Gesellschaft nicht auf Dauer an einen Geschäftsführer gebunden bleiben kann, der sich grobe Pflichtverletzungen zu Schulden kommen lässt oder bei dem sich die Unfähigkeit zu einer ordnungsgemäßen Geschäftsführung herausstellt[191]. Sonst könnten die Beteiligungsverhältnisse es der Gesellschaft unmöglich machen, sich von einem Geschäftsführer zu lösen, der sich als völlig untragbar erwiesen hat.

Abberufung aus wichtigem Grund muss jederzeit möglich sein

b. Wichtiger Grund

In der Praxis ist oft strittig, ob ein wichtiger Grund vorliegt. Während der Geschäftsführer naturgemäß bestreitet, dass ein wichtiger

Unzumutbarkeit

---

[189] BGHZ 86, 177, 179.
[190] BGHZ 86, 177, 179.
[191] BGH NJW 1969, 1483.

Grund vorliegt, sieht die Gesellschafterversammlung dieses Kriterium oft als erfüllt an. Die weitere Ausübung des Amts des Geschäftsführers muss für die Gesellschaft *unzumutbar* sein. Hier ist eine Abwägung der betroffenen Interessen vorzunehmen. Ein Verschulden des Geschäftsführers ist nicht erforderlich, auch muss es nicht um Umstände gehen, die in seiner Person liegen, vielmehr können äußere Gegebenheiten einen wichtigen Grund darstellen.

Einzelfälle

Die wichtigste Fallgruppe ist sicherlich die der groben Pflichtverletzung des Geschäftsführers. Hierunter fallen:

- Missbrauch der Vertretungsmacht[192],
- Verstoß gegen das Wettbewerbsverbot[193],
- strafbare Handlungen gegen die GmbH, die Gesellschafter oder Mitarbeiter,
- weisungswidriges Verhalten gegenüber der Gesellschafterversammlung,
- nachhaltige Verletzung von Mitgliedschafts- bzw. Individualrechten der Gesellschafter, z.B. des Auskunftsrechts.

Beispiel: *„Der Grobian"*[194]

G ist zu 50 % an einer GmbH beteiligt, die pharmazeutische Produkte herstellt. Die anderen 50 % werden von A und seinem Sohn T gehalten. T ist Mitgeschäftsführer, was G äußerst lästig ist, da er diesen jungen Wichtigtuer nicht mag, der seiner Meinung nach „eine ganz schöne Welle schiebt". G hat eine private Anwaltsrechnung aus dem Gesellschaftsvermögen bezahlt, was der junge T bei der Kontrolle der Buchhaltung herausbekommt. Als T den G zur Rede stellt, packt dieser T am Kragen und schüttelt ihn. Etwas später muss T erfahren, dass ein Teil der neu angeschafften Büromöbel in das Büro der Tochter des G, die eine völlig unabhängige Unternehmensberatung betreibt, „verschwunden" ist. Als T, der keinesfalls den Mut verloren hat, dies G vorhält, greift dieser ihn am Revers und dreht dieses so fest zu, dass T kaum noch Luft bekommt und sich erst nach geraumer Zeit und nur mit Mühe wieder befreien kann. Dieses Ereignis wird von Betriebsangehörigen beobachtet, da es in der belebten Lagerhalle stattfindet.

In einer eigens zum Zwecke der Abberufung einberufenen Gesellschafterversammlung, die T unverzüglich anberaumt, wird beantragt, G mit sofortiger Wirkung aus wichtigem Grund abzuberufen. G stimmt mit seinem Anteil zwar dagegen, seine Stimmen dürfen jedoch nicht gezählt werden, weil er gemäß § 47 IV GmbHG wegen des Verbots des Richters in eigener Sache von dem Stimmrecht ausgeschlossen ist. Dass die von ihm vorgenommenen Tätlichkeiten für das Vorliegen eines wichtigen Grundes ausreichen, steht außer Zweifel[195].

---

[192]   Siehe oben 1. Teil, III 5 b.
[193]   Siehe oben 1. Teil, E III.
[194]   In Anlehnung an OLG Stuttgart GmbHR 1995, 229.
[195]   OLG Stuttgart GmbHR 1995, 229.

Der Abberufungsbeschluss ist damit wirksam. Bestreitet G dies jedoch, so darf er nach der Rechtsprechung zunächst weiter auftreten, bis die Rechtslage gerichtlich geklärt wird. Bis zur Rechtskraft eines Urteils kann der Zustand vorläufig durch einstweilige Verfügungen geregelt werden[196].

Wird prozessual über das Vorliegen eines wichtigen Grundes gestritten, so ist ein Nachschieben von Gründen in Grenzen möglich[197]. Dies gilt jedenfalls für die Gründe, die bei der Abberufung bereits vorlagen, aber erst später zur Kenntnis der Gesellschafterversammlung gelangen. Aber auch jene Gründe, die erst nach dem Abberufungsbeschluss entstanden sind und die Unzumutbarkeit der Gesellschaft untermauern, können bei der Beurteilung der Zulässigkeit des Widerrufs einbezogen werden.

c. Frist

Soll ein Geschäftsführer aus wichtigem Grund abberufen werden, so gibt es keine starre Frist. Er muss jedoch in angemessener Zeit, nachdem die Gesellschafterversammlung von dem wichtigen Grund Kenntnis genommen hat, aus dem Amt abberufen werden. Die Zwei-Wochen-Frist des § 626 II BGB wird nicht analog angewandt. Eine Verwirkung kann eintreten, wenn die Gesellschafterversammlung nicht alsbald reagiert. Feste Grenzen gibt es hier jedoch nicht.

Keine starre Frist

Tipp für die Gesellschafterversammlung!
Im Anstellungsvertrag sollte dringend die Klausel aufgenommen werden, dass das Anstellungsverhältnis mit der Organstellung endet, jedenfalls dann, wenn der Geschäftsführer aus wichtigem Grund abberufen wird. Ansonsten könnte die Situation eintreten, dass eine Kündigung des Anstellungsvertrags bereits unzulässig wäre, da die Zwei-Wochen-Frist gemäß § 626 II BGB versäumt wurde, während eine Abberufung aus wichtigem Grund gemäß § 38 II GmbHG noch zulässig ist, da dort keine starre Frist zugrunde gelegt wird. Dies sollte durch Aufnahme der besagten sog. *Koppelungsklausel* vermieden werden[198].

---

d. Probleme bei der Beschlussfassung

Wird ein Geschäftsführer aus wichtigem Grund abberufen, so ergeben sich häufig Probleme, wenn er gleichzeitig Gesellschafter ist. Entweder stimmt er selbst gegen seine Abberufung, weil er das Vorliegen eines wichtigen Grundes bestreitet und somit für sich in

---

[196] Siehe dazu sogleich die Ausführungen unten S. 124 ff.
[197] BGH GmbHR 1992, 38; OLG Naumburg GmbHR 1996, 934.
[198] Siehe zu dieser auch unten, S. 182 f.

Anspruch nimmt, dass das Stimmverbot des § 47 IV GmbHG nicht gilt, oder aber Mitgesellschafter machen sich für ihn stark, weil sie gleichgerichtete Interessen verfolgen oder einfach nur persönliche Gründe vorliegen.

Stimmen Mitgesellschafter gegen die Abberufung, so können auch ihre Stimmen wegen Verstoßes gegen die Treuepflicht unwirksam sein. Die Treuepflicht gebietet nämlich allen Gesellschaftern, der Abberufung eines Geschäftsführers zuzustimmen, wenn in dessen Person wichtige Gründe vorliegen, die sein Verbleiben in der Organstellung für die Gesellschaft unzumutbar machen. Stimmen, die in einer Gesellschafterversammlung trotz Vorliegens wichtiger Gründe gleichwohl für ein Verbleiben des Geschäftsführers im Amt abgegeben wurden, können rechtsmissbräuchlich und daher nichtig sein. Bei Feststellung des Beschlussergebnisses sind sie nicht mitzuzählen[199].

Das gleiche gilt, wenn sich der abzuberufende Gesellschafter-Geschäftsführer entgegen dem Stimmverbot an der Abstimmung beteiligt. Auch seine Stimmen werden nicht mitgerechnet.

Streitigkeiten über Wirksamkeit von Beschlüssen

Äußerst problematisch ist aber, wie Streitigkeiten über die Wirksamkeit von Beschlüssen zu handhaben sind. Häufig wird es sehr zweifelhaft sein, ob der wichtige Grund wirklich vorliegt.

Einigkeit besteht darüber, dass die §§ 117, 127 HGB nicht gelten, wonach ein Entzug der Geschäftsführungs- und Vertretungsbefugnis erst durch das Urteil des Gerichts wirksam wird. Vielmehr ist durch den bloßen Abberufungsbeschluss ein Entzug der Geschäftsführerstellung möglich. Dies gilt allerdings nicht in allen Fällen. Hier muss differenziert werden, ob es sich um einen Fremdgeschäftsführer, einen Minderheitsgesellschafter-Geschäftsführer, einen hälftig oder mehrheitlich beteiligten Geschäftsführer oder um einen Gesellschafter-Geschäftsführer mit einem Sonderrecht handelt.

---

[199] BGH NJW 1991, 846.

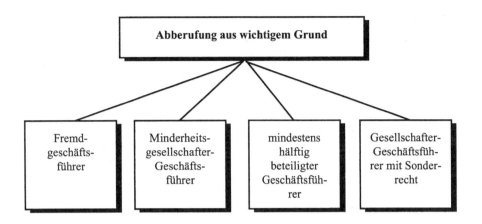

aa. Fremdgeschäftsführer

Unproblematisch liegt der Fall, in dem der Beschluss über die Abberufung eines Fremdgeschäftsführers förmlich festgestellt ist. Eine förmliche Feststellung von Gesellschafterbeschlüssen ist im GmbH-Recht, anders als im Aktienrecht, nicht vorgesehen; sie darf aber erfolgen. Eine förmliche Feststellung geschieht durch den Versammlungsleiter. Der Versammlungsleiter, der kraft Satzung oder auch kraft einstimmiger Ermächtigung hierzu berufen wurde, stellt das Beschlussergebnis förmlich fest, indem er das Ergebnis verkündet und damit zum Ausdruck bringt, dass er den Beschluss für wirksam hält.

Besteht also ein solcher förmlich festgestellter Beschluss, so ist der Fremdgeschäftsführer hieran gebunden, er kann sich selbst nicht im Wege der Anfechtungsklage gegen diesen Beschluss wenden, da er nicht Gesellschafter ist (strittig). Daher kann der Fremdgeschäftsführer auch nicht im Wege der einstweiligen Verfügung erreichen, dass er einstweilen im Amt bleibt[200]. Ihm bleiben lediglich seine Rechte und Pflichten aus dem Anstellungsvertrag.

Fremdgeschäftsführer kann Abberufungsbeschluss nicht gerichtlich angreifen

Dies gilt nach zutreffender Ansicht auch, wenn der Abberufungsbeschluss nicht förmlich festgestellt ist, aber die Gesellschafter sich einig sind, dass die Abberufung wirksam beschlossen wurde. Dann bedarf es keiner förmlichen Feststellung durch einen Versammlungsleiter. Besteht allerdings Streit über die Wirksamkeit des Abberufungsbeschlusses und ist dieser nicht förmlich festgestellt worden, so dass Unklarheiten über den Inhalt des Beschlossenen bestehen, dann kann es dem Fremdgeschäftsführer

---

[200] OLG Hamm GmbHR 2002, 327, Leitsatz: *In der GmbH kann sich ein Fremdgeschäftsführer grundsätzlich nicht mit der einstweiligen Verfügung gegen eine gemäß § 38 GmbHG jederzeit mögliche Abberufung zur Wehr setzen. Insoweit gilt der Rechtsgedanke des § 84 Abs. 3 S. 4 AktG entsprechend.*

nicht verwehrt werden, von einem unwirksamen Beschluss auszugehen und sich entsprechend der dann vorliegenden materiellen Rechtslage weiterhin als Geschäftsführer zu bezeichnen (ebenfalls strittig). In einer solchen Situation muss es dem Geschäftsführer auch möglich sein, eine Feststellungsklage mit dem Ziel zu erheben, dass die Unwirksamkeit des Abberufungsbeschlusses festgestellt wird.

Liegt ein Abberufungsbeschluss vor, ist dieser jedoch unwirksam, so könnte auch die anschließende Abberufungserklärung, die dem Geschäftsführer gegenüber abgegeben wurde, unwirksam sein. Hieran anknüpfend wird vertreten, dass der Fremdgeschäftsführer sich auf eine unwirksame Abberufungserklärung berufen kann.

Im Übrigen darf jeder überstimmte Gesellschafter gegen den Abberufungsbeschluss Anfechtungsklage erheben oder auch im Wege des einstweiligen Rechtsschutzes beantragen, dass der abberufene Geschäftsführer einstweilen im Amt bleiben darf.

bb. Minderheitsgesellschafter-Geschäftsführer

Auch für den Minderheitsgesellschafter-Geschäftsführer gelten im Wesentlichen die zuvor für den Fremdgeschäftsführer aufgezeigten Grundsätze. Der Abberufungsbeschluss, der mit der Mehrheit der Stimmen erging, ist zunächst wirksam und muss von dem Minderheitsgesellschafter-Geschäftsführer respektiert werden. Dies gilt sowohl, wenn er förmlich festgestellt wurde, als auch dann, wenn einfach nur rechnerisch ein Mehrheitsbeschluss ergangen ist und die Gegenstimmen des Minderheitsgesellschafters nicht relevant waren, da er ohnehin überstimmt wurde.

Anfechtungsklage des überstimmten Gesellschafters möglich

Der abberufene Minderheitsgesellschafter-Geschäftsführer hat jedoch die Möglichkeit einer Anfechtungsklage, so dass er den Abberufungsbeschluss ggf. für nichtig erklären kann, falls seiner Ansicht nach kein wichtiger Grund vorlag. Ferner räumt ihm die herrschende Meinung die Möglichkeit ein, im Wege des einstweiligen Rechtsschutzes vorzugehen und eine einstweilige Verfügung mit dem Ziel zu beantragen, vorläufig im Amt zu bleiben. Ob diese dann ergeht, muss das Gericht im Rahmen einer summarischen Gesamtabwägung entscheiden.

cc. Mindestens hälftig beteiligter Geschäftsführer

Missbräuchliche Ausschaltung des beherrschenden Gesellschafter-Geschäftsführers

Ist der Geschäftsführer mit 50 % oder mehr an der Gesellschaft beteiligt, so kann über seinen Kopf hinweg grundsätzlich keine Entscheidung getroffen werden. Eine Ausnahme gilt jedoch für die Abberufung aus wichtigem Grund: Da seine Gegenstimmen nicht zählen, könnte ihn in diesem Fall selbst ein Minderheitsgesellschafter aus dem Amt des Geschäftsführers abberufen. Wäre es auch hier so, dass der Abberufungsbeschluss zunächst wirksam ist und nur im Wege der Anfechtungsklage für nichtig erklärt werden könnte, so wäre der Geschäftsführer erst einmal „kaltgestellt", was ihn erheblich schädigen kann.

Ein Minderheitsgesellschafter - oder einer der beiden Anteilseigner im Falle einer GmbH mit jeweils hälftig beteiligten Gesellschaftern - könnte den anderen Gesellschafter-Geschäftsführer durch die bloße Behauptung, es handele sich um eine Abberufung aus wichtigem Grund, ausschalten. Dies kann wechselseitig, ggf. auch wiederholt geschehen[201]. Hat also ein abberufener Geschäftsführer gerade rechtskräftig feststellen lassen, dass die Abberufung unwirksam ist, so hindert dies seinen Kontrahenten nicht daran, ihn auf der nächsten Gesellschafterversammlung wiederum aus wichtigem Grund abzuberufen[202].

Daher kommt es bei der Abberufung eines Mehrheitsgesellschafters bzw. eines hälftig beteiligten Gesellschafters auf die *materielle Rechtslage* an. Die Abberufung steht unter dem Vorbehalt des notfalls gerichtlich zu beurteilenden wichtigen Grundes. Selbst wenn das Beschlussergebnis förmlich festgestellt worden ist, entscheidet nur der Umstand, ob tatsächlich ein wichtiger Grund vorliegt. Die Vertretungsmacht und die Geschäftsführungsbefugnis bleiben zunächst erhalten[203].

Materielle Rechtslage ist entscheidend

Das Registergericht, bei dem der Mitgeschäftsführer die Abberufung seines Kontrahenten zur Eintragung anmeldet, kann das Eintragungsverfahren aussetzen und eine Frist zur Klageerhebung zwecks Klärung der Wirksamkeit der Abberufung setzen. Da die Wirksamkeit der Abberufung von der materiellen Rechtslage abhängt, wird das Registergericht die Wirksamkeit der Abberufung nicht klären können, so dass die Aussetzung zulässig ist[204].

Aussetzung des Eintragungsverfahrens möglich

Besteht also Streit über das Vorliegen eines wichtigen Grundes, so ändert sich durch den Gesellschafterbeschluss über die Abberufung zunächst nichts. Beide Parteien können jedoch einstweiligen Rechtsschutz beantragen. So haben die Gesellschafter, die für die Abberufung gestimmt haben, die Möglichkeit, eine einstweilige Verfügung zu beantragen, wonach der aus ihrer Sicht abberufene Geschäftsführer einem Hausverbot und einem Einsichtsverbot unterliegen soll. Vorsichtshalber sollte der Antrag sowohl im Namen der Gesellschaft als auch im Namen der übrigen Gesellschafter gestellt werden. Es gibt dann mehrere Antragsteller. Der Antrag kann auch darauf gerichtet sein, dass die Abberufung bereits einstweilen in das Handelsregister eingetragen wird, da der abberufene Geschäftsführer sonst weiterhin mit Wirkung zu Lasten der GmbH Geschäfte tätigen könnte (§ 15 HGB).

Einstweiliger Rechtsschutz

---

[201] BGHZ 86, 177, 181.
[202] BGHZ 86, 177, 181.
[203] OLG Stuttgart NJW-RR 1994, 811 f.; OLG Hamm GmbHR 2002, 327.
[204] OLG Köln GmbHR 1993, 299.

Der Geschäftsführer, gegen den sich der Abberufungsbeschluss richtet, kann seinerseits eine einstweilige Verfügung mit dem Ziel beantragen, dass er weiterhin die Geschäfte der Gesellschaft führen, die Einrichtungen nutzen und die Räumlichkeiten betreten darf. Auch gegen die bloße Unterlassung der Behauptung, er sei abberufen, kann er vorgehen.

Beispiel: *„Der Oberguru"*

G wird vorgeworfen, dass er Führer einer radikalen Sekte sei, was er bisher den Gesellschaftern verschwiegen habe. Es gibt bereits erste negative Presseberichte über G, die auch erwähnen, dass er das Amt des Geschäftsführers von der GmbH bekleidet. Die Folge sind starke Umsatzeinbrüche, da die Kunden verunsichert sind.

G bestreitet, Sektenführer zu sein; er sei noch nicht einmal Mitglied der genannten Sekte und kenne sie überhaupt nicht. Der Minderheitsgesellschafter H, der mit 40 % an der Gesellschaft beteiligt ist, möchte G dennoch ablösen lassen.

G, der 60 % am Stammkapital hält, wird daher in einer eilig zusammengerufenen Gesellschafterversammlung abberufen. Über das Ergebnis der Abstimmung führt das Protokoll aus: „Für die Annahme des Antrags stimmte der Gesellschafter H. Gesellschafter G stimmte gegen die Annahme. Gesellschafter H rügte das Stimmverhalten des Gesellschafters G wegen Befangenheit."

Der Mitgesellschafter H teilte den Geschäftspartnern - insbesondere auch der Hausbank - mit, dass G als Geschäftsführer abberufen sei, dass die GmbH derzeit keinen Geschäftsführer mehr habe und dass G nicht mehr berechtigt sei, für die Gesellschaft zu handeln. Hiergegen wendet sich G mit dem Antrag auf Erlass einer einstweiligen Verfügung, die darauf gerichtet ist, dass es der Mitgesellschafter zu unterlassen habe zu behaupten, dass G abberufen worden sei, dass die Gesellschaft keinen Geschäftsführer mehr habe und dass G nicht mehr berechtigt sei, für die GmbH zu handeln.

Ob die einstweilige Verfügung ergeht, ist nicht prognostizierbar. G muss eidesstattlich versichern, dass die Abberufungsgründe nicht vorliegen. Gibt er eine falsche eidesstattliche Versicherung ab, so macht er sich strafbar.

Meines Erachtens wird man in dem vorliegenden Fall darauf abstellen müssen, dass das Verbleiben des G im Amt des Geschäftsführers großen Schaden für die GmbH anrichtet, so dass es nicht darauf ankommt, ob G tatsächlich Sektenführer ist oder war. Seine Abberufung liegt im Unternehmensinteresse und ist geboten[205].

---

[205]   Siehe auch die Entscheidung des OLG Stuttgart NJW-RR 1994, 811, bei der es ebenfalls um eine einstweilige Verfügung des abberufenen Geschäftsführers allerdings aus anderen Gründen ging.

dd. Gesellschafter-Geschäftsführer mit Sonderrecht zur Geschäftsführung

Hat der Gesellschafter-Geschäftsführer gemäß § 35 BGB ein Sonderrecht auf die Geschäftsführung, das in der Satzung verankert ist, so kann ihm dieses im Prinzip nur mit seiner Zustimmung entzogen werden. Dennoch ist anerkannt, dass im Falle eines wichtigen Grundes auch ein Entzug des Sonderrechts durch einen satzungsändernden Abberufungsbeschluss möglich sein muss[206]. Jedoch endet die Geschäftsführerstellung aufgrund des Sonderrechts erst mit der rechtskräftigen, gerichtlichen Feststellung, dass der Abberufungsbeschluss wirksam ist. Vorher wäre eine einstweilige Verfügung möglich, wenn ein Eilfall vorliegt, der es den Mitgesellschaftern unzumutbar erscheinen lässt, den Ausgang des Prozesses abzuwarten.

Sonderrecht eines Gesellschafters nur gerichtlich „ausschaltbar"

II. Amtsniederlegung

Der Geschäftsführer hat jederzeit die Möglichkeit, sein Amt niederzulegen[207]. Ein wichtiger Grund muss nicht vorliegen, auch braucht die Niederlegung nicht begründet zu werden.

Jederzeit möglich

Allerdings wurde und wird teilweise gerade von den Registergerichten vertreten, dass in Extremfällen eine Niederlegung unwirksam sein kann. Dies soll dann gelten, wenn die Niederlegung zur Unzeit erfolge, z.B. wenn der Geschäftsführer eigentlich Insolvenzantrag stellen müsste. Eine weitere Fallgruppe ist die Niederlegung durch den einzigen Geschäftsführer, der gleichzeitig Alleingesellschafter ist, ohne dass zugleich ein neuer Geschäftsführer bestellt wird[208]. Die Niederlegung müsse rechtsmissbräuchlich sein. Vorzugswürdig ist allerdings die Ansicht des *BGH*, dass im Außenverhältnis aus Gründen der Rechtssicherheit die Niederlegung stets wirksam ist[209]. Der Geschäftsführer macht sich allen-

Niederlegung zur Unzeit

---

[206] Der Entziehungsbeschluss bedarf als satzungsändernder Beschluss der notariellen Beurkundung, siehe OLG Nürnberg GmbHR 2000, 563, 564.

[207] BGHZ 121, 257, 260.

[208] OLG Düsseldorf GmbHR 2001, 144; KG GmbHR GmbHR 2001, 147; BayObLG GmbHR 1999, 980: *Die vom einzigen Geschäftsführer und alleinigen Gesellschafter einer GmbH erklärte Amtsniederlegung ist regelmäßig als rechtsmißbräuchlich unwirksam, wenn dieser nicht gleichzeitig einen neuen Geschäftsführer bestellt.*

[209] Siehe auch BGHZ 78, 82, Leitsatz: *Die aus wichtigen Gründen erklärte Amtsniederlegung eines Geschäftsführers ist, auch wenn über die objektive Berechtigung dieser Gründe gestritten wird, sofort wirksam, unbeschadet einer etwaigen Haftung wegen Verletzung des Anstellungsvertrages.* Im Anschluss daran: BGH GmbHR 1993, 216: *Die Amtsniederlegung eines Geschäftsführers ist grundsätzlich auch dann sofort wirksam, wenn sie nicht auf einen angeblich wichtigen Grund gestützt ist (Fortführung von BGHZ 78, 82 = GmbHR 1980, 270).*

Formalien

falls gegenüber der GmbH schadensersatzpflichtig[210]. Sofern mit wirksamer Beendigung des Dienstverhältnisses eine Niederlegung erfolgt, kann nicht von einer Niederlegung zur Unzeit ausgegangen werden[211].

Die Niederlegung ist eine einseitige, empfangsbedürftige Willenserklärung. Zuständig für die Entgegennahme ist die Gesellschafterversammlung, was unstreitig ist, da es sich bei ihr um das Bestellungs- und Abberufungsorgan handelt. Ausreichend ist aber auch, dass der Geschäftsführer allen Gesellschaftern die Niederlegung zur Kenntnis bringt, ohne eine Gesellschafterversammlung einzuberufen[212]. Selbst eine Erklärung gegenüber *einem* Gesellschafter soll nach dem *BGH* genügen[213], was zweifelhaft ist, da nicht sichergestellt ist, dass auch die anderen Gesellschafter hiervon erfahren. Schließlich muss zügig ein neuer Geschäftsführer bestellt werden können[214]. Es sollte daher immer vorsorglich die Niederlegung gegenüber sämtlichen Gesellschaftern erklärt werden. Die Erklärung der Niederlegung gegenüber einem Mitgeschäftsführer genügt nicht[215]. Die Registergerichte verlangen zu-

---

[210]   OLG Koblenz GmbHR 1995, 731.

[211]   LG Frankenthal GmbHR 1996, 939.

[212]   BGHZ 121, 257, 260.

[213]   BGH GmbHR 2002, 26, Leitsatz: *Der Grundsatz, dass eine Willenserklärung mit Wirksamkeit gegenüber einem Gesamtvertreter abgegeben werden kann, findet auch auf die Rechtsverhältnisse Anwendung, in denen die GmbH nach § 46 Nr. 5 GmbHG gemeinsam durch ihre Gesellschafter vertreten wird.* Aus den Gründen: *In diesem Urteil hat der Senat klargestellt, dass die Wirksamkeit der Niederlegung des Geschäftsführeramtes, für deren Entgegennahme ebenso wie für den Akt der Bestellung zum Geschäftsführer, den Widerruf der Bestellung sowie Abschluss, Aufhebung und Kündigung des Anstellungsvertrags und deren Entgegennahme die Gesamtheit der Gesellschafter zuständig ist, nicht davon abhängt, dass sie gegenüber allen Gesellschaftern ausgesprochen wird. Er hat es vielmehr als ausreichend angesehen, wenn die Niederlegung gegenüber einem Gesellschafter erklärt und den übrigen lediglich nachrichtlich übersandt wird. Offengelassen hat er, ob die Abgabe der Erklärung gegenüber einem Gesellschafter auch dann genügt, wenn eine Benachrichtigung der übrigen Gesellschafter unterbleibt. Diese im Schrifttum umstrittene Frage ... ist zu bejahen. Es ist ein allgemein anerkannter Rechtsgrundsatz, dass im Rahmen der Gesamtvertretung eine Willenserklärung mit Wirksamkeit gegenüber einem Gesamtvertreter abgegeben werden kann (BGH v. 14.2.1974 - II ZB 6/73, BGHZ 62, 166 [173] = GmbHR 1974, 182; RG v. 31.12.1902 - I 320/02, RGZ 53, 227 [230 f.]). Dieser Grundsatz hat sich in verschiedenen gesetzlichen Bestimmungen - u.a. auch für die Organvertretung – niederge-schlagen (vgl. § 171 Abs. 3 ZPO; § 28 Abs. 2 BGB; § 35 Abs. 2 S. 3 GmbHG; § 78 Abs. 2 S. 2 AktG; § 25 Abs. 1 S. 3 GenG; vgl. auch § 125 Abs. 2 S. 3 HGB). Der Grundsatz ist auch auf die Rechtsverhältnisse anwendbar, in denen die GmbH nach § 46 Nr. 5 GmbHG gemeinsam durch ihre Gesellschafter vertreten wird.*

[214]   Offen gelassen in BGHZ 121, 257, 260.

[215]   OLG Düsseldorf GmbHR 2005, 932. Hingegen hält die h.M. eine Kündigung des Anstellungsvertrags durch Erklärung gegenüber dem Mitgeschäftsführer unter Berufung auf § 35 II 3 GmbHG für statthaft siehe unten 2. Teil, H II.

dem im Anschluss an entsprechende OLG-Rechtsprechung verstärkt den Nachweis des Zugangs der Niederlegungserklärung[216]. Der sicherste Weg ist die Zustellung der Niederlegungserklärung über den Gerichtsvollzieher an alle Gesellschafter.

Die Niederlegung wird mit Zugang der Niederlegungserklärung wirksam. Dennoch steht der Geschäftsführer noch im Handelsregister, weshalb Gläubiger, die von seiner Niederlegung nichts wissen, ihn damit konfrontieren werden. Daher muss zügig durch Anmeldung der Niederlegung zur Eintragung beim Handelsregister eine Löschung des Geschäftsführers im Register erfolgen.

Anmeldung beim Handelsregister

Mit der notariellen Anmeldung der Niederlegung beim Handelsregister, die von den Geschäftsführern in vertretungsberechtigter Zahl gemäß § 39 GmbHG vorzunehmen ist, sind die Niederlegungserklärung sowie die Zustellungsnachweise (in Urschrift oder beglaubigter Urschrift[217]), also bei der Versendung mit Einschreiben gegen Rückschein die Rückscheine bzw. bei der Zustellung per Gerichtsvollzieher die Zustellungsurkunde einzureichen.

Die Amtsniederlegung kann mit sofortiger Wirkung oder auch mit Fristsetzung zu einem bestimmten Termin erklärt werden. Bei einer Niederlegung mit Fristsetzung kann der Geschäftsführer – sofern er alleinvertretungsberechtigt ist – noch selbst die Anmeldung beim Handelsregister vornehmen. Besteht kein Anlass, den Anstellungsvertrag mit sofortiger Wirkung fristlos zu kündigen, so würde sich der Geschäftsführer schadensersatzpflichtig machen, wenn er sein Amt ohne Fristsetzung mit sofortiger Wirkung niederlegt. Auch kann die GmbH ihrerseits berechtigt sein, das Anstellungsverhältnis des Geschäftsführers fristlos zu kündigen[218].

Amtsniederlegung mit Fristsetzung ist empfehlenswert

---

[216] OLG Düsseldorf GmbHR 2004, 1532; OLG Naumburg GmbHR 2001, 569: Leitsätze 3 und 4: *Die Erklärung der Amtsniederlegung ist eine empfangsbedürftige Willenserklärung, die für ihre Wirksamkeit dem für die Bestellung des Geschäftsführers zuständigen Organ (üblicherweise die Gesellschafterversammlung) zugehen muss. Dem Handelsregister ist neben der Willenserklärung des Geschäftsführers die Amtsniederlegung betreffend auch der Zugang der Willenserklärung bei dem für die Geschäftsführerbestellung zuständigen Organ in der Form des § 39 Abs. 2 GmbHG einzureichen.*

[217] Die Niederlegungserklärung ist daher entweder in einer Originalfassung – es werden ohnehin mehrere Orignale entsprechend der Zahl der Gesellschafter benötigt – oder in beglaubigter Abschrift einzureichen, eine Kopie genügt nicht.

[218] Siehe auch OLG Celle GmbHR 2004, 425, Leitsatz 1: *Ein wichtiger Grund im Sinne des § 626 Abs. 1 BGB für die Kündigung eines Geschäftsführer-Dienstvertrags liegt vor, wenn sich der Geschäftsführer durch eine zwar wirksame, aber als unberechtigt zu qualifizierende Amtsniederlegung der Möglichkeit begibt, die Geschäftsführeraufgaben gerade im Außenverhältnis für die Gesellschaft wahrzunehmen und damit deren rechtsgeschäftlichen Handlungsbereich in für diese unzumutbarer Weise verengt. Eine solche Amtsniederlegung ist auch dann als unberechtigt zu qualifizieren, wenn der Geschäftsführer infolge der Umsetzung an ihn gerichteter Weisungen der Gesellschafterversammlung eine für die Gesellschaft negative Entwicklung befürchtet und sogar mit einem drohenden Zusammenbruch des Unternehmens*

> **Tipp für den Geschäftsführer!**
> Sofern es irgend möglich ist, sollte die Niederlegung des Ge-
> schäftsführeramts und die Kündigung des Anstellungsvertrags
> synchron stattfinden. Sind Sie als Geschäftsführer zur fristlosen
> Kündigung des Anstellungsvertrags berechtigt, sollten Sie gleich-
> zeitig auch das Amt niederlegen.

Beispiel: *„Finger weg von der Buchhaltung"*
Geschäftsführer G hat sein Amt gerade erst angetreten. Mit dem schon
vorhandenen anderen Geschäftsführer H gibt es von Anfang an Spannungen. Dieser möchte G keinen Einblick in die Bücher nehmen lassen. G unternimmt mehrere Anläufe, da er sich vergewissern möchte,
ob für eine ordnungsgemäße Buchhaltung der Gesellschaft gesorgt ist.
Jedoch vergeblich. Schließlich kündigt G aus wichtigem Grund den
Anstellungsvertrag und legt gleichzeitig das Amt nieder.

Zu Recht, da es zu den Kernaufgaben des Geschäftsführers gehört,
für eine ordnungsgemäße Buchführung der Gesellschaft zu sorgen
(§ 41 GmbHG). Jeder Geschäftsführer muss sich, gerade auch im
Hinblick auf seine Pflicht, ggf. einen Insolvenzantrag zu stellen, über
die Buchführung informieren. Auch sind diejenigen Geschäftsführer,
die nicht primär für die Buchhaltung im Wege der Ressortverteilung
verantwortlich sind, gleichfalls verpflichtet, das Rechnungswesen zu
kontrollieren. Wird einem Mitgeschäftsführer daher systematisch der
Zugang zur Buchhaltung vorenthalten, so ist ein gedeihliches, gesetz-
estreues Arbeiten unmöglich, was einen wichtigen Grund zur Kündigung und zur Amtsniederlegung darstellt[219].

> **Tipp für den Geschäftsführer!**
> Sie sollten nach Möglichkeit die Niederlegung mit einer Frist er-
> klären, damit Sie dies noch selbst im Handelsregister anmelden
> können. Zwar gibt es durchaus Handelsregister, die meines Erach-
> tens der zutreffenden Ansicht sind, dass der Geschäftsführer, der
> das Amt niedergelegt hat, dies auch noch im engen zeitlichen Zu-
> sammenhang selbst anmelden darf[220]. Das ist jedoch nicht der
> Standpunkt der herrschenden Ansicht[221]. Diese nimmt vielmehr an,
> dass der Geschäftsführer mit der Amtsniederlegung nicht mehr be-
> rechtigt ist, Handelsregisteranmeldungen vorzunehmen, da er kei-
> ne Vertretungsberechtigung mehr hat. Erklären Sie jedoch die
> Niederlegung mit einer Frist, so können Sie innerhalb der Frist

---

rechnet; *auch in solchen Fällen bleibt der Geschäftsführer seiner Aufgabe
verpflichtet, mit der Sorgfalt eines ordentlichen Kaufmanns alles zu tun, was
die Interessen der Gesellschaft erfordern, und die zugleich an sein Amt
geknüpften öffentlich-rechtlichen Pflichten zu erfüllen.*

[219] BGH DStR 1995, 1639, 1640.
[220] LG Berlin GmbHR 1993, 291; LG Köln GmbHR 1998,183.
[221] BayObLG GmbHR 1982, 214; OLG Zweibrücken 1999, 479; siehe *Bärwaldt*,
Die Anmeldung des eigenen Ausscheidens beim Handelsregister, GmbHR
2001, 290.

selbst noch die Handelsregisteranmeldung vornehmen. Beachten Sie jedoch, dass Sie die Niederlegung zuvor wirksam gegenüber der Gesellschafterversammlung oder gegenüber sämtlichen Gesellschaftern erklärt haben und Ihnen die Zugangsnachweise (Zustellungsurkunde/Rückschein/Empfangsbestätigung) vorliegen. Anschließend müssen Sie einen Notar aufsuchen, um die Anmeldung über die Niederlegung beglaubigen zu lassen. Dieser oder Sie persönlich reicht dann die Anmeldung mit ihrer Niederlegungserklärung und den Zustellungsnachweisen beim Handelsregister ein. Zum Zeitpunkt der Anmeldung müssten Sie noch Geschäftsführer gewesen sein. Hier sollten Sie eine ausreichende Frist auch für den Fall einplanen, dass der erste Versuch des Zugangs Ihrer Niederlegungserklärung bei einzelnen Gesellschaftern scheitert.

III. Sonstige Beendigungsgründe

Ein weiterer wichtiger Beendigungsgrund ist die Befristung der Geschäftsführertätigkeit. Nach dem Mitbestimmungsgesetz von 1976 und der Montanmitbestimmung ist sie wegen der Geltung des § 84 AktG für fünf Jahre vorgesehen. Ansonsten ist auch durch die Satzung oder durch den Bestellungsbeschluss eine Befristung möglich.

Befristung

Ferner endet die Organstellung mit dem Tod des Geschäftsführers und einer Amtsunfähigkeit gemäß § 6 II GmbHG. Wird der Geschäftsführer also beispielsweise wegen einer Insolvenzstraftat rechtskräftig verurteilt, so verliert er automatisch die Fähigkeit, das Amt des Geschäftsführers zu bekleiden.

Sonstige Gründe

Gerät die Gesellschaft in die Insolvenz und wird das Insolvenzverfahren eröffnet, so bleibt der Geschäftsführer grundsätzlich im Amt, gibt aber einen Großteil seiner Befugnisse an den Insolvenzverwalter ab. Für die gesellschaftsrechtlichen Befugnisse ist er jedoch weiterhin zuständig. Der Geschäftsführer darf daher nach wie vor Gesellschafterversammlungen einberufen und Handesregisteranmeldungen vornehmen.

In der Liquidation wird der Geschäftsführer gemäß § 66 I GmbHG grundsätzlich Liquidator (sog. geborener Liquidator), falls nicht die Satzung andere Liquidatoren vorsieht oder die Gesellschafterversammlung solche anstelle des Geschäftsführers bestellt.

G. Buchführung, Rechnungslegung und Steuern

I. Pflichten aus dem Rechnungswesen

Für die GmbH als Handelsgesellschaft gilt das Recht des Kaufmanns, das im Wesentlichen im HGB geregelt ist. Jeder Kaufmann, damit auch die GmbH, ist verpflichtet, Bücher zu führen (§ 238 I HGB) und Jahresabschlüsse zu erstellen (§ 242 HGB).

Die rechtlichen Einzelheiten des Rechnungswesens sind so umfangreich, dass sie eine gesonderte Darstellung verlangen, die im Rahmen dieses Buchs nicht geleistet werden kann. An dieser Stelle soll daher nur kursorisch ein Überblick über die für den Geschäftsführer relevanten Pflichten gegeben werden.

Die in § 41 GmbHG verankerte Buchführungspflicht bedeutet, dass der Geschäftsführer nach Maßgabe der Vorschriften über die Handelsbücher (§§ 238 ff. HGB) verpflichtet ist, die Buchhaltung zu organisieren. Der Geschäftsführer muss für eine Organisation sorgen, die ihm jederzeit eine Übersicht über die wirtschaftliche und finanzielle Situation der GmbH ermöglicht[222]. Dies bedeutet zwar nicht, dass er die Buchhaltung selbst bearbeiten muss, er darf diese durchaus delegieren und das Rechnungswesen auch extern, etwa durch Einschaltung selbständiger Buchhaltungs- bzw. EDV-Unternehmen oder auch Steuerberatungsgesellschaften, erledigen lassen. Allerdings muss er die Erfüllung der Buchhaltungspflichten ständig überwachen und kontrollieren.

Bei mehreren Geschäftsführern ist es im Wege der Ressortaufteilung möglich, die Buchhaltung *einem* Geschäftsführer zur eigenverantwortlichen Bearbeitung zuzuweisen. Dann haben die übrigen Geschäftsführer für eine sachgerechte Auswahl des zuständigen Geschäftsführers zu sorgen und ihn vor allem kontinuierlich und angemessen zu überwachen[223]. Insbesondere im Hinblick auf die Verpflichtung, beim Verlust der Hälfte des Stammkapitals gemäß § 49 III GmbHG die Gesellschafterversammlung einzuberufen sowie im Falle der Überschuldung Insolvenzantrag zu stellen[224], muss jeder Geschäftsführer die finanzielle Entwicklung der Gesellschaft und damit auch die Buchhaltung im Auge behalten.

Aus der Buchhaltung wird anschließend der Jahresabschluss entwickelt, der sich aus der Bilanz und der Gewinn- und Verlustrechnung zusammensetzt (§ 242 III HGB). Der Jahresabschluss wird um einen sog. Anhang erweitert sowie - bei mittelgroßen und großen Gesellschaften - um einen Lagebericht ergänzt. Das Han-

Marginalien:

Für die GmbH gilt Handelsbilanzrecht

Geschäftsführer ist für die Buchführung zuständig

Ressortaufteilung und Überwachungspflicht

Jahresabschluss und Lagebericht

---

[222] BGH GmbHR 1995, 299.
[223] BGH DStR 1995, 1639.
[224] Siehe dazu unten S. 150.

delsgesetzbuch teilt in § 267 die Kapitalgesellschaften in drei Größenklassen ein. Anknüpfungskriterien sind die Höhe der Bilanzsumme, die Umsatzerlöse sowie die Anzahl der Arbeitnehmer. Der Geschäftsführer hat sich zu vergewissern, in welche Klasse seine Gesellschaft fällt. Dies ist unter anderem für die Frage relevant, ob ein Abschlussprüfer eingesetzt werden muss und welche Offenlegungs-, d.h. Publizitätsvorschriften, gelten.

Der Geschäftsführer ist gemäß § 42 a GmbHG gegenüber der Gesellschaft für die Aufstellung des Jahresabschlusses und des Lageberichts verantwortlich. Der Lagebericht ist ein eigenständiger Teil der Rechnungslegung und enthält Informationen über den Geschäftsverlauf sowie über die Situation der Gesellschaft.

Pflicht des Geschäftsführers

Nachdem der Geschäftsführer den Jahresabschluss und den Lagebericht aufgestellt hat, sind diese Unterlagen unverzüglich den Gesellschaftern vorzulegen. Die GmbH selbst ist gemäß § 264 I Satz 3 HGB verpflichtet, den Jahresabschluss binnen drei Monaten nach dem letzten Bilanzstichtag aufzustellen. Diese Pflicht wird intern vom Geschäftsführer wahrgenommen, der dann seinerseits gegenüber der Gesellschaft für die ordnungsgemäße Erfüllung dieser Aufgabe zuständig ist. Damit hat also der Geschäftsführer die Dreimonatsfrist einzuhalten. Bei kleinen Gesellschaften kann sich die Pflicht auf maximal sechs Monate verlängern, sofern dies noch einem „ordnungsgemäßen Geschäftsgang" entspricht, wobei zweifelhaft ist, was hierunter zu verstehen ist. In der Krise ist der Jahresabschluss beschleunigt aufzustellen, so dass eine Verlängerung der Dreimonatsfrist ausgeschlossen sein dürfte.

Verfahren

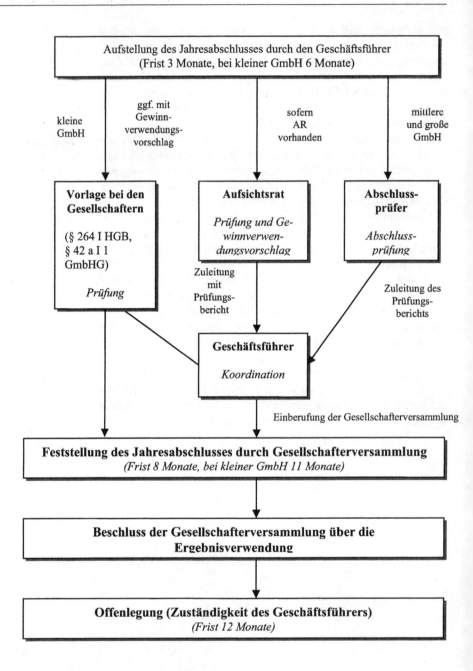

Jahresabschluss = Bilanz + Gewinn- und Verlustrechnung + Anhang

Achtung!
Stellt der Geschäftsführer nicht binnen der gesetzlich vorgegebenen Frist den Jahresabschluss und Lagebericht auf, so macht er sich gemäß § 43 II GmbHG schadensersatzpflichtig. Ein Schaden kann z.b. dann entstehen, wenn eine Bank die Kreditgewährung oder die Finanzierung eines größeren Vorhabens von der Vorlage der Jahresabschlüsse abhängig macht und der GmbH aufgrund der verzögerten Vorlage ein Zinsschaden, etwa in Form von Bereitstellungszinsen, entsteht. Möglich ist auch, dass die Bank wegen der verzögerten Vorlage ganz von der Finanzierung Abstand nimmt. Der Geschäftsführer sollte daher die Pflichten aus dem Rechnungswesen sehr ernst nehmen. Gerät die Gesellschaft in die Insolvenz, macht sich der Geschäftsführer sogar strafbar, wenn er die Bilanzen nicht bzw. verspätet aufstellt.

Auch bei der Aufstellung des Jahresabschlusses ist eine Ressortaufteilung zwischen mehreren Geschäftsführern möglich und üblich. Hier gilt ebenso: Die übrigen Geschäftsführer sind für die sachgemäße Auswahl und Überwachung des Kollegen zuständig, der die Aufstellung des Jahresabschlusses übernehmen soll.

Eine Delegation auf Dritte ist ebenfalls möglich und auch sinnvoll, da Außenstehende, wie z.B. Steuerberater, in der Regel über den größeren Sachverstand in derartigen Fragen verfügen. Dennoch bleibt die abschließende Entscheidung Sache der Geschäftsführung. Es handelt sich um eine Geschäftsführungsmaßnahme, die einstimmig von sämtlichen Geschäftsführern zu beschließen ist. *Delegation auf Dritte*

Für große und mittelgroße Gesellschaften sieht § 316 HGB eine Pflichtprüfung durch einen Abschlussprüfer vor. Der Abschlussprüfer wird vorher von der Gesellschafterversammlung gewählt. Der Geschäftsführer ist verpflichtet, dem Abschlussprüfer den Jahresabschluss sofort nach Aufstellung vorzulegen. Der Abschlussprüfer prüft entsprechend den gesetzlichen Vorschriften den Jahresabschluss und erteilt einen Prüfungsbericht sowie - wenn alles in Ordnung ist - einen uneingeschränkten Bestätigungsvermerk. *Abschlussprüfung*

Hat die Gesellschaft einen Aufsichtsrat, so ist der Geschäftsführer verpflichtet, dem Aufsichtsrat den Jahresabschluss und den Lagebericht unverzüglich nach der Aufstellung vorzulegen. Zusätzlich zur Prüfung durch den Abschlussprüfer muss der Aufsichtsrat den Jahresabschluss, den Lagebericht und den Ergebnisverwendungsbeschluss kontrollieren (§ 171 AktG). Der Aufsichtsrat erstellt dann über sein Prüfungsergebnis einen gesonderten schriftlichen Bericht an die Gesellschafterversammlung. *Funktion des Aufsichtsrats*

Vorlage bei Gesellschafterversammlung

Der Geschäftsführer hat der Gesellschafterversammlung den festgestellten Jahresabschluss, den Lagebericht sowie den Prüfungsbericht des Abschlussprüfers unverzüglich vorzulegen, sobald ihm letzterer vorliegt. Ob er auf den Prüfungsbericht des Aufsichtsrats warten muss, ist umstritten. Da den Gesellschaftern möglichst viel Zeit zur Überprüfung eingeräumt werden soll, ist es sinnvoll, dass der Geschäftsführer sofort nach Eingang des Berichts des Abschlussprüfers zur Vorlage verpflichtet ist. Der Bericht des Aufsichtsrats ist unverzüglich nachzureichen, wenn dieser vorliegt.

Gewinnverwendungsvorschlag

Strittig ist, ob der Geschäftsführer den Gesellschaftern einen Gewinnverwendungsvorschlag unterbreiten muss. Beim fakultativen Aufsichtsrat besteht diese Verpflichtung seitens des Aufsichtsrats, da § 170 II AktG angewandt wird.

Tipp für den Geschäftsführer!
Es ist in jedem Fall empfehlenswert, wenn Sie als Geschäftsführer der Gesellschafterversammlung einen Gewinnverwendungsvorschlag unterbreiten. Sie wissen am ehesten, welche Liquidität die Gesellschaft gerade auch im Hinblick auf zukünftige Investitionen benötigt. Sie sollten daher einen Gewinnverwendungsvorschlag erstellen und diesen begründen, indem Sie insbesondere auf den Finanzbedarf in dem laufenden Geschäftsjahr hinweisen.

Feststellung durch Gesellschafterversammlung

Die Gesellschafterversammlung stellt sodann den Jahresabschluss fest und beschließt über die Ergebnisverwendung. Anschließend ist der Jahresabschluss durch alle Geschäftsführer - einschließlich der Stellvertreter - mit Datumsangabe zu unterzeichnen. Diese Verpflichtung ergibt sich aus § 245 HGB.

Publizität

Nach der Feststellung durch die Gesellschafterversammlung muss der Geschäftsführer die nötigen Schritte gemäß den Offenlegungsvorschriften einhalten. Der Jahresabschluss, der Lagebericht sowie der Ergebnisverwendungsbeschluss unterliegen der Publizitätspflicht (§ 325 HGB). Bei kleinen und mittelgroßen Gesellschaften sind die Unterlagen beim Handelsregister einzureichen und im Bundesanzeiger bekannt zu machen, dass dies geschehen ist. Bei großen Gesellschaften erfolgt die Bekanntmachung der Unterlagen unmittelbar im Bundesanzeiger, wobei die Bekanntmachung einschließlich der Unterlagen anschließend beim Handelsregister einzureichen ist. Kleine Kapitalgesellschaften müssen keine Gewinn- und Verlustrechnung beim Handelsregister einreichen

(§ 326 Satz 1 HGB), die Bilanz muss nur verkürzt offen gelegt werden (§ 327 HGB)[225].

Die Offenlegung ist binnen zwölf Monaten nach dem letzten Bilanzstichtag zu bewirken. Für die Wahrung der Frist kommt es auf die Einreichung der Unterlagen beim Handelsregister bzw. beim Bundesanzeiger, nicht dagegen auf die nachfolgende Veröffentlichung an.

Achtung!

In der Praxis werden die Offenlegungsvorschriften nach vorsichtigen Schätzungen von 75 bis 85 % der Kapitalgesellschaften missachtet. Bei Verstößen gegen die Publizitätsvorschriften hat das Registergericht nach § 335 a HGB mit dem Geschäftsführer gegenüber persönlich angedrohtem Ordnungsgeld[226] auf eine Aufstellung des Jahresabschlusses hinzuwirken, sobald ein Dritter dies beantragt. Hierbei ist jedermann berechtigt, den Antrag zu stellen. Daher kann auch ein Konkurrent die Offenlegung des Jahresabschlusses erzwingen. Anschließend kann dann der Dritte den Jahresabschluss einsehen. Bereits die Aufstellung des Jahresabschlusses kann das Handelsregister gemäß § 335 HGB mit Zwangsgeld durchsetzen[227].

Verstöße gegen Publizitätspflicht

II. Pflichten aus dem Steuerrecht

Die steuerrechtlichen Pflichten sind derart umfangreich, dass sie sich dem nicht fachlich vorgebildeten Geschäftsführer keinesfalls vollumfänglich erschließen können. Fast jeder Geschäftsführer ist daher auf fachmännischen Rat angewiesen. Dies um so mehr, als dass der Geschäftsführer sowohl in die Gefahr der strafbaren Steuerhinterziehung als auch in das Risiko der persönlichen Haftung geraten kann, wenn er die steuerrechtlichen Pflichten nicht erfüllt[228]. Nach § 34 I AO sind die gesetzlichen Vertreter von juristischen Personen, mithin also auch die Geschäftsführer, für die Erfüllung der steuerrechtlichen Pflichten verantwortlich.

Der Geschäftsführer ist für die Erfüllung steuerrechtlicher Pflichten verantwortlich

Der Gewinn der GmbH unterliegt der Körperschaftsteuer. Hier ist der Geschäftsführer verpflichtet, den Gewinn zu ermitteln sowie sämtliche relevanten Erklärungen gegenüber dem Finanzamt abzugeben. Bevor er Gewinne an die Gesellschafter ausschüttet, hat er dafür Sorge zu tragen, dass die Kapitalertragsteuer als eine

Körperschaftsteuer

---

[225] Die Gesellschafterversammlung entscheidet nach § 46 Nr. 1 a GmbHG über die Offenlegung eines Einzelabschlusses nach internationalen Rechnungslegungsstandards (§ 325 Abs. 2a des Handelsgesetzbuchs).

[226] *Das Ordnungsgeld beträgt mindestens 2.500 € und maximal 25.000 €.*

[227] *Nach § 335 Satz 3 HGB darf das einzelne Zwangsgeld den Betrag von 5.000 € nicht übersteigen.*

[228] Siehe unten 3. Teil, F IV.

besondere Form der Quellensteuer einbehalten und an das Finanzamt abgeführt wird.

Des Weiteren unterliegt die GmbH der Gewerbesteuer. Auch hier muss der Geschäftsführer die einschlägigen Vorschriften beachten. Führt die GmbH umsatzsteuerpflichtige Umsätze aus, so ist sie Unternehmerin im Sinne des Unternehmenssteuergesetzes, was wiederum für den Geschäftsführer bedeutet, dass er die relevanten Bestimmungen des Umsatzsteuerrechts zu kennen hat. Hier muss er sich eine sichere Kenntnis verschaffen, da er mit der Umsatzsteuer täglich konfrontiert wird. Beschäftigt die GmbH Arbeitnehmer, so sind die lohnsteuerrechtlichen Vorschriften einzuhalten.

Der Geschäftsführer muss sich darüber im Klaren sein, dass er immer die Funktionen des Arbeitgebers und des Unternehmers ausübt. Reichen seine Kenntnisse nicht aus, so muss er kurzfristig fachmännischen Rat einholen.

H. Pflichten aus dem Arbeits- und Sozialversicherungsrecht

Auch hier verbietet sich eine ausführliche Darstellung, da diese umfangreicher wäre als das vorliegende Werk. Daher sollen an dieser Stelle einige Ausführungen genügen, um den Geschäftsführer für diesen Aufgabenkreis zu „sensibilisieren".

Die GmbH ist Arbeitgeberin; die Arbeitgeberfunktionen nimmt jedoch der Geschäftsführer wahr. Der Geschäftsführer hat daher Sorge zu tragen, dass sämtliche Vorschriften des Arbeits- und Sozialrechts eingehalten werden. Dies betrifft im Arbeitsrecht die Bestimmungen des Arbeitsschutzes, aber auch des kollektiven Arbeitsrechts. Der Geschäftsführer muss darauf achten, dass etwa die Vorschriften des Bundesurlaubsgesetzes, des Arbeitszeitgesetzes oder des Schwerbehindertenrechts beachtet werden. Er ist Ansprechpartner des Betriebsrats und muss die Vorschriften des Betriebsverfassungsgesetzes einhalten.

Der Geschäftsführer schließt für die Gesellschaft mit den Arbeitnehmern unter Beachtung der einschlägigen Vorschriften die Arbeitsverträge ab. Kündigt er Arbeitsverhältnisse, so muss er ebenfalls die Schutzvorschriften, wie z.B. das Mutterschutzgesetz oder das Kündigungsschutzgesetz, einhalten.

Ebenso wichtig wie die Vorschriften des Arbeitsrechts sind jene des Sozialversicherungsrechts. Zunächst ein kurzer Überblick über die rechtlichen Grundlagen der gesetzlichen Sozialversicherung:

Heute sind alle Sozialversicherungszweige im Sozialgesetzbuch verankert. Das SGB III regelt die *Arbeitslosenversicherung*, das SGB IV enthält *gemeinsame Vorschriften* für die Kranken-, Unfall- und Renten- sowie für die Pflegeversicherung. Die *Kranken-versicherung* ist im SGB V, die *Rentenversicherung* im SGB VI zusammengefasst. Das SGB VII beinhaltet Vorschriften über die gesetzliche *Unfallversicherung*. Die *Pflegeversicherung* schließlich ist im SGB XI kodifiziert.

Aus der Arbeitslosenversicherung werden Leistungen wie das Arbeitslosengeld, die Arbeitslosenhilfe, das Kurzarbeiter- sowie das Insolvenzgeld gezahlt.

Arbeitslosen-versicherung

Die Krankenversicherung erstattet vor allem Behandlungskosten wegen Krankheit und zahlt bei lang andauernder Arbeitsunfähigkeit Krankengeld.

Kranken-versicherung

Von den Trägern der Rentenversicherung werden Renten wegen Alters, wegen verminderter Erwerbsfähigkeit oder Hinterbliebenenrenten bezogen.

Renten-versicherung

Die für die Unfallversicherung zuständigen Berufsgenossenschaften sorgen bei Arbeitsunfällen für die Finanzierung der medizinischen Versorgung und zahlen im Falle einer Minderung der Erwerbsfähigkeit unter bestimmten Voraussetzungen Verletztenrenten.

Unfall-versicherung

Die Pflegeversicherung schließlich übernimmt für den Fall der Pflegebedürftigkeit Dienst-, Sach- und Geldleistungen.

Pflege-versicherung

Die Finanzierung der Leistungen der Sozialversicherung erfolgt durch Beiträge, wobei in der Unfallversicherung der Arbeitgeber allein die Beiträge übernimmt, während in den sonstigen Zweigen im Grundsatz jeweils die Hälfte der Beiträge von den Arbeitnehmern, die andere Hälfte von den Arbeitgebern getragen wird. Durchbrechungen dieses Prinzips erfolgten durch Reformen, durch die z.B. kinderlose Versicherungspflichtige einen erhöhten Beitrag zur Pflegeversicherung entrichten müssen bzw. das Krankengeld allein von den Arbeitnehmern mit einem Betrag von 0,9 % finanziert wird (siehe § 241 a SGB V). Eine weitere Ausnahme bilden in der Gleitzone erzielte Arbeitsentgelte (zwischen 400,01 € und 800,00 € im Monat), bei denen die Arbeitnehmerbeträge reduziert sind.

Die Aufgaben der GmbH als Arbeitgeberin, die der Geschäftsführer wahrzunehmen hat, sind mannigfaltig:

Jeder Arbeitnehmer ist bei der entsprechenden Krankenkasse anzumelden und nach seinem Ausscheiden wieder abzumelden. Der Arbeitnehmer hat das Recht, sich eine Krankenkasse seiner Wahl auszusuchen; der Arbeitgeber muss diese akzeptieren. Ferner sind vom Geschäftsführer die gesetzlich vorgeschriebenen sonstigen Meldungen (z.B. Unterbrechungs-, Veränderungs- und Jahresmeldungen) vorzunehmen. Auch geringfügig beschäftigte Arbeitnehmer müssen bei der Minijobzentrale an- und abgemeldet werden.

Meldungen bei Krankenkassen

Prüfung der Sozialversicherungspflicht

Der Geschäftsführer muss in jedem Einzelfall prüfen, ob überhaupt eine Sozialversicherungspflicht besteht. Als „freie Mitarbeiter" angestellte Beschäftigte sind häufig tatsächlich Arbeitnehmer (sog. Scheinselbständige), da sie abhängig beschäftigt werden und daher der Sozialversicherungspflicht unterliegen. In Zweifelsfällen sollte dies vorab mit den Sozialversicherungsträgern abgeklärt werden.

Tipp für den Geschäftsführer!
Mit den Pflichten aus dem Sozialversicherungsrecht, deren Einzelheiten sich übrigens ständig ändern, werden Sie oft über Gebühr belastet sein. Verfolgen Sie hier unbedingt die einschlägigen Veröffentlichungen der Krankenkassen, aus denen sich der aktuelle Stand ergibt. Viele Krankenkassen führen zudem Seminare durch, um über die aktuelle Rechtslage zu informieren. Nutzen Sie derartige Angebote. Sorgen Sie stets für einen guten Kontakt zu den Sozialversicherungsträgern. Erfahrungsgemäß stehen Ihnen diese gern mit Rat und Tat zur Seite.

Abführen der Sozialversicherungsbeiträge

Besondere Sorgfalt muss der Geschäftsführer darauf verwenden, dass die Sozialversicherungsbeiträge rechtzeitig entrichtet werden. In der Regel sind die Sozialversicherungsbeiträge monatlich abzuführen, wobei dies bis zum 15. des Folgemonats zu geschehen hat[229]. Aus der Satzung der Krankenkasse kann sich eine abweichende, frühere Fälligkeit ergeben, dies im Übrigen auch aus dem Umstand, dass die Gehaltsabrechnungen bis zum 15. des laufenden Monats erstellt werden. In diesem Fall sind die Sozialversicherungsbeiträge schon bis spätestens zum 25. desselben Monats abzuführen.

Umlageverfahren

Zu beachten ist außerdem, dass es Betriebe gibt, die am Umlageverfahren der Allgemeinen Ortskrankenkassen teilnehmen müssen. Kleine Betriebe, die regelmäßig nicht mehr als 20 Arbeitnehmer beschäftigen, sind hierzu gesetzlich verpflichtet. Die Umlage dient zur Finanzierung von Mutterschutzaufwendungen und der Entgeltfortzahlung im Krankheitsfall, was für kleinere Unternehmer ein schwer kalkulierbares Risiko darstellt. Bemessungsgrundlage für die Mutterschutzumlage ist die monatliche Lohnsumme sämtlicher, auch männlicher Mitarbeiter. Beim Umlageverfahren für die Entgeltfortzahlung im Krankheitsfall nehmen hin-

---

[229] Um die Liquidität der Sozialkassen kurzfristig zu erhöhen, müssen ab 1.1.2006 die Beiträge zur Sozialversicherung am dritten Bankarbeitstag im laufenden Monat entrichtet werden.

gegen nur Arbeiter und Auszubildende, nicht jedoch Angestellte teil[230].

Tipp für den Geschäftsführer!

Informieren Sie sich unbedingt bei der AOK, ob Ihr Betrieb umlagepflichtig ist. Unterlassen Sie dies und stellt sich bei einer Prüfung heraus, dass Sie die Umlage hätten entrichten müssen, kann eine große Nachzahlung auf die Gesellschaft zukommen. Außerdem könnte es durchaus sein, dass die Gesellschaft in der Zwischenzeit erhebliche Aufwendungen für Mutterschutz und Entgeltfortzahlung tätigen musste, so dass es unter dem Strich sogar hätte günstiger sein können, wenn die Umlage entrichtet worden wäre. Auch dafür hätten Sie sich dann zu verantworten.

J. Aufgaben bei der Gründung

I. Überblick

Die Entscheidung, ob eine GmbH gegründet wird, obliegt den Gesellschaftern. Diese arbeiten den Gesellschaftsvertrag aus und sorgen für die Finanzierung des Vorhabens. Der GmbH-Gesellschaftsvertrag wird notariell beurkundet, sodann muss die Gesellschaft zur Eintragung in das Handelsregister beim zuständigen Registergericht am Sitz der GmbH angemeldet werden. An dieser Stelle tritt der Geschäftsführer in Erscheinung. Er ist für die Anmeldung der Gesellschaft beim Handelsregister zuständig. Es ist daher bereits in der Gründungsphase erforderlich, einen Geschäftsführer zu bestellen. Dies geschieht entweder im Gesellschaftsvertrag oder aber durch einen gesonderten Gesellschafterbeschluss, der ebenfalls bei der ersten Gesellschafterversammlung, bei der die Satzung beschlossen wird, gefasst werden kann. Die erste Gesellschafterversammlung wird in der Regel vor dem Notar abgehalten. Innerhalb dieser wird der Gesellschaftsvertrag notariell beurkundet und anschließend der Geschäftsführer bestellt.

Verfahren

Die Einzelheiten der Gründung werden in meinem Band „Der GmbH-Gesellschafter" umfassend dargestellt. Hier erfolgt nur eine Erläuterung der wichtigsten Vorschriften, die für den GmbH-Geschäftsführer von wesentlicher Bedeutung sind.

Die deutsche GmbH ist im Vergleich zur ausländischen Kapitalgesellschaft unattraktiv, weil ein Mindeststammkapital von 25.000 € erforderlich ist. Die englische Limited beispielsweise

Geplante Reform

---

[230] Aufgrund einer Entscheidung des Bundesverfassungsgerichts vom 18.11.2003, 1 BvR 302/96, NJW 2004,146, wird das Umlageverfahren vermutlich 2006 neu geregelt.

kann ohne ein Mindestkapital gegründet und anschließend auch im Inland verwendet werden.

Absenkung des
Mindeststamm-
kapitals

Der Gesetzgeber beabsichtigt, eine Absenkung des Mindeststammkapitals von 25.000 € auf 10.000 €. Ein entsprechender Referentenentwurf vom 15.04.2005 liegt vor. Die Maßnahme ist Teil der von Bundeskanzler Schröder Ende März 2005 angekündigten 20 Maßnahmen zur Fortsetzung der Agenda 2010. Im Bereich der GmbH ist im ersten Schritt eine Absenkung des Stammkapitals auf 10.000 € beabsichtigt. Dieses Gesetz soll bereits am 01.01.2006 in Kraft treten.

Hinweis auf Ge-
schäftsbriefen

Flankierend wird, um Transparenz für die Gläubiger zu schaffen, gesetzlich verbindlich vorgeschrieben, dass auf den Geschäftsbriefen der Betrag des gezeichneten und des eingezahlten Kapitals anzugeben ist. Diesbezüglich wird § 35 a GmbHG ergänzt. Es ist also einerseits auf den Geschäftsbriefen zu vermerken, welches gezeichnete Kapital, also Stammkapital, die Gesellschaft hat und in welcher Höhe dies eingezahlt ist. Wird diese Angabe auf den Geschäftsbriefen nicht richtig oder nicht vollständig getätigt, so sieht § 85 a des GmbH-Gesetzes eine Geldbuße gegen den Geschäftsführer bis zu 10.000 € vor. Der Geschäftsführer begeht damit eine Ordnungswidrigkeit. Abzuwarten bleibt jedoch, ob dieses Gesetz in Kraft tritt.

Weitere geplante
Reformen

In weiteren Schritten sollen dann Vorschriften eingeführt werden, um effektiver gegen so genannte „Firmenbestattungen" vorzugehen. Es handelt sich um Fälle, bei denen häufig Gesellschafter und das Management ausgetauscht werden, wobei die „neuen Herren" häufig vermögenslos und nicht auffindbar sind. Geplant sind Zustellungserleichterungen bei nicht auffindbaren Geschäftsführern bzw. bei Gesellschaften, die keine Geschäftsräume mehr unterhalten, sowie verschärfte Haftungstatbestände gegenüber Geschäftsführern bzw. ggf. auch Gesellschaftern, die trotz Krise der Gesellschaft weiter wirtschaften.

II. Anmeldung beim Handelsregister

1. Voraussetzungen

Anmeldung
durch Geschäfts-
führer

Der Geschäftsführer ist für die Anmeldung der Gesellschaft beim Handelsregister zuständig und verantwortlich. Erst mit der Eintragung der Gesellschaft im Handelsregister entsteht diese als juristische Person. Vorher besteht eine sog. Vor-GmbH (= GmbH in Gründung). Sämtliche Anmeldungen, die in Deutschland gegenüber öffentlichen Registern vorgenommen werden, bedürfen der notariellen Beglaubigung. Daher ist auch die Anmeldung der GmbH durch den Geschäftsführer notariell zu beglaubigen, was bedeutet, dass die Unterschrift des Geschäftsführers unter die Anmeldung im Beisein des Notars vollzogen werden muss. In der Praxis kümmert sich ohnehin der Notar um die Formalien der Anmeldung.

Tipp!

Überlassen Sie es besser dem Notar, die Anmeldung beim Handelsregister einzureichen, da dieser mit derartigen Dingen Erfahrung hat und dadurch gewährleistet ist, dass die zahlreichen Unterlagen, die der Anmeldung beigefügt werden müssen, vollständig und ordnungsgemäß sind. Moniert das Gericht, dass die Anmeldung nicht ordnungsgemäß ist bzw. Unterlagen nicht vollständig sind, so ist der Notar in der Lage, Ihnen zu sagen, wie der Mangel schnellstmöglich behoben werden kann.

Eine Anmeldung darf erst erfolgen, wenn die gesetzlichen Mindestanforderungen erfüllt sind. Diese sind in § 7 II und III GmbHG geregelt. Hierbei ist danach zu unterscheiden, ob eine Bargründung oder eine Sachgründung vorliegt. Besonderheiten gibt es ferner bei der Einpersonen-Gründung. | *Mindestanforderungen*

Bei einer Bargründung darf die Anmeldung erst dann erfolgen, wenn auf jede Stammeinlage mindestens ein Viertel einbezahlt worden ist. Insgesamt muss allerdings mindestens ein Betrag von 12.500 € eingezahlt werden.

Bei einer GmbH mit einem Stammkapital von 25.000 € sind daher 12.500 € einzuzahlen, damit der Gesellschaft der Mindestbetrag der einzuzahlenden Stammeinlagen zur freien Verfügung steht. Bei einer GmbH mit einem Stammkapital von 50.000 € sind ebenfalls mindestens 12.500 € in das Gesellschaftsvermögen zu leisten, da dies einem Viertel der Stammeinlagen entspricht und dadurch auch der Mindestbetrag von 12.500 € erreicht wird. | *Bareinlagen*

Sacheinlagen sind grundsätzlich vollständig in das Gesellschaftsvermögen zu leisten. Hier ist eine Aufteilung unzweckmäßig. Bei einer gemischten Gründung, d.h. einer Kombination von Bar- und Sachgründung, muss ebenfalls mindestens ein Betrag von 12.500 € in das Gesellschaftsvermögen eingebracht werden. Hier werden der Wert der Sacheinlage und jener der Bareinlagen zusammengerechnet. | *Sacheinlagen*

Bei der Einpersonen-GmbH darf die Anmeldung erst erfolgen, wenn die vom Gesetz vorgeschriebenen Mindesteinzahlungen geleistet sind. Darüber hinaus ist es jedoch erforderlich, dass der Gesellschafter für den übrigen Teil der Geldeinlage eine Sicherung bestellt hat. Diese Sicherung muss vollwertig sein, hier bietet sich eine Bankbürgschaft an. Vorher darf eine Anmeldung nicht erfolgen. | *Besonderheiten bei Einpersonen-GmbH*

2. Verfahren

a. Einzureichende Unterlagen

Formalien

Erst wenn die soeben beschriebenen Mindestvoraussetzungen für eine Anmeldung vorliegen, darf diese erfolgen. Wie bereits erläutert, sollte hierbei die Unterstützung eines Notars in Anspruch genommen werden. Dieser achtet insbesondere auf die Vollständigkeit der einzureichenden Unterlagen.

Nach Maßgabe des § 8 GmbHG müssen der Anmeldung folgende Unterlagen beigefügt sein:

- Der Gesellschaftsvertrag sowie, falls die Gesellschafter nicht persönlich den Vertrag abgeschlossen haben, die Vollmachten der sie vertretenden Personen im Original oder in Form einer beglaubigten Abschrift.
- Die Legitimation der Geschäftsführer, falls diese nicht bereits im Gesellschaftsvertrag bestellt sind. Damit ist der Gesellschafterbeschluss gemeint, durch den die Geschäftsführer in ihre Ämter berufen worden sind.
- Eine Gesellschafterliste, aus der Namen, Vornamen, Geburtsdatum und Wohnort der Gesellschafter sowie der Betrag der jeweils von den Gesellschaftern übernommenen Stammeinlage ersichtlich sind. Diese Gesellschafterliste ist vom Geschäftsführer zu unterschreiben.
- In dem Fall, in dem der Gegenstand des Unternehmens der staatlichen Genehmigung bedarf, ist die Genehmigungsurkunde einzureichen. Dies kann beispielsweise die Eintragung in eine Handwerksrolle sein, wobei eine Handwerkskarte bereits auf die GmbH in Gründung ausgestellt werden kann. Weitere Beispiele sind die Konzessionen gemäß §§ 30 ff. der Gewerbeordnung (z.B. für den Betrieb eines Krankenhauses oder eines Bauträgerunternehmens), für den Betrieb einer Gaststätte nach den Vorschriften des Gaststättengesetzes oder etwa für den Betrieb eines Taxiunternehmens nach den Vorschriften des Personenbeförderungsgesetzes. Für die Eröffnung einer Bank ist eine Erlaubnis nach dem Kreditwesengesetz, für das Betreiben eines Versicherungsunternehmens eine solche nach dem Versicherungsaufsichtsgesetz vonnöten. Bei Freiberuflern, wie z.B. bei einer Ärzte- oder Rechtsanwalts-GmbH, bestehen ebenfalls Genehmigungserfordernisse. Vorher darf das Registergericht die Gesellschaft nicht eintragen.
- Bei der Sachgründung sind ferner die Verträge einzureichen, die sich auf die Gegenstände beziehen, die als Sacheinlage eingebracht werden, sowie der Sachgründungsbericht. Auch sind Unterlagen beizufügen, aus denen die Berechnung des Werts der Sacheinlage hervorgeht.

- Darüber hinaus sind der Anmeldung die Versicherungen des
  Geschäftsführers beizulegen, die dieser gegenüber dem Han-
  delsregister abzugeben hat[231].
- Anzugeben ist zudem der Umfang der Vertretungsbefugnis der
  Geschäftsführer, also der Hinweis, ob Alleinvertretungs- oder
  Gesamtvertretungsbefugnis besteht, sowie ob die Geschäfts-
  führer vom Verbot des § 181 BGB befreit worden sind.
- Schließlich ist noch die Unterschrift des Geschäftsführers zur
  Aufbewahrung beim Gericht in beglaubigter Form einzurei-
  chen.

Achtung! Die Gesellschafterliste, die bei Gründung der GmbH beim Han- delsregister einzureichen ist, muss bei einer Änderung im Gesell- schafterbestand aktualisiert werden. Unterlässt dies der hierfür zu- ständige Geschäftsführer, so haftet er gemäß § 40 II GmbHG den Gläubigern der Gesellschaft für den daraus entstehenden Schaden.

Gesellschafter-
liste

b. Versicherungen des Geschäftsführers

Der GmbH-Geschäftsführer hat gegenüber dem Handelsregister
zwei Versicherungen abzugeben:

Er muss einerseits gemäß § 8 II GmbHG versichern, dass die
Mindesteinzahlungen in das Gesellschaftsvermögen bewirkt sind
und sich endgültig zur freien Verfügung der Geschäftsführer in
diesem befinden. Bei der Einpersonen-GmbH muss der Geschäftsführer ferner versichern, dass die erforderliche Sicherheit bestellt
wurde. Existieren mehrere Geschäftsführer, so ist die Versicherung
von sämtlichen, auch den stellvertretenden, Geschäftsführern einzeln abzugeben.

Der Geschäftsführer muss andererseits die Versicherung nach
§ 8 III GmbHG abgeben, wonach keiner der dort beschriebenen
Hinderungsgründe seiner Bestellung entgegensteht.

aa. Versicherung nach § 8 II GmbHG

Sinn des § 8 II GmbHG ist es, eine Gründungsprüfung zu vermeiden. Die falsche Versicherung ist strafbewehrt, um zu gewährleisten, dass der Geschäftsführer die Erklärung korrekt abgibt (zur
Strafbarkeit siehe § 82 I Nr.1 GmbHG).

Kapitalauf-
bringung

Der Geschäftsführer muss im Einzelnen versichern, welcher
Gesellschafter welche Einlage in welcher Höhe geleistet hat und
wie hoch der Gesamtbetrag der geleisteten Einlagen ist. Bei der
Einpersonen-GmbH hat der Geschäftsführer mitzuteilen, welche

Umfang der
Versicherung

---

[231] Siehe dazu sogleich die folgenden Ausführungen unter b.

Sicherung bestellt wurde und auf welche Weise ihr Wert ermittelt wurde.

Strittig ist, ob von dem Geschäftsführer auch angegeben werden muss, inwieweit das Anfangskapital bereits durch Verbindlichkeiten belastet ist. Die Rechtsprechung nimmt an, dass der Geschäftsführer im Rahmen der Versicherung nach § 8 II GmbHG auch verpflichtet ist zu versichern, dass keine Anfangsverbindlichkeiten bestehen[232]. Dadurch soll verhindert werden, dass eine bereits finanziell angeschlagene GmbH in das Handelsregister eingetragen wird.

Nachweise können angefordert werden

Bestehen Zweifel an der Richtigkeit der Versicherung, so kann das Handelsregister Bankbelege anfordern. Vorausgesetzt wird aber, dass ein sachlich berechtigter Anlass für diese Anforderung besteht[233].

Beispiel: *„Der Offenbarungseid"*
Das Registergericht hat erfahren, dass Gründergesellschafter Arne Arnold (A) vor einem Jahr die eidesstattliche Offenbarungsversicherung abgab, dass er in weiteren Gesellschaften als Geschäftsführer fungiert, über deren Vermögen bereits das Insolvenzverfahren eröffnet ist. Außerdem gibt es Hinweise für eine hohe Verschuldung des A. Daher fordert das Registergericht A zum Nachweis der Einzahlung der Stammeinlage auf. Dies ist ohne weiteres zulässig[234]. In der Praxis besteht ohnehin keinerlei Handhabe für den Fall, dass die Registergerichte ohne sachlichen Grund Bankbelege über die Einzahlungen anfordern.

bb. Versicherung nach § 8 III GmbHG

Persönliche Voraussetzungen

Der Geschäftsführer hat nach § 8 III GmbHG zu versichern, dass keine Umstände vorliegen, die seiner Bestellung nach § 6 II Satz 3 und 4 GmbHG entgegenstehen, und dass er über seine unbeschränkte Auskunftspflicht gegenüber dem Gericht belehrt worden ist. Dies bedeutet im Einzelnen:

Der Geschäftsführer muss versichern, dass er nicht rechtskräftig wegen einer Insolvenzstraftat innerhalb der letzten fünf Jahre verurteilt wurde und dass ihm weder durch gerichtliches Urteil noch durch vollziehbare Entscheidung einer Verwaltungsbehörde die Ausübung eines Berufs, Berufszweigs, Gewerbes oder Gewerbezweigs untersagt worden ist, der teilweise oder vollständig mit dem Unternehmensgegenstand der GmbH übereinstimmt.

Strafbarkeit

Die falsche Abgabe dieser Versicherung ist ebenfalls strafbewehrt (§ 82 I Nr. 5 GmbHG). Die Versicherung muss konkret abgefasst werden, der pauschale Verweis auf § 6 II Satz 3 und 4 GmbHG

---

[232] BayObLG DStR 1992, 76; OLG Frankfurt DB 1992, 1282.
[233] BayObLG DStR 1993, 1921; OLG Frankfurt DB 1992, 1282; OLG Düsseldorf ZIP 1996, 1705.
[234] Siehe OLG Düsseldorf ZIP 1996, 1705.

genügt nicht. Vielmehr sind die Hinderungsgründe im Einzelnen aufzuzählen.

Eine ordnungsgemäße Versicherung kann etwa wie folgt formuliert werden[235]:

Ich versichere hiermit, dass keine Umstände vorliegen, die meiner Bestellung zum Geschäftsführer nach § 6 II Satz 3 und 4 GmbHG entgegenstehen. Insbesondere wurde ich niemals wegen einer Insolvenzstraftat (Bankrott, Verletzung der Buchführungspflicht, Gläubigerbegünstigung, Schuldnerbegünstigung [§§ 283-283 d StGB]) rechtskräftig verurteilt und die Ausübung eines Berufs, Berufszweigs, Gewerbes oder Gewerbezweigs ist mir weder durch gerichtliches Urteil noch durch vollziehbare Entscheidung einer Verwaltungsbehörde untersagt worden.

Über meine unbeschränkte Auskunftspflicht gegenüber dem Gericht wurde ich durch den amtierenden Notar belehrt.

Wichtig ist, dass der Notar oder auch das Gericht den Geschäftsführer über seine unbeschränkte Auskunftspflicht belehrt haben. Dies bedeutet folgendes: Nach den Vorschriften des Bundeszentralregistergesetzes darf man sich dann als *nicht vorbestraft* bezeichnen, wenn entweder keine Vorstrafe besteht oder eine strafrechtliche Verurteilung zwar erfolgte, diese aber nicht in das Führungszeugnis eingetragen werden darf. Dies ist der Fall, wenn das Strafmaß zu gering war oder die Verurteilung solange zurückliegt, dass die Eintragung bereits wieder gelöscht worden ist oder hätte gelöscht werden müssen. Eine Berufung darauf, dass man sich trotz strafrechtlicher Verurteilung als „nicht vorbestraft" bezeichnen darf, ist jedoch dann nicht zulässig, wenn eine unbeschränkte Auskunftspflicht vorgeschrieben ist. Diese besteht gegenüber dem Handelsregister für die hier vorzunehmende Versicherung nach § 8 III GmbHG.

Der Geschäftsführer muss der unbeschränkten Auskunftspflicht jedoch nur dann Folge leisten, wenn er zuvor über sie belehrt wurde. Ohne eine solche Belehrung ist die Versicherung nicht ordnungsgemäß erfolgt, so dass eine falsche Versicherung nicht zur Strafbarkeit nach § 82 I Nr. 5 GmbHG führt.

Nach zutreffender Ansicht ist eine Belehrung auch durch einen *ausländischen* Notar möglich[236]. In dem vom *Landgericht Nürnberg* entschiedenen Fall hatte ein niederländischer Notar die Belehrung des Geschäftsführers vorgenommen. Es ist auch teilweise anerkannt, dass im Ausland ein deutscher Konsularbeamter die Belehrung vornehmen kann oder dass ein deutscher Notar den im Ausland weilenden Geschäftsführer schriftlich über seine unbeschränkte Auskunftspflicht belehrt.

Margin notes:
- Beispiel
- Belehrung des Geschäftsführers
- Rechtsfolgen bei unterbliebener Belehrung
- Belehrung im Ausland

---

[235] Siehe OLG Thüringen GmbHR 1995, 453.
[236] LG Nürnberg, Der Rechtspfleger 1994, 360.

> **Tipp für den Geschäftsführer!**
> Die Voraussetzungen, unter denen eine Belehrung des Geschäftsführers über seine unbeschränkte Auskunftspflicht im Ausland erfolgen kann, sind noch nicht ganz geklärt. Hier sollte vorsorglich beim Registergericht nachgefragt werden, welche Form der Belehrung von diesem als ausreichend erachtet wird.

K. Aufgaben in der Krise

I. Erkennen und Bewältigen der Krise

Die Krise als Herausforderung an den Geschäftsführer

In der Krise werden an den Geschäftsführer erhebliche Anforderungen gestellt. Eine GmbH befindet sich in der Krise, wenn ihre Überlebensfähigkeit bzw. Existenz in Frage gestellt ist. Eine solche Gesellschaft ist regelmäßig kreditunwürdig. Dass die Gesellschaft in der Krise ist, bedeutet aber noch nicht, dass sie auch das Schicksal des „Untergangs" ereilen muss. Vielmehr liegen in der Krise auch Chancen zu einem Neuanfang durch eine erfolgreiche Sanierung.

Aufgabe des Geschäftsführers ist es, möglichst zu verhindern, dass die Gesellschaft überhaupt in eine finanzielle Schieflage gerät. Ist sie bereits in der Krise, so wird der Handlungsspielraum häufig recht eng sein. Hier muss der Geschäftsführer peinlich genau darauf achten, ob er nicht bereits zur Stellung eines Insolvenzantrags verpflichtet ist.

Früherkennung der Krise

Sein besonderes Augenmerk hat der Geschäftsführer daher auf die Früherkennung der Krise zu richten. Ein wichtiges Instrument bildet hierbei das Rechnungswesen, das ihm wichtige Kennzahlen liefern wird. Schwinden die Rücklagen, geht der Umsatz zurück oder steigen die Kosten, so muss der Geschäftsführer sich vergegenwärtigen, dass eine Fortsetzung dieser Entwicklungen regelmäßig zu einer Krise führen wird. Er muss analysieren, ob es sich um temporäre Erscheinungen handelt und ob es Möglichkeiten gibt, dem Abwärtsprozess entgegenzuwirken. Er hat insbesondere ständig den Auftragsbestand, die Umsatzentwicklung sowie die Kostensituation im Auge zu behalten. Eine vorausschauende Liquiditätsplanung ist erforderlich.

Finanzierungsverantwortung der Gesellschafter

Tritt die Situation ein, dass strukturelle Maßnahmen zur Sanierung ergriffen werden müssen, so ist der Geschäftsführer in der Regel auf die Mithilfe der Gesellschafter angewiesen. Diese müssen nämlich entscheiden, ob und welche Maßnahmen zur Sanierung getroffen werden sollen. Oft sind diese Maßnahmen mit Personalabbau oder auch der Zuführung neuer Mittel verbunden. Der Geschäftsführer hat die Situation zu erfassen und den Gesellschaftern zur Kenntnis bringen. Ob dann tatsächlich einschneidende

Maßnahmen zur Bewältigung der Krise vorgenommen werden, wird - da es sich um außergewöhnliche Geschäftsführungsmaßnahmen handelt - grundsätzlich nur mit Zustimmung der Gesellschafter zu entscheiden sein. Hinzu kommt, dass die Zuführung neuer finanzieller Mittel ohnehin, sofern das Kreditvolumen der GmbH ausgeschöpft ist, nur durch eine entsprechende Entscheidung der Gesellschafter zu verwirklichen ist. Die Gesellschafter müssen also überlegen, ob sie Eigenkapital in Form einer Kapitalerhöhung, ggf. nach vorheriger Kapitalherabsetzung, zuführen oder ob sie Fremdkapital beschaffen, etwa durch Aufnahme von Gesellschafterdarlehen oder auch Bankkrediten, die ggf. durch Bürgschaften oder sonstige Sicherheiten der Gesellschafter gesichert werden.

Kernaufgabe des Geschäftsführers ist es also, die Krise zu erkennen und den Gesellschaftern zügig zur Kenntnis zu bringen. Er muss nicht nur die eigene Gesellschaft beobachten, sondern auch den Markt, auf dem die Gesellschaft auftritt. Wie verhalten sich die Konkurrenten? Gibt es Standortprobleme? Drohen möglicherweise staatliche Eingriffe in Form von Gesetzesänderungen, die die Situation verändern?

Zusammenfassung

> **Tipp für den Geschäftsführer!**
> Sind die Gesellschafter nicht willens, Sanierungsbeiträge zu leisten, so müssen Sie entscheiden, ob die GmbH aus eigenen Mitteln in der Lage sein wird, die Situation zu bewältigen. Fehlt es an der nötigen „Selbstreinigungskraft", haben Sie entweder die Möglichkeit, wegen drohender Zahlungsunfähigkeit Insolvenzantrag zu stellen[237] oder Ihr Amt niederzulegen. Scheuen Sie sich nicht, Ihr Amt niederzulegen. Sie laufen Gefahr, für die infolge der Liquiditätsengpässe auftretenden Zahlungsrückstände in Haftung genommen zu werden. So haften Sie beispielsweise für Arbeitnehmerbeiträge zur Sozialversicherung, für rückständige Steuerschulden sowie in den Fällen der Insolvenzverschleppung und Masseschmälerung[238].

II. Einberufung der Gesellschafterversammlung

Nach § 49 III GmbHG ist die Gesellschafterversammlung unverzüglich einzuberufen, wenn die Hälfte des Stammkapitals aufgezehrt ist. Entgegen der Formulierung des Gesetzes ist es nicht erforderlich, dass sich der Verlust erst aus einer Jahres- oder Zwischenbilanz ergibt. Der Geschäftsführer hat vielmehr die wirt-

Einberufungspflicht des Geschäftsführers

---

[237] Siehe dazu sogleich die Ausführungen unten.
[238] Siehe ausführlich unten 3. Teil, F.

schaftliche Lage der GmbH laufend zu beobachten und sich bei Anzeichen einer kritischen Entwicklung einen Überblick über den Vermögensstand zu verschaffen[239].

III. Pflicht zur Stellung des Insolvenzantrags

Geschäftsführer stellt Insolvenzantrag

Der Geschäftsführer ist im Falle der Insolvenzreife gemäß § 64 GmbHG verpflichtet, unverzüglich die Eröffnung des Insolvenzverfahrens zu beantragen. § 64 GmbHG lautet:

§ 64 GmbHG [Insolvenzantragspflicht]

(1) Wird die Gesellschaft zahlungsunfähig, so haben die Geschäftsführer ohne schuldhaftes Zögern, spätestens aber drei Wochen nach Eintritt der Zahlungsunfähigkeit, die Eröffnung des Insolvenzverfahrens zu beantragen. Dies gilt sinngemäß, wenn sich eine Überschuldung der Gesellschaft ergibt.

(2) Die Geschäftsführer sind der Gesellschaft zum Ersatze von Zahlungen verpflichtet, die nach Eintritt der Zahlungsunfähigkeit der Gesellschaft oder nach Feststellung ihrer Überschuldung geleistet werden. Dies gilt nicht von Zahlungen, die auch nach diesem Zeitpunkt mit der Sorgfalt eines ordentlichen Geschäftsmanns vereinbar sind. Auf den Ersatzanspruch finden die Bestimmungen in § 43 III und IV entsprechende Anwendung.

1. Überblick über das Insolvenzverfahren

Verfahren nach der Insolvenzordnung

Der Geschäftsführer leitet mit seinem Insolvenzantrag das Insolvenzverfahren ein. Der Antrag ist beim zuständigen Amtsgericht am Sitz der Gesellschaft einzureichen. Nach § 2 der Insolvenzordnung (InsO) sind nur noch diejenigen Amtsgerichte, in deren Bezirk ein Landgericht ansässig ist, Insolvenzgerichte (sofern die Länder nichts Abweichendes bestimmen). Nach § 15 InsO ist jedes Mitglied des Vertretungsorgans der Gesellschaft zur Antragstellung berechtigt. Wird der Antrag allerdings nicht von allen Geschäftsführern gemeinsam gestellt, so ist der Eröffnungsgrund, d.h. die Zahlungsunfähigkeit oder Überschuldung, zusätzlich glaubhaft zu machen, z.B. indem das Vorliegen der Überschuldung oder Zahlungsunfähigkeit an Eides Statt versichert wird. Die übrigen Geschäftsführungsmitglieder werden dann vom Insolvenzgericht angehört.

Vorläufiger Insolvenzverwalter

Bereits jetzt - vor der abschließenden Entscheidung über den Insolvenzantrag - kann das Insolvenzgericht einen vorläufigen Insolvenzverwalter einsetzen, der Sicherungsmaßnahmen durchführen darf und auch einstweilen berechtigt ist, das Unternehmen vorläufig fortzuführen. Der Insolvenzverwalter darf sich Zutritt zu den Geschäftsräumen der Gesellschaft verschaffen und von Amts

---

[239]   BGH ZIP 1995, 560, 561; zur Strafbarkeit siehe unten 3. Teil, G IV 2.

wegen Nachforschungen anstellen, indem er z.B. Einsicht in die Bücher und Geschäftspapiere nimmt.

Der Geschäftsführer ist verpflichtet, den Insolvenzverwalter schon in diesem Eröffnungsverfahren zu unterstützen. Das Gericht kann den Geschäftsführer verpflichten, Auskünfte an Eides Statt zu versichern. Es kann ihn sogar zwangsweise vorführen und nach Anhörung in Haft nehmen lassen, wenn er eine Auskunft oder eidesstattliche Versicherung oder seine Mitwirkung verweigert bzw. Anzeichen dafür bestehen, dass er sich diesen Auskunfts- und Mitwirkungspflichten z.B. durch eine Flucht ins Ausland entziehen will.

Auskunfts- und Mitwirkungspflichten des Geschäftsführers

Eine Amtsniederlegung oder Abberufung in der Krise führt nicht dazu, dass die Auskunfts- und Mitwirkungspflichten entfallen, da nach § 101 I Satz 2 InsO die in § 97 geregelten Auskunfts- und Mitwirkungspflichten auch für jene Geschäftsführer gelten, die innerhalb der letzten zwei Jahre vor dem Antrag auf Eröffnung des Insolvenzverfahrens ausgeschieden sind.

Die Insolvenzordnung sieht im Wesentlichen drei Möglichkeiten der Verwertung der Insolvenzmasse vor:

Möglichkeiten der Gläubigerbefriedigung

- die Zerschlagung des Vermögens und Verteilung an die Gläubiger,
- die Sanierung des Unternehmens und die Befriedigung der Gläubiger aus den laufenden Erlösen,
- die übertragende Sanierung, d.h. die Verwertung des Unternehmens des Geschäftsbetriebs durch Übertragung an einen Dritten gegen Entgelt.

Soll eine Sanierung versucht werden, so ist hierfür ein Insolvenzplan vorzulegen. Diesen kann auch der Geschäftsführer selbst - ggf. unter Mitwirkung der Gesellschafter - ausarbeiten. Über die Frage, ob ein Insolvenzplan verabschiedet wird, entscheidet die Gläubigerversammlung (§ 157 InsO). Diese ist auch für die Zustimmung zur Veräußerung des Unternehmens oder Betriebs zuständig (§ 162 InsO).

Insolvenzplan

Der Geschäftsführer ist auch nach der seit 1. Januar 1999 in Kraft getretenen Insolvenzordnung weiterhin für die internen gesellschaftsrechtlichen Verhältnisse zuständig. So hat er nach wie vor das Recht, die Gesellschafterversammlung einzuberufen. Außerdem muss er das Informationsrecht der Gesellschafter erfüllen, soweit er hierzu noch in der Lage ist.

Verbleibende Kompetenzen des Geschäftsführers

2. Insolvenzgründe

Der Geschäftsführer muss sich unbedingt mit den Insolvenzgründen vertraut machen. Wie bereits an anderer Stelle ausführlich erörtert, gerät er in die Gefahr der persönlichen Haftung und Strafbarkeit, wenn er der Insolvenzantragspflicht nicht oder nicht rechtzeitig nachkommt[240]. Hier sollen daher nicht die haftungsrechtlichen Konsequenzen erläutert, sondern lediglich die Insolvenzgründe dargestellt werden. Ein Insolvenzgrund besteht zum einen bei Zahlungsunfähigkeit, wobei die InsO für einen Insolvenzantrag drohende Zahlungsunfähigkeit ausreichen lässt, und zum anderen bei Überschuldung.

a. Drohende Zahlungsunfähigkeit

Drohende Zahlungsunfähigkeit ist Insolvenzgrund

Bei drohender Zahlungsunfähigkeit besteht das Recht der Schuldnerin (= GmbH), nicht jedoch die Pflicht, einen Insolvenzantrag zu stellen. Dritte haben wegen drohender Zahlungsunfähigkeit kein Antragsrecht. Der Geschäftsführer hat die Möglichkeit, bereits bei drohender Zahlungsunfähigkeit durch die Einleitung des Insolvenzverfahrens zu einer zügigen Genehmigung eines Insolvenzplans zu gelangen, so dass möglicherweise eine Sanierung der Gesellschaft erreicht wird. Zu dieser Maßnahme wird er dann greifen, wenn eine interne Sanierung durch eine Einbeziehung der Gesellschafter keinen Erfolg verspricht. Dann muss er sich überlegen, ob er seinerseits in der Lage ist, einen Insolvenzplan zu erarbeiten, der Aussicht darauf hat, von der Gläubigerversammlung angenommen zu werden. Die Möglichkeit, bei drohender Zahlungsunfähigkeit die Eröffnung des Insolvenzverfahrens zu beantragen, ergibt sich aus § 18 InsO. Dort heißt es in Absatz 2, dass der Schuldner dann droht, zahlungsunfähig zu werden, wenn er voraussichtlich nicht in der Lage sein wird, die bestehenden Zahlungspflichten im Zeitpunkt der Fälligkeit zu erfüllen. Dies muss der Geschäftsführer im Rahmen seiner Liquiditätsplanung überblicken und beurteilen können.

> **Tipp für den Geschäftsführer!**
> Sobald Sie analysiert haben, dass die Gesellschaft in Liquiditätsschwierigkeiten gerät, müssen Sie unverzüglich an die Gesellschafter herantreten und diese zu einer internen Sanierung bewegen, wobei Sie Ihrerseits konstruktive Vorschläge machen sollten. Lassen Sie den Gesellschaftern nicht zuviel Zeit. Merken Sie, dass von deren Seite nichts kommt, so bleibt Ihnen nichts anderes übrig als -falls der Liquiditätsengpass weiterhin droht - entweder Ihr Amt niederzulegen und die Gesellschafter mit ihrem Problem al-

---

[240] Siehe hierzu im einzelnen 3 Teil, F II und G IV 2.

> lein zu lassen oder aber Ihrerseits einen Insolvenzplan aufzustellen und sodann wegen drohender Zahlungsunfähigkeit die Eröffnung des Insolvenzverfahrens zu beantragen.

b. Zahlungsunfähigkeit

Nach § 17 II InsO ist der Schuldner zahlungsunfähig, wenn er nicht in der Lage ist, die fälligen Zahlungsverpflichtungen zu erfüllen. Das Vorliegen einer Zahlungsunfähigkeit ist, so heißt es in dieser Bestimmung weiter, in der Regel dann anzunehmen, wenn der Schuldner seine Zahlungen eingestellt hat. Damit hat nunmehr der Gesetzgeber die Zahlungsunfähigkeit definiert und auf diese Weise die Begriffsbestimmung aufgegriffen, die sich bereits zuvor in Rechtsprechung und Literatur durchgesetzt hatte. Allerdings gibt die Definition auch Anlass zu Zweifeln, weil sie offen lässt, ob die Zahlungsunfähigkeit auf Dauer vorliegen muss und wie die Lage zu beurteilen ist, in der lediglich geringfügige Liquiditätslücken bestehen, also den Zahlungsverpflichtungen im Wesentlichen nachgekommen werden kann. Der Gesetzgeber war allerdings in seiner Gesetzesbegründung der Ansicht, es verstünde sich von selbst, dass eine vorübergehende Zahlungsstockung keine Zahlungsunfähigkeit begründe. Es sei vielmehr eine Zeitraumbetrachtung vorzunehmen. So bleibt auch nach der am 1. Januar 1999 in Kraft getretenen InsO die alte Rechtsfrage ungeklärt, wann denn aus einer vorübergehenden Zahlungsstockung eine dauernde Zahlungsunfähigkeit wird. Die Vorschläge variieren zwischen Zeiträumen von einer Woche bis zu drei Monaten[241]. Letztlich ist eine Einzelfallbetrachtung vonnöten. Der *BGH* hat in einer Grundsatzentscheidung am 24. Mai 2005, IX ZR 123/04, zr-report.de, den Zeitraum von drei Wochen zugrunde gelegt (Leitsätze):

Definition mit Schwierigkeiten

a) Eine bloße Zahlungsstockung ist anzunehmen, wenn der Zeitraum nicht überschritten wird, den eine kreditwürdige Person benötigt, um sich die benötigten Mittel zu leihen. Dafür erscheinen drei Wochen erforderlich, aber auch ausreichend.

b) Beträgt eine innerhalb von drei Wochen nicht zu beseitigende Liquiditätslücke des Schuldners weniger als 10 % seiner fälligen Gesamtverbindlichkeiten, ist regelmäßig von Zahlungsfähigkeit auszugehen, es sei denn, es ist bereits absehbar, daß die Lücke demnächst mehr als 10 % erreichen wird.

c) Beträgt die Liquiditätslücke des Schuldners 10 % oder mehr, ist regelmäßig von Zahlungsunfähigkeit auszugehen, sofern nicht

---

[241] Siehe *Lutter/Hommelhoff*, § 64 GmbHG Rdnr. 8 (drei Wochen); BGH NJW 2002, 512, 513 (noch zur Konkursordnung: etwa einen Monat).

ausnahmsweise mit an Sicherheit grenzender Wahrscheinlichkeit zu erwarten ist, daß die Liquiditätslücke demnächst vollständig oder fast vollständig beseitigt werden wird und den Gläubigern ein Zuwarten nach den besonderen Umständen des Einzelfalls zuzumuten ist.

Grad der Unterdeckung

Es ist im Allgemeinen anerkannt, dass lediglich geringfügige Liquiditätslücken keine Zahlungsunfähigkeit begründen. Entscheidend ist, ob den Zahlungsverpflichtungen im Wesentlichen bei Fälligkeit nachgekommen wird. Eine prozentuale Quote der Verbindlichkeiten, die mindestens erfüllt werden muss, hatte sich bis vorgenannten BGH-Entscheidung nicht durchgesetzt. Einigkeit bestand nur insoweit, als dass über 50 % der Verbindlichkeiten bei Fälligkeit erfüllt werden können müssen. Die herrschende Ansicht ließ allerdings auch bisher nur eine Unterdeckung in Höhe von 5-10 % zu[242]. Die Praxis kann sich im Anschluss an das BGH-Urteil vom 24. Mai 2005 nunmehr auf die Grenze von 10 % einstellen.

Der Geschäftsführer ist dem Risiko ausgesetzt, dass nachträglich ein Zustand der Zahlungsunfähigkeit „diagnostiziert" wird. Der unbestimmte Rechtsbegriff der Zahlungsunfähigkeit birgt die Gefahr, dass der Geschäftsführer in Grenzfällen nicht absehen kann, ob das Tatbestandsmerkmal vorliegt oder nicht.

c. Überschuldung

Definition

Bei der GmbH ist neben der Zahlungsunfähigkeit auch die Überschuldung ein Grund für die Eröffnung des Insolvenzverfahrens. Dies ist in § 19 InsO geregelt. Danach liegt eine Überschuldung vor, wenn das Vermögen des Schuldners die bestehenden Verbindlichkeiten nicht mehr deckt.

Überschuldungsstatus

Für die Feststellung, ob die Gesellschaft mehr Schulden als Vermögen hat, muss eine spezielle Überschuldungsbilanz bzw. ein Überschuldungsstatus aufgestellt werden. Der Geschäftsführer ist verpflichtet, ständig die finanzielle Entwicklung der Gesellschaft im Auge zu behalten. Seine Insolvenzantragspflicht hängt nicht davon ab, ob er einen solchen Überschuldungsstatus aufstellt, aus dem sich eine Überschuldung ergibt, sondern resultiert bereits aus dem objektiven Eintreten einer Überschuldung. Der Geschäftsführer kann sich seiner Verantwortlichkeit also keinesfalls entziehen.

---

[242]   *Meyke*, Die Haftung des GmbH-Geschäftsführers, Rdnr. 228; siehe AG Köln, Neue Zeitschrift für Insolvenzrecht 2000, 89, danach liegt eine Zahlungsstockung und noch keine Zahlungsunfähigkeit vor, wenn der Schuldner nicht in der Lage ist, weniger als 5 % seiner fälligen Zahlungsverpflichtungen innerhalb einer Spanne von zwei Wochen zu erfüllen.

Tipp für den Geschäftsführer!
Stehen Sie vor der Situation, eine Überschuldungsbilanz aufzustellen, so sollten Sie unbedingt sachverständigen Rat hinzuziehen. Eine Überschuldungsbilanz ist nicht gleichbedeutend mit einer Jahresbilanz; es bestehen vielmehr Besonderheiten.

Für die Überschuldungsbilanz gilt Folgendes:

Auf der *Aktivseite* der Überschuldungsbilanz sind alle verwertbaren Vermögensgegenstände anzusetzen, die zugunsten der Gläubiger eingesetzt werden können. In dieser Überschuldungsbilanz sind die Aktiva zu Liquidationswerten, d.h. mit den Werten anzusetzen, die im Falle einer Auflösung der Gesellschaft für sie erzielt werden könnte. Dies führt dazu, dass die in den Vermögensgegenständen enthaltenen sog. stillen Reserven aufgelöst werden[243]. Grundsätzlich sind sämtliche Werte zu Marktpreisen anzusetzen. Kosten für Gründung und Ingangsetzung der Gesellschaft haben daher in der Überschuldungsbilanz nichts zu suchen. Strittig ist, ob der Firmenwert angesetzt werden darf. Dies ist zu bejahen, wenn er selbständig verwertbar ist, wobei bei der Bewertung allerdings vorsichtig zu verfahren ist. Bei den Forderungen kommt es darauf an, inwieweit diese durchsetzbar, also verwertbar sind. Auch Ansprüche gegen den Geschäftsführer oder gegen Gesellschafter können angesetzt werden, wenn sie realisierbar und vollwertig sind.

Auf der *Passivseite* der Überschuldungsbilanz bestehen bei den eigenkapitalersetzenden Gesellschafterdarlehen Besonderheiten[244]. Diese sind nach der herrschenden Ansicht dann nicht als Verbindlichkeiten zu passivieren, wenn der Gesellschafter gegenüber den sonstigen Gläubigern einen sog. *Rangrücktritt* erklärt hat[245]. Ein solcher Rangrücktritt muss den Inhalt haben, dass der Gesellschafter erklärt, erst nach *allen* Insolvenzgläubigern befriedigt werden zu wollen. Der Gesellschafter muss deutlich machen, dass er die Stellung eines Drittgläubigers aufgibt. Seine Ansprüche müssen auf solchen auf Rückzahlung von Einlagen gleichgestellt sein bzw. dürfen allenfalls noch solchen vorgehen[246]. Statt eines Rangrücktritts bestünde auch die Möglichkeit, dass die Gesellschafter erklä-

Aktivseite

Passivseite

---

[243] BGH GmbHR 2005, 617.
[244] Siehe zu diesen bereits die Ausführungen oben, Teil 1 E I 3.
[245] Grundlegend: BGH 146, 264, *Leitsatz a: Forderungen eines Gesellschafters aus der Gewährung eigenkapitalersetzender Leistungen sind, soweit für sie keine Rangrücktrittserklärung abgegeben worden ist, in der Überschuldungsbilanz der Gesellschaft zu passivieren.*
[246] Die steuerrechtlichen Auswirkungen eines Rangrücktritts sind eingehend zu prüfen. Es muss verhindert werden, dass eine gewinnerhöhende Auflösung der Verbindlichkeit in der Steuerbilanz erfolgt. Hier wird derzeit eine noch offene Diskussion über die Voraussetzungen, die eingehalten werden müssen, damit keine Ausbuchung des Darlehenes erfolgen muss, geführt.

ren, der Gesellschaft die Darlehensforderung für den Fall der Eröffnung des Insolvenzverfahrens oder auch sofort vollständig zu erlassen (Forderungsverzicht). In dieser Konstellation sind die eigenkapitalersetzenden Darlehen im Insolvenzverfahren ebenfalls nicht mehr zu berücksichtigen, so dass eine Passivierung als Verbindlichkeit in der Überschuldungsbilanz ausscheidet. Dadurch lässt sich möglicherweise eine rechnerische Überschuldung vermeiden. Die Voraussetzungen unter denen der Rangrücktritt bei Besserung der finanziellen Situation wieder entfällt, sind sorgfältig zu vereinbaren, damit beide Parteien Klarheit haben. Gleiches gilt für den Forderungsverzicht, der mit einem Besserungsversprechen verbunden ist. In diesem Fall lebt die Forderung des Gesellschafters unter bestimmten Bedingungen wieder auf. Diese Bedingungen (z.B. Jahresüberschüsse bzw. Bilanzgewinne in bestimmter Höhe) sind präzise zu bestimmen.

Fortführungs- oder Zerschlagungswerte

Ist eine Fortführung des Unternehmens überwiegend wahrscheinlich, so ist dies bei der Bewertung zu berücksichtigen (19 II Satz 2 InsO). Die Fortführungswerte können höher als die Zerschlagungswerte sein, so dass sich dadurch möglicherweise eine rechnerische Überschuldung vermeiden lässt. Besteht trotz des Ansatzes der Fortführungswerte noch eine rechnerische Überschuldung, so lässt sich die Überschuldung auch nicht durch eine positive Fortbestehensprognose ausräumen, wie dies bis zum In-Kraft-Treten der neuen InsO im Jahr 1999 galt. Nach altem Recht konnte trotz bestehender rechnerischer Überschuldung der Insolvenzgrund der Überschuldung entfallen, wenn der Geschäftsführer eine positive Fortbestehensprognose stellen konnte.

Beispiel: *„Best Order für Best Bit"*
Die Best Bit GmbH ist eine Gesellschaft, die insbesondere EDV-Dienstleistungen anbietet. Sie ist überschuldet. Nunmehr erhält die Gesellschaft einen Auftrag für ein großes Universitätsklinikum mit einem Umsatzvolumen in Höhe von 1 Mio. €. Solange die GmbH hier noch keinerlei Vorleistungen erbringt bzw. noch keine Anzahlungen erhält, wirkt sich dieser Auftrag finanziell bzw. bilanziell in keiner Weise aus. In der Überschuldungsbilanz können jetzt jedoch Fortführungswerte angesetzt werden. Ein gedachter Erwerber ist nämlich grundsätzlich bereit für die Aktiva in ihrer Gesamtheit mehr zu bezahlen, wenn er das Unternehmen als Ertragsquelle fortsetzen kann. Daher können sich beim Anlagevermögen, ggf. aber auch beim Umlaufvermögen, den offenen Forderungen höhere Werte ergeben. Lässt sich dadurch die Überschuldung ausräumen, muss kein Insolvenzantrag gestellt werden.

Beispiel: *„Der Brand im Zentrallager"*

Das Zentrallager der GmbH ist völlig ausgebrannt. Die weitere Geschäftstätigkeit kann nur noch eingeschränkt fortgesetzt werden. Dadurch gerät die Gesellschaft in die Krise. Es besteht jedoch Versicherungsschutz, der sowohl die verbrannten Waren und Vorräte als auch den Betriebsunterbrechungsschaden abdeckt. Die Versicherungsgesellschaft weigert sich jedoch zunächst, die Versicherungsleistung zu erbringen, weil gegen den Geschäftsführer der GmbH wegen Brandstiftung ermittelt wird. Der Geschäftsführer hat jedoch den Brand nicht gelegt bzw. legen lassen. Dass im Falle eines Brandes gegen den Geschäftsführer wegen Brandstiftung ermittelt wird, ist nichts Ungewöhnliches. Hat der Geschäftsführer ein reines Gewissen, so kann er den Anspruch gegen die Versicherungsgesellschaft aktivieren. Dadurch entfällt möglicherweise schon die Überschuldung. Zugleich führt dieser erwartete Zahlungseingang dazu, dass die Fortführung wahrscheinlich wird, so dass in der Überschuldungsbilanz Fortführungswerte angesetzt werden können. Allerdings wird es dem Geschäftsführer nur schwer gelingen, eine parallel bestehende Zahlungsunfähigkeit zu beseitigen, so dass er wegen dieser einen Insolvenzantrag stellen müsste.

2. Teil
Der persönliche Status des GmbH-Geschäftsführers

A. Einführung

Der persönliche Status des Geschäftsführers ist von seiner gesellschaftsrechtlichen Stellung als leitendes Organ der GmbH abzugrenzen. Wie bereits dargelegt, ist der Geschäftsführer kraft seiner Bestellung durch die Gesellschafterversammlung Organ der GmbH. Die organschaftlichen Rechte und Pflichten bestimmen sich nach dem Gesellschaftsrecht, insbesondere nach dem GmbH-Gesetz, der Satzung sowie den ergänzenden Gesellschafterbeschlüssen. Hiervon scharf zu trennen ist das Anstellungsverhältnis, das neben dieser *organschaftlichen* Beziehung besteht. Das Anstellungsverhältnis regelt den *persönlichen* Status des Geschäftsführers.

Anstellungsvertrag ist Grundlage

Der Anstellungsvertrag legt die dienstvertraglichen Rechte und Pflichten des Geschäftsführers fest. Aus ihm ergeben sich z.B. der Umfang der Arbeitszeit, die Frage der Vergütungsfortzahlung im Krankheitsfall, der Urlaubsanspruch sowie weitere Ansprüche und Pflichten der Vertragsparteien. Ein Anstellungsvertrag ist allerdings nicht zwingend erforderlich. Der Geschäftsführer kann seine Position auch wirksam ausüben, obwohl er überhaupt keinen Anstellungsvertrag mit der Gesellschaft oder einem Dritten abgeschlossen hat.

Beispiel: *„Kostenlose Dienste"*
G ist als Steuerberater freiberuflich tätig. Er gründet eine Unternehmensberatungs-GmbH, um seine Mandanten künftig auch in diesem Geschäftsfeld betreuen zu können. Zum Geschäftsführer dieser GmbH bestellt sich der Alleingesellschafter G persönlich. Ein Anstellungsvertrag wird nicht geschlossen, da die Unternehmensberatungs-GmbH noch keine Umsätze tätigt und daher auch keine nennenswerten Dienstleistungen durch einen Geschäftsführer erbracht werden müssen. Nach sechs Monaten schließlich gelingt es G, den ersten Kunden für die Unternehmensberatungs-GmbH zu gewinnen. Da G nunmehr mit festen Umsätzen rechnen kann, schließt er jetzt für die GmbH mit sich selbst einen Anstellungsvertrag ab. Bis zu diesem Zeitpunkt re-

gelt sich das Verhältnis nach den Vorschriften des Auftragsrechts des Bürgerlichen Gesetzbuchs (§§ 664 - 670 BGB). Nunmehr bestimmt sich das Rechtsverhältnis nach dem Anstellungsvertrag, der grundsätzlich als Dienstvertrag gemäß §§ 611 ff. BGB einzuordnen ist.

Anstellungsvertrag als Dienstverhältnis

Auch bei karitativen oder gemeinnützigen Gesellschaften kann aufgrund der ehrenamtlichen Ausübung des Geschäftsführeramts ein ausdrücklicher Anstellungsvertrag fehlen. In der Regel wird jedoch ein entsprechender Vertrag zwischen der Gesellschaft und dem Geschäftsführer geschlossen. Ein Anstellungsvertrag ist ein Dienstverhältnis im Sinne des § 611 BGB. Das Bürgerliche Gesetzbuch unterscheidet bei den Dienstverträgen zwischen den sog. freien Dienstverträgen und den Arbeitsverträgen. Beim freien Dienstvertrag, der z.B. mit einem freien Mitarbeiter, einem Rechtsanwalt oder einem Arzt besteht, darf derjenige, der die Dienste erbringt, die Einzelheiten, insbesondere die Zeit, den Ort und die Art der Ausübung im Wesentlichen frei bestimmen. Das Arbeitsverhältnis wird hingegen durch das Direktionsrecht des Arbeitgebers charakterisiert. Aufgrund dieses Direktionsrechts unterliegt der Arbeitnehmer hinsichtlich der konkreten Ausübung seiner Tätigkeit in allen Einzelheiten den Weisungen des Arbeitgebers. Dieser bestimmt Zeit, Dauer, Ort und Art der von dem Arbeitnehmer zu erbringenden Dienstleistung. Das Direktionsrecht muss sich freilich im Rahmen des Arbeitsvertrags halten.

Geschäftsführer ist kein Arbeitnehmer

Der mit dem Geschäftsführer abgeschlossene Vertrag wird von der herrschenden Ansicht nicht als Arbeitsvertrag, sondern als freies Dienstverhältnis eingeordnet. Der *BGH* ist traditionell der Auffassung, dass sich die Organstellung als Leitungsorgan und eine gleichzeitige Arbeitnehmerstellung ausschließen[247]. Das *BAG* hingegen bejaht im Einzelfall einen Arbeitnehmerstatus des Geschäftsführers, wenn eine entsprechende persönliche Abhängigkeit vorliegt. Die Beurteilung erfolgt nach den allgemeinen Kriterien zur Abgrenzung vom freien Dienstverhältnis[248]. So könne es nach Ansicht des *BAG* durchaus sein, dass ein Geschäftsführer ein Arbeitnehmer ist, weil er die vertraglich geschuldete Leistung im Rahmen einer von der GmbH bestimmten Arbeitsorganisation erbringt. Die Eingliederung in eine fremde Arbeitsorganisation zeige

---

[247]　BGHZ 12, 1, 8; BGHZ 79, 291; BGH, AP Nr. 1 zu § 38 GmbHG.

[248]　BAG GmbHR 1999, 925, Leitsätze:
1. Das Anstellungsverhältnis einer (stellvertretenden) GmbH-Geschäftsführerin kann im Einzelfall ein Arbeitsverhältnis sein (nicht entscheidungserhebliche Abweichung von BGH v. 9. 2. 1978 - II ZR 189/76, AP Nr. 1 zu § 38 GmbHG = GmbHR 1978, 85).
2. Ob das Anstellungsverhältnis ein Arbeitsverhältnis ist, hängt nicht vom Umfang der Vertretungsbefugnis der (stellvertretenden) Geschäftsführerin im Innenverhältnis nach § 37 Abs. 1 GmbHG ab, sondern richtet sich nach den allgemeinen Kriterien zur Abgrenzung vom freien Dienstverhältnis.

sich insbesondere darin, dass der Beschäftigte einem umfassenden Weisungsrecht seines Vertragspartners (Arbeitgebers) unterliege. Diese kann Inhalt, Durchführung, Zeit, Dauer, Ort und sonstige Modalitäten der Tätigkeit betreffen. So könne ein Geschäftsführer z.b. durch eine entsprechende Weisungsabhängigkeit zu einem zweiten Geschäftsführer als Arbeitnehmer einzustufen sein.

Meines Erachtens sollte es bei dem Ausschlussverhältnis von Organstellung und Arbeitsverhältnis bleiben. Eine Weisungsabhängigkeit zur Gesellschafterversammlung oder einem beherrschenden Gesellschafter-Geschäftsführer lässt sich nicht mit dem Direktionsrecht des Arbeitgebers vergleichen, da sie lediglich Ausdruck der gesellschaftsrechtlichen Kompetenzverteilung ist. Entscheidendes Argument gegen die Arbeitnehmerstellung des Geschäftsführers und damit gegen die Einordnung des Dienstvertrags als Arbeitsverhältnis ist, dass gerade der Geschäftsführer die Arbeitgeberfunktionen für die GmbH ausübt, so dass es widersinnig wäre, ihn gleichzeitig auch als Arbeitnehmer einzuordnen.

Im Folgenden wird daher von der Auffassung ausgegangen, die - dies sei nochmals betont - den Anstellungsvertrag grundsätzlich als freies Dienstverhältnis mit Geschäftsbesorgungscharakter klassifiziert. Um im Einzelfall dann aber doch dem Geschäftsführer die "Wohltaten des Arbeitsrechts" zuteil werden zu lassen, wird bei Bedarf auf arbeitsrechtliche Vorschriften analog zurückgegriffen.

B. Sonderfall: Drittanstellung

Der Anstellungsvertrag kann dann als Arbeitsvertrag einzustufen sein, wenn ein Fall der sog. Drittanstellung vorliegt. Wie noch auszuführen sein wird, muss der Anstellungsvertrag nicht unbedingt mit der GmbH abgeschlossen werden, Vertragspartner kann vielmehr auch ein Dritter sein. In der Praxis sind dies u.a. die Fälle der GmbH & Co. KG sowie die Konzernsachverhalte[249]. Bei einer GmbH & Co. KG ist der Geschäftsführer der Komplementär-GmbH nicht selten bei der KG angestellt. Die Anstellung dort kann als Arbeitsverhältnis ausgestaltet sein. Dann bestimmen sich die Rechtsfolgen ebenfalls nach dem Arbeitsrecht. In Konzernen ist es häufig üblich, dass die Konzernmutter ihre leitenden Angestellten in Geschäftsführerämter bei den Tochtergesellschaften beruft. Die Stellung als Arbeitnehmer der Konzernmuttergesellschaft bleibt hierdurch unberührt[250]. Der Arbeitsvertrag bei der Mutterge-

Drittanstellung ist möglich

---

[249] Siehe OLG Celle GmbHR 1980, 32, 33.
[250] OLG Schleswig GmbHR 2003, 1130, so dass beispielsweise das KSchG auf das Arbeitsverhältnis Anwendung findet.

sellschaft ist damit gleichzeitig ein Anstellungsvertrag des Geschäftsführers für die Tätigkeit bei der Tochtergesellschaft. Werden die Bedingungen ansonsten nicht geändert, so ist im Zweifel davon auszugehen, dass der Arbeitsvertrag unverändert als solcher fortbesteht[251]. Wird daher um Ansprüche aus dem Anstellungsvertrag gestritten, so kommt das Arbeitsrecht grundsätzlich zur Anwendung.

C. Anwendung des Arbeitsrechts

I. Ausdrückliche Regelungen

Arbeitnehmer-
schutzgesetze
gelten grundsätz-
lich nicht

Der Gesetzgeber hat das Problem gesehen, dass die Praxis der Versuchung erliegen könnte, arbeitsrechtliche Vorschriften entsprechend auch auf den Geschäftsführer anzuwenden. Er hat daher angeordnet, dass bestimmte Arbeitnehmerschutzgesetze gerade *nicht* für den Geschäftsführer gelten. In solchen Fällen verbietet sich wegen dieser ausdrücklichen gesetzlichen Festlegung eine analoge Anwendung. So gilt das Arbeitszeitgesetz ausdrücklich nicht für den GmbH-Geschäftsführer (§ 18 Arbeitszeitgesetz i. V. m. § 5 III Betriebsverfassungsgesetz). Arbeitet dieser also beispielsweise am Sonntag, so ist dies nicht unzulässig. Auch darf er die höchstzulässige Arbeitszeit nach dem Arbeitszeitgesetz überschreiten. Ebenso gilt für den Geschäftsführer gemäß §§ 14 I Satz 1, 17 IV Satz 1 des Kündigungsschutzgesetzes nicht der in diesem Gesetz geregelte besondere Kündigungsschutz für Arbeitnehmer. Der Geschäftsführer kann also nicht für sich in Anspruch nehmen, dass die Kündigung sozial ungerechtfertigt und daher nach dem Kündigungsschutzgesetz unwirksam sei.

Die besonderen Kündigungsschutzvorschriften für Schwerbehinderte, werdende und sich in Elternzeit befindliche Mütter bzw. Väter nehmen Geschäftsführer nicht ausdrücklich von ihrem Anwendungsbereich aus[252]. Hier lässt sich daher eine Anwendbarkeit dieser Gesetze dann vertreten, wenn im Ausnahmefall mit dem *BAG* eine Arbeitnehmerstellung wegen persönlicher Abhängigkeit bejaht wird[253].

Vermögenswirk-
same Leistungen

Ferner ist der Geschäftsführer vom Geltungsbereich des 5. Vermögensbildungsgesetzes ausgenommen (§ 1 III Nr. 1 5. Vermögensbildungsgesetz). Der Geschäftsführer bekommt damit also

---

[251] BAG ZIP 1996, 514, 515.

[252] Gesetz zum Erziehungsgeld und zur Elternzeit sowie Mutterschutzgesetz.

[253] Siehe zum Mutterschutzgesetz: BAG GmbHR 1999, 925; den Kündigungsschutz für Schwerbehinderte noch generell ablehnend BAG, AP Nr. 1 zu § 38 GmbHG.

keine Arbeitnehmersparzulage für vermögensbildende Leistungen, die von ihm angespart werden.

Ebenfalls nicht zur Anwendung kommt das Arbeitsgerichtsgesetz, so dass für Streitigkeiten des Geschäftsführers grundsätzlich nicht die Arbeitsgerichte, sondern die allgemeinen Zivilgerichte zuständig sind (siehe § 5 I Satz 3 Arbeitsgerichtsgesetz). Allerdings kann die Zuständigkeit der Arbeitsgerichte vertraglich zwischen GmbH und Geschäftsführer vereinbart werden.

Streitigkeiten gehören vor die Zivilgerichte

Für den Geschäftsführer gilt nicht das Betriebsverfassungsgesetz (§ 5 II Satz 1 Betriebsverfassungsgesetz). Das bedeutet, dass der Geschäftsführer an den Betriebsratswahlen nicht aktiv mitwirken und sich erst recht nicht zur Wahl als Betriebsratsmitglied zur Verfügung stellen darf. Das gesamte sonstige kollektive Arbeitsrecht, das sich wie das Betriebsverfassungsgesetz damit befasst, wie die Arbeitnehmer in ihrem Zusammenwirken ihre Rechte verbessern können, findet, auch wo eine solche gesetzliche Anordnung fehlt, nach seinem Sinn und Zweck grundsätzlich keine Anwendung auf den GmbH-Geschäftsführer. Dieser soll ja gerade den Arbeitgeber gegenüber den Arbeitnehmern bei Auseinandersetzungen vertreten, so dass sich schon von daher eine Erstreckung des kollektiven Arbeitsrechts auf den Geschäftsführer verbietet. Daraus folgt, dass dem Geschäftsführer auch kein Streikrecht zusteht.

Kollektives Arbeitsrecht schließt den Geschäftsführer aus

II. Ausgestaltung der Position des Geschäftsführers

Dort, wo das Gesetz keinen ausdrücklichen Riegel vorschiebt, wird in Ausnahmefällen eine entsprechende Anwendung arbeitsrechtlicher Vorschriften erwogen. Abgestellt werden muss jeweils auf den Sinn und Zweck der Vorschrift, deren analoge Anwendung in Rede steht, sowie auf die konkrete Ausgestaltung des betreffenden Anstellungsverhältnisses. Die Anstellungsverhältnisse lassen sich wie folgt typisieren:

1. Der beherrschende Gesellschafter-Geschäftsführer

Der beherrschende Gesellschafter-Geschäftsführer zeichnet sich dadurch aus, dass er über die Mehrheit der Kapitalanteile verfügt oder auf andere Weise dazu in der Lage ist, die Geschäftspolitik der GmbH zu bestimmen. In der Regel genügt hierfür auch eine hälftige Beteiligung, da dadurch keine Entscheidungen mehr gegen den Willen des Gesellschafters realisiert werden können. Dieser Geschäftsführer bedarf grundsätzlich nicht des Schutzes arbeitsrechtlicher Vorschriften. Eine analoge Anwendung dieser Bestimmungen wird daher im Regelfall ausscheiden. Sie ist meist

Beherrschender Gesellschafter-Geschäftsführer genießt grundsätzlich keinen arbeitsrechtlichen Schutz

deshalb überflüssig, weil der Mehrheitsgesellschafter über seinen Einfluss ohnehin seinen persönlichen Status weitgehend selbst bestimmen kann.

Ausnahmen

Aber auch beim beherrschenden Gesellschafter-Geschäftsführer kann es Konstellationen geben, in denen über eine analoge Anwendung des Arbeitsrechts nachgedacht werden muss. So z.B. beim Pfändungsschutz für die Geschäftsführerbezüge. Wird gegen den GmbH-Geschäftsführer die Zwangsvollstreckung betrieben, so stellt sich die Frage, ob die Pfändungsschutzvorschriften (§§ 850 ff. ZPO) auch zugunsten des beherrschenden Geschäftsführers Anwendung finden. Da die Vorschriften den Schutz des Lebensunterhalts bezwecken und dieser Zweck genauso auch für den beherrschenden Geschäftsführer gilt, ist nicht ersichtlich, warum sie nicht auch für diesen gelten sollen[254].

2. Der abhängig beschäftigte Geschäftsführer

a. Begriffsbestimmung

Abhängig beschäftigter Geschäftsführer ist mit Arbeitnehmer vergleichbar

Beim Geschäftsführer, der abhängig beschäftigt ist, stellt sich eher die Frage, ob das Arbeitsrecht auf ihn im Einzelfall entsprechende Anwendung finden kann. Der abhängig beschäftigte Geschäftsführer kann Fremdgeschäftsführer oder Minderheits-Gesellschafter-Geschäftsführer sein. Im ersten Fall ist er überhaupt nicht, im zweiten Fall nur mit einer Minderheitsbeteiligung Anteilsinhaber. In beiden Fällen kann der Geschäftsführer einem Arbeitnehmer vergleichbar in einem Abhängigkeitsverhältnis stehen. Es gibt daher im Prinzip keinen Anlass, danach zu unterscheiden, ob der Geschäftsführer über eine Minderheitsbeteiligung verfügt oder überhaupt nicht am Kapital der Gesellschaft Anteil hat. Zu beachten ist aber, dass der Minderheits-Gesellschafter durch weitere Rechte, die ihm etwa satzungsmäßig eingeräumt sind, eine derart aufgewertete Stellung erhalten kann, so dass er trotz seiner Minderheitsbeteiligung als beherrschender Gesellschafter betrachtet werden muss. In diesem Fall ist er kein abhängig beschäftigter Geschäftsführer mehr.

b. Analoge Anwendung des Arbeitsrechts

Gegenüber dem abhängig beschäftigten Geschäftsführer bestehen seitens der GmbH erhöhte Fürsorgepflichten, die auch ohne Qualifizierung des Geschäftsführers als Arbeitnehmer eine analoge Anwendung arbeitsvertraglicher Vorschriften im Einzelfall rechtfertigen. So kann der Geschäftsführer im Krankheitsfall grundsätzlich eine Fortzahlung der Bezüge begehren[255]. Er hat ferner nach

---

[254]   Siehe unten 2. Teil, F II 4.
[255]   Zu den Einzelheiten siehe 2. Teil, F III.

seinem Ausscheiden einen Anspruch auf Erteilung eines Zeugnisses. Daneben können die Versorgungsanwartschaften von abhängig beschäftigten Geschäftsführern unverfallbar werden und damit unter den Schutz des Betriebsrentengesetzes fallen[256]. Ob und in welchem Umfang arbeitsrechtliche Vorschriften analog angewendet werden, wird bei den entsprechenden Abschnitten jeweils gesondert geprüft. Allgemeingültige Aussagen lassen sich hier nicht treffen. Erforderlich ist vielmehr eine Prüfung im Einzelfall. Für eine Vielzahl von individualvertraglichen Rechten des Arbeitnehmers sind das Institut der *betrieblichen Übung* sowie der *arbeitsrechtliche Gleichbehandlungsgrundsatz* ebenfalls von Bedeutung. Beim abhängig beschäftigten Geschäftsführer wird diskutiert, inwieweit diese Grundsätze auch für ihn gelten können.

III. Betriebliche Übung

Praktiziert der Arbeitgeber regelmäßig ein bestimmtes Verfahren, in dem er seinen Mitarbeitern z.B. jedes Jahr, ohne dass er sich hierzu verpflichtet hat, Weihnachtsgeld zuwendet, so kann hieraus unter dem Gesichtspunkt der betrieblichen Übung eine rechtliche Bindung des Arbeitgebers entstehen. Er kann dann verpflichtet sein, auch in Zukunft diese Zuwendung zu erbringen. In der Regel nimmt man an, dass bei dreimaliger freiwilliger Leistung eine betriebliche Übung begründet wird. Hiergegen kann sich der Arbeitgeber wehren, indem er ausdrücklich einen Vorbehalt erklärt, dass diese Zahlungen lediglich freiwillig und ohne Rechtspflicht geleistet wurden. Dann entsteht bei den Arbeitnehmern kein Vertrauensschutz dahingehend, dass auch in Zukunft mit dieser Wohltat zu rechnen ist.

Der Grundsatz der betrieblichen Übung kann auch für den abhängig beschäftigten Geschäftsführer Geltung erlangen. Hat z.B. die GmbH sämtlichen Beschäftigten, inklusive dem abhängig beschäftigten Geschäftsführer, alljährlich eine Weihnachtszulage gewährt und fällt diese nunmehr aus, so kann auch der Geschäftsführer unter dem Gesichtspunkt der betrieblichen Übung einen Anspruch auf Gewährung der Weihnachtszulage haben. Zu Recht wird allerdings darauf hingewiesen, dass dem Geschäftsführer die Berufung auf die Grundsätze der betrieblichen Übung dann verwehrt werden kann, wenn er diese betriebliche Übung selbst geschaffen hat. Hat also der Geschäftsführer persönlich dafür gesorgt, dass durch vorbehaltlose Zahlung von Zuwendungen arbeitsvertragliche Ansprüche unter dem Gesichtspunkt der betrieblichen Übung der Arbeitnehmer auch für die Zukunft entstehen, so kann er sich nicht gleichzeitig auch auf diese berufen, wenn nun-

Analoge Anwendung auf abhängig beschäftigten Geschäftsführer

---

[256] Siehe hierzu die Ausführungen 2.Teil, G IV d.

mehr die Gesellschafterversammlung beschließt, in Zukunft diese Leistungen nicht mehr zu gewähren. Nur wenn die bisherige Zuwendung auf Weisung der Gesellschafterversammlung erfolgte und der Geschäftsführer diese nicht in der Hand hatte, kommt eine Inanspruchnahme der Grundsätze der betrieblichen Übung in Betracht. Dadurch wird sichergestellt, dass der Geschäftsführer sich nicht durch sein eigenes Handeln in den Genuss von Ansprüchen bringt, die durch betriebliche Übung entstehen. Darauf hingewiesen werden muss, dass ein höchstrichterliches Urteil zur Erstreckung der Grundsätze der betrieblichen Übung auf den Geschäftsführer nicht existiert, so dass nicht abzusehen ist, ob die Grundsätze in jedem Fall auch für den Geschäftsführer angewendet werden können. Aus einem Urteil des *BGH* zum arbeitsrechtlichen Gleichbehandlungsgrundsatz lässt sich allerdings schließen, dass dieser das Institut der betrieblichen Übung ebenfalls für den abhängig beschäftigten Geschäftsführer für anwendbar hält[257].

IV. Der arbeitsrechtliche Gleichbehandlungsgrundsatz

Der arbeitsrechtliche Gleichbehandlungsgrundsatz besagt, dass der Arbeitgeber gehalten ist, seine Arbeitnehmer unter gleichen Voraussetzungen auch gleich zu behandeln. Erbringt der Arbeitgeber freiwillig Leistungen, so darf er einzelne Arbeitnehmer von diesen nicht willkürlich ausnehmen. Für Zuwendungen, die der Arbeitgeber aus Rechtsgründen erbringen muss, weil er hierzu vertraglich oder kraft einer betrieblichen Übung verpflichtet ist, wird der arbeitsrechtliche Gleichbehandlungsgrundsatz nicht benötigt. Hier kann der Arbeitnehmer ohnehin seinen vertraglichen Anspruch auf Erfüllung durchsetzen. Der arbeitsrechtliche Gleichbehandlungsgrundsatz kommt vielmehr erst dann in Betracht, wenn es an einer betrieblichen Übung noch fehlt und auch sonst im Arbeits- oder Tarifvertrag kein entsprechender Anspruch auf die Leistung eingeräumt ist. Gewährt der Arbeitgeber einzelnen Arbeitnehmern eine Vergütung, sei es in Form einer Weihnachtszulage oder einer sonstigen Vergünstigung, so hat er unter gleichen Bedingungen die entsprechenden Arbeitnehmer jeweils gleich zu behandeln und darf nicht einzelne Arbeitnehmer dadurch diskriminieren, dass er sie von der Zuwendung ausnimmt.

Gleichbehandlungsgrundsatz im Einzelfall anwendbar

Für den Geschäftsführer kann der arbeitsrechtliche Gleichbehandlungsgrundsatz dann gelten, wenn seine Stellung mit der eines leitenden Angestellten vergleichbar ist. Dies soll das folgende

---

[257]   BGH, AP Nr. 7 zu § 35 GmbHG.

Beispiel, das an ein Urteil des *BGH* vom 14. Mai 1990 angelehnt ist[258], verdeutlichen.

Beispiel: *„Alle Jahre wieder kommt das Füllhorn"*
G war Geschäftsführer einer GmbH, die Kapitalanlagen vertrieb. Er hat sich mit der Gesellschafterversammlung der GmbH wegen unterschiedlicher Vorstellungen über die rechtlich zulässige Vertriebsstruktur zerstritten. Ihm wurde daraufhin von der Gesellschafterversammlung namens der GmbH wirksam gekündigt. Der Geschäftsführer war insgesamt zwei Jahre bei der GmbH beschäftigt. In diesen zwei Jahren wurden die Gehälter der Mitgeschäftsführer bzw. der leitenden Angestellten jeweils jährlich um 5 % erhöht. Der Geschäftsführer G war hiervon ausgenommen. Hiergegen wehrte er sich und machte geltend, dass auch er in den Genuss der 5 %-igen Gehaltserhöhungen kommen müsse.
Der *BGH*[259] führt aus, dass der arbeitsrechtliche Grundsatz im Prinzip auch für Geschäftsführer gilt, die nicht oder nicht nennenswert an der GmbH beteiligt sind und die deshalb insoweit einen arbeitnehmerähnlichen Status haben. Da nach dem arbeitsrechtlichen Grundsatz aber nur Gleiches - nicht aber Ungleiches - gleich zu behandeln ist und der Geschäftsführer aufgrund seiner herausgehobenen Stellung nicht schlechthin mit "normalen" Arbeitnehmern verglichen werden kann, liegen insoweit keine vergleichbaren Fälle vor. Der Geschäftsführer kann daher nur mit Mitgeschäftsführern und unter bestimmten zusätzlichen Voraussetzungen mit leitenden Angestellten der Gesellschaft verglichen werden. Es ist also zu untersuchen, wie die Dienstverhältnisse der leitenden Angestellten bzw. der Mitgeschäftsführer ausgestaltet sind. Ist die Stellung der Mitgeschäftsführer oder der leitenden Angestellten vergleichbar, so lässt sich auch eine Anwendung des arbeitsrechtlichen Gleichbehandlungsgrundsatzes erwägen. Der *BGH* stellt allerdings heraus, dass eine Vergleichsgruppe nur mit Mitgeschäftsführern oder leitenden Angestellten derselben Gesellschaft gebildet werden kann. Es kommt nicht darauf an, ob es im Konzern weitere leitende Angestellte oder Mitgeschäftsführer gibt, die in vergleichbarer Position tätig sind. Grundsätzlich gilt der arbeitsrechtliche Gleichbehandlungsgrundsatz ohnehin nur betriebsbezogen. Hier sei festgehalten, dass ein Unternehmen, d.h. die GmbH, mehrere Betriebe unterhalten kann; eine Unternehmensbezogenheit des Gleichbehandlungsgrundsatzes lässt sich befürworten, wenn die Mitarbeiter in den jeweiligen Betrieben vergleichbare Positionen innehaben. Ganz ausdiskutiert ist dieser Problemkreis aber noch nicht.
Für G bedeutet dies, dass er mit seinem Begehren, wonach auch er in den Genuss der Gehaltserhöhung kommen muss, nur dann durchdringen kann, wenn seine Stellung sich mit der der Mitgeschäftsführer bzw. der leitenden Angestellten vergleichen lässt.

---

[258] BGH, AP Nr. 7 zu § 35 GmbHG.
[259] Siehe unter 1 d des Urteils, AP Nr. 7 zu § 35 GmbHG.

V. Drittanstellung und das ruhende Arbeitsverhältnis

In zwei Fallgruppen kann der Geschäftsführer gleichzeitig auch Partner eines Arbeitsvertrags sein. Es handelt sich um die Konstellation der Drittanstellung sowie um das sog. ruhende Arbeitsverhältnis.

1. Drittanstellung

Dritter als Partner im Anstellungsvertrag

Bei der Drittanstellung besteht der Arbeitsvertrag nicht mit der GmbH selbst, sondern mit einem weiteren Unternehmen. Dies kann ein konzernverbundendes Unternehmen oder bei dem Geschäftsführer einer Komplementär-GmbH die GmbH & Co. KG sein. In Konzernen ist es die Regel, dass der bei der Konzernmuttergesellschaft angestellte leitende Angestellte in die Aufsichts- und Geschäftsführungsgremien der Tochtergesellschaften delegiert wird. Nicht selten verfügen die leitenden Angestellten über mehrere Geschäftsführungs- und Aufsichtsratsmandate. Bei solchen Konstellationen besteht kein Zweifel, dass mit der Konzernmuttergesellschaft weiterhin ein Dienstvertrag in Form eines Arbeitsvertrags besteht. Gelegentlich ist sogar schon in dem Dienstvertrag mit der Konzernmutter vorgesehen, dass der Arbeitnehmer als Geschäftsführer in Tochtergesellschaften eingesetzt werden kann.

Es sei daher nochmals betont, dass der Anstellungsvertrag keinesfalls mit der GmbH selbst geschlossen werden muss, sondern - wie diese Konstellation zeigt - auch mit einem dritten Unternehmen, etwa der Konzernmuttergesellschaft, bestehen kann[260]. Die Geschäftsführungstätigkeit in den Tochtergesellschaften ist dann als Erfüllung der arbeitsvertraglichen Pflichten zur Muttergesellschaft zu sehen.

Beispiel: *„Diener zweier Töchter"*
G ist Angestellter einer Versicherungsgesellschaft. Im Rahmen dieses Arbeitsverhältnisses wird er zum Geschäftsführer zweier Tochtergesellschaften bestellt, die sich mit der Vermittlung von Kapitalanlagen und Versicherungsverträgen beschäftigen. In der Folgezeit entbrannte Streit über die ordnungsgemäße Ausübung der Pflichten als Geschäftsführer, so dass die Bestellung zum Geschäftsführer in beiden Gesellschaften widerrufen wird. Das Versicherungsunternehmen hat zu beachten, dass mit G ein Arbeitsverhältnis besteht, aus dem arbeitsrechtliche Ansprüche des G resultieren. Eine Kündigung ist nur unter Beachtung des arbeitsrechtlichen Kündigungsschutzes, der bei leitenden Angestellten allerdings nur eingeschränkt gilt, möglich.

---

[260]   BAG GmbHR 1994, 547, 549; BAG ZIP 1996, 514, 515.

2. Ruhendes Arbeitsverhältnis

Die Rechtsfigur des *ruhenden Arbeitsverhältnisses* ist ebenfalls vom *BAG* entwickelt worden. Es betrifft u.a. Fälle, in denen ein bisheriger Arbeitnehmer der GmbH zum Geschäftsführer derselben berufen wird. Geht man mit dem *BGH* davon aus, dass der Geschäftsführer nicht gleichzeitig Arbeitnehmer sein kann, kann das bisherige Arbeitsverhältnis nicht „aktiv" fortbestehen. Vielmehr verbindet den Geschäftsführer mit der GmbH ein Anstellungsvertrag in Form eines freien Dienstvertrags. Es besteht die Gefahr, dass ein Arbeitnehmer, der „abgebaut" werden soll, in das Geschäftsführeramt „hochgelobt" wird, um sogleich - ohne dann in den Genuss des arbeitsrechtlichen Kündigungsschutzes zu kommen - oder auch später, wenn er sich nicht bewährt hat, gekündigt zu werden. Eine vergleichbare Gefahrenlage besteht, wenn ein Arbeitnehmer einer Konzernmuttergesellschaft zum Geschäftsführer einer Tochtergesellschaft bestellt wird und mit der Tochtergesellschaft gleichzeitig ein Anstellungsvertrag abgeschlossen wird. Ist dadurch der Arbeitsvertrag zur Muttergesellschaft mit der Konsequenz aufgehoben, dass der arbeitsrechtliche Bestandsschutz entfällt? Dies würde bedeuten, dass im Fall einer Beendigung des Anstellungsverhältnisses bei der Tochtergesellschaft der Geschäftsführer ohne Fortbeschäftigungsanspruch bei der Muttergesellschaft „im Regen" stünde. In der Praxis wird häufig vereinbart, dass das Arbeitsverhältnis zur Konzernmutter oder - bei der Bestellung eines Arbeitnehmers der GmbH selbst - ruht. Auch kann ein Rückkehrrecht zur Konzernmuttergesellschaft vereinbart werden.

Das *BAG* hat zum ruhenden Arbeitsverhältnis keine abgeschlossene Auffassung. Es war der Auffassung, dass ein Arbeitnehmer einer GmbH, der zum Geschäftsführer bestellt wird, jedenfalls dann keine Veranlassung hat, auf den Bestandsschutz des bisherigen Arbeitsverhältnisses zu verzichten, wenn sich im Übrigen an den Vertragsbedingungen nichts Wesentliches ändere[261]. Das Arbeitsverhältnis bestehe daher als ruhendes Rechtsverhältnis neben dem Anstellungsverhältnis fort. In dem Urteil vom 08.06.2000 gab das BAG[262] seine Rechtsprechung zum ruhenden Arbeitsverhältnis teilweise auf. Ob sich das höchste Gericht in Arbeitssachen endgültig von diesem Institut lossagen will, lässt es allerdings offen. Im Zweifel sei - so das BAG[263] - von einer Aufhebung des bisherigen Arbeitsvertrages durch den Abschluss des Geschäftsführer-Vertrags auszugehen.

Arbeitsverhältnis, das vor der Geschäftsführerbestellung bestand

---

[261] BAG, AP Nr. 3 zu § 5 ArbGG 1979; BAG, AP § 1 Angestelltenkündigungsgesetz Nr. 2.

[262] BAG GmbHR 2000, 1092.

[263] BAG GmbHR 2000, 1092, so bereits BAG DB 1994, 287.

Die Parteien haben es allerdings in der Hand, den Arbeitsvertrag ausdrücklich oder auch konkludent, d.h. durch schlüssiges Handeln, aufzuheben. Die Fälle der Aufhebung des bisherigen Arbeitsverhältnisses durch schlüssiges Handeln sind schwierig zu beurteilen. Es genügt wohl nicht, dass dem Geschäftsführer ein weiterer schriftlicher Anstellungsvertrag neben dem bestehenden schriftlichen Arbeitsvertrag präsentiert wird. Erforderlich ist vielmehr, dass sich die Konditionen zugunsten des Geschäftsführers so ändern, dass aufgrund des höheren Verdienstes auf einen Verzicht des Bestandsschutzes geschlossen werden kann. Der höhere Verdienst wird damit als Ausgleich für das einzugehende Risiko gesehen.

Schriftform bei Beendigung

Ab dem 1. Mai 2000 bedarf die Beendigung eines Arbeitsverhältnisses gemäß § 623 BGB der Schriftform. Es bleibt abzuwarten, ob dieses Schriftformerfordernis auch für die vorliegende Konstellation gilt und dazu führt, dass schon aus diesem Grunde das Arbeitsverhältnis trotz einer Geschäftsführerbestellung fortbesteht[264]. Dafür spricht der Wortlaut des § 623 BGB. Dann wäre eine konkludente oder mündliche Aufhebungsvereinbarung formnichtig, sofern die Berufung hierauf nicht als treuwidrig eingestuft wird[265].

Bestehen eines ruhenden Arbeitsverhältnisses ist im Einzelfall zu prüfen

Ob das bisherige Arbeitsverhältnis aufgehoben wird oder als ruhendes fortbesteht, ist in jedem einzelnen Fall zu prüfen. Die Anforderungen, die an eine konkludente Aufhebung zu stellen sind, sind von Fall zu Fall strittig.

Wie schwierig die Frage zu beurteilen ist, ob ein bestehendes Arbeitsverhältnis mit der Bestellung zum Geschäftsführer konkludent aufgehoben wurde oder aber als ruhendes Arbeitsverhältnis fortbesteht, zeigt das folgende Beispiel, das an das Urteil des *BAG* vom 7.10.1993[266] angelehnt ist.

---

[264] Siehe BAG NZA 2003, 272: 2. Leitsatz: *Wird ein Arbeitnehmer in leitender Position zum Geschäftsführer einer Gesellschaft bestellt, so ist bei nicht klaren und eindeutigen vertraglichen Vereinbarungen - jedenfalls bis zum In-Kraft-Treten des § 623 BGB - von der Vermutung auszugehen, dass mit Abschluss eines Geschäftsführer-Dienstvertrags das ursprüngliche Arbeitsverhältnis des Arbeitnehmers konkludent aufgehoben wird und grundsätzlich sein Ende findet (hier: Bestellung eines Niederlassungsleiters zum Geschäftsführer der Komplementärin).*

[265] Siehe *Niebler/Schmiedl, NZA-RR 2001*, 286, 287: *Dies bedeutet jedoch nicht, dass die bisherige Rechtsprechung des BAG zum ruhenden Arbeitsverhältnis bei der Geschäftsführerbestellung nicht fortgeführt werden kann. Die Vereinbarkeit dieser Rechtsprechung mit dem Formerfordernis des § 623 BGB kann am überzeugendsten damit begründet werden, dass dem Geschäftsführer die Berufung auf die Formunwirksamkeit der Kündigung oder des Aufhebungsvertrags versagt wird. Der Geschäftsführer handelt unter Verstoß gegen § 242 BGB treuwidrig im Hinblick auf das Verbot des venire contra factum proprium, wenn er zwar alle Vorteile aus der Geschäftsführertätigkeit in Anspruch nimmt, sich aber dennoch auf Schutzrechte aus dem Arbeits-verhältnis beruft.*

[266] BAG BB 1994, 287.

Beispiel: *„Nur zur Probe!"*

G ist als Arbeitnehmer bei der Röntgen-Service GmbH (Service-GmbH) angestellt. Beim Abschluss des unbefristeten Arbeitsvertrags wird ausdrücklich eine sechsmonatige Probezeit vereinbart. In einer Zusatzvereinbarung heißt es, dass G nach erfolgreicher Probezeit in die Geschäftsführung aufgenommen wird. Nachdem G schließlich dann auch erfolgreich die Probezeit absolviert hat, wird er zum Mitgeschäftsführer der Service-GmbH bestellt. Hierfür schließt die Service-GmbH mit ihm einen Anstellungsvertrag mit einer Laufzeit von fünf Jahren ab. Über das Schicksal des bis dato bestehenden unbefristeten Arbeitsvertrags wird keine ausdrückliche Vereinbarung getroffen. Drei Jahre später stellt die Service-GmbH ihre Geschäftstätigkeit ein. Der Geschäftsbetrieb wird auf eine konzernverbundende Gesellschaft übertragen. Die Arbeitsverhältnisse gehen gemäß § 613 a BGB auf diese Gesellschaft über (Betriebsübergang). Lediglich G soll als Geschäftsführer bei der Service-GmbH verbleiben und sich um die Liquidation kümmern. Der Anstellungsvertrag wird in beiderseitigem Einvernehmen aufgelöst.

Nunmehr beruft sich G auf den ursprünglich unbefristet abgeschlossenen Arbeitsvertrag, aufgrund dessen er sechs Monate als Arbeitnehmer bei der Service-GmbH beschäftigt war. Er meint, auch dieses Arbeitsverhältnis sei auf die konzernverbundene GmbH gemäß § 613 a BGB übergegangen, so dass diese ihn nun zu den damaligen Bedingungen des Arbeitsvertrags fortbeschäftigen muss. Dieses Arbeitsverhältnis habe als ruhendes Arbeitsverhältnis während der Zeit der Geschäftsführertätigkeit fortbestanden. Das *BAG* lehnte diese Argumentation, übrigens in Übereinstimmung mit den Vorinstanzen, ab[267]. Hier sei von einer konkludenten Aufhebungsvereinbarung des bisherigen Arbeitsvertrags mit Abschluss des Anstellungsvertrags auszugehen. Dadurch, dass der Geschäftsführer einen auf fünf Jahre fest abgeschlossenen Geschäftsführervertrag erhalten habe, wurde ihm im Vergleich zu seiner bisher durch die Probezeit ungesicherten Position ein erheblicher Vorteil eingeräumt. Der Geschäftsführer habe mit Abschluss des Geschäftsführervertrags keinen Bestandsschutz aufgegeben, da ein solcher noch nicht bestanden habe; während der Probezeit ist hier eine jederzeitige Kündigung beiderseits möglich. Folglich kann sich G aufgrund der konkludenten Aufhebung des Arbeitsvertrags auch nicht darauf berufen, dass sein Arbeitsverhältnis aufgrund des Betriebsübergangs auf die konzernverbundene Gesellschaft übergegangen ist[268].

---

[267] BAG BB 1994, 287, 288.

[268] Siehe auch OLG Hamm GmbHR 1991, 466, 467 und BAG GmbHR 2003, 765; wonach § 613 a BGB nicht für den Anstellungsvertrag des GmbH-Geschäftsführers gilt.

D. Sozialversicherungspflicht

I. Übersicht

Abhängiges Be-
schäftigungs-
verhältnis muss
vorliegen

Der GmbH-Geschäftsführer hat verständlicherweise, wie jeder andere auch, ein Bedürfnis nach sozialer Absicherung. Im Ruhestand sowie bei einer Erwerbs- und Berufsunfähigkeit möchte er in den Genuss einer angemessenen Rente gelangen, aber auch für die Fälle der Krankheit sowie der Arbeitslosigkeit will er sich versorgt wissen. Erleidet der Geschäftsführer einen Arbeitsunfall, so möchte er gegen die eventuellen Folgen zumindest finanziell abgesichert sein. Der Gesetzgeber hätte in Anbe-tracht dieser Interessenlage den GmbH-Geschäftsführer sozialversicherungsrechtlich wie einen Arbeitnehmer einstufen können. Dies hat er jedoch nicht getan. Er differenziert vielmehr zwischen dem abhängig beschäftigten GmbH-Geschäftsführer, der grundsätzlich sozialversicherungspflichtig ist, und dem nicht abhängig beschäftigt tätigen GmbH-Geschäftsführer, der aus der Sozialversicherungspflicht herausfällt und selbst Vorsorge treffen muss.

II. Fremdgeschäftsführer

Fremdgeschäfts-
führer unterliegt
der Sozialversi-
cherungspflicht

Der Fremdgeschäftsführer ist grundsätzlich in allen Zweigen der Sozialversicherung versicherungspflichtig, da er in einem abhängigen Beschäftigungsverhältnis steht[269]. Nur dann, wenn er ausnahmsweise *maßgeblichen Einfluss* auf die Geschicke der Gesellschaft ausüben kann, besteht keine Versicherungspflicht. Dies kann etwa der Fall sein, wenn es sich um eine Familien-GmbH handelt, wobei der Geschäftsführer das Familienoberhaupt bildet. Sind beispielsweise zwei minderjährige Kinder GmbH-Gesellschafter, während der Vater der beiden der Geschäftsführer ist, der auch in der Familie und in der Gesellschaft das Sagen hat, so dürfte kein sozialversicherungspflichtiges Beschäftigungsverhältnis vorliegen. Ferner können auch mittelbare Beteiligungen, etwa eine konzernbeherrschende Stellung oder auch eine atypische stille Beteiligung an der GmbH, einen maßgeblichen Einfluss mit der Folge begründen, dass hier kein sozialversicherungsfreies Beschäftigungsverhältnis vorliegt.

---

[269]   BSG NZG 2002, 431; Leitsatz: *Der Geschäftsführer einer GmbH, der am Stammkapital nicht beteiligt ist (Fremdgeschäftsführer), ist grundsätzlich abhängig Beschäftigter der GmbH und versicherungspflichtig.*

III. Gesellschafter-Geschäftsführer

1. Vorliegen eines abhängigen Beschäftigungsverhältnisses

Auch bei einem Gesellschafter-Geschäftsführer kann ein abhängiges Beschäftigungsverhältnis im Sinne des Sozialversicherungsrechts vorliegen, so dass dieser sozialversicherungspflichtig ist. Der Geschäftsführer ist jedoch dann nicht abhängig beschäftigt, wenn er maßgeblichen Einfluss auf die Geschicke der Gesellschaft nehmen kann. Entscheidend ist zunächst die Stellung aufgrund der Stimmrechte. Hält der Geschäftsführer mindestens 50 % am Stammkapital, so hat er sehr weitreichende Einflussmöglichkeiten. In dieser Konstellation kann der Geschäftsführer grundsätzlich jede ihm nicht genehme Weisung in Bezug auf sein Anstellungsverhältnis verhindern. Besteht für essentielle Entscheidungen, wie z.B. die Festlegung der Unternehmenspolitik, eine Sperrminorität, über die der Gesellschafter-Geschäftsführer verfügt, kann auch aufgrund dieser ein maßgeblicher Einfluss vorliegen, so dass ein abhängiges Beschäftigungsverhältnis verneint werden muss. Verfügt der Minderheits-Gesellschafter-Geschäftsführer über exklusive Branchenkenntnisse, Erfahrungen oder Kundenverbindungen, die ihn unentbehrlich und relativ weisungsunabhängig gegenüber der Gesellschafterversammlung machen, so kann dies ein starkes Indiz für eine beherrschende Stellung sein. Ist der Geschäftsführer etwa Inhaber eines Patents, auf das die Gesellschaft dringend angewiesen ist, so kann wegen dieser "Schlüsselfunktion" des Geschäftsführers eine beherrschende Stellung konstatiert werden. Auch eine Befreiung vom Verbot des § 181 BGB ist ein Indiz für eine beherrschende Stellung. In jedem Fall ist eine Gesamtwürdigung aller Umstände nötig, um beurteilen zu können, ob tatsächlich ein abhängiges Beschäftigungsverhältnis vorliegt oder nicht.

Prüfung im Einzelfall erforderlich

2. Antrag auf Feststellung der Sozialversicherungspflicht

Für den Gesellschafter-Geschäftsführer mit einer Minderheitsbeteiligung ist es oft nicht möglich, selbst abschließend zu beurteilen, ob er sozialversicherungspflichtig ist oder nicht. Das bloße Abführen von Sozialversicherungsbeiträgen begründet keine Sozialversicherungspflicht; entscheidend ist vielmehr, ob tatsächlich ein abhängiges Beschäftigungsverhältnis vorliegt.

Seit dem 1.1.2005 wird bei der Anmeldung eines geschäftsführenden Gesellschafters durch Vermerk eines Statuskennzeichens der Einzugsstelle, d.h. der zuständigen Krankenkasse, bekannt, dass ein Gesellschafter als Geschäftsführer mitarbeitet. Die Einzugsstelle beantragt daraufhin bei der BfA das sog. Anfragever-

Prüfung durch die Sozialversicherungsträger

fahren nach § 7 a SGB IV, worauf eine Prüfung der Sozialversicherungspflicht erfolgt. Wird die Sozialversicherungspflicht bejaht, ist hieran leistungsrechtlich auch die Bundesagentur für Arbeit gebunden[270].

Tipp für den Geschäftsführer!
Gehen Sie bei der Frage der Sozialversicherungspflicht kein Risiko ein! Leiten Sie vielmehr selbst bei der BfA ein Anfrageverfahren gemäß § 7 a SGB IV ein, um festzustellen, ob ein sozialversicherungspflichtiges Beschäftigungsverhältnis besteht. Das Anfrageverfahren wird sonst nur durchgeführt, wenn der Geschäftsführer mit entsprechenden Statuskennzeichen bei der Krankenkasse angemeldet wird. Unterbleibt dies, weil die Beteiligten von einer Sozialversicherungsfreiheit ausgehen, können bei späterer Bejahung der Sozialversicherungspflicht, z.B. im Anschluss an eine Betriebsprüfung, die seit dem 1.1.1999 nur noch von den Trägern der Rentenversicherung vorgenommen werden, erhebliche Nachforderungen auf die GmbH zukommen, die den Gesamtsozialversicherungsbeitrag schuldet.

IV. Einzelne Versicherungszweige

1. Kranken- und Pflegeversicherung

Ist der Geschäftsführer sozialversicherungspflichtig, sind Beiträge zur Kranken- und Pflegeversicherung abzuführen. Übersteigt das Einkommen des Geschäftsführers allerdings die Versicherungspflichtgrenze, ist der Geschäftsführer von der Versicherungspflicht befreit (§ 6 I Nr. 1 SGB V). Die Versicherungspflichtgrenze beträgt für das Jahr 2005 46.800 €[271]. Schließt der Geschäftsführer einen privaten Krankenversicherungsvertrag ab, so muss er automatisch auch ein Vertragsverhältnis über eine private Pflegeversicherung begründen. Der Geschäftsführer hat für diesen Fall Anspruch auf Zahlung eines Arbeitgeberzuschusses zur Kranken- und Pflegeversicherung gemäß § 257 SGB V und § 61 SGB XI. Der Zuschuss zur Kranken- und Pflegeversicherung ist bis zu der Höhe zu leisten, in der der Arbeitgeber bei bestehender Krankenversicherungspflicht einen Arbeitgeberanteil hätte entrichten müssen. Maximal wird jedoch die Hälfte des Betrags, den der Arbeitnehmer für seine private Krankenversicherung tatsächlich aufwendet, von der GmbH erstattet. Gleiches gilt für die Pflegeversicherung.

---

[270] Dis gilt seit 1.1.2005 durch die Neufassung des § 336 SGB III.
[271] Für Versicherte, die bereits am 31.12.2002 privat versichert gewesen waren, gilt für 2005 eine Versicherungspflichtgrenze von 42.300 €.

Der Beitragszuschuss ist übrigens gemäß § 3 Nr. 62 Einkommensteuergesetz steuerfrei.

2. Rentenversicherung

Der abhängig beschäftigte Geschäftsführer ist rentenversicherungspflichtig. Der beherrschende Gesellschafter-Geschäftsführer, der in keinem abhängigen Beschäftigungsverhältnis steht, der aber ein Interesse daran hat, künftig einmal Leistungen aus der gesetzlichen Rentenversicherung zu beziehen, hat die Möglichkeit, sich unter bestimmten Umständen freiwillig gemäß § 7 SGB VI zu versichern. Die freiwillige Versicherung setzt nicht voraus, dass die allgemeine Wartezeit von fünf Jahren erfüllt ist. Der Beitrag kann flexibel zwischen 78 € und 1.014 € (alte Bundesländer) bzw. 858 € (neue Bundesländer) gewählt werden[272]. Der Geschäftsführer sollte sich hier von einem Spezialisten ausführlich darüber beraten lassen, welche Vor- und Nachteile das Verbleiben in der gesetzlichen Rentenversicherung für ihn hätte und ob die Voraussetzungen für ihn konkret überhaupt vorliegen.

3. Arbeitslosenversicherung

Eine freiwillige Versicherung in der Arbeitslosenversicherung scheidet aus, da der beherrschende Gesellschafter-Geschäftsführer es sonst in der Hand hätte, entsprechend der wirtschaftlichen Entwicklung der GmbH zwischendurch in den Status des Arbeitslosen „abzutauchen".

4. Unfallversicherung

In der Unfallversicherung gibt es in zahlreichen Satzungen von Berufsgenossenschaften Regelungen, wonach auch der Unternehmer vom Geltungsbereich der Unfallversicherung erfasst ist. Fehlt eine Versicherungspflicht kraft Satzung, ist der Unternehmer allerdings versicherungsfrei. Der GmbH-Geschäftsführer ist zwar selbst nicht Unternehmer, sondern nur Organ der Unternehmerin „GmbH". Für ihn gibt es aber die Möglichkeit, auf schriftlichen Antrag in der Unfallversicherung gemäß § 6 I Nr. 2 SGB VII versichert zu werden.

---

[272] Stand 2005.

V. Erstattung von Beiträgen

Rechtsfolgen bei irrtümlich angenommener Sozialversicherungspflicht

Wurden Beiträge zur gesetzlichen Sozialversicherung entrichtet, obwohl in Wirklichkeit gar keine Sozialversicherungspflicht bestand, so gewährt § 26 SGB IV einen Anspruch auf Erstattung der zu Unrecht entrichteten Beiträge. Leistungen, die erbracht wurden, sind jedoch in Abzug zu bringen. Die Arbeitnehmerbeiträge sind an den Geschäftsführer, die Arbeitgeberbeiträge an die GmbH zurückzuerstatten. Besonderheiten bestehen bei der Rentenversicherung (§ 26 I SGB IV). Hier eröffnet sich unter bestimmten Voraussetzungen die Möglichkeit, trotz Versicherungsfreiheit das ganze Verhältnis als versicherungspflichtig einzustufen, wenn bei einer Betriebsprüfung, die bei der GmbH durchgeführt wurde, das Versicherungsverhältnis nicht beanstandet worden ist. Dadurch soll erreicht werden, dass der Geschäftsführer, der jahrelang von einer intakten Rentenversicherung ausging, nunmehr nicht ohne Versorgung dasteht.

E. Abschluss und Änderung des Anstellungsvertrags

I. Parteien des Anstellungsvertrags

1. Normalfall: GmbH und Geschäftsführer

Vertragsparteien sind GmbH und Geschäftsführer

Der Anstellungsvertrag wird zwischen der GmbH und dem Geschäftsführer abgeschlossen. Dies liegt schon deshalb nahe, weil der Geschäftsführer die Geschäfte der Gesellschaft leiten soll und daher von dieser erwartet, dass die GmbH ihrerseits die damit korrespondierenden Pflichten (Vergütung und weitere Leistungen) erbringt. Nicht immer muss allerdings die GmbH Vertragspartnerin des Anstellungsvertrags sein. Eine Drittanstellung des Geschäftsführers ist ebenfalls möglich.

> Beachten Sie auch den
> im Anhang abgedruckten Vorschlag
> für einen Anstellungsvertrag!

2. Drittanstellung des Geschäftsführers

a. Praktische Bedeutung

Der Geschäftsführer kann bei einem Dritten angestellt sein. Dann besteht der Anstellungsvertrag nicht mit der GmbH selbst, sondern mit dem Dritten.

aa. Gesellschaftsrechtliche und konzernrechtliche Sachverhalte

Der Dritte kann ein Gesellschafter oder auch ein Nichtgesellschafter sein. Denkbar als Partner des Anstellungsvertrags ist etwa ein Mehrheitsgesellschafter oder die beherrschende Konzernmuttergesellschaft. Bei der GmbH & Co. KG wird der Anstellungsvertrag häufig mit der KG abgeschlossen, so dass der Geschäftsführer mit der Komplementär-GmbH selbst keinen Anstellungsvertrag hat.

GmbH & Co. KG und Konzernmuttergesellschaft als Vertragspartner

Die praktische Ausgestaltung der Drittanstellung im Konzern wurde bereits dargelegt[273]. Neben diesen gesellschaftsrechtlichen bzw. konzernrechtlichen Sonderbeziehungen ist aber auch eine Anstellung bei einem außenstehenden Dritten denkbar, der nichts mit der Gesellschaft bzw. dem Konzern zu tun hat.

bb. Die Vermittlung eines Geschäftsführers durch eine Managementgesellschaft

Der Geschäftsführer kann auch bei einem nichtkonzernverbundenen Unternehmen angestellt sein. Es handelt sich hierbei um die Fälle, in denen Managementleistungen von Dritten gewerblich zur Verfügung gestellt werden. Hierbei sind zwei Fallgruppen zu unterscheiden:

Managementgesellschaft als Vertragspartnerin

- Der Dritte stellt die Managementdienstleistung dadurch zur Verfügung, dass er einen Geschäftsführer in die GmbH entsendet. Die GmbH müsste diesen dann formell zum Geschäftsführer bestellen,
- oder aber das dritte Unternehmen verpflichtet sich insgesamt zur Betriebsführung bei der GmbH. Als sog. Betriebsführungsgesellschaft stellt es das Management zur Verfügung, das dann die Geschäfte der GmbH leitet.

Im ersten Fall verpflichtet sich das dritte Unternehmen lediglich, einen Geschäftsführer auszusuchen, zur Verfügung zu stellen und seine Tätigkeit im Rahmen des Anstellungsvertrags zu vergüten. Im zweiten Fall verpflichtet sich der Dritte selbst zur Erbringung der Managementleistung, so dass es grundsätzlich seine Sache ist, mit welchem Personal und mit welchen Sachmitteln diese Aufgabe

---

[273] Siehe 2. Teil, C V 1.

erledigt wird. Der GmbH muss selbstverständlich ein Geschäftsführer benannt werden, den sie formell mit allen organschaftlichen Rechten und Pflichten zum Geschäftsführer bestellt. Bei jeder Form der Drittanstellung muss also zwischen dem Vertragsverhältnis zwischen der GmbH und dem Dritten und dem Anstellungsverhältnis zwischen dem Dritten und dem Geschäftsführer unterschieden werden. Bei den Konzernsachverhalten ist das Rechtsverhältnis zwischen der GmbH und Dritten durch gesellschaftsrechtliche bzw. konzernrechtliche Grundsätze bestimmt. Bei der gewerblichen Beschaffung von Managementdienstleistungen bei konzernfremden Dritten besteht kein gesellschaftsrechtliches bzw. konzernrechtliches Verhältnis mit diesen, sondern ein ganz gewöhnlicher schuldrechtlicher Vertrag mit Geschäftsbesorgungscharakter.

Vor- und Nachteile

Ob Managementdienstleistungen gewerblich beschafft werden, will gut überlegt sein. Es ist schwer abzuschätzen, ob der gewerbliche Dienstleister die Leistung in vergleichbarer Qualität wie ein eigens von der Gesellschaft für die Position ausgesuchter Geschäftsführer erbringt. Ein Geschäftsführer ist typischerweise eher bereit, die Interessen der Gesellschaft wahrzunehmen, wenn er mit dieser selbst einen Anstellungsvertrag hat und nicht „das Brot eines Dritten frisst". Vorteilhaft kann sich allerdings für die GmbH auswirken, dass der gewerbliche Dienstleister aufgrund seiner Erfahrung in der Regel sicherstellen kann, dass die eingesetzten Personen über die erforderliche Kompetenz zur Erfüllung der Aufgaben verfügen. Für bestimmte Aufgaben, wie z.B. das Krisen- und Sanierungsmanagement, kann der vorübergehende Einsatz von „Profis" sinnvoll sein. Auch wird die GmbH von der Aufgabe entlastet, geeignetes Personal auszusuchen. Setzt der gewerbliche Dienstleister ungeeignete Personen ein, so kann er sich gegenüber der GmbH schadensersatzpflichtig machen, so dass das Risiko finanziell abgefedert wird. In jedem Fall sollte die GmbH darauf achten, dass - falls sie sich für den Abschluss eines solchen Vertrags entscheidet - Kündigungsmöglichkeiten vereinbart werden, mittels derer sie sich auch ohne wichtigen Grund von dem gewerblichen Dienstleister trennen kann. Bei Vorliegen eines wichtigen Grundes ist ohnehin die Kündigung jederzeit möglich.

Ob und welchen Grenzen Anstellungsverträge mit Managementgesellschaften zulässig sind, ist von der höchstrichterlichen Rechtsprechung noch nicht geklärt. Jedenfalls für die nichtmitbestimmte GmbH dürften diesbezüglich keinerlei Bedenken bestehen.

b. Zulässigkeit in der nichtmitbestimmten GmbH

Eine Drittanstellung ist in der nichtmitbestimmten GmbH grundsätzlich möglich. Das gilt sowohl für die Konzernsachverhalte als auch für die Anstellung bei einem sonstigen Dritten. Dies folgt schon daraus, dass bei der GmbH der Autonomie der Gesellschafter ein großer Spielraum eingeräumt wird. Dadurch unterscheidet sich die GmbH von der Aktiengesellschaft, bei der die Bestimmungen des Aktiengesetzes weitgehend zwingend, d.h. von ihnen nicht abgewichen werden darf.

Sofern die GmbH also keiner unternehmerischen Mitbestimmung durch die Arbeitnehmer unterliegt, kann die Kompetenz zum Abschluss eines Anstellungsvertrags grundsätzlich auf Dritte delegiert werden. Umstritten und - soweit bekannt - bisher nicht entschieden, ist die Frage, ob die Satzung oder ein Gesellschafterbeschluss die Delegation der Aufgabe vorsehen muss. Da durch den Abschluss des Anstellungsvertrags die organschaftliche Stellung, d.h. die Rechte und Pflichten des Geschäftsführers als Organ der Gesellschaft, nicht beeinflusst werden, ist eine Regelung in der Satzung, wonach der Anstellungsvertrag auch von Dritten abgeschlossen werden kann, nicht erforderlich. Nötig ist jedoch ein Gesellschafterbeschluss, da die Gesellschafterversammlung ihre Kompetenz auf Dritte delegiert.

Drittanstellung ist grundsätzlich zulässig

c. Zulässigkeit in der mitbestimmten GmbH

Eine Drittanstellung bei der mitbestimmten GmbH ist deshalb problematisch, weil - jedenfalls nach der Montanmitbestimmung und dem Mitbestimmungsgesetz von 1976 (siehe § 12 Montanmitbestimmungsgesetz, § 13 Montanmitbestimmungsergänzungsgesetz und § 31 Mitbestimmungsgesetz 1976) - grundsätzlich der Aufsichtsrat den Geschäftsführer bestellt. Von der ganz herrschenden Ansicht wird vertreten, dass die Aufgabe, den Anstellungsvertrag abzuschließen, als Annex zur Kompetenz, den Geschäftsführer zu bestellen, zwingend auf den Aufsichtsrat übergegangen ist. Dies hat der *BGH* für das Mitbestimmungsgesetz 1976 bereits ausdrücklich entschieden[274]. Sofern also die Montanmitbestimmung oder das Mitbestimmungsgesetz von 1976 gelten, kommt eine Drittanstellung - zumindest ohne Zustimmung des Aufsichtsrats - nicht in Betracht.

Eine Drittanstellung ist hingegen in Unternehmen möglich, die unter die §§ 76 ff. BetrVG 1952 fallen. Hier verbleibt der Gesellschafterversammlung weiterhin die Funktion, den Geschäftsführer zu bestellen. Daher ist es auch konsequent, als Annex den Gesellschaftern die Anstellungskompetenz zu belassen, die diese dann

Grenzen der Drittanstellung

---

[274] BGHZ 89, 48, 51 ff.

nach ihrer Wahl delegieren kann. Hierzu fehlen allerdings höchstrichterliche Entscheidungen.

II. Zuständigkeit für den Abschluss und die Änderung des Anstellungsvertrags

1. Abschluss des Anstellungsvertrags

Gesellschafter-versammlung ist zuständig

Ist, wie beim Normalstatut, die GmbH Vertragspartnerin des Anstellungsvertrags, so schließt die Gesellschafterversammlung für
die GmbH den Anstellungsvertrag. Dies wird ganz überwiegend
aus § 46 Nr. 5 GmbHG geschlossen. Nach dieser Vorschrift ist es
Aufgabe der Gesellschafter, den Geschäftsführer zu bestellen. Als
Annexkompetenz umfasst diese Aufgabenzuweisung auch den
Abschluss des Anstellungsvertrags[275]. Der Inhalt des abzuschließenden Anstellungsvertrags wird durch Beschluss der Gesellschafterversammlung festgelegt. Der so „abgesegnete" Vertrag muss
anschließend mit dem Geschäftsführer vereinbart werden. Hierfür
ist es auf Seiten der Gesellschaft nach zutreffender Ansicht nicht
erforderlich, dass alle Gesellschafter den Vertrag unterschreiben.
Sinnvoll ist es, im Gesellschafterbeschluss festzulegen, welcher
Gesellschafter für die Gesellschaft den dann mit dem Geschäftsführer abzuschließenden Anstellungsvertrag abzeichnet. Fehlt eine
solche Ermächtigung, muss es auf jeden Fall genügen, wenn der
beherrschende Gesellschafter den Anstellungsvertrag abgezeichnet
hat. Aber auch wenn ein Minderheitsgesellschafter den Anstellungsvertrag abzeichnet, der auf einem wirksamen Gesellschafterbeschluss beruht, bestehen hierfür keine Bedenken, wenn den Umständen zu entnehmen ist, dass alle Gesellschafter mit diesem Vorgehen einverstanden sind. Fehlt es an einem förmlichen Gesellschafterbeschluss, unterschreiben aber alle Gesellschafter den Anstellungsvertrag, so kann dies den Beschluss darstellen[276].

Gesellschafter-Geschäftsführer darf mitstimmen

Ist der Geschäftsführer gleichzeitig Gesellschafter, so kann er
bei dem Gesellschafterbeschluss, bei dem über seinen Anstellungsvertrag befunden wird, selbst mitstimmen. Er ist keinesfalls
vom Stimmrecht ausgeschlossen. In diesem Fall bedarf es keines
gesonderten Abschlusses eines Anstellungsvertrags, da der Gesellschafterbeschluss, an dem der Geschäftsführer mitgewirkt hat,
gleichzeitig auch als Anstellungsvertrag eingeordnet werden kann.
Sind alle Beteiligten vollständig zugegen, so kann *uno actu* der
Gesellschafterbeschluss und der Anstellungsvertrag mit dem Gesellschafter-Geschäftsführer „unter Dach und Fach" gebracht werden.

---

[275] BGH NJW 1995, 1750; LAG NJW-RR 2001, 112.
[276] OLG München OLGR 1996, 233.

Oft wird es allerdings so sein, dass noch nicht alle Details auf der Gesellschafterversammlung feststehen. Die Gesellschafterversammlung hat es daher in der Hand, zunächst über den Abschluss des Anstellungsvertrags mit einer bestimmten Person zu beschließen, um dann die Festlegung der weiteren Details einem Dritten zu überlassen. Dieser Dritte kann ein Gesellschafter, ein Mitgeschäftsführer oder auch ein Externer, wie z.B. ein Unternehmensberater oder ein Anwalt, sein. Diese Fälle haben nichts mit der Drittanstellung, wie sie zuvor ausgeführt wurde, zu tun, denn Partner des Anstellungsvertrags ist und bleibt die GmbH. Es handelt sich dabei um die Vertretung der GmbH beim Vertragsabschluß und um die Ausarbeitung der einzelnen Vertragsbestandteile.

Aushandeln des Vertragsinhalts

Die Gesellschafterversammlung wird ihrem Verhandlungsführer, der für sie den Anstellungsvertrag abschließt, die notwendigen Rahmenbedingungen vorgeben, in denen er sich bewegen darf. In der Regel müssen die Bedingungen erst einmal mit dem Geschäftsführer ausgehandelt werden. Em-pfehlenswert ist, dass die Gesellschafterversammlung zunächst einen Gesellschafter oder einen vertrauenswürdigen Dritten als Verhandlungsführer bestimmt und ihm die Rahmenbedingungen an die Hand gibt. Sodann sollte dieser Verhandlungsführer mit dem potentiellen Geschäftsführer einen Anstellungsvertrag im Entwurf aushandeln, der anschließend der Gesellschafterversammlung zur Genehmigung vorgelegt wird. Nach Genehmigung des Anstellungsvertrags durch die Gesellschafterversammlung (ggf. wird es noch Nachverhandlungen geben müssen) wird dann wieder der Verhandlungsführer mit dem konkreten Abschluss des Anstellungsvertrags betraut.

Fällt die GmbH unter die unternehmerische Mitbestimmung nach der Montanmitbestimmung bzw. dem Mitbestimmungsgesetz von 1976, so ist es Aufgabe des Aufsichtsrats, einen Anstellungsvertrag mit dem Geschäftsführer abzuschließen. Auch hier können einzelne Aufsichtsratsmitglieder oder ein Aufsichtsratsausschuss (der sog. Personalausschuss) damit betraut werden, im Vorfeld geeignete Bewerber auszusuchen und mit diesen bereits konkrete Vertragsbedingungen auszuhandeln. Es ist dann allerdings Sache des Gesamtaufsichtsrats über den Abschluss des Anstellungsvertrags zu beschließen.

Zuständigkeit des Aufsichtsrats

In der nichtmitbestimmten GmbH kann auf freiwilliger Basis, d.h. fakultativ, ein Aufsichtsrat gebildet werden. Dieser wird in der Regel statutarisch, d.h. in der Satzung, verankert. In der Satzung wird auch festgelegt, für welche Aufgaben der Aufsichtsrat zuständig ist. Denkbare Aufgaben sind z.B. die Bestellung und Anstellung von Geschäftsführern. Die Gesellschafter hätten dadurch ihre Aufgabe wirksam durch Satzungsänderung auf einen fakultativen Aufsichtsrat delegiert.

Bei einer GmbH, bei der lediglich nach dem Betriebsverfassungsgesetz von 1952 ein Aufsichtsrat zu bilden ist, könnte ebenfalls durch eine Satzungsbestimmung dem Aufsichtsrat die Kompetenz übertragen werden, den Geschäftsführer zu bestellen und mit ihm einen Anstellungsvertrag abzuschließen.

2. Änderung des Anstellungsvertrags

Änderungen fallen ebenfalls in die Zuständigkeit der Gesellschafterversammlung

Änderungen, einschließlich die Aufhebung des Anstellungsvertrags, nimmt ebenfalls die Gesellschafterversammlung vor. Ist der Aufsichtsrat für den Abschluss des Anstellungsvertrags zuständig, so ist er auch zur Änderung desselben berufen. Die ältere Rechtsprechung ging noch davon aus, dass Änderungen des Anstellungsvertrags jeweils durch die Mitgeschäftsführer zulässig sind. Hiervon ist der *BGH* jedoch abgerückt[277]. Dadurch soll vermieden werden, dass die Geschäftsführer sich gegenseitig Gehaltserhöhungen bzw. sonstige Leistungen, wie z.B. Versorgungszusagen, erteilen. Eine Bereicherung auf Kosten der Gesellschaft ohne Mitwirkung der Gesellschafter wird damit verhindert. Es ist somit grundsätzlich Sache der Gesellschafterversammlung, den Anstellungsvertrag mit dem Geschäftsführer zu ändern.

In die Kompetenz der Gesellschafterversammlung fallen auch Aufgaben, die im Zusammenhang mit dem Anstellungsvertrag stehen, beispielsweise die vorzeitige Beurlaubung bzw. die Erteilung eines Hausverbots nach einer Kündigung des Anstellungsvertrags bis zum Ablauf der Kündigungsfrist[278].

Die Finanzrechtsprechung geht grundsätzlich davon aus, dass Änderungen von Anstellungsverträgen nur dann steuerrechtlich anerkannt werden, wenn sie auch zivilrechtlich wirksam sind. Gerade deshalb ist es wichtig, dass Änderungen von der zuständigen Gesellschafterversammlung bzw. dem Aufsichtsrat und nicht von den Mitgeschäftsführern selbst beschlossen werden.

III. Befristung und Koppelung des Anstellungsvertrags

In der Praxis finden sich häufig Befristungen von Anstellungsverträgen. Üblich sind Befristungen auf drei oder fünf Jahre. Während der Befristung ist eine Kündigung beiderseits nur aus wichtigem Grund möglich. Eine ordentliche Kündigung ist ausgeschlossen, es sei denn, sie ist ausdrücklich vertraglich vereinbart. Das Einhalten einer Befristung kann für beide Seiten belastend sein, wenn der Wille nicht mehr besteht, das Vertragsverhältnis bis zum

---

[277] BGH NJW 1991, 1680, 1681.
[278] Siehe BGH WM 1987, 71, 73.

Ende fortzusetzen. Eine Befristung muss daher reiflich überlegt werden.

1. Befristung aus Sicht der Gesellschafterversammlung

Für die Gesellschafterversammlung ist eine Befristung selten von Vorteil. Es mag sein, dass ein Geschäftsführer sich aufgrund der Befristung verpflichtet fühlt, auch bis zum Ende derselben ordnungsgemäß und hoch motiviert seine Dienste zu erbringen. Oft ist es jedoch so, dass der Geschäftsführer, der „weg will", entsprechend auch in seiner Arbeitsleistung nachlässt oder gar in Versuchung gerät, heimlich, ggf. über Strohmänner, Konkurrenzgeschäfte aufzubauen. Einen solchen Geschäftsführer bis zum Ende der Laufzeit mitzuschleppen, ist wenig sinnvoll. Stattdessen bietet sich an, dem Geschäftsführer ein Angebot zur vorzeitigen Auflösung zu unterbreiten. Ein solches wird dieser jedoch nur gegen Abfindung annehmen. Die Abfindung kann recht üppig sein und die Liquidität der Gesellschaft stark beeinträchtigen. Wurde hingegen keine Befristung vereinbart, ist eine Kündigung im Rahmen der Kündigungsfristen jederzeit möglich, so dass nach der Kündigung auch kein Anspruch auf eine Abfindung besteht. Der Geschäftsführer, der seiner Tätigkeit lustlos nachgeht, wird hier eher von sich aus die Gesellschaft verlassen, da er keine rechtlich geschützte Position hat, die ihm einen Anreiz bietet, in dieser zu verbleiben. Selbstverständlich muss die Gesellschaft dem Geschäftsführer Anreize bieten, damit dieser „gern" bei ihr arbeitet. Dies wird er vor allem dann tun, wenn ihm die Gesellschaft Raum für Selbstverwirklichung und kreatives Arbeiten gewährt. Auch sind Anreize über variable Vergütungsbestandteile möglich. Arbeitet der Geschäftsführer erfolgreich, so sollte sich dies auf sein Gehalt, aber auch auf seine Ausstattung (z.B. eigenes Sekretariat, Dienstwagen, etc.) auswirken. Aus Sicht der Gesellschafterversammlung gibt es wegen dieser anderen Instrumente im Prinzip wenig Anlass, mit einem Geschäftsführer einen langfristigen Vertrag zu schließen. Nur dann, wenn die Gesellschafterversammlung den Eindruck hat, dass der Top-Mann bzw. die Top-Frau in jedem Fall für einen längeren Zeitraum gehalten werden muss, sollte zu einer Befristung gegriffen werden.

Vor- und Nachteile der Befristung

Denkbar ist allerdings auch, dass die Gesellschaft eine Befristung vereinbart, diese aber an die Bedingung knüpft, dass die Organstellung fortbesteht. Ein solche Klausel kann wie folgt lauten:

Koppelung der Anstellung an das Geschäftsführeramt

Wird der Geschäftsführer durch Beschluss der Gesellschafterversammlung abberufen, so ist die Gesellschaft berechtigt, das Anstellungsverhältnis unter Einhaltung einer vierwöchigen Kündigungsfrist zum Schluss eines Kalendermonats zu kündigen.

Konstruktiv lässt sich eine Koppelungsklausel auch so gestalten, dass der Widerruf der Organstellung als wichtiger Kündigungsgrund für die Beendigung des Anstellungsvertrags vereinbart wird. Widerruft die Gesellschafterversammlung die Organstellung, so kann der Anstellungsvertrag aus wichtigem Grund sofort gekündigt werden. Auch kann die Abberufung gleichzeitig als Kündigungserklärung fungieren bzw. gelten[279].

Solche Verknüpfungen werden bei *beherrschenden* Gesellschafter-Geschäftsführern unproblematisch für zulässig erachtet. In den übrigen Fällen - insbesondere dann, wenn der Geschäftsführer seinen Lebensunterhalt aus der Dienstleistung für die Gesellschaft bezieht - führt eine solche Koppelung grundsätzlich nur dazu, dass das Anstellungsverhältnis im Rahmen der gesetzlichen Mindestkündigungsfristen also mindestens in vier Wochen ausläuft[280].

Bedenken gegen Koppelungsklausel

Im Einzelfall kann eine solche Koppelung, die den Geschäftsführer stark benachteiligt, indem sie die Beendigung des Anstellungsvertrags letztlich in das Belieben der Gesellschafterversammlung stellt, unwirksam sein[281]. Die Gesellschafterversammlung hat es aufgrund der Koppelungsklausel jederzeit in der Hand, einen unliebsam gewordenen Geschäftsführer „loszuwerden", indem sie ihn abberuft und gleichzeitig den Anstellungsvertrag kündigt. Eine Unwirksamkeit der Koppelungsvereinbarung könnte sich aus einer analogen Anwendung des § 622 VI BGB ergeben, der bestimmt, dass die Kündigungsfrist des Arbeitnehmers nicht länger sein darf als jene des Arbeitgebers. Dem Geschäftsführer wird häufig nicht klar sein, welche Tragweite eine Koppelungsklausel für ihn hat.

Durch diesen Weg sichert sich die Gesellschafterversammlung langfristig die Mitwirkung eines begehrten Geschäftsführers, im Falle des Widerrufs kann sie diesen dann aber doch auf „elegante Weise" aus ihren Diensten entlassen. Abzuwarten bleibt allerdings, ob sich der Geschäftsführer mit einer solchen Regelung einverstanden erklärt.

---

[279]   OLG Düsseldorf GmbHR 2000, 378; Leitsatz: *Ein Beschluss über die Abberufung als Geschäftsführer enthält zugleich eine Beschlußfassung über die (fristlose) Kündigung des Anstellungsvertrags, wenn der Anstellungsvertrag die Klausel enthält, daß der Widerruf zugleich als Kündigung des Anstellungsvertrags zum nächstmöglichen Zeitpunkt gilt.*

[280]   OLG München GmbHR 1995, 232; siehe auch BGH NJW 1990, 2622, 2623; zu den Kündigungsfristen, siehe 2. Teil, H I 1 a. sowie BGH NJW 1999, 1140.

[281]   Siehe auch das Urteil des BGH vom 1.12.1997, GmbHR 1998, 534, das in diese Richtung weist.

2. Befristung aus Sicht des Geschäftsführers

Aus Sicht des Geschäftsführers ist es eine Frage der Abwägung, ob er sich auf eine lange Bindung einlässt. Eine Befristung schafft für ihn Planungssicherheit und steigert seine Bonität, insbesondere seine Kreditwürdigkeit, da er über einen langen Zeitraum mit einem hohen Einkommen rechnen kann. Ferner sichert sich der Geschäftsführer die Möglichkeit, im Falle der vorzeitigen Auflösung eine Abfindung auszuhandeln. Es ist nie auszuschließen, dass der Geschäftsführer etwa durch eine Änderung der Geschäftspolitik „entbehrlich" wird. Denkbar ist z.B. die Verlagerung von Produktionsstandorten, die Änderung der Vertriebsstruktur und ähnliches. Für den Geschäftsführer kann also eine Befristung oft sinnvoll sein. Nachteilig ist aber vor allem, dass der Geschäftsführer sich die Flexibilität nimmt, kurzfristig einen Wechsel vornehmen zu können. Da mit dem Geschäftsführeramt Prestige und ein guter Ruf verbunden sind, „liegt" es nicht jedem Geschäftsführer, sich so eindeutig zu verhalten, dass die Gesellschaft von sich aus ein Auflösungsangebot unterbreiten wird.

Befristung ist für den Geschäftsführer meist empfehlenswert

IV. Form des Anstellungsvertrags

Für den Anstellungsvertrag ist kein Formerfordernis vorgesehen. Für steuerrechtliche Zwecke ist jedoch - zumindest bei Gesellschafter-Geschäftsführern - in jedem Fall die Schriftform angezeigt.

V. Fehlerhafter Anstellungsvertrag

Von einem fehlerhaften Anstellungsvertrag spricht man, wenn dieser mit einem Mangel behaftet ist, der ihn nach bürgerlichrechtlichen Vorschriften im Prinzip unwirksam machen würde. Die Fehlerhaftigkeit kann z.B. darauf beruhen, dass der Vertrag nicht durch das zuständige Organ – in der Regel die Gesellschafterversammlung - abgeschlossen wurde, sondern z.B. durch den Mitgeschäftsführer. Denkbar ist auch das Vorliegen eines Anfechtungsgrundes, z.B. eine arglistige Täuschung seitens des Geschäftsführers oder der Gesellschaft.

Hat der Geschäftsführer beispielsweise die Gesellschaft über seine Qualifikation getäuscht, so könnte die GmbH den Anstellungsvertrag wegen arglistiger Täuschung anfechten, so dass dieser prinzipiell nach bürgerlich-rechtlichen Vorschriften (§ 142 I BGB) als von Anfang an nichtig anzusehen wäre. Stellt sich aber erst nach einigen Jahren heraus, dass der Geschäftsführer über seine Qualifikation getäuscht und z.B. gefälschte Arbeitszeugnisse

Unwirksamer Anstellungsvertrag

vorgelegt hat, so ist eine Behandlung des Anstellungsvertrags als von Anfang nichtig nicht praktikabel[282].

Rechtsfolgen

Bei den Rechtsfolgen eines fehlerhaften Anstellungsvertrags wird daher unterschieden: Ist der Anstellungsvertrag abgeschlossen, hat jedoch der Geschäftsführer seinen Dienst noch nicht angetreten, so bleibt es dabei, dass die Nichtigkeit von Anfang an vorliegt. Hat aber der Geschäftsführer bereits seine Tätigkeit aufgenommen, so kommt nur noch eine Nichtigkeit bzw. Unwirksamkeit für die Zukunft in Betracht. Wie diese Unwirksamkeit im Einzelfall gehandhabt wird, hängt von den Umständen des Einzelfalls ab. Keinesfalls bedeutet eine Fehlerhaftigkeit des Anstellungsvertrages, dass der Geschäftsführer von einer Sekunde zur anderen nicht mehr angestellt ist. Vielmehr gebietet die Treuepflicht, die Abwicklung so zu gestalten, dass die Interessen beider Seiten, insbesondere jene der GmbH, gewahrt bleiben. Der Geschäftsführer muss sich daher ggf. mit einer Übergangslösung einverstanden erklären. Der Gesellschaft muss Zeit eingeräumt werden, einen Nachfolger zu finden. Grundsätzlich sind beide Seiten berechtigt, den Vertrag mit Wirkung für die Zukunft zu kündigen. Dies hat zur Folge, dass eine etwaige Befristung hinfällig ist, was insbesondere für den Geschäftsführer nachteilig sein kann. Fehlt also beispielsweise ein Gesellschafterbeschluss, der den Anstellungsvertrag legitimiert, kann die GmbH mit Wirkung für die Zukunft das Dienstverhältnis beenden.

Das Institut des fehlerhaften Anstellungsvertrags führt dazu, dass - trotz Unwirksamkeit des Arbeitsvertrags - sämtliche Rechte und Pflichten so behandelt werden, als bestünden sie tatsächlich. Dies gilt selbst für Versorgungszusagen, die ungeachtet der Nichtigkeit des Anstellungsvertrags nach den Vorschriften des Betriebsrentengesetzes unverfallbar werden können[283]. Auch Vergütungsansprüche werden als wirksam behandelt[284].

> **Einen Musterentwurf**
> **für einen Anstellungsvertrag**
> **finden Sie im Anhang!**

---

[282]   Siehe zur AG: BGHZ 47, 341 ff.
[283]   Siehe hierzu die Ausführungen unter S. 216 ff.
[284]   BGH ZIP 1995, 377.

F. Rechte und Pflichten aus dem Anstellungsvertrag

I. Motivation des Geschäftsführers

Das Wohl der Gesellschaft hängt entscheidend von der Qualifikation, dem Geschick, aber auch der Motivation des Geschäftsführers ab. Unternehmen, denen ein engagierter und motivierter Geschäftsführer vorsteht, haben im Wettbewerb die besseren Chancen. Der Anstellungsvertrag, in dem die Gegenleistung für die Arbeit des Geschäftsführers vereinbart wird, sollte daher Leistungsanreize für den Geschäftsführer enthalten. Es darf aber auch nicht verkannt werden, dass nicht allein der Anstellungsvertrag zur Motivation des Geschäftsführers beiträgt. Empirische Untersuchungen haben vielmehr ergeben, dass für die Vielzahl der Manager ein innovatives und kreatives Arbeiten, eine abwechslungsreiche Tätigkeit sowie die Möglichkeit der Selbstverwirklichung wichtig sind[285]. Die Höhe der Einkünfte aus der Leitungstätigkeit wird von den Managern überwiegend als nachrangig eingestuft. Die Selbstentfaltungswerte sollten daher von der Gesellschafterversammlung beachtet werden.

Anreize sind wichtig

Auch muss der Zusammenhang zwischen der Delegation von Leitungsmacht durch die Gesellschafterversammlung und der Verpflichtung des Geschäftsführers, die Geschicke der Gesellschaft im Unternehmensinteresse zu leiten, beachtet werden. Der Geschäftsführer erhält eigenverantwortliche Handlungsspielräume, bei denen immer die Gefahr besteht, dass er sie im eigenen Interesse missbrauchen bzw. ausnutzen könnte. Daher ist aus Sicht der Gesellschafter eine Kontrolle der Manager nötig, andererseits kann aber die Kontrolldichte durch Mechanismen reduziert werden, die eine Motivation des Geschäftsführers fördern. Dem Geschäftsführer müssen Anreize geboten werden, damit er sich möglichst im Unternehmensinteresse verhält.

Delegation und Kontrolle

Werden dem Geschäftsführer eigenverantwortliche Handlungsspielräume überlassen, so liegen hierin Potentiale, die auch der Gesellschaft nützen. Kontrolle ist wichtig und nötig, darf jedoch nicht dazu führen, dass der Geschäftsführer demotiviert wird. Auch das Arbeitsumfeld und die Arbeitsbedingungen sind bedeutsam. So kann es beispielsweise sinnvoll sein, den Geschäftsführer von allzu viel Routinearbeit zu entlasten, zumal dann, wenn diese Tätigkeiten auch von nachgeordneten Mitarbeitern erledigt werden können. Die Gesellschafter sollten außerdem den Geschäftsführer persönlich am Unternehmenserfolg partizipieren lassen, indem sie ihm die entsprechende Anerkennung zollen.

Potentiale nutzen!

---

[285]   Siehe *Hucke*, AG 1994, 397.

Entscheidendes Augenmerk müssen die Gesellschafter ferner auf die Ausgestaltung der Geschäftsführerverträge richten. Diese müssen so ausgewogen sein, dass eine Motivation des Geschäftsführers sichergestellt ist.

II. Recht auf Vergütung

Gegenleistung
der Gesellschaft

Die Gegenleistung für die Managertätigkeit des Geschäftsführers setzt sich aus mehreren Komponenten zusammen. Zunächst sind die Zuwendungen, die in Form von Geldleistungen fließen, zu nennen. Üblich ist die Vereinbarung eines Jahresgrundgehalts zuzüglich variabler Vergütungsbestandteile. Die variablen Vergütungsbestandteile können in Form von Gewinn- und Umsatztantiemen oder über spezielle Zielvereinbarungen gewährt werden. Die Vergütung in Geld wird ergänzt durch Sonderleistungen, wie z.B. die Stellung eines Dienstwagens, der auch privat genutzt werden darf. Ein weiterer wichtiger Bereich der betrieblichen Zusatzleistungen betrifft die Absicherung für den Ruhestand sowie die Fälle der Krankheit, der Invalidität oder des Todes. Solche Sonderleistungen können etwa gewährt werden in Form des Abschlusses einer Unfallversicherung, einer privaten Krankenversicherung bzw. der Zusage, auch im Krankheitsfall eine Gehaltsfortzahlung für einen bestimmten Zeitraum zu leisten. Für die Fälle des Alters, des Todes (bei dem sich das Problem der Hinterbliebenenversorgung stellt) sowie der Berufsunfähigkeit werden mit dem Geschäftsführer häufig Vereinbarungen über entsprechende Versorgungsleistungen geschlossen. Die Einzelheiten werden unten gesondert behandelt.

1. Jahresgrundgehalt und Tantieme

Grundvergütung

Mit dem Geschäftsführer wird zunächst ein Jahresgrundgehalt vereinbart, das sich aus den fest vereinbarten Gehaltszahlungen zusammensetzt. Dies können zwölf, aber auch 13 Monatsgehälter pro Jahr sein. Das 13. Monatsgehalt wird häufig als Weihnachtsgeld bezeichnet. Ein gesetzlicher Anspruch hierauf besteht „selbstverständlich" nicht; beim Geschäftsführer müssen alle Konditionen ausgehandelt werden. Auch Tarifverträge gelten für ihn nicht. Ebensowenig hat ein Geschäftsführer einen Anspruch auf Zahlung eines *gesonderten* Urlaubsgelds, dies muss ebenfalls separat vereinbart werden. Davon zu unterscheiden ist die Frage, ob der Geschäftsführer Anspruch auf angemessenen Urlaub und eine Vergütungsfortzahlung während dieser Zeit hat[286].

---

[286] Siehe hierzu die Ausführungen unten unter III.

Die Vergütung des Geschäftsführers bemisst sich nach zahlreichen Faktoren. Einerseits sind seine persönlichen Voraussetzungen, wie seine Qualifikation, sein Lebensalter und seine Berufserfahrung, seine Branchenkenntnisse sowie seine individuelle Leistungsfähigkeit ausschlaggebend. Andererseits ist jedoch auch die Situation des Unternehmens, nämlich seine Größe, Ertragslage, Branche sowie der Standort zu berücksichtigen. Schließlich spielt bei der Höhe der Vergütung die konkrete Position des Geschäftsführers in der Gesellschaft eine Rolle: Wie viele Mitglieder hat die Geschäftsführung, welches Ressort soll er bekleiden, wie ist seine Stellung innerhalb des Organs „Geschäftsführung", ist er Sprecher der Geschäftsführung oder nur in nachgeordneter Position tätig? Ferner wirken sich die konjunkturelle Situation und die Arbeitsmarktlage auf die Vergütung des Geschäftsführers aus. In Zeiten des „Überangebots" von Managern drückt dies zwangsläufig die Höhe der Vergütung. Managerdienstleistungen werden letztlich genauso marktabhängig bewertet wie alle anderen sonstigen Dienstleistungen auch.

Faktoren für die Gehaltsfestsetzung

Tipp für den Geschäftsführer!
Die Gehaltsfestsetzung ist vielschichtig und kompliziert. Hier sollten Sie Rat bei erfahrenen Personal- und Unternehmensberatern suchen bzw. entsprechende Gehaltsstrukturuntersuchungen z.B. von der Kienbaum Vergütungsberatung auswerten.

Der Geschäftsführer schuldet - soweit nichts anderes vereinbart ist - gegen Zahlung des Jahresgrundgehalts seine volle Arbeitsleistung. Überstunden, Nacht-, Sonntags- und Feiertagsarbeit werden grundsätzlich nicht zusätzlich vergütet. Etwas anderes gilt nur dann, wenn dies gesondert vereinbart worden ist[287]. Werden an einen Gesellschafter-Geschäftsführer Überstundenvergütungen, Zuschläge für Nacht-, Sonn- und Feiertagsarbeit gewährt, so kann hierin eine verdeckte Gewinnausschüttung liegen[288].

Der Geschäftsführer ist immer im Dienst!

Das Jahresgrundgehalt wird meist ergänzt durch eine Tantieme. In Betracht kommt eine *gewinnabhängige* Tantieme oder eine, die anteilig von dem vom Unternehmen erzielten Umsatz zu leisten ist. Für den Gesellschafter-Geschäftsführer existieren strenge Vorgaben der Finanzrechtsprechung, inwieweit und unter welchen Voraussetzungen Gewinn- und Umsatztantiemen zulässig sind. Umsatztantiemen werden hierbei nur in Ausnahmefällen anerkannt.

Zivilrechtlich bereitet die Vereinbarung von Gewinn- bzw. Umsatztantiemen grundsätzlich keine Schwierigkeiten. Wichtig ist,

Grundgehalt und Tantiemen

---

[287] OLG Dresden GmbHR 1998, 197 (Leitsatz).
[288] Siehe hierzu sogleich die Ausführungen unten.

dass die vertragliche Vereinbarung so präzise ist, dass die Gewinntantieme problemlos berechnet werden kann. Außerhalb einer vertraglichen Vereinbarung kann es sog. *Goodwill*-Tantiemen bzw.
Tantiemen nach billigem Ermessen der Gesellschafterversammlung geben, auf die der Geschäftsführer jedoch grundsätzlich keinen Anspruch hat.

Tipp für den Geschäftsführer!
Vereinbaren Sie Ihren Tantiemeanspruch schriftlich im Anstellungsvertrag. Achten Sie darauf, dass die Gesellschaftsversammlung oder - falls vorhanden - der Aufsichtsrat zustimmt. Halten Sie
zuvor Rücksprache mit dem Steuerberater, ob die Tantiemeverein-
barung steuerrechtlich anerkannt werden kann und ob sie überhaupt praktikabel ist. Gängig ist eine Anknüpfung der Tantieme an
den körperschaftssteuerpflichtigen Gewinn, wobei häufig betriebsfremde Einflussgrößen eliminiert werden. So etwa Veräußerungs-
erlöse aus dem Verkauf von Grundstücken oder Gebäuden oder
auch aus unternehmerischen Beteiligungen. Feste Prozentsätze
gibt es nicht. In der Praxis reicht das Spektrum von 0,5 bis 40 %.

---

2. Sonderleistungen

a. Dienstwagen

Steuerrechtliche
Behandlung

In der Regel verfügen die Geschäftsführer über einen Dienstwagen, den sie auch für private Zwecke nutzen dürfen. Dabei sind die
steuerrechtlichen Konsequenzen zu beachten. Die private Nutzung
ist als geldwerter Vorteil bei den Einkünften aus nichtselbständiger
Arbeit zu versteuern. Das Steuerrecht sieht hier alternativ eine
konkrete Berechnung des Privatanteils oder eine Pauschalversteuerung vor. Bei der individuellen Berechnung ist ein Fahrtenbuch zu
führen, in dem nicht nur die Dienst- und Privatfahrten, sondern
auch die Fahrten zwischen Wohnung und Arbeitsstätte einzutragen
sind und aus dem sich aus einer Gegenüberstellung der entsprechenden Kilometer der prozentuale Privatanteil ergeben muss. Von
den gesamten Kosten des Fahrzeugs ist dann derjenige prozentuale
Anteil dem Geschäftsführer als Einkommen zuzurechnen, der der
privaten Nutzung entspricht. Da die Führung eines Fahrtenbuchs
aufwendig ist, macht die Praxis häufig von der Möglichkeit der
Pauschalversteuerung Gebrauch. Für die Berechnung des geldwerten Vorteils für die Nutzung des Dienstwagens für reine Privatfahrten ist die 1 %-Methode vorgesehen. Danach hat der Geschäftsführer für jeden Monat der Nutzung 1 % des Bruttolisten-
preises als Einnahme zu versteuern. Bemessungsgrundlage ist
hierbei der Bruttolistenpreis des Fahrzeugs, nicht die tatsächlich
aufgewandten Anschaffungskosten. Der Listenpreis wird zum
Zeitpunkt der Erstzulassung zuzüglich der Kosten für Extras und

Mehrwertsteuer angesetzt - auch wenn das Fahrzeug erst viel später gebraucht angeschafft wurde. Die Einzelheiten der steuerlichen Behandlung sind kompliziert, dies betrifft u.a. die Behandlung der Fahrten zwischen Wohnung und Arbeitsstätte und die umsatzsteuerrechtlichen Konsequenzen.

b. Unfallversicherung

Gerade der jüngere Geschäftsführer ist auf eine Absicherung wegen des nie auszuschließenden Falls der Invalidität aufgrund eines Unfalls angewiesen. Sport- oder Verkehrsunfälle sind Risiken, auf die sich jeder, so auch der Geschäftsführer, einstellen muss. Viele Unternehmen bieten daher im Rahmen einer Gruppenversicherung für ihre Mitarbeiter zusätzlich private Unfallversicherungen an. Mit dem Geschäftsführer wird der Abschluss einer Unfallversicherung im Anstellungsvertrag häufig gesondert vereinbart. Die klassische Unfallversicherung zahlt je nach Grad der eingetretenen Invalidität eine fest vereinbarte Leistung. Je höher der Grad der Invalidität ist, desto progressiver steigt in der Regel die Leistung an. Es gibt auch Policen, die ab einem bestimmten Invaliditätsgrad, z.B. ab 50 %, eine Unfallrente gewähren. Auf eine solche Regelung sollte Wert gelegt werden, da die Einmalzahlung in der Regel sehr schnell aufgebraucht sein dürfte.

Absicherung des Risikos der Invalidität

Wie bei jeder Versicherung sind die zahlreichen Ausschlüsse zu beachten, so ist beispielsweise in der Regel nicht der Unfall aufgrund einer Trunkenheitsfahrt versichert, ebenfalls auch nicht eine Invalidität, die nur aufgrund psychischer Reaktionen beruht. Einschränkungen gibt es ferner meist bei Bandscheibenvorfällen.

Ausschlüsse beachten!

c. D & O - Police

Der Geschäftsführer ist zahlreichen Haftungsrisiken ausgesetzt. Dies betrifft sowohl die Verantwortlichkeit gegenüber der Gesellschaft als auch die Verpflichtung, unter bestimmten Voraussetzungen Dritten Schadensersatz zu gewähren. Die Betriebshaftpflichtversicherung der GmbH deckt Personen- und Sachschäden, nicht jedoch unmittelbare Vermögensschäden ab. Eine finanzielle Absicherung derartiger Risiken kann durch eine Vermögensschadenshaftpflichtversicherung, die seit Mitte der 1980er Jahre speziell für Geschäftsführer angeboten wird, erreicht werden. D & O steht für *Directors and Officers*, was soviel wie geschäftsführende und aufsichtsführende Organe bedeutet. Aus Sicht des Geschäftsführers ist der Abschluss eines solchen Versicherungsvertrags zu begrüßen, da dadurch die erheblichen finanziellen Risiken abgefedert werden können. Für den Geschäfts empfiehlt sich daher die Aufnahme einer entsprechenden Klausel im Anstellungsvertrag, wonach die GmbH verpflichtet ist, den Geschäftsführer zu versichern oder falls der Versicherungsschutz nicht besteht, z.B. weil der

„Berufshaftpflichtversicherung" für Geschäftsführer

Vertrag gekündigt ist – ihn im Innenverhältnis so zu stellen als bestünde Versicherungsschutz. Siehe hierzu die Klausel § 6 a im Muster-Anstellungsvertrag (Anhang 1). Siehe im Einzelnen zur D & O, die Ausführungen im 3. Teil unter H.

d. Sonstige Zusatzleistungen

"Extras" für den Geschäftsführer

Der Phantasie der GmbH, mit welchen Zusatzleistungen sie dem Geschäftsführer Anreize bietet, sind keine Schranken gesetzt. Dies kann von der Zur-Verfügung-Stellung von Ferienwohnungen bis zur Finanzierung von Kuren oder sonstigen Maßnahmen der Gesundheitsvorsorge reichen. Auch zinsverbilligte Darlehen, etwa für den Hausbau, gehören hierher. Zinsersparnisse sind allerdings bei Darlehen, die 2.600 € übersteigen, grundsätzlich steuerpflichtig. Die Finanzverwaltung nimmt hierbei an, dass eine Zinsersparnis dann vorliegt, wenn der effektive Jahreszins 5 % unterschreitet[289]. Bei Darlehen, die 2.600 € übersteigen, sollte daher darauf geachtet werden, dass der Effektivzins mindestens 5 % beträgt, oder aber es wird in Kauf genommen, dass bei einem entsprechend niedrigeren Zinssatz die Zinsersparnis als steuerpflichtiges Einkommen behandelt wird.

3. Steuerrechtliche Behandlung von Einkünften des Geschäftsführers

a. Grundsätzliches

Einkünfte aus nichtselbstständiger Tätigkeit

Der GmbH-Geschäftsführer bezieht Einkünfte aus nichtselbstständiger Tätigkeit nach § 19 Einkommensteuergesetz. Dass er kein Arbeitnehmer im Sinne des Arbeitsrechts ist, spielt hierbei keine Rolle. Im Sinne des Lohnsteuerrechts ist er als Arbeitnehmer einzustufen. Dies gilt sowohl für den Fremd- als auch den Gesellschafter-Geschäftsführer. Bei letzterem ist allerdings darauf zu achten, dass bei der Gehaltsfestsetzung sowie bei der Gewährung von Sonderleistungen keine verdeckten Gewinnausschüttungen vorgenommen werden. Hierauf soll nun im Folgenden eingegangen werden.

b. Besonderheiten beim Gesellschafter-Geschäftsführer

aa. Überblick

Gefahr der verdeckten Gewinn-Ausschüttungen

Auch der Gesellschafter-Geschäftsführer bezieht für seine Geschäftsführertätigkeit Einkünfte aus nichtselbstständiger Arbeit, die der Lohnsteuer unterliegen. Als Gesellschafter, d.h. Anteilseigner, hat er Anspruch auf Gewinn (= Dividende). Es handelt sich um Einkünfte aus Kapitalvermögen, für die ebenfalls - wie für die Einkünfte aus nichtselbstständiger Arbeit - Einkommensteuer zu

---

[289]   Abschnitt 31 Abs. 11 Lohnsteuerrichtlinien 2005.

entrichten ist. Es gilt jedoch das Halbeinkünfteverfahren, das heißt die Dividende wird nur zur Hälfte der Besteuerung unterworfen. Für den Geschäftsführer ist es daher eher lukrativ Einkünfte aus Kapitalvermögen als aus nichtselbstständiger Arbeit zu beziehen. Bei der Gesellschaft sind die Gehaltszahlungen an den Geschäftsführer jedoch als Betriebsausgaben grundsätzlich abzugsfähig. Sie verringern daher den körperschaftssteuer- und gewerbesteuerpflichtigen Gewinn. Die an den Geschäftsführer ausgezahlten Dividenden hingegen unterliegen als Gewinn der Körperschafts- und Gewerbesteuer.

Verdeckte Gewinnausschüttungen werden dem körperschaftssteuerpflichtigen Gewinn hinzugerechnet, so dass für sie dann Gewerbe- und Körperschaftsteuer zu entrichten ist. Die Finanzverwaltung ist deshalb zum Zweck der Erhöhung des Steueraufkommens sehr daran interessiert, verdeckte Gewinnausschüttungen aufzuspüren.

Das Gehalt wurde vom Geschäftsführer als Einkünfte aus nicht selbständiger Arbeit versteuert. Handelt es sich jedoch nunmehr um eine (verdeckte) Gewinnausschüttung müsste eine Versteuerung als Dividende nach dem Halbeinkünfteverfahren erfolgen. Eine solche Versteuerung ist für den Geschäftsführer von Vorteil, da nur die hälftig zugeflossene Dividende der persönlichen Einkommensteuer unterworfen werden würde. Sind die Einkommensteuerbescheide aber bereits bestandskräftig, bleibt es nach umstrittener Auffassung bei dieser für den Geschäftsführer nachteiligen Besteuerung[290].

Auswirkungen beim Geschäftsführer

Wie bereits ausgeführt, liegt eine verdeckte Gewinnausschüttung nach Ansicht des *Bundesfinanzhofs* dann vor, wenn eine Kapitalgesellschaft ihren Gesellschaftern außerhalb der gesellschaftsrechtlichen Gewinnverteilung einen Vermögensvorteil zuwendet, den sie bei Anwendung der Sorgfalt eines ordentlichen und gewissenhaften Geschäftsleiters einem Dritten unter sonst gleichen Umständen nicht gewährt hätte. Gehaltszahlungen an Gesellschafter-Geschäftsführer dürfen nur in *angemessener* Höhe als betriebliche Aufwendungen berücksichtigt werden[291].

Die Finanzverwaltung überprüft unter Berücksichtigung der Gesamtausstattung des Geschäftsführers und unter Einbeziehung sämtlicher Bezüge, Pensionszusagen und Nebenleistungen, inwieweit die Vergütung insgesamt angemessen ist. Dabei wird nicht nur ein *interner* Vergleich insbesondere mit den Fremdgeschäftsführern oder den leitenden Angestellten vorgenommen, die dem Geschäftsführer von der Art ihrer Tätigkeit am nächsten stehen. Sondern es wird auch *extern* verglichen und untersucht, inwieweit

Angemessene Gesamtausstattung

---

[290] Siehe OFD Magdeburg, Vfg. vom 10.09.2004 - S 0350 - 8 - St 251, GmbHR 2004, 1604.

[291] BFH BB 1995, 966, 967.

das Gehalt in der Branche bzw. in vergleichbaren Unternehmen üblich ist[292].

Des Weiteren können Sachverständigengutachten herangezogen werden. Eine verbindliche Auskunft im Vorfeld kann der Geschäftsführer allerdings nicht beanspruchen. Anders als im Sozialversicherungsrecht, wo vorab die Sozialversicherungspflicht geklärt werden kann, gibt es hier keine Möglichkeit, von der Finanzverwaltung schon bei Abschluss des Anstellungsvertrags eine eindeutige Aussage hinsichtlich der Angemessenheit zu erhalten. Hierfür wäre das Finanzamt aufgrund „einer Ferndiagnose" auch kaum in der Lage.

Überstundenvergütungen und Zuschläge

Keine steuerrechtliche Anerkennung erfolgt grundsätzlich für Überstundenvergütungen, Zuschläge für Sonn-, Feiertags- und Nachtarbeit. Derartige Zahlungen sind als verdeckte Gewinnausschüttungen zu versteuern. Der Geschäftsführer kommt daher auch nicht in den Genuss der steuerfreien Zuschläge, die das Gesetz für Sonntags-, Feiertags- und Nachtarbeit nach § 3 b Einkommensteuergesetz vorsieht[293].

Beispiel: *„Immer im Dienst"*
G ist Geschäftsführer einer GmbH, die sich mit dem Vertrieb von Werkzeugen, Sondermaschinen sowie Zubehör befasst. In seinem Anstellungsvertrag sind ein Grundgehalt von monatlich 5.000 € sowie Zuschläge für Sonntags-, Feiertags- und Nachtarbeit, die nach § 3 b II Einkommensteuergesetz maximal zulässig sind, vereinbart. Die Regelarbeitszeit ist mit 40 Stunden festgelegt und innerhalb der betriebsüblichen Beschäftigungszeiten zu erbringen. Dem Geschäftsführer werden zudem Überstundenvergütungen gewährt.

Das Finanzamt beanstandet im Rahmen einer Betriebsprüfung die vereinbarten steuerfreien Zuschläge sowie die Überstundenvergütungen und behandelt diese als verdeckte Gewinnausschüttungen.

Der *Bundesfinanzhof*, der über einen ähnlichen Fall zu entscheiden hatte, bestätigte die Behandlung dieser Zahlungen als verdeckte Gewinnausschüttungen[294]. Das Gericht stellte heraus, dass vom Geschäftsführer ein besonderer persönlicher Einsatz erwartet wird, für den er durch ein deutlich höheres Gehalt entlohnt wird. Das Einhalten bestimmter Arbeitszeiten durch den Geschäftsführer könne nicht kon-

---

[292] Siehe auch BFH BB 2004, 756, 4. Leitsatz: *Die als angemessen anzusehende Gesamtausstattung bezieht sich regelmäßig auf die Gesamtgeschäftsführung. Bei Bestellung mehrerer Gesellschafter- Geschäftsführer müssen deswegen insbesondere bei sog. kleineren GmbH ggf. Vergütungsabschläge vorgenommen werden, die von den Unterschieden in den Aufgabenstellungen, in der zeitlichen Beanspruchung und in der für den Betrieb der GmbH zu tragenden Verantwortung abhängen. In Ausnahmefällen können auch Gehaltszuschläge gerechtfertigt sein. Es kann jedoch auch bei einer kleineren GmbH nicht pauschal von den Vergleichswerten ausgegangen werden, die sich für einen Geschäftsführer und einen leitenden Angestellten ergeben.*

[293] BFH GmbHR 1997, 711; BFH/NV 2003, 1309.

[294] BFH GmbHR 1997, 711.

trolliert werden, er sei ohnehin immer im Dienst. Der Geschäftsführer habe - wann auch immer - seine Arbeit zu erledigen, selbst wenn dies die Ableistung von Überstunden bedeutet. Eine Überstundenvergütung verträgt sich daher nicht mit dem Aufgabenbild eines Geschäftsführers. Bei der Zahlung von Überstundenvergütungen an GmbH-Geschäftsführer soll es nicht entscheidend sein, ob diese üblich ist oder nicht[295]. Die Unüblichkeit einer Zuwendung ist kein Tatbestandsmerkmal für das Vorliegen einer verdeckten Gewinnausschüttung, sondern lediglich ein Indiz.

Der *Bundesfinanzhof* hat aber auch herausgestellt, dass eine GmbH einem fremden Dritten nicht nur deshalb Zuschläge zuwenden würde, damit dieser die Steuerfreiheit nach § 3 b Einkommensteuergesetz in Anspruch nehmen könne[296]. Damit hat das Gericht doch wieder auf die Unüblichkeit als Kriterium zurückgegriffen. Offen war daher, wie die Fälle zu entscheiden sind, in denen auch mit einem Nichtgesellschafter derartige Zuschläge vereinbart werden und der Geschäftsführer dieselbe Arbeit macht, z.B. am Feiertag mit seinen Arbeitnehmern Schichtarbeit leistet. Dann hat auch der *BFH*[297] eine Steuerfreiheit von Zuschlägen an den Geschäftsführern zugelassen, während die Geschäftführertätigkeit am Sonntag im Büro, in der Laube oder wo auch immer nicht durch steuerfreie Zuschläge honoriert werden kann.

bb. Speziell: Gewinn- und Umsatztantieme

Hinsichtlich der Gewinn- und Umsatztantiemen gibt es Besonderheiten in der Finanzrechtsprechung.

Eine *Umsatztantieme* wird grundsätzlich steuerrechtlich als verdeckte Gewinnausschüttung behandelt. Eine steuerrechtliche Anerkennung ist nur in engen Grenzen möglich[298]. Eine „Gewinnabsaugung" muss durch die Umsatztantieme auf Dauer ausgeschlossen werden. Durch eine Tantieme, sei es eine Gewinn- oder Umsatztantieme, muss ferner gewährleistet sein, dass den Gesellschaftern noch eine angemessene Verzinsung ihres Kapitals verbleibt. Insbesondere bei Gesellschaften, die im Vertrieb arbeiten, kann eine Umsatztantieme eine angemessene Gegenleistung darstellen und daher nicht den Tatbestand der verdeckten Gewinnausschüttung erfüllen. Insgesamt darf die Umsatztantieme allerdings nicht zu einer unangemessen hohen Gesamtausstattung führen.

Umsatztantieme ist grundsätzlich verdeckte Gewinnausschüttung

---

[295] BFH GmbHR 1997, 711, 712.

[296] BFH GmbHR 1997, 711, 712.

[297] BFH BB 2004, 2282, dort hatte der Geschäftsführer Schichtarbeit an einer Autobahn-Tankstelle geleistet, wobei seine Tätigkeit neben seiner Person von angestellten Schichtleitern ausgeübt wurde, die ebenfalls steuerfrei Zuschläge erhielten, so dass das Gericht zu dem Schluss kam, dass auch die Zuschläge an den Geschäftsführer betrieblich und nicht durch das Gesellschaftsverhältnis veranlasst waren.

[298] Siehe FG Hessen GmbHR 1994, 265, bestätigt durch das Urteil des BFH vom 19.5.1993, das mit den Leitsätzen an gleicher Stelle abgedruckt ist.

Gewinntantieme
ist grundsätzlich
zulässig

Weniger Probleme gibt es mit der steuerrechtlichen Anerkennung einer Gewinntantieme. Hier hat der *Bundesfinanzhof* in seinem Urteil vom 5.10.1994 konkrete Vorgaben entwickelt, bei deren Einhaltung er die Gewinntantieme für steuerrechtlich unbedenklich hält[299].

Die Leitsätze lauten:

1. *Eine GmbH muss das Geschäftsführergehalt ihres Gesellschafter-Geschäftsführers auch an den eigenen Gewinnaussichten ausrichten.*
2. *Soweit Tantiemeversprechen einer GmbH gegenüber mehreren Gesellschafter-Geschäftsführern insgesamt den Satz von 50 von Hundert des Jahresüberschusses übersteigen, spricht der Beweis des ersten Anscheins für die Annahme einer verdeckten Gewinnausschüttung.*
3. *Die unübliche Höhe einer Gewinntantieme rechtfertigt es nicht, diese insgesamt als verdeckte Gewinnausschüttung zu behandeln. Nur der unangemessen hohe Tantiemeanteil ist verdeckte Gewinnausschüttung.*
4. *Bei der Beurteilung der Angemessenheit einer Gewinntantieme ist von der Höhe der angemessenen Jahresgesamtbezüge auszugehen, die die GmbH bei normaler Geschäftslage ihrem Geschäftsführer zu zahlen in der Lage und bereit ist. Die Jahresgesamtbezüge sind in ein Festgehalt (in der Regel mindestens 75 von Hundert) und in einen Tantiemeanteil (in der Regel höchstens 25 von Hundert) aufzuteilen. Der variable Tantiemeteil ist in Relation zu dem erwarteten Durchschnittsgewinn auszudrücken.*

Vorgaben des
BFH

Damit gibt der *Bundesfinanzhof* den Vertragsparteien konkrete Leitlinien an die Hand. Sie sind allerdings in der Praxis auf Kritik gestoßen, da sie den Bedürfnissen des Einzelfalls nicht immer standhalten. Insbesondere wird der Tantiemeanteil von höchstens 25 % der Jahresgesamtbezüge kritisiert, da sich höhere Tantiemesätze durchgesetzt haben.

50 % Grenze

Der *Bundesfinanzhof* geht davon aus, dass der Beweis des ersten Anscheins schon dann für eine verdeckte Gewinnausschüttung spreche, wenn mehr als 50 % des Jahresüberschusses für Gewinntantiemen zugunsten von GmbH-Geschäftsführern verwandt werden. Dies stellt sozusagen die erste Grenze dar, die eingehalten werden muss.

Verhältnis
75 % zu 25 %

Anschließend darf dann das Verhältnis der variablen Bezüge zu den Jahresgesamtbezügen in der Regel höchstens 25 % betragen. Allerdings meint der *BFH* auch, dass die Vertragspartner bei der

---

[299] BFH BB 1995, 966.

Aufteilung des Bargehalts in ein Festgehalt und in die variable Komponente einen gewissen Ermessensspielraum haben. Wollen die Vertragsparteien allerdings von dem Verhältnis 75 : 25 % zugunsten einer höheren Gewinntantieme abweichen, müssen sie erläutern, warum sie dies tun.

Ferner ist erforderlich, dass die Gewinntantieme prozentual zum Jahresgewinn ausgedrückt und vereinbart wird. Es muss also beispielsweise geregelt werden, dass der Geschäftsführer 5 % des körperschaftssteuerpflichtigen Gewinns als Tantieme erhält. Die so ermittelte Tantieme darf dann wiederum nicht mehr als 25 % der Jahresgesamtvergütung betragen.

Festlegung der prozentualen Gewinntantieme

Durch Schwankungen im Gewinn ist jedoch im Einzelfall eine Überschreitung der 25 %-Grenze zulässig. Der *Bundesfinanzhof* fordert allerdings eine Überprüfung der Gewinntantieme anlässlich jeder tatsächlich vorgenommenen Gehaltsanpassung und unabhängig von dieser spätestens nach Ablauf von drei Jahren.

Auch ist die Beschränkung der Tantieme auf einen absoluten Höchstbetrag zulässig, indem beispielsweise vereinbart wird, dass der Geschäftsführer 10 % des körperschaftssteuerpflichtigen Gewinns, maximal jedoch 50.000 €, erhält.

Der *Bundesfinanzhof* bringt selbst ein Beispiel, wie er sein Urteil verstanden wissen will[300]:

Eine GmbH hat zum Zeitpunkt des Abschlusses des Geschäftsführervertrags einen körperschaftssteuerpflichtigen Gewinn in Höhe von 800.000 € erwirtschaftet. Das angemessene Geschäftsführergehalt soll 200.000 € betragen. Es teilt sich in 150.000 € Festgehalt und eine Gewinntantieme in Höhe von 50.000 € auf. Dies entspricht einem Tantiemeprozentsatz von 6,25 % des körperschaftssteuerpflichtigen Gewinns (6,25 % von 800.000 € = 50.000 €).

Erzielt die GmbH nun statt 800.000 € 2.000.000 € Gewinn, so ergäbe sich eine Gewinntantieme von 6,25 % aus 2.000.000 €, d.h. ein Betrag in Höhe von 125.000 €. Der Geschäftsführer bekommt also 150.000 € Festgehalt zuzüglich 125.000 € Gewinntantieme = 275.000 € Gesamtgehalt. Die Tantieme beträgt 45,45 % der gesamten Geschäftsführervergütung. Sie ist, obwohl sie den Satz von 25 % übersteigt, dennoch angemessen, da nicht in jedem Jahr eine Anpassung vorgenommen werden muss. In späteren Entscheidungen hat der *BFH* klargestellt, das eine schematische Aufteilung der Bezüge im Verhältnis 75 % Festgehalt zu 25 % Tantieme nicht zwingend ist, sondern bei höheren Tantiemen nicht automatisch eine Gewinntantieme vorliegen muss[301].

---

[300] BFH BB 1995, 967, 968.
[301] BFH BB 2003, 2210.

Ein vom Gesellschafter-Geschäftsführer verursachter Verlustvortrag ist in die Bemessungsgrundlage der Gewinntantieme einzubeziehen, andernfalls liegt eine verdeckte Gewinnausschüttung vor[302].

cc. Besonderheiten beim beherrschenden Gesellschafter-Geschäftsführer

Strengere Anforderungen

Beim beherrschenden Gesellschafter-Geschäftsführer gibt es gegenüber dem nichtbeherrschenden Gesellschafter-Geschäftsführer hinsichtlich der Vereinbarung des Gehalts noch einige Besonderheiten. Ein Gesellschafter-Geschäftsführer ist beherrschend, wenn er mindestens 50 % der Stimmrechte hält oder wenn er als Minderheitsgesellschafter mit anderen Gesellschaftern gleichgerichtete Interessen verfolgt, so dass eine Zusammenrechnung der Stimmen angezeigt ist.

Hat der Gesellschafter-Geschäftsführer maßgeblichen Einfluss auf die Führung der Geschäfte, so kann er sein eigenes Anstellungsverhältnis derart manipulieren, dass dies steuerrechtlich günstig ist. Beim beherrschenden Gesellschafter-Geschäftsführer ist daher eine verdeckte Gewinnausschüttung schon dann anzunehmen, wenn die Gehaltsvereinbarung nicht klar, nicht eindeutig oder rückwirkend vereinbart wird.

Klarheitsgebot

Es gilt also zunächst das *Klarheitsgebot*, aus dem sich ergibt, dass die Gehaltsvereinbarung schriftlich und eindeutig formuliert werden muss. Die Vergütung ist so klar zu regeln, dass sie durch bloße Rechenvorgänge ohne irgendwelche Ermessensakte ermittelt werden kann[303].

Nachzahlungsverbot

Um steuerrechtliche Manipulationen auszuschließen, gilt ferner das *Rückwirkungs-* bzw. *Nachzahlungsverbot*. Gehaltsvereinbarungen sind somit im Voraus zu treffen. Der Geschäftsführer darf sich also grundsätzlich nicht für die zurückliegende Zeit nachträglich Gehalt genehmigen. Stellt der Geschäftsführer beispielsweise zum Jahresende fest, dass er dieses Jahr ganz ordentlichen Gewinn erwirtschaftet hat, so darf er sich nicht rückwirkend zum 1.1. des laufenden Jahres eine Gehaltserhöhung zubilligen. Wurde auf Gehaltszahlungen verzichtet, wobei dies auch formlos möglich ist, so kann dies nicht mit Wirkung für die Vergangenheit später wieder rückgängig gemacht werden. Wird das Gehalt dennoch später unter Aufhebung des Verzichts nachgezahlt, so stellen diese Zahlungen verdeckte Gewinnausschüttungen dar[304].

Durchführungsgebot

Das *Durchführungsgebot* schließlich besagt, dass das, was vertraglich vereinbart ist, tatsächlich auch so durchgeführt werden muss. Es ist daher nicht möglich, dass Gehaltsansprüche seitens

---

[302]   BFH BB 2004, 1090.

[303]   BFH GmbHR 1998, 647, 648.

[304]   Siehe FG Niedersachsen GmbHR 1998, 797.

der Gesellschaft gestundet werden, indem z.B. aus wirtschaftlichen Gründen das dem Geschäftsführer zugesagte Weihnachtsgeld erst im Frühjahr ausbezahlt wird. Die Auszahlung des Weihnachtsgelds im Frühjahr würde eine verdeckte Gewinnausschüttung bedeuten, da die Gehaltsvereinbarung nicht wie abgeschlossen durchgeführt wurde. Nach der Gehaltsvereinbarung war eine Auszahlung vor dem Weihnachtsfest vorgesehen.

Fehlt es an einer klaren, eindeutigen, wirksamen und im Voraus geschlossenen Vereinbarung, so spricht dies für eine verdeckte Gewinnausschüttung. Es handelt sich um ein Beweisanzeichen, nicht jedoch um eine unwiderlegbare Vermutung[305]. In jedem Einzelfall ist unter Berücksichtigung aller Umstände zu prüfen, ob eine verdeckte Gewinnausschüttung vorliegt.

4. Pfändungsschutz für das Einkommen des Geschäftsführers

Gehälter unterliegen der Pfändung. Dies bedeutet, dass jeder Gläubiger, der gegen den Geschäftsführer persönlich einen Titel erstritten hat, in dessen Gehaltsforderungen vollstrecken kann. Dies geschieht, indem der Gläubiger beim zuständigen Amtsgericht einen Pfändungs- und Überweisungsbeschluss erwirkt, der sowohl der GmbH als auch dem Geschäftsführer zugestellt wird. Die GmbH ist dadurch verpflichtet, das Gehalt an den Gläubiger und nicht mehr an den Geschäftsführer zu zahlen. Die Zivilprozessordnung sieht allerdings für Arbeitseinkommen einen gewissen Pfändungsschutz vor. Der Schuldner soll einen Teil des Einkommens behalten dürfen, damit seine wirtschaftliche Existenz gesichert bleibt. Das unpfändbare Nettoeinkommen beträgt monatlich ab dem 1.7.2005 985,15 € (§ 850 c I Zivilprozessordnung); es erhöht sich durch Unterhaltsverpflichtungen. Auf Antrag können weitere Beträge pfändungsfrei bleiben, z.B. wenn erhöhte Aufwendungen aufgrund einer Krankheit zu tätigen sind. Das übersteigende Nettoeinkommen unterliegt nicht komplett, sondern nur anteilig der Pfändung, erst ab 3.020,06 € monatlich ist das Nettogehalt vollständig pfändbar.

Zwar ist der Geschäftsführer kein Arbeitnehmer, er befindet sich jedoch in einer vergleichbaren Situation. Daher genießt auch er für seine Bezüge Pfändungsschutz[306]. Dies gilt auch für eine wegen eines nachvertraglichen Wettbewerbsverbots gezahlte Karenzentschädigung[307].

Geschäftsführer genießt Pfändungsschutz

---

[305]   BFH GmbHR 1998, 647, 649.
[306]   BGH NJW 1978, 756.
[307]   OLG Rostock NJW-RR 1995, 173, 174.

5. Vergütung in der Krise und Insolvenz

a. Verpflichtung zur Anpassung?

Treuepflicht ge-
bietet Anpassung

Gerät die Gesellschaft in die Krise, so haben sowohl der Fremd-als auch der Gesellschafter-Geschäftsführer unter Umständen die Pflicht, einer angemessenen Herabsetzung ihrer Bezüge zuzustimmen. Dies folgt aus der Treuepflicht des Geschäftsführers[308].

b. Vergütung und Kapitalerhaltung

Angemessenheit
ist entscheidend

Die Zahlung einer Geschäftsführervergütung an einen Gesellschafter-Geschäftsführer verstößt grundsätzlich nicht gegen § 30 GmbHG, sofern Leistung und Gegenleistung in einem angemessenen Verhältnis stehen. Besteht allerdings eine Verpflichtung zur Anpassung des Gehalts, weil es derzeit unter Berücksichtigung der Krise nicht mehr angemessen ist, so kann insoweit eine verbotene Auszahlung gemäß § 30 I GmbHG vorliegen. Bei der Prüfung, ob das Gehalt angemessen ist, spielen Art und Umfang der Tätigkeit, insbesondere die Art, Größe und Leistungsfähigkeit des Betriebs, das Alter, die Ausbildung und die Berufserfahrung sowie die Fähigkeiten des Geschäftsführers eine Rolle[309]. Das Zivilrecht prüft eigenständig das Vorliegen der Tatbestandsvoraussetzungen, so dass eine von der Finanzverwaltung festgestellte Unangemessenheit für das Zivilrecht nicht bindend ist. Allerdings kommt es auch bei der zivilrechtlich beurteilten Unangemessenheit auf die Gesamtbezüge an[310].

III. Urlaub

Urlaubsanspruch
besteht

Jeder Geschäftsführer muss einmal Urlaub machen. Er hat darauf allerdings keinen Anspruch aus dem Bundesurlaubsgesetz, das lediglich für Arbeitnehmer und für arbeitnehmerähnliche Personen, nicht jedoch für Organmitglieder gilt. Dennoch folgt aus der Treuepflicht der Gesellschaft gegenüber dem Geschäftsführer, dass ein Anspruch auf die Gewährung eines angemessenen Urlaubs besteht. Ungeklärt ist allerdings, was unter einem angemessenen Urlaub zu verstehen ist. Das Bundesurlaubsgesetz sieht einen Mindesturlaub von jährlich 24 Tagen vor, wobei die Woche mit sechs Tagen gezählt wird. Dies entspricht also einem Urlaub von vier Wochen pro Jahr. Der Geschäftsführer wird wohl mindestens diesen Zeitraum als Urlaub unter Fortzahlung der Bezüge beanspruchen dürfen. Auch wird er darauf bestehen können, zumindest einmal im Jahr einen zusammenhängenden Urlaub zu bekommen,

---

[308]   BGH WM 1992, 1407, 1409.
[309]   BGH WM 1992, 1407, 1408.
[310]   OLG Hamm GmbHR 1994, 399, 400.

denn nur dadurch ist eine nachhaltige „Regeneration" gewährleistet.

Tipp für den Geschäftsführer!
Wegen der Unsicherheiten, ob und in welcher Höhe Sie einen Urlaubsanspruch haben, sollten Sie eine dahingehende Regelung im Anstellungsvertrag erwirken[311]. Geregelt werden sollte auch die Frage, was gilt, wenn wegen Ausscheidens aus dem Anstellungsverhältnis eine vollständige Inanspruchnahme des Urlaubs nicht möglich ist. Es sollte eine Urlaubsabgeltung entsprechend den Vorschriften des Bundesurlaubsgesetzes zugrunde gelegt werden.

IV. Krankheit

Wird der Geschäftsführer krank und steht er deshalb der Gesellschaft nicht zur Verfügung, so stellt sich die Frage, ob er einen Anspruch auf Fortzahlung seiner Bezüge hat. Das Entgeltfortzahlungsgesetz, das Arbeitnehmern für einen Zeitraum bis zu sechs Wochen einen Anspruch auf Fortzahlung der Bezüge gewährt, gilt nicht für Geschäftsführer. Für Geschäftsführer kommt jedoch die allgemeine Regelung des § 616 BGB zur Anwendung. Dort heißt es, dass der zur Dienstleistung Verpflichtete seines Anspruchs auf Vergütung nicht dadurch verlustig wird, dass er für eine „verhältnismäßig nicht erhebliche Zeit" durch einen in seiner Person liegenden Grund ohne sein Verschulden an der Dienstleistung verhindert ist. Danach hätte der Geschäftsführer bei einer dienstlichen Verhinderung infolge von Krankheit auf jeden Fall einen Anspruch auf Fortzahlung der Bezüge. Es gilt daher zu klären, was unter einer verhältnismäßig nicht erheblichen Zeit zu verstehen ist. Allerdings wird § 616 BGB auch nur auf den Geschäftsführer angewandt, der nicht wesentlich an der Gesellschaft beteiligt ist. Dies ist nahe liegend, da der beherrschende Gesellschafter-Geschäftsführer ohnehin eine vertragliche Vereinbarung über eine Lohnfortzahlung im Krankheitsfall treffen könnte. Für den abhängigen GmbH-Geschäftsführer kann die Sechs-Wochen-Frist des Entgeltfortzahlungsgesetzes als Anhaltspunkt für eine Auslegung des Tatbestandsmerkmals „verhältnismäßig nicht erhebliche Zeit" in § 616 I BGB herangezogen werden. Er hat daher im Falle der krankheitsbedingten Verhinderung Anspruch auf Entgeltfortzahlung für den Zeitraum von sechs Wochen (strittig). In sonstigen Verhinderungsfällen, wie z.B. der Pflege eines kranken Kindes, ist der Entgeltfortzahlungszeitraum geringer; hier ist es dem Geschäftsführer grundsätzlich zumutbar, kurzfristig eine Betreuung des Kindes durch Dritte zu organisieren. In solchen Fällen dürfte

Fortzahlung der Bezüge bei Krankheit

---

[311] Siehe den beigefügten Entwurf im Anhang.

mangels anderer Anhaltspunkte ein Anspruch auf Fortzahlung der Bezüge für maximal zwei Wochen bestehen.

Auch hier empfiehlt sich eine vertragliche Vereinbarung. In der Praxis ist die Fortzahlung der Vergütung bei Krankheit oder der sonst unverschuldeten Verhinderung bis zu sechs Monaten nicht unüblich.

G. Versorgung und soziale Absicherung

I. Überblick

Geschäftsführer erhalten für ihre Tätigkeit in der Regel ein angemessenes Gehalt. Diese Vergütung korrespondiert mit ihrer Arbeitsbelastung, ihrer Verantwortlichkeit und ihrem Erfolg. Die Vergütung ermöglicht dem Geschäftsführer einen hohen Lebensstandard. Zieht sich der Geschäftsführer jedoch im Alter aus dem Berufsleben zurück, so steht er vor dem Problem, den gewohnten Lebensstandard weiterhin zu finanzieren. Hieraus erwächst das Bedürfnis des Geschäftsführers, sich für den Ruhestand finanziell abzusichern.

Ruhestand, Berufsunfähigkeit und Tod

Neben einer finanziellen Absicherung für das Alter muss der Geschäftsführer allerdings auch die Fälle der Invalidität und des vorzeitigen Todes bedenken. Bei einer Invalidität muss, wenn der Geschäftsführer seine berufliche Tätigkeit nicht oder nur noch eingeschränkt ausüben kann, über einen finanziellen Ausgleich, etwa in Form einer Berufsunfähigkeitsrente, nachgedacht werden. Im Falle seines vorzeitigen Todes kann es Familienangehörige geben, die finanziell versorgt werden müssen. Diese drei „sozialen Sicherungsfälle" (Alter, Invalidität, vorzeitiger Tod) müssen abgesichert sein.

„Drei Säulen"

Hierbei haben sich die sog. „drei Säulen" der sozialen Absicherung herausgebildet:

- die gesetzliche Rentenversicherung,
- die private Vorsorge,
- die betriebliche Altersversorgung.

II. Gesetzliche Rentenversicherung

Gesetzliche Rente ist nicht auf Dauer auf heutigem Niveau finanzierbar

Die erste Säule, die gesetzliche Rentenversicherung, gewährt für den Ruhestand, aber auch für die Fälle der (verminderten) Erwerbsunfähigkeit und des vorzeitigen Todes, eine soziale Grundabsicherung durch Rentenleistungen. In Zeiten knapper Kassen stellt sich die Frage, ob die gesetzliche Rentenversicherung ihre Funktion noch dauerhaft erfüllen kann. Hier muss bedacht werden, dass die gezahlten Renten der Höhe nach immer hinter dem letzten Nettogehalt zurückbleiben. Aufgrund des Finanzierungsproblems der gesetzlichen Rentenversicherung greift der Gesetzgeber seit Jahren zum Nachteil der künftigen Rentner in das System ein. Hier seien nur Stichworte wie die Heraufsetzung des Rentenalters, die eingeschränkte Berücksichtigung von Ausbildungs- und Studienzeiten oder die Abschaffung der Rente wegen Berufsunfähigkeit für bestimmte Jahrgänge (ab 1.1.2000) genannt.

Die gesetzliche Rente beruht zudem auf dem sog. „Umlageprinzip". Dies bedeutet, dass die Renten aus den laufenden Beiträgen gespeist werden. Die aktuellen Beitragszahler finanzieren die Renten der derzeitigen Ruheständler (sog. Generationsvertrag), indem die heute benötigten Renten auf sie „umgelegt" werden. Die Beiträge werden also nicht - wie bei einem Prinzip, das auf Kapitaldeckung beruht (so z.B. bei der Kapitallebensversicherung) - zu einem Vermögen angesammelt und verzinslich angelegt. Jedoch gerät das Umlageprinzip ins Wanken, wenn es immer mehr Renten zu finanzieren gilt, obwohl das Beitragsaufkommen stagniert oder sogar zurückgeht.

> „Umlageprinzip" und Generationsvertrag

Die Renten aus der gesetzlichen Rentenversicherung sind also schon heute der Höhe nach unzureichend, die Entwicklung der Renten ist ungewiss und nicht alle Geschäftsführer sind gesetzlich versichert. Wie bereits oben ausgeführt, ist grundsätzlich der Fremdgeschäftsführer sozialversicherungspflichtig und damit auch in der gesetzlichen Rentenversicherung zu versichern. Beim Gesellschafter-Geschäftsführer kommt es auf eine Einzelfallprüfung an, ob eine Sozialversicherungspflicht besteht. Hat der Geschäftsführer maßgeblichen Einfuß auf die Geschicke der Gesellschaft, so ist er als beherrschender Gesellschafter sozialversicherungfrei[312].

Für die eigene finanzielle Absicherung des Geschäftsführers für den Ruhestand ist also wie folgt zu unterscheiden:

> „Versorgungslücke" des Geschäftsführers

1. Der Geschäftsführer, der ohnehin rentenversicherungspflichtig ist, steht vor der Frage, ob er wegen der im Vergleich zum letzten Gehalt geringeren Rente eine zusätzliche Absicherung vornimmt, um diese Versorgungslücke zu schließen.
2. Der Geschäftsführer, der nicht in der gesetzlichen Rentenversicherung versichert ist, muss sich völlig eigenständig um seine soziale Absicherung kümmern.

Zusammenfassend lässt sich feststellen:

Jeder Geschäftsführer muss sich vergegenwärtigen, dass im Ruhestand und bei Invalidität bzw. Berufsunfähigkeit eine Versorgungslücke besteht. Ferner muss er sich darüber im Klaren sein, dass für

---

[312] Siehe bereits oben S. 173 ff.

den Fall des frühzeitigen Todes seine Hinterbliebenen finanziell abgesichert sein müssen. Die gesetzliche Rentenversicherung gewährt, soweit der Geschäftsführer dort einen Anspruch auf Rente erworben hat bzw. noch erwirbt, eine Grundabsicherung; es bleibt jedoch eine Versorgungslücke, die abgesichert werden sollte. Eine Absicherung kann über die zweite und dritte Säule der sozialen Sicherung erfolgen.

III. Private Vorsorge

Eigene Vorsorge des Geschäftsführers

Im Rahmen der privaten Vorsorge (zweite Säule) sind alle Spielarten der sozialen Absicherung denkbar. Die private Vorsorge kann entweder durch private Versicherungsverträge oder durch sonstige Maßnahmen der privaten Vermögensbildung aufgebaut werden. So kann der Geschäftsführer für sich und seine Angehörigen eine Lebensversicherung abschließen, die entweder nur seinen vorzeitigen Tod absichert (reine Risikolebensversicherung) oder eine Kapitalleistung für den Erlebensfall (Kapitallebensversicherung) vorsieht. Ferner kommt eine Absicherung für den Fall der Invalidität durch Berufsunfähigkeits- oder Unfallversicherungen in Betracht. Da seit Juli 1994 jeder Versicherer seine eigenen Bedingungen auf den Markt bringen kann, gibt es hier zahlreiche unterschiedliche Produkte, die sich mittlerweile nur noch schwer miteinander vergleichen lassen.

Durch das Altersvermögensgesetz (u.a. Riester-Rente[313]) und das Alterseinkünftegesetz (sog. Rürup-Rente) gewinnen aufgrund der staatlichen Förderung - teils durch Zulagen teils durch steuerliche Abzugsmöglichkeiten - private Rentenversicherungsverträge für die Altersvorsorge an Bedeutung. So sind nach dem Alterseinkünftegesetz Beiträge zu Rentenversicherungen bis zu 20.000 € als Sonderausgaben steuerlich abzugsfähig[314].

Tipp für den Geschäftsführer!
Beauftragen Sie in jedem Fall einen unabhängigen Versicherungsmakler mit der Auswahl von privaten Versicherungsverträgen. Bitten Sie diesen, möglichst europaweit ein geeignetes Produkt für Sie herauszusuchen. Lassen Sie nur die Fakten sprechen! Die zukünftige Rendite lässt sich grundsätzlich nicht exakt prognostizieren. Renditen, die Ihnen genannt werden, beziehen sich häufig auf jetzt fällig werdende Verträge, die vor Jahrzehnten ab-

---

[313] Siehe vor allem das Alterszertifizierungsgesetz.
[314] Bzw. 40.000 € für Ehegatten. Für 2005 sind allerdings erst 60 % von 20.000 € berücksichtigungsfähig, jährlich erhöht sich der Betrag der abzugsfähigen Altersvorsorgeaufwendungen um 2 %, 2025 kann dann der Höchstbetrag zu 100 % ausgeschöpft werden. Die Rentenversicherungsverträge dürfen nicht beleihbar, vererblich, veräußerbar oder kapitalisierbar sein.

geschlossen wurden. Für die Zukunft kann niemand sagen, wie sich die Kapitalanlagen entwickeln. Legen Sie daher Wert darauf, dass Sie wenigstens eine angemessene Garantieverzinsung bzw. Garantierente haben.

Es würde den Rahmen dieses Buchs sprengen, die private Vorsorge detailliert darzustellen. Es ist letztlich auch kein spezifisches Problem des Geschäftsführers, sondern betrifft praktisch die gesamte Bevölkerung.

Die private Vorsorge außerhalb der Absicherung durch Versicherungsverträge kann durch den Erwerb von Immobilien, den Erwerb von Unternehmensbeteiligungen und Investmentanteilen, festverzinslichen Wertpapieren oder auch durch den Abschluss von Vorsorgesparverträgen mit Kreditinstituten geschehen.

IV. Betriebliche Altersversorgung

1. Einführung

Für den Geschäftsführer von besonderem Interesse ist die dritte Säule der sozialen Absicherung, die betriebliche Altersversorgung. Es handelt sich um eine komplexe Materie, deren Beherrschung erhebliches Know-how erfordert. Zur Vertiefung sei verwiesen auf *Langohr-Plato*, Rechtshandbuch Betriebliche Altersversorgung, 3. Aufl. 2004.

Die betriebliche Altersversorgung hat in Deutschland eine lange Tradition. Sie wurde bereits Mitte des 19. Jahrhunderts von einigen größeren Unternehmen eingeführt. Im Zuge der Industrialisierung verlor die Großfamilie und die durch sie gewährleistete soziale Absicherung an Bedeutung, so dass die betriebliche Altersversorgung teils an deren Stelle trat.

Bei der betrieblichen Altersversorgung sind fünf Durchführungswege zu unterscheiden:

Fünf Durchführungswege

1. die unmittelbare Versorgungszusage (Direktzusage),
2. die mittelbare Versorgung durch Unterstützungskassen,
3. die mittelbare Versorgung durch Pensionskassen,
4. die Direktversicherung,
5. die Pensionsfonds.

Alle fünf Möglichkeiten kommen auch für den Geschäftsführer in Betracht.

Bei der *Pensionszusage* (= Direktzusage / unmittelbare Versorgungszusage) wird zwischen dem Geschäftsführer und der GmbH ein Vertrag geschlossen, in dem sich die GmbH verpflichtet, dem Geschäftsführer unter bestimmten Voraussetzungen eine Rente zu

Pensionszusage

zahlen. Ebenfalls kann eine Rente wegen Berufsunfähigkeit bzw. eine Rente an Hinterbliebene vereinbart werden.

Unterstützungskasse

Bei der *Unterstützungskasse* handelt es sich um einen eingetragenen Verein, der durch Beiträge der beteiligten Arbeitgeber finanziert wird. Die begünstigten Arbeitnehmer, auch begünstigte Geschäftsführer, haben keinen direkten Anspruch gegen die Unterstützungskasse.

Pensionskasse

Die *Pensionskasse* ist stets ein Versicherungsverein auf Gegenseitigkeit, der der Versicherungsaufsicht durch das *Bundesaufsichtsamt für das Versicherungswesen* unterliegt. Hier hat der Begünstigte unter bestimmten Voraussetzungen einen direkten Anspruch gegen diesen Versicherungsverein auf Versorgungsleistungen infolge von Invalidität oder für den Ruhestand. Ferner haben die Angehörigen, sofern die Voraussetzungen vorliegen, Anspruch auf die Hinterbliebenenrente.

Pensionsfonds

Die betriebliche Altersversorgung über *Pensionsfonds* ist seit dem 1.1.2003 möglich. Ein Pensionsfonds ähnelt einer Pensionskasse. Es handelt sich um eine Versorgungseinrichtung in der Rechtsform einer Aktiengesellschaft oder eines Pensionsfondsvereins auf Gegenseitigkeit, die dem Versorgungsberechtigten einen Rechtsanspruch gewährt. Hinsichtlich der Anlagegrundsätze bestehen im Verhältnis zur Pensionskasse größere Freiheiten, es kann eine wesentlich riskantere Anlagepolitik betrieben werden.

Direktversicherung

Bei der *Direktversicherung* schließt die GmbH als Versicherungsnehmerin mit einem Versicherungsunternehmen einen Lebensversicherungsvertrag, bei dem der Geschäftsführer versichert und bezugsberechtigt ist. Es handelt sich um einen unkomplizierten Weg, dem Begünstigen Leistungen der Altersversorgung zu kommen zu lassen.

Da die Unterstützungs- und Pensionskassen sowie die Pensionsfonds keine spezifische Bedeutung für den Geschäftsführer haben, werden diese Durchführungswege hier nicht behandelt. Die Darstellung konzentriert sich vielmehr auf die Pensionszusage und die Direktversicherung.

2. Pensionszusage

a. Überblick

Bei der Pensionszusage (Direktzusage) verspricht die GmbH dem Geschäftsführer für den Altersruhestand und den Eintritt einer Berufsunfähigkeit bzw. Invalidität die Gewährung von Versorgungsleistungen[315]. Im Falle des Todes wird in der Regel eine Hinterbliebenenversorgung vereinbart.

---

[315] Eine Versorgungszusage kann auch formlos erteilt werden, siehe BGH MDR 1994, 564.

Eine Versorgungszusage kann in den Einzelfällen unterschiedlich ausgestaltet werden. Das Steuer- und Bilanzrecht setzt allerdings einige Grenzen, innerhalb derer sich die Vertragsparteien bewegen müssen, damit die Zusage steuerrechtlich anerkannt wird[316].

b. Zivilrechtliche Voraussetzungen

Eine Pensionszusage ist nur dann wirksam, wenn bestimmte zivilrechtliche Voraussetzungen erfüllt sind. Zunächst ist zu betonen, dass das Zivilrecht keinerlei Formvorschriften vorsieht. Eine Pensionszusage kann durchaus auch mündlich erteilt werden. Wegen der Probleme bei der steuerlichen Anerkennung einer solchen Pensionszusage sowie aus Gründen der Beweisführung ist von einer mündlichen Pensionszusage in jedem Fall abzuraten.

Zuständig für die Erteilung einer Pensionszusage ist die Gesellschafterversammlung, nicht etwa ein Mitgeschäftsführer oder der Geschäftsführer selbst. Dies auch dann nicht, wenn er vom Selbstkontrahierungsverbot befreit ist. Da die unmittelbare Versorgungszusage Bestandteil des Anstellungsvertrags ist und, wie ausgeführt, die Vereinbarungen der Konditionen unter Abschluss des Anstellungsvertrags in die originäre Zuständigkeit der Gesellschafterversammlung fällt, gilt dies auch für die Erteilung oder Abänderung einer Versorgungszusage.

Gesellschafterversammlung ist zuständig

Es ist möglich, dass die Gesellschafterversammlung einen Mitgeschäftsführer für die Erteilung der Versorgungszusage ermächtigt. Auch wäre es dann zulässig, dass dieser vom Verbot des Selbstkontrahierens befreite Geschäftsführer aufgrund eines ermächtigenden Beschlusses der Gesellschafterversammlung die Versorgungszusage selbst vornimmt.

Bei einer Einpersonen-GmbH wird ebenfalls ein Gesellschafterbeschluss benötigt, der wegen der Beweisbarkeit nach außen zu dokumentieren ist. Aufgrund dieses Gesellschafterbeschlusses kann der Geschäftsführer, der gleichzeitig Alleingesellschafter ist, mit sich selbst diese Versorgungszusage vereinbaren.

Zu beachten ist immer, dass der Gesellschafterbeschluss und die eigentliche Versorgungszusage, d.h. das Rechtsgeschäft zwischen der Gesellschaft und dem Geschäftsführer, voneinander zu trennen sind. Die Gesellschafterversammlung muss zunächst darüber entscheiden, ob und in welchen Einzelheiten eine Versorgungszusage erteilt wird. Diese Entscheidung ist sodann umzusetzen, was die Gesellschafterversammlung selbst tun kann, indem sie mit dem anwesenden Geschäftsführer die Versorgungszusage unmittelbar im Anschluss vereinbart. Denkbar ist auch, dass der Gesellschafterbeschluss eine Doppelfunktion erfüllt, nämlich sowohl die Ent-

Abschluss der Versorgungsvereinbarung

---

[316] Siehe hierzu sogleich die Ausführungen unter e.

scheidung der Gesellschafter dokumentiert, dass eine Versorgungszusage erteilt werden soll, als auch gleichzeitig die Erteilung der Pensionszusage darstellt. Dies wäre allerdings nur dann möglich, wenn der Geschäftsführer gleichzeitig als Gesellschafter an der Abstimmung teilnimmt, was er ohne weiteres darf. Bei einem Fremdgeschäftsführer ließe sich eine Versorgungszusage auf diese Weise nicht realisieren. Hier muss der Gesellschafterbeschluss umgesetzt werden, indem die Gesellschafterversammlung oder ein von ihr Bevollmächtigter namens der GmbH mit dem Geschäftsführer die Pensionsvereinbarung trifft.

c. Vertragliche Ausgestaltung

aa. Typischer Inhalt

Versorgungszusagen enthalten regelmäßig Leistungen für den Fall des Ruhestands, der Berufsunfähigkeit sowie im Todesfall für die Hinterbliebenen.

Pensionsalter

Das Ruhegehalt wird regelmäßig mit der Vollendung des 65. Lebensjahres fällig. Da die Bildung einer Pensionsrückstellung eine Zusage voraussetzt, die frühestens mit Vollendung des 60. Lebensjahres ein Ruhegehalt verspricht, darf dieses Alter nicht unterschritten werden. Bei dem *beherrschenden* Gesellschafter-Geschäftsführer nimmt im übrigen die Finanzrechtsprechung an, dass eine vertraglich vorgesehene Altersgrenze von weniger als 65 Jahren nur dann akzeptiert werden könne, wenn besondere Umstände nachgewiesen werden, die ein niedrigeres Pensionsalter rechtfertigen. Dies kann beispielsweise eine Schwerbehinderung sein[317].

Festbetragszusage

Die Versorgungsleistung kann der Höhe nach fest zugesagt werden, wenn z.B. einem Geschäftsführer eine Rente von 3.000 € pro Monat ab dem 65. Lebensjahr versprochen wird (*Festbetragszusage*). Denkbar ist auch eine Vereinbarung, wonach die Höhe der Rente entsprechend den zurückgelegten Dienstjahren berechnet wird. Dies kann z.B. dadurch geschehen, dass der Geschäftsführer für jeden Monat seiner Dienstzugehörigkeit einen Rentenanspruch von 15 € pro Monat erdient.

Gehaltsabhängige Zusage

Des Weiteren ist eine Koppelung der Pension an das letzte Gehalt (*gehaltsabhängige Zusage*) möglich. Das pensionsbestimmende Gehalt muss eindeutig formuliert werden[318]. Üblich ist eine Anknüpfung an das Jahresgrundgehalt. Dem Geschäftsführer könnte beispielsweise eine Betriebsrente in Höhe von 60 % seines zuletzt bezogenen Jahresgrundgehalts zugesagt werden. Denkbar ist auch, dass man pro Dienstjahr eine Rente von z.B. 2 % bezogen auf das zuletzt bezogene Jahresgrundgehalt zusagt.

---

[317]   Siehe Abschnitt 38 der Körperschaftssteuerrichtlinien 2004.
[318]   Siehe den Formulierungsvorschlag im Anhang 2.

Die Pensionszusage sollte in die Gesamtversorgung des Geschäftsführers eingebettet werden. Dies kann durch Anrechnung der Sozialversicherungs- und sonstiger Renten auf die Betriebsrente geschehen. Die Höhe der Gesamtversorgung (Betriebsrente + gesetzliche Rente + sonstige Renten) wird hierbei der Höhe nach z.B. auf 75 % des zuletzt bezogenen Bruttogehalts limitiert. Bei Gesellschafter-Geschäftsführern muss darauf geachtet werden, dass die Gesamtversorgung insgesamt angemessen ist[319].

Gesamtversorgung

Bei den Hinterbliebenenbezügen wird in der Regel eine Koppelung in prozentualer Höhe an die Versorgungszusage des Geschäftsführers vorgenommen. Denkbar ist beispielsweise, dass die Versorgung des Ehepartners 60 % der Rente des Geschäftsführers beträgt und dass die Waisenrenten jeweils 30 % derselben ausmachen. Insgesamt wird dann meist festgelegt, dass die Hinterbliebenenbezüge maximal die mit dem Geschäftsführer vereinbarte Ruhegeldzusage erreichen dürfen[320].

Hinterbliebenenversorgung

In einer Pensionszusage nicht fehlen darf eine Vereinbarung, die festlegt, wann bei einem vorzeitigen Ausscheiden aus der GmbH eine Anwartschaft besteht, die bereits einen Versorgungsanspruch sicherstellt (Unverfallbarkeit). Denkbar ist etwa eine Regelung, wonach nach fünf Jahren die GmbH an ihre Versorgungszusage auch für den Fall des Ausscheidens gebunden ist. Freilich darf der Geschäftsführer in diesem Fall nur anteilig Versorgungsleistungen beanspruchen. Gilt das Betriebsrentengesetz, so enthält dies Sonderregelungen[321].

Unverfallbarkeit

Ebenfalls von Bedeutung ist die Regelung einer Dynamisierung der Versorgungsleistungen. Hier kann vereinbart werden, dass bereits die Anwartschaft dynamisiert wird. Denkbar ist beispielsweise die Zusage einer Festbetragsrente, die sich jährlich um 2 % bis zum Eintritt des Ruhestands erhöht. Nach Eintritt des Ruhestands kann dann wiederum eine Anpassung vereinbart werden, z.B. in Höhe von ebenfalls 2 %. Möglich ist auch eine Regelung, wonach die Steigerung der Rente an bestimmte Gehälter, z.B. an den Bundesangestelltentarifvertrag gebunden wird. Gilt das sog. Betriebsrentengesetz, so ist eine Pensionsanpassungsprüfung hinsichtlich der laufenden Leistungen im Rhythmus von drei Jahren vorgeschrieben.

Anpassung

Üblich ist ferner die Vereinbarung einer Kapitalabfindung anstelle der Rente. Häufig gibt es überdies einen Vorbehalt der Gesellschaft, wonach Leistungen unter engen Voraussetzungen entzogen bzw. gekürzt werden können. Diese für den Geschäftsführer einschneidende Maßnahme kommt in Betracht, wenn sich die Verhältnisse der Gesellschaft wirtschaftlich entscheidend verschlech-

---

[319] Siehe hierzu sogleich die steuerrechtlichen Ausführungen.
[320] Siehe auch den Formulierungsvorschlag im Anhang 2.
[321] Siehe hierzu die Ausführungen unten.

tert haben, so dass der Gesellschaft auch unter Berücksichtigung der Belange des versorgungsberechtigten Geschäftsführers eine Fortzahlung der Leistung nicht mehr zugemutet werden kann.

bb. Absicherung durch eine Rückdeckungsversicherung

aaa. Zweck und Ausgestaltung

Absicherung in beiderseitigem Interesse

Eine Versorgungszusage, die erfüllt werden muss, stellt eine e-norme wirtschaftliche Belastung für die GmbH dar. Wird beispielsweise der Geschäftsführer einen Monat nach Erteilung der Versorgungszusage berufsunfähig, so fällt er nicht nur als Geschäftsführer aus, sondern muss darüber hinaus möglicherweise noch Jahrzehnte lang finanziell durch die Rente unterstützt werden. Hierauf ist der Geschäftsführer dringend angewiesen; andererseits kann dies die Insolvenz der Gesellschaft herbeiführen. Zusätzlich muss der Geschäftsführer davor geschützt werden, dass die Gesellschaft aus anderen Gründen zahlungsunfähig wird und die ihm zugesagte Versorgung nicht realisiert werden kann.

Finanzierbarkeit der Versorgungsleistungen

Also muss auch die Gesellschaft Vorsorge für den Eintritt der vorzeitigen Berufsunfähigkeit ihres Geschäftsführers, seines Todes sowie generell für die Finanzierbarkeit der Pension im Erlebensfall treffen. Die Gesellschaft bildet zwar Rückstellungen für die ungewisse Verbindlichkeit der Pensionszusage. Solche Rückstellungen können sich jedoch als unzureichend erweisen. Außerdem ist die Rückstellung für den Fall der vorzeitigen Berufsunfähigkeit ohnehin der Höhe nach unzureichend. Eine Rückstellung bedeutet zudem nicht, dass das benötigte Geld „irgendwo" auf einem Konto reserviert wird, sondern nur, dass in dieser Höhe steuerfrei Gewinne erwirtschaftet werden können. Ob diese Gewinne erwirtschaftet werden und ob Liquidität für den Fall der Versorgung zur Verfügung steht, ist dadurch in keiner Weise gewährleistet. Die GmbH und vor allem der Geschäftsführer sind daher darauf angewiesen, dass für den Fall der Berufsunfähigkeit, des Todes oder des Alters die versprochenen Leistungen dann auch wirklich erbracht werden können.

Rückdeckungsversicherung ist die Lösung

Dies kann durch eine Rückdeckungsversicherung erreicht werden. Es handelt sich hierbei um eine Lebensversicherung, die für alle oder einige Versorgungsfälle eintritt und die Leistungen zur Verfügung stellt.

Wird nur eine Risiko-Lebensversicherung zur Rückdeckung abgeschlossen, die lediglich im Fall des Todes zahlt, so kann dadurch die Hinterbliebenenversorgung sichergestellt werden. Bei einer Kapitallebensversicherung wird zusätzlich die Erfüllbarkeit der Altersrente gewährleistet. Durch eine Berufsunfähigkeitsversicherung schließlich, die entweder als Zusatzvertrag zur Kapitallebensversicherung oder als eigenständiger Vertrag abgeschlossen werden kann, wird der Geschäftsführer für den Fall der Berufsunfähigkeit versorgt. Die Rückdeckung der Pensionszusage kann für alle möglichen Versorgungsfälle zu 100 % erfolgen (kongruente Deckung) oder die Risiken nur teilweise abdecken. Bei der Rückdeckung der Altersrente auf Lebenszeit stellt der Versicherer dann bei Rentenbeginn den versicherungsmathematischen Barwert zur Verfügung. Hier besteht allerdings dann eine Finanzierungslücke, wenn der Geschäftsführer ein „biblisches" Alter erreicht, so dass die Versicherungsleistung nicht ausreicht. Eine Lösung wäre, dass die GmbH sich die einmalige Abfindung der Altersrente vorbehalten hätte.

Tipp für die Gesellschafterversammlung!
Durch den Abschluss einer Rückdeckungsversicherung schützen Sie die Gesellschaft vor der erheblichen finanziellen Belastung, die vor allem bei einer Berufsunfähigkeit sowie bei vorzeitigem Tod des Geschäftsführers wegen der Hinterbliebenenversorgung eintritt.

Achten Sie unbedingt darauf, dass die Leistungen aus der Versicherung ausreichen. Bei der Rente wegen Berufsunfähigkeit sollte die von Ihnen in der Versorgungszusage vereinbarte Definition der Berufsunfähigkeit mit jener des Versicherungsvertrags übereinstimmen. Es gibt keine einheitliche Definition der Berufsunfähigkeit. Jeder Versicherer darf diese in seinen Bedingungen selbst definieren. Falls die Definition in der Versorgungszusage nicht mit derjenigen im Versicherungsvertrag identisch ist, kann es eine böse Überraschung geben, wenn der Geschäftsführer zwar im Sinne der in der Pensionszusage vereinbarten Klausel berufsunfähig ist, dies aber nach den Versicherungsbedingungen noch nicht der Fall ist.

Versicherungsnehmerin dieser Rückdeckungsversicherung ist die GmbH. Der Vertrag ist zwar auf das Leben des Geschäftsführers abgeschlossen, bezugsberechtigt ist aber die Gesellschaft. So wird der Versicherungsfall zwar durch den Tod, die Berufsunfähigkeit oder den Ruhestand des Geschäftsführers ausgelöst, sämtliche Leistungen fließen jedoch in das Gesellschaftsvermögen. Wird also der Geschäftsführer berufsunfähig, so kann die GmbH die Leistungen in der vereinbarten Höhe vom Lebensversicherer abrufen und an den Geschäftsführer weiterleiten. Das gleiche gilt für den Fall des Alters, auch hier wird durch die Rückdeckungsversicherung gewährleistet, dass der GmbH die liquiden Mittel zufließen, die zur Bedienung der Rente benötigt werden. Es ist nicht möglich, dass der Geschäftsführer als Bezugsberechtigter eingesetzt wird, denn dann läge keine Rückdeckungsversicherung, sondern bereits eine Direktversicherung vor. Der Geschäftsführer wäre in diesem Fall selbst berechtigt, die Versicherungsleistung abzurufen.

Sämtliche Rechte aus Rückdeckungsversicherung hat die GmbH

bbb. Insolvenzschutz durch Verpfändung

Problematisch sind jedoch die Fälle, in denen die GmbH insolvent wird und deshalb die Versicherungssumme grundsätzlich in die Insolvenzmasse fiele und sämtlichen Gläubigern, also nicht nur dem Geschäftsführer, zugute käme. Der Insolvenzverwalter kann – wenn die Bezugsberechtigung nur widerruflich eingeräumt wurde – diese widerrufen, den Lebensversicherungsvertrag kündigen und so den Rückkaufswert zur Masse erlangen[322]. Dann würden der Geschäftsführer bzw. seine Hinterbliebenen hinsichtlich ihrer Versorgungsansprüche leer ausgehen. Daher muss für die Fälle der maßgeblich beteiligten Geschäftsführer, für die kein Insolvenzschutz über den Pensionssicherungsverein besteht, nach einer Lösung gesucht werden, wie der Geschäftsführer dennoch in den Genuss seiner Versorgungszusage, finanziert durch die Rückdeckungsversicherung, kommen kann.

Verpfändung der Ansprüche an Geschäftsführer

Hierfür hat sich in der Praxis der Weg der *verpfändeten* Rückdeckungsversicherung durchgesetzt. Die GmbH bleibt dabei Versicherungsnehmerin und Bezugsberechtigte, der Geschäftsführer wird jedoch Pfandgläubiger, indem ihm sämtliche Ansprüche aus dieser Lebensversicherung verpfändet werden. Die Verpfändung der Lebensversicherung wird anerkannt, ohne dass die sogleich zu erörternden steuerrechtlichen Vorteile geschmälert werden. In der Insolvenz hat der Geschäftsführer eine bevorrechtigte Position.

Achtung!

Die Verpfändungsvereinbarung muss auf Seiten der GmbH wie der Anstellungsvertrag von der Gesellschafterversammlung geschlossen werden. Handelt es sich um einen Alleingesellschafter-Geschäftsführer, muss dieser vom Verbot des § 181 BGB befreit sein. Ist der Aufsichtsrat für den Abschluss des Anstellungsvertrags zuständig, so schließt er auch die Verpfändungsvereinbarung. Eine zivilrechtlich unwirksam geschlossene Verpfändungsvereinbarung ist wertlos!

Vertragspartner der Verpfändungsvereinbarung sind die Gesellschaft und der Geschäftsführer. Ist eine Hinterbliebenenversorgung vereinbart, sollte mit den begünstigten Angehörigen eine gesonderte Verpfändungsvereinbarung getroffen werden. Hierbei ist darauf zu achten, dass minderjährige Hinterbliebene noch nicht oder nur beschränkt geschäftsfähig sind, so dass eine Mitwirkung der gesetzlichen Vertreter, also in der Regel der Eltern, erforderlich ist. Ein Formulierungsvorschlag für eine Verpfändungsvereinbarung befindet sich im Anhang 3.

---

[322]   BGH ZIP 1993, 600, 602.

Der *BGH* hat die Insolvenzfestigkeit der verpfändeten Rückdeckungsversicherung bestätigt[323]. Die Versicherungssumme könnte dann vom Geschäftsführer aus der Insolvenzmasse im Wege der abgesonderten Befriedigung *im Versorgungsfall* herausverlangt werden. Da aber der Versorgungsfall in der Regel noch gar nicht eingetreten sein wird (der Geschäftsführer erfreut sich des Lebens, er hat noch nicht das Alter für den Ruhestand erreicht und ist auch nicht berufsunfähig), stellt sich die Frage, ob er dennoch die Herausgabe des Pfandes durch Abtretung aller Ansprüche aus dem Lebensversicherungsvertrag bzw. Übertragung des Vertrages an sich selbst beanspruchen darf.

Insolvenzfestigkeit besteht im Grundsatz

Dieses Recht hat der Geschäftsführer, wenn er unwiderruflich bezugsberechtigt ist. Anschließend könnte der Geschäftsführer dann entweder die Prämien bis zur Pfandreife (= Eintritt des Versorgungsfalls) fort entrichten oder nach einer Kündigung des Lebensversicherungsvertrags die Auszahlung des sog. Rückkaufswerts verlangen. Der *BGH* verneint jedoch ein solches Recht des Geschäftsführers auf Verwertung der Lebensversicherung bzw. auf Abtretung der Ansprüche aus der Rückdeckungsversicherung, sofern diese nur mit einem widerruflichen Bezugsrecht zugunsten des Geschäftsführers vereinbart ist. Der Geschäftsführer habe vor Eintritt des Versorgungsfalls nur ein Recht auf Sicherung, der Insolvenzverwalter dürfe die Anwartschaften zurückbehalten und diese stattdessen für den Geschäftsführer hinterlegen. Das Pfand wird also hinterlegt[324]. Das Einzugsrecht steht allein dem Insolvenzverwalter zu, der Geschäftsführer hat nur ein Recht auf Sicherstellung[325]. Dafür spricht, dass es keinesfalls sicher ist, ob der Versorgungsfall tatsächlich eintritt. Verstirbt der Geschäftsführer vorzeitig und hinterlässt er keine Angehörigen, die Anspruch auf die Hinterbliebenenleistung haben, so fällt die Lebensversicherungssumme bzw. der Rückkaufswert in die Insolvenzmasse, wo sie zur nachträglichen Verteilung an die sonstigen Gläubiger zur Verfügung steht.

Einzelheiten des Verfahrens

Die Lösung des *BGH* hat allerdings für den Geschäftsführer den Nachteil, dass er wohl keinen Anspruch darauf hat, den Lebensversicherungsvertrag selbst fortzusetzen. Da in der Insolvenz in der Regel keine Prämien mehr entrichtet werden, würde der Versicherungsschutz aus dem Berufsunfähigkeitsversicherungsvertrag nach einer qualifizierten Mahnung des Versicherungsunternehmens entfallen. Der Lebensversicherungsvertrag müsste nach § 174 des Versicherungsvertragsgesetzes beitragsfrei gestellt werden, was aber auch nur nach Rücksprache mit der Versicherungsnehmerin, d.h. der GmbH, möglich wäre. Diese wird durch den In-

Details sind unsicher

---

[323] BGH GmbHR 1997, 936; BGH, Urt. vom 7.4.2005, zr-report.de.
[324] BGH GmbHR 1997, 936, 938.
[325] BGH, Urt. vom 7.4.2005, zr-report.de.

solvenzverwalter vertreten, der in seiner Entscheidung grundsätzlich frei ist. Den Lebensversicherungsvertrag beitragsfrei stellen bedeutet, dass die Lebensversicherungssumme im Verhältnis zum bereits vorhandenen Deckungskapital herabgesetzt wird, so dass auf dieser Basis weiterhin ein Anspruch auf die Versicherungsleistung besteht. Eine Berufsunfähigkeitszusatzversicherung entfällt hierbei. Der Insolvenzverwalter kann sich jedoch dafür entscheiden, den Vertrag nicht fortzuführen, wodurch der Versicherer zum Rücktritt berechtigt ist. In diesem Fall erlischt der Versicherungsschutz, der Lebensversicherungsvertrag wird abgerechnet und der Rückkaufswert ausbezahlt. Wie der *BGH* zu diesen Problemkreisen im Detail steht, ist unklar. Das Gericht räumt dem Insolvenzverwalter jedenfalls auch das Recht ein, den Versicherungsvertrag zu kündigen und den Rückkaufswert einzuziehen. Dafür spricht (leider!), dass der Geschäftsführer vor dem Versorgungsfall noch keinerlei Ansprüche aus der nur sicherungshalber vorgenommenen Verpfändung geltend machen kann. Nach Wirksamwerden der Kündigung gibt es keinen Versicherungsschutz mehr; der Geschäftsführer kann sich im Versorgungsfall nur noch aus dem oft unzureichenden Rückkaufswert befriedigen. Soweit dieser aufgrund einer Schätzung des Insolvenzverwalters nicht für den Versorgungsfall benötigt wird, kommt eine Verteilung an die sonstigen Insolvenzgläubiger in Betracht[326]. Es bleibt abzuwarten, ob im Rahmen dieser Rechtsprechung das letzte Wort gesprochen ist.

Tipp für den Geschäftsführer!

Bestehen Sie in jedem Fall auf einer Verpfändung der Ansprüche aus der Rückdeckungsversicherung! Auch wenn längst nicht alle Einzelheiten geklärt sind, so steht doch fest, dass der Rückkaufswert für Sie hinterlegt werden muss. Diese Möglichkeit sollten Sie sich sichern. Sie gehen sonst in der Insolvenz leer aus. Unterbleibt eine Verpfändung an Sie, könnte die GmbH die Ansprüche aus dem Lebensversicherungsvertrag als Kreditsicherheit zugunsten eines Dritten verpfänden oder zur Sicherheit abtreten.

Ferner sollten Sie vereinbaren, dass Sie nicht nur für den Versorgungsfall, sondern bereits für den Insolvenzfall berechtigt sind, die Rechte aus der Verpfändung auszuüben[327]. Dann wären Sie in der Insolvenz berechtigt, das Pfand im Wege der Absonderung herauszuverlangen. Ob diese Vereinbarung allerdings von der Rechtsprechung akzeptiert wird, ist ungewiss. Hier besteht die Gefahr, dass die Vereinbarung wegen Umgehung des insolvenzrecht-

---

[326] BGH GmbHR 1997, 936, 938.
[327] Siehe den Formulierungsvorschlag im Anhang 3.

lichen Grundsatzes, wonach die Gläubiger gleichmäßig zu befriedigen sind, unwirksam ist[328].

Statt einer Verpfändung kommt auch eine *Abtretung* der Ansprüche aus der Rückdeckungsversicherung - und zwar aufschiebend bedingt sowohl für den Fall der Versorgung als auch für den Fall der Insolvenz - in Betracht. Dann könnte der Geschäftsführer in der Insolvenz der GmbH ebenfalls eine abgesonderte Befriedigung verlangen. Er hätte überdies das Recht, den Vertrag in eine beitragsfreie Versicherung umzuwandeln. Aber Vorsicht: Ob der *BGH* „mitspielt", muss sich erst noch erweisen, die Finanzverwaltung hält die aufschiebend bedingte Abtretung für den Fall der Insolvenz jedenfalls steuerrechtlich für unbedenklich[329]. Das *BAG* hat jedoch die aufschiebend bedingte Abtretung für den Fall der Stellung des Insolvenzantrags missbilligt[330] und ausgeführt, dass eine solche Abtretung in der Regel vom Insolvenzverwalter wegen Gläubigerbenachteiligung angefochten werden könne. Dies ist jedoch nur innerhalb der knappen Anfechtungsfristen des Insolvenzrechts möglich (§§ 129 ff. InsO). In dem vom *BAG* entschiedenen Fall erfolgte die aufschiebend bedingte Abtretung am 17. Juli und die Eröffnung des Insolvenzverfahrens am 6. August desselben Jahres. Das Gericht hat ausdrücklich offen gelassen, ob eine solche Forderungsabtretung wegen Gesetzesumgehung nichtig ist, weil der Grundsatz der gleichmäßigen Gläubigerbefriedigung ausgehebelt wird. Bei einer Abtretung zu einem Zeitpunkt, in dem die Krise oder Insolvenz nicht absehbar war, muss dies meines Erachtens verneint werden. Denn schließlich dient dem Gläubiger jede Kreditsicherheit gerade dazu, ihn im Falle einer Insolvenz des Schuldners abzusichern, dies erkennt die Rechtsordnung an. Bei einer Verpfändung einer Lebensversicherung zugunsten des Geschäftsführers zur Sicherung seiner Versorgungsansprüche kann nichts anderes gelten.

ccc. Steuerrechtliche Behandlung

Die Versicherungsprämien sind für die GmbH Betriebsausgaben. Da die GmbH bezugsberechtigt ist, stellt die Lebensversicherung für sie einen Vermögenswert dar, der ihr bilanz- und steuerrechtlich zuzurechnen ist. Das sog. geschäftsplanmäßige Deckungskapital (zuzüglich der Überschussbeteiligung) ist Gewinn erhöhend zu aktivieren[331]. Dadurch werden die Verluste durch die Rückstellungen, die auf der Passivseite wegen der Erteilung der Pensionszusage anzusetzen sind, teilweise neutralisiert. Die durch die

Bis zum Versorgungsfall wird der Vertrag der GmbH zugerechnet

---

[328] Siehe zur Abtretung BAG DB 1978, 1843, 1844.
[329] Siehe R 41 [24] der Einkommensteuerrichtlinien.
[330] BAG DB 1978, 1843, 1844.
[331] Zu den Einzelheiten siehe R 41 [24] der Einkommensteuerrichtlinien.

Rückstellungen eingetretene bzw. beabsichtigte Steuerersparnis wird somit reduziert, was nachteilig für die GmbH ist. Für den Geschäftsführer haben weder der Abschluss der Rückdeckungsversicherung noch die Verpfändung oder die aufschiebend bedingte Abtretung von Ansprüchen aus dieser an ihn steuerrechtliche Auswirkungen. Erst wenn der Geschäftsführer die Rechte aus dem Vertrag im Sicherungsfall ausüben darf, werden steuerrechtliche Folgen ausgelöst, indem die Rückdeckungsversicherung zur Direktversicherung wird.

d. Anwendbarkeit des Betriebsrentengesetzes (BetrAVG)

aa. Überblick

Zweck des Betriebsrentengesetzes

Das Betriebsrentengesetz (Gesetz zur Verbesserung der betrieblichen Altersversorgung [BetrAVG]) ist ein Arbeitnehmerschutzgesetz aus dem Jahre 1974. Einerseits müssen Arbeitnehmer, die bereits eine Betriebsrente beziehen, davor geschützt werden, dass der Arbeitgeber insolvent wird. Außerdem sind die Betriebsrentner daran interessiert, dass ihre Renten dynamisiert, d.h. der Kostenentwicklung angepasst werden. Andererseits bedürfen auch die Arbeitnehmer, die noch nicht in den Genuss der Betriebsrente kommen, weil sie noch im Arbeitsleben stehen, die aber mit ihrem Arbeitgeber bereits eine Vereinbarung über entsprechende Versorgungsleistungen getroffen haben, eines Schutzes davor, dass ihr Anspruch auf die Versorgungsleistung infolge der Insolvenz des Arbeitgebers wertlos wird oder durch ihr vorzeitiges Ausscheiden aus dem Arbeitsverhältnis entfällt.

Entgeltumwandlung

Betriebliche Versorgungsleistungen können vom Arbeitgeber oder vom Arbeitnehmer finanziert werden. Das Betriebsrentengesetz selbst gewährt keinen Anspruch auf eine arbeitgeberfinanzierte Versorgung, sondern setzt sie voraus. Der Arbeitnehmer kann jedoch gemäß § 1 a I BetrAVG von seinem Arbeitgeber verlangen, dass von seinen künftigen Entgeltansprüchen bis zu 4 % der Beitragsbemessungsgrenze der Rentenversicherung durch Entgeltumwandlung für seine betriebliche Altersversorgung verwendet werden. Noch nicht fällige Gehaltsansprüche werden somit für die Versorgung eingesetzt. Die Beträge zu Pensionsfonds, Pensionskassen und Direktversicherungen, die sonst steuerpflichtig wären, bleiben bei Verwendung der Beiträge aus der Entgeltumwandlung in Grenzen als Sonderausgaben steuerfrei und – zumindest bis 2009 – sozialversicherungsfrei[332]. Bei Zahlungen an Unterstüt-

---

[332] Siehe § 10 a EStG i.V.m. § 82 III EStG. Den Anspruch haben u.a. in der gesetzlichen Rentenversicherung Pflichtversicherte und damit auch Geschäftsführer, sofern sie sozialversicherungspflichtig beschäftigt sind. Für die im Rahmen der Entgeltumwandlung geleisteten Beiträge kann auch die Altersvorsorge-Zulage (§§ 81 ff. EStG) geltend gemacht werden.

zungskassen und Erteilung unmittelbarer Pensionszusagen werden ohnehin keine steuerrechtlichen Folgen ausgelöst.

Das Betriebsrentengesetz verpflichtet den Arbeitgeber, alle drei Jahre eine Anpassung der laufenden Leistungen der betrieblichen Altersversorgung zu prüfen und ggf. eine solche vorzunehmen (§ 16 BetrAVG). Zugunsten der künftigen Betriebsrentner ist festgelegt, dass Versorgungsanwartschaften unter bestimmten Voraussetzungen unverfallbar werden, so dass ein Schutz sowohl im Falle der Insolvenz des Arbeitgebers als auch im Falle des vorzeitigen Ausscheidens des Arbeitnehmers besteht.

Durch das Betriebsrentengesetz wurde ferner der *Pensionssicherungsverein* ins Leben gerufen. Bei dieser Institution handelt es sich um eine privatrechtlich organisierte Körperschaft in der Rechtsform eines Versicherungsvereins auf Gegenseitigkeit mit Sitz in Köln. Der Pensionssicherungsverein garantiert im Falle der Insolvenz die Erfüllbarkeit versprochener Betriebsrenten, sofern diese im Sinne des Betriebsrentengesetzes *unverfallbar* sind[333]. **Pensionssicherungsverein**

Auch der Geschäftsführer ist daran interessiert, in den Genuss des Schutzes des BetrAVG zu kommen. Nach § 17 I Satz 2 BetrAVG sind den Arbeitnehmern die Personen gleichgestellt, denen aus Anlass ihrer Tätigkeit für das Unternehmen Versorgungsleistungen zugesagt worden sind. Dies würde vom Wortlaut her für alle Geschäftsführer zutreffen. Nach Sinn und Zweck sollen jedoch nur solche Personen unter das Betriebsrentengesetz fallen, die abhängig beschäftigt sind. Das *BAG* hat dies treffend wie folgt zusammengefasst: *„Das Gesetz [=BetrAVG] schützt Betriebsrenten, nicht Unternehmerrenten vor Verfall und Insolvenz. Diesen Schutz durch die Vesichertengemeinschaft kann sich ein Unternehmer nicht dadurch verschaffen, dass er sich selbst eine Versorgungszusage erteilt."* **Anwendbarkeit auf Geschäftsführer**

Der Fremdgeschäftsführer hat mangels Beteiligung an der GmbH kein Stimmrecht in der Gesellschafterversammlung, er kann sich nicht selbst eine Versorgungszusage erteilen. Er genießt wegen dieser Vergleichbarkeit mit einem Arbeitnehmer uneingeschränkt den Schutz des Betriebsrentengesetzes. **Fremdgeschäftsführer**

Der beherrschende Gesellschafter-Geschäftsführer wird vom Geltungsbereich des Betriebsrentengesetzes dagegen nicht erfasst. Die Feststellung, ob ein Gesellschafter eine beherrschende Stellung hat, ist für die Frage der Anwendbarkeit des Betriebsrentengesetzes eigenständig zu ermitteln. Die Definitionen des Sozialversicherungsrechts oder des Steuerrechts haben keine Bindungswirkung. Der *BGH* stellt allerdings ebenfalls - wie der *Bundesfinanzhof* für das Steuerrecht und das *Bundessozialgericht* für das Sozialversicherungsrecht - auf die Mehrheit der Stimmrechte ab. **Beherrschender Gesellschafter-Geschäftsführer**

---

[333] Siehe Ausführungen unter bb.

Der mehrheitlich beteiligte Gesellschafter-Geschäftsführer kann aufgrund seiner vermögensmäßigen Beteiligung und seines maßgeblichen Einflusses das Unternehmen als sein eigenes betrachten[334]. Der *BGH* formuliert prägnant, *„dass Leitungsmacht und maßgebliche Beteiligung zusammenkommen müssen, um einen Gesellschafter-Geschäftsführer als Mitunternehmer qualifizieren zu können, der sein eigenes Unternehmen leitet und deshalb nicht als Lohn- und Versorgungsempfänger auf Grund von Dienstleistungen für ein fremdes Unternehmen im Sinne von § 17 I BetrAVG anzusehen ist"*[335]. Dieser Gesellschafter ist beherrschend, so dass für ihn das Betriebsrentengesetz grundsätzlich nicht gilt.

Stand der Rechtsprechung

Vom Anwendungsbereich des Betriebsrentengesetzes ausgenommen hat der *BGH* aber auch minderheitlich beteiligte Gesellschafter-Geschäftsführer, die zusammen mit weiteren, ebenfalls nicht mehrheitlich beteiligten Gesellschafter-Geschäftsführern die Mehrheit der Stimmen auf der Gesellschafterversammlung bilden und aufgrund ihrer gleichgerichteten Interessen einem Einigungszwang unterliegen[336]. Zweifel darüber, ob die theoretische Möglichkeit der Beherrschung genügt, hat allerdings das *BAG*[337] geäußert. Eine nur unwesentliche Beteiligung genügt aber nach Ansicht des *BGH* keinesfalls, um den Gesellschafter vom Geltungsbereich des Betriebsrentengesetzes auszuschließen, wobei das Vorliegen einer wesentlichen Beteiligung bei 10 % noch bejaht wurde[338]. Der *BGH* hat jüngst offen gelassen, ob er an der von ihm selbst gezogenen Grenze einer Beteiligung von 10 % festhalten will[339].

Verwaltungspraxis des Pensionssicherungsvereins

Auch nach der Verwaltungspraxis des Pensionssicherungsvereins, der im Fall der Insolvenz des Arbeitgebers „einspringt", ist beherrschender Gesellschafter-Geschäftsführer derjenige, der mindestens die Hälfte aller GmbH-Anteile innehat. Damit fällt der zu mindestens 50 % an der GmbH beteiligte Geschäftsführer aus dem Schutzbereich heraus. Die Einzelheiten sind in einem Merkblatt des Pensionssicherungsvereins aus dem Jahre 1995[340] geregelt. Entscheidend ist, dass der Einfluss aufgrund der Kapitalanteile so ausgestaltet ist, dass keine Entscheidungen gegen den Willen des einzelnen Geschäftsführers getroffen werden können. Dies ist grundsätzlich dann der Fall, wenn er mindestens mit der Hälfte beteiligt ist. Allerdings gibt es Situationen, in denen trotzdem kein Einfluss besteht, etwa weil die Anteile für die Rechnung eines Dritten, sozusagen treuhänderisch gehalten werden. Auch für diese

---

[334]   BGH WM 1991, 524, 525.
[335]   BGH ZIP 1997, 1351, 1352.
[336]   BGH ZIP 1997, 1351, 1352.
[337]   BAG GmbHR 1998, 84, 86.
[338]   BGH NJW-RR 1990, 800.
[339]   BGH ZIP 1997, 1351, 1352.
[340]   PSVAG 300/M Fassung 7.95, abgedruckt in ZIP 1996, 2051.

Fälle greift dann der Insolvenzschutz des Pensionssicherungsvereins ein[341].

bb. Unverfallbarkeit der Versorgungszusagen

aaa. *In der Insolvenz der Gesellschaft*

Für den Fall der Insolvenz der GmbH kommt für den Geschäftsführer - in engen Grenzen - neben der Absicherung durch eine verpfändete Rückdeckungsversicherung noch ein weiterer Schutz für sog. unverfallbare Betriebsrenten in Betracht. Grundsätzlich werden allerdings nur *Arbeitnehmer* abgesichert.

Die Pensionszusagen des Geschäftsführers, die vom persönlichen Schutzbereich des Betriebsrentengesetzes erfasst werden, sind in der Insolvenz durch den Pensionssicherungsverein geschützt, wenn die zusätzlichen Voraussetzungen des § 1 b BetrAVG erfüllt sind, also die Versorgungszusage mindestens 5 Jahre bestanden hat und der Geschäftsführer zum Zeitpunkt der Eröffnung des Insolvenzverfahrens mindestens 30 Jahre alt ist (§ 7 II BetrAVG).

Die Höhe der unverfallbaren Anwartschaft wird wie im Falle des vorzeitigen Ausscheidens nach dem sog. ratierlichen Verfahren berechnet. Dies bedeutet, dass die bis zur Eröffnung des Insolvenzverfahrens tatsächlich zurückgelegte Dienstzeit mit der bis zur vertraglich vereinbarten Altersruhegeldgrenze möglichen Dienstzeit ins Verhältnis gesetzt wird. Der Geschäftsführer bekommt also nicht seinen vollen Versorgungsanspruch, den er hätte, wenn er bis zum Schluss bei der Gesellschaft arbeiten würde, sondern nur seine zeitanteilige Anwartschaft.

Schutz durch Pensionssicherungsverein

bbb. *Beim vorzeitigen Ausscheiden*

Scheidet der Geschäftsführer vorzeitig aus den Diensten der Gesellschaft aus, ohne dass ein Versorgungsfall eingetreten ist, so ist er daran interessiert, dass die erworbenen Anwartschaften nicht verloren gehen. Der Geschäftsführer sollte daher unbedingt hinsichtlich seiner Versorgungsansprüche eine Unverfallbarkeit mit der Gesellschaft vereinbaren. Gilt für den Geschäftsführer das Betriebsrentengesetz, so kommen die soeben erörterten Unverfallbarkeitsvoraussetzungen aus § 1 b BetrAVG im Verhältnis zur Gesellschaft zur Anwendung. Sind die Voraussetzungen des § 1 b BetrAVG eingehalten, so ist die GmbH an ihre Versorgungszusage gebunden. Der *beherrschende* Gesellschafter-Geschäftsführer ist hingegen auf eine vertragliche Vereinbarung angewiesen, um ebenfalls im Verhältnis zur GmbH in den Genuss einer unverfallbaren Anwartschaft zu kommen.

Erhaltung der Anwartschaften bei vorzeitiger Beendigung des Anstellungsverhältnisses

---

[341] So auch BGH WM 1991, 524, 526.

Die Unverfallbarkeit hat also Bedeutung einerseits in der Insolvenz, andererseits beim vorzeitigen Ausscheiden des Geschäftsführers. In beiden Situationen ist der Geschäftsführer daran interessiert, sich die aus der Versorgungszusage erworbenen Rechte zu erhalten.

cc. Widerruf der Versorgungszusage

Nur in Extremfällen statthaft

Verfügt der Geschäftsführer über eine unverfallbare Anwartschaft, so ist die Versorgungszusage - auch während des bestehenden Dienstverhältnisses - nur noch in engen Grenzen von der GmbH widerruflich. Hier muss dem Geschäftsführer schon eine erhebliche Treuepflichtverletzung vorzuwerfen sein, damit die Berufung auf die Versorgungszusage rechtsmissbräuchlich erscheint. Ein wichtiger Grund, der eine fristlose Kündigung des Anstellungsvertrags ermöglicht, rechtfertigt nicht gleichzeitig den Widerruf einer unverfallbaren Anwartschaft. Die Anforderungen sind strenger. In einem älteren Urteil hat der *BGH* einen Widerruf der Pensionszusage in einem Fall für zulässig erachtet, in dem der Geschäftsführer Ware auf eigene Rechnung eingekauft und mit erheblichem Gewinn an die GmbH weiterveräußert hat[342]. Ein Widerruf ist möglich, wenn schwerste Verfehlungen begangen wurden, die den Bestand des Unternehmens gefährden[343]. Der Geschäftsführer muss seine Pflichten in so grober Weise verletzt haben, dass sich die in der Vergangenheit bewiesene Betriebstreue nachträglich als wertlos oder zumindest erheblich entwertet herausstellt[344]. Dies lässt sich beispielsweise bejahen, wenn der (ehemalige) Geschäftsführer systematisch Aufträge der GmbH umleitet und die GmbH dadurch in die Krise gerät.

Auch eine schwere wirtschaftliche Notlage der GmbH kann einen Widerruf zumindest bei Geschäftsführern rechtfertigen, die nicht unter den Schutzbereich des Betriebsrentengesetzes fallen[345]. Es muss aber immer geprüft werden, ob nicht ein milderes Mittel als der Widerruf in Betracht kommt. Die Anwartschaft als solche entzieht der Gesellschaft schließlich keine Liquidität. Die Ausräumung einer Überschuldung kann ggf. auch erreicht werden, in-

---

[342] BGH WM 1964, 1320, 1321.
[343] BGH NJW-RR 1997, 348; OLG Stuttgart GmbHR 1998, 1034; OLG München NZG 2002, 978.
[344] BGH GmbH-Steuerpraxis 2002, 253; LAG Hamburg NZA-RR 2005, 150.
[345] BAG DB 1993, 1927. Siehe BAG AP BetrAVG § 7 Widerruf Nr. 24, 2. Leitsatz: *Seit der Streichung des Sicherungsfalls der wirtschaftlichen Notlage (§ 7 I Satz 3 Nr. 5 BetrAVG aF) durch Art. 91 EGInsO besteht das von der Rechtsprechung aus den Grundsätzen über den Wegfall der Geschäftsgrundlage entwickelte Recht zum Widerruf insolvenzgeschützter betrieblicher Versorgungsrechte wegen wirtschaftlicher Notlage (seit BAG 10. 12. 1971 - 3 AZR 190/71 - BAGE 24, 63, 71 f.) nicht mehr.* Beim Geschäftsführer der unter das Betriebsrentengesetz fällt, dürfte dies ebenfalls gelten.

dem der betreffende Geschäftsführer ggf. vorübergehend einen qualifizierten Rangrücktritt[346] erklärt, ohne dass ein endgültiger Widerruf der Versorgungszusage erfolgen muss.

e. Steuerrechtliche und bilanzrechtliche Auswirkungen

aa. Bildung von Pensionsrückstellungen

Die Erteilung von Pensionszusagen ist für die GmbH deshalb vorteilhaft, weil sie in den Grenzen des § 6 a Einkommensteuergesetz Pensionsrückstellungen bilden kann. Diese Pensionsrückstellungen werden auf der Passivseite der Bilanz angesetzt und mindern unmittelbar den Gewinn. Viele Unternehmen erteilen gezielt dann Pensionszusagen, wenn sie hohe Gewinne erwarten bzw. im laufenden Geschäftsjahr schon erwirtschaftet haben, um die Steuerlast zu senken. Die Bildung einer Pensionsrückstellung ist auch deshalb reizvoll, weil durch sie dem Unternehmen keinerlei Liquidität entzogen wird. Ganz im Gegenteil, durch die Steuerersparnis, die infolge der Bildung der Pensionsrückstellungen anfällt, wird die Liquidität sogar noch erhöht.

(Randnotiz: Steuerersparnis durch Pensionsrückstellungen)

Der Ansatz einer Pensionsrückstellung vor Eintritt des Versorgungsfalls kommt nur dann in Betracht, wenn der Versorgungsempfänger, d.h. der Geschäftsführer, mindestens bis zum 30. Juni des Jahres, in dem die Rückstellung gebildet werden soll, das 28. Lebensjahr vollendet oder eine nach dem Betriebsrentengesetz unverfallbare Anwartschaft hat. Der Geschäftsführer muss ferner einen Rechtsanspruch auf die Versorgungsleistung haben. § 6 a Einkommensteuergesetz legt außerdem fest, dass eine steuerrechtliche Anerkennung nur dann möglich ist, wenn die Pensionszusage lediglich in Ausnahmefällen widerruflich ist. Auch verlangt das Steuergesetz, dass die Pensionszusage schriftlich vereinbart wurde. Schließlich wird in § 6 a EStG für die Berücksichtigung von Pensionsrückstellungen gefordert, dass die Pensionszusage eindeutige Angaben zu Art, Form, Voraussetzungen und Höhe der in Aussicht gestellten künftigen Leistungen enthalten muss. Schließlich darf die Pensionszusage keine Pensionsleistungen in Abhängigkeit von künftigen gewinnabhängigen Bezügen vorsehen.

(Randnotiz: Strenge Voraussetzungen)

bb. Gefahr verdeckter Gewinnausschüttungen

Wird eine Pensionszusage an einen Gesellschafter-Geschäftsführer erteilt, so muss stets die Gefahr einer verdeckten Gewinnausschüttung im Auge behalten werden. Geht die Finanzverwaltung zu Recht vom Vorliegen einer verdeckten Gewinnausschüttung aus, so war die Bildung der Pensionsrückstellung unzulässig. Dies führt allerdings nicht dazu, dass diese Rückstellung nicht bzw. nicht in voller Höhe anerkannt wird. Die Rückstellung bleibt in

(Randnotiz: Anerkennung der Pensionsrückstellungen)

---

[346] Siehe zum Rangrücktritt oben 1. Teil, K III 2 c.

der Steuerbilanz, wenn sie zivilrechtlich wirksam ist. Der Gewinn ist vielmehr außerbilanziell zu korrigieren. Der *Bundesfinanzhof*[47] führt aus: *Ist eine Pensionszusage durch das Gesellschaftsverhältnis veranlasst, so rechtfertigt dies nicht die gewinnerhöhende Auflösung der Pensionsrückstellung. Vielmehr sind nur die im jeweiligen Veranlagungszeitraum erfolgten Zuführungen zur Pensionsrückstellung außerbilanziell rückgängig zu machen. Eine nachträgliche Korrektur von Zuführungen, die früheren Veranlagungszeiträumen zuzuordnen sind, ist nicht zulässig.* Dadurch wird, falls die Gesellschaft per Saldo mit Gewinn arbeitet, die Körperschaftssteuerschuld vergrößert. Der *Bundesfinanzhof* vertritt die Ansicht, dass bei einer überhöhten Pensionszusage eine Korrektur des Gewinns nur in der Höhe erfolgen muss, die die Pensionszusage auf ein angemessenes Niveau kürzt.

Für die Frage, wann eine verdeckte Gewinnausschüttung vorliegt, muss zwischen dem Gesellschafter-Geschäftsführer im Allgemeinen und dem *beherrschenden* Gesellschafter-Geschäftsführer im Besonderen unterschieden werden.

Hierbei ist allerdings gerade im Hinblick auf die neuere Rechtsprechung des *Bundesfinanzhofs* nicht immer klar erkennbar, welche Kriterien für die Entscheidung, ob eine verdeckte Gewinnausschüttung vorliegt, nur für den *beherrschenden* Gesellschafter-Geschäftsführer gelten und welche für *sämtliche,* an der Gesellschaft beteiligte Geschäftsführer zu beachten sind.

aaa. Grundsätze für alle Gesellschafter-Geschäftsführer

Angemessenheit der Gesamtvergütung und Gesamtversorgung

Die Pensionszusage ist Bestandteil der Gesamtvergütung des Geschäftsführers. Diese muss - wie bereits oben bei der Tätigkeitsvergütung erläutert - insgesamt angemessen sein. Eine Prüfung der Angemessenheit kann durch einen internen Vergleich, sofern Vergleichspersonen im Management vorhanden sind, ansonsten durch einen externen Vergleich erfolgen. Die Versorgung für den Fall des Ruhestands ist noch angemessen, wenn sie unter Anrechnung anderer Versorgungsleistungen, wie z.B. Renten aus der gesetzlichen Rentenversicherung, 75 % der Gesamtbezüge beträgt[348]. Neben der Angemessenheit der Pensionszusage stellt die Rechtsprechung jedoch noch weitere Erfordernisse auf.

---

[47] BFH/NV 2003, 347.

[348] BFH GmbHR 1995, 830, 833; siehe auch BFH BStBl. II 2005, 176: 2. Leitsatz: *Eine Überversorgung ist regelmäßig anzunehmen, wenn die Versorgungsanwartschaft zusammen mit der Rentenanwartschaft aus der gesetzlichen Rentenversicherung 75 v.H. der am Bilanzstichtag bezogenen Aktivbezüge übersteigt.* Siehe ferner mit Berechnungsbeipielen das ausführliche Schreiben des Bundesministers für Finanzen: BMF, 03.11.2004, IV B 2 - S 2176 - 13/04, BStBl I 2004, 1045, Zusagen auf Leistungen der betrieblichen Altersversorgung: Überversorgung.

In einem Grundsatz-Urteil hat der *Bundesfinanzhof*[49] einige dieser Kriterien wie folgt in seinen Leitsätzen zusammengefasst:

1. *Sagt eine Kapitalgesellschaft ihrem Gesellschafter-Geschäftsführer eine Pension zu, so hält diese Zusage dem Fremdvergleich im allgemeinen stand, wenn aus Sicht des Zusagezeitpunkts*
   - *die Pension noch erdient werden kann,*
   - *die Qualifikation des Geschäftsführers, insbesondere aufgrund einer Probezeit feststeht,*
   - *die voraussichtliche Ertragsentwicklung die Zusage erlaubt und*
   - *keine anderen betrieblichen Besonderheiten der Zusage entgegenstehen (z.B. Wahrung des sozialen Friedens).*
2. *Erdient werden kann eine Pension von einem beherrschenden Gesellschafter-Geschäftsführer, wenn zwischen Zusagezeitpunkt und dem vorgesehenen Zeitpunkt des Eintritts in den Ruhestand mindestens zehn Jahre liegen, und von einem nichtbeherrschenden Gesellschafter-Geschäftsführer, wenn im vorgesehenen Zeitpunkt des Eintritts in den Ruhestand der Beginn der Betriebszugehörigkeit mindestens zwölf Jahre zurückliegt und die Zusage für mindestens drei Jahre bestanden hat. ...*
3. *Wird ein Einzelunternehmen in eine Kapitalgesellschaft umgewandelt o.ä. und führt der bisherige, bereits erprobte Geschäftsleiter des Einzelunternehmens als Geschäftsführer der Kapitalgesellschaft das Unternehmen fort, so bedarf es vor Erteilung einer Pensionszusage keiner (erneuten) Probezeit für den Geschäftsführer.*
4. *Aus dem Fehlen einer Rückdeckungsversicherung für eine Pensionszusage allein ergibt sich noch nicht, dass die Zusage eine verdeckte Gewinnausschüttung ist.*

Der *Bundesfinanzhof* verlangt also entsprechend seiner bisherigen Rechtsprechung, dass die Pension erdienbar sein müsse. Hierbei differenziert das höchste Finanzgericht zwischen dem beherrschenden und dem nicht beherrschenden Gesellschafter-Geschäftsführer. Beim nicht beherrschenden Gesellschafter-Geschäftsführer nimmt er eine Erdienbarkeit an, wenn die Unverfallbarkeitsfristen des Betriebsrentengesetzes eingehalten werden. Das Urteil ging noch von den längeren Fristen nach altem Betriebsrentenrecht aus (u.a. zehn Jahre). Heute beträgt die Unverfallbarkeitsfrist nur noch fünf Jahre. Ob der *Bundesfinanzhof* sich auch an die kurze Fünf-

---

[349] BFH GmbHR 1998, 338.

jahres-Frist für beide Gesellschaftertypen die Erdienbarkeit anlehnen wird, bleibt abzuwarten[350].

Probe- bzw. Wartezeit nach Bestellung

Des Weiteren fordert der *Bundesfinanzhof* eine gewisse Probezeit für den Geschäftsführer, da dies auch mit einem Dritten so vereinbart werden würde. Völlig offen ist jedoch, wie lange diese Probezeit dauern soll. Hier werden Zeiträume von sechs Monaten bis zu fünf Jahren „gehandelt"[351]. Einfluss auf die Länge der Probe- bzw. Wartezeit hat die Qualifikation, die der Geschäftsführer mitbringt. Je höher diese ist, desto kürzer kann die Probezeit sein. In dem vom *Bundesfinanzhof* entschiedenen Fall war der Geschäftsführer bereits in dem Unternehmen tätig, aus dem die GmbH hervorgegangen ist. Daher konnte auf eine Wartezeit verzichtet werden.

Wartezeit nach Gründung der GmbH

Wird eine GmbH neu gegründet, so stellt es ebenfalls eine verdeckte Gewinnausschüttung dar, wenn die Gesellschaft, ohne dass ihre künftige wirtschaftliche Entwicklung und damit die Leistungsfähigkeit abschätzbar ist, einem Gesellschafter-Geschäftsführer eine Pensionszusage erteilt. Dies selbst dann, wenn eine Rückdeckungsversicherung abgeschlossen wird. So hat der *Bundesfinanzhof* beispielsweise eine Pensionszusage, die 15 Monate nach Gründung erteilt wurde, steuerrechtlich nicht anerkannt[352].

Ferner verlangt der *Bundesfinanzhof*, dass der Betriebsfrieden nicht durch die Pensionszusage gestört wird. Dies setzt jedoch voraus, dass der Geschäftsführer tatsächlich mit anderen Arbeitnehmern vergleichbar ist. Ist dies nicht der Fall, so ist die Pensionszusage gleichwohl wirksam, wenn sie nur dem Geschäftsführer und nicht ebenfalls auch anderen Arbeitnehmern in vergleichbarer Weise erteilt wird.

Ernsthaftigkeit

Schließlich muss die Pensionszusage ernsthaft sein, was bedeutet, dass ihre Erfüllbarkeit auch tatsächlich gewollt und in gewisser Weise gesichert ist. Dies ist ohne Einschränkung der Fall, wenn eine kongruente Rückdeckungsversicherung abgeschlossen wird. Eine solche ist aber für die steuerrechtliche Anerkennung einer Pensionszusage nicht zwingend erforderlich[353]. Allerdings sieht die Finanzverwaltung das Fehlen einer Rückdeckungsversicherung oft als entscheidendes Indiz für die mangelnde Ernsthaftigkeit und damit für das Vorliegen einer verdeckten Gewinnausschüttung an.

---

[350]   Im Urteil vom 24.04.2002, BStBl II 2003, 416, hat der BFH die Zehn-Jahres-Frist bestätigt, obwohl die Änderung der Unverfallbarkeitsfrist durch das Altersvermögensgesetz vom 26.06.2001 auf fünf Jahre bereits in Kraft war.

[351]   BFH GmbHR 1998, 340, 342.

[352]   BFH GmbHR 1998, 893, 894; BFH NJW 2000, 535, 536.

[353]   BFH GmbHR 1998, 339, 340.

bbb. Besonderheiten beim beherrschenden Gesellschafter-Geschäftsführer

Wie eingangs ausgeführt, ist nicht ganz eindeutig festzustellen, ob die soeben dargelegten Kriterien der Finanzrechtsprechung ausnahmslos auch für den nicht beherrschenden Gesellschafter-Geschäftsführer gelten. Ein spezielles Erfordernis für den beherrschenden Gesellschafter-Geschäftsführer besteht darin, dass eine klare, eindeutige und von vornherein bestimmte Pensionszusage abgeschlossen wird, die außerdem zivilrechtlich wirksam ist. Damit soll sichergestellt werden, dass der beherrschende Gesellschafter-Geschäftsführer, der auf den Abschluss der Pensionszusage ja maßgeblich Einfluss nehmen kann, nicht nach seinem Gutdünken die Erteilung bzw. die Änderung der Versorgungsvereinbarung unter steuerrechtlichen Gesichtspunkten vornimmt.

Die Erdienbarkeit einer Pension ist nach Ansicht des *Bundesfinanzhofs*[354] nur dann möglich, wenn der beherrschende Gesellschafter-Geschäftsführer bei der Erteilung der Pensionszusage das 60. Lebensjahr noch nicht vollendet hat. Ferner muss die Pension, wie bereits erwähnt, mindestens zehn Jahre erdient werden[355]. Darüber hinaus darf als Zeitpunkt für den Beginn der Rentenzahlungen frühestens die Vollendung des 65. Lebensjahres vereinbart werden.

Zusätzliche Kriterien

ccc. Steuerrechtliche Behandlung beim Geschäftsführer

Für den Geschäftsführer selbst wirkt sich die Pensionszusage in keiner Weise steuerrechtlich aus. Die Zusage wird für ihn erst dann steuerrechtlich relevant, wenn er die Versorgungsleistung erhält. Hierbei handelt es sich um Einkünfte aus nichtselbständiger Arbeit gemäß § 19 Einkommensteuergesetz, die der nachgelagerten Besteuerung unterliegen. Nach § 2 II der Lohnsteuer-Durchführungsverordnung gehören derartige Einnahmen ferner zum Arbeitslohn. Dies bedeutet, dass die GmbH verpflichtet ist, die Lohnsteuer zu Lasten des Geschäftsführers von den Versorgungsleistungen abzuziehen und an das Finanzamt abzuführen.

Auswirkungen erst im Versorgungsfall

---

[354] BFH DStR 1995, 600.

[355] BFH NJW 2000, 535; Entscheidend ist aber immer der Einzelfall. So hat der BFH eine Erdienungszeit von acht Jahren und zehn Monaten bei einem 56 Jahre alten Geschäftsführer für unschädlich gehalten, da der Versorgungsempfänger eine Versorgungslücke zu schließen hatte, siehe BStBl II 2003, 416. Ein Fremdgeschäftsführer hätte bei einer derartigen Versorgungslücke ebenfalls eine Pension ausgehandelt.

3. Direktversicherung

GmbH ist Versicherungsnehmerin, Geschäftsführer ist bezugsberechtigt

Bei einer Direktversicherung handelt es sich um eine Lebensversicherung, die - wie die Rückdeckungsversicherung - auf das Leben des Geschäftsführers abgeschlossen wird. Versicherungsnehmerin ist auch hier die GmbH. Im Unterschied zur Rückdeckungsversicherung sind jedoch der Geschäftsführer bzw. seine Hinterbliebenen bei der Direktversicherung unmittelbar bezugsberechtigt. Ihnen fließt daher die Versicherungsleistung im Versorgungsfall zu.

Risiken für den Geschäftsführer

Ist das Bezugsrecht dem Geschäftsführer bzw. Hinterbliebenen *unwiderruflich* eingeräumt, kann die GmbH die Leistungen aus dem Lebensversicherungsvertrag nicht mehr für sich beanspruchen. Bei einer nur *widerruflichen* Bezugsberechtigung besteht bei der Direktversicherung die Gefahr, dass die GmbH die Rechte aus der Lebensversicherung, die ihr bis zur Realisierung des Versorgungsfalls noch ungeschmälert zustehen, verpfändet bzw. abtritt oder die Lebensversicherung kündigt und Zahlung des Rückkaufswerts verlangt. Der Lebensversicherungsvertrag könnte beispielsweise als Kreditsicherheit verwertet werden.

Unverfallbarkeit

Im Anwendungsbereich des Betriebsrentengesetzes können auch Ansprüche aus der Direktversicherung für den Arbeitnehmer unverfallbar werden. Der Arbeitgeber darf dann die Bezugsberechtigung nicht mehr widerrufen (§ 1 b II BetrAVG). Soweit die betriebliche Altersversorgung durch Entgeltumwandlung erfolgt, muss das Bezugsrecht von Anfang an unwiderruflich dem Geschäftsführer bzw. seinen Hinterbliebenen eingeräumt werden. Der Geschäftsführer muss im Falle seines Ausscheidens das Recht zur Fortsetzung des Vertrages mit eigenen Beiträgen haben, das Recht zur Verpfändung, Beleihung oder Abtretung durch die GmbH muss ausgeschlossen sein (§ 1 b V BetrAVG).

Scheidet der Geschäftsführer vorzeitig aus den Diensten der GmbH aus, so hat er bei Anwendung des Betriebsrentengesetzes aufgrund der Unverfallbarkeit Ansprüche gegen die GmbH. Nach dem sog. ratierlichen Verfahren, das bereits oben bei der Pensionszusage erörtert wurde, sind dem Geschäftsführer seine Ansprüche als Anwartschaft zu erhalten. Da die GmbH dann ggf. noch Jahrzehnte mit der Abwicklung des Versorgungsanspruchs zu tun hätte, sieht das Betriebsrentengesetz eine sog. versicherungsvertragliche Lösung vor (§ 2 II Satz 2 BetrAVG). Danach kann die GmbH den Geschäftsführer unter bestimmten Voraussetzungen darauf verweisen, sich auf die Ansprüche aus dem Versicherungsvertrag zu beschränken. Der Geschäftsführer hätte dann die Möglichkeit, den Versicherungsvertrag fortzusetzen; eine Kündigung desselben mit der anschließenden Auszahlung des Rückkaufswerts scheidet jedoch aus. Der Geschäftsführer soll vor Eintritt des Versorgungsfalls nicht in den Genuss der Versicherungsleistung kommen.

Da bei der Direktversicherung der Geschäftsführer bezugsberechtigt ist, sind die Ansprüche aus dem Vertrag nicht in der Bilanz der Gesellschaft zu aktivieren. Die von der GmbH gezahlten
Prämien können als Betriebsausgaben geltend gemacht werden.
Für den Geschäftsführer stellen die von der GmbH gezahlten
Versicherungsbeiträge Arbeitslohn dar, der zu versteuern ist. Allerdings sah hier § 40 b des Einkommensteuergesetzes für bis zum
31.12.2004 abgeschlossene Verträge die Möglichkeit der Pauschalversteuerung vor. Wird von dieser Form der Versteuerung
Gebrauch gemacht, so sind 20 % der gezahlten Prämien als pauschale Lohnsteuer von der GmbH - nicht vom Geschäftsführer -
abzuführen. Im Innenverhältnis kann aber vereinbart werden, dass
der Geschäftsführer diese Beträge der GmbH erstatten muss. Die
Pauschalversteuerung ist nur zulässig für Versicherungsprämien
bis zu einem Betrag von 3.408 € jährlich. Bestehen mit mehreren
Geschäftsführern bzw. Arbeitnehmern Direktversicherungszusa-
gen, so kann im Einzelfall ein Betrag in Höhe von 4.200 € jährlich
pauschal versteuert werden, solange pro Person im Durchschnitt
der Betrag von 3.408 € eingehalten wird. Ferner setzt § 40 b Einkommensteuergesetz voraus, dass es sich um ein erstes Dienstverhältnis handelt - der Geschäftsführer im Nebenamt kann daher
nicht von der Pauschalversteuerung Gebrauch machen - und dass
die Zahlung der Versicherungssumme für den Erlebensfall nicht zu
einem früheren Zeitpunkt als der Vollendung des 60. Lebensjahres
vereinbart ist. Während die Versicherungsbeiträge für den Geschäftsführer für die bis 31.12.2004 abgeschlossenen Direktversi-
cherungsverträge steuerpflichtigen Arbeitslohn bilden, fließt ihm
wenigstens im Gegenzug die Kapitalleistung steuerfrei zu. Sind
Rentenleistungen in der Direktversicherung vereinbart, so unterliegt bisher nur der Ertragsanteil der Einkommensteuer (§ 22 Einkommensteuergesetz).

Für Verträge, die seit 1.1.2005 abgeschlossen wurden, ist die
Möglichkeit der Pauschalversteuerung ausgeschlossen. Sofern die
Direktversicherung bestimmte Voraussetzungen erfüllt, u.a. eine
Rente (keine Kapitalleistung) als Altersvorsorge vorsieht, keine
Vererblichkeit, Verpfändung zulässt, eine Beitragsrückgewähr aus-
schließt, sind die Beiträge in Grenzen bis max. 4 % der Beitragsbemessungsgrenze steuerfrei[356] und – zumindest bis einschließlich
2008 sozialversicherungsfrei. Dies gilt auch für beherrschende
Gesellschafter-Geschäftsführer. Bei Neuzusagen ab 1.1.2005 ist
sogar gemäß § 3 Nr. 63 EStG ein zusätzlicher Beitrag bis 1.800 €
jährlich steuerfrei, wenn nicht von der Möglichkeit einer Pauschalversteuerung Gebrauch gemacht wird. Die Rente wird nach-
gelagert bei Zahlung vom Geschäftsführer versteuert.

*Steuerrechtli-
che Auswirkun-
gen*

Änderungen

---

[356] In 2005 sind dies 2.496 € im Jahr bzw. 208 € im Monat.

H. Kündigung des Anstellungsvertrags

I. Ordentliche Kündigung

1. Kündigung durch die Gesellschaft

a. Voraussetzungen

Kündigung ist grundsätzlich ohne Angabe von Gründen möglich

Ist der Anstellungsvertrag auf unbestimmte Zeit abgeschlossen, so kommt jederzeit eine ordentliche Kündigung durch beide Seiten in Betracht. Es sei nochmals betont, dass das Anstellungsverhältnis scharf von der Organstellung des Geschäftsführers zu trennen ist. Die Geschäftsführereigenschaft endet mit der Abberufung durch die Gesellschafterversammlung oder das sonst zuständige Gremium. Der Anstellungsvertrag muss gesondert gekündigt oder auf andere Weise beendet werden. Die Gesellschafterversammlung kann beide Rechtsakte (Kündigung des Anstellungsvertrags und Abberufung aus dem Geschäftsführeramt) zu einer einheitlichen Erklärung verbinden, es muss aber immer genau untersucht werden, ob dies wirklich der Fall ist.

Zuständigkeit der Gesellschafterversammlung

Für die Kündigung des Anstellungsvertrags ist - wie bei der Abberufung - ebenfalls die Gesellschafterversammlung zuständig[357]. Soll der Anstellungsvertrag mit einem Gesellschafter-Geschäftsführer gekündigt werden, so hat dieser Stimmrecht, es sei denn, es erfolgt eine Kündigung aus wichtigem Grund.

Die Gesellschafterversammlung kann durch Regelung im Gesellschaftsvertrag bestimmen, dass das Kündigungsrecht auf andere Personen übertragen wird. Ist der Aufsichtsrat für die Abberufung des Geschäftsführers zuständig, so spricht er auch die Kündigung des Anstellungsvertrags aus[358].

Kein arbeitsrechtlicher Kündigungsschutz

Bei der Kündigung des Anstellungsvertrags gelten grundsätzlich keine arbeitsrechtlichen Schutzvorschriften. So finden weder das Kündigungsschutzgesetz noch das Mutterschutzgesetz oder das Schwerbehindertengesetz zugunsten des Geschäftsführers Anwendung. Dennoch kann eine Kündigung im Einzelfall nach allgemeinen Vorschriften, z.B. wegen Sittenwidrigkeit oder Verstoßes gegen das Gleichheitsgebot unwirksam sein oder aber das Anstellungsverhältnis ausnahmsweise als Arbeitsverhältnis zu qualifizieren sein[359].

Zu beachten ist jedoch, dass neben dem Anstellungsvertrag noch ein *ruhendes* Arbeitsverhältnis bestehen kann, welches möglicherweise nach Kündigung des Anstellungsvertrags wieder auflebt und für das die arbeitsrechtlichen Vorschriften grundsätzlich gelten. Dieses ruhende Arbeitsverhältnis könnte von der Gesell-

---

[357]   BGHZ 91, 217, 218.
[358]   BGHZ 89, 48, 58.
[359]   Siehe bereits oben 2. Teil, C. I.

schaft gleichzeitig mit dem Anstellungsvertrag gekündigt werden. Hiergegen müsste sich der Geschäftsführer durch Erhebung einer Kündigungsschutzklage wehren, für die die Arbeitsgerichte zuständig sind.[360]
Problematisch ist, welche Kündigungsfrist für die ordentliche Kündigung gilt. Hier empfiehlt sich zunächst eine Regelung im Anstellungsvertrag[361]. Im Übrigen ist strittig, ob § 621 oder § 622 BGB Anwendung findet.
Zunächst seien diese Vorschriften genannt:

Kündigungs-
fristen

§ 621 BGB [Ordentliche Kündigung von Dienstverhältnissen]
Bei einem Dienstverhältnis, das kein Arbeitsverhältnis im Sinne des § 622 ist, ist die Kündigung zulässig,
1. *wenn die Vergütung nach Tagen bemessen ist, an jedem Tag für den Ablauf des folgenden Tages;*
2. *wenn die Vergütung nach Wochen bemessen ist, spätestens am ersten Werktag einer Woche für den Ablauf des folgenden Sonnabends;*
3. *wenn die Vergütung nach Monaten bemessen ist, spätestens am fünfzehnten eines Monats für den Schluss des Kalendermonats;*
4. *wenn die Vergütung nach Vierteljahren oder längeren Zeitabschnitten bemessen ist, unter Einhaltung einer Kündigungsfrist von sechs Wochen für den Schluss eines Kalendervierteljahres;*
5. *wenn die Vergütung nicht nach Zeitabschnitten bemessen ist, jederzeit; bei einem die Erwerbstätigkeit des Verpflichteten vollständig oder hauptsächlich in Anspruch nehmenden Dienstverhältnis ist jedoch eine Kündigungsfrist von zwei Wochen einzuhalten.*

§ 622 BGB [Ordentliche Kündigung von Arbeitsverhältnissen]
Auszug
(1) Das Arbeitsverhältnis eines Arbeiters oder eines Angestellten (Arbeitnehmers) kann mit einer Frist von vier Wochen zum Fünfzehnten oder zum Ende eines Kalendermonats gekündigt werden.
(2) Für eine Kündigung durch den Arbeitgeber beträgt die Kündigungsfrist, wenn das Arbeitsverhältnis in dem Betrieb oder Unternehmen
1. *zwei Jahre bestanden hat, einen Monat zum Ende eines Kalendermonats,*
2. *fünf Jahre bestanden hat, zwei Monate zum Ende eines Kalendermonats,*
3. *acht Jahre bestanden hat, drei Monate zum Ende eines Kalendermonats,*
4. *zehn Jahre bestanden hat, vier Monate zum Ende eines Kalendermonats,*

---

[360] Zu dem ruhenden Arbeitsverhältnis siehe bereits die Ausführungen oben 2. Teil, C. V 2.
[361] Siehe den Formulierungsvorschlag im Anhang 1.

    5. zwölf Jahre bestanden hat, fünf Monate zum Ende eines Ka-
       lendermonats,
    6. fünfzehn Jahre bestanden hat, sechs Monate zum Ende eines
       Kalendermonats,
    7. zwanzig Jahre bestanden hat, sieben Monate zum Ende eines
       Kalendermonats.

Bei der Berechnung der Beschäftigungsdauer werden Zeiten, die vor der Vollendung des fünfundzwanzigsten Lebensjahres des Arbeitnehmers liegen, nicht berücksichtigt.
...

§ 621 BGB regelt die Kündigung von Dienstverhältnissen im Allgemeinen, während § 622 BGB eine Sonderregelung für Arbeitsverhältnisse enthält. Da Geschäftsführer grundsätzlich keine Arbeitnehmer sind, wäre es naheliegend, die Berechnung der Kündigungsfrist anhand des § 621 BGB vorzunehmen. Nach § 621 Nr. 3 BGB müsste eine Kündigung somit, da die Vergütung beim Geschäftsführer regelmäßig nach Monaten bemessen ist, jeweils bis zum 15. des Monats für den Schluss des betreffenden Kalendermonats möglich sein.

§ 622 BGB gilt analog

Da der Geschäftsführer sein Amt jedoch regelmäßig hauptberuflich ausübt und von der Vergütung seinen eigenen und den Lebensunterhalt seiner Familie bestreitet, wäre eine derart kurze Kündigungsfrist unbillig. Diese entspräche auch nicht den Interessen der Gesellschaft, da qualifizierte Geschäftsführer häufig nicht nach Belieben verfügbar sind und sich die Gesellschafter erst eine gewisse Zeit lang nach geeigneten Kandidaten umsehen müssen. Hierfür ist die Einholung von Informationen erforderlich; stehen schließlich Bewerber zur Verfügung, sind Auswahlgespräche zu führen und die Bedingungen auszuhandeln, was ebenfalls zeitraubend sein kann. Die kurze gesetzliche Regelung wird daher den Interessen beider Vertragsparteien nicht gerecht[362].

Ausnahme beherrschender Gesellschafter-Geschäftsführer

Lediglich beim beherrschenden Gesellschafter-Geschäftsführer, dessen Kündigung ohne wichtigen Grund gegen seinen Willen sowieso nicht möglich ist, kann es bei der gesetzlichen Regelung für freie Dienstverhältnisse gemäß § 621 Nr. 3 BGB bleiben[363]. Hat der beherrschende Gesellschafter-Geschäftsführer allerdings auf die Vornahme der Kündigung ausnahmsweise keinen Einfluss, etwa weil diese vom Aufsichtsrat oder einem Beirat auszusprechen ist, wäre auch aus seiner Sicht diese kurze Regelung nicht sachgerecht.

Also gilt für sämtliche Geschäftsführer, die auf ihre Kündigung keinen durchsetzbaren Einfluss haben bzw. diese nicht verhindern können, § 622 BGB (strittig). Hierbei kommt sowohl die sog.

---

[362] BGHZ 79, 291, 293 f.; BGHZ 91, 217, 220.
[363] OLG Hamm GmbHR 1992, 378.

Grundkündigungsfrist gemäß § 622 I BGB als auch die *dienstzeit-abhängige* Kündigungsregelung gemäß § 622 II BGB zur Anwendung. Nach ersterer kann das Dienstverhältnis prinzipiell binnen vier Wochen - jeweils zum nächstfolgenden Ultimo des Monats oder zum 15. des Folgemonats - gekündigt werden. In Abhängigkeit von der Dauer des Dienstverhältnisses verlängert sich gemäß § 622 II BGB die Kündigungsfrist für eine Kündigung der GmbH bis zu sieben Monaten zum Schluss des Kalendermonats. Der Geschäftsführer selbst muss, wenn er kündigt, nur die Grundkündigungsfrist einhalten. Es gibt keinen sachgerechten Grund, warum der Geschäftsführer nicht ebenfalls in den Genuss der dienstzeit-abhängigen Kündigungsregelung gemäß § 622 II BGB kommen sollte (strittig)[364].

Zwar hat der *BGH* nach der Änderung des § 622 BGB, die im Jahre 1993 im Anschluss an die durch das *Bundesverfassungsgericht* festgestellte Verfassungswidrigkeit des Angestelltenkündigungsgesetzes nötig wurde, noch nicht entschieden, ob diese Vorschrift auch in ihrer aktuellen Fassung analog auf den GmbH-Geschäftsführer anzuwenden ist. Wegen des nach wie vor geltenden Schutzzweckes und der gleich gebliebenen Interessenlage ist jedoch anzunehmen, dass der *BGH* auch in Zukunft § 622 BGB entsprechend auf diesen Personenkreis anwenden wird[365]. *(BGH hat noch nicht entschieden)*

Eine Form für die Kündigung des Anstellungsverhältnisses sieht das Gesetz nicht vor. § 623 BGB, wonach die Beendigung durch Kündigung oder Auflösungsvertrag zu ihrer Wirksamkeit der Schriftform bedarf, gilt nur für Arbeitsverhältnisse[366]. *(Schriftform)*

b. Rechtsfolgen der Kündigung

Die Kündigung führt zur Beendigung des Anstellungsverhältnisses mit dem Tag des Ablaufs der Kündigungsfrist. Versorgungszusagen, die unverfallbar geworden sind, bleiben dem Geschäftsführer erhalten.

Ein Geschäftsführer hat ferner grundsätzlich Anspruch auf die Erteilung eines Zeugnisses, das auf Verlangen des Geschäftsführers auch auf seine Leistungen und seine Führung zu erstrecken ist (sog. qualifiziertes Zeugnis). Dies hat der *BGH* ausdrücklich für den Fremdgeschäftsführer entschieden und hierbei die entsprechende Vorschrift für Arbeitnehmer (§ 630 BGB) analog angewandt[367]. Ab 1.1.2003 gilt § 630 für jedes dauernde Dienstverhältnis, während speziell für den Arbeitnehmer der Anspruch auf Zeugniserteilung in § 109 der Gewerbeordnung geregelt ist. Da *(Anspruch auf Zeugnis)*

---

[364] LG Berlin GmbHR 2001, 301; LAG Köln GmbHR 1999, 818.
[365] Zum alten Recht siehe BGHZ 79, 291, 292; BGHZ 91, 217, 219.
[366] Siehe zur Anwendbarkeit des § 623 BGB auf das ruhende Arbeitsverhältnis oben 2. Teil, C V 2.
[367] BGHZ 49, 30, 32.

§ 630 BGB nunmehr für jedes dauernde Dienstverhältnis gilt, kommt die Vorschrift auch für den Anstellungsvertrag des Gesellschafter-Geschäftsführers zur Anwendung. Meines Erachtens folgt auch aus der Treuepflicht der Gesellschaft gegenüber dem Gesellschafter-Geschäftsführer, dass auch dieser -unabhängig von seiner Beteiligung - einen Anspruch auf Erteilung eines Zeugnisses hat. Er benötigt dieses ebenso wie der abhängig beschäftigte Geschäftsführer, um sich nach Beendigung des Anstellungsverhältnisses anderweitig zu bewerben. Zuständig für die Erteilung des Zeugnisses ist in beiden Fällen die Gesellschafterversammlung.

Arbeitspapiere

Die Gesellschaft hat ferner sämtliche Arbeitspapiere an den Geschäftsführer herauszugeben; hierzu gehört insbesondere die korrekt ausgefüllte Lohnsteuerkarte. Bestand ein sozialversicherungspflichtiges Arbeitsverhältnis, ist außerdem eine Arbeitsbescheinigung nach § 312 SGB III zu erstellen, damit der Geschäftsführer zügig Arbeitslosengeld erhalten kann. Verstößt die GmbH gegen die Verpflichtung, eine Arbeitsbescheinigung richtig oder vollständig zu erstellen, oder unterlässt sie dies ganz, macht sie sich gegenüber der *Bundesagentur für Arbeit* schadensersatzpflichtig (§ 321 SGB III).

Der Geschäftsführer seinerseits hat über seine Tätigkeit umfänglich Rechenschaft abzulegen sowie der GmbH sämtliche in seinem Besitz befindlichen Unterlagen und Schlüssel herauszugeben.

Freistellung

Spricht die GmbH eine Kündigung aus, wird sie den Geschäftsführer in der Regel von der Verpflichtung zur Leistung der Dienste freistellen. Dieses Recht sollte im Anstellungsvertrag geregelt sein, da keinesfalls geklärt ist, ob der Geschäftsführer einen ggf. im Wege der einstweiligen Verfügung durchsetzbaren Anspruch auf Weiterbeschäftigung bis zum Abschluss eines etwaigen Prozesses hat, in dem es um die Wirksamkeit der Kündigung geht[368]. Da die Freistellung den Urlaubsanspruch des Geschäftführers nicht berührt, sollte aus Sicht der GmbH im Anstellungsvertrag eine Anrechnung der Freistellung auf den Urlaubsanspruch geregelt sein. Ebenfalls vereinbart werden sollte die Aufnahme von anderen Beschäftigungen sowie die Anrechnung anderweitigen Verdienstes sowie die Frage der Widerruflichkeit der Freistellung, damit diesbezügliche Streitfragen möglichst im Vorfeld geklärt werden. Strittig ist, ob der Geschäftsführer statt einer Freistellung mit anderen als Geschäftsführer-, etwa Sachbearbeiteraufgaben betraut werden kann. Zumindest soll der Geschäftsführer bis zum Ablauf des Anstellungsvertrags nach ordentlicher Kündigung verpflichtet sein, sich darauf einlassen müssen, eine seinen Kenntnissen und Fähigkeiten angemessene andere leitende Stellung anzu-

---

[368] Siehe *Leuchten* GmbHR 2001, 750.

nehmen, will er die fristlose Kündigung vermeiden[369]. Dies ist meines Erachtens nur statthaft, wenn eine entsprechende vertragliche Vereinbarung besteht. Ansonsten schuldet der Geschäftsführer die Erfüllung der Leitungsaufgabe. Eine andere als die vereinbarte Geschäftsführertätigkeit muss der gekündigte Geschäftsführer nicht übernehmen[370].

2. Kündigung durch den Geschäftsführer

Bei der Kündigung durch den Geschäftsführer stellt sich lediglich das Problem, wem gegenüber er die Kündigung zu erklären hat. Gemäß § 35 II Satz 3 GmbHG ist jeder Mitgeschäftsführer für die Entgegennahme der Kündigung zuständig[371]. Der Geschäftsführer kann ferner die Kündigung an die Gesellschafterversammlung richten. Hierbei wird es auch für zulässig erachtet, wenn nur gegenüber einem einzelnen Gesellschafter die Kündigung ausgesprochen wird[372]. Die Kündigung gegenüber *einem* einzelnen Gesellschafter genügt jedoch meines Erachtens nicht, da nicht sichergestellt ist, dass dieser seinerseits sämtliche Mitgesellschafter benachrichtigt.

Empfangs-zuständigkeit bei der Gesellschaft

Tipp für den Geschäftsführer!
Achten Sie darauf, dass eine eindeutige vertragliche Regelung in den Anstellungsvertrag aufgenommen wird, an wen Ihre Kündigung zu richten ist, damit es im Streitfall keine Probleme gibt.

II. Außerordentliche Kündigung

1. Außerordentliche Kündigung durch die Gesellschaft

a. Zuständigkeit

Für die außerordentliche Kündigung ist ebenfalls die Gesellschafterversammlung zuständig. Besteht jedoch ein Aufsichtsrat, zu dessen Aufgaben die Bestellung und Abberufung der Geschäftsführer gehört, so spricht dieser auch die außerordentliche Kündigung des Anstellungsvertrags aus.

Überblick

---

[369] OLG Karlsruhe GmbHR 1996, 208.
[370] *Kothe-Heggemann/Dahlbender*, GmbHR 1996, 650, 652.
[371] BGH GmbHR 1961, 48; *Lutter/Hommelhoff*, GmbHG, Anh § 6 Rdnr. 52. Bei der Niederlegung hingegen wird eine Erklärung gegenüber einem Mitgeschäftsführer für nicht ausreichend erachtet, siehe oben 1. Teli, F II.
[372] BGH GmbHR 2004, 57.

b. Voraussetzungen

Eine außerordentliche bzw. fristlose Kündigung setzt stets einen *wichtigen Grund* voraus. Beschließt die Gesellschafterversammlung über die fristlose Kündigung des Anstellungsvertrags und ist der Betroffene gleichzeitig Gesellschafter, so hat er bei der Abstimmung über die Erklärung der fristlosen Kündigung des Anstellungsvertrags kein Stimmrecht. Dies folgt aus dem Verbot des Richters in eigener Sache (§ 47 IV GmbHG).

Eine Kündigung aus wichtigem Grund ist bei Dauerschuldverhältnissen, also auch dem Anstellungsvertrag des Geschäftsführers, immer möglich, sie darf weder vertraglich ausgeschlossen noch erschwert werden. Liegt ein wichtiger Grund vor, der eine weitere Zusammenarbeit unzumutbar werden lässt, so muss eine Trennung der Vertragspartner durch die Beendigung des Rechtsverhältnisses möglich sein. Dies ist ein allgemein anerkanntes Rechtsprinzip und seit 1. Januar 2002 in § 314 BGB gesetzlich verankert. Eine Abfindungsklausel im Anstellungsvertrag, die im Fall der Kündigung der Gesellschaft aus wichtigem Grund für den Geschäftsführer eine Abfindung vorsieht, ist als unzulässige Kündigungserschwerung unzulässig[373].

Anhörung und Abmahnung

Die Wirksamkeit der fristlosen Kündigung war bisher nicht davon abhängig, ob der Betroffene angehört oder abgemahnt wurde oder ob ihm die Gesellschaft die Gründe für die Kündigung mitgeteilt hat[374]. Nach Einführung des § 314 BGB dürfte dies so nicht mehr gelten, denn dort heißt es in Absatz 2[375]: *Besteht der wichtige Grund in der Verletzung einer Pflicht aus dem Vertrag, ist die Kündigung erst nach erfolglosem Ablauf einer zur Abhilfe bestimmten Frist oder nach erfolgloser Abmahnung zulässig.* Bei einer sog. Verdachtskündigung, bei der die GmbH ohne sichere Kenntnis kündigt, muss in jedem Fall dem Geschäftsführer Gelegenheit gegeben werden, die Vorwürfe auszuräumen[376]. Bei Pflichtverletzungen im Vertrauensbereich, die zu einer Zerrüttung des Vertrauensverhältnisses führen, dürfte - wie auch bisher - eine

---

[373] BGH ZIP 2000, 1442, 1444 unter Verweis auf § 626 I i.V.m. § 134 BGB.

[374] Siehe BGH GmbHR 2001, 1158 und BGH GmbHR 2000, 431 aus den Gründen: *Eine Abmahnung des Kl. war nicht geboten. Das Institut der Abmahnung ist im Arbeitsrecht im Hinblick auf die soziale Schutzbedürftigkeit abhängig Beschäftigter entwickelt worden. Dieser Schutzgesichtspunkt kann bei Leitungsorganen von Kapitalgesellschaften nicht ausschlaggebend sein. Sie kennen regelmäßig die ihnen obliegenden Pflichten und sind sich über die Tragweite etwaiger Pflichtverletzungen auch ohne besondere Hinweise und Ermahnungen im klaren. Soweit Pflichtverstöße so gravierend sind, daß sie - wie hier - zur Zerstörung des Vertrauensverhältnisses zu den Gesellschaftern oder anderen Organen der Gesellschaft geführt haben, kommt eine Abmahnung ohnehin nicht in Betracht.*

[375] Siehe *U.H. Schneider* GmbHR 2003, 1.

[376] LAG Berlin GmbHR 1997, 839, 841.

Abmahnung entbehrlich sein, da sich das Vertrauen dadurch nicht wieder herstellen lässt.

Der betroffene Geschäftsführer kann zudem von sich aus in allen Fällen die Mitteilung der Kündigungsgründe verlangen. Dieses Recht folgt aus § 626 II Satz 3 BGB. Verweigert ihm die GmbH dennoch die Mitteilung der Gründe, die sie zur fristlosen Kündigung bewogen haben, so wird die Kündigung dadurch nicht unwirksam; die Gesellschaft macht sich jedoch schadensersatzpflichtig. Ein Schaden kann dann entstehen, wenn der Geschäftsführer in Unkenntnis des Vorliegens eines wichtigen Grundes gegen die Beendigung des Anstellungsvertrags klagt und erst im Gerichtsverfahren der zugrunde liegende wichtige Grund im Sinne des § 626 I BGB zum Vorschein kommt. Stellt sich heraus, dass die Kündigung berechtigt war, so kann der Geschäftsführer verlangen, dass ihm die Prozesskosten wegen Verletzung der Mitteilungspflicht ersetzt werden.

Mitteilung der Gründe

c. Wichtiger Grund

Als Rechtsgrundlage für die Kündigung aus wichtigem Grund wird von der ständigen Rechtsprechung § 626 BGB herangezogen. Diese Vorschrift gilt nicht nur für das Arbeitsverhältnis, sondern auch für jedes sonstige Dienstverhältnis. Danach kann ein Dienstverhältnis von jedem Vertragsteil aus wichtigem Grund ohne Einhaltung einer Kündigungsfrist gekündigt werden, wenn Tatsachen vorliegen, aufgrund derer dem Kündigenden unter Berücksichtigung aller Umstände des Einzelfalls und unter Abwägung der Interessen beider Vertragsteile die Fortsetzung des Dienstverhältnisses bis zum Ablauf der Kündigungsfrist oder bis zu der vereinbarten Beendigung des Dienstverhältnisses nicht zugemutet werden kann.

§ 626 BGB

Voraussetzung jeder fristlosen Kündigung ist also das Vorliegen eines wichtigen Grundes. Dabei kommt es für die Wirksamkeit der Kündigung nicht auf das subjektive Empfinden des kündigenden Teils an, sondern darauf, ob objektiv aus Sicht eines verständigen Betrachters unter Berücksichtigung der beiderseitigen Interessen die Grundlage für die weitere Zusammenarbeit entzogen ist[377].

Wichtiger Grund

Die Feststellung, ob ein wichtiger Grund vorliegt, hat unter Abwägung aller Umstände des Einzelfalls und unter Einbeziehung der widerstreitenden Interessen zu erfolgen. Auf Seiten des Geschäftsführers sind sein bisheriges Verhalten, seine geschäftlichen Erfolge und Verdienste für die Gesellschaft, aber auch sein persönlicher Status, wie sein Lebensalter und die sozialen Folgen, die die Kündigung für ihn hätte, einzubeziehen. Dem gegenübergestellt wird die Schwere des Verstoßes.

---

[377] LAG Berlin GmbHR 1997, 839, 841.

Vereinbarung wichtiger Gründe ist möglich

Eine solche Interessenabwägung ist dann entbehrlich, wenn im Anstellungsvertrag ein Katalog von wichtigen Gründen vereinbart worden ist, die die Parteien als ausreichend erachtet haben. Da eine ordentliche Kündigung jederzeit erfolgen kann, ist beim Anstellungsvertrag eines Geschäftsführers ohne weiteres eine Vereinbarung wichtiger Kündigungsgründe möglich. Werden allerdings Gründe vereinbart, die bei objektiver Beurteilung keinen wichtigen Grund im Sinne von § 626 BGB darstellen, so ist die Kündigung nicht fristlos möglich. Das Dienstverhältnis läuft vielmehr im Rahmen der gesetzlichen Mindestkündigungsfristen aus.

Umdeutung, Nachschieben von Gründen

Eine Umdeutung einer unwirksamen fristlosen Kündigung in eine wirksame ordentliche Kündigung kommt nur in Betracht, wenn auch für diese die erforderliche Mehrheit auf der Gesellschafterversammlung zustande gekommen wäre[378] (siehe ferner den nachfolgenden Tipp). Ein Nachschieben von Gründen, die zum Zeitpunkt der Kündigung vorlagen, jedoch zunächst nicht als Begründung angegeben wurden, ist ebenfalls nur statthaft, wenn die Gründe von einem Gesellschafterbeschluss gedeckt sind[379].

Beweislast

Die Beweislast für das Vorliegen eines wichtigen Grundes trägt stets der Kündigende, d.h. hier die Gesellschaft.

Beispiele

Wichtige Gründe, die die Gesellschaft zur fristlosen Beendigung des Anstellungsvertrags berechtigen, sind beispielsweise:

- die eigenmächtige Änderung der Geschäftsführungspolitik durch den Geschäftsführer ohne Rücksprache und In-Kenntnis-Setzung der Gesellschafterversammlung,
- ein erhebliches Missmanagement des Geschäftsführers,
- die Unfähigkeit des Geschäftsführers zur ordnungsgemäßen Amtsführung, z.B. im Bereich des Rechnungswesens,
- ständiger Widerspruch gegen Gesellschafterweisungen[380],
- Auskunftsverweigerung gegenüber Gesellschaftern[381],
- Spannungen zwischen Geschäftsführern, die erhebliche Auswirkungen auf die Führung der Geschäfte haben,
- inkorrekte Spesenabrechnungen bzw. sonstige Unregelmäßigkeiten in finanziellen Angelegenheiten,
- unentgeltliche eigennützige Inanspruchnahme von Leistungen der GmbH, z.B. der Einsatz von Arbeitskräften und Baumaterial für den privaten Hausbau[382],
- schwerwiegender, vertrauenserschütternder Verdacht einer Verfehlung[383],

---

[378] BGH GmbHR 2000, 376.
[379] OLG Köln NZG 2000, 551.
[380] OLG Düsseldorf ZIP 1984, 1476, 1478.
[381] OLG Frankfurt DB 1993, 2324.
[382] BGH GmbHR 1997, 998.
[383] LAG Berlin GmbHR 1997, 839.

- Weigerung des Geschäftsführers, an der Aufklärung von Unregelmäßigkeiten mitzuwirken,
- lang andauernde Krankheit,
- unberechtigte Amtsniederlegung des Geschäftsführers[384],
- Verstoß gegen Treuepflichten, insbesondere der Verstoß gegen das Wettbewerbsverbot oder die Verschwiegenheitspflicht.

Nicht ausreichend ist der bloße Vertrauensentzug durch die Gesellschafterversammlung. Entscheidend ist, dass Fakten vorliegen, die in der Gesamtabwägung einen wichtigen Grund für die sofortige Beendigung des Vertragsverhältnisses bilden. Ein Verschulden des Geschäftsführers ist allerdings nicht erforderlich, wie das Beispiel der lang andauernden Krankheit zeigt.

Vertrauensentzug genügt nicht

Auch bei einem *wirtschaftlichen Niedergang* der Gesellschaft ist eine außerordentliche Kündigung möglich. Dies jedenfalls dann, wenn wegen einer Befristung oder einer langen, ordentlichen Kündigungsfrist eine vorzeitige Beendigung des Anstellungsverhältnisses nicht erfolgen kann. Sind die Einhaltung der ordentlichen Kündigungsfrist oder die Fortsetzung des Anstellungsvertrags bis Ablauf der Befristung für die Gesellschaft unzumutbar, so kommt eine außerordentliche Kündigung in Betracht. Diese außerordentliche Kündigung ist aber dann ausnahmsweise nicht fristlos, sondern mit einer angemessenen Kündigungsfrist auszusprechen („soziale Auslauffrist"), deren Dauer aufgrund einer Interessenabwägung zu bestimmen ist[385].

Die GmbH in der Notlage

> **Tipp für die Gesellschafterversammlung!**
> Auch wenn Sie sich sicher sind, dass ein wichtiger Grund für eine *fristlose* Kündigung vorliegt, sollten Sie in jedem Fall zusätzlich hilfsweise eine *ordentliche* Kündigung aussprechen. Setzen Sie sich nicht mit der fristlosen Kündigung durch, z.B. weil Sie den wichtigen Grund nicht beweisen können oder weil Sie schlichtweg die Zwei-Wochen-Frist für die Erklärung der Kündigung missachtet haben[386], so führt ggf. wenigstens die ordentliche Kündigung zu einer Beendigung des Anstellungsverhältnisses. Der *BGH* hat zugunsten der Gesellschafterversammlung allerdings entschieden, dass auch ohne Aussprechen einer hilfsweisen ordentlichen Kündigung von einer solchen ausgegangen werden kann: In Betracht kommt nämlich eine *Umdeutung* der fristlosen in eine ordentliche Kündigung. Hierfür muss aber der Wille der Gesellschafterver-

---

[384] OLG Celle GmbHR 2004, 425.
[385] BGH WM 1975, 761, 762.
[386] Dazu sogleich unter d.

sammlung, auch eine ordentliche Kündigung auszusprechen, zum Ausdruck gekommen sein[387].

d. Kündigungsfrist

Zwei Wochen

Die außerordentliche Kündigung kann nur innerhalb von zwei Wochen nach Kenntniserlangung vom wichtigen Grund erklärt werden (§ 626 II BGB). Dadurch soll sichergestellt werden, dass schnelle Rechtsklarheit geschaffen wird. Außerdem wird angenommen, dass bei zu langem Zögern mit der Vornahme der Kündigung der Anlass nicht so schwerwiegend gewesen sein kann, da ansonsten das Vertragsverhältnis nicht fortgesetzt worden wäre. Die Frist beginnt mit Kenntniserlangung der Tatsachen, die für den Kündigungsentschluss der Gesellschaft maßgeblich sind. Treten neue Tatsachen hinzu, die für sich oder in Kombination mit bereits bekannten Tatsachen für den Ausspruch einer außerordentlichen Kündigung genügen, so wird die Zwei-Wochen-Frist erneut in Gang gesetzt. Für das Nachschieben von Gründen im Prozess, in dem es um die Wirksamkeit einer außerordentlichen Kündigung geht, soll ein erneuter Gesellschafterbeschluss erforderlich sein[388].

Ausschlussfrist

Die Gesellschaft muss diese Zwei-Wochen-Frist sehr ernst nehmen. Wird sie versäumt, ist die fristlose Kündigung unwirksam. Es handelt sich um eine *Ausschlussfrist*. Nur, wenn hilfsweise eine ordentliche Kündigung ausgesprochen wurde oder eine Umdeutung in eine solche in Betracht kommt, lässt sich die Kündigung - dann als ordentliche Kündigung - aufrechterhalten. Daher ist unbedingt darauf zu achten, dass die ausgesprochene außerordentliche Kündigung dem Geschäftsführer innerhalb von zwei Wochen nach Kenntniserlangung zugeht. Den Zugang muss die Gesellschaft beweisen. Zur Beweissicherung sollte der Zugang am besten per Boten erfolgen. Um sicher zu gehen, ist es empfehlenswert, dem Boten den Inhalt des Schreibens bekannt zu geben, damit dieser später als Zeuge fungieren kann. Der Bote sollte den Inhalt und den Zugang des Kündigungsschreibens unmittelbar nach der Überbringung schriftlich bestätigen.

Fristbeginn

Die Zwei-Wochen-Frist beginnt erst, wenn die Gesellschaft, d.h. die Gesellschafterversammlung, eine *sichere* und *umfassende* Kenntnis der Tatsachen hat, aufgrund derer sie sich zur fristlosen Kündigung entschließt. Sie muss alles in Erfahrung gebracht haben, was als notwendige Grundlage für die Entscheidung erforderlich ist[389]. Sind die tatsächlichen Grundlagen des wichtigen Grundes noch aufklärungsbedürftig, ist die Gesellschafterversammlung

---

[387]   BGH GmbHR 1997, 1062.
[388]   OLG Köln NZG 2000, 551.
[389]   BGH ZIP 1996, 636; BGH GmbHR 1997, 998.

also noch nicht vollständig zur Kündigung entschlossen, so wird die Frist gehemmt[390].

Früher nahm der *BGH* an, dass insbesondere bei personalistisch strukturierten Gesellschaften, bei denen häufig alle Gesellschafter außerhalb der Gesellschafterversammlung von den wichtigen Gründen Kenntnis erlangen, die Zwei-Wochen-Frist bereits ab dem Zeitpunkt beginnt, zu dem sämtliche Gesellschafter die sichere Kenntnis haben[391].

Hiervon ist der *BGH* in seinem Urteil vom 15. Juni 1998 allerdings abgerückt[392].

Die Leitsätze dieses Urteils lauten wie folgt:

Kenntnis der Gesellschafterversammlung ist entscheidend

Grundsatz-Urteil des BGH

1. Für den Fristbeginn der außerordentlichen Kündigung nach § 626 II BGB ist bei der GmbH grundsätzlich die Kenntnis der Mitglieder der Gesellschafterversammlung in ihrer Eigenschaft als Mitwirkende an der kollektiven Willensbildung maßgeblich. Daher löst nicht schon deren Kenntniserlangung außerhalb der Gesellschafterversammlung, sondern erst die nach dem Zusammentritt erlangte Kenntnis der für die Kündigung maßgeblichen Tatsachen den Lauf der Ausschlussfrist aus (Abweichung von der bisherigen Senatsrechtsprechung, zuletzt: Urteil vom 2.6.1997 - II ZR 101/96, DStR 1997, 1338).

2. Wird allerdings die Einberufung der Gesellschafterversammlung einer GmbH von ihren einberufungsberechtigten Mitgliedern nach Kenntniserlangung von dem Kündigungssachverhalt unangemessen verzögert, so muss sich die Gesellschaft so behandeln lassen, als wäre die Gesellschafterversammlung mit der billigerweise zumutbaren Beschleunigung einberufen worden.

Der Entscheidung lag vereinfacht und anonymisiert folgender Sachverhalt zugrunde: An einer GmbH, die ein Alten- und Pflegeheim betrieb, waren ihr Geschäftsführer Gustav Grande (G) zu 40 % und die Stadt Jagdburg zu 60 % beteiligt. Zwischen dem Gesellschafter-Geschäftsführer G und der Stadt Jagdburg, die durch den Bürgermeister vertreten wurde, gab es jahrelange Auseinandersetzungen. Der Geschäftsführer bezichtigte den Bürgermeister der Stadt Jagdburg unter anderem der betrügerischen Kompetenzüberschreitung, mehrfacher Untreue und wissentlicher falscher eidesstattlicher Aussagen sowie einer erheblichen Schädigung der GmbH. Hierbei führte er aus, dass dies nur einen geringen Teil der Vorkommnisse darstelle. Die verleumderischen Bezichtigungen

Sachverhalt

---

[390] BGH ZIP 1996, 636, 637.
[391] BGH GmbHR 1997, 998.
[392] BGHZ 139, 89 = ZIP 1998, 1269.

ließ er dem Landratsamt, der Heimaufsicht, dem Staatsanwalt, dem Sozialministerium sowie sämtlichen Stadtverordneten zukommen. Die Stadt hatte am 25. Januar von den Bezichtigungen sichere Kenntnis. Sie forderte den Geschäftsführer G noch am selben Tage auf, eine außerordentliche Gesellschafterversammlung einzuberufen. Auf dieser sollte G aus dem Amt des Geschäftsführers abberufen und sein Anstellungsvertrag fristlos gekündigt werden. G kam dieser Aufforderung nicht nach. Daraufhin übte die Stadt ihr Selbsthilferecht gemäß § 50 III GmbHG nach drei Wochen am 14. Februar 1994 aus und berief ihrerseits unter Einhaltung der Ladungsfrist eine Gesellschafterversammlung auf den 28. Februar ein. Auf dieser Gesellschafterversammlung wurde G abberufen sowie der Anstellungsvertrag fristlos gekündigt, wobei die Kündigung dem anwesenden G sogleich auf der Gesellschafterversammlung zuging.

G erhob gegen die fristlose Kündigung Klage und berief sich nun unter anderem darauf, dass die Zwei-Wochen-Frist gemäß § 626 II BGB nicht gewahrt sei, da ja die Stadt bereits am 25. Januar sichere Kenntnis gehabt habe, die Abberufung jedoch erst am 28. Februar erfolgte.

Kenntniserlangung

Der *BGH* ließ dies nicht gelten: Entscheidend sei nicht die Kenntniserlangung der einzelnen Gesellschafter, hier also der Stadt Jagdburg - vertreten durch ihren Bürgermeister -, sondern diejenige der Gesellschafterversammlung als Kollegialorgan. Der *BGH* führt wörtlich aus:

„Da die Gesellschafterversammlung ein Kollegialorgan ist, das seinen Willen durch Beschlussfassung bilden muss, kommt es für die Wissenszurechnung an die Gesellschaft nur auf die Kenntnis der Organmitglieder in ihrer Eigenschaft als Mitwirkende an der kollektiven Willensbildung an. Kenntnis der Gesellschafter als kollegiales Beratungs- und Beschlussorgan liegt daher erst dann vor, wenn der für die Tatsachenkenntnis maßgebliche Sachverhalt hinsichtlich der Entlassung des Geschäftsführers einer Gesellschafterversammlung (§ 48 I GmbHG) unterbreitet wird. § 626 II BGB beruht auf dem Gedanken, dass der Berechtigte aus seiner Kenntnis die seiner Ansicht nach gebotenen Konsequenzen ziehen kann; hierzu sind die Gesellschafter, selbst wenn sie sämtlich als einzelne außerhalb einer Gesellschafterversammlung Kenntnis vom Sachverhalt erlangt haben, nicht ohne den Zusammentritt als Kollegialorgan in der Lage.“

Zügige Einberufung erforderlich

Damit stellt der *BGH* entscheidend auf die Gesellschafterversammlung als Kollegialorgan ab. Diese müsse die Möglichkeit haben, die Abberufung bzw. wie hier die fristlose Kündigung zu diskutieren und darüber zu beschließen. Die Gesellschafterversammlung hat allerdings zügig zusammenzutreten, ihre Einberufung darf nicht verzögert werden. Der oder die Gesellschafter müssen daher den Geschäftsführer unverzüglich auffordern, eine Gesellschafterversammlung anzuberaumen, in der dann über die Kündigung zu beschließen ist. Hierfür ist dem Geschäftsführer gemäß § 50 III GmbHG eine angemessene Frist einzuräumen. Lässt der Geschäftsführer diese Frist verstreichen, ohne eine Gesellschafterversammlung einzuberufen, so steht den Gesellschaftern nach § 50 III GmbHG ein Selbsthilferecht zu. Dies setzt allerdings voraus, dass der Gesellschafter, der die Einberufung vergeblich verlangt hat, mindestens 10 % des Stammkapitals hält.

Dieses Selbsthilferecht muss der Gesellschafter so schnell wie möglich ausüben; eine unangemessene Verzögerung führt dazu, dass die Zwei-Wochen-Frist in Gang gesetzt wird. Ansonsten, wenn die Gesellschafter ihr Einberufungsrecht sogleich ausüben, beginnt die Zwei-Wochen-Frist erst mit der Kenntniserlangung der Gesellschafterversammlung. Selbsthilferecht
ist zu nutzen

In dem vom *BGH* entschiedenen Fall war daher die Frist noch nicht verstrichen, da die Stadt sofort, nachdem der Geschäftsführer der Aufforderung nach einer Einberufung der Gesellschafterversammlung in angemessener Frist nicht nachgekommen war, ihrerseits ihr Selbsthilferecht ausübte. Die Pflichtverletzungen des Geschäftsführers, der in persönlich verunglimpfender Weise dem Bürgermeister rechtsmissbräuchliche Aktivitäten unterschob und ihn krimineller Machenschaften bezichtigte, genügten auch, um einen wichtigen Grund für die fristlose Kündigung zu begründen.

2. Außerordentliche Kündigung durch den Geschäftsführer

Auch der Geschäftsführer kann aus wichtigem Grund innerhalb der Zwei-Wochen-Frist das Anstellungsverhältnis kündigen. Hinsichtlich der Zuständigkeit zur Entgegennahme der Kündigung gibt es im Verhältnis zur ordentlichen Kündigung keine Besonderheiten[393]. Ein wichtiger Grund für die Kündigung durch den Geschäftsführer liegt beispielsweise in folgenden Fällen vor:

– bei einem Widerruf der Bestellung, da es dem Geschäftsführer unzumutbar ist, ohne die organschaftliche Befugnis, als Geschäftsführer aufzutreten, weiterhin seine Pflichten aus dem Anstellungsvertrag wahrzunehmen, Beispiele
– bei einer ungerechtfertigten Beschränkung der Kompetenzen des Geschäftsführers, einer Gängelung desselben oder der Vorenthaltung wichtiger Informationen, die zur Pflichterfüllung des Geschäftsführers notwendig sind[394],

---

[393] Siehe bereits die Ausführungen oben H I 2.
[394] BGH DStR 1995, 1639.

- bei unzumutbaren Aufgabenzuweisungen, wie z.B. der Übertragung von ausgesprochenen Hilfstätigkeiten, um den Geschäftsführer zu diskriminieren,
- bei der Ausübung von Druck auf den Geschäftsführer, damit dieser gesetzeswidrige Maßnahmen vornimmt (z.B. Manipulationen in der Buchhaltung, Versäumung der Insolvenzantragstellung, Missachtung der Kapitalerhaltung),
- bei beleidigenden und ungerechtfertigten Vorwürfen gegen den Geschäftsführer.

Schadensersatzanspruch des Geschäftsführers

Wird der Geschäftsführer durch vertragswidriges Verhalten der GmbH veranlasst, das Anstellungsverhältnis aus wichtigem Grund zu kündigen, so steht ihm wegen des dadurch entstandenen Schadens gegen die GmbH ein Schadensersatzanspruch zu (§ 628 II BGB).

Beispiel: *„Das Martyrium des Geschäftsführers"*
Geschäftsführer G wurde als zweiter Geschäftsführer einer mittelständischen GmbH bestellt. Der alteingesessene Mitgeschäftsführer M akzeptierte den neu hinzugekommenen G von Anfang an nicht. Er ließ keine Gelegenheit aus, diesen zu gängeln, vor Dritten lächerlich zu machen und in sonstiger Weise zu diskriminieren. Schließlich verfasste M ein persönliches Schreiben an G, das auf 14 Seiten angebliche Pflichtverletzungen aufführte sowie die Unfähigkeit des G dokumentieren sollte. Das Schreiben enthielt Wendungen wie „... hast Du mich in der übelsten Weise hintergangen", „es ist längst nicht nur mir klar, dass Du ... lügst", „Deine mangelnde Liebe zur Wahrheit ...", „hast Du nicht nur mich, sondern auch meine Frau belogen", „schämst Du Dich eigentlich nicht, soviel Geld für eine Tätigkeit zu erhalten, ohne dass Du hierfür etwas bringst", „dass ich ständig belogen und hintergangen werde, ist unerträglich".
Der Geschäftsführer G nahm diesen Brief zum Anlass, um seinerseits den Anstellungsvertrag fristlos zu kündigen, das Geschäftsführeramt niederzulegen und von der Gesellschaft wegen entgangenen Verdienstes Schadensersatz zu verlangen. Eine dahingehende Klage des Geschäftsführers wird Erfolg haben, da ihm eine weitere Tätigkeit aufgrund des Verhaltens des Mitgeschäftsführers M unzumutbar ist. Interessant ist in diesem Zusammenhang übrigens, dass sich die Gesellschaft das Verhalten des M gemäß § 31 BGB zurechnen lassen muss[395].

---

[395] Siehe zu einem vergleichbaren Fall BGH GmbHR 1992, 301, 303. Zur Zurechnung siehe bereits die Ausführungen oben S. 55 ff.

J. Aufhebung und sonstige Beendigung

I. Überblick

Ist das Anstellungsverhältnis befristet abgeschlossen worden, so endet es automatisch mit dem Ablauf der vereinbarten Amtszeit, ohne dass es einer Kündigung bedarf.

Befristung

Achtung!

Ist eine Befristung vereinbart, so ist eine ordentliche Kündigung beider Vertragsparteien während der Vertragslaufzeit grundsätzlich ausgeschlossen, es sei denn, es wurde im Anstellungsvertrag die Möglichkeit der beiderseitigen ordentlichen Kündigung ausdrücklich offen gehalten. Wird dennoch die ordentliche Kündigung erklärt und realisiert, so verhält sich der Kündigende vertragswidrig und schuldet Schadensersatz. Kündigt beispielsweise der Geschäftsführer das Beschäftigungsverhältnis vor Ablauf der Befristung, so ist die Gesellschaft gezwungen, einen geeigneten Nachfolger zu suchen. Beauftragt sie eine Personalberatung, die ihr hierfür ein nicht unerhebliches Honorar (z.B. in Höhe eines halben Jahresgrundgehalts des angeworbenen Geschäftsführers) in Rechnung stellen wird, so hat der Geschäftsführer der GmbH grundsätzlich diesen Betrag zu erstatten[396]. Ein weiterer Schaden kann darin bestehen, dass an den Nachfolger ein höheres Gehalt gezahlt werden muss.

Ferner wird das Anstellungsverhältnis mit dem Tod des Geschäftsführers oder durch einen einvernehmlich zu schließenden Aufhebungsvertrag aufgelöst.

II. Aufhebungsvertrag

Insbesondere bei befristeten Anstellungsverträgen kommt ein Aufhebungsvertrag in Betracht, wenn der Geschäftsführer oder die Gesellschaft bzw. beide Vertragsparteien das Anstellungsverhältnis vor Zeitablauf beenden wollen. Aufhebungsverträge haben steuerrechtliche und sozialversicherungsrechtliche Konsequenzen, die vor Abschluss berücksichtigt werden sollten. Die Beteiligten müssen sich darüber klar werden, welchen Inhalt ein Aufhebungsvertrag haben soll. Zu regeln sind z.B. die Vereinbarung eines nachvertraglichen Wettbewerbsverbots, das Schicksal einer betrieblichen Altersversorgung oder (sonstiger) bestehender Versicherungsverträge, eine etwaige Freistellung des Geschäftsführers so-

Aufhebung löst komplizierte Folgen aus

---

[396] OLG Köln GmbHR 1997, 30, 31.

wie Urlaubsabgeltung und schließlich ggf. die Zahlung einer Abfindung.

Der Aufhebungsvertrag wird zwischen der Gesellschaft und dem Geschäftsführer geschlossen, wobei auf Seiten der GmbH die Gesellschafterversammlung das zuständige Organ ist. Hier gelten dieselben Grundsätze wie beim Abschluss des Anstellungsvertrags. Die Gesellschafterversammlung muss den Abschluss des Aufhebungsvertrags absegnen. Dass sie einer Beendigung durch Kündigung zustimmt, beinhaltet nicht das Recht, mit dem Geschäftsführer einen Aufhebungsvertrag zu schließen[397].

Das Recht der Aufhebungsverträge ist in seinen Einzelheiten äußerst kompliziert, zur Vertiefung sei auf folgendes Standardwerk verwiesen: *Jobst-Hubertus Bauer*, Arbeitsrechtliche Aufhebungsverträge, 7. Aufl. 2004.

Abfindung

Für den Geschäftsführer ist vor allem von Interesse, ob und in welcher Höhe er eine Abfindung aushandeln kann. Möglich ist bereits die Vereinbarung einer Abfindung im Anstellungsvertrag. Existiert eine solche Regelung nicht, so muss der Geschäftsführer zunächst ausloten, ob überhaupt eine Abfindung seitens der Gesellschaft vorgesehen ist. Ein Anspruch hierauf besteht nicht. Ist die Gesellschaft allerdings daran interessiert, den Geschäftsführer vorzeitig aus einem befristeten Anstellungsvertrag zu entlassen, so wird sie ihm „seinen Abgang schmackhaft machen müssen" (sog. „Goldener Handschlag" oder „Abschied mit Scheinen").

Der Geschäftsführer sollte seine Abfindungsforderung nicht zu hoch ansetzen. Auch muss er kritisch überlegen, ob er möglicherweise Pflichtverletzungen begangen hat, die von der Gesellschaft noch gar nicht aufgedeckt worden sind. Es ist bei Spannungen oder überzogenen Forderungen damit zu rechnen, dass die GmbH die Beendigung des Geschäftsführervertrags zum Anlass nimmt, dessen Tätigkeit gründlich zu untersuchen. Finden sich Unregelmäßigkeiten, so könnte die Gesellschaft versucht sein, hierauf eine fristlose Kündigung zu stützen. Der Geschäftsführer sollte sich dafür einsetzen, in die Aufhebungsvereinbarung einen Verzicht der Gesellschaft auf sämtliche Ansprüche aufnehmen zu lassen.

„Faustregeln" über die Höhe der Abfindung gibt es nicht. In der Regel findet eine Bemessung in Anlehnung an die bisherige Dienstzeit und die Höhe des Einkommens statt. Denkbar ist beispielsweise eine Abfindung in Höhe eines halben Monatsbruttogehalts pro Beschäftigungsjahr. Letztlich müssen die Umstände des Einzelfalls entscheiden.

---

[397]   LAG Hessen NJW-RR 2001, 113.

Steuerrechtlich sind Abfindungen in Grenzen von der Einkommensteuerpflicht befreit, sofern sie wegen einer von der GmbH oder gerichtlich ausgesprochenen Auflösung des Dienstverhältnisses gezahlt werden. Rechtsgrundlage für die Steuerbegünstigung ist § 3 Nr. 9 Einkommensteuergesetz. Danach sind Abfindungen, die bei einer vom Arbeitgeber oder gerichtlich veranlassten Auflösung des Dienstverhältnisses gezahlt werden, bis zu einem Betrag von 7.200 € steuerfrei. Dieser Freibetrag erhöht sich ab Vollendung des 50. Lebensjahres und einer Beschäftigungszeit von mindestens 15 Jahren auf 9.000 €. Ist der Geschäftsführer mindestens 55 Jahre alt und hat dem Unternehmen 20 Jahre lang gedient, so steigert sich der Betrag auf 11.000 €. Soweit der Freibetrag eingreift, ist die Abfindung nicht nur steuer-, sondern auch sozialversicherungsfrei.

Steuerrecht

Entscheidend für die Inanspruchnahme des Freibetrags ist, dass die Beendigung des Anstellungsvertrags auf die Initiative der GmbH zurückgeht. Keinesfalls steuerfrei sind Abfindungen, die dem Geschäftsführer aufgrund einer Eigenkündigung bezahlt werden. Die Abfindung muss als Ausgleich für den Verlust des Arbeitsplatzes und die damit verbundenen zukünftigen finanziellen Einbußen gezahlt werden. Nicht von der Steuervergünstigung erfasst sind Abfindungen, die ihren Grund in Ansprüchen haben, die bis zum Ausscheiden erdient worden sind und jetzt „sozusagen" kumuliert ausgezahlt werden. Entscheidend ist also, ob dem Geschäftsführer eine Abfindung geleistet wird, die er bis zu seinem Ausscheiden nicht beanspruchen durfte bzw. die er nicht erdient hat. Läuft das Anstellungsverhältnis aufgrund einer Befristung aus und wird dem Geschäftsführer dennoch eine Abfindung gezahlt, so ist diese nicht steuerfrei, da sie nicht auf einer von der GmbH veranlassten Auflösung des Dienstverhältnisses beruht.

Einzelheiten

Eine die vorstehenden Freibeträge übersteigende Abfindung, die in einem Kalenderjahr ausbezahlt wird, kann ferner gemäß § 34 I und II Einkommensteuergesetz nach der sog. Fünftel-Regelung besteuert werden, wodurch die Progression abgeschwächt werden kann. Gleiches gilt für Abfindungen, die nicht unter die Freibetragsregelung fallen, weil die Beendigung nicht von der Gesellschaft veranlasst worden ist.

Fünftel-Regelung

Tipp für den Geschäftsführer!
Bevor Sie in Aufhebungsverhandlungen gehen, sollten Sie sich gründlich darüber beraten lassen, welche sozialversicherungsrechtlichen und steuerrechtlichen Folgen eine Aufhebungsvereinbarung für Sie hat. Sind Sie beispielsweise sozialversicherungspflichtig, so kann eine Vereinbarung des Inhalts, dass der Arbeitgeber einen Teil der Abfindung zum Ausgleich von Rentenminderungen verwendet, durchaus sinnvoll sein. Auch kann eine Sperrzeit beim

Arbeitslosengeld ausgelöst werden, wenn die Kündigungsfrist per Aufhebungsvertrag verkürzt wird oder ein Ruhen des Anspruchs auf Zahlung des Arbeitslosengeldes wegen der Abfindung in Betracht kommen (siehe §§ 143, 143 a SGB III).

3. Teil
Haftung und Strafbarkeit

A. Einführung

Betrachtet der Geschäftsführer seinen persönlichen Status, so sind es häufig drei Fragen, die ihn immer wieder beschäftigen: seine Vergütung, seine Versorgung und seine Haftung.

Die Vergütung ermöglicht dem Geschäftsführer während seiner aktiven Zeit, einen Lebensstandard zu realisieren, der seiner Leistungsfähigkeit entspricht. Dass ihm oft die Zeit fehlen wird, das Erreichte zu genießen, steht auf einem anderen Blatt.

Die Versorgung stellt sicher - oder sollte sicherstellen -, dass der Geschäftsführer sowie seine Angehörigen für den Fall des Ruhestands oder die nie auszuschließenden Fälle der Invalidität oder des Todes des Geschäftsführers über die notwendigen Mittel verfügen, die einen angemessenen Lebensunterhalt ermöglichen.

Die Haftung des Geschäftsführers bildet hierzu genau den entgegen gesetzten Pol!

Durch die Verwirklichung von Haftungstatbeständen mit der Folge der persönlichen Verantwortlichkeit des Geschäftsführers - also seiner finanziellen Einstandspflicht mit dem gesamten Privatvermögen - werden die Vergütung und die Versorgung in Frage gestellt.

Realisieren sich Haftungsrisiken in Millionenhöhe, kann die Situation eintreten, dass dem Geschäftsführer nur noch der pfändungsfreie Teil seines Einkommens verbleibt. Der Geschäftsführer muss daher die ihn betreffenden Haftungstatbestände kennen und alle wirtschaftlich sinnvollen Maßnahmen ergreifen, um die Risiken gering zu halten.

B. Grundlagen der Haftung und strafrechtlichen Verantwortung

I. Systematischer Überblick

Risiken der
Geschäftsführer-
tätigkeit

Die Haftung zählt zu den Risiken, auf die sich jeder Geschäftsführer einstellen und deren Grundlagen er kennen muss. Neben der Haftung bestehen weitere Risiken: Es handelt sich dabei u.a. um die strafrechtliche Verantwortlichkeit des Geschäftsführers sowie um sein Kündigungs- und Abberufungsrisiko.

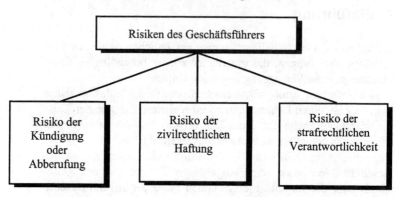

Diese drei Risiken können oft gleichzeitig auftreten:

Beispiel: *„Drei auf einen Streich"*
Der Geschäftsführer, der für die Gesellschaft bestimmte Schecks „heimlich" über sein Privatkonto einlöst, begeht strafrechtlich eine Untreue, liefert einen Kündigungs- und Abberufungsgrund und macht sich schadensersatzpflichtig.

Beispiel: *„Der Umweltsünder"*
Der Geschäftsführer, der zulässt, dass giftiges, säurehaltiges Abwasser in die Kanalisation gelangt, begeht, da er zum rechtmäßigen Handeln verpflichtet ist, eine zum Schadensersatz verpflichtende Pflichtverletzung gegenüber der GmbH. Gleichzeitig setzt er damit einen Abberufungsgrund. Ferner macht er sich wegen Verstoßes gegen geltendes Umweltstrafrecht strafbar.

Besondere Haftungsrisiken drohen dem Geschäftsführer in der Gründung und in der Krise.

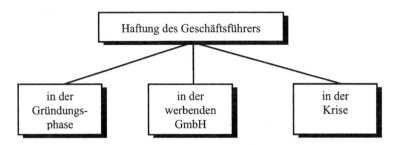

In sämtlichen Phasen - GmbH in Gründung, „werbende" GmbH, GmbH in der Krise - lassen sich die Haftungstatbestände in solche der Außen- und der Innenhaftung einteilen.

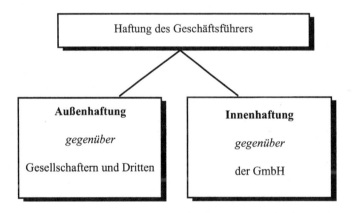

Die Außenhaftung umfasst die Verantwortlichkeit des Geschäftsführers gegenüber sämtlichen Personen, d.h. Gesellschaftern, Geschäftspartnern und sonstigen außen stehenden Personen mit Ausnahme seiner Verpflichtung gegenüber der Gesellschaft. Die Innenhaftung hingegen betrifft die Verantwortlichkeit des Geschäftsführers gegenüber der GmbH.

Relevant wird die Außenhaftung vor allem dann, wenn neben dem Geschäftsführer *nicht* gleichzeitig auch die GmbH haftet oder wenn die Gesellschaft insolvent ist, so dass die Gläubiger sich an den Geschäftsführer halten wollen. Zu beachten ist ferner, dass die Außenhaftung in eine Innenhaftung umschlagen kann, nämlich dann, wenn die GmbH im Außenverhältnis den Anspruchsteller befriedigt und nun intern vom Geschäftsführer Ausgleich verlangt.

Beispiel: *„Leasingmaschine"*
Der Geschäftsführer beschädigt versehentlich eine Maschine, die nur geleast ist und daher der Leasinggesellschaft gehört. Die Leasingfirma hätte gegen den Geschäftsführer einen Schadensersatzanspruch. Die GmbH repariert die Maschine und ersetzt dadurch der Leasinggesellschaft den entstandenen Schaden. Anschließend kann die GmbH vom Geschäftsführer, der fahrlässig den Schaden verursacht hat, die Reparaturkosten erstattet verlangen.

Für die Praxis ist daher meist die Innenhaftung bedeutsamer als die Außenhaftung. Dies gilt übrigens auch für die Krise, da nun der Insolvenzverwalter die Ansprüche der Gesellschaft ermitteln und konsequent durchsetzen wird.

Nach inoffiziellen Schätzungen betreffen ca. 80-90 % der Haftungsfälle Ansprüche aus dem Innenverhältnis. Sowohl für die Außen- als auch für die Innenhaftung ist – sofern es mehrere Geschäftsführer gibt - der Grundsatz der Gesamtverantwortung relevant.

II. Grundsatz der Gesamtverantwortung

Besteht die Geschäftsführung aus mehreren Personen, so wirft dies die Frage auf, ob sämtliche Geschäftsführer für unerlaubte Handlungen und Pflichtverletzungen gleichermaßen haften oder ob auf ihren konkreten Tatbeitrag abzustellen ist.

Ressort- und Gesamtverantwortung

Hier ist zwischen *Ressort-* und *Gesamtverantwortung* zu unterscheiden:

Oft werden zur Arbeitsentlastung der einzelnen Geschäftsführer im Wege der sog. *horizontalen Arbeitsteilung* Ressorts gebildet. Eine solche Ressortaufteilung bewirkt grundsätzlich, dass die Verantwortlichkeit auf den zuständigen Geschäftsführer konzentriert wird.

Durch die Übertragung eines Ressorts auf einen Geschäftsführer reduzieren sich die Pflichten der übrigen Geschäftsführer auf eine allgemeine Überwachungspflicht. Diese ist im Bereich öffentlich-rechtlicher Pflichten, insbesondere im Bereich des Steuerrechts, besonders streng.

Beispiel: *„Personalprobleme"*
Geschäftsführer G leitet das Ressort „Personal". Kommt es beispielsweise in Einzelfällen zu Versäumnissen, etwa zu formellen Fehlern bei dem Abschluss befristeter Arbeitsverträge und erleidet die Gesellschaft hierdurch einen Schaden, weil die Befristungen unwirksam sind, haftet grundsätzlich nur G der GmbH. Der Mitgeschäftsführer M, der mit Personalfragen überhaupt nicht betraut ist, muss nicht haften. Häufen sich jedoch die Fälle, ist M aufgrund seiner allgemeinen Überwachungspflicht verpflichtet, auf eine Vermeidung der Schäden

hinzuwirken. Sieht er tatenlos zu, so macht er sich ebenfalls schadensersatzpflichtig.

Nicht abschließend geklärt ist, ob die Ressortaufteilung schriftlich
dokumentiert werden muss, um eine haftungsentlastende Wirkung
für die übrigen Mitglieder zu entfalten. Teils wird vertreten, dass
eine faktische oder mündliche Aufteilung genügt. Es ist jedoch
dringend zu empfehlen, die Aufteilung der Zuständigkeiten
schriftlich festzuhalten, dies schon aus Beweisgründen, aber auch
um der Rechtsunsicherheit vorzubeugen. Für steuerrechtliche und
sonstige öffentlich-rechtliche Pflichten verlangt das Finanzamt o-
der die zuständige Behörde häufig meist die schriftliche Dokumentation. Der *Bundesfinanzhof* hat für den Bereich des Steuerrechts ausdrücklich entschieden, dass eine Begrenzung der Verantwortlichkeit des Geschäftsführers, der nach der Ressortaufteilung für die Erfüllung der Steuerpflichten nicht zuständig ist, nur
durch eine vorweg getroffene schriftliche Vereinbarung erreicht
werden kann[398].

> **Schriftliche Fixierung der Ressortaufteilung sollte erfolgen**

Tipp!
Bestehen Sie im eigenen Interesse auf einer schriftlichen Dokumentation der Ressortaufteilung. Die Geschäftsbereiche sollten
möglichst exakt festgelegt werden.

Wichtig ist:
Die Ressortaufteilung findet dort ihre Grenzen, wo es um den sog.
Kernbereich zwingender Gesamtzuständigkeit geht. Dazu zählt
beispielsweise die Insolvenzantragspflicht bei Überschuldung der
Gesellschaft. Aber auch wesentliche unternehmerische Entscheidungen sind von allen Geschäftsführern gemeinsam zu verantworten. Hierzu können organisatorische Maßnahmen - etwa die Festlegung der Konzernstruktur - die strategische Ausrichtung am
Markt, die Erschließung neuer Absatzmärkte, die wesentliche Um-
stellung der Produktion, die Einführung neuer Rationalisierungs-
methoden, die Eröffnung neuer Filialen, die Implementierung eines neuen EDV-Systems sowie die Ausgliederung von Funktionen
gehören, insbesondere wenn dadurch ein Personalabbau oder eine
Umstrukturierung einhergeht. Gleiches gilt, wenn es darum geht,
größere Schäden durch Rückrufaktionen, Warnhinweise oder Risiken im Umweltbereich abzuwenden.

> **Gesamtverantwortung für zentrale Fragen**

---

[398] BFH ZIP 1986, 1247, 1248.

Beispiel: *„Giftige Fässer"*

G ist Geschäftsführer einer Pharma-GmbH und betreut das Ressort „Personal". Mitgeschäftsführer M ist für die Produktion und damit für die Entsorgung des Sondermülls zuständig. Er lässt bewusst auf dem Lagergrundstück des ahnungslosen Eigentümers E zahlreiche Fässer unzureichend gesichert und verbotswidrig lagern. Um die Entsorgung kümmert sich G nicht, da der Gesellschaft hierfür die Mittel fehlen. Schließlich wird das Erdreich kontaminiert und das Grundwasser verseucht. Hier können – bei entsprechendem Schuldvorwurf – beide Geschäftsführer sowohl zivilrechtlich als auch strafrechtlich zur Verantwortung gezogen werden[399].

III. Der faktische GmbH-Geschäftsführer

Die Rechte und Pflichten des Geschäftsführers, insbesondere die strafrechtliche und haftungsrechtliche Verantwortlichkeit können nicht nur den nominell bestellten Geschäftsführer, sondern auch den sog. *faktischen* Geschäftsführer treffen.

Die Figur des faktischen Geschäftsführers ist nicht abschließend definiert. Erforderlich ist eine *überragende* und *beherrschende* Einflussnahme auf die Geschäftsführung. Keine Voraussetzung ist, dass der tatsächlich organschaftlich bestellte Geschäftsführer völlig aus seiner Funktion verdrängt wird und ganz ohne Einfluss ist[400]. In einem solchen Fall kommt eine gesamtschuldnerische Haftung sowohl des nominell bestellten Geschäftsführers als auch des faktischen Geschäftsführers in Betracht[401]. Auch strafrechtlich ist sowohl der nominell bestellte Geschäftsführer als auch der faktische Geschäftsführer ein tauglicher Täter. Dies gilt insbesondere für die Insolvenzantragspflicht gemäß § 64 I GmbHG und die damit korrespondierende Strafbarkeit bei Insolvenzverschleppung gemäß § 82 I Nr. 1 und 3 GmbHG[402].

Beispiel: *„Der Firmen-Schlächter"*

Sören Schlächter erwirbt aus einem Konzern die Anteile an einer Tochter-GmbH, die Hebebühnen herstellt. Das Ziel von Sören ist das Ausschlachten des Unternehmens durch Abzug der Liquidität und durch Veräußerung des Betriebsvermögens. Die GmbH-Anteile erwirbt Sören nicht in Person, sondern für seine GmbH & Co. KG, die als Holding für zahlreiche Firmenbeteiligungen fungiert. Mit der Hebebühnen-GmbH schließt sodann die Holding KG einen Vertrag über ein zentrales Konzern-Cash-Management, wonach die Tochter-GmbH verpflichtet ist, sämtliche Liquidität an die Muttergesellschaft abzuführen und umgekehrt bei Liquiditätsbedarf Gelder von der Mutterge-

---

[399] BGHSt 37,333 – Pyrolyseöl.

[400] BGH NJW 1988, 1789, 1790; BFH GmbHR 2004, 833.

[401] OLG Frankfurt NJW-RR 2003,1532.

[402] Siehe BGH NJW 2000, 2285 zur strafrechtlichen Verantwortung sowie BGHZ 104, 44 zur gesellschaftsrechtlichen Pflicht Insolvenzantrag zu stellen.

sellschaft anzufordern. Dieses Modell entwickelt sich jedoch zur Einbahnstraße. In der Anfangszeit fließen zwar auch Gelder an die Tochtergesellschaft zurück, per Saldo gelingt es der Muttergesellschaft jedoch binnen von sechs Monaten Liquidität in einer Größenordnung von vier Millionen Euro abzusaugen. Die Gesellschaft gerät dadurch in die Insolvenz. Zum Geschäftsführer der Hebebühnen-GmbH wurde unmittelbar nach dem Erwerb der Anteile Dorian Dummi bestellt, der nicht einmal eine Kontovollmacht erhielt und der erst ganz spät begriff, was in dem Unternehmen eigentlich gespielt wird. Dorian versäumte es, rechtzeitig Insolvenzantrag zu stellen und den Liquiditätsabzug aufzuhalten. Nunmehr wollen das Finanzamt, die Sozialversicherungsträger und der Insolvenzverwalter sowohl Dorian Dummi als auch Sören Schlächter in die Haftung nehmen. Die Staatsanwaltschaft erwägt eine strafrechtliche Verfolgung der beiden.

Sofern Sören Schlächter faktischer Geschäftsführer gewesen ist, kommt neben der Haftung von Dorian auch seine Inanspruchnahme in Frage. Ob Sören als faktischer Geschäftsführer fungierte, ist anhand von Kriterien zu überprüfen. Sofern Sören Schlächter die beherrschende Persönlichkeit war, wovon auszugehen ist, da er die Finanzströme allein kontrollierte, muss er sich wie ein Geschäftsführer behandeln lassen. Weitere Kriterien sind[403]:

- Bestimmung der Unternehmenspolitik
- Bestimmung der Unternehmensorganisation
- Einstellung und Entlassung von Mitarbeitern
- Gestaltung der Geschäftsbeziehungen zu Vertragspartnern, insbesondere die Vereinbarung von Vertrags- und Zahlungsmodalitäten
- Entscheidung aller Steuerangelegenheiten
- Verhandlungen mit Kreditgebern
- Steuerung der Buchhaltung und Bilanzierung

In dem hiesigen Fall könnten sich sowohl Sören Schlächter als auch Dorian Dummi strafrechtlich wegen Untreue strafbar gemacht haben, wobei es möglicherweise bei Dorian Dummi an dem hierfür erforderlichen Vorsatz fehlte. Beide könnten ferner eine Insolvenzverschleppung begangen haben. Sofern Dorian Dummi die finanzielle Situation der GmbH, insbesondere eine etwaig eingetretene Überschuldung nicht erkannt haben sollte, weil er hierfür keinen Einblick in die Buchhaltung hatte, muss er sich zumindest eine *fahrlässige* Insolvenzverschleppung vorwerfen lassen. Als Geschäftsführer ist er nämlich verpflichtet, sich Einblick in die finanziellen Verhältnisse zu verschaffen. Der faktische Geschäftsführer – vorliegend also Sören – ist ebenfalls zur Stellung des Insolvenzantrags verpflichtet[404]. Auch eine Haftung für Steuerschulden kommt sowohl für den nominell bestellten Geschäftsführer als auch für den faktischen Geschäftsführer in Betracht[405].

---

[403] Siehe *Dierlamm*, NStZ 1996, 153, 156 sowie im Anschluss an ihn: BayObLG NJW 1997, 1936; BGH NJW 1997, 66, 67.
[404] BGHZ 104, 44.
[405] So ausdrücklich BFH GmbHR 2004, 833.

Dennoch ist nicht jeder einflussreiche Gesellschafter automatisch faktischer Geschäftsführer. Insbesondere soll auch erforderlich sein, dass der faktische Geschäftsführer nach außen wie ein Geschäftsführer handelt und auftritt. Sofern lediglich intern, sei es auch massiv, Einfluss auf den organschaftlich bestellten Geschäftsführer genommen wird, reicht dies zur Annahme einer faktischen Geschäftsführung noch nicht aus[406].

Sofern also Sören Schlächter umfassend Weisungen erteilt hat, die Dorian Dummi ausführte, wird der Anweisende noch nicht zum faktischen Geschäftsführer. Sören hat hier jedoch den Zahlungsverkehr selbst organisiert und hatte Dorian noch nicht einmal Vollmacht eingeräumt, so dass er auch nach außen zumindest die finanziellen Geschäfte geführt hat.

Auch der lediglich als Strohmann fungierende Geschäftsführer kann sich haftbar und strafbar machen. Es kommt aber immer auch auf die subjektiven Merkmale der jeweiligen Straf- und Haftungstatbestände an[407]. Entscheidend ist, ob der organschaftlich bestellte Geschäftsführer seine Kontroll- und Überwachungspflichten wahrgenommen hat und ob er Anhaltspunkte für eine unzureichende Erfüllung der Pflichten des faktischen Geschäftsführers haben musste, aber dennoch nicht eingegriffen hat[408].

Auch die Strafbarkeit wegen Vorenthaltens von Arbeitnehmerbeiträgen zur Sozialversicherung gemäß § 266 a I StGB kann den faktischen Geschäftsführer treffen[409]. Der *BGH* stellt ausdrücklich fest, dass die Strafbarkeit des nominell bestellten Geschäftsführers sich nicht zwangsläufig nach den Taten des faktischen Geschäftsführers bestimmt, sondern die strafrechtliche Schuld des Strohmanns nach allgemeinen Grundsätzen festzustellen ist. Der formelle Geschäftsführer handelt demnach nur dann vorsätzlich pflichtwidrig im Sinne von § 266 a StGB, wenn er Anhaltspunkte für eine unzureichende Erfüllung der sozialversicherungsrechtlichen Pflichten durch den faktischen Geschäftsführer erlangt und dennoch nicht die notwendigen Maßnahmen ergreift. Solche sich dem formellen Geschäftsführer aufdrängenden Verdachtsmomente brauchen sich nicht unmittelbar auf die Verletzung sozialversicherungsrechtlicher Pflichten beziehen. Es kann nach den Umständen des Einzelfalls auch ausreichen, wenn dem formellen Geschäftsführer schon Anzeichen dafür erkennbar sind, dass die Verbindlichkeiten nicht ordnungsgemäß erfüllt werden. Die zivilrechtliche

---

[406] So ausdrücklich BGH NJW 2002, 1803, 3. Leitsatz: *Für die Haftung einer Person, die sich wie ein faktischer Geschäftsführer verhält nach § 43 II GmbHG genügt es nicht, dass sie auf die satzungsmäßigen Geschäftsführer gesellschaftsintern einwirkt. Erforderlich ist auch ein nach außen hervortretendes überlicherweise der Geschäftsführung zuzurechnendes Handeln.*

[407] Siehe *Pelz*, Strafrecht in Krise und Insolvenz, Rdnr. 141 ff.

[408] BGH NJW 2002, 721, 724.

[409] BGH NJW 2002, 721, 724.

Haftung nach § 823 II BGB i.V.m. § 266 a StGB des faktischen Geschäftsführers gegenüber den Einzugsstellen für die Arbeitnehmerbeiträge zur Sozialversicherung hat das Kammergericht in einem älteren Urteil noch abgelehnt (siehe Kammergericht, NJW-RR 1997, 1126). Diese Entscheidung würde wohl so heute nicht mehr getroffen werden.

C. Außenhaftung

I. Überblick

Die Tatbestände der Außenhaftung bilden kein geschlossenes System. Die wichtigsten Normen sind die Bestimmungen des Bürgerlichen Gesetzbuches (BGB) über die *unerlaubten Handlungen* (§§ 823 ff. BGB).

Die Rechtslage zur Außenhaftung ist unübersichtlich. Es existiert eine Kasuistik, die es nicht ermöglicht, die Voraussetzungen der Haftung zuverlässig zu ermitteln. Dies führt auf Seiten des Geschäftsführers zu einer enormen Verunsicherung. Die Tendenz der Rechtsprechung geht zu einer Verschärfung der Managerhaftung.

Dennoch kann konstatiert werden, dass es einen Kernbereich gibt, der sich recht eindeutig bestimmen lässt. Um diesen Kernbereich ranken sich jedoch zahlreiche Grenzfälle.

Es muss beachtet werden, dass die mit der Haftung befassten Gerichte gezwungen sind, Einzelfallentscheidungen zu treffen. Der Volksmund formuliert zutreffend, indem er sagt: „Drei Juristen = vier Meinungen". Die wertende Entscheidung des Richters lässt sich nur schwer prognostizieren. Dies darf jedoch nicht darüber hinwegtäuschen, dass es, wie erwähnt, zahlreiche klare Fälle gibt und die Unsicherheiten sich in dem Randbereich abspielen.

Zunächst lassen sich die Haftungstatbestände einteilen in solche für Verbindlichkeiten des Unternehmens, in Tatbestände der Vertrauenshaftung und in jene der Verletzung fremder Rechtsgüter bzw. Rechte. Mit Ausnahme der Fallgruppe der Vertrauenshaftung sind für die beiden anderen Bereiche der Außenhaftung vor allem die Vorschriften der Haftung für unerlaubte Handlungen von Bedeutung.

Rechtslage ist unübersichtlich

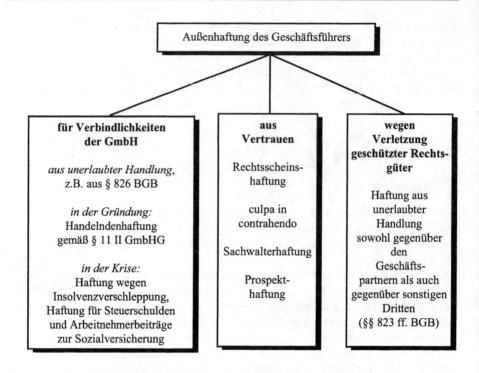

II. Haftung aus unerlaubter Handlung (deliktische Haftung)

Unser Schadensersatzrecht beruht auf dem Prinzip der Verschuldens- und der Unrechtshaftung, d.h. Voraussetzung für eine Haftung ist ein schuldhaftes und rechtswidriges Verhalten.

Fälle der Garantie- und Gefährdungshaftung sowie der Haftung trotz rechtmäßigen Verhaltens bilden die Ausnahme und sind enumerativ, also einzeln und abschließend im Bürgerlichen Gesetzbuch oder in anderen Gesetzen aufgezählt.

Keine umfassende Generalklausel bei Außenhaftung

Allerdings existiert im deutschen Recht keine Vorschrift, die eine allumfassende Haftung für Schäden begründet, die durch *rechtswidriges* und *schuldhaftes* Tun verursacht werden, es fehlt - mit anderen Worten - eine dies anordnende Generalklausel.

§ 823 I BGB als „kleine Generalklausel"

Es gibt jedoch die sog. *kleine Generalklausel* in § 823 I BGB:

§ 823 BGB

(1) Wer vorsätzlich oder fahrlässig das Leben, den Körper, die Gesundheit, die Freiheit, das Eigentum oder ein sonstiges Recht eines anderen widerrechtlich verletzt, ist dem anderen zum Ersatze des daraus entstehenden Schadens verpflichtet.

Danach wird nicht für jeden Vermögensschaden, der aufgrund rechtswidrigen und schuldhaften Verhaltens verursacht wurde, gehaftet, sondern nur für jene Schäden, die dadurch entstehen, dass das Leben, der Körper, die Freiheit, das Eigentum oder ein sonstiges Recht des einzelnen verletzt werden.

Erforderlich ist also zunächst eine Verletzung der im Gesetz aufgezählten Rechte oder Rechtsgüter.

Beispiel: *„Stau auf der Autobahn"*
Verursacht der Geschäftsführer mit dem Lkw der Gesellschaft einen Stau auf der Autobahn, weil die unzureichend gesicherte Ladung auf die Fahrbahn fällt, und verpasst dadurch ein anderer Verkehrsteilnehmer, der in den Stau geraten ist, sein Flugzeug und entstehen diesem dadurch finanzielle Nachteile, so kann der Geschäftsführer hierfür nicht in Anspruch genommen werden. Zwar hat er rechtswidrig und schuldhaft gehandelt, doch wurde hierdurch lediglich ein *reiner* Vermögensschaden verursacht.

Nicht jeder schuldhaft und rechtswidrig herbeigeführte Schaden führt daher zu einer Haftung. In dem „Staubeispiel" bestünde allenfalls die Möglichkeit, durch extensive Auslegung des Eigentumsbegriffs oder weite Fassung des Begriffs der Freiheitsverletzung zu einer Haftung zu gelangen. Es könnte etwa argumentiert werden, dass das Eigentum der Stauteilnehmer an ihren Fahrzeugen oder aber ihre Bewegungsfreiheit beeinträchtigt worden ist. Die Rechtsprechung hat eine solche weit reichende Auslegung aber bisher zu Recht nicht befürwortet.

Die deliktische Haftung kann jeden treffen, der einen Tatbestand verwirklicht, also auch den GmbH-Geschäftsführer. Verursacht dieser eine solche unerlaubte Handlung im Dienst, etwa nach § 823 BGB, muss er persönlich hierfür einstehen. Insofern handelt es sich um keinen besonderen Tatbestand der Managerhaftung. Den Geschäftsführer trifft diese Haftung aber besonders hart, weil er im Falle seiner Inanspruchnahme - anders als bei einfacher Fahrlässigkeit der „gewöhnliche" Arbeitnehmer - nicht von der Gesellschaft Freistellung von der Schadensersatzverpflichtung verlangen kann.

Haftung des Geschäftsführers nach außen ohne Freistellung durch die Gesellschaft

---

Tipp!
Versuchen Sie möglichst schon im Anstellungsvertrag eine Freistellung für Schäden, die von Ihnen durch einfache Fahrlässigkeit verursacht werden, zu erreichen. Berufen Sie sich darauf, dass durch die Freistellung Ihre Einsatzfreude deutlich Auftrieb bekäme. Einen Haftungsausschluss wegen grober Fahrlässigkeit werden Sie in der Regel nicht „durchbekommen". Neben der Vereinbarung eines Haftungsausschlusses könnten Sie ferner versuchen, die GmbH zum Abschluss einer Vermögensschadens-Haftpflicht-

versicherung zu Ihren Gunsten zu bewegen. Das Versicherungsunternehmen zahlt grundsätzlich auch bei grob fahrlässiger Schadensherbeiführung. Dadurch würden Sie zahlreiche Risiken absichern. Zu den Versicherungslösungen im Einzelnen, siehe die Ausführungen unten bei H.

Die Vorschriften über die unerlaubte Handlung enthalten neben der kleinen Generalklausel weitere Haftungtatbestände. Wichtig sind für die Geschäftsführerhaftung vor allem § 823 II BGB i.V.m. der Verletzung eines Schutzgesetzes sowie die vorsätzliche sittenwidrige Schädigung gemäß § 826 BGB.

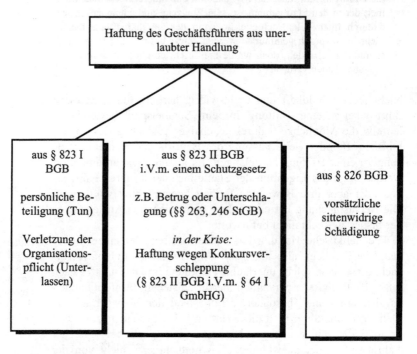

Von Bedeutung ist ferner die Verpflichtung, u.a. bei einer Verletzung des Körpers, der Gesundheit oder - wie der *BGH* entschieden hat - bei einer Beeinträchtigung des sog. allgemeinen Persönlichkeitsrechts, ein *Schmerzensgeld* zu zahlen (§ 253 BGB).

Zunächst soll die Haftung aus § 823 BGB etwas vertieft werden:

Diese Vorschrift lautet vollständig:

§ 823 BGB

(1) Wer vorsätzlich oder fahrlässig das Leben, den Körper, die Gesundheit, die Freiheit, das Eigentum oder ein sonstiges Recht eines anderen widerrechtlich verletzt, ist dem anderen zum Ersatze des daraus entstehenden Schadens verpflichtet.

(2) Die gleiche Verpflichtung trifft denjenigen, welcher gegen ein den Schutz eines anderen bezweckendes Gesetz verstößt. Ist nach dem Inhalt des Gesetzes ein Verstoß gegen dieses auch ohne Verschulden möglich, so tritt die Ersatzpflicht nur im Falle des Verschuldens ein.

Die beiden Absätze bilden zwei voneinander zu trennende Komplexe.

1. § 823 I BGB

a. *Grundlagen*

Eine Haftung aus § 823 I BGB setzt voraus:

Ein schuldhaftes und rechtswidriges Verhalten (Tun oder Unterlassen), durch das

- das Leben, der Körper, die Gesundheit,
- die Freiheit,
- das Eigentum
- oder ein sonstiges Recht

Voraussetzungen

Haftungsbegründende Kausalität

eines anderen verletzt worden ist (=>sog. *haftungsbegründende Kausalität*).

Dem anderen muss aufgrund dieser Rechtsgutverletzung ein nach dem allgemeinen Schadensrecht (§§ 249 ff. BGB) ersatzfähiger Schaden entstanden sein (=> sog. *haftungsausfüllende Kausalität*). Dieser ist dann zu ersetzen.

Haftungsausfüllende Kausalität

Die erste Voraussetzung ist also eine Verhaltensweise des Geschäftsführers, an die die Haftung angeknüpft wird. Dies kann ein Tun oder ein Unterlassen sein. Ein „Tun" liegt vor, wenn der Geschäftsführer sich persönlich durch aktive Beiträge betätigt.

Aktive Beteiligung des Geschäftsführers

Beispiel: *„Die komplizierte Etikettiermaschine"*
Der Geschäftsführer beschädigt versehentlich durch eine fehlerhafte Bedienung oder Anweisung die Etikettiermaschine, die der Leasinggesellschaft gehört. Hier hat der Geschäftsführer selbst tatkräftig an der Entstehung des Schadens mitgewirkt. Er muss aus unerlaubter Handlung den Schaden grundsätzlich ersetzen.

Die Fälle der zivilrechtlichen Verantwortlichkeit wegen einer aktiven Handlung sind in der Regel ohne besondere Probleme behaftet. Hier gilt das allgemeine Haftungsrecht, es bestehen keine gesellschaftsrechtlichen Besonderheiten.

Anders ist dies bei einer Herbeiführung des Schadens durch ein Unterlassen.

b. Unterlassen und Garantenstellung des Geschäftsführers

Auch ein Unterlassen kann haftungsbegründend sein

Ein Unterlassen setzt voraus, dass ein Verhalten geboten war, bei dessen Vornahme der eingetretene Schaden nicht entstanden wäre.

Beispiel: *„Unterlassene Wartung"*
Der Geschäftsführer unterlässt es aus Gedankenlosigkeit, notwendige Wartungs- und Instandhaltungsmaßnahmen an der geleasten Etikettiermaschine vorzunehmen. Dadurch entsteht an der Maschine ein Schaden, den die Leasinggesellschaft vom Geschäftsführer ersetzt verlangt.

Voraussetzung: Pflicht zum Handeln

Im Bereich des Unterlassens gibt es eine Verpflichtung zum Schadensersatz nur dann, wenn eine Pflicht zum Handeln bestand. Eine solche Pflicht kann sich zum Beispiel aus einem Vertrag ergeben; so wird im Leasingvertrag regelmäßig die Verpflichtung des Leasingnehmers (=GmbH) verankert sein, die Leasingsache zu warten. Daneben gibt es außerhalb des Vertragsrechts die allgemeine und jedermann treffende Pflicht, dafür zu sorgen, dass fremde Rechte oder Rechtsgüter nicht verletzt werden. Da von einem Unternehmen häufig Gefahren ausgehen, besteht für den Träger des Unternehmens (also für die GmbH) die Pflicht, Gefahrenquellen abzusichern. Diese Pflicht wird als Verkehrssicherungspflicht oder auch nur als Verkehrspflicht bezeichnet.

Adressatin der Handlungspflicht ist die GmbH

Die Verkehrssicherungspflichten treffen, wie erwähnt, grundsätzlich die GmbH. Gleiches gilt für die vertraglichen Pflichten; auch diese gelten in der Regel nur für die GmbH als Vertragspartnerin. Damit scheidet aber nur auf den ersten Blick eine Verantwortlichkeit des Geschäftsführers aus.

Es muss nämlich zweierlei beachtet werden:

1. Missachtet der Geschäftsführer die Pflichten der GmbH und entsteht hierdurch ein Schaden, macht er sich gegenüber der Gesellschaft schadensersatzpflichtig. Er löst damit also eine *Innenhaftung* aus.

2. Was die Verkehrssicherungspflichten der GmbH betrifft, so hat der *BGH* entschieden, dass der Geschäftsführer *Garant* für die Einhaltung dieser Pflichten ist. Das heißt, sorgt der Geschäftsführer nicht dafür, dass die Verkehrssicherungspflichten ein-

gehalten werden, muss er damit rechnen, wegen der entstandenen Schäden den Geschädigten gegenüber persönlich zu haften.

Trotz heftiger Kritik, der im Kern zuzustimmen ist, hält der *BGH* bis heute an seiner Rechtsprechung zur Garantenstellung fest.

Geschäftsführer ist Garant für die Einhaltung der Verkehrssicherungspflichten

Beispiel: *„Die morsche Eiche"*
Vor dem Eingangsportal der GmbH steht auf dem Betriebsgrundstück eine alte morsche Eiche. Zwei Äste sind schon abgebrochen, haben aber glücklicherweise keinen Schaden angerichtet. Weitere morsche Äste müssten entfernt werden. Geschäftsführer G unternimmt jedoch nichts. Nunmehr wird die Kundin K durch einen herabfallenden Ast verletzt und verlangt von G Schadensersatz. G hätte als Geschäftsführer die Einhaltung der Verkehrssicherungspflichten sicherstellen müssen. Er ist Garant für die Einhaltung dieser Pflichten und damit persönlich aus § 823 I BGB zur Verantwortung zu ziehen.

Beispiel: *„Lift-Pause"*
Der Geschäftsführer versäumt es, die Aufzugsanlage regelmäßig warten zu lassen. Dadurch bleibt ein Defekt unerkannt, der bei ordnungsgemäßer Wartung behoben worden wäre. Eines Tages bleibt der Fahrstuhl aufgrund des Defekts stecken. Eingeschlossene Personen machen Schadensersatz wegen fahrlässiger Verletzung der Freiheit geltend. Sie berufen sich darauf, dass sie mehrere Stunden im Fahrstuhl eingeschlossen waren und dadurch einen Verdienstausfall erlitten. Ferner begehren sie Schmerzensgeld. Beides können sie grundsätzlich beanspruchen.

Im Bereich der unterlassenen Wartung und Instandhaltung kann den Geschäftsführer daher eine erhebliche Haftung treffen. Aber auch im Bereich der Lieferantenbeziehungen drohen dem Geschäftsführer Risiken.

Weitreichende Haftungsrisiken

Beispiel: *„Der Baustoff-Fall"*[410]
Der Baustoffhändler B liefert der GmbH Baumaterialien auf Kredit mit der Maßgabe, dass die GmbH die Forderungen, die aus der Weiterveräußerung bzw. dem Einbau bei Dritten entstehen, an B abtritt. Da die Materialien bei einem Bauherrn eingebaut werden, der mit der Abtretung seiner Schuld nicht einverstanden ist, erlangt B gegen diesen Bauherrn nicht wie gewünscht die Forderung. Die GmbH wird insolvent. B verlangt nun vom Geschäftsführer G Schadensersatz mit der Begründung, er hätte das Eigentum an den Baumaterialien nicht ohne die von ihm gewünschte Sicherungsmöglichkeit übertragen. Der Geschäftsführer hätte verhindern müssen, dass B das Eigentum ohne Gegenwert entzogen wird. G hätte also organisatorische Vorkehrungen treffen müssen, damit so etwas nicht passiert. Hierin liegt eine

---

[410] BGHZ 109, 297.

fahrlässige Verletzung des Eigentums, für die der Geschäftsführer G persönlich einstehen muss. Die Klage des Baustoffhändlers dürfte in Anlehnung an das BGH-Urteil Erfolg versprechend sein.

Beispiel: „*Die Leasingmaschine*"
Geschäftsführer Gustav Grande (G) leitet ein Druckhaus, das von der Paula Print GmbH betrieben wird. Namens der GmbH hat er eine Druckmaschine bei einer Leasingbank geleast. Die GmbH ist in Liquiditätsschwierigkeiten, weshalb die fälligen Leasingraten nicht beglichen werden. Schließlich kündigt die Bank den Leasingvertrag und verlangt von der GmbH Herausgabe der Druckmaschine. G möchte jedoch fällige Aufträge ausführen, um Umsätze für die Gesellschaft zu erzielen. Die Maschine wird schließlich erst nach einem Jahr, nachdem ein rechtskräftiges Urteil auf Herausgabe vorliegt, herausgegeben. Die Leasingbank befürchtet, dass bei der GmbH nicht mehr zu holen ist und fragt, ob sie G persönlich in die Haftung nehmen kann.

Dieser Fall unterscheidet sich von den vorhergehenden Fällen dadurch, dass keine Verletzung der Substanz vorliegt, sondern eine reine Nutzungsstörung bzw. ein Vorenthalten der Nutzungsmöglichkeit. Ob darin eine Eigentumsverletzung liegt, ist umstritten. Meines Erachtens ist dies zu bejahen, da bereits durch das bloße Vorenthalten infolge des Zeitablaufs eine Wertminderung der Sache eintritt. Erst recht ist dies der Fall, wenn sich die Sache durch die weitere Benutzung abnutzt. Zu dieser Frage fehlt jedoch noch eine BGH-Entscheidung. In der sog. Fleet-Entscheidung hat der *BGH* eine Eigentumsverletzung bejaht, als ein Schiff in ein Hafenbecken eingeschlossen wurde[411].

Das OLG Köln, NJW-RR 1993, 865 hat entschieden, dass nicht jede Verletzung einer Kontrollpflicht eine Garantenstellung begründet. In dem der Entscheidung zugrunde liegenden Fall hatte ein Geschäftsführer in Unkenntnis gestohlene Ware zusammen mit nicht gestohlener Ware geliefert. Die bestohlene Eigentümerin verlangte Schadensersatz vom Geschäftsführer, was das Gericht ablehnte, da mangels Kenntnis eine Garantenstellung nicht begründet worden sei.

Produkt- und Umwelthaftungs-risiko

Weitreichende Bedeutung hat die Garantenstellung ferner für den Bereich der Produkt- und Umwelthaftung. Verwirklichen sich in diesem Bereich Risiken, die auf einer Verletzung von Verkehrssicherungspflichten beruhen, kann ein immenser Schaden entstehen, der den Geschäftsführer persönlich ruinieren könnte.

---

[411] BGHZ 55, 153.

Tipp!

Machen Sie sich darüber Gedanken, welche Verkehrssicherungspflichten von der Gesellschaft insgesamt und welche Pflichten speziell in Ihrem Ressort eingehalten werden müssen. Erstellen Sie nach einer Risikoanalyse schriftliche Anweisungen an nachgeordnete Mitarbeiter, um die Einhaltung der Verkehrssicherungspflichten sicherzustellen. Mit diesen Anweisungen können Sie z.b. Ihre Mitarbeiter auffordern, turnusmäßig bestimmte Kontrollen durchzuführen und Ihnen die sich zeigenden Gefahren mitzuteilen. Stellen Sie fest, dass ein Mitgeschäftsführer Risiken, die sein Ressort betreffen, nicht „im Griff" hat, sprechen Sie ihn an und drängen Sie auf Abhilfe. Ändert sich nichts, so führen Sie einen Beschluss der Geschäftsführung herbei, dass und auf welche Weise die Einhaltung der Verkehrssicherungspflicht sicherzustellen ist. Können Sie sich nicht durchsetzen, so informieren Sie die Gesellschafter und bitten diese, eine entsprechende Weisung zu erteilen.

Beispiel: *„Gefährlicher Lack"*
    Die GmbH produziert Möbel. Einer der bei der Produktion verwendeten Lacke soll ausweislich einer neueren Untersuchung gesundheitsschädlich sein. Geschäftsführer G vertraut darauf, dass dies schon alles nicht so schlimm sein werde, und tut nichts. Entstehen den Benutzern der Möbel gesundheitliche Schäden, ist G, der hier kraft seiner
    Organisationspflicht zum Handeln verpflichtet ist, persönlich verantwortlich.

2. § 823 II BGB i.V.m. einem Schutzgesetz

Es gibt in unserer Rechtsordnung zahlreiche Gesetze, die den Schutz Dritter bezwecken. § 823 II BGB ordnet an, dass derjenige, der die Verletzungshandlung vornimmt, zum Schadensersatz verpflichtet ist, falls gegen ein solches Gesetz *schuldhaft* verstoßen wurde. Die Vorschrift des § 823 II BGB ist damit immer nur in Verbindung mit einem Schutzgesetz als Anspruchsgrundlage geeignet.

> Der Geschäftsführer darf nicht gegen Gesetze zum Schutze Dritter verstoßen

Wichtige Schutzgesetze befinden sich vor allem im Strafgesetzbuch (StGB). Hierzu zählen der Diebstahl (§ 242 StGB), die Unterschlagung (§ 246 StGB), der Betrug (§ 263 StGB) sowie die Untreue (§ 266 StGB).

Ein weiteres Schutzgesetz ist § 266 a StGB. Danach macht sich der Geschäftsführer unter Umständen strafbar, wenn er Sozialversicherungsbeiträge der zuständigen Einzugsstellen vorenthält. Gleichzeitig ist der Geschäftsführer zivilrechtlich gemäß § 823 II BGB in Verbindung mit § 266 a StGB zum Schadensersatz verpflichtet. Er muss daher damit rechnen, wegen der nicht abgeführten Sozialversicherungsbeiträge persönlich in die Pflicht genommen zu werden. Dieser Tatbestand wird allerdings in der Regel erst in der Krise relevant, so dass er an dieser Stelle nicht vertieft werden muss. Das Schutzgesetz muss als Adressaten den Geschäftsführer umfassen[412], was bei den vorgenannten Straftatbeständen der Fall ist bzw. sein kann.

a. § 823 II BGB i.V.m. § 246 StGB (Unterschlagung)

Unterschlägt der Geschäftsführer fremdes Eigentum, so macht er sich strafbar und schadensersatzpflichtig. Eine Unterschlagung liegt vor, wenn der Geschäftsführer sich oder einem Dritten im Gewahrsam der Gesellschaft befindlichen Gegenstände entgegen dem Einverständnis des Eigentümers zueignet, z.B. indem er diese privat benutzt oder auf seine Kosten verwertet bzw. veräußert.

Beispiel: *„Der verschwundene Lamborghini"*
Kunde K hat seinen privaten Lamborghini der Gesellschaft für eine Werbeveranstaltung überlassen. Geschäftsführer G veräußert dieses Fahrzeug ins Ausland, ohne das Einverständnis des K einzuholen. Gegenüber K gibt er vor, dass das Fahrzeug gestohlen worden sei. Die ganze Angelegenheit fliegt auf, und G wird von K auf Schadensersatz verklagt. Die Klage ist erfolgreich, da der Geschäftsführer G gemäß § 823 II BGB i.V.m. § 246 StGB für die Unterschlagung auch zivilrechtlich einstehen muss.

b. § 823 II BGB i.V.m. § 263 StGB (Betrug)

Diese Anspruchsgrundlage ist vor allem dann von Bedeutung, wenn sich die Gesellschaft mit kriminellen Machenschaften beschäftigt. Ein Betrug liegt vor, wenn der Geschäftsführer einen anderen täuscht und dadurch bei diesem oder einem Dritten einen Vermögensschaden verursacht. Zudem muss die Tat darauf gerichtet sein, sich oder andere zu bereichern.

Beispiel: *„Der betrügerische Verkäufer"*
G ist Geschäftsführer einer kleinen Möbelhaus-GmbH. Von Kunden nimmt er Anzahlungen für Möbel entgegen, obwohl er weiß, dass die entsprechenden Lieferanten ihn wegen der Zahlungsrückstände nicht mehr beliefern. G begeht einen sog. Eingehungsbetrug. Er ist persönlich verpflichtet, Schadensersatz zu leisten.

c. § 823 II BGB i.V.m. § 266 StGB (Untreue)

aa. Überblick

Eine Strafbarkeit oder eine Schadensersatzpflicht, die sich aus Untreue ergibt, ist für den Geschäftsführer von großer praktischer Bedeutung. Daher wird hier ein Schwerpunkt gesetzt. Die maßgebliche Strafvorschrift lautet:

---

[412]   LAG Düsseldorf GmbHR 2005, 932.

§ 266 StGB Untreue

(1) Wer die ihm durch Gesetz, behördlichen Auftrag oder Rechtsgeschäft eingeräumte Befugnis, über fremdes Vermögen zu verfügen oder einen anderen zu verpflichten, missbraucht oder die ihm kraft Gesetzes, behördlichen Auftrags, Rechtsgeschäfts oder eines Treueverhältnisses obliegende Pflicht, fremde Vermögensinteressen wahrzunehmen, verletzt und dadurch dem, dessen Vermögensinteressen er zu betreuen hat, Nachteil zufügt, wird mit Freiheitsstrafe bis zu fünf Jahren oder mit Geldstrafe bestraft.

(2)...

Eine Untreue begeht, wer vorsätzlich seine Pflicht zur Betreuung fremder Vermögensinteressen verletzt, indem er denjenigen, dessen Interessen er zu betreuen hat, benachteiligt. Da der Geschäftsführer mit fremdem Vermögen arbeitet, kann er in Versuchung geraten, dieses zu veruntreuen[413].

Bei der Untreue sind zwei Fälle zu unterscheiden: Der Untreuetatbestand kann einerseits im Verhältnis des Geschäftsführers zur GmbH verwirklicht werden, etwa indem der Geschäftsführer Zahlungen aus dem Gesellschaftsvermögen zugunsten seines Privatkontos veranlasst, ohne dass er eine Gegenleistung dafür erbringt. Der Geschäftsführer kann aber andererseits auch eine Untreue zu Lasten Dritter begehen. Dies kommt dann in Betracht, wenn die Gesellschaft dritten Personen gegenüber Vermögensbetreuungspflichten hat und diese verletzt werden. Da die GmbH als juristische Person nicht bestraft werden kann, wird auf den Geschäftsführer zurückgegriffen.

[Marginalie:] Untreue zu Lasten der GmbH oder zu Lasten Dritter möglich

Es ist nicht erforderlich, dass der Geschäftsführer sich hierbei selbst bereichern möchte, entscheidend ist die Schädigung des anderen. Der Geschäftsführer muss aber mit Schädigungsvorsatz handeln, wobei es genügt, dass er von der Schädigung bzw. von der Vermögensgefährdung weiß und sie billigend in Kauf nimmt[414].

[Marginalie:] Schädigung des anderen und Vorsatz

Die Untreue ist ein Straftatbestand, bei dessen Verwirklichung über § 823 II BGB sowohl eine Innenhaftung im Verhältnis zur GmbH als auch eine Außenhaftung ausgelöst werden kann. Die erste Fallgruppe der Innenhaftung wird bereits hier - im Kapitel zur Außenhaftung - betrachtet, da eine Aufspaltung unzweckmäßig wäre.

---

[413] Siehe grundlegend: *Maurer*, Untreue bei der juristischen Person unter besonderer Berücksichtigung des Eigenkapital(ersatz)rechts, GmbHR 2004, 1549.

[414] BGH GmbHR 2005, 544, 545.

bb. Untreue zu Lasten der GmbH

Das Gesetz unterscheidet bei der Untreue zwischen dem Missbrauchs- und dem Treuebruchtatbestand.

Missbrauchs-
tatbestand

Beim *Missbrauchstatbestand* kann nur derjenige Täter sein, der aufgrund einer formalen Rechtsposition die Möglichkeit hat, über fremdes Vermögen zu verfügen. Da der Geschäftsführer für die GmbH im Rahmen seiner nach außen unbeschränkbaren Vertretungsmacht auftritt, verwirklicht er den Missbrauchstatbestand, wenn er diese ihm eingeräumte Befugnis missbraucht, indem er vorsätzlich für die Gesellschaft nachteilige Rechtsgeschäfte abschließt[415].

Treuebruch-
tatbestand

Beim Treubruchtatbestand ist Täter, wer im nicht ganz unbedeutenden Umfang fremde Vermögensinteressen wahrzunehmen hat und diese zum Nachteil desjenigen, dessen Vermögensinteressen er betreut, verletzt. Der Geschäftsführer betreut die Vermögensinteressen der Gesellschaft und ist daher Täter, wenn er dem Gesellschaftsvermögen vorsätzlich Schaden zufügt. Die Schädigung kann durch tatsächliche Handlungen - wie z.B. den Griff in die Kasse - erfolgen. Auch ein Unterlassen kann genügen, z.B. das vorsätzliche Nichteinfordern einer fälligen Forderung.

Geschäftsführer
als Walter der
Vermögensinte-
ressen der
GmbH

Der Geschäftsführer, der gemäß § 37 GmbHG eine nach außen unbeschränkbare Vertretungsmacht und der die Vermögensinteressen der Gesellschaft zu betreuen hat, kann daher beide Varianten der im Gesetz geregelten Untreue begehen. Die Verwirklichung des Straftatbestandes führt nach § 823 II BGB i.V.m. § 266 StGB zu einer zivilrechtlichen Haftung des Geschäftsführers.

Beispiel: *„Die lukrative Abzweigung"*
Geschäftsführer G „zweigt" Gelder für sich ab, indem er auf Rechnungen der GmbH die Bankverbindung eines Freundes einträgt. In der Buchführung der Gesellschaft weist er die Forderungen als uneinbringlich aus, obwohl diese in Wirklichkeit bezahlt wurden. G hat eine Untreue begangen und ist zum Schadensersatz verpflichtet.

Beispiel: *„Klotzen statt Kleckern"*
Geschäftsführer G leitet die Stadtwerke GmbH. Alleingesellschafterin ist die Stadt. G liebt es zu feiern. Er hat auf Kosten der GmbH einen Bankettsaal mit kostspieligen antiken Möbeln und Kunstwerken (Skulpturen und Gemälden) ausgestattet. Nunmehr lädt er honorige Personen der Stadt ein, um mit diesen bei Champagner und Austern - ebenfalls auf Kosten der GmbH - über die Energiepolitik zu plaudern. Die Ausgaben hält er als Repräsentationsaufwand für vertretbar. G dürfte jedoch durch diese Maßnahmen bereits eine Untreue begangen haben, da der Repräsentationsaufwand völlig unverhältnismäßige Di-

---

[415]   Siehe z.B. BGH GmbHR 2005, 544, 545, wonach eine Untreue bei einem Mietkauf in Betracht gezogen wurde, der sich auf Maschinen bezog, die für die GmbH nutzlos gewesen sind.

mensionen angenommen hat. Hinzu kommt, dass eine Stadtwerke GmbH an das öffentlich-rechtliche Gebot sparsamer Wirtschaftsführung gebunden ist[416].

Äußerst umstritten ist, wann beim Sponsoring die Grenze zur strafrechtlich relevanten Untreue überschritten wird. Hier liegt ein Grundsatzurteil des *BGH* zum Vorstand der AG vor, das sich ohne weiteres auf den GmbH-Geschäftsführer übertragen lässt. Danach muss eine *gravierende* Pflichtverletzung des Geschäftsführers vorliegen. Die Leitsätze des Urteils sind allerdings wegen ihrer Auslegungsbedürftigkeit nicht uneingeschränkt praxistauglich[417].

Sponsoring

Die GmbH hat als juristische Person eine *eigene Rechtspersönlichkeit* und damit eine eigene Vermögenssphäre. Dies vergessen einige Geschäftsführer leider viel zu häufig. Eine Untreue wird daher nach überwiegender Ansicht nicht allein dadurch ausgeschlossen, dass der Geschäftsführer im Einverständnis der Gesellschafter oder sogar auf deren Weisung handelt. Die Einzelheiten sind allerdings heftig umstritten. Der *BGH* nimmt eine Untreue jedenfalls dann an, wenn der Grundsatz der Kapitalerhaltung betroffen ist, also durch die Zahlung eine Unterbilanz entsteht oder vergrößert wird oder wenn die Maßnahme existenz- oder liquiditätsgefährdend ist[418]. Dies gilt auch für den Alleingesellschafter, der gleichzeitig Geschäftsführer ist. Auch dieser ist an die Kapitalerhaltung gebunden. Er darf ferner die Gesellschaft nicht durch existenz- und liquiditätsgefährdende Weisungen schädigen. Ansonsten läuft er Gefahr, wegen Untreue bestraft zu werden.

Untreue trotz Einverständnis der Gesellschafter möglich

Keine Untreue liegt vor, wenn der Geschäftsführer Vermögenswerte gegen angemessene Gegenleistung entnimmt, da dadurch dem Gesellschaftsvermögen kein Schaden entsteht. Daher darf der Geschäftsführer sich auch seine Vergütung weiterhin auszahlen. Allerdings wird vertreten, dass der Geschäftsführer in der Krise verpflichtet ist, auf eine wirtschaftlich gebotene Herab-

---

[416] LG Paderborn MDR 1986, 952.

[417] Siehe BGH NZG 2002, 471, Leitsätze:
1. Vergibt der Vorstand einer Aktiengesellschaft aus deren Vermögen Zuwendungen zur Förderung von Kunst, Wissenschaft, Sozialwesen oder Sport, genügt für die Annahme einer Pflichtwidrigkeit im Sinne des Untreuetatbestands des § 266 StGB nicht jede gesellschaftsrechtliche Pflichtver-letzung; diese muss vielmehr gravierend sein.
2. Ob eine Pflichtverletzung gravierend ist, bestimmt sich auf Grund einer Gesamtschau insbesondere der gesellschaftsrechtlichen Kriterien. Bedeutsam sind dabei: Fehlende Nähe zum Unternehmensgegenstand, Unangemessenheit im Hinblick auf die Ertrags- und Vermögenslage, fehlende innerbetriebliche Transparenz sowie Vorliegen sachwidriger Motive, namentlich Verfolgung rein persönlicher Präferenzen.
3. Jedenfalls dann, wenn bei der Vergabe sämtliche dieser Kriterien erfüllt sind, liegt eine Pflichtverletzung im Sinne des § 266 StGB vor.

[418] BGHSt 35, 333, 335 ff.; BGH wistra 1991, 107; BGH wistra 1995, 144; siehe zur Kapitalerhaltung oben 1. Teil, E.I.2.

setzung seiner Bezüge hinzuwirken. Tut er dies nicht, so kann er wegen der dann überhöhten Vergütung den Untreuetatbestand verwirklichen.

cc. Untreue zu Lasten Dritter

Untreue zu Lasten der Geschäftspartner der GmbH

Nach der zweiten Fallgruppe kann der Geschäftsführer auch dann strafrechtlich zur Verantwortung gezogen werden, wenn die GmbH Gelder ihrer Vertragspartner nicht ordnungsgemäß verwendet bzw. verwaltet. Da die Gesellschaft als juristische Person nicht bestraft werden kann, wird über die Vorschrift des § 14 I Nr. 1 StGB auf den Geschäftsführer zurückgegriffen[419]. Über § 823 II BGB ergibt sich sodann eine zivilrechtliche Haftung. In der Praxis kommt z.B. eine Untreue zu Lasten Dritter in Betracht, wenn Sicherheitseinbehalte oder Kautionen "verschwinden":

Beispiel: *„Kautionen für das Wohnen"*
G ist Geschäftsführer einer Hausverwaltungs-GmbH. Bei der Vermietung einer Wohnung vereinnahmt die Gesellschaft drei Monatskaltmieten als Kaution. Entgegen den gesetzlichen Vorschriften werden diese Kautionen nicht getrennt vom übrigen Gesellschaftsvermögen angelegt, sondern wandern in die Gesellschaftskasse, wo sie zur Bestreitung laufender Ausgaben verwendet werden. Die Hausverwaltungs-GmbH geht „Pleite". Die Kautionen können nicht zurückgezahlt werden. Der Geschäftsführer G hat sich wegen Untreue strafbar gemacht. Über § 823 II BGB i.V.m. § 266 StGB haftet er zudem zivilrechtlich für die Rückzahlung der Kautionen mit seinem Privatvermögen.

Ein weiteres Beispiel der Untreue zu Lasten Dritter liefern gelegentlich Gesellschaften der Baubranche, die Gelder abredewidrig verwenden.

Beispiel: *„Der geschädigte Bauunternehmer"*
G ist Geschäftsführer einer Bauträger-GmbH, die Eigentumswohnungen errichtet und an Erwerber veräußert. Mit dem Bauunternehmer B ist vereinbart, dass dessen Werklohnanspruch durch Abtretung von Forderungen gegen die zukünftigen Eigentümer gesichert wird. Abredewidrig zieht jedoch Geschäftsführer G die Beträge zugunsten der GmbH ein. Später gerät die GmbH in Insolvenz. Bauunternehmer B fällt dadurch mit seinen Werklohnansprüchen aus. Der *BGH*[420] hat in dieser Konstellation eine Untreue des Geschäftsführers angenommen und diesen persönlich für schadensersatzpflichtig gehalten.

---

[419]   Siehe 3. Teil, G. III. 1.
[420]   BGH NJW-RR 1995, 1369.

d. § 823 II BGB i.V.m. § 264 StGB (Subventionsbetrug)

Eine GmbH nimmt nicht selten Subventionen in Anspruch. Eine Subvention liegt u.a. bei einer Leistung aus öffentlichen Mitteln vor, die zumindest zum Teil ohne marktmäßige Gegenleistung erbracht wird. Dies können beispielsweise Zuschüsse zur Eingliederung von Arbeitslosen und zur Einstellung von Auszubildenden sein.

Ein Subventionsbetrug kann auf unterschiedliche Weise begangen werden. So macht sich z.b. strafbar, wer einer für die Bewilligung einer Subvention zuständigen Behörde oder einer anderen in das Subventionsverfahren eingeschalteten Stelle oder Person (Subventionsgeber) über subventionserhebliche Tatsachen für sich oder einen anderen unrichtige oder unvollständige Angaben macht, die für ihn oder den anderen vorteilhaft sind.

Beispiel: *„Abruf in der Insolvenz"*
Leon Lug (L) ist Geschäftsführer einer GmbH, die ein Café betreibt. Die Personalkosten eines Mitarbeiters werden aus öffentlichen Mitteln bezuschusst. In den Subventionsrichtlinien ist vorgesehen, dass der Personalkostenzuschuss endet, wenn über das Vermögen der GmbH ein Insolvenzantrag gestellt wird. Obwohl das Finanzamt bereits Insolvenzantrag gestellt hat, fordert der Geschäftsführer die Zuschüsse für die Zeit nach Stellung des Insolvenzantrags beim Subventionsgeber an, worauf die Mittel auch ausbezahlt werden. Leon dürfte einen Subventionsbetrug begangen haben. Er hat sich nicht nur strafbar gemacht, sondern haftet dem Subventionsgeber gemäß § 823 II BGB i.V.m. § 264 StGB auch persönlich für die Rückzahlung der zu Unrecht erhaltenen Zuschüsse.

Subventionsbetrug begeht auch, wer eine Subvention zweckwidrig verwendet, so wenn beispielsweise die Zuwendung für die Einrichtung eines behindertengerechten Arbeitsplatzes gar nicht für die Anschaffung eines solchen Arbeitsplatzes eingesetzt wird.

Eine Strafbarkeit wegen Subventionsbetrugs wird bereits bei leichtfertigem Handeln ausgelöst. Es ist also nicht erforderlich, dass vorsätzlich gehandelt wird.

Die Einordnung des Subventionsbetrugs als Schutzgesetz im Sinne von § 823 II BGB ist umstritten. Der *BGH* bejaht dies, da § 264 StGB nicht nur die staatliche Planungs- und Dispositionsfreiheit, sondern auch das staatliche Vermögen schütze. In dem vom *BGH* entschiedenen Fall wurde die Schadensersatzpflicht eines Geschäftsführers bejaht, der leichtfertig einen von seinem Buchhalter vorbereiteten Antrag über die Zuwendung von Personalkostenzuschüssen aus Bundesmitteln mit falschen Angaben u.a über die Aufwendungen für das in Forschung und Entwicklung tätige Personal ohne weitere Prüfung unterschrieben hat[421].

e. § 823 II BGB i.V.m. § 1 I des Gesetzes zur Sicherung von Bauforderungen (GSB)

Wer Baugeld zweckwidrig verwendet, macht sich unter bestimmten Umständen strafbar. Die Strafbarkeit ergibt sich aus dem Gesetz über die Sicherung der Bauforderungen vom 1. Juni 1909. Die maßgeblichen Vorschriften lauten:

§ 1 GSB
(1) Der Empfänger von Baugeld ist verpflichtet, das Baugeld zur Befriedigung solcher Personen, die an der Herstellung des Baues auf Grund eines Werk-, Dienst- oder Lieferungsvertrags beteiligt sind, zu verwenden. Eine anderweitige Verwendung des Baugeldes ist bis zu dem Betrag statthaft, in welchem der Empfänger aus anderen Mitteln Gläubiger der bezeichneten Art bereits befriedigt hat.
(2) Ist der Empfänger selbst an der Herstellung beteiligt, so darf er das Baugeld in Höhe der Hälfte des angemessenen Wertes der von ihm in den Bau verwendeten Leistungen, oder, wenn die Leistung von ihm noch nicht in den Bau verwendet worden ist, der von ihm geleisteten Arbeit und der von ihm gemachten Auslagen für sich behalten.
(3) Baugeld sind Geldbeträge, die zum Zweck der Bestreitung der Kosten eines Baues in der Weise gewährt werden, dass zur Sicherung der Ansprüche des Geldgebers eine Hypothek oder Grundschuld an dem zu bebauenden Grundstück dient oder die Übertragung des Eigentums an dem Grundstück erst nach gänzlicher oder teilweiser Herstellung des Baues erfolgen soll. Als Geldbeträge, die zum Zwecke der Bestreitung der Kosten eines Baues gewährt werden, gelten insbesondere:
1. solche, deren Auszahlung ohne nähere Bestimmung des Zwecks der Verwendung nach Maßgabe des Fortschreitens des Baues erfolgen soll, ...

§ 5 GSB
Baugeldempfänger, welche ihre Zahlungen eingestellt haben oder über deren Vermögen das Insolvenzverfahren eröffnet worden ist und deren in § 1 Abs. 1 bezeichnete Gläubiger zur Zeit der Zahlungseinstellung oder der Eröffnung des Insolvenzverfahrens benachteiligt sind, werden mit Freiheitsstrafe bis zu fünf Jahren oder Geldstrafe bestraft, wenn sie zum Nachteil der bezeichneten Gläubiger den Vorschriften des § 1 zuwidergehandelt haben.

Das GSB wird voraussichtlich durch das Gesetz zur Sicherung von Werkunternehmeransprüchen und zur verbesserten Durchsetzung von Forderungen (Forderungssicherungsgesetz = FoSiG) ergänzt.

---

[421]   BGHZ 108, 204, 207.

Aus dem GSB wird das BauFG (Bauforderungssicherungsgesetz = Gesetz über die Sicherung der Bauforderungen).

Beispiel: *„Das verschwundene Baugeld"*
Gisbert Groß (G) ist Geschäftsführer der Köpenicker Bau-GmbH. Diese GmbH hat es als Generalunternehmer übernommen, für den Eigentümer Wilhelm Wilkens (W) ein Büro- und Geschäftshaus zu errichten. Als Subunternehmer ist unter anderem der Malermeisterbetrieb Mario Monti (M) mit den Malerarbeiten beauftragt worden. M stellt hierbei der GmbH Abschlagsrechnungen, die nur schleppend und zum Schluss gar nicht mehr bezahlt werden. Daraufhin nimmt M mit dem Eigentümer W Kontakt auf und erfährt hierbei, dass der Eigentümer seinerseits immer stets pünktlich die ihm gestellten Teilrechnungen entsprechend des vereinbarten Zahlungsplans an den Generalübernehmer beglichen hat.

W setzt sich daraufhin mit dem Geschäftsführer G des Generalunternehmers in Verbindung und teilt ihm mit, dass er mit der schleppenden Bezahlung der Subunternehmer nicht einverstanden ist, da möglicherweise die Gefahr besteht, dass diese ihre Arbeiten einstellen und das Bauvorhaben nicht fertig gestellt wird. W einigt sich – nach Rücksprache mit M – mit der GmbH, vertreten durch G, wie folgt:

W stellt der GmbH einen weiteren Teilbetrag in Höhe von 100.000 € zur Verfügung, der ausschließlich zur Begleichung offener Forderungen von nachgeordneten Subunternehmern, insbesondere des Malermeisterbetriebs M, verwendet werden darf. G sagt ausdrücklich die zweckgemäße Verwendung zu. G weiß hierbei, dass auch diese Zahlung, wie die vorhergehenden Zahlungen, von der finanzierenden Bank des W erfolgen wird, zu dessen Gunsten an dem Grundstück die Grundschuld bestellt worden ist. Der Betrag in Höhe von 100.000 € wird als weitere Rate auch von W im Verhältnis zur GmbH als Werklohn geschuldet.

Die GmbH steckt wegen eines anderen Bauvorhabens jedoch in Schwierigkeiten. Die Subunternehmer machen erheblichen Druck und drohen mit der Einstellung ihrer Arbeit. Daher zahlt die GmbH lediglich 10.000 € an den Malermeisterbetrieb M und verwendet die anderen 90.000 € zweckwidrig, um die Handwerker bei dem anderen Bauvorhaben zu beruhigen. Im Einzelnen lässt sich allerdings nicht mehr aufklären, wofür das Geld wirklich verwandt worden ist. Schließlich wird die GmbH insolvent, das Insolvenzverfahren jedoch mangels Masse nicht eröffnet. M will G persönlich in die Haftung nehmen und fragt, welche Möglichkeiten er hat.

Als Anspruch des M gegen G auf Schadensersatz kommt § 823 II BGB i. V. m. § 1 des Gesetzes zur Sicherung von Bauforderungen (GSB) in Betracht.

Folgende Voraussetzungen bestehen für den Schadensersatzanspruch:

<u>Baugeld:</u> Erforderlich ist die Zahlung von grundpfandrechtlich abgesicherten Darlehensmitteln oder die Leistung von Beträgen zur Her-

stellung des Baus vor Übergang des Eigentums[422]. Hier liegt die erste Alternative vor, da es sich um Kreditbeträge der das Bauvorhaben finanzierenden Bank handelt, für die eine Grundschuld als Sicherheit dient. Fließt der Darlehensbetrag nicht in das Grundstück, tritt die beabsichtigte Werterhöhung nicht ein. Die Verwendung von Eigenkapital des Bauherrn und bereits eingetragenen Grundstückseigentümers löst keinen Verstoß gegen die erste Alternative von § 1 III GSB aus. Die Zweckbestimmung des Darlehens muss sich auf Kosten des Baus beziehen. Die Finanzierung des Grundstückanteils oder sonstiger Leistungen, wie Notarkosten, Grunderwerbsteuer sind keine Kosten des Baus[423].

Anspruchsteller: Der Schadensersatzanspruch steht den Baugläubigern zu, also denjenigen, die für den Bau eine Leistung erbracht haben. Im Einzelnen ist der Kreis nicht abschließend höchstrichterlich geklärt. Bauhandwerker, wie hier der Malerbetrieb, gehören in jedem Fall dazu.

Passivlegitimation/Verpflichtung: Zum Schadensersatz verpflichtet ist der Baugeldempfänger. Baugeldempfänger sind die Bauherren selbst, aber auch nachgeschaltete Bauunternehmer bzw. derjenige, der nach den Grundsätzen der Zurechnung für eine zweckwidrige Verwendung des Baugelds die Verantwortung trägt. Dazu gehört – wie hier auch – der Generalunternehmer[424], nicht jedoch der Subunternehmer, der nur einzelne Leistungen erbringt[425]. Die Köpenicker Bau-GmbH fungiert als treuhänderisch dazwischen geschalteter Unternehmer. Sie hat die Baugelder an die am Bau beteiligten Handwerker weiterzuleiten. Ihr Geschäftsführer G, der als natürliche Person ge-

---

[422] Durch das geplante Bauforderungssicherungsgesetz (BauFG), das das GSB ablösen soll, wird die Baugeldeigenschaft erweitert. So wird eine dritte Fallgruppe eingeführt, die vor allem den Generalunternehmer betrifft. Danach liegt Baugeld auch bei Geldbeträgen vor, die der Empfänger von Dritten für ein Werk, dessen Herstellung der Empfänger dem Dritten versprochen hat, erhalten hat, wenn an der Herstellung des Werks andere Unternehmer aufgrund eines Werk-, Dienst- oder Kaufvertrags beteiligt sind (siehe § 1 III Nr. 2 BauFG).

[423] Siehe ferner zur Bedeutung des gemäß § 2 GSB zu führenden Baubuchs *Meyke*, Die Haftung des GmbH-Geschäftsführers, Rdnr. 452. Danach wird dem geschädigten Bauhandwerker der Nachweis, dass es sich um Baugeld handelt, durch das Baubuch erleichtert, aus dem sich die Zahlungen ergeben müssen. Das Baugeld ist den Bauhandwerkern auf Verlangen vorzulegen. Wird ein Baubuch nicht ordenungsgemäß geführt oder vernichtet bzw. verheimlicht, macht sich der Geschäftsführer gemäß § 6 GSB strafbar. Fehlt das Baubuch, wird zudem die Baugeldeigenschaft und die zweckwidrige Verwendung vermutet, jedenfalls dann, wenn zu Gunsten der finanzierenden Bank ein Grundpfandrecht eingetragen wurde. Auch hinsichtlich der Beweislast bringt das durch das geplante Bauforderungssicherungsgesetz (BaufFG) für den Geschädigten eine Erleichterung. Nach § 1 IV BauFG muss der Baugeldempfänger im Streitfall nachweisen, dass es sich nicht um Baugeld handelt und dass er die Beträge zweckentsprechend verwendet hat.

[424] Ferner der Bauträger und Generalübernehmer.

[425] BGHZ 143, 301 Leitsatz: *Der lediglich mit einem Teil des Baues beauftragte Unternehmer oder Subunternehmer ist nicht Empfänger von Baugeld. Er unterliegt hinsichtlich seines Werklohns nicht der Verwendungspflicht des § 1 Abs. 1 des Gesetzes über die Sicherung der Bauforderungen.*

genüber § 14 I Nr. 1 StGB den Straftatbestand in § 5 GSB verwirklicht, kann sich zivilrechtlich haftbar machen.

Zweckwidrige Verwendung des Baugelds: Diese liegt vor, wenn der Baugeldempfänger, wie hier die Köpenicker Bau-GmbH, das Baugeld nicht zur Erfüllung von Forderungen der Baugläubiger einsetzt.

Der Straftatbestand setzt Vorsatz voraus. Dieser ist in der Praxis nachzuweisen, gerade bei mehreren Geschäftsführern, muss im Einzelnen ermittelt werden, welcher Geschäftsführer für die zweckwidrigen Zahlungen zuständig ist. Vorliegend hat G vorsätzlich gehandelt.

Entstandener Schaden: Es muss ein Forderungsausfall des Baugläubigers vorliegen, was vorliegend bei dem Malereibetrieb der Fall ist.

e. *Sonstige Schutzgesetze*

Als Schutzgesetze, die eine Schadensersatzpflicht des Geschäftsführers auslösen können, kommen zahlreiche andere Gesetze, insbesondere Strafvorschriften in Betracht wie Kapitalanlagebetrug, Versicherungsmissbrauch, Diebstahl oder Straftaten gegen das Leben und die körperliche Unversehrtheit.

Abgelehnt hat der *BGH* einen Schutzgesetzcharakter und damit eine Schadensersatzverpflichtung des Geschäftsführers bei Verletzung des § 41 GmbHG (**Verletzung der Buchführungspflicht**) und § 130 OWiG (**Aufsichtspflichtverletzung**)[426]. Es ging in dem vom *BGH* entschiedenen Fall um eine Ehefrau, die sich als Geschäftsführerin und Minderheitsgesellschafterin einer GmbH zur Verfügung stellte, an der ihr Ehemann 80 % des Kapitals hielt. Die Ehefrau beschränkte sich weiterhin auf ihre Hausfrauenrolle. Die Gesellschaft schädigte u.a. einen Kapitalanleger im Rahmen eines Vertrags über eine Vermögensverwaltung. Eine verwertbare Buchhaltung war nicht vorhanden. Der *BGH* verneinte eine persönliche Haftung der Geschäftsführerin gegenüber dem klagenden Kapitalanleger wegen der Verletzung der Buchführungspflicht oder wegen einer etwaigen Verletzung der Aufsichtspflicht.

Nach § 130 OWiG stellt es eine Ordnungswidrigkeit dar, wenn der Inhaber eines Betriebs oder eines Unternehmens die Aufsichtsmaßnahmen unterlässt, die erforderlich sind, um in dem Betrieb oder Unternehmen Zuwiderhandlungen gegen Pflichten zu verhindern, die den Inhaber als solchen treffen und deren Verletzung mit Strafe oder Geldbuße bedroht ist. Voraussetzung für die Verfolgung als Ordnungswidrigkeit ist, dass eine solche Zuwiderhandlung, die durch gehörige Aufsicht hätte verhindert werden können, tatsächlich begangen wird. Nach § 130 Abs. 2 Nr. 2

---

[426] BGHZ 125, 366, so auch zu § 41 GmbHG OLG Düsseldorf, Wirtschaftrechtliche Beratung (WiB) 1994, 199 sowie zu § 130 OWiG OLG Koblenz OLGR 2005, 136.

OWiG stehen die Mitglieder des Vertretungsorgans einer juristischen Person dem Inhaber gleich.

Der Tatbestand der Aufsichtspflichtverletzung wurde vom *BGH* in dem vorgenannten Fall bejaht, da der Ehemann der Geschäftsführerin Gelder, die die Anleger der GmbH zur Verwaltung anvertraut hatten, in erheblichem Umfang in sein Privatvermögen überführte. Eine Schadensersatzpflicht lehnte der *BGH* gleichwohl ab, weil § 130 OWiG zumindest grundsätzlich kein Schutzgesetz im Sinne von § 823 II BGB sei[427].

3. § 826 BGB (vorsätzliche sittenwidrige Schädigung)

Als weitere deliktische Anspruchsgrundlage ist schließlich noch § 826 BGB von Bedeutung. In dieser Vorschrift heißt es:

§ 826 BGB
Wer in einer gegen die guten Sitten verstoßenden Weise einem anderen vorsätzlich Schaden zufügt, ist dem anderen zum Ersatze des Schadens verpflichtet.

§ 826 BGB als Anspruchsgrundlage für eine Haftung in Extremfällen

Diese, etwas antiquiert formulierte Vorschrift gewährt für jeden materiellen Schaden Ersatz, der vorsätzlich und sittenwidrig herbeigeführt wurde. Was sittenwidrig ist, ist im Einzelfall vom Richter zu beurteilen, der über den Fall zu entscheiden hat. Der Maßstab der Sittenwidrigkeit wurde dem Wandel der Zeiten angepasst. Heute geht die Tendenz dahin, eine Sittenwidrigkeit schon früh zu bejahen. Die Rechtsprechung greift zur Auffüllung des Maßstabs auch schon mal auf die im Grundgesetz enthaltenen Grundrechte zurück. Oft kommt § 826 BGB neben den soeben erwähnten Ansprüchen aus § 823 II BGB i.V.m. einem Straftatbestand zur Anwendung. Die Eingehung von Geschäften im Namen der GmbH in Kenntnis davon, dass die Gesellschaft zur Ausführung der Geschäfte gar nicht mehr in der Lage ist oder die Erfüllung zumindest schwerwiegend gefährdet ist, stellt eine Fallgruppe des § 826 BGB dar.

Beispiel: *„Kostenlose Fracht"*
Geschäftsführer G beauftragt Transportunternehmer T mit der Beförderung zahlreicher Güter, wobei wie üblich der Frachtlohn drei Monate später gezahlt werden soll. G verschweigt hierbei, dass demnächst die Durchführung des Insolvenzverfahrens beantragt wird, so dass der Frachtlohn zumindest nicht mehr in voller Höhe gezahlt werden kann. Hier hätte G die Vermögenslage offenbaren müssen. Er handelt vorsätzlich und sittenwidrig, wenn er T zur Vorleistung in der Gewissheit

---

[427] BGHZ 125, 366, 373 ff., der *BGH* schließt nicht aus, den Schutzgesetzcharakter von § 130 OWiG dann zu bejahen, wenn durch Aufsichtspflichtverletzungen das Insolvenzrisiko der Gesellschaftsgläubiger betroffen ist.

veranlasst, dass diese Vorleistung nicht – wie vereinbart – entlohnt wird. G hat daher den entstandenen Schaden gemäß § 826 BGB zu ersetzen. Schwierig sind die Fälle, in denen sich der Geschäftsführer um ernsthafte Sanierung bemüht und die Bemühungen auch objektiv Erfolg versprechen. Hier könnte der Hinweis auf eine Krise, der Gesellschaft den Todesstoß geben[428]. Ein Unterlassen verletzt die guten Sitten übrigens nur, wenn das geforderte Tun einem sittlichen Gebot entspricht[429].

Nicht ausreichend ist die bloße Nichterfüllung von Vertragspflichten, z.B. die Hinauszögerung der Zahlung fälliger Provisionen, auch wenn auf Zeitgewinn zielende beschwichtigende Äußerungen das Unterlassen flankieren, es müssen weitere Umstände hinzukommen[430]. Dies kann etwa das sittenwidrige Ausnutzen eines Wissensvorsprunges im Hinblick auf die Risiken, die den Erfolg des Geschäfts vereiteln können, sein. Dazu kann auch das vorsätz-

---

[428] Siehe BGH WM 1991, 1548; siehe OLG Koblenz OLGR 2005, 136, aus den Gründen: *Ein sittenwidriges Ausnutzen eines Wissensvorsprunges ist darüber hinaus auch dann gegeben, wenn eine Aufklärungspflicht über die Vermögenslage des Unternehmens bei Abschluss oder Fortführung von Verträgen verletzt wird. Eine Pflicht zur Offenbarung der Vermögenslage besteht dann, wenn dem Vertragspartner unbekannte Umstände vorliegen, die ihm nach Treu und Glauben bekannt sein müssen, weil sein Verhalten bei den Vertragsverhandlungen und die von ihm zu treffenden Entscheidungen davon wesentlich beeinflusst werden. Diese Voraussetzung ist dann gegeben, wenn der Verhandelnde weiß oder wissen muss, dass die juristische Person, der er vorsteht, zur Erfüllung der begründeten Verbindlichkeiten – z.B. bei Zahlungsunfähigkeit – nicht in der Lage ist. Bei einer Kapitalgesellschaft kann es ausreichen, dass die Durchführbarkeit des Vertrages bei (teilweiser) Vorleistungspflicht des Vertragspartners durch Überschuldung der Gesellschaft bereits von vornherein schwerwiegend gefährdet ist (BGH v. 1.7.1991 – II ZR 180/90, GmbHR 1991, 409 = MDR 1992, 33 = NJW-RR 1991, 1312 [1315]). Eine Offenbarungspflicht besteht jedoch selbst bei einer schweren Krise der Gesellschaft für das vertretungsberechtigte Organ dann nicht, wenn der Verantwortliche realistischerweise darauf vertrauen durfte, die Krise durch Sanierungsbemühungen überwinden zu können. Denn Sanierungsbemühungen können oftmals nur dann erfolgreich sein, wenn auf die Krise der Gesellschaft nicht hingewiesen wird (Meyke, Die Haftung des GmbH-Geschäftsführers, 2. Aufl., Rz. 176, 365, m.w.N.). Dementsprechend hat der Senat (OLG Koblenz, Urt. v. 27.2.2003 – 5 U 917/02, GmbHR 2003, 419 = ZIP 2003, 571 [573] = NJW-RR 2003, 1198 [1199], m.w.N.) für den GmbH – Geschäftsführer bereits entschieden, dass der vom Anspruchsteller im Schadensersatzprozess wegen Insolvenzverschleppung zu führende Nachweis der Überschuldung nicht ausreicht. Kann der Geschäftsführer demgegenüber beweisen, dass für die GmbH gleichwohl eine Fortbestehensprognose gegeben war, haftet er nicht. Bei dieser Prognose hat der Geschäftsführer einen weiten Beurteilungsspiel-raum. Trifft er eine Entscheidung, die bei Betrachtung ex ante vertretbar erscheint, ist er nicht schadensersatzpflichtig (OLG Koblenz, Urt. v. 27.2.2003 – 5 U 917/02, GmbHR 2003, 419 = ZIP 2003, 571 [573] = NJW-RR 2003, 1198 [1199], m.w.N.).*

[429] BGH NJW 2001, 3702.

[430] OLG Düsseldorf, Wirtschaftrechtliche Beratung (WiB) 1994, 199.

liche Verschweigen einer bereits eingetretenen Insolvenzreife gehören[431].

4. Verjährung

Ansprüche aus unerlaubter Handlung (§§ 823 ff. BGB) verjähren diese gemäß § 195 BGB frühestens in drei Jahren. Die Frist beginnt gemäß § 199 I BGB mit dem Schluss des Jahres, in dem der Anspruch entstanden ist und der Gläubiger von den anspruchsbegründenden Umständen und der Person des Schuldners Kenntnis erlangt oder ohne grobe Fahrlässigkeit erlangen müsste. Ohne Rücksicht auf die Entstehung bzw. Kenntnis kommen gemäß § 199 II, III BGB wesentlich längere Verjährungsfristen zur Anwendung, die bis zu 30 Jahren betragen können.

Separate Frist für Geschäftsführer

Die Geschäftsführerhaftung erlangt dann besondere Bedeutung, wenn die Verjährungsfrist gegen die GmbH abgelaufen ist. Die kurze dreijährige Frist beginnt am Schluss des Kalenderjahres, in dem der Anspruchsteller Kenntnis von den anspruchsbegründenden Tatsachen erlangt hat oder hätte erlangen können. Wird die unerlaubte Handlung aus dem Unternehmen heraus begangen, z.B. durch das in Verkehr bringen eines gesundheitsgefährdenden Produkts, wird die Verjährungsfrist daher mit Kenntnis bzw. grobfahrlässiger Unkenntnis in Gang gesetzt. Welcher der Geschäftsführer für die Tat verantwortlich ist, erfährt der Geschädigte ggf. erst viel später. Erst dann hat er Kenntnis von den Tatsachen, aus denen sich gegen diese Person ein Schadensersatzanspruch herleitet, so dass erst anschließend die kurze dreijährige Verjährungsfrist in Gang gesetzt wird[432]. Dass gegen die GmbH als weiterer Gesamtschuldner der Anspruch bereits verjährt ist, spielt hierbei keine Rolle.

---

[431] BGH NJW-RR 1988, 544; OLG Koblenz OLGR 2055, 136.

[432] Grundlegend, siehe BGH ZIP 2001, 379, zum Milupa-Kindertee; Leitsatz: *Die Verjährungsvoraussetzungen eines Schadensersatzanspruchs sind auch dann gegenüber mehreren Gesamtschuldnern selbstständig und unabhängig voneinander zu prüfen, wenn zum einen Organe und Mitarbeiter eines in der Rechtsform einer juristischen Person betriebenen Unternehmens, zum anderen dieses Unternehmen selbst haftungsrechtlich in Anspruch genommen werden.* Anmerkung: 1985 erfuhr die Mutter vom Zahnarzt von dem Ursachen-zusammenhang zwischen dem Kariesbefalls und dem Genuß des Kindertees, 1993 kam sie aufgrund einer Informationsveranstaltung der AOK auf den Gedanken, Schadensersatzansprüche gegen die Manager geltend zu machen, weshalb sie 1993 Klage erhob, siehe ausführlich zu der Entscheidung, *Olbrich*, Die D & O-Versicherung in Deutschland, S. 152 ff.

III. Haftung „aus Vertrauen"

Der Geschäftsführer kann Dritten gegenüber auch „aus Vertrauen" haften. Vertrauen kann dadurch enttäuscht werden, dass eine Diskrepanz zwischen der tatsächlichen Sachlage und der Erwartungshaltung des Anspruchstellers besteht. Nicht jedes enttäuschte Vertrauen führt jedoch zu Ansprüchen des Enttäuschten. Es haben sich vielmehr einige Fallgruppen herausgebildet, die hier erläutert werden sollen.

Vertrauenshaftung nur in bestimmten Fallgruppen

1. Rechtsscheinshaftung bei Weglassen des GmbH-Zusatzes

Nach § 4 II GmbHG muss der Name der Gesellschaft in jedem Fall die zusätzliche Bezeichnung „mit beschränkter Haftung" enthalten. Hierbei genügt es, wenn die Abkürzung Gesellschaft m.b.H. bzw. GmbH verwendet wird. Die Regelung des § 4 II GmbHG ist vor dem Hintergrund, dass die Gesellschafter nicht persönlich für die Schulden der Gesellschaft haften, sinnvoll. Wer sich mit einer GmbH einlässt, sollte dies auch wissen. Er muss gewarnt werden, dass ihm „kein Mensch" persönlich haftet. Ergänzend bestimmt daher § 35 a GmbHG, dass auf allen Geschäftsbriefen unter anderem auch auf die Rechtsform der GmbH hingewiesen werden muss. Jeder, der mit einer GmbH rechtsgeschäftlich in Kontakt tritt, soll entsprechend aufgeklärt werden.

Auftreten mit GmbH-Zusatz ist obligatorisch

Der Begriff „Geschäftsbrief" wird weit gefasst. Es handelt sich um alle schriftlichen Mitteilungen, die an einen bestimmten Empfänger adressiert sind. Hierunter fallen daher z.B. Preislisten, Lieferscheine, Rechnungen und Bestellformulare der GmbH. Füllt die GmbH fremde Formulare aus, so hat sie auch hierbei auf die Rechtsform der GmbH hinzuweisen. Erfasst sind auch Mitteilungen per Telefax oder e-Mail. Nicht erfasst sind, da sie sich nicht an einen bestimmten Empfänger richten, Zeitungsinserate und nicht adressierte Werbezettel. Entsprechen die Geschäftsbriefe nicht den Bestimmungen des § 35 a GmbHG, so kann das Handelsregister den Geschäftsführer mit *Zwangsgeld* zur Einhaltung derselben zwingen (§ 79 GmbHG).

Jede adressierte Mitteilung muss den GmbH-Zusatz enthalten

Tritt der Geschäftsführer auf, ohne darauf hinzuweisen, dass das Unternehmen in der Rechtsform einer GmbH firmiert, so wird dennoch die GmbH selbst Vertragspartner. Dies folgt aus den sog. Grundsätzen des unternehmensbezogenen Handelns. Danach wird im Zweifel grundsätzlich der Rechtsträger des Unternehmens, also die GmbH, vertraglich verpflichtet. Der Geschäftsführer selbst wird hingegen nicht Partner des Vertrags. Gerät jedoch die Gesellschaft in die Insolvenz, so wird die Frage relevant, ob der Geschäftsführer, der es versäumte darauf hinzuweisen, dass der andere es mit einer GmbH zu tun hat, persönlich zur Verantwortung

GmbH als Vertragspartnerin - daneben kann Geschäftsführer aus Rechtsschein haften

gezogen werden kann. Eine solche Verantwortlichkeit kann sich aus den *Grundsätzen der sog. Rechtsscheinshaftung* ergeben.

Haftung grundsätzlich nur bei schriftlichen Äußerungen

Eine solche Haftung wird von der Rechtsprechung unter bestimmten Voraussetzungen bejaht: Der Geschäftsführer muss zunächst unter Verstoß gegen § 4 II GmbHG ohne Hinweis auf den gesetzlich vorgeschriebenen GmbH-Zusatz aufgetreten sein. Eindeutig sind die Fälle, in denen der Geschäftsführer ohne GmbH-Zusatz zeichnet oder sich sonst *schriftlich* im Namen der GmbH äußert.

Ausnahmsweise auch Haftung für mündliche Erklärungen

Schwieriger sind die Fälle zu beurteilen, bei denen das Vertrauen durch *mündliche* Erklärungen begründet worden ist. Hier wird grundsätzlich keine Vertrauenshaftung angenommen[433]. Es gibt aber Ausnahmen. Hat etwa der Geschäftsführer bei den Vertragsverhandlungen Visitenkarten ohne GmbH-Zusatz vorgelegt, lässt sich auch bei einem mündlichen Vertragsschluss eine Rechtsscheinshaftung befürworten[434]. Ferner lässt sich eine Rechtsscheinshaftung dann begründen, wenn der Geschäftsführer das Vorhandensein einer GmbH ausdrücklich verneint hat.

Gutgläubigkeit des Dritten erforderlich

Der Vertragspartner darf ferner die wahren Verhältnisse nicht gekannt haben. Nur dann kann von einer Vertrauenshaftung ausgegangen werden. Der Geschäftsführer muss darlegen und beweisen, dass der andere Kenntnis hatte. Strittig ist, ob dem Anspruchssteller nur positive Kenntnis oder auch grobe Fahrlässigkeit schadet[435]. Diese läge vor, wenn der andere hätte erkennen müssen, dass er es mit einer GmbH zu tun hat. Ein solcher Fall läge beispielsweise vor, wenn der Anspruchssteller bereits vorher Geschäftsbriefe mit GmbH-Zusatz erhielt, dies aber nicht zur Kenntnis nahm.

Wichtig!
Die Rechtsscheinshaftung sollte sich der Geschäftsführer stets vergegenwärtigen. Er hat daher immer darauf zu achten, dass er den GmbH-Zusatz verwendet.

Beispiel: *„Müller Berlin"*
G ist Geschäftsführer der Martin Müller GmbH, die in Berlin, in der Lausitz und in Unterfranken jeweils eine Aluminiumgießerei betreibt. Bei dem Importeur I, mit dem bisher noch keine Geschäftsbeziehung bestand, bestellt G auf einem Bestellformular des I insgesamt 10 Tonnen Aluminium. Bei dem Namen des Bestellers trägt er „Müller Berlin" und die Berliner Adresse ein, da er damit deutlich machen will,

---

[433]   BGH NJW 1981, 2569; NJW 1996, 2645.

[434]   OLG Naumburg NJW-RR 1997, 1324, 1325; LG Wuppertal NZG 2002, 297.

[435]   Die h.M. läßt den Anspruch schon dann entfallen, wenn der Anspruchssteller die wahren Verhältnisse kennen mußte, siehe BGH NJW 1990, 2678, 2679; *Meyke*, Die Haftung des GmbH-Geschäftsführers, Rdnr. 374.

dass er den Rohstoff für den Berliner Standort benötigt. Ein Hinweis auf die Rechtsform erscheint nicht. I, der annahm, es mit einem Einzelunternehmen zu tun zu haben, kann nach den Grundsätzen der Rechtsscheinshaftung auch G persönlich in Anspruch nehmen. Dies wird er dann tun, wenn von der GmbH nichts mehr „zu holen" ist. Hierbei muss I nicht angenommen haben, dass G selbst der Inhaber ist, es genügt, dass G den Eindruck erweckt hat, es handele sich überhaupt um eine Einzelfirma.

Hätte G hingegen telefonisch bei I unter dem Namen „Müller Berlin" das Aluminium bestellt, würde dies nach ganz herrschender Meinung keine Rechtsscheinshaftung auslösen. Es ist üblich, dass man sich telefonisch ohne Rechtsformzusatz meldet. Dem Vertragspartner, der es genau wissen will, ist es zumutbar, hier nachzufragen.

Die Rechtsscheinshaftung trifft nicht nur den Geschäftsführer, sondern auch jeden anderen, der für die Gesellschaft handelt, ohne den Rechtsformzusatz zu verwenden. Auch Mitarbeiter der Gesellschaft oder Gesellschafter können daher von der Haftung betroffen sein. Der Einwand, dass die GmbH als solche im Handelsregister eingetragen ist, ändert nichts an der Rechtsscheinshaftung, da sich auch unabhängig vom Handelsregister ein schutzwürdiges Vertrauen bilden kann.

Rechtsscheins-haftung kann jeden treffen

Ferner ist die Rechtsscheinshaftung keine sog. subsidiäre, d.h. nachrangige Ausfallhaftung[436]. Das bedeutet, dass der Getäuschte den Geschäftsführer entweder allein oder neben der Gesellschaft in Anspruch nehmen kann. Gesellschaft und Geschäftsführer haften als Gesamtschuldner[437]. Weiß der Anspruchssteller beispielsweise, dass der Geschäftsführer wohlhabend ist, wird er im Zweifelsfall sowohl die GmbH als auch den Geschäftsführer verklagen, um schon im Voraus für den Fall einer Insolvenz der Gesellschaft gewappnet zu sein. Der Geschädigte schützt sich dadurch wirksam vor einer „Pleite" der Gesellschaft, die während eines länger andauernden Gerichtsprozesses eintreten kann. Tritt diese Situation ein, so bleibt der Geschäftsführer allein auf dem gesamten Schaden sitzen.

Gesellschaft und Geschäfts-führer haften als Gesamt-schuldner

2. Haftung aus Verschulden bei Vertragsverhandlungen (*culpa in contrahendo*)

Die *culpa in contrahendo* (*cic*), das Verschulden bei Vertragsverhandlungen, die bisher gewohnheitsrechtlich als Anspruchsgrundlage für eine Vertrauenshaftung anerkannt war, ist nunmehr in § 311 II BGB normiert. Diese Anspruchsgrundlage ist im gesamten Zivilrecht verbreitet und von großer praktischer Bedeutung. Dass

---

[436] BGH DB 1991, 978, 979.
[437] BGH GmbHR 1991, 360, 361.

auch ein Geschäftsführer aufgrund dieser Anspruchsgrundlage zur Verantwortung gezogen werden kann, bildet eher die Ausnahme.

Pflichtverletzung bei Vertragsverhandlungen

Typische Fallgruppen der *cic* sind die Verletzung von Sorgfalts-, Obhuts- und Aufklärungspflichten im vorvertraglichen Stadium. Wer in Vertragsverhandlungen eintritt, hat gegenüber dem Verhandlungspartner erhöhte Sorgfaltspflichten; fügt er diesem schuldhaft unter Verletzung der Pflichten Schaden zu, so ist er zum Schadensersatz verpflichtet.

GmbH führt die Verhandlungen und ist daher verantwortlich

Der Anspruch aus *cic* richtet sich gewöhnlich nur gegen den Verhandlungspartner, also gegen die GmbH. Nur für diese gelten grundsätzlich die vorvertraglichen Schutzpflichten.

Ausnahmsweise haftet auch der Geschäftsführer aus *cic*

Ausnahmsweise kann sich der Anspruch aus *cic* aber auch einmal gegen den Vertreter richten, der die Verhandlungen für die GmbH führt. Dies kommt in zwei Fallgruppen in Betracht: Erstens, wenn der Vertreter *besonderes persönliches* Vertrauen in Anspruch nimmt oder zweitens, wenn er ein *unmittelbares eigenes wirtschaftliches Interesse* am Vertragsabschluß hat. Das BGB enthält seit 1.1.2002 in § 311 III folgende Regelung, die die erste Fallgruppe aufgenommen hat: *Ein Schuldverhältnis mit Pflichten nach § 241 Abs. 2 kann auch zu Personen entstehen, die nicht selbst Vertragspartei werden sollen. Ein solches Schuldverhältnis entsteht insbesondere, wenn der Dritte in besonderem Maße Vertrauen für sich in Anspruch nimmt und dadurch die Vertragsverhandlungen oder den Vertragsschluss erheblich beeinflusst*

a. Besonderes persönliches Vertrauen

Geschäftsführer kann besonderes persönliches Vertrauen für sich in Anspruch nehmen

Der Geschäftsführer haftet dann persönlich, wenn er ein besonderes persönliches Vertrauen für sich in Anspruch nimmt, das über das „gewöhnliche Verhandlungsvertrauen" hinausgeht. Wann dies im Einzelfall vorliegt, ist äußerst schwierig zu beurteilen. Dem Geschäftsführer kann ein besonderes Vertrauen etwa aufgrund seiner persönlichen Zuverlässigkeit, seiner außergewöhnlichen Sachkompetenz oder wegen verwandtschaftlicher oder persönlicher Beziehungen entgegengebracht werden. Unterhält der Geschäftsführer beispielsweise intime Beziehungen zu einer Vertragspartnerin, so lässt sich wegen dieser engen Beziehung eine Haftung aus *cic* wegen der Verletzung vorvertraglicher Sorgfalts- und Aufklärungspflichten begründen. Diese Vertragspartnerin vertraut darauf, dass der Geschäftsführer sie umfassend über bestehende Risiken aufklärt.

In der Praxis sind die häufigsten Fälle der Haftung wegen der Inanspruchnahme besonderen Vertrauens diejenigen, in denen der Vertragspartner der GmbH an diese noch Leistungen erbringt, weil er sich auf Zusagen des Geschäftsführers verlassen hat.

Beispiel: *„Keine Musike mehr"*

Eine GmbH produziert Musik-CDs. Aldo Alu (A) produziert die Rohlinge und beliefert regelmäßig die GmbH. In letzter Zeit wurden seine Rechnungen schleppender bezahlt. Er ist daher grundsätzlich nur noch bereit, gegen Vorkasse zu liefern. Als die GmbH wieder einmal bei ihm bestellt, ruft A deren Geschäftsführer G an und teilt ihm seinen neuen Standpunkt mit. G beschwichtigt ihn und meint, dass seine Bezahlung schon in Ordnung gehe. Daraufhin liefert A im Vertrauen auf die große Zuverlässigkeit des G ohne Vorkasse. Die GmbH wird jedoch insolvent und ist außerstande, die Lieferung zu bezahlen. A kann sich bei dieser Konstellation an G halten und von diesem Bezahlung nach den Grundsätzen der *cic* verlangen, denn er hat der GmbH nur im Vertrauen auf die Aussage des Geschäftsführers G weitere Waren geliefert.

Der *BGH* nimmt eine Haftung aus *cic* dann an, wenn der Geschäftsführer trotz erkennbarer Überschuldung und dem Wissen darüber, dass die Durchführung der beabsichtigten Geschäfte schwerwiegend gefährdet ist, Vertragspartner zu Vorleistungen bewegt, die diese im Vertrauen auf die Aussage des Geschäftsführers und seine Person dann auch erbringen[438]. Entscheidend ist, dass der Geschäftsführer eine persönliche Gewähr für die Richtigkeit seiner Aussagen aufgrund seiner außergewöhnlichen Sachkenntnis bzw. Zuverlässigkeit oder aus vergleichbaren Gründen bietet. Fehlt es an der besonderen Gewähr und damit am Vertrauen, kommt in diesen Fällen häufig - anstelle einer Verantwortlichkeit aus *cic* - eine Haftung aus § 826 BGB in Betracht[439]. Das gewöhnliche Verhandlungsvertrauen, das dem Vertragspartner entgegengebracht wird, genügt nicht, da dieses der GmbH als Vertragspartnerin und nicht dem Geschäftsführer entgegengebracht wird, so dass nur die GmbH bei Enttäuschung desselben einzustehen hat[440].

Offenbarungspflicht bei Gefährdung der Vertragserfüllung

b. Eigenes wirtschaftliches Interesse am Vertragsschluss

Eine Haftung aus *cic* wegen eines eigenen wirtschaftlichen Interesses des Geschäftsführers am Vertragsschluss lässt sich heute nach Ansicht des *BGH* kaum noch begründen[441]. Ob diese Fallgruppe für den Geschäftsführer überhaupt noch Bedeutung hat, ist aber bisher nicht abschließend entschieden. Der *BGH* lässt es für eine Eigenhaftung jedenfalls nicht genügen, dass der Geschäftsführer am Vertragsschluss ein Provisionsinteresse hat, dass er an der Gesellschaft beteiligt ist oder dass er Sicherheiten für Verbind-

Eigenes wirtschaftliches Interesse am Vertragsschluss ist grundsätzlich nicht haftungsbegründend

---

[438] BGH DB 1991, 1765, 1767.
[439] Siehe oben die Ausführungen Seite 274 ff.
[440] *Meyke*, Die Haftung des GmbH-Geschäftsführers, Rdnr. 358.
[441] BGH ZIP 1993, 763.

lichkeiten der Gesellschaft - etwa eine persönliche Bürgschaft - bestellt hat[442].

3. Haftung aus den Grundsätzen der Sachwalterhaftung

Begriff des Sachwalters hat keine festen Konturen

Eng verwandt mit der *cic*, bzw. nur eine besondere Fallgruppe der Haftung Dritter aus *cic*, ist die sog. *Sachwalterhaftung*. Den Geschäftsführer kann diese Haftung treffen, wenn er Sachwalter ist. Der Begriff des Sachwalters ist schwer zu fassen. Es handelt sich um eine Person, die kraft ihrer Stellung oder Sachkunde eine besondere Vertrauensstellung einnimmt[443]. Angeknüpft wird oft an das typisierte Vertrauen einer bestimmten Berufsgruppe.

Beispiel: *„Der Sanierer"*
G ist ein Unternehmenssanierer, d.h. er führt als Manager Unternehmen aus der Krise. Er tritt hierbei als Geschäftsführer der Super-Sanierungs-GmbH auf. Eine Sanierung ist nach dem Konzept des G in der Regel u.a. nur dann möglich, wenn frisches Geld, z.B. in Form von Sanierungsdarlehen, zugeführt wird. Besonders „gut geeignet" als Darlehensgeber für derartige Kredite sind die Arbeitnehmer, die um ihre Arbeitsplätze bangen und deshalb an einem Überleben des Unternehmens sehr interessiert sind. G hat bereits andere Unternehmen erfolgreich saniert, er geriert sich als der „Topsanierer". Gegenüber dem Angestellten A, der zunächst keinen Sanierungskredit gewähren wollte, verweist G auf seine früheren Sanierungserfolge: Er habe bisher jedes Unternehmen aus den roten in die schwarzen Zahlen gebracht. Gewährt der Angestellte A im Vertrauen auf die Sanierungserfolge des G der Sanierungs-GmbH ein Sanierungsdarlehen und wird A in seinem Vertrauen enttäuscht, wenn sich G doch nicht als der überragende Sanierer erweist, kann er ggf. G nach den Grundsätzen der Sachwalterhaftung persönlich in Anspruch nehmen[444].

Die Sachwalterhaftung kann also über die *cic* hinaus Anwendung finden. Die Einzelheiten sind indes noch völlig ungeklärt; es handelt sich bei der Sachwalterhaftung um eine Anspruchsgrundlage, deren Konturen noch nicht feststehen.

Aus der besonderen Position und der Kompetenz des Sachwalters erwachsen diesem gegenüber dem Personenkreis, der erkennbar seine Entscheidungen von der Person und den Angaben des Sachwalters abhängig macht oder sich zumindest entscheidend vom Sachwalter beeinflussen lässt, gesteigerte Sorgfalts- und Aufklärungspflichten. Bei der Verletzung dieser Pflichten kann den Sachwalter persönlich eine Haftung aus *cic* treffen.

---

[442] BGHZ 126, 181.
[443] BGHZ 56, 81, 84 ff.
[444] Siehe zur Sachwalterstellung des Unternehmenssanierers: BGH WM 1990, 966, 968.

Der Sachwalter braucht übrigens weder Vertreter noch Verhandlungsgehilfe des Vertragspartners zu sein.

Ein Geschäftsführer wird nur dann eine derart herausragende Sachwalterstellung innehaben, wenn er aufgrund seiner Persönlichkeit oder seines Berufs ein typisiertes Vertrauen hervorruft. Dies ist oft gegeben bei Gesellschaften des sog. grauen Kapitalmarkts, bei denen sich häufig Berufsgruppen engagieren, denen typischerweise ein besonderes Vertrauen entgegengebracht wird (Rechtsanwälte, Wirtschaftsprüfer, Steuerberater).

Geschäftsführer ist nur in Ausnahmefällen Sachwalter

4. Allgemeine zivilrechtliche Prospekthaftung

Diese Haftung ist im Bereich der Kapitalanlagen von Bedeutung. Hier muss zwischen der speziell gesetzlich geregelten Prospekthaftung und den von der Rechtsprechung entwickelten Grundsätzen der Prospekthaftung unterschieden werden.

Die Ansprüche nach den gesetzlich geregelten Fällen der Prospekthaftung haben ihre Grundlage in verschiedenen Gesetzen (u.a. §§ 44 ff. BörsG). Wegen der geringen praktischen Bedeutung für den „gewöhnlichen" Geschäftsführer bleibt dieser Bereich hier ausgeblendet.

Wichtiger ist die aufgrund richterlicher Rechtsfortbildung entwickelte allgemeine Prospekthaftung. Diese hat Bedeutung für den Bereich des sog. grauen Kapitalmarkts, in dem sich nicht selten mehr oder minder seriöse Gesellschaften tummeln, die um die Gunst der Anleger buhlen.

Die Grundsätze der allgemeinen Prospekthaftung sind vom *BGH* aus der *culpa in contrahendo* entwickelt worden. Wird für eine Kapitalanlage mit einem Verkaufsprospekt geworben, so bildet dieser in der Regel für den Anleger die wichtigste Grundlage für seine Anlageentscheidung. Stehen hinter dem Prospekt Personen, denen der Anleger ein besonderes Vertrauen entgegenbringt, so wird er deshalb auf die Richtigkeit der Prospektangaben vertrauen. Ein durch fehlerhafte Angaben enttäuschtes Vertrauen kann dann Schadensersatzansprüche auslösen. Die Prospekthaftung knüpft im Gegensatz zur gewöhnlichen *cic* nicht an ein konkretes, sondern - wie die Sachwalterhaftung - an ein typisiertes Vertrauen an. Das heißt, es ist nicht entscheidend, ob sich im Einzelfall wirklich Vertrauen gebildet hat; auch wenn sich der Anleger überhaupt keine Gedanken über etwaige Risiken gemacht hätte, käme ihm die Prospekthaftung zugute.

Grundsätze der Prospekthaftung

Als Prospekte gelten nicht nur Werbebroschüren für irgendwelche Kapitalanlagen; es wird sogar vertreten, dass auch Werbeinserate hierunter fallen.

Der Geschäftsführer haftet nach den Grundsätzen der Prospekthaftung, wenn der erstellte Prospekt fehlerhaft war und er zu den sog. *prospektverantwortlichen* Personen gehört. Prospektverantwortlich sind jene Personen, deretwegen sich die Anleger typischerweise auf die Richtigkeit des Prospekts verlassen. Hierzu gehören in erster Linie die Personen, die aktiv am Anlageprojekt als Initiatoren oder Gründer mitwirken und das Management bilden. Der Geschäftsführer wird daher im Regelfall dazuzählen. Neben dem Geschäftsführer können sonstige im Prospekt als Referenz genannte oder an der Werbung beteiligte Personen haften. Dazu gehören z.B. Anlageberater, Rechtsanwälte, Steuerberater oder Wirtschaftsprüfer, die kraft ihres Berufs einen zusätzlichen Vertrauenstatbestand schaffen und dadurch dem Prospekt eine gewisse Seriosität verleihen. Dieser Personenkreis kann dann für unzutreffende, unvollständige und irreführende Prospektangaben haftbar gemacht werden.

D. Innenhaftung (§ 43 GmbHG)

I. Überblick

Unter dem Schlagwort der Innenhaftung werden die Ansprüche der GmbH gegen den Geschäftsführer zusammengefasst. Diese Haftung hat große praktische Bedeutung. Anspruchsgrundlage ist § 43 GmbHG. Die Vorschrift besteht nahezu unverändert seit In-Kraft-Treten des GmbHG im Jahre 1892.

§ 43 GmbHG
(1) Die Geschäftsführer haben in den Angelegenheiten der Gesellschaft die Sorgfalt eines ordentlichen Geschäftsmannes anzuwenden.

(2) Geschäftsführer, welche ihre Obliegenheiten verletzen, haften der Gesellschaft solidarisch für den entstandenen Schaden.

(3) Insbesondere sind sie zum Ersatze verpflichtet, wenn den Bestimmungen des § 30 zuwider Zahlungen aus dem zur Erhaltung des Stammkapitals erforderlichen Vermögen der Gesellschaft gemacht oder den Bestimmungen des § 33 zuwider eigene Geschäftsanteile der Gesellschaft erworben worden sind. Auf den Ersatzanspruch finden die Bestimmungen in § 9 b I entsprechende Anwendung. Soweit der Ersatz zur Befriedigung der Gläubiger der Gesellschaft erforderlich ist, wird die Verpflichtung der Geschäftsführer dadurch nicht aufgehoben, dass dieselben in Befolgung eines Beschlusses der Gesellschafter gehandelt haben.

(4) Die Ansprüche aufgrund der vorstehenden Bestimmungen verjähren in fünf Jahren.

Innenhaftung auch aus unerlaubter Handlung möglich

Neben § 43 GmbHG kann die Gesellschaft den Geschäftsführer auch, sofern die Voraussetzungen im Einzelfall vorliegen, aus unerlaubter Handlung in Anspruch nehmen. Hier gelten gegenüber der Außenhaftung keine Besonderheiten. Beschädigt der Geschäftsführer beispielsweise schuldhaft ein Fahrzeug der Gesellschaft, ist er gemäß § 823 I BGB zum Schadensersatz verpflichtet. Begeht der Geschäftsführer eine Unterschlagung oder Untreue, so macht er sich gemäß § 823 II BGB i.V.m. § 246 StGB (Unterschlagung) bzw. nach § 823 II BGB i.V.m. § 266 StGB (Untreue) schadensersatzpflichtig.

Der Geschäftsführer ist durch Bestellung der Gesellschafterversammlung in sein Amt berufen worden. Damit erhält er alle organschaftlichen Rechte und Pflichten. § 43 GmbHG sanktioniert eine Verletzung dieser organschaftlichen Pflichten. Daneben regeln sich die Rechte und Pflichten des Geschäftsführers nach seinem Anstellungsvertrag, den er mit der GmbH geschlossen hat. Auch diese Pflichten kann der Geschäftsführer verletzen. Er würde sich in diesem Fall wegen positiver Vertragsverletzung gemäß § 280 BGB schadensersatzpflichtig machen. Neben Ansprüchen aus § 43 GmbHG haben Ansprüche wegen Verletzung der Pflichten aus dem Anstellungsvertrag jedoch keine praktischen Auswirkungen. Der *BGH* misst dieser Anspruchsgrundlage keine eigene Bedeutung zu. Er geht vielmehr davon aus, dass die Vorschrift des § 43 GmbHG die vertragliche Haftung als Spezialregelung in sich aufnimmt[445].

Ansprüche aus § 280 BGB haben neben § 43 GmbHG keine eigene Bedeutung

§ 43 II GmbHG ordnet an, dass Geschäftsführer, welche ihre Obliegenheiten verletzen, der Gesellschaft für den entstandenen Schaden haften. In Abs. 1 wird ausgeführt, dass die Geschäftsführer in den Angelegenheiten der Gesellschaft die *Sorgfalt eines ordentlichen Geschäftsmannes* anzuwenden haben. Aus dieser Formulierung wird schon deutlich, dass es sich bei § 43 GmbHG um eine Anspruchsgrundlage handelt, mit der sich *sämtliche* Pflichtverletzungen des Geschäftsführers gegenüber der GmbH erfassen lassen.

§ 43 GmbHG ist damit die Generalklausel, mit der die Innenhaftung des Geschäftsführers umfassend geregelt wird.

§ 43 GmbHG als Generalklausel für die Innenhaftung

Das GmbHG legt an keiner Stelle fest, was im Einzelnen zur Sorgfalt eines ordentlichen Geschäftsmannes gehört. Dies muss im Zweifelsfall der Richter, der über eine Verantwortlichkeit des Geschäftsführers zu entscheiden hat, beurteilen. Diese unbestimmt formulierte Gesetzesvorschrift birgt damit für den Geschäftsführer hohe Risiken. Er ist gezwungen, sein Handeln kritisch daraufhin zu überprüfen, ob es dem Maßstab des § 43 I GmbHG standhält. Eine Haftung gemäß § 43 GmbHG setzt voraus:

1. Pflichtverletzung des Geschäftsführers
2. Kausaler Vermögensschaden der Gesellschaft
3. Verschulden des GmbH-Geschäftsführers

---

[445] BGH ZIP 1989, 1390.

II. Pflichtverletzung des Geschäftsführers

1. Grundsätzliches

§ 43 GmbHG setzt zunächst voraus, dass der Geschäftsführer objektiv eine Pflichtverletzung begangen hat.

Bei der Beurteilung der Frage, ob eine Pflichtverletzung vorliegt, sind zwei Fallgruppen zu unterscheiden: Erstens gibt es *allgemeine* Sorgfaltspflichten, die jeden Geschäftsführer unabhängig von der Art und Größe seiner Gesellschaft treffen. Zweitens gibt es *spezielle* Sorgfaltspflichten, die sich aufgrund der Umstände des Einzelfalls ergeben.

Sorgfaltspflichten des Geschäftsführers

Die allgemeinen Pflichten ergeben sich entweder aus dem Gesetz, aus der Satzung der Gesellschaft, aus Gesellschafterbeschlüssen bzw. aus allgemein anerkannten Grundsätzen der ordnungsgemäßen Geschäftsführung.

Der Geschäftsführer hat daher kraft Gesetzes die Regeln über die Kapitalerhaltung, die Pflichten im Fall der Krise der Gesellschaft (insbesondere die Verpflichtung, rechtzeitig ein Insolvenzverfahren einzuleiten) sowie seine Weisungsgebundenheit von der Gesellschafterversammlung zu beachten.

Des Weiteren muss der Geschäftsführer den Gesellschaftszweck verfolgen bzw. sicherstellen, dass der Unternehmensgegenstand eingehalten wird.

Darüber hinaus hat der Geschäftsführer selbstverständlich die allseits akzeptierten Grundsätze der ordnungsgemäßen Unternehmensleitung zu wahren. Auch ist er für die ordnungsgemäße Buchführung gemäß § 41 GmbHG verantwortlich. Ferner hat er allgemein gesicherte und anerkannte betriebswirtschaftliche Prinzipien einzuhalten. Dazu gehört beispielsweise, dass er Kredite - sofern möglich - nur gegen Stellung von Sicherheiten gewährt. Liefert er beispielsweise Waren auf Kredit, so hat er grundsätzlich die einschlägigen Sicherungsinstrumente, wie etwa die Möglichkeit des Eigentumsvorbehalts, auszunutzen. Risikoreiche Geschäfte ohne betriebswirtschaftlichen Anlass, wie Spekulationsgeschäfte, verstoßen in der Regel gegen die objektive Sorgfaltspflicht.

Der Geschäftsführer ist außerdem zur Verschwiegenheit und Loyalität gegenüber der Gesellschaft und den anderen Gesellschaftsorganen verpflichtet.

Auch alle sonstigen gesetzlichen Vorschriften, sei es des Steuer-, des Arbeits- oder des Sozialversicherungsrechts, hat der Geschäftsführer einzuhalten.

Konkretisierung der Sorgfaltspflichten im Einzelfall

Die speziellen Sorgfaltspflichten ergeben sich dagegen aus den Umständen des Einzelfalls. Hier sind insbesondere die Branche und die Größe der Gesellschaft zu berücksichtigen. Produziert beispielsweise die GmbH Erzeugnisse, von denen typischerweise Gefahren, etwa im Umwelt- oder Produkthaftungsbereich, ausgehen, so muss der Geschäftsführer hier geeignete Maßnahmen treffen, um diese Gefahren möglichst zu minimieren.

Bei einer international agierenden Gesellschaft, die ständig mit Währungsrisiken konfrontiert ist, trifft den Geschäftsführer eher die Pflicht, diese Risiken professionell abzusichern, als dies bei einer kleinen GmbH, die nur ausnahmsweise Auslandsberührung hat, der Fall ist.

Aus diesem Überblick wird schon deutlich, wie schwierig die Bestimmung der Sorgfaltspflichten im Einzelfall ist.

2. Fallgruppen

a. Einzelne gesetzlich geregelte Pflichten

aa. Kapitalerhaltung

Der Geschäftsführer ist, wie oben dargelegt[446], gehalten, für die Einhaltung der Grundsätze der *Kapitalaufbringung* und *Kapitalerhaltung* Sorge zu tragen. Lässt der Geschäftsführer Verstöße zu, haftet er ggf. gemäß § 43 III GmbHG persönlich gegenüber der GmbH.

> Der Geschäftsführer als „Hüter des Kapitals"

bb. Weitere gesetzliche Pflichten

Der Geschäftsführer hat weitere, ebenfalls aus dem Gesetz herrührende Pflichten. So ist er - wie erwähnt - gemäß § 41 GmbHG zur ordnungsgemäßen Buchführung verpflichtet. Kommt er dieser nicht nach und entsteht der GmbH hierdurch ein Schaden, z.B. weil dadurch Liquiditätsengpässe nicht entdeckt werden und deshalb *ad hoc* ein Kredit, der durch Umschichtungen hätte vermieden werden können, nötig wird, so macht sich der Geschäftsführer gegenüber der GmbH schadensersatzpflichtig[447]. Gleiches gilt beispielsweise dann, wenn infolge der unzureichenden Buchführung Steuern oder Sozialversicherungsbeiträge nicht rechtzeitig abgeführt und deshalb Säumniszuschläge fällig werden, die für die Gesellschaft einen Vermögensschaden bedeuten.

> Pflicht des Geschäftsführers zur ordnungsgemäßen Buchführung

Im Übrigen ist der Geschäftsführer verpflichtet, auch alle sonstigen rechtlichen Vorschriften einzuhalten, dies gilt insbesondere für Vorschriften des Arbeits- und Sozialrechts, des Wettbewerbsrechts sowie des Umwelt- und Gewerberechts.

---

[446] Siehe oben 1. Teil, E.I.2.

[447] Eine Haftung gegenüber Gläubigern der Gesellschaft wird überwiegend abgelehnt, siehe oben 3. Teil, E.I.4.e.

b. Folgepflicht gegenüber der Gesellschafterversammlung

Gesellschafter-
versammlung hat
die übergeordne-
te Sachkompe-
tenz

Gemäß § 37 I GmbHG sind Geschäftsführer verpflichtet, den Weisungen der Gesellschafterversammlung Folge zu leisten. Der Geschäftsführer ist damit weisungsabhängig und hat insofern keinen eigenen Ermessensspielraum. Führt er Weisungen nicht aus, begeht er eine Pflichtverletzung, die im Falle eines Schadenseintritts zu seiner persönlichen Verantwortlichkeit führt.

Befolgt hingegen der Geschäftsführer die Weisungen der Gesellschafterversammlung und entsteht der Gesellschaft hierdurch ein Schaden, so kann er von der Gesellschaft deswegen nicht zur Verantwortung gezogen werden.

Tipp!

Eine Weisung hat haftungsentlastende Wirkung. Sind Sie unsicher, ob Sie ein riskantes Geschäft durchführen sollen, so können Sie sich deswegen an die Gesellschafter wenden und diese zu einem Gesellschafterbeschluss bewegen, der für Sie dann bindende und haftungsentlastende Wirkung hat. Sofern es allerdings - wie dargelegt - um die Kapitalerhaltung geht, haben Weisungen keinerlei Bindungs- und Entlastungswirkung, hier haften Sie als Geschäftsführer für die Verletzung der Kapitalerhaltungspflicht, auch wenn Sie auf Anweisung der Gesellschafterversammlung handelten. Gleiches gilt bei Weisungen, die gegen zwingende gesetzliche Vorschriften, z.B. des Insolvenz- oder Steuerrechts verstoßen.

---

c. Grundsätze anerkannter Unternehmensleitung und business-judgement-rule

Geschäftsführer
hat unternehme-
risches Ermes-
sen

Der Geschäftsführer muss täglich Entscheidungen treffen. Oft stellt sich erst im Nachhinein heraus, ob eine Entscheidung richtig war. Zöge man den Geschäftsführer für jede nachteilige Maßnahme zur Verantwortung, würde dies seine Entscheidungsfreude stark hemmen, was einer erfolgreichen Unternehmensführung sicherlich nicht förderlich wäre. Der GmbH-Geschäftsführer hat daher grundsätzlich bei seinen unternehmerischen Entscheidungen einen weiten Ermessensspielraum. Vor allem kann er nicht dafür verantwortlich gemacht werden, wenn sich unternehmerische Risiken verwirklichen und Verluste eintreten (sog. *business-judgement-rule*)[448]. Der Geschäftsführer, der „vom Pech verfolgt" ist, wird allein deshalb noch nicht schadensersatzpflichtig.

---

[448] Durch das Gesetz zur Unternehmensintegrität und Modernisierung des Anfechtungsrechts (UMAG), das dann am 1. November 2005 in Kraft tritt ist die business-judgement-rule nunmehr im Aktienrecht verankert. In 93 I 2 AktG wird es heißen: *Eine Pflichtverletzung liegt nicht vor, wenn das Vorstandsmitglied bei seiner unternehmerischen Entscheidung vernünftigerweise annehmen*

Der weite Gestaltungsspielraum findet jedoch dort seine Grenzen, wo ihm allgemein anerkannte betriebswirtschaftliche und kaufmännische Grundsätze entgegenstehen.

So muss der GmbH-Geschäftsführer die Leitungsentscheidungen entsprechend ihrer Bedeutung und Tragweite für das Unternehmen angemessen vorbereiten, die getroffenen Maßnahmen dürfen nicht gefühlsmäßig „aus dem Bauch heraus" vorgenommen werden, sondern müssen betriebswirtschaftlich nachvollziehbar sein. Ferner hat der Geschäftsführer grundsätzlich Vorsorge dafür zu treffen, dass seine Entscheidungen auch umgesetzt werden und ihre ständige Einhaltung kontrolliert wird.

Grenzen des unternehmerischen Ermessens

Bei den Grundregeln der ordnungsgemäßen Geschäftsführung bzw. Unternehmensleitung handelt es sich um eine Generalklausel, die jeweils im Einzelfall konkretisiert werden muss.

Hierzu gehört, dass das Unternehmen ständig in seiner Position am Markt beobachtet wird und dass die Absatz- und Personalplanung bzw. die interne Organisation jeweils an die konkreten Bedürfnisse angepasst werden.

Insbesondere ist der Geschäftsführer verpflichtet, im Rahmen seiner Organisationsverantwortung ein adäquates Risikomanagement zu installieren. Bei der AG ist dies für den Vorstand ausdrücklich in § 91 II AktG geregelt: *Der Vorstand hat geeignete Maßnahmen zu treffen, insbesondere ein Überwachungssystem einzurichten, damit den Fortbestand der Gesellschaft gefährdende Entwicklungen früh erkannt werden.* Für den Geschäftsführer gilt nichts anderes.

d. Einzelfälle

Folgende Einzelfälle zu den Grundsätzen ordnungsgemäßer Unternehmensleitung lassen sich anführen:

aa. Risikoreiche Geschäfte, insbesondere Spekulationsgeschäfte

Spekulationsgeschäfte - wie etwa Börsen- oder Warentermingeschäfte - sind in der Regel pflichtwidrig. Etwas anderes gilt nur, wenn der Unternehmensgegenstand oder die konkreten Umstände ein solches bedingen. Zur Absicherung von Währungs-, Kurs- und Zinsrisiken sind selbstverständlich Termingeschäfte statthaft und sogar geboten.

Grundsätzlich muss jedoch mit kongruenter Deckung, d.h. mit einem zugrundeliegenden Grundgeschäft gearbeitet werden. So geht es beispielsweise nicht an, dass der Geschäftsführer Dollar auf Termin kauft, obwohl er überhaupt keinen Bedarf für ein konkretes Geschäft für die Devisenvaluta hat. Muss er die Dollar dann

Vorsicht bei Termingeschäften!

---

durfte, auf der Grundlage angemessener Information zum Wohle der Gesellschaft zu handeln.

zum Termin ohne Verwendungsmöglichkeit für ein getätigtes Geschäft abnehmen und ggf. mit Verlust über die Börse wieder verkaufen, haftet er für den entstandenen Schaden. Bestellt ein Geschäftsführer aber beispielsweise Rohstoffe, die in sechs Monaten geliefert und dann in Dollar bezahlt werden müssen, ist es geboten, das Währungsrisiko abzusichern. Hier muss er in Höhe des Kaufpreises Dollar auf Termin kaufen. Kauft der Geschäftsführer hingegen Dollar auf Termin lediglich mit Spekulationsabsicht, handelt er regelmäßig pflichtwidrig. Sicherlich muss dem Geschäftsführer aber ein gewisses Ermessen zugestanden werden, ob eine Absicherung einzelner Geschäfte erforderlich ist oder nicht. Allein aus der Verwirklichung von Kursrisiken lässt sich noch nicht auf eine Pflichtverletzung schließen. Geht der Geschäftsführer namens der GmbH erhebliche Risiken ein, so sollte er zuvor einen haftungsentlastenden Beschluss der Gesellschafterversammlung herbeiführen.

bb. Außerachtlassung von üblichen Sicherungsmöglichkeiten

Sicherungsmöglichkeiten müssen ausgeschöpft werden

In jedem Fall pflichtwidrig sind Rechtsgeschäfte ohne gebotene Absicherung: Verkauft der Geschäftsführer beispielsweise Waren, ohne die Bonität des Käufers zu prüfen bzw. versäumt er es, die einschlägigen Kreditsicherheiten zu vereinbaren (z.B. Eigentumsvorbehalte in allen erdenklichen Formen), so handelt er – zumindest bei Geschäften größeren Umfangs - grundsätzlich pflichtwidrig. Gleiches gilt, wenn zu hohe Anzahlungen an Vertragspartner geleistet werden, ohne dass deren Kreditwürdigkeit geprüft oder als Sicherheit eine Bankbürgschaft verlangt wird.

cc. Abschluss nachteiliger Geschäfte

Nachteilige Geschäfte sind stets pflichtwidrig

Der Geschäftsführer handelt pflichtwidrig, wenn er nachteilige Geschäfte abschließt. Nachteilige Geschäfte sind in jedem Fall Abschlüsse von Verträgen, bei denen Leistung und Gegenleistung für die GmbH im Missverhältnis stehen.

Erst recht fallen hierunter für die GmbH finanziell nachteilige Geschäfte ohne Gegenleistung oder sonstigen Vorteil.

Allenfalls bei Zuwendungen an Arbeitnehmer, Spenden bzw. Sponsoring, welches im Unternehmensinteresse liegen kann, gilt dies grundsätzlich nicht. Übersteigen solche Zuwendungen für Arbeitnehmer oder für karitative bzw. soziale Zwecke allerdings das übliche Maß oder ist ein Vorteil für die GmbH nicht ersichtlich, begründet dies eine Pflichtwidrigkeit des Geschäftsführers[449].

---

[449] Hiervon zu trennen ist die Frage, wann die Grenze zur strafrechtlich relevanten Untreue überschritten ist. Hier fordert der *BGH* eine gravierende Pflichtverletzung (BGH NZG 2002, 471), siehe oben 3. Teil C.II.2.c.bb.

Beispiel: *„Taxifete"*
Geschäftsführer G führt die Geschäfte einer Taxi-GmbH in Berlin. Er unterstützt mit Mitteln der Gesellschaft eine Examensparty an der Universität in München. Hier ist kein Vorteil für die GmbH ersichtlich, da sich dieses Sponsoring kaum positiv auf das Berliner Geschäft auswirken dürfte.

In Zweifelsfällen sollte der Geschäftsführer die Zustimmung der Gesellschafterversammlung einholen.

Pflichtwidrig ist beispielsweise auch ein Geschäft, bei dem Vermögensgegenstände, wie z.B. Grundstücke oder Kraftfahrzeuge der GmbH, unter Wert verkauft werden. Umgekehrt gilt dies für den Ankauf zu überhöhten Preisen.

Der Geschäftsführer begeht ferner Pflichtverletzungen, wenn er unangemessen hohe Preisnachlässe gewährt, überhöhte Provisionen bzw. Honorare an Dritte zahlt oder auf Forderungen der Gesellschaft verzichtet.

Die Abgabe von Bürgschaften, Patronatserklärungen oder Stellung von Sicherheiten ohne betriebswirtschaftlichen Anlass gehören genauso hierher wie die Vergabe ungesicherter oder unverzinster bzw. zu niedrig verzinster Kredite aus dem Gesellschaftsvermögen.

dd. Kontrolle des Zahlungsverkehrs

Der Geschäftsführer muss selbstverständlich eine Organisation schaffen, die Veruntreuungen bzw. Unterschlagungen jeglicher Art möglichst verhindert. So hat er Mitarbeiter, die über die Kassenbestände bzw. über die Kontoguthaben oder Scheckformulare verfügen können, besonders sorgfältig auszusuchen und zu überwachen.

Zahlungsverkehr muss im Auge behalten werden

Treten Fehlbestände in der Kasse oder auf dem Konto auf und kann der Geschäftsführer nicht beweisen, wohin die Gelder geflossen sind, so wird eine zweckwidrige Verwendung mit der Folge der persönlichen Einstandspflicht des Geschäftsführers vermutet.

ee. Eigengeschäfte des Geschäftsführers

Der Geschäftsführer hat seine Eigeninteressen grundsätzlich hinter die der GmbH zurückzustellen.

So ist es pflichtwidrig, wenn der Geschäftsführer seinen privaten Verbrauch auf Kosten der Gesellschaft finanziert. Der Geschäftsführer macht sich beispielsweise schadensersatzpflichtig, wenn er die betriebliche Reinigungskraft privat einsetzt, ohne dies aus eigener Tasche zu bezahlen. Ebenfalls hierher gehören die Fälle, in denen Rechnungen über private Ausgaben in die Buchhaltung gegen Erstattung der Rechnungsbeträge eingeschleust werden.

Kein Wirtschaften in die „eigene Tasche"

Chancen, die sich der Gesellschaft bieten, hat der Geschäftsführer im Interesse der Gesellschaft und nicht im eigenen Interesse wahrzunehmen (sog. *corporate-opportunity-doctrine*).

Geschäftschancen sind für die GmbH zu sichern

Erfährt der Geschäftsführer beispielsweise, dass ein Grundstück zum Kauf angeboten wird, das bestens für die geplante Betriebserweiterung geeignet ist, so hat er dieses Grundstück auf Rechnung der GmbH zu erwerben. Er handelt pflichtwidrig, wenn er es auf eigene Rechnung, etwa im eigenen Namen oder durch Zwischenschaltung eines Strohmannes kauft, um es anschließend zu einem erhöhten Preis an die Gesellschaft weiterzuveräußern.

Diese Pflicht des Geschäftsführers, die Geschäftschance für die Gesellschaft zu nutzen, folgt aus seiner Loyalitätspflicht, aber auch aus dem ihn treffenden Wettbewerbsverbot. Zu betonen ist, dass der Geschäftsführer stets im Dienst ist. So hat er auch Chancen zu nutzen, die ihm in seiner Freizeit zugetragen werden oder die ihm aus seiner Tätigkeit vor der Geschäftsführerposition noch in Erinnerung sind.

Zu dieser Fallgruppe gehören auch sog. Ankoppelungsgeschäfte des Geschäftsführers. Diese liegen vor, wenn sich der Geschäftsführer von Dritten Vorteile gewähren lässt, weil er diesen ein Geschäft mit der GmbH zugeschanzt hat. Nimmt der Geschäftsführer Provisionen, Schmiergelder oder andere Leistungen entgegen oder lässt er sich diese versprechen, so handelt er damit grob pflichtwidrig. Die empfangenen Gelder sind gemäß § 667 BGB der Gesellschaft herauszugeben[450].

III. Kausaler Vermögensschaden

Keine Haftung ohne Schaden

Der Geschäftsführer muss für den von ihm verursachten Vermögensschaden aufkommen. Hierbei ist es, anders als bei § 823 I BGB, völlig unerheblich, ob der Vermögensschaden mittelbar infolge eines Personen- oder Sachschadens entstanden ist oder ob es sich um einen unmittelbaren sog. reinen Vermögensschaden handelt.

Beispiel: *„Unfall mit Folgen"*
Geschäftsführer G verursacht schuldhaft mit dem Geschäftsfahrzeug einen Verkehrsunfall, bei dem die Brille eines Mitarbeiters und das Fahrzeug beschädigt werden. Die Gesellschaft lässt das Fahrzeug auf ihre Kosten reparieren und bezahlt dem Mitarbeiter die Reparatur der Brille. Nunmehr kann sie gemäß § 43 GmbHG vom Geschäftsführer den aufgewendeten Betrag erstattet verlangen. Das gleiche Ergebnis lässt sich auch über Ansprüche aus unerlaubter Handlung herleiten.

---

[450] LG Bonn NJW-RR 2003, 1502; siehe auch OLG Düsseldorf NZG 2000, 651.

Häufig verursacht der Geschäftsführer allerdings nur *reine* Vermögensschäden, so etwa, wenn er Forderungen verjähren lässt oder für die GmbH nachteilige Rechtsgeschäfte abschließt. Hier bestehen Ansprüche der Gesellschaft nur aus § 43 GmbHG und nicht gleichzeitig aus dem Recht der unerlaubten Handlung.

IV. Verschulden

Der Geschäftsführer hat in den Angelegenheiten der Gesellschaft gemäß § 43 I GmbHG die *Sorgfalt eines ordentlichen Geschäftsmannes* anzuwenden. Danach muss ein Geschäftsführer für jede Form des Verschuldens einstehen. Er haftet daher bereits für einfache Fahrlässigkeit. Erst recht haftet er für grobe Fahrlässigkeit und Vorsatz.

Keine Haftung ohne Verschulden

Fahrlässig handelt, wer die im Verkehr erforderliche Sorgfalt außer Acht lässt. Für den Geschäftsführer gilt der strenge Maßstab des ordentlichen Geschäftsmannes. Hierbei kommt ein objektiver Maßstab zur Anwendung, d.h. der Geschäftsführer kann sich nicht darauf berufen, dass er persönlich mit den Aufgaben überfordert oder ihnen nicht gewachsen war.

Jede Form der Fahrlässigkeit genügt

Der objektive Maßstab legt den durchschnittlichen Geschäftsführer zugrunde. Die Pflichten des durchschnittlichen Geschäftsführers bilden aber nur die Untergrenze der Sorgfaltspflichten, die in jedem Fall einzuhalten ist. Verfügt der Geschäftsführer über überdurchschnittliche Kenntnisse und Fähigkeiten, so sind auch diese für seinen Sorgfaltsmaßstab anzusetzen. Dies ist allerdings nicht ganz unumstritten. Dafür spricht, dass der Geschäftsführer die Fähigkeiten, die er besitzt, auch im Interesse der Gesellschaft einzusetzen hat. Gerade diese besonderen Fähigkeiten werden es oft sein, die bei der Bemessung der Vergütung ihren Niederschlag gefunden haben. Deshalb ist es nur billig, dass auch der Sorgfaltsmaßstab hiermit korrespondiert.

Sonderwissen muss eingesetzt werden

Wie bereits ausgeführt, gilt der den Arbeitnehmer privilegierende Sorgfaltsmaßstab nicht für den Geschäftsführer. Arbeitnehmer können bekanntlich für durch sie verursachte Schäden dann nicht zur Verantwortung gezogen werden, wenn ihnen nur einfache Fahrlässigkeit vorzuwerfen ist. Der Geschäftsführer muss nach ganz überwiegender Ansicht - selbst wenn er im Verhältnis zu den Gesellschaftern völlig untergeordnet arbeitet - für jede Form der Fahrlässigkeit einstehen.

V. Beweislastverteilung

Ob man in einem Zivilprozess obsiegt, hängt häufig von der Beweislast ab. Die Frage der Beweislastverteilung ist deshalb von erheblicher Bedeutung. Grundsätzlich muss der Anspruchssteller die Voraussetzung seines Anspruchs beweisen. Auf die Managerhaftung übertragen würde dies bedeuten, dass die GmbH die einzelnen Voraussetzungen des Haftungstatbestandes beweisen müsste. Diese Beweislastverteilung gilt jedoch nur mit starken Abweichungen. Für die Geschäftsführerhaftung gibt es Besonderheiten:

Verhalten und kausaler Schaden ist von GmbH zu beweisen

Die GmbH muss beweisen, dass bei der Gesellschaft durch ein bestimmtes Verhalten des Geschäftsführers ein Schaden verursacht worden ist. Unter Beweis zu stellen ist damit ein Tun oder Unterlassen des Geschäftsführers und ein auf dieser Verhaltensweise beruhender Vermögensschaden[451].

Pflichtwidrigkeit

Hinsichtlich der Pflichtwidrigkeit muss die Gesellschaft nach Ansicht des *BGH* nur darlegen, dass das Verhalten aus dem Pflichtenkreis des Geschäftsführers stammt. Dieser muss sich dann entlasten, indem er vorträgt, pflichtgemäß und ohne Verschulden gehandelt zu haben. Die Entscheidung des *BGH* betraf einen Fall, indem die GmbH u.a. unter Vorlage eines betriebswirtschaftlichen Gutachtens geltend machte, dass die Geschäftsführerin auf die ungenügende Auslastung der Fertigungskapazitäten beider Betriebsstätten pflichtwidrig nicht rechtzeitig reagiert und es versäumt habe, für einen Zeitraum von einem Jahr Kurzarbeit anzumelden. Dadurch sei der GmbH ein Schaden in Form unnötiger Lohnkosten von ca. 370.000 € entstanden. Der Geschäftsführerin oblag es die Vorwürfe zu entkräften, indem sie unter Beweisantritt darzulegen hatte, warum Kurzarbeit keine geeignete Lösung gewesen wäre.

Verschulden

Das Verschulden wird zu Lasten des Geschäftsführers vermutet. Diese Umkehr der Beweislast für das Verschulden ergibt sich indes nicht aus dem GmbHG. Entsprechende Normen existieren allerdings für den Vorstand der Aktiengesellschaft und der Genossenschaft (siehe hierzu § 93 II 2 AktG und 34 II 2 GenG). In Anlehnung an diese Vorschriften wird eine analoge Beweislastverteilung bei der GmbH zugrunde gelegt.

---

[451] BGH NJW 2003, 358, Leitsatz: *Eine Gesellschaft mit beschränkter Haftung trifft im Rechtsstreit um Schadensersatzansprüche gegen ihren Geschäftsführer gem. § 43 II GmbHG - entsprechend den Grundsätzen zu § 93 II AktG, § 34 II GenG - die Darlegungs- und Beweislast nur dafür, dass und inwieweit ihr durch ein Verhalten des Geschäftsführers in dessen Pflichtenkreis ein Schaden erwachsen ist, wobei ihr die Erleichterungen des § 287 ZPO zugute kommen können. Hingegen hat der Geschäftsführer darzulegen und erforderlichenfalls zu beweisen, dass er seinen Sorgfaltspflichten gem. § 43 I GmbHG nachgekommen ist oder ihn kein Verschulden trifft oder dass der Schaden auch bei pflichtgemäßem Alternativverhalten eingetreten wäre.*

Der Geschäftsführer muss daher beweisen, dass sein Verhalten nicht schuldhaft war. Dies dürfte ihm häufig große Schwierigkeiten bereiten, da bei einem Schadenseintritt schon der äußere Anschein des Geschehens für sein Verschulden spricht. Aufgrund der bis zum Prozess verstrichenen Zeit kann der Geschäftsführer auch deswegen oft in Beweisnot gelangen. Allerdings spricht für diese Beweislastverteilung, dass der Geschäftsführer Zugang zu sämtlichen Unterlagen der Gesellschaft hat. Dies ermöglicht ihm, für eine Dokumentation zu sorgen, die belegt, dass er ohne Verschulden handelte. Der Geschäftsführer ist also „näher an der Sache dran".

Geschäftsführer muss sich entlasten

Tipp!
Sie müssen immer damit rechnen, plötzlich aus dem Amt abberufen zu werden. Dadurch werden Sie vom Informationsfluss der Gesellschaft abgeschnitten und haben zudem keinen Zugang und Einblick in die Unterlagen der Gesellschaft. Sie sollten daher rechtzeitig die Sie entlastenden Unterlagen kopieren und „privat" lagern. Für einen späteren Prozess stehen Ihnen die Unterlagen so zur Verfügung.

VI. Verjährung

Nach § 43 IV GmbHG verjährt der Anspruch nach fünf Jahren.

Die Verjährungsfrist wird in Gang gesetzt, sobald der Anspruch entstanden ist. Das bedeutet, dass auch der durch die schuldhafte Pflichtverletzung entstandene Schaden eingetreten sein muss. Hierbei muss der Schaden dem Grunde nach entstanden sein, seine Höhe braucht noch nicht abschließend festzustehen[452]. Es genügt die Möglichkeit, eine die Verjährung unterbrechende Feststellungsklage zu erheben[453]. Ist hingegen noch offen, ob ein pflichtwidriges, mit einem Risiko behaftetes Verhalten zu einem Schaden führt, ist der Anspruch noch nicht entstanden[454].

Beginn der Frist

Der *BGH* hat einen Beginn der Verjährungsfrist in einem Fall angenommen, in dem der Geschäftsführer im Rahmen eines Mietkaufs Zahlungen für Maschinen getätigt hatte, die für die Gesellschaft wertlos gewesen waren[455]. Der Schaden sei bereits mit Abschluss des Mietvertrages entstanden. Dass die Gesellschafter hiervon keine Kenntnis hatten, hindere den Beginn der Verjährungsfrist nicht[456]. Es ist aber keinesfalls stets so, dass der Schaden dem Grunde nach bereits mit Abschluss des Vertrages feststeht.

Beispiele

---

[452] BGHZ 100, 228, 231; BGH GmbHR 2005, 544.
[453] BGH GmbHR 2005, 544.
[454] BGHZ 100, 228, 231.
[455] BGH GmbHR 2005, 544, 545.
[456] BGH GmbHR 2005, 544, 545.

Wird dem Geschäftsführer beispielsweise vorgeworfen, er habe pflichtwidrig eine für die GmbH nachteilige Vertragsklausel zum Beispiel eine Vertragsstrafe akzeptiert, entsteht meines Erachtens der Schaden dem Grunde nach erst dann, wenn die konkrete Gefahr besteht, dass die Vertragsstrafe ausgelöst wird. Wird dem Geschäftsführer zur Last gelegt, er habe für die GmbH mündlich vereinbarte Rechte, z.B. ein Rücktrittsrecht von einem Vertrag, nicht schriftlich fixiert, weshalb sie nunmehr nicht mehr durchsetzbar seien, beginnt die Verjährungsfrist frühestens dann, wenn der Gegner die mündliche Abrede bestreitet.

Verkürzung   Der *BGH* lässt grundsätzlich eine Verkürzung der Verjährungsfrist gemäß § 43 GmbHG zu. Dies ist aber nur insoweit statthaft, als der Schadensersatzbetrag zur Befriedigung der Gläubiger der Gesellschaft nicht erforderlich ist (Argument aus § 43 III GmbHG)[457]. In der *BGH*-Entscheidung ging es um die Vereinbarung einer Ausschlussfrist im Anstellungsvertrag, die festlegte, dass Ansprüche gegen den Geschäftsführer nur innerhalb einer Ausschlussfrist von 2 Monaten ab Kündigung des Geschäftsführervertrags geltend gemacht werden können. Durch eine Ausschlussfrist werde faktisch die Verjährungsfrist verkürzt. Dieses Urteil des *BGH* ist beachtlich, da vorher in der Literatur äußerst umstritten war, ob eine Verkürzung der Verjährungsfrist rechtens ist. Auch wurde eine lediglich im Anstellungsvertrag vereinbarte verkürzte Verjährung für unzulässig erachtet, da die Informationsinteressen späterer Gesellschafter, der Gesellschaftsgläubiger und der Allgemeinheit verletzt würden[458] (siehe sogleich unter VII.).

VII. Instrumente zum Ausschluss und zur Minimierung der Haftung

Von enormer Bedeutung für den Geschäftsführer sind „Instrumente", mit denen die Haftung aus § 43 GmbHG ohne eine persönliche Inanspruchnahme aus der Welt geschafft werden kann. In Betracht kommen im Voraus getroffene Vereinbarungen, z.B. wonach der Geschäftsführer nicht für jedes Verschulden haftet, oder nachträglich getroffene Befreiungen in Form der Entlastung, des Verzichts oder des Vergleichs.

Tipp!
Zu den Möglichkeiten im Rahmen des Anstellungsvertrages Regelungen zu treffen, siehe § 6 a des im Anhang 1 beigefügten Mustervertrages (die Klauseln werden nachfolgend erläutert).

---

[457]   BGH, NJW 2000, 576; BGHZ 100, 228, 231; BGHZ 100, 228, 231.
[458]   Siehe *Lutter/Hommelhoff*, GmbHG, § 43 Rdnr. 30.

1. Haftungsentlastende Weisung

Wie bereits ausgeführt, besteht außerdem keine Haftung aus § 43 GmbHG, wenn der Geschäftsführer auf Weisung der Gesellschafterversammlung handelte. Eine solche Weisung der Gesellschafterversammlung hat haftungsentlastende Wirkung. Etwas anderes gilt nur, wenn die Kapitalerhaltung betroffen ist[459]. In diesem Fall muss der Geschäftsführer sich der Weisung widersetzen und das Gebot der Kapitalerhaltung beachten.

Weisung ist haftungsentlastend

2. Entlastung

Die Gesellschafter entscheiden gemäß § 46 Nr. 5 GmbHG über die Entlastung der Geschäftsführer. So wie eine im Vorfeld erteilte Weisung hat auch ein von der Gesellschafterversammlung gefasster Entlastungsbeschluss haftungsausschließende Wirkung (sog. Präklusionswirkung). Mit der Entlastung billigen die Gesellschafter die Arbeit für die Vergangenheit und signalisieren ihr Vertrauen für die Zukunft. Die Präklusion kann sich jedoch nur auf Pflichtverletzungen erstrecken, die der Gesellschafterversammlung bekannt waren oder die ihr bei sorgfältiger Prüfung der vorgelegten Unterlagen bzw. erstatteten Berichte hätten bekannt sein müssen. Im Einzelnen ist strittig, welche Anforderungen an die Erkennbarkeit durch die Gesellschafter zu stellen sind. Anerkannt ist aber, dass in den Fällen, in denen der Geschäftsführer Tatsachen verschleiert, keinesfalls von einer Präklusionswirkung des Entlastungsbeschlusses auszugehen ist. Die Gesellschafter können allerdings bewusst auf sämtliche Ansprüche, auch soweit sie ihnen nicht bekannt sind, verzichten (sog. *Generalbereinigung*). Eine Generalbereinigung wird jedoch in der Regel nicht beschlossen, sondern mit dem Geschäftsführer vereinbart.

Entlastung durch Gesellschafterversammlung

3. Haftungsausschließende Vereinbarung/ Verkürzung der Verjährungsfrist

Der Geschäftsführer ist grundsätzlich an einer im Voraus getroffenen Vereinbarung interessiert, wonach er in bestimmten Situationen für einfache oder grobe Fahrlässigkeit nicht haften soll. Es ist umstritten, ob § 43 GmbHG in anderen Fällen einer haftungsbeschränkenden oder haftungsausschließenden Vereinbarung zugänglich ist[460]. Im Aktiengesetz ist für den Vorstand der Aktiengesellschaft ausdrücklich vorgeschrieben, dass die Haftung des Vorstands nicht vermindert oder ausgeschlossen werden darf (§ 93 IV 3 AktG).

---

[459] Siehe oben 3. Teil, D II 2 b.
[460] *Jula* GmbHR 2001, 806; *Lohr* NZG 2000, 1204.

Haftungsbe-
schränkungen
sind möglich

Vorzuziehen ist die Ansicht, die Haftungsbeschränkungen zulässt. Wenn die Gesellschafter es in der Hand haben, durch Weisungen eine haftungsentlastende Wirkung zu verursachen, so muss es auch möglich sein, dass sie von vornherein verhindern, dass bei einem eigenständigen Handeln des Geschäftsführers unter bestimmten Voraussetzungen eine Haftung entsteht.

Es ist daher meines Erachtens zulässig, dass der Anspruch aus § 43 GmbHG - also die Innenhaftung - für den Fall, dass die Kapitalerhaltung nicht betroffen ist, beschränkt wird bzw. der Anspruch nicht zur Gläubigerbefriedigung benötigt wird[461]. Ein völliger Ausschluss auch für vorsätzliches Handeln ist allerdings wegen § 276 II BGB, der hierfür ein Verbot vorsieht, unzulässig. Möglich ist jedoch ein Ausschluss für einfache Fahrlässigkeit. Es ist problematisch, ob auch grobe Fahrlässigkeit ausgeschlossen werden kann. Auch diesbezüglich wird man wohl einen Haftungsausschluss für statthaft halten dürfen. In der Praxis wird es dem Geschäftsführer allerdings kaum gelingen, einen Haftungsausschluss mit den Gesellschaftern zu vereinbaren.

Ausschluss-
klausel

Eine vertragliche Vereinbarung, mit der die Verjährungsfrist verkürzt werden kann, hält der *BGH* für statthaft[462]. Ein solcher Effekt kann auch durch die Vereinbarung einer Ausschlussklausel (Verfallklausel) erreicht werden, nach der Ansprüche innerhalb einer vereinbarten Frist (z.B. binnen sechs Monaten) geltend zu machen sind. Meist wird eine schriftliche Geltendmachung vereinbart. Üblich sind auch sog. doppelstufige Ausschlussklauseln, wonach zunächst eine Frist für die außergerichtliche Geltendmachung und nach Ablehnung des Anspruchs eine weitere Frist für die gerichtliche Geltendmachung vereinbart wird.

Verkürzung und
Haftungsaus-
schluss sind zu-
lässig

Der *BGH*[463] hat zu einer Ausschlussklausel im Geschäftsführer-Dienstvertrag am 15.11.1999 entschieden: *Eine Verkürzung der Verjährungsfrist des § 43 IV GmbHG durch Vereinbarung ist nur insoweit zulässig, als der Schadensersatzbetrag zur Befriedigung der Gläubiger der Gesellschaft nicht erforderlich ist (arg. § 43 III GmbHG).* Gute zwei Monate später hat der *BGH* am 31.01.2000 allerdings seine Rechtsprechung eingeschränkt und ausgeführt[464], dass erst dann, wenn ein Verstoß gegen die Kapitalerhaltung vorliege, eine Verkürzung der Verjährungsfrist unzulässig sei. Hierbei sei eine im Vorfeld getroffene haftungseinschränkende Vereinbarung, durch die die Forderung gegen den Geschäftsführer gemäß § 43 GmbHG gar nicht erst entstünde, keine verbotene Auszahlung gemäß § 30 GmbHG. Diese Rechtsprechung wurde im Urteil

[461] In diese Richtung geht auch die Entscheidung des BGH vom 15.11.1999 zur Verkürzung der Verjährungsfrist, siehe BGH NJW 2000, 576.
[462] BGH NJW 2000, 576.
[463] NJW 2000, 576.
[464] BGH NJW 2000, 1571.

des *BGH* vom 16.09.2002 ausgebaut[465]: Dort hatte ein Geschäftsführer, der Bäckereimeister einer Großbäckerei war, Spesen für betriebsfremde Zwecke abgerechnet, so private Hotelaufenthalte und Mahlzeiten und zwar in einer Größenordnung von ca. 125.000 €. Nach Insolvenz der Gesellschaft verklagte der Insolvenzverwalter den Geschäftsführer auf Schadensersatz. Die Klage scheiterte jedoch an einer vereinbarten Ausschlussklausel, wobei der *BGH* die Sache an das zuständige OLG zurückwies, um im Wege der Auslegung zu klären, ob die Ausschlussklausel auch Ansprüche aus unerlaubter Handlung umfasse. Daraus kann geschlossen werden, dass eine Ausschlussklausel auch konkurrierende Ansprüche aus § 823 BGB umfassen kann. Dies kann aber meines Erachtens nicht für unerlaubte Handlungen gelten, die gleichzeitig einen Straftatbestand verwirklichen, wie dies bei der BGH-Entscheidung der Fall war, da sich der Geschäftsführer wegen Untreue strafbar gemacht hatte.

4. Verzicht, Vergleich und Generalbereinigung

Ebenfalls zulässig sind, soweit das Kapitalerhaltungsgebot gewahrt bleibt, ein Vergleich oder ein Verzicht *nach* Entstehung des Anspruchs. Der Vergleich kann die bereits erwähnte Generalbereinigung enthalten.

5. Kapitalerhaltung als Grenze

Einigkeit besteht darüber, dass soweit die *Kapitalerhaltung* betroffen ist, die Haftung aus § 43 GmbHG auch nicht durch Vereinbarung zwischen dem Geschäftsführer und der GmbH ausgeschlossen werden kann. Insoweit kann dem Geschäftsführer weder eine

Kapitalerhaltung hat absolute Priorität

---

[465] BGH NJW 2002, 3777 f. aus den Gründen: Nicht nur der Senat sondern auch die ganz herrschende Meinung im Schrifttum halten im Grundsatz - nämlich soweit nicht die Sondersituation des § 43 III GmbHG vorhanden ist - eine Abkürzung der Verjährungsfrist für zulässig. Dies wird - ähnlich wie bei dem grundsätzlich für zulässig erachteten Verzicht auf oder bei dem Vergleich über einen gegen den Geschäftsführer gerichteten Schadenersatzanspruch - von der Erwägung getragen, dass es, solange nicht der Anwendungsbereich des § 43 III GmbHG betroffen ist, Sache der Gesellschafter ist, nach § 46 Nr. 8 GmbHG darüber zu befinden, ob und gegebenenfalls in welchem Umfang sie Ansprüche der Gesellschaft gegen einen pflichtwidrig handelnden Geschäftsführer verfolgen wollen. Wie auf die Durchsetzung eines entstandenen Anspruchs - sei es förmlich durch Vertrag, durch Entlastungs- oder durch Generalbereinigungsbeschluss - verzichtet werden kann, so kann auch schon im Vorfeld das Entstehen eines Ersatzanspruchs gegen den Organvertreter näher geregelt, insbesondere begrenzt oder ausgeschlossen werden, indem zum Beispiel ein anderer Verschuldensmaßstab vereinbart oder dem Geschäftsführer eine verbindliche Gesellschafterweisung erteilt wird, die eine Haftungsfreistellung nach sich zieht. Die Abkürzung der Frist, binnen deren ein Ersatzanspruch geltend gemacht werden muss, wenn nicht Verjährung oder gar - wie hier - das Erlöschen des Anspruchs eintreten soll, ist nur eine andere Form dieser Beschränkungs- und Verzichtsmöglichkeiten.

Entlastung erteilt noch kann eine Generalbereinigung beschlossen oder mit ihm vereinbart werden. Würde also durch den Wegfall des Anspruchs aus § 43 GmbHG und der Tatsache, dass dieser Anspruch abzuschreiben ist (weil der sonst vom Geschäftsführer zu schuldende Betrag nicht mehr in das Gesellschaftsvermögen fließt), eine Unterbilanz entstehen oder eine bestehende Unterbilanz vergrößert, so ist diese Entlastung oder Vereinbarung unzulässig.

VIII. Gesamtschuldnerische Haftung

Mehrere Geschäftsführer sind Gesamtschuldner, falls sie pflichtwidrig handeln

Haben sich mehrere Geschäftsführer pflichtwidrig verhalten, haften sie als Gesamtschuldner, d.h. jeder von ihnen schuldet Ersatz des vollen Schadens. Entscheidend ist, dass jeder der Geschäftsführer pflichtwidrig gehandelt hat. Wer wegen einer Ressortaufteilung nicht zuständig war, handelt auch nicht pflichtwidrig, so dass er nicht als Gesamtschuldner zur Verantwortung gezogen werden kann. Fällt die Entscheidung in den Bereich der Gesamtverantwortung, haften alle Geschäftsführer gesamtschuldnerisch für den entstandenen Schaden.

IX. Fallstudien

1. „Kalkulationsfehler"

Die Kalkulation muss stimmen!

Geschäftsführer Gustav Grande (G) holt ein Angebot zur Renovierung des Verwaltungsgebäudes ein. Hierbei ist das Angebot völlig überhöht. Dies könnte bereits anhand einer überschlägigen Überprüfung der Kalkulation festgestellt werden. G unterlässt diese überschlägige Prüfung der Kalkulation jedoch und unterschreibt das Angebot, da er sich auf die ihm unterstellten Mitarbeiter, die für eine Prüfung des Angebots zuständig sind, verlassen hat.

Hier hat sich G gegenüber der Gesellschaft schadensersatzpflichtig gemacht. Gleiches gilt, wenn G blind, d.h. ohne Kontrolle, ihm vorgelegte Schriftstücke bzw. Rechnungen abzeichnet.

2. „Unzureichender Versicherungsschutz"

Hauptsache richtig versichert!

Geschäftsführer G erwirbt namens und auf Rechnung der Gesellschaft ein neues Bürohaus. Hierbei versäumt er, eine Feuerversicherung abzuschließen bzw. sich zu vergewissern, ob eine solche bereits besteht. Nun tritt ein Brandschaden ein, dessen Behebung erhebliche Kosten verursacht.

Hier hätte der Geschäftsführer für ausreichenden Versicherungsschutz sorgen müssen. Sein Fehlverhalten zieht haftungsrechtliche Konsequenzen nach sich. Gleiches gilt etwa, wenn er Transporte in oder durch „Krisengebiete" nicht durch eine übliche

Transportversicherung absichert. Bei bedeutenden Geschäften wird ferner verlangt, dass Kreditausfallrisiken durch übliche Kreditversicherungen abgesichert werden.

Grundsätzlich hat der Geschäftsführer einen Ermessensspielraum, welche Versicherung er abschließt bzw. für notwendig hält. So ist beispielsweise eine Firmenrechtsschutz- oder eine Büroinhaltsversicherung nur im Einzelfall geboten. Eine Büro- bzw. Betriebshaftpflichtversicherung sollte jedoch, da die Verwirklichung solcher Risiken existentielle Auswirkungen haben kann, stets abgeschlossen werden.

3. „Verjährung von Forderungen"

Die Kran-GmbH vermietet Kräne. Geschäftsführer G nimmt einen stark beschädigten Kran von einem Mieter entgegen, versäumt es dann aber, innerhalb der kurzen gesetzlichen Verjährungsfrist von sechs Monaten, die für Schäden an Mietsachen gilt, den Anspruch geltend zu machen (§ 548 BGB). Hier handelt G grundsätzlich pflichtwidrig, da nunmehr der Anspruch nicht mehr durchsetzbar ist. Etwas anderes kann allenfalls dann gelten, wenn G vernünftige kaufmännische Gründe dafür hatte, den Anspruch nicht durchzusetzen. Dies ist etwa dann der Fall, wenn der Mieter der größte und wichtigste Kunde der GmbH ist und verärgert wäre, wenn Ansprüche geltend gemacht würden. Ebenfalls ist es nicht pflichtwidrig, den Anspruch nicht durchzusetzen, wenn eine Sachversicherung den Schaden abdeckt. In diesem Fall würde der Anspruch ohnehin auf den Versicherer übergehen, der dann beim Mieter Regress nehmen könnte. In einem solchen Fall besteht dann selbstverständlich keine Prozessführungspflicht des Geschäftsführers.

Schließlich ist es auch dann nicht pflichtwidrig, einen Anspruch verjähren zu lassen, wenn der Geschäftsführer definitiv weiß, dass auch in absehbarer Zeit bei dem Mieter nichts zu holen ist. Dies kann dann der Fall sein, wenn es sich um eine bereits vermögenslose, etwa in der Insolvenz befindliche GmbH handelt.

Verjährung kann schnell eintreten

4. „Fehlerhafte Bewertung einer Rechtslage"

Der Geschäftsführer G, der wie im vorherigen Beispiel die Geschäftsführung der Kran-GmbH innehat, versäumt es, den Anspruch innerhalb der Sechs-Monats-Frist durchzusetzen, weil ihm diese kurze Verjährungsfrist unbekannt ist. Dies kann ihn indes nicht vom Vorwurf des pflichtwidrigen Verhaltens entlasten. Der Geschäftsführer hat sich über die Rechtslage zu informieren. Fehlt ihm selbst das notwendige Know-how, so muss er rechtskundigen Rat einholen. Unterlässt er dies, handelt er pflichtwidrig.

Der Geschäftsführer als „Minijurist"

5. „Mündliche Abreden"

Mario Macchina (M) ist Geschäftsführer der Autohaus Redlich und Ehrlich GmbH. Gesellschafter sind die Herren Redlich und Ehrlich. Sie weisen den Geschäftsführer M an, ein neues Ausstellungsgebäude zu errichten, sofern die Finanzierung hierfür dargestellt werden kann. M möge hierbei auch einen geeigneten Architekten einschalten.

Unzureichende Dokumentation

Daraufhin beauftragt M einen Architekten, der ihm einen entsprechenden schriftlichen Architektenvertrag vorlegt für alle Leistungsphasen. M stellt vor der Unterzeichnung klar, dass es erst einmal nur um die Entwurfsplanung ginge, d.h. um die ersten drei Leistungsphasen, da noch nicht feststünde, ob eine endgültige Finanzierung zustande käme. Der Architekt entgegnet darauf, dass dies kein Problem sei, sofern es nicht zur Finanzierung komme, würden die Leistungsphasen 4 – 9 nicht geschuldet und berechnet. Die Finanzierung des Objekts scheitert schließlich.

Nunmehr verlangt der Architekt dennoch seine entgangene Vergütung abzüglich ersparter Aufwendungen, insgesamt einen Betrag in Höhe von 100.000 €. Der Architekt bestreitet, dass es jemals eine mündliche Abrede dahingehend gegeben habe, dass die Leistungsphasen 4 – 9 unter dem Vorbehalt der Finanzierung stünden. Der Architekt klagt schließlich auf Zahlung und bekommt vor Gericht Recht. Die GmbH möchte im Anschluss den Geschäftsführer in die Haftung nehmen. Eine Verantwortlichkeit des Geschäftsführers gemäß § 43 GmbHG dürfte bestehen. Der Geschäftsführer hätte in dem Vertrag ausdrücklich die mündliche Abrede schriftlich fixieren müssen, damit die Beweisschwierigkeiten, wie sie hier entstanden sind, gar nicht erst aufgetreten wären. Hätte M die mündliche Vereinbarung in den Vertrag aufnehmen lassen, wäre der GmbH der Schaden nicht entstanden. Die Pflichtverletzung des Geschäftsführers liegt hier also in der unzureichenden Dokumentation der getroffenen vertraglichen Abreden. Hätte es diese Abrede nie gegeben, so könnte man den Geschäftsführer den Vorwurf machen, dass er einen Vertrag abgeschlossen hat, dessen Bedarf noch gar nicht feststand. M hätte sich dann für den Fall des Scheiterns der Finanzierung ein vertragliches Rücktrittsrecht vorbehalten müssen oder aber den gesamten Vertrag unter die aufschiebende Bedingung stellen müssen, dass dieser nur in Kraft tritt, sobald die Finanzierung gesichert ist.

6. „Ungünstiger Beratungsvertrag"

Keine Amigo-Geschäfte

Geschäftsführer G möchte seinem alten Studienfreund S einen Gefallen tun. Dieser ist Betriebswirt und auf Marketingstrategien spezialisiert. G beauftragt ihn deshalb zu einem völlig überhöhten Preis, eine Absatzstrategie für ein neues Produkt der GmbH zu entwickeln. Daraufhin legt S ein entsprechendes Konzept vor und berechnet der GmbH das vereinbarte Honorar. Insoweit dieses Honorar die übliche Vergütung überschreitet, wird der Gesellschaft ein Schaden zugefügt, für den der Geschäftsführer G zur Verantwortung gezogen werden kann.

Gleiches gilt bei überhöhten Provisionszahlungen oder sonstigen Vorteilen, etwa unverzinsten oder zu niedrig verzinsten Krediten an Dritte.

E. Haftung des Geschäftsführers bei Gründung

I. Grundlagen

Eine GmbH entsteht erst mit Eintragung in das Handelsregister (§ 11 I GmbHG). Bevor es zur Eintragung kommt, muss die GmbH jedoch zunächst gegründet werden. Hierfür ist es erforderlich, dass ein Gesellschaftsvertrag aufgesetzt und notariell beurkundet wird. Die Gesellschaft muss anschließend zur Eintragung in das Handelsregister vom Geschäftsführer angemeldet werden. Das Stadium der Gründung beginnt mit der notariellen Beurkundung des Gesellschaftsvertrags - dieser Vorgang wird auch als sog. Errichtung der Gesellschaft bezeichnet - und endet mit der Eintragung in das Handelsregister. In dieser notwendigen Gründungsphase besteht bereits eine Gesellschaft, die als GmbH in Gründung (GmbH i.G.) oder Vor-GmbH bezeichnet wird. Die GmbH i.G. ist nach der Rechtsprechung des *BGH* bereits rechts- und verpflichtungsfähig. Sie wird vertreten durch ihren GmbH-Geschäftsführer.

> GmbH i.G. ist ein eigenes Rechtssubjekt

II. Vertretung der GmbH i.G. durch den Geschäftsführer

Die Gesellschafter, die den GmbH-Geschäftsführer bestellt haben, können diesem bereits umfassende Vertretungsmacht einräumen. Sie haben allerdings auch die Möglichkeit, die Vertretungsmacht des Geschäftsführers auf die Vornahme der sog. *gründungsnotwendigen* Geschäfte zu beschränken. Dadurch erreichen sie, dass die Gesellschaft keine weiteren Verbindlichkeiten als solche, die zur Eintragung nötig sind, eingeht. Die Gesellschafter müssen also entscheiden, ob bereits die Vor-GmbH die Geschäfte im geplanten und angestrebten Umfang aufnehmen soll.

> Geschäftsführer vertritt auch schon GmbH i.G.

III. Vorbelastungshaftung der Gesellschafter

Vorbelastungs-
haftung der Ge-
sellschafter ist
grundsätzlich In-
nenhaftung

Die Gesellschafter haften im Gründungsstadium grundsätzlich gegenüber der GmbH für sämtliche entstehende Verbindlichkeiten.
Da es die originäre Entscheidung der Gesellschafter ist, die Geschäftstätigkeit bereits vor der Handelsregistereintragung aufzunehmen, ist es auch sachgerecht, die Gesellschafter mit der sog.
Vorbelastungshaftung zu belasten[466]. Die Vorbelastungshaftung besagt, dass die Gesellschafter verpflichtet sind, im Innenverhältnis,
also grundsätzlich nur im Verhältnis zur GmbH, für alle Schulden
der Gesellschaft aufzukommen. Es handelt sich also zunächst um
eine reine Innenhaftung. Die Gesellschafter trifft damit prinzipiell
keine Außenhaftung, d.h. sie können nicht unmittelbar von den
Gläubigern haftungsrechtlich zur Verantwortung gezogen werden.
Gerät die GmbH in Gründung in die Insolvenz, muss der Insolvenzverwalter sämtliche Verbindlichkeiten erfassen und von den
Gesellschaftern entsprechend ihrer Beteiligung die Beträge anfordern, die zur Begleichung sämtlicher Schulden erforderlich sind.
Lediglich wenn die Gesellschaft völlig vermögenslos ist, wird vertreten, dass die Innenhaftung sofort in eine Außenhaftung um-
schlägt. In diesem Fall können die Gläubiger ausnahmsweise auch
direkt an die Gesellschafter herantreten.

Vorbelastungs-
haftung erlischt
mit Handelsregis-
tereintragung

Diese unbeschränkte Innenhaftung der Gesellschafter erlischt
mit Handelsregistereintragung. Ab diesem Zeitpunkt haben die
Gläubiger ihren gewünschten Vertragspartner, nämlich die GmbH;
für eine zusätzliche Haftung der Gründer besteht daher kein Anlass mehr. Allenfalls, wenn zum Zeitpunkt der Handelsregistereintragung das Vermögen der Gesellschaft bereits unter die Stammkapitalziffer gerutscht ist, trifft die Gesellschafter die sog. *Unterbi-
lanzhaftung*. Das heißt, die Gesellschafter müssen im Verhältnis
zur GmbH für die Differenz zwischen der Stammkapitalziffer, die
oft lediglich 25.000 € beträgt, und dem zum Zeitpunkt der Eintragung tatsächlich vorhandenen Reinvermögen haften. Dieser Anspruch verjährt nach fünf Jahren.

Die unbeschränkte Vorbelastungshaftung bis zur Handelsregistereintragung wird seit März 1996 vom *BGH* vertreten[467]. Vorher
nahm der *BGH* eine beschränkte Außenhaftung der Gesellschafter
an, soweit diese ihre Einlagen noch nicht geleistet haben.

Den Geschäftsführer trifft im Gründungsstadium die sog. Handelndenhaftung gemäß § 11 II GmbHG. Diese soll im Folgenden
erörtert werden.

---

[466]   BGHZ 134, 333.
[467]   BGH ZIP 1997, 679.

IV. Die Handelndenhaftung gemäß § 11 II GmbHG

1. Überblick

Die Rechtsgrundlage der Handelndenhaftung ist Absatz 2 von § 11 GmbHG. In § 11 GmbHG heißt es:

§ 11 GmbHG

(1) Vor Eintragung in das Handelsregister des Sitzes der Gesellschaft besteht die Gesellschaft mit beschränkter Haftung als solche nicht.

(2) Ist vor der Eintragung im Namen der Gesellschaft gehandelt worden, so haften die Handelnden persönlich und solidarisch.

Die Handelndenhaftung trifft den Geschäftsführer in dem Zeitraum zwischen der notariellen Beurkundung des Gesellschaftsvertrags und der Handelsregistereintragung. Mit der Handelsregistereintragung erlischt die Handelndenhaftung.

> **Achtung!**
> Der Geschäftsführer, der für die GmbH auftritt, kann gemäß § 11 II GmbHG persönlich zur Verantwortung gezogen werden. Hierin liegen erhebliche Haftungsrisiken für den Geschäftsführer. Die Handelndenhaftung trifft den Geschäftsführer unbeschränkt und unbegrenzt.

Die Handelndenhaftung war früher erforderlich gewesen, da die GmbH in Gründung als nicht *rechtsfähiges Gebilde* eingestuft wurde. Den Gläubigern sollte wenigstens eine Person zur Verfügung stehen, die für ihre Verbindlichkeiten gerade steht. § 11 II GmbHG hatte damit in erster Linie Druckfunktion. Durch das Damoklesschwert der Haftung wurde auf den Geschäftsführer ein enormer Druck ausgeübt, die Anmeldung der Gesellschaft bzw. das Eintragungsverfahren möglichst zu forcieren, um dieser Haftung zu entgehen. Heute ist anerkannt, dass der GmbH i.G. eine eigene Rechtspersönlichkeit zukommt, so dass den Gläubigern im Prinzip mit der Gesellschaft eine Gläubigerin zur Verfügung steht. Dennoch hat es der Gesetzgeber bei der Handelndenhaftung belassen. Dieser Haftung kommt auch heute noch eine wichtige Gläubigerschutzfunktion zu, da mit dem Geschäftsführer den Gläubigern neben der oft unzureichend mit Kapital ausgestatteten Gesellschaft ein zusätzlicher Schuldner verschafft wird.

> **Tipp!**
> Dem Geschäftsführer drohen, falls die Gesellschaft schon vor Handelsregistereintragung die Geschäfte aufnimmt, erhebliche Haftungsrisiken. Versuchen Sie daher, wenn es irgend möglich ist, erst dann das Amt des Geschäftsführers zu übernehmen, wenn die Gesellschaft im Handelsregister eingetragen ist. Dadurch vermeiden Sie die unbeschränkte Handelndenhaftung. Vorher können Sie sich sonstige untergeordnete Vollmachten einräumen lassen. Sie dürfen mit diesen jedoch keinesfalls wie ein Geschäftsführer auftreten. Tun Sie dies dennoch, so laufen Sie wiederum Gefahr, die Handelndenhaftung auszulösen.

2. Begriff des Handelnden

Geschäftsführer ist Handelnder

Handelnder im Sinne von § 11 II GmbHG ist in erster Linie der Geschäftsführer bzw. derjenige, der wie ein Geschäftsführer auftritt, nicht jedoch sonstige Mitarbeiter der GmbH oder die Gesellschafter.

3. Handeln im Namen der Gesellschaft

Grundsätzlich verlangt § 11 II GmbHG das Auftreten des Handelnden im Namen der Gesellschaft. Demnach ist es im Prinzip erforderlich, dass der Geschäftsführer unmittelbar und persönlich auftritt.

Handeln auf Weisung

Die Rechtsprechung weitet den Anwendungsbereich jedoch aus. Sie lässt es schon genügen, wenn jemand auf Weisung bzw. auf Veranlassung des Geschäftsführers aufgetreten ist[468]. Der Geschäftsführer muss sich damit das Handeln durch einen Bevollmächtigten zurechnen lassen. Dadurch soll verhindert werden, dass der Geschäftsführer eine Person „dazwischenschaltet", um der Handelndenhaftung zu entgehen.

Demgegenüber greift die Handelndenhaftung jedoch nicht ein, wenn Angestellte oder sonstige Bevollmächtigte der GmbH i.G. völlig *eigenverantwortlich* Geschäfte vornehmen. Die Haftung setzt ferner rechtsgeschäftliches Handeln gegenüber Dritten voraus. Für kraft Gesetzes entstehende Verbindlichkeiten wie Steuerschulden und Sozialversicherungsbeiträge gilt die Handelndenhaftung nicht.

Reichweite

Wie erwähnt, erfordert § 11 II GmbHG ein Handeln im Namen der *Gesellschaft*. Problematisch ist es, ob hierunter ein Handeln im Namen der *GmbH i.G.* oder ein Handeln im Namen der *GmbH*, die ja erst durch die spätere Eintragung entsteht, zu verstehen ist. Eine ältere Auffassung will § 11 II GmbHG nur auf den Fall anwenden, wenn im Namen der GmbH gehandelt wird. Da es in Abs. 1 von

---

[468] BGHZ 53, 208.

§ 11 GmbHG heißt, dass die Gesellschaft erst mit Eintragung besteht, kann sich Abs. 2 ebenfalls nur auf die Gesellschaft, die eingetragen ist, also auf die spätere GmbH beziehen.

Diese Auffassung stammt letztlich aus der Zeit, in der die GmbH i.G. nicht als rechtsfähiges Gebilde anerkannt war. Sie ist deshalb heute überholt. Es kommt nicht darauf an, ob der Geschäftsführer im Namen der GmbH i.G. oder im Namen der GmbH aufgetreten ist. Im Zweifel wird immer der jeweilige Rechtsträger des Unternehmens, also die gerade existente Gesellschaft, verpflichtet (sog. Grundsätze des unternehmensbezogenen Handelns)[469].

Handeln im Namen der Gesellschaft ist weit auszulegen

Beispiel: *„Die Stempel für alle Fälle"*
Geschäftsführer G kauft für die GmbH i.G. Firmenstempel. Um Geld zu sparen, lauten die Stempel bereits auf den Namen der GmbH ohne den Zusatz „in Gründung". Einen dieser Stempel verwendet G für Bestellformulare des Lieferanten Ludwig Lust (L), bei dem er Büromöbel ordert.

Auch wenn L davon ausgehen muss, dass er es bereits mit einer im Handelsregister eingetragenen GmbH zu tun hat, ist Vertragspartner die GmbH i.G. Von dieser kann er den Kaufpreis verlangen. Zusätzlich haftet G nach den Regeln der Handelndenhaftung.

Ein Geschäftsführer handelt „im Namen der Gesellschaft" im Sinne des § 11 II GmbHG sowohl, wenn er namens der GmbH i.G. als auch dann, wenn er im Namen der GmbH auftritt. Vertragspartner wird die GmbH i.G. als derzeit existentes Unternehmen über die Grundsätze des sog. unternehmensbezogenen Handelns. Diese Grundsätze besagen, dass immer das hinter dem Handeln stehende Unternehmen verpflichtet wird. Dass G bereits die Stempel der späteren GmbH und damit deren Namen verwendet hat, ist unschädlich. Dieses Ergebnis ist auch nur recht und billig, weil der Lieferant „verständlicherweise" sofort einen Vertragspartner haben möchte und auch der Geschäftsführer der GmbH i.G. schlechterdings nicht annehmen konnte, dass erst die spätere GmbH verpflichtet werden soll. Es ist daher grundsätzlich unerheblich, ob im Namen der GmbH oder namens der GmbH i.G. gehandelt wird. Es liegt in jedem Fall ein Handeln im Namen der Gesellschaft im Sinne des § 11 II GmbHG vor, welches die Handelndenhaftung auslöst. Allenfalls wenn eine unechte Vor-GmbH vorliegt, also die Entstehung der GmbH nicht mehr beabsichtigt ist, lässt sich vertreten, dass § 11 II GmbHG nicht gilt. Dann haftet der Handelnde aber wie ein Vertreter ohne Vertretungsmacht aus § 179 BGB analog[470].

---

[469] *Scholz/K. Schmidt*, GmbHG, § 11 Rdnr. 93 ff.; *Meyer*, GmbHR 2002, 1176, 1183.

[470] OLG Koblenz NZG 2003, 32.

4. Rechtsfolge: Einstandspflicht für alle rechtsgeschäftlich begründeten Verbindlichkeiten

Die Handelndenhaftung führt dazu, dass der Geschäftsführer für sämtliche *rechtsgeschäftlichen* Verbindlichkeiten einstehen muss. Keine Einstandspflicht besteht für Verbindlichkeiten, die aus sonstigen Anspruchsgrundlagen entstehen. So muss der Geschäftsführer also nicht aufgrund der Handelndenhaftung für Ansprüche aus unerlaubter Handlung und vor allem auch nicht für rückständige Steuern und Beiträge zur Sozialversicherung aufkommen[471]. Für die Arbeitnehmerbeiträge zur Sozialversicherung haftet er indes ggf. aus unerlaubter Handlung[472].

5. Ausschluss der Handelndenhaftung

Der Geschäftsführer hat die Möglichkeit, die Handelndenhaftung auszuschließen, indem er dies vertraglich mit dem jeweiligen Gläubiger vereinbart[473]. Dieser Haftungsausschluss unterliegt allerdings gewissen Grenzen. Er kann etwa gegenüber Arbeitnehmern im Einzelfall wegen Verstoßes gegen § 138 BGB (Sittenwidrigkeit) unwirksam sein. Angesichts der bestehenden *Vorbelastungshaftung* ist allerdings sichergestellt, dass den Gläubigern ein Haftungsfonds zur Verfügung steht. Ein vom Geschäftsführer vereinbarter Haftungsausschluss ist daher in der Regel wirksam. Etwas anderes gilt nur, wenn der Geschäftsführer diesen Ausschluss gezielt durchsetzt, weil er weiß, dass die Gesellschafter insolvent sind und ihrer Vorbelastungshaftung deshalb nicht nachkommen werden.

> **Tipp!**
> Sie sollten versuchen, in allen schriftlichen Verträgen die Klausel aufzunehmen, dass Ansprüche aus der Handelndenhaftung ausgeschlossen sind. Insbesondere bei Arbeitsverträgen bietet sich dies an, weil hier leicht beträchtliche Forderungen „auflaufen können". Sie müssen sich allerdings immer vergegenwärtigen, dass der Ausschluss im Einzelfall unwirksam sein könnte.

---

[471]   BGH ZIP 1986, 645 f.

[472]   Siehe Seite 334.

[473]   Siehe ausführlich *Jula*, Gestaltungsmöglichkeiten des Geschäftsführers einer GmbH i. G. zum Ausschluß oder zur Abschwächung der Handelndenhaftung, BB 1995, 1597.

6. Rückgriff gegen die Gesellschafter bzw. die GmbH nach Inanspruchnahme

Wird der Geschäftsführer aus der Handelndenhaftung in Anspruch genommen, so hat er einen Erstattungsanspruch gegen die Gesellschaft. Das heißt also, der Geschäftsführer kann sich den Betrag, den er im Außenverhältnis zahlen musste, im Innenverhältnis von der GmbH „zurückholen". Strittig war, ob der Geschäftsführer auch direkt von den Gesellschaftern den von ihm aufgewendeten Betrag erstattet verlangen kann. Dieses Problem ist inzwischen gelöst, da der *BGH*, wie ausgeführt, eine unbeschränkte Innenhaftung der Gründer gegenüber der Gesellschaft annimmt. Bei dem Anspruch des Geschäftsführers gegen die GmbH auf Erstattung handelt es sich um eine Verbindlichkeit der GmbH, für deren Erfüllung die Gesellschafter im Innenverhältnis im Rahmen ihrer Vorbelastungshaftung aufkommen müssen[474]. Aufgrund der internen Verlustausgleichspflicht der Gesellschafter ist es also sichergestellt, dass - sofern die Gesellschafter über Vermögen verfügen - der Geschäftsführer nicht auf dem Schaden sitzen bleibt.

Regress gegen die Gesellschaft und/oder die Gesellschafter

Tipp!
Sie sollten im eigenen Interesse vor Aufnahme der Geschäftsführertätigkeit eine ausdrückliche Freistellung von der Handelndenhaftung mit den Gesellschaftern vereinbaren.

V. Haftung des Geschäftsführers für falsche Angaben (§ 9 a I GmbHG)

Eine weitere Anspruchsgrundlage, die eine persönliche Haftung des Geschäftsführers begründet, stellt die sog. Gründerhaftung gemäß § 9 a I GmbHG dar. Dieser lautet:

§ 9 a GmbHG
(1) Werden zum Zweck der Errichtung der Gesellschaft falsche Angaben gemacht, so haben die Gesellschafter und Geschäftsführer der Gesellschaft als Gesamtschuldner fehlende Einzahlungen zu leisten, eine Vergütung, die nicht unter den Gründungsaufwand aufgenommen ist, zu ersetzen und für den sonst entstehenden Schaden Ersatz zu leisten.

---

[474] Stellen die Gesellschafter die finanziellen Mittel nicht freiwillig zur Verfügung, müssen Sie von der Gesellschaft auf Zahlung verklagt werden. Dies ist Aufgabe des Insolvenzverwalters. Außerhalb des Insolvenzverfahrens müsste der Geschäftsführer zunächst die GmbH i.G. auf Erstattung verklagen. Liegt ihm der Titel vor, kann er die Ansprüche aus Verlustdeckungshaftung pfänden und sich überweisen lassen, siehe OLG Oldenburg, NZG 2000, 378, 380. Zahlen die Gesellschafter dann nicht aus freien Stücken, muss der Geschäftsführer eine sog. Einziehungsklage einreichen.

*(2) Wird die Gesellschaft von den Gesellschaftern durch Einlagen o-
der Gründungsaufwand vorsätzlich oder aus grober Fahrlässigkeit geschädigt, so sind ihr alle Gesellschafter als Gesamtschuldner zum Ersatz verpflichtet.*

*(3) Von diesen Verpflichtungen ist ein Gesellschafter oder ein Ge-
schäftsführer befreit, wenn er die die Ersatzpflicht begründenden
Tatsachen weder kannte noch bei Anwendung der Sorgfalt eines
ordentlichen Kaufmannes kennen musste.*

*(4) Neben den Gesellschaftern sind in gleicher Weise Personen ver-
antwortlich, für deren Rechnung die Gesellschafter Stammeinlagen übernommen haben. Sie können sich auf ihre eigene Unkenntnis nicht wegen solcher Umstände berufen, die ein für ihre Rechnung handelnder Gesellschafter kannte oder bei Anwendung der
Sorgfalt eines ordentlichen Geschäftsmannes kennen musste.*

Falsche Angaben

Nach dieser Vorschrift haftet der Geschäftsführer also, wenn im
Zusammenhang mit der Gründung *falsche Angaben* gemacht worden sind. Hierbei ist es nicht erforderlich, dass diese Angaben der
Geschäftsführer selbst getätigt hat; es genügt, wenn ein Gesellschafter oder ein sonstiger sog. Hintermann derartige falsche Informationen abgegeben hat. Wie aus Absatz 3 hervorgeht, handelt
es sich um eine Verschuldenshaftung, d.h. der Geschäftsführer
muss vorsätzlich oder fahrlässig gehandelt haben.

**Verschulden liegt
in der Regel vor**

Dass ein Verschulden vorliegt, wird allerdings vermutet. Das
heißt, es wird grundsätzlich unterstellt, dass der Geschäftsführer
vorsätzlich oder fahrlässig gehandelt hat. Er muss das Gegenteil
beweisen, indem er sich entlastet. Es wird vom Geschäftsführer
erwartet, dass er sich mit den Pflichten im Gründungsstadium aus-
einandersetzt und die von den sonstigen Beteiligten erfolgten Angaben zumindest einer Plausibilitätskontrolle unterzieht.

**Entscheidender
Zeitpunkt**

Nicht ganz geklärt ist die Frage, auf welchen *Zeitpunkt* für die
Abgabe der falschen Angaben abgestellt werden muss. Überwiegend wird angenommen, dass der Zeitpunkt der Erklärung maßgeblich ist und nicht der Zeitpunkt der Handelsregistereintragung
der GmbH[475]. Das heißt, die Angaben müssen in jedem Fall zum
Zeitpunkt ihrer Abgabe richtig sein. Stellt sich bis zur Eintragung
der GmbH heraus, dass die erfolgten Angaben fehlerhaft sind oder
fehlerhaft werden, so wird überwiegend angenommen, dass der
Geschäftsführer bzw. die sonst zur Abgabe Verpflichteten gehalten
sind, die Angaben nachträglich zu korrigieren, indem sie das Registergericht benachrichtigen.

Rechtsfolgen

Werden fehlerhafte Angaben abgegeben, so muss der Geschäftsführer der Gesellschaft den Schaden ersetzen, der hierdurch
entstanden ist. Der Geschäftsführer hat also die GmbH so zu stellen, wie diese stünde, wenn die behauptete Angabe tatsächlich der
Realität entspräche.

---

[475] *Lutter/Hommelhoff*, GmbHG, § 9 a Rdnr. 5.

Relevant wird die Haftung für den Geschäftsführer insbesondere in Fällen, in denen er entgegen § 8 II GmbHG fälschlicherweise versichert hat, dass die Bareinlagen zur freien Verfügung der Gesellschaft geleistet worden sind.

Vorsicht bei der Kapitalaufbringung!

Beispiel: *„ Geld rein - Geld raus"*
Geschäftsführer G versichert gegenüber dem Handelsregister, dass die Bareinlagen vollständig eingezahlt und zur freien Verfügung der Gesellschaft stehen. In Wirklichkeit sind zwar die Bareinlagen auf das Konto der Gesellschaft eingezahlt, jedoch wenige Tage später wieder an die Gesellschafter ausbezahlt worden (sog. Vorzeigegeld).
Hier tätigt der Geschäftsführer also fehlerhafte Angaben. Dies hat zur Folge, dass er persönlich für die Einlagen in der Höhe, deren Einzahlung er versichert hat, gegenüber der Gesellschaft haften muss. Da hier im Ergebnis überhaupt keine Einlagen eingezahlt sind, muss der Geschäftsführer, der die vollständige Leistung der Bareinlagen zugesichert hat, für das gesamte Stammkapital einstehen. Diese Haftung wird freilich erst in der Insolvenz relevant, wenn der Insolvenzverwalter sich anschickt, derartige Ansprüche durchzusetzen.
Leisten später die Gesellschafter ihre Bareinlagen, so erlischt diese Haftung des Geschäftsführers, da damit der Schaden der Gesellschaft ausgeglichen ist[476].

Ebenfalls können falsche Angaben im Sachgründungsbericht eine Haftung nach § 9 a I GmbH-Gesetz auslösen. Ein solcher Bericht ist dann anzufertigen, wenn Sacheinlagen in das Gesellschaftsvermögen eingebracht werden sollen.
Ansprüche aus § 9 a GmbHG verjähren in fünf Jahren (§ 9 c II GmbHG).
Werden falsche Angaben getätigt, so kann dies neben einer Haftung auch eine Strafbarkeit des Geschäftsführers nach § 82 GmbHG begründen[477].

Tipp!
Verhalten Sie sich bei allen Erklärungen und Versicherungen, die Sie abgeben, äußerst vorsichtig. Lassen Sie sich nicht missbrauchen oder unter Druck setzen! Sie haften nicht nur, sondern machen sich auch noch nach § 82 GmbHG strafbar. Bestehen Sie stets darauf, dass die Einlagen auf ein Konto der Gesellschaft eingezahlt werden, für das Sie - und am besten nur Sie - Verfügungsmacht haben. Heben die Gesellschafter eigenmächtig die Einlagen vor Handelsregistereintragung wieder ab, so sollten Sie hiergegen einschreiten.

---

[476] Siehe OLG Düsseldorf WM 1995, 1024, 1026.
[477] Siehe 3. Teil, G.IV.2.

F. Haftung in der Krise

I. Überblick

In der Krise „potenzieren" sich die Risiken

Gerät die Gesellschaft in die Krise, so drohen dem Geschäftsführer erhebliche, von ihm kaum zu überblickende Gefahren. Er wird sowohl mit zusätzlichen zivilrechtlichen Anspruchsgrundlagen als auch mit strafrechtlichen Tatbeständen konfrontiert.

Amtsniederlegung muss in Erwägung gezogen werden

Kommt die GmbH in eine „Schieflage", muss sich der Geschäftsführer diese Risiken unbedingt vergegenwärtigen. Oft wird es gerade für den Fremdgeschäftsführer ratsam sein, das Amt als Geschäftsführer niederzulegen. Dies ist grundsätzlich jederzeit möglich. Allerdings neigen die Handelsregister dazu, in Einzelfällen die Amtsniederlegung dann als unzulässig zurückzuweisen, wenn sie ihrer Meinung nach *zur Unzeit* erfolgt[478]. Dies wird von den Registergerichten insbesondere dann angenommen, wenn der Geschäftsführer das Amt niederlegt, um sich bewusst seiner Verpflichtung zu entziehen, Insolvenzantrag zu stellen. Der Geschäftsführer sollte daher mit seiner Amtsniederlegung nicht zu lange warten. Hat der Geschäftsführer Anlass, von einer weiteren Verschlechterung der geschäftlichen Situation auszugehen, muss er sich entscheiden, ob er das Risiko eingeht, dennoch - trotz der Gefahr der straf- und zivilrechtlichen Verantwortlichkeit - Geschäftsführer zu bleiben oder sich zurückzuziehen.

Tipp!
Die haftungs- bzw. vermögensrechtlichen Konsequenzen können Sie durch eine Freistellungsvereinbarung mit den Gesellschaftern mindern. Dies macht natürlich nur dann Sinn, wenn die Gesellschafter finanziell in der Lage sind, etwaige Schäden abzudecken. Die Bestrafung im Falle der Verwirklichung von Straftatbeständen lässt sich dadurch allerdings nicht verhindern.

Der Geschäftsführer in der Krise muss sich folgende Gefahren vergegenwärtigen:

Insolvenzverfahren ist unverzüglich einzuleiten

Er ist gezwungen, sobald Zahlungsunfähigkeit oder Überschuldung eintritt, unverzüglich, spätestens aber innerhalb von drei Wochen nach Eintritt der Zahlungsunfähigkeit, Insolvenzantrag zu stellen. Verzögert er die Insolvenzantragstellung, so löst dies schadensersatzrechtliche Folgen aus und begründet eine strafrechtliche Verantwortlichkeit des Geschäftsführers. Die Einzelheiten der zivilrechtlichen Haftung werden sogleich erörtert[479].

---

[478]   Siehe bereits oben 1. Teil F.II.
[479]   Zu den strafrechtlichen Folgen, siehe die Ausführungen im 3. Teil I.H.

Schmälert der Geschäftsführer die Insolvenzmasse, indem er Auszahlungen nach Insolvenzreife zulässt, kann dies eine persönliche Schadensersatzpflicht begründen[480].

In der Krise kommt es häufig zu Unregelmäßigkeiten bei der Begleichung von Steuerschulden und der Abführung von Sozialversicherungsbeiträgen. Hier droht dem Geschäftsführer eine unbegrenzte Haftung, die ihn persönlich ruinieren kann[481].

Zu beachten ist, dass der Geschäftsführer durch die Eröffnung des Insolvenzverfahrens seines Amtes nicht automatisch „verlustig" wird. Er bleibt weiterhin Geschäftsführer. Die Geschäfte werden jedoch von dem Insolvenzverwalter ausgeübt. Der Geschäftsführer ist für die internen gesellschaftlichen Angelegenheiten sowie für die Handelsregisteranmeldungen zuständig. Auch jetzt kann er jederzeit sein Amt niederlegen. Für eine Zurückweisung der Amtsniederlegung durch das Handelsregister gibt es hier grundsätzlich keinen Anlass mehr. Eine Fortführung der Geschäfte ist durch den Verwalter gewährleistet.

II. Haftung wegen Insolvenzverschleppung

1. Grundlagen

Am 1. Januar 1999 ist die neue Insolvenzordnung (InsO) in Kraft getreten. Die Insolvenzordnung und die Vergleichsordnung wurden aufgehoben. Ziele der neuen InsO sind unter anderem die Stärkung der Gläubigerautonomie, die Absenkung der Voraussetzungen für die Verfahrenseröffnung sowie die Förderung der außergerichtlichen Sanierung. Im Rahmen eines einheitlichen Insolvenzverfahrens kann entweder auf freiwilliger Basis nach Maßgabe eines Insolvenzplans oder zwangsweise eine Zerschlagung oder eine Sanierung des Unternehmens stattfinden.

Die Insolvenzantragspflicht des Geschäftsführers ist weiterhin in § 64 GmbHG geregelt. Es findet ein einheitliches Insolvenzverfahren statt, das ähnlich wie bisher ein Vergleichsverfahren auf der Grundlage eines Insolvenzplans ablaufen, aber auch zwangsweise wie das bisherige Insolvenzverfahren ausgestaltet werden kann. In der Praxis kommt es jedenfalls bei kleineren und mittleren Betrieben in der Regel zur Zerschlagung und nicht zur Sanierung des Unternehmens. Verschleppt der Geschäftsführer die Stellung des Insolvenzantrags, löst dies haftungs- und strafrechtliche Konsequenzen aus.

---

[480] Siehe sogleich die Ausführungen zu § 64 II GmbHG.

[481] Siehe die anschließenden Abschnitte zur Haftung für Steuerschulden und für nicht abgeführte Sozialversicherungsbeiträge.

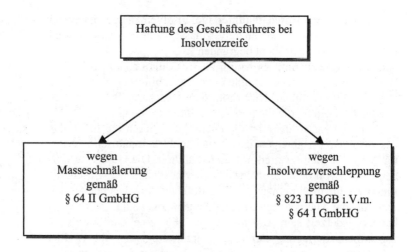

Haftung für die Kosten bei Verschleppung der Antragstellung!

Schließlich sei noch auf § 26 III InsO hingewiesen, der im Vergleich zur alten Konkursordnung eine neue Haftungsvorschrift enthält. Auch unter der Insolvenzordnung gibt es weiterhin die Möglichkeit, die Eröffnung des Insolvenzverfahrens mangels Masse abzuweisen. Die Abweisung mangels Masse unterbleibt jedoch, wenn ein Gläubiger die Kosten vorschießt, damit das Verfahren durchgeführt werden kann (§ 26 I InsO). Diesen Kostenvorschuss muss der Geschäftsführer, der pflichtwidrig und schuldhaft den Insolvenzantrag nicht oder nicht rechtzeitig gestellt hat, dem Gläubiger auf dessen Verlangen erstatten. Hierbei obliegt dem Geschäftsführer der Beweis, dass er nicht pflichtwidrig und schuldhaft gehandelt hat. Der Anspruch verjährt in fünf Jahren. Der Geschäftsführer muss daher damit rechnen, für die Kosten des Insolvenzverfahrens einzustehen, wenn er die Eröffnung des Verfahrens verschleppt hat. Durch § 26 III InsO wird damit ein erheblicher Druck auf die Geschäftsführer ausgeübt, die Eröffnung eines Insolvenzverfahrens rechtzeitig zu beantragen. Die Praxis zeigt jedoch, dass Gläubiger nur selten bereit sind, einen Kostenvorschuss einzubezahlen.

2.§ 823 II BGB i.V.m. § 64 I GmbHG

a. Überblick

Die Haftung des Geschäftsführers wegen Insolvenzverschleppung in der Krise hat große Bedeutung. Anspruchsgrundlage ist § 823 II BGB in Verbindung mit § 64 I GmbHG. Es handelt sich also um einen Schadensersatzanspruch aus unerlaubter Handlung. § 64 I GmbHG ist ein Schutzgesetz im Sinne von § 823 II BGB[482].

---

[482]   BGHZ 29, 100, 106; BGHZ 75, 96; BGHZ 100, 19, 23 ff.

Absatz 1 von § 64 GmbHG lautet:

§ 64 GmbHG
(1) Wird die Gesellschaft zahlungsunfähig, so haben die Geschäftsführer ohne schuldhaftes Zögern, spätestens aber drei Wochen nach Eintritt der Zahlungsunfähigkeit, die Eröffnung des Insolvenzverfahrens oder die Eröffnung des gerichtlichen Vergleichsverfahrens zu beantragen. Dies gilt sinngemäß, wenn das Vermögen der Gesellschaft nicht mehr die Schulden deckt.

Ob die Verpflichtung des Geschäftsführers, einen eigenen Insolvenzantrag zu stellen dann endet, wenn ein Gläubiger einen Insolvenzantrag gestellt hat, ist ungeklärt[483]. Der Geschäftsführer sollte in jedem Fall einen eigenen Antrag stellen, weil sich dies in einem Strafverfahren strafmildernd auswirken kann. Auch in einem Haftungsprozess ist die Stellung des Geschäftsführers günstiger, wenn er überhaupt einen Insolvenzantrag gestellt hat, auch wenn diese die Verschleppung nicht ausräumt.

b. Zahlungsunfähigkeit oder Überschuldung

Eine Haftung wegen Insolvenzverschleppung setzt zunächst voraus, dass die Gesellschaft *zahlungsunfähig* oder *überschuldet* ist bzw. war und der Geschäftsführer es versäumt hat, rechtzeitig die Eröffnung des Insolvenzverfahrens zu beantragen. Die einzelnen Eröffnungsgründe (Zahlungsunfähig, drohende Zahlungsunfähigkeit und Überschuldung sind bereits oben im 1. Teil, K III 2. erörtert worden.

Die Gesellschaft ist zahlungsunfähig, wenn sie voraussichtlich dauernd und nicht nur vorübergehend außerstande ist, ihre fälligen Verbindlichkeiten zu begleichen.

Eine *Überschuldung* liegt vor, wenn das Aktivvermögen der Gesellschaft nicht mehr die Schulden deckt. Die Überschuldung ist jedoch für die Zwecke der Insolvenzantragstellung gemäß § 64 I GmbHG durch Aufstellung einer sog. Überschuldungsbilanz (=Überschuldungsstatus) zu ermitteln (siehe bereits oben im 1. Teil, K III 2. c).

Spätestens in der Krise muss sich der Geschäftsführer also mit den Begriffen der *Zahlungsunfähigkeit* und *Überschuldung* auseinandersetzen. Liegt einer der beiden Tatbestände vor, so ist die sog. *Insolvenzreife* der Gesellschaft gegeben.

Als Neuerung brachte die neue InsO die Möglichkeit, bereits bei *drohender* Zahlungsunfähigkeit die Eröffnung des Insolvenzverfahrens zu beantragen. Diesen Antrag darf nur der Schuldner stellen. Der Geschäftsführer hat daher die Möglichkeit, schon im Vorfeld im Namen der GmbH das Insolvenzverfahren einzuleiten.

Insolvenzgrund bei Zahlungsunfähigkeit oder Überschuldung

Zahlungsunfähigkeit

Überschuldung

Antrag schon bei drohender Zahlungsunfähigkeit möglich

---

[483] *Meyke*, Die Haftung des GmbH-Geschäftsführers, Rdnr. 211.

Dadurch könnte erreicht werden, dass auf der Grundlage eines Insolvenzplans eine Sanierung gelingt. In jedem Fall aber wird einer Massearmut vorgebeugt und eine höhere Verteilungsquote gefördert. Der Geschäftsführer kann den Gefahren der Haftung und Strafbarkeit in der Krise durch die rechtzeitige Antragstellung entgehen.

Schadensersatz bei verfrühtem Antrag?

Die Möglichkeit bei drohender Zahlungsunfähigkeit, die Eröffnung des Insolvenzverfahrens zu beantragen, birgt für den Geschäftsführer jedoch auch Gefahren. Stellt er verfrüht den Antrag, so entsteht das Problem, ob diese Stellung „zur Unzeit" eine Haftung aus § 43 GmbHG auslöst. Dies wird man wohl bejahen müssen[484]. Hier sollte der Geschäftsführer versuchen, vor Antragstellung einen haftungsentlastenden Beschluss der Gesellschafterversammlung herbeizuführen.

c. Frist

Unverzügliche Antragstellung

Besteht eine Zahlungsunfähigkeit oder eine Überschuldung, so hat der Geschäftsführer unverzüglich das Insolvenzverfahren zu beantragen. Dies muss spätestens nach drei Wochen geschehen. Die Frist beginnt spätestens mit positiver Kenntnis der Insolvenzreife, also mit Kenntnis der objektiv eingetretenen Zahlungsunfähigkeit oder Überschuldung[485]. Problematisch ist, ob eine für den Geschäftsführer vorliegende Erkennbarkeit der Insolvenzreife schadet. Dies ist zu bejahen[486]. Nicht relevant ist es, ob der Geschäftsführer dies erkannt hat. Es nützt also nichts, wenn sich der Geschäftsführer der Erkenntnis verschließt, dass seine Gesellschaft möglicherweise zahlungsunfähig oder überschuldet ist. Eine Zahlungsunfähigkeit dürfte dem Geschäftsführer ohnehin nicht verborgen bleiben, bei einer Überschuldung ist dies schon eher möglich. Der *BGH* will aber nur bei positiver Kenntnis die Antragspflicht in Gang gesetzt wissen, damit die Drei-Wochenfrist für die Sanierungsversuche zur Verfügung steht[487].

Die Frist endet spätestens drei Wochen nach Beginn der Antragspflicht. Bis zum Fristablauf muss in jedem Fall das Insolvenzverfahren beantragt sein.

---

[484]   *Meyke*, Die Haftung des GmbH-Geschäftsführers, Rdnr. 103. Allerdings dürfte ein Schaden kaum bezifferbar bzw. entstanden sein. Hat die Gesellschaft bisher Verlust gemacht, müsste die GmbH schon konkret darlegen, warum sie absehbar in die Gewinnzone gelangt wäre. Ist beispielsweise durch den verfrühten Insolvenzantrag ein Investor abgesprungen oder ein Kredit gekündigt worden, kann ggf. ein zurechenbarer Schaden entstanden sein, wenn ein Sanierungskonzept erfolgreich umgesetzt worden wäre.

[485]   Meyke, Die Haftung des GmbH-Geschäftsführers, Rdnr. 216.

[486]   *Lutter/Hommelhoff*, GmbHG § 64 Rdnr. 28.

[487]   BGHZ 75, 96, 110 und BGHZ 126, 181.

d. Verschulden

Gemäß § 823 II BGB ist erforderlich, dass gegen das Schutzgesetz, hier also § 64 I GmbHG, *schuldhaft* verstoßen wurde. Ausreichend ist hierbei *fahrlässiges* Verhalten. Eine Haftung des Geschäftsführers besteht daher schon dann, wenn er es trotz objektiver Anzeichen einer Krise unterlässt, der Frage nachzugehen, ob
ein Insolvenzgrund vorliegt.

*Fahrlässige
Unkenntnis ge-
nügt*

Auch hier gilt beim Verschulden das *Prinzip der Gesamtverantwortung*. Eine interne Ressortaufteilung entlastet nicht den
Mitgeschäftsführer von seiner Verantwortlichkeit für die rechtzeitige Einleitung des Insolvenzverfahrens. Jeder Geschäftsführer hat
sich über die Geschäfte und die Lage der Gesellschaft auf dem
Laufenden zu halten. Die erforderlichen Informationen muss er
sich beschaffen. Werden ihm diese vorenthalten, so kann er sein
Amt niederlegen oder seinen Anstellungsvertrag fristlos kündigen.
Er kann sich jedoch nicht darauf berufen, dass er nicht über die Situation der Gesellschaft informiert war.

*Für Antrags-
pflicht besteht
Gesamtverant-
wortung*

e. Beweislast

Der Gläubiger, der seinen Anspruch geltend macht, hat zu beweisen, dass die objektiven Voraussetzungen der Insolvenzantragspflicht bestanden haben, dass also die Gesellschaft zu einem bestimmten Zeitpunkt zahlungsunfähig bzw. überschuldet war[488].

*Gläubiger muss
Insolvenzreife
beweisen*

Es ist dann Sache des Geschäftsführers darzulegen, dass z.B.
aufgrund nicht berücksichtigter stiller Reserven oder fehlerhafter
Bewertung die Überschuldungsbilanz fehlerhaft ist.

*Geschäftsfüh-
rer hat Über-
schuldungsbi-
lanz zu erschüt-
tern*

> **Tipp!**
> Dokumentieren Sie in dem Moment, in dem Sie erstmals mit der
> Frage konfrontiert werden, ob Sie Insolvenzantrag stellen, den
> Status, der einer Antragstellung entgegensteht. Hier sollten Sie
> sich mit kompetenten Fachleuten (Wirtschaftsprüfer/Steuerberater)
> intensiv beraten, inwieweit Ihre Bewertungsansätze realistisch
> sind. Über diese Frage sollte dann unter Zeugen eine Aktennotiz
> angefertigt werden. Diese Aktennotiz sowie den Status sollten Sie
> gut aufbewahren. Ferner sollten Sie Unterlagen kopieren, aus de-
> nen sich die höheren Bilanzansätze ergeben und Fotos von den
> betreffenden Gegenständen des Anlagevermögens machen. Ist erst
> der Verwalter eingesetzt, so haben Sie auf die Geschäftsunterlagen
> keinen Zugriff mehr, so dass Sie in Beweisnot geraten können.

---

[488] BGH GmbHR 2005, 617.

f. Rechtsfolgen

Alt- und Neugläubiger

Wenn Geschäftsführer schuldhaft gegen § 64 I GmbHG verstoßen, so ist bei den Rechtsfolgen zwischen den Alt- und den Neugläubigern zu differenzieren. Grundsätzlich werden vom Schutzbereich des § 64 I GmbHG sämtliche Gläubiger erfasst, die bis zur Eröffnung des Insolvenzverfahrens ihre Gläubigerstellung erlangt haben. *Altgläubiger* sind jene Gläubiger, die bereits zum Zeitpunkt, zu dem der Antrag hätte gestellt werden müssen, Gläubiger der Gesellschaft waren. *Neugläubiger* hingegen sind jene Gesellschafter, die erst nach Eintritt der Insolvenzreife eine Forderung gegenüber der Gesellschaft erworben haben.

Sowohl die Altgläubiger als auch die Neugläubiger können verlangen, so gestellt zu werden, wie sie stünden, wenn der Geschäftsführer rechtzeitig den Insolvenz- bzw. Vergleichsantrag gestellt hätte.

Altgläubiger bekommen Quotenschaden

Ist durch die Verzögerung die Insolvenzmasse geschmälert worden, so können die Altgläubiger daher den ihnen entstandenen *Quotenschaden* geltend machen. Er besteht in der Differenz zwischen dem Masseerlös, den die Gläubiger bei rechtzeitiger Beantragung des Insolvenzverfahrens erlangt hätten, und dem Betrag, den sie nunmehr nach verspäteter Einleitung des Verfahrens erhalten. Die Messung dieses Schadens kann auch im Wege der Schadensschätzung durch das Gericht erfolgen.

Neugläubiger bekommen vollen Ersatz ihres Schadens

Die Neugläubiger können hingegen nach nunmehr herrschender Ansicht[489] ihr volles sog. *negatives Interesse* verlangen. Das heißt, sie sind so zu stellen, wie sie stünden, wenn sie das Geschäft *nicht* getätigt hätten. Der Neugläubiger wäre bei rechtzeitiger Antragstellung gar nicht mit der GmbH ins Geschäft gekommen, er hätte somit auch keine Leistung erbracht.

Bei den Neugläubigern ist es noch nicht ganz geklärt, wie weit ihr Kreis zu ziehen ist. In jedem Fall sind *vertragliche* Neugläubiger geschützt, die also rechtsgeschäftlich nach Eintritt der Insolvenzreife mit der Gesellschaft in Kontakt getreten sind. Ein Gläubiger, der ein neues Geschäft mit der GmbH abschließt, darf darauf vertrauen, dass die gesetzlichen Pflichten zur rechtzeitigen Einleitung des Insolvenzverfahrens eingehalten werden. Entscheidender Zeitpunkt ist nicht die Fälligkeit der Forderung, sondern der Zeitpunkt der Entstehung bzw. des Erwerbs der Forderung[490]. Bei Dauerschuldverhältnissen, z.B. bei Arbeits- und Mietverhältnissen, wird man auf den Zeitpunkt des Vertragsschlusses abstellen müssen. Entscheidend ist damit, wann das sog. Stammrecht begründet worden ist.

---

[489] BGH NJW 1994, 2220, 2222.
[490] OLG Hamburg NZG 2000, 606, 607.

Sofern es allerdings um Ansprüche von Neugläubigern gegen die Gesellschaft aus *unerlaubter Handlung* oder *kraft Gesetzes* geht, die mit keinem abgeschlossenen Rechtsgeschäft im Zusammenhang stehen, ist problematisch, ob sie überhaupt in den Schutzbereich des § 823 II BGB i.V.m. § 64 I GmbHG fallen, was überwiegend bejaht wird[491]. Jedenfalls wird man wohl annehmen müssen, dass diese Gläubiger keinen Anspruch auf Ersatz ihres vollen Schadens haben können. Dies ist deshalb zweckmäßig, weil sich der Verletzte ja nicht im Vertrauen darauf, dass er es mit einer solventen GmbH zu tun hat, auf eine unerlaubte Handlung einließ, sondern unfreiwillig Opfer derselben wurde. Wird beispielsweise ein Passant während einer Dienstfahrt eines bei der GmbH angestellten Fahrradkuriers von diesem verletzt, so hat der Passant auf keine Solvenz der GmbH vertraut, da er diese bis zu dem Zwischenfall ja noch gar nicht kannte. Wie erwähnt, ist dieser Problemkreis aber noch nicht hinreichend geklärt. Ansprüche des Finanzamtes wegen rückständiger Steuern und der Sozialversicherungsträger, die kraft Gesetzes entstehen, dürften - unabhängig vom Zeitpunkt ihrer Entstehung – nur auf den Quotenschaden gerichtet sein[492].

In der Praxis bestehen in der Krise meist offene Gehalts- und Mietforderungen. Da die Arbeits- und Mietverträge in der Regel vor der Insolvenzreife abgeschlossen worden sind, wird für die aufgelaufenen Verbindlichkeiten nur in Höhe des Quotenschadens gehaftet.

Ansprüche aus unerlaubter Handlung, Steuern und SV-Beiträge

g. Geltendmachung des Anspruchs

Inhaber des Anspruchs aus § 823 II BGB in Verbindung mit § 64 I GmbHG sind die jeweils geschützten Alt- oder Neugläubiger. Dennoch wird dieser Anspruch nicht von diesen selbst, sondern regelmäßig vom Insolvenzverwalter gemäß § 92 der Insolvenzordnung durchgesetzt. Dies betrifft jedenfalls die Fälle, in denen die Insolvenzverschleppung zu einer Verkürzung der Insolvenzmasse geführt hat. Das heißt, der durch die verspätete Antragstellung eingetretene Schaden muss sich im Gesellschaftsvermögen negativ ausgewirkt haben. Dies ist bei den Quotenschäden der Altgläubiger zweifellos der Fall, weshalb dieser Anspruch immer vom Verwalter, nicht von den einzelnen Gläubigern persönlich durchgesetzt wird. Der Insolvenzverwalter hat dann auf Rechnung der Gläubiger deren jeweilige Quotenschäden geltend zu machen. Dies ist auch sachgerecht, weil der Insolvenzverwalter den Einblick in die Verhältnisse der Gesellschaft hat.

Geltendmachung durch Verwalter

---

[491] *Lutter/Hommelhoff*, GmbHG, § 64 Rdnr. 50.
[492] Für SV-Beiträge, siehe BGH GmbHR 1999, 715; OLG Hamm ZIP 2000, 198, 199.

Individualscha-
den wird vom
Gläubiger durch-
gesetzt

Der Neugläubiger hat einen sog. *Individualschaden* erlitten. Diesen kann nur er selbst beziffern. Deshalb ist es auch sachgerecht, dass er ihn persönlich und nicht über den Insolvenzverwalter durchsetzt. Der Gläubiger muss geltend machen, wie hoch sein Vertrauensschaden ist. Dies hängt davon ab, wie der Gläubiger vermögensmäßig stünde, wenn er mit der insolventen GmbH nie eine Vertragsbeziehung eingegangen wäre. Der Vertrauensschaden ist bei der Lieferung von Ware meines Erachtens aber nicht auf den Wert der Ware für den Neugläubiger, also seinen Einkaufpreis beschränkt[493]. Er kann durchaus geltend machen, dass er Ware an einen anderen Abnehmer mit Gewinn verkauft hätte, so dass ihm insoweit ein Gewinn entgangen ist. Der Gläubiger kann zunächst die Rentabiltätsvermutung in Anspruch nehmen[494]. Der Geschäftsführer muss dann beweisen, dass der Gläubiger anderweitig keinen Gewinn erzielt hätte, weil es keinen Markt für das Produkt gibt.

h. Verjährung

Strittig ist, ob er Anspruch aus § 823 II BGB i.V.m. § 64 I GmbHG nach der regelmäßigen Verjährungsfrist gemäß § 195 BGB von grundsätzlich drei Jahren oder gemäß § 64 II 3 GmbHG i.V.m. § 43 IV GmbHG erst in fünf Jahren verjährt[495]. Meines Erachtens sollte es für den deliktischen Anspruch bei der allgemeinen Verjährungsfrist bleiben[496].

III. Haftung wegen Masseschmälerung (§ 64 II GmbHG)

1. Überblick

Schmälerung der
Masse nach
Insolvenzreife

Von der Haftung wegen Insolvenzverschleppung ist die Haftung wegen Masseschmälerung zu unterscheiden. Dies ist in § 64 II GmbHG geregelt:

§ 64 II GmbHG
Die Geschäftsführer sind der Gesellschaft zum Ersatz von Zahlungen verpflichtet, die nach Eintritt der Zahlungsunfähigkeit der Gesellschaft oder nach Feststellung ihrer Überschuldung geleistet werden. Dies gilt nicht für Zahlungen, die auch nach diesem Zeitpunkt mit der

---

[493]   Ausführlich zum Streitstand, siehe *Meyke*, Die Haftung des GmbH-Geschäftsführers, Rdnr. 513 f.
[494]   OLG Koblenz GmbHR 2000, 31.
[495]   OLG Köln NZG 2001, 411, 412; OLG Saarbrücken NZG 2000, 559.
[496]   So auch OLG Stuttgart GmbHR 2001, 75, sonst träte das eigenartige Ergebnis ein, dass beispielsweise ein Anspruch des Lieferanten aus einem Eingehungsbetrug schon verjährt wäre (§ 823 II BGB i.V.m. § 263 StGB), während der schwer durchsetzbare und daher in der Praxis häufig wertlose Anspruch aus § 823 II BGB i.V.m. § 64 I GmbHG noch geltend gemacht werden könnte.

Sorgfalt eines ordentlichen Geschäftsmannes vereinbar sind. Auf den Ersatzanspruch finden die Bestimmungen in § 43 Abs. 3 und 4 entsprechende Anwendung.

Das GmbHG will mit dieser Vorschrift verhindern, dass das Vermögen der GmbH in der Zeit zwischen dem Eintritt der Insolvenzreife und dem Verlust der Verfügungsbefugnis des Geschäftsführers wegen der Eröffnung des Insolvenzverfahrens verringert wird. Diese Regelung gilt auch dann, wenn das Insolvenzverfahren mangels Masse nicht eröffnet wird. Schmälert der Geschäftsführer das Gesellschaftsvermögen, indem er Auszahlungen vornimmt, so schadet er damit den Gläubigern insgesamt, die entsprechend weniger Befriedigung erlangen können. Es handelt sich bei § 64 II GmbHG somit um eine Haftung gegenüber der Gesamtheit der Gläubiger. Anspruchsberechtigt ist jedoch die GmbH, vertreten durch den Insolvenzverwalter. Ausgeglichen werden soll über § 64 II GmbHG ein Schaden der Gläubiger, den diese durch die Leistungen zwischen Insolvenzreife und Insolvenzantrag erlitten haben. Kompensiert wird dieser Schaden jedoch durch Zahlung in das Gesellschaftsvermögen, das dann später unter Berücksichtigung der Insolvenzquote an die Gläubiger verteilt wird. Kommt es mangels Masse nicht zur Eröffnung des Insolvenzverfahrens kann ein Gläubiger im Rahmen der gegen die GmbH betriebenen Zwangsvollstreckung den Anspruch pfänden und sich überweisen lassen[497].

Ersatz des Gesamtgläubigerschadens

2. Voraussetzungen

a. Zahlungen nach Insolvenzreife

§ 64 II GmbHG setzt zunächst voraus, dass Zahlungen aus dem Vermögen der Gesellschaft nach Insolvenzreife geleistet worden sind. Die Insolvenzreife ist hier der Eintritt der Zahlungsunfähigkeit bzw. der Zeitpunkt der Überschuldung. Insofern wird auf die obigen Ausführungen zu § 64 I GmbHG verwiesen. Der Begriff der *Zahlungen* im § 64 II GmbHG wird weit gefasst, hierunter fallen nicht nur Zahlungen durch die Herausgabe von Bargeld oder die Ausführung einer Banküberweisung.

Zahlungen

Erfasst sind sämtliche Vorgänge, die zu einem Abfluss von Werten führen. Dazu gehört etwa auch der unterlassene Widerruf einer Einzugsermächtigung im Lastschriftverfahren, wodurch ermöglicht wird, dass Beträge vom Konto der Gesellschaft abgebucht werden. Widerspricht der Geschäftsführer dieser Lastschrift nicht, so hat er damit eine Auszahlung gemäß § 64 II GmbHG vorgenommen[498].

Weite Auslegung

---

[497]   BGH ZIP 2000, 1897.

[498]   Siehe LG Köln WM 1990, 411.

Zahlungen im Sinne von § 64 II GmbHG sind damit sämtliche Vorgänge, die die Insolvenzmasse mindern.

Verkauft also beispielsweise der Geschäftsführer ein Grundstück unter Wert, so liegt in der Differenz zwischen dem Verkehrswert und dem vereinbarten Verkaufspreis eine Masseschmälerung, die regelmäßig zu einer Schadensersatzpflicht des Geschäftsführers führen wird.

Zu beachten ist, dass eine Masseschmälerung auch durch Einzahlungen auf debitorisch geführte Konten auftreten kann.

Beispiel: *„Die Bank ist schneller"*
G ist Geschäftsführer einer in der Krise befindlichen GmbH. Nach Eintritt der Insolvenzreife reicht er einen Kundenscheck über 20.000 € zur Gutschrift auf das Geschäftskonto der GmbH ein. Das Geschäftskonto ist zu diesem Zeitpunkt in Höhe von 100.000 € „überzogen". Durch die Einlösung des Schecks wird der Saldo auf 80.000 € verringert.

Das bedeutet, dass die Bank hier vor den sonstigen Gläubigern befriedigt worden ist und damit eine Zahlung im Sinne von § 64 II GmbHG vorgenommen wurde. Es macht keinen Unterschied, ob der Geschäftsführer bar auf das Konto einzahlt, um die Bankschulden zurückzuführen, oder ob dies durch Einreichung eines Schecks geschieht. Der Geschäftsführer hat sich hierdurch schadensersatzpflichtig gemacht[499].

> **Achtung!**
> Ein Geschäftsführer befindet sich in der Krise oft, wie das vorherige Beispiel zeigt, in einer absoluten Zwangslage. Einerseits dürften die Geschäftskonten regelmäßig überzogen sein, andererseits muss der Geschäftsführer die Schecks irgendwie einlösen. Löst der Geschäftsführer die Schecks über gesellschaftsfremde Konten ein, besteht die Gefahr, dass er sich einer Untreue schuldig macht. Das ist strafbar und löst ebenfalls zivilrechtliche Schadensersatzpflichten über § 823 II BGB in Verbindung mit § 266 StGB aus. Dies gilt jedenfalls dann, wenn der Geschäftsführer nicht dafür sorgt, dass der Scheckbetrag dem Gesellschaftsvermögen in voller Höhe wieder zugeführt wird. Hier sollte der Geschäftsführer in jedem Falle dokumentieren, über welches Konto er den Scheck eingelöst hat und wie er den Scheckbetrag dann zugunsten der Gesellschaft im Einzelnen verwandt hat.

---

[499]   BGHZ 143, 184.

> **Tipp!**
> Deshalb sollten Sie als Geschäftsführer immer ein auf Guthaben-
> basis geführtes Geschäftskonto der Gesellschaft „in petto" haben.
> Dieses Konto wird allerdings dann weitgehend wertlos, wenn ein
> Gläubiger wegen des Guthabens einen Pfändungs- und Überwei-
> sungsbeschluss erwirkt. Die Bankverbindung sollte daher nicht auf
> den Geschäftsbriefen erscheinen oder sonst publik gemacht wer-
> den, dadurch ist die Gefahr einer Kontopfändung geringer.

Keine masseschmälernde Leistung liegt vor, wenn ein sog. Aktiv-
tausch erfolgt. D.h. es werden Vermögensstände angeschafft, die
in der Insolvenz exakt den Wert haben, der für sie bezahlt wurde.

Ausnahmen

Ferner sind gemäß § 64 II 2 GmbHG solche Zahlungen zulässig,
die zwar nach Insolvenzreife erfolgen, jedoch mit der Sorgfalt eines ordentlichen Geschäftsmannes vereinbar sind. Dies sind im
Regelfall Zahlungen, die erfolgen, um den Geschäftsbetrieb auf-
rechtzuerhalten, um entweder eine Sanierung zu ermöglichen oder
aber schlimmere Schäden zu verhüten. Eine Prüfung erfolgt am
Zweck des § 64 GmbHG, für die Gläubiger die Insolvenzmasse zu
erhalten und eine zum Nachteil der Gesamtgläubiger bevorzugen-
de Befriedigung einzelner Gläubiger zu vermeiden[500].

Es kann beispielsweise sinnvoll sein, Löhne und Gehälter,
Rechnungen für Telekommunikation sowie Mieten zu zahlen,
wenn Aufträge noch abgeschlossen werden sollen, die erst nach
der Beendigung abgerechnet werden können.

Beispiel: *„Letzter Schliff am letzten Schiff"*
Eine GmbH, die eine Schiffswerft betreibt, befindet sich in der Krise.
Ihr letzter großer Auftrag, der Bau einer Fregatte, ist fast abgeschlossen. Mit der Fertigstellung des Schiffs wird eine hohe Schlusszahlung
fällig, die allerdings die Insolvenzreife auch nicht mehr verhindern
kann, weil die Überschuldung höher ist. Mithin ist Insolvenzantrag zu
stellen. Wenn nun der Geschäftsführer weiterhin das Gehalt der Mitarbeiter zahlt, um die Fregatte noch fertig zu stellen, so sind diese
Zahlungen zulässig, da sie im Hinblick darauf erfolgen, dass mit Fertigstellung die Masse noch erheblich durch die Schlusszahlung vergrößert wird.

b. Verschulden

§ 64 II GmbHG ist eine Verschuldenshaftung. Wie bei der Insolvenzverschleppungshaftung genügt auch hier einfache Fahrlässigkeit. Ist also der Geschäftsführer fahrlässig darüber in Unkenntnis,
dass die Gesellschaft zahlungsunfähig oder überschuldet ist, so

Fahrlässigkeit genügt

---

[500] BGH, Urt. vom 18.04.2005, zr-report.de mit dem ausdrücklichen Hinweis, dass
die Zahlung von Sozialversicherungsbeiträgen grundsätzlich nicht mit der
Sorgfalt eines ordentlichen Kaufmannes vereinbar ist.

macht er sich dennoch schadensersatzpflichtig, wenn er masse-schmälernde Leistungen zulässt. Trifft den Geschäftsführer kein Verschulden, haftet er hingegen nicht.

Beispiel: *„Ketteninsolvenz"*
Kurt Klein (K) ist Geschäftsführer einer Personalservice-GmbH, die für Baustellen Arbeitnehmer an andere Unternehmer gegen Entgelt überlässt. Größter Auftraggeber ist die Bodo Billig Bau GmbH. Von dieser erhält die Personalservice-GmbH monatlich jeweils zum 15. der Folgemonats ca. 350.000 €. Die Service-GmbH finanziert daher die Löhne, die am 28. eines Monats ausbezahlt werden, vor. Als eine Zahlung der Bau GmbH schon zwei Wochen rückständig ist und K nicht mehr die laufenden Löhne zahlen kann, holt K Erkundigungen ein. Hierbei erfährt er, dass die Konten der Bau GmbH schon seit knapp sechs Wochen gepfändet sind und das Finanzamt Insolvenzantrag gestellt hat. Die gegen die Bau GmbH in zwei Monaten aufgelaufenden Forderungen - insgesamt ca. 700.000 € - sind wertlos. Die Service-GmbH selbst ist dadurch seit ca. sechs Wochen insolvenzreif, ohne dies zu wissen. Insofern tritt K bisher auch noch keine Haftung nach § 64 II GmbHG, etwa für die nach Eintritt der Insolvenzreife ausbezahlte Gehälter.

3. Rechtsfolgen

GmbH ist Inhaberin des Anspruchs - Verwalter setzt ihn durch

Inhaberin des Anspruchs aus § 64 II GmbHG ist die Gesellschaft. Ersetzt wird jedoch der so bezeichnete Gesamtgläubigerschaden, d.h. der Schaden, der durch die masseschmälernden Leistungen den Gläubigern insgesamt entstanden ist. Es soll jedoch nicht jeder Gläubiger einzeln diesen geltend machen können; dies geschieht erstens aus dem Grund, weil den einzelnen Gläubigern mangels Kenntnis der Lage eine Geltendmachung gar nicht möglich wäre und zweitens, weil dies einen unkontrollierten „Run" der Gläubiger auslösen dürfte. Auch hier wird der Anspruch vom Insolvenzverwalter gebündelt durchgesetzt. Hinsichtlich der Höhe des Schadensersatzes dürfte in der Regel eine volle Erstattung des ausgezahlten Betrags in Betracht kommen, es sei denn, es ist ein Gegenwert in die Masse geflossen. Ist dies der Fall, so besteht der Schadensersatzanspruch in der Differenz zwischen der Auszahlung und dem Gegenwert.

Die Gläubiger sind so zu stellen, wie sie stünden, wenn die Auszahlung nicht stattgefunden hätte. Ihnen würde dann bei der Verteilung der Insolvenzmasse der ausgezahlte Betrag zur Verfügung stehen. Daher wird im Regelfall der Schadensersatzanspruch darauf gerichtet sein, den ausgezahlten Betrag in voller Höhe zu erstatten.

4. Verjährung

Der Anspruch aus § 64 II GmbHG verjährt nach § 43 IV GmbHG in fünf Jahren[501].

IV. Die Haftung für Steuerschulden der Gesellschaft

1. Überblick

Der Geschäftsführer hat die steuerlichen Pflichten der Gesellschaft zu erfüllen. Dies ergibt sich aus § 34 der Abgabenordnung (AO). In dem maßgeblichen Absatz 1 der Vorschrift heißt es:

§ 34 I AO

Die gesetzlichen Vertreter natürlicher und juristischer Personen und die Geschäftsführer von nicht rechtsfähigen Personenvereinigungen und Vermögensmassen haben deren steuerliche Pflichten zu erfüllen. Sie haben insbesondere dafür zu sorgen, dass die Steuern aus den Mitteln entrichtet werden, die sie verwalten.

Erfüllt der Geschäftsführer die steuerlichen Pflichten der GmbH nicht oder nicht ordnungsgemäß, so kann ihn unter Umständen eine persönliche Haftung für die Steuerschulden treffen. Eine solche Haftung für Steuerverbindlichkeiten der GmbH ordnet § 69 AO an. Diese Vorschrift lautet:

Geschäftsführer ist für die Einhaltung der steuerrechtlichen Pflichten verantwortlich

§ 69 AO

Die in §§ 34 und 35 bezeichneten Personen haften, soweit Ansprüche aus dem Steuerschuldverhältnis (§ 37) infolge vorsätzlicher oder grob fahrlässiger Verletzung der ihnen auferlegten Pflichten nicht oder nicht rechtzeitig festgesetzt oder erfüllt oder soweit infolge dessen Steuervergütungen oder Steuererstattungen ohne rechtlichen Grund gezahlt werden. Die Haftung umfasst auch die infolge der Pflichtverletzung zu zahlenden Säumniszuschläge.

Der Geschäftsführer muss sich also auf eine Einstandspflicht für die Steuerschulden der Gesellschaft einstellen. Dies betrifft grundsätzlich sämtliche Steuern. In der Praxis sind es allerdings meist die Umsatzsteuer und die Lohnsteuer, bei der eine Haftung des Geschäftsführers ausgelöst wird. Diese Steuern fallen im laufenden Geschäftsbetrieb unabhängig von der Krise an und werden häufig in dieser kritischen Phase nicht abgeführt.

Haftung des Geschäftsführers bei Steuerrückständen

Die Haftung für Steuerschulden trifft den Geschäftsführer jedoch nicht nur in der Krise, sondern generell. Nur bei einer finanziellen Schieflage der Gesellschaft wird die Haftung aber relevant.

---

[501] Dies ergibt sich aus § 64 II 3 GmbHG.

Solange die Gesellschaft in der Lage ist, die ihr obliegenden Steuern abzuführen, muss der Geschäftsführer nichts befürchten. Dies ändert sich schlagartig in der Krise, in der die Liquidität nicht mehr ausreicht, um sämtliche Verbindlichkeiten der Gesellschaft zu begleichen. Hier nun ist das Finanzamt gegenüber den übrigen Gläubigern der GmbH privilegiert, da ihm grundsätzlich neben dem Steuerschuldner, d.h. der Gesellschaft, der Geschäftsführer als zusätzlicher sog. *Haftungsschuldner* zur Verfügung steht.

Haftungsbescheid wegen Steuerschulden möglich

Die Finanzverwaltung hat die Möglichkeit - sofern die Voraussetzungen für eine Inanspruchnahme vorliegen - einen *Haftungsbescheid* gegen den Geschäftsführer zu erlassen. Dieser Haftungsbescheid ist eine hoheitliche Maßnahme in Form eines Verwaltungsakts, aus dem grundsätzlich sofort vollstreckt werden kann, falls die Geldschuld nicht beglichen wird. Das Finanzamt ist daher nicht auf einen mühsamen Prozess gegen den Geschäftsführer angewiesen; es kann sofort in dessen Vermögen vollstrecken und z.B. in ein Hausgrundstück eine Sicherungshypothek eintragen lassen, falls dieser nicht eine sog. „Aussetzung der Vollziehung" erreicht.

Inanspruchnahme des Geschäftsführers ist subsidiär

Dass die Haftung für Steuerschulden grundsätzlich nur in der Krise relevant wird, folgt auch aus dem sog. *Grundsatz der Subsidiarität*, der besagt, dass ein Haftungsschuldner - hier also der Geschäftsführer - nur dann in Anspruch genommen werden darf, wenn eine Vollstreckung in das bewegliche Vermögen des Steuerschuldners - d.h. bei der GmbH in das Gesellschaftsvermögen - ohne Erfolg war bzw. anzunehmen ist, dass die Vollstreckung aussichtslos sein würde (§ 219 AO). Die Vollstreckung in das unbewegliche Vermögen, also in Immobilien, muss das Finanzamt allerdings nicht versuchen.

Achtung!
Ist die Gesellschaft in der Krise, so ist das Finanzamt recht häufig und zügig mit einer Außenprüfung im Unternehmen präsent. Dies geschieht oft im Schlepptau des Insolvenzverwalters. Da der Geschäftsführer mit mehrfacher Inanspruchnahme rechnen muss - sei es wegen Nichtabführung von Sozialversicherungsabgaben oder aus der Insolvenzverschleppungshaftung -, ist oft das Finanzamt als erstes zur Stelle, um den Geschäftsführer mit einem Haftungsbescheid zu „beglücken".

> **Tipp!**
> In der Praxis lohnt es sich nicht selten, gegen diesen Haftungsbescheid vorzugehen, da der Erlass eines rechtlich einwandfreien Haftungsbescheides schwierig ist. Dies hängt mit den Voraussetzungen für den Erlass eines Haftungsbescheides zusammen, die sogleich erläutert werden.

Zunächst werden jedoch einige allgemeine Fragen erörtert.

2. Grundsatz der Gesamtverantwortung

Hat die Gesellschaft mehrere Geschäftsführer, so fällt die Erfüllung der steuerrechtlichen Pflichten in den Bereich der *Generalzuständigkeit*. Der Grundsatz der Gesamtverantwortung ist bereits ausführlich erläutert worden[502].

Das Prinzip der Allzuständigkeit kann durch eine Ressortaufteilung grundsätzlich eingeschränkt werden. Wie ausgeführt, wird im Steuerrecht die Geschäftsverteilung zwischen den Geschäftsführern nur dann akzeptiert, wenn sie schriftlich und im Voraus geregelt worden ist[503]. Diese schriftliche Fixierung muss vorab entweder durch Gesellschaftsvertrag, förmlichen Gesellschafterbeschluss oder durch eine schriftlich niedergelegte Geschäftsordnung geregelt sein.

Dokumentation der Ressortaufteilung erforderlich

Durch eine derartige Geschäftsverteilung wird zwar die Verantwortung des einzelnen Geschäftsführers, der aufgrund der Ressortaufteilung nicht für die Erfüllung der steuerrechtlichen Pflichten zuständig ist, nicht ganz aufgehoben; sie wird aber insoweit begrenzt, als dass der betreffende Geschäftsführer haftungsrechtlich so lange „außen vor" ist, wie er keinen Anlass hat, an der exakten Erfüllung der steuerrechtlichen Verpflichtungen zu zweifeln.

> **Achtung!**
> Hat der nicht mit der Erfüllung der steuerrechtlichen Pflichten betraute Geschäftsführer Zweifel, ob diese ordnungsgemäß wahrgenommen werden, oder müssen sich ihm solche Zweifel aufdrängen, so ist er aufgrund seiner Überwachungspflicht gehalten, auf die Einhaltung der steuerrechtlichen Vorschriften hinzuwirken. Unterlässt er dies, so trifft auch ihn eine haftungsrechtliche Verantwortlichkeit für die Abführung der Steuerschulden.

---

[502] Siehe bereits oben 3. Teil, B II.
[503] BFH ZIP 1984, 1345 und BFH ZIP 1986, 1247, 1248.

3. Amtsniederlegung und Haftung

Amtsniederle-
gung kann Aus-
weg sein

Der GmbH-Geschäftsführer darf sein Amt grundsätzlich jederzeit niederlegen[504]. Durch die Amtsniederlegung kann er sich für die Zukunft der Haftung für die Steuerschulden entledigen[505]. Entscheidend ist der Zeitpunkt der Amtsniederlegung, d.h. der Moment, in dem der Gesellschaft die Erklärung des Geschäftsführers über die Niederlegung zugeht. Nicht entscheidend ist die Eintragung der Amtsniederlegung in das Handelsregister. Diese hat ohnehin nur deklaratorische, d.h. verkündende Wirkung. Zwar sind gutgläubige Dritte, die von der Amtsniederlegung keine Kenntnis hatten, in ihrem Vertrauen darin geschützt, dass der im Register eingetragene Geschäftsführer auch noch tatsächlich Geschäftsführer ist. Dieser gute Glaube nützt jedoch dem Finanzamt nichts, da es hier nicht um rechtsgeschäftliche Ansprüche geht, die ein Vertrauen begründen können, sondern um gesetzliche Verbindlichkeiten, die unabhängig von einem Vertrauenstatbestand entstehen.

Haftung für be-
reits fällige
Steuerschulden

Die Haftung des Geschäftsführers, der sein Amt niedergelegt hat, beschränkt sich dann auf die Steuerverbindlichkeiten, die während seiner Amtszeit entstanden und fällig geworden sind. Für noch nicht fällig gewordene Ansprüche haftet der Geschäftsführer grundsätzlich nicht.

Beispiel: *„Aus dem Schneider"*
Geschäftsführer G legt am 8. März sein Amt nieder. Die für Februar entstandene Lohnsteuer ist am 10. März fällig. Die Steuerschuld ist zwar am 8. März bereits entstanden, nicht jedoch fällig. Grundsätzlich muss G hier nicht haften. Dennoch ist Vorsicht geboten. Es ist nicht auszuschließen, dass im Einzelfall, wenn feststeht, dass der Geschäftsführer sich ganz gezielt zurückzieht, um der Steuerschuld zu entgehen, die Finanzrechtsprechung dennoch eine Verantwortlichkeit des Geschäftsführers annimmt.

Die Finanzrechtsprechung billigt dem Geschäftsführer jederzeit das Recht zu, sein Amt niederzulegen. Er soll nicht gezwungen werden, die Verantwortung und das erhebliche Haftungsrisiko des Amtes unter für ihn unzumutbaren Bedingungen weiter zu tragen[506].

Weisungen der
Gesellschafter
entlasten den
Geschäftsführer
nicht

Wichtig ist, dass im Hinblick auf die steuerrechtliche Haftung eine Weisung der Gesellschafter *nicht* haftungsentlastend wirken kann. Weisen also die Gesellschafter den Geschäftsführer an, vorrangig andere als die Steuerschulden zu begleichen, so muss der Geschäftsführer sich dieser Weisung widersetzen, wenn er nicht Gefahr laufen will, in die Haftung genommen zu werden. Notfalls

---

[504]   Siehe bereits oben 1. Teil, F II.
[505]   BFH GmbHR 1985, 375, 378.
[506]   BFH GmbHR 1985, 375, 378.

muss der Geschäftsführer diesen Konflikt durch Niederlegung seines Amtes beenden.

Achtung!

Zu beachten ist ferner, dass ein Nachfolgegeschäftsführer auch für Steuerverbindlichkeiten haftet, die vor seiner Amtszeit entstanden sind. Damit stehen dem Finanzamt zwei Adressaten für einen Haftungsbescheid zur Verfügung. Das Finanzamt kann sowohl den alten als auch den neuen Geschäftsführer in Anspruch nehmen. Es hat ein sog. Auswahlermessen. Die Rechtsprechung verlangt hierbei, dass das Finanzamt sein Auswahlermessen begründen muss. Nimmt das Finanzamt „einfach" einen Geschäftsführer in Anspruch, ohne zu begründen, warum es sich für diesen und nicht für den anderen Geschäftsführer entschieden hat, so liegt ein Ermessensausfall vor, der zu einer Unwirksamkeit des Haftungsbescheides führt. Der Haftungsbescheid ist in einem solchen Fall auf einen Einspruch aufzuheben[507].

4. Haftungsvoraussetzungen im Einzelnen

Die Voraussetzungen der Haftung des GmbH-Geschäftsführers für Steuerschulden sollen exemplarisch anhand der Umsatzsteuer dargestellt werden. In der Krise treten meist erhebliche Umsatzsteuer-, oft auch Lohnsteuerrückstände auf. Bei der Lohnsteuer gibt es allerdings Besonderheiten, so dass es sich anbietet, die allgemeinen Haftungsvoraussetzungen anhand der Umsatzsteuer zu erläutern.

a. Pflichtverletzung des Geschäftsführers und Grundsatz der anteiligen Tilgung

Erste Voraussetzung für eine Haftung des Geschäftsführers ist, dass dieser die ihm persönlich obliegende Pflicht, die steuerrechtlichen Vorschriften einzuhalten, verletzt. Der Geschäftsführer hat daher dafür zu sorgen, dass zum Fälligkeitszeitpunkt die Steuern aus den von ihm verwalteten Mitteln entrichtet werden. Daher wird auch dann eine Pflichtverletzung angenommen, wenn der Geschäftsführer sich vor Eintritt der Fälligkeit außerstande gesetzt hat, die Steuerschuld zum Fälligkeitszeitpunkt zu erfüllen.

Pflichtverletzung durch Nichtabführung der Steuern

Problematisch sind die Fälle, in denen zum Fälligkeitszeitpunkt keine bzw. keine ausreichenden Mittel mehr zur Verfügung stehen, um die Steuerschulden zu begleichen. Reichen die verfügbaren Mittel nicht aus, um die Steuerschulden zu tilgen, so liegt grundsätzlich keine Pflichtverletzung vor[508]. Die zur Verfügung stehen-

Grundsatz der anteiligen Tilgung begrenzt die Haftung

507 BFH GmbHR 1988, 200, 201.
508 BFH/NV 1989, 478, 3. Leitsatz: *Befinden sich im Vermögen der Gesellschaft keine Mittel zur Bezahlung der Steuern und können solche auch nicht beschafft*

den Mittel sind jedoch gleichmäßig zur Tilgung der offenen Verbindlichkeiten zu verwenden. Es gilt der sog. *Grundsatz der anteiligen Tilgung*[509]. Dieses Prinzip besagt, dass das Finanzamt nicht besser, aber auch nicht schlechter zu behandeln ist als die übrigen Gläubiger. Der Geschäftsführer hat damit die Steuerschulden in Höhe der prozentualen Quote zu tilgen, die sich ergibt, wenn man sämtliche fälligen Verbindlichkeiten im Verhältnis zu den verfügbaren Mitteln betrachtet.

Tilgungsquote ist entscheidend

Die Berechnung ist hierbei nicht punktuell auf den jeweiligen Fälligkeitszeitpunkt der Umsatzsteuerschuld, sondern für den gesamten Haftungszeitraum vorzunehmen. Der Haftungszeitraum ist der Zeitraum, in dem der Geschäftsführer die Umsatzsteuerschulden der Gesellschaft nicht bzw. nicht vollständig beglichen hat. Er kann mehrere Fälligkeitszeitpunkte umfassen. In der Regel teilt das Finanzamt im Rahmen der Anhörung den Haftungszeitraum mit, den es zugrunde legen will und fordert den Geschäftsführer auf, einen Berechnungsbogen zu vervollständigen, damit eine Ermittlung der Tilgungsquote erfolgen kann. Die gesamten Zahlungsverpflichtungen des Zeitraums, einschließlich der Steuerschulden, sind zu den erfolgten Tilgungen ins Verhältnis zu setzen. Auf diese Weise ergibt sich eine Tilgungsquote, die dann in einer überschlägigen Vergleichsrechnung mit der prozentualen Quote verglichen werden muss, die sich errechnet, wenn man die Steuerschuld mit den auf diese Schuld geleisteten Zahlungen vergleicht. Ergibt sich hieraus, dass die Steuerschulden prozentual in einer geringeren Höhe beglichen wurden als dies bei einer gleichmäßigen Tilgung der Fall gewesen wäre, so kann das Finanzamt vom Geschäftsführer verlangen, dass dieser für die Differenz einsteht.

Beispiel: *„Die Hälfte tut es auch"*
Die Guß-GmbH, die eine Aluminiumgießerei betreibt, befindet sich in der Krise. In der Zeit vom 01. Januar bis zum 30. Juni sind bzw. werden Verbindlichkeiten in Höhe von 1 Mio. € fällig. Hierin enthalten sind Umsatzsteuerschulden in Höhe von 200.000 €. In diesen sechs Monaten hat die GmbH von ihren Schulden insgesamt 500.000 €, also die Hälfte, getilgt. Auf die Umsatzsteuerschuld (einschließlich Säumniszuschläge) wurden lediglich 50.000 € bezahlt. Von den sonstigen

---

werden, so fehlt es regelmäßig an einer Pflichtverletzung. Die Zahlung aus eigenen Mitteln des Verfügungsberechtigten kann nicht verlangt werden.
4. Leitsatz: Reichen dagegen liquide Mittel nicht zur Tilgung aller Schulden aus, so sind die Steuerschulden grundsätzlich in demselben Verhältnis zu tilgen wie die übrigen Schulden. In solchen Fällen kann jedoch die den Steuergläubigern gegenüber bestehende Verpflichtung verletzt werden, wenn andere Gläubiger vor Fälligkeit der einzelnen Steuerschulden vorweg befriedigt werden und damit eine verhältnismäßige Tilgung der gesamten Schulden unterbleibt. Um dies beurteilen zu können, muss jeweils der Umfang der in dem maßgebenden Zeitraum verfügbaren Mittel festgestellt werden.
[509] BFH BStBl. II 1984, 776.

Verbindlichkeiten in Höhe von 800.000 € hat die GmbH damit 450.000 € beglichen. Zunächst ist die allgemeine Tilgungsquote zu ermitteln. Diese beträgt, wie ausgeführt, 50 %, da die GmbH von ihren Schulden insgesamt die Hälfte, d.h. 500.000 € (450.000 € plus 50.000 €) abgetragen hat. Das Finanzamt kann nun begehren, so gestellt zu werden, wie es stünde, wenn die Verbindlichkeiten gleichmäßig getilgt worden wären. Dann hätte auch seine Umsatzsteuerforderung zu 50 % - also in Höhe eines Betrages von 100.000 € - beglichen werden müssen. Der Geschäftsführer G haftet für die Differenz zwischen der geleisteten Umsatzsteuer in Höhe von 50.000 € und dem Betrag von 100.000 €, der sich bei einer gleichmäßigen Tilgung ergeben hätte, mithin also für eine Steuerschuld in Höhe von 50.000 €.

Der Grundsatz der anteiligen Tilgung hängt nicht davon ab, ob die Gesellschaft bzw. der Geschäftsführer ordnungsgemäß Umsatzsteuervoranmeldungen abgegeben hat[510].

Eine Pflichtverletzung scheidet nicht nur bei tatsächlicher, sondern auch bei *rechtlicher* Unmöglichkeit der Entrichtung der Steuern aus. Eine rechtliche Unmöglichkeit liegt meines Erachtens vor, wenn die Gesellschaft im Sinne des § 64 I GmbHG insolvenzreif ist und deshalb das in § 64 II GmbHG verankerte Auszahlungsverbot eingreift. In diesem Fall kann den Geschäftsführer aber eine Haftung gegenüber dem Finanzamt wegen Insolvenzverschleppung gemäß § 823 II BGB i.V.m. § 64 I GmbHG treffen. Dieser Problemkreis ist allerdings noch nicht hinreichend geklärt. Dies hängt wohl auch damit zusammen, dass sich das Finanzamt stets auf § 69 AO stützt und versucht, die Steuerschuld per Haftungsbescheid beizutreiben. Eine zivilgerichtliche Klage zur Durchsetzung der Insolvenzverschleppungshaftung wird regelmäßig nicht erhoben. Zur Konkursordnung hat der *BFH* entschieden, dass das Auszahlungsverbot für Steuerschulden nicht gilt[511]. Dies wird man für die Insolvenzordnung, bei der Steuerschulden nicht mehr bevorrechtigt sind, nicht annehmen können.

Ein weiterer Fall der rechtlichen Unmöglichkeit, der die Haftung entfallen lässt, liegt vor, wenn das Insolvenzgericht bereits vor Insolvenzeröffnung ein sog. allgemeines Verfügungsverbot verhängt hat[512]. Dieses muss der Geschäftsführer respektieren, ihm sind daher Zahlungen aus dem Gesellschaftsvermögen und damit auch die Begleichung von Steuerschulden verwehrt.

Rechtliche
Unmöglichkeit
zur Abführung

---

[510] BFH GmbHR 1988, 456; BFH ZIP 1991, 1008, sofern nicht ausnahmsweise durch die Verspätung aussichtsreiche Vollstreckungsmöglichkeiten vereitelt wurden.

[511] BFH/NV 1994, 142, 244, 2. Leitsatz: *Die Verpflichtung des Geschäftsführers gegenüber der Gesellschaft zum Ersatz der Zahlungen, die nach Eintritt der Zahlungsunfähigkeit der Gesellschaft oder nach Eintritt ihrer Überschuldung geleistet werden, schließt die Verpflichtung zur Abführung der einbehaltenen Lohnsteuer an das FA nicht aus*; a.A. OLG Köln GmbHR 1995, 928.

[512] BFH GmbHR 1993, 681.

b. Durch die Pflichtverletzung eingetretener Haftungsschaden

Die Verletzung der steuerrechtlichen Pflichten durch den Geschäftsführer muss ursächlich für den Eintritt des Schadens sein. Dies ergibt sich aus der Formulierung des § 69 AO, der eine Haftung des Geschäftsführers für die Steuerschulden vorsieht, die *infolge* seiner Pflichtverletzung nicht gezahlt bzw. festgesetzt worden sind.

Es fehlt jedoch an einem Ursachenzusammenhang, wenn der Geschäftsführer über keinerlei liquide Mittel verfügt, um die Steuerschulden zu begleichen. Dann bleibt seine Verletzung der steuerrechtlichen Pflichten folgenlos.

c. Verschulden

Verschulden erforderlich

Der Geschäftsführer muss schuldhaft gehandelt haben. Nach § 69 AO schadet ihm nur Vorsatz oder *grobe*, nicht jedoch einfache Fahrlässigkeit.

Achtung!
Die Praxis nimmt jedoch in der Regel grobe Fahrlässigkeit bzw. Vorsatz an. Für eine einfache Fahrlässigkeit besteht kaum Anwendungsbereich. Allerdings trägt grundsätzlich das Finanzamt die Beweis- bzw. Feststellungslast für das Vorliegen eines Verschuldens. Werden aber vom Finanzamt konkrete Ausführungen zur Begründung der Pflichtverletzung und des Verschuldens getätigt, so obliegt es dem Geschäftsführer, diese zu entkräften. Lässt er diese im Raum stehen, ohne ihnen substantiiert entgegenzutreten, so kann dies in der Regel gegen ihn verwertet werden[513].

Der Geschäftsführer hat sich über die ihm obliegenden steuerrechtlichen Pflichten gründlich und gewissenhaft zu informieren und diese äußerst sorgfältig wahrzunehmen. Schon hieraus folgt, dass bei Außerachtlassung dieser Anforderungen regelmäßig grobe Fahrlässigkeit unterstellt werden kann.

Steuerberater kann haftungs- entlastend wirken

Allenfalls wenn ein Fachmann, etwa ein Steuerberater, beauftragt wurde, die steuerrechtlichen Angelegenheiten der Gesellschaft zu erledigen, kann möglicherweise ein eigenes Verschulden des Geschäftsführers im Sinne von § 69 AO entfallen. Das Verschulden des Steuerberaters wird dem Geschäftsführer nicht zugerechnet[514]. Hatte der Geschäftsführer keinerlei Veranlassung, daran zu zweifeln, dass die Einhaltung der steuerrechtlichen Pflichten durch den Steuerberater sichergestellt ist, so trifft ihn kein Überwachungsverschulden; eine Haftung gemäß § 69 AO scheidet aus.

---

[513] BFH/NV 1986, 321, 323; BFH/NV 1986, 387.
[514] BFH BStBl II 1995, 278.

5. Besonderheiten bei der Lohnsteuer

Bei der Lohnsteuer sind besonders strenge Anforderungen zu beachten. Hier gilt nicht der Grundsatz der anteiligen Tilgung.
Lohnsteuerschulden sind vielmehr vorrangig im Verhältnis zu den
Nettolöhnen zu bedienen. Stehen dem Geschäftsführer keine ausreichenden Mittel zur Verfügung, um sowohl die Nettolöhne aus-
zuzahlen als auch die Lohnsteuer abzuführen, so hat er die Nettolöhne anteilig zu kürzen, um eine Abführung der Lohnsteuer sicherzustellen[515]. Durch eine Kürzung der Nettolöhne wird automatisch die Lohnsteuer geringer. Der Geschäftsführer hat also die zur
Verfügung stehenden Mittel so aufzuteilen, dass eine Lohnsteuer
in der Höhe abgeführt wird, die den nunmehr ausgezahlten Nettolöhnen entspricht.

Die Lohnsteuer wird grundsätzlich jeweils zum 10. des Folgemonats fällig. Ergibt sich nach Auszahlung der Nettolöhne ein
unvorhergesehener Zahlungsengpass, so dass der Geschäftsführer
vorher die Nettolöhne nicht entsprechend kürzen konnte, fehlt es
an einem für die Haftung erforderlichen *Verschulden* des Geschäftsführers.

> **Achtung!**
> Die Finanzrechtsprechung ist in diesem Punkt sehr streng. Verlässt
> sich der Geschäftsführer beispielsweise auf eine mündliche Äuße-
> rung eines Bankmitarbeiters, dass die Bank beabsichtige, die Mit-
> tel zur Zahlung der Lohnsteuer zur Verfügung zu stellen, so ist es
> dennoch grob fahrlässig, wenn der Geschäftsführer im Vertrauen
> hierauf die Nettolöhne ungekürzt auszahlt. Denn wenn die Bank
> sich nicht definitiv und verbindlich verpflichtet hat, die Zahlung
> auszuführen, muss der Geschäftsführer immer damit rechnen, dass
> das Kreditinstitut schließlich doch noch einen „Rückzieher"
> macht[516].
> Der Geschäftsführer darf ferner keinesfalls die bereits zurück-
> gestellte Lohnsteuer für andere betriebliche Zwecke verwenden.
> Die Gesellschaft nimmt im Verhältnis zum Finanzamt, was die
> Lohnsteuer betrifft, lediglich eine Treuhandstellung ein, die es ihr
> verbietet, die einbehaltene Lohnsteuer zweckwidrig zu verwenden.

---

[515] BFH/NV 1996, 589, 1. Leitsatz: *Bei zur vollständigen Begleichung der Löhne
unzureichenden Zahlungsmitteln ist ein GmbH-Geschäftsführer verpflichtet,
die Löhne in einem Umfang zu kürzen, der eine gleichmäßige Befriedigung der
Arbeitnehmer hinsichtlich des Lohnes und des FA hinsichtlich der auf die
gekürzten Löhne entfallenden Lohnsteuern sicherstellt.*

[516] FG Münster GmbHR 1997, 137, 138.

6. Haftung wegen Steuerhinterziehung

Weitere
Haftungsnorm

Der Geschäftsführer kann Täter, Anstifter oder Gehilfe einer Steuerhinterziehung sein. Nach § 71 AO haftet der Steuerhinterzieher (§ 370 AO) oder der Steuerhehler (§ 374 AO) für die hinterzogenen Steuern. Gegen ihn kann ein Haftungsbescheid ergehen.

- Steuerhinterziehung bzw. Steuerhehlerei können nur vorsätzlich verwirklicht werden.
- Die Haftung erstreckt sich auf die verkürzten Steuern, die zu Unrecht gewährten Steuervorteile sowie die Hinterziehungszinsen.
- Der Grundsatz der anteiligen Tilgung findet Anwendung.
- Der Kreis der haftenden Personen ist nicht auf die Geschäftsführer beschränkt, an einer Steuerhinterziehung können sich auch Dritte beteiligen.
- Die Festsetzungsfrist für hinterzogene Steuern beträgt 10 Jahre, während die Straftat schon in fünf Jahren verjährt.

7. Abzugsfähigkeit als Werbungskosten

Wird der Geschäftsführer als Haftungsschuldner vom Finanzamt gemäß § 69 AO in Anspruch genommen, so kann er die Beträge wenigstens als (nachträgliche) Werbungskosten geltend machen und so seine Steuerlast verringern[517]. Dies soll selbst für Beträge gelten, die den Geschäftsführer selbst als Beschäftigten betreffen[518]. Die Beträge, die im Rahmen einer Inanspruchnahme wegen einer Steuerhinterziehung vom Geschäftsführer geleistet wurden, sollen hingegen als Kosten der privaten Lebensführung nicht abzugsfähig sein[519].

V. Haftung für nicht abgeführte Sozialversicherungsbeiträge des Arbeitnehmers

1. Grundlagen

Haftung und
Strafbarkeit

In der Krise hat die Gesellschaft oft Schwierigkeiten, die fälligen Sozialversicherungsbeiträge abzuführen. Dies betrifft sowohl die Arbeitgeber- als auch die Arbeitnehmeranteile zur Sozialversicherung. Eine Haftung des Geschäftsführers kann sich ergeben, wenn er der zuständigen Krankenkasse (Einzugsstelle) die *Arbeitneh-*

---

[517] Siehe Rundverfügung Düsseldorf vom 29.10.1992, DStR 1992, 1725; FG Köln Entscheidungen der Finanzgerichte 1993, 509; Niedersächsisches FG Entscheidungen der Finanzgerichte 1993, 713.

[518] FG Köln Entscheidungen der Finanzgerichte 1993, 509.

[519] FG Münster Entscheidungen der Finanzgerichte 1996, 742.

*mer*beiträge vorenthält. Er läuft außerdem Gefahr, sich dadurch strafbar zu machen. Dies folgt aus § 266 a StGB. Bei dieser Strafvorschrift handelt es sich um ein Schutzgesetz im Sinne von § 823 II BGB, so dass die Verwirklichung des Straftatbestandes gleichzeitig auch eine zivilrechtliche Haftung des Geschäftsführers nach den Grundsätzen der unerlaubten Handlung auslösen kann. Die Strafbarkeit nach § 266 a StGB wurde durch das Gesetz zur Erleichterung der Bekämpfung von illegaler Beschäftigung und Schwarzarbeit vom 23. Juli 2002 (BGBl. I S. 2787) sowie durch das Gesetz zur Intensivierung der Bekämpfung der Schwarzarbeit und damit zusammenhängender Steuerhinterziehung vom 23. Juli 2004 (BGBl. I S. 1842) deutlich verschärft.

§ 266 a StGB hat jetzt folgenden Wortlaut:

§ 266 a StGB

(1) Wer als Arbeitgeber der Einzugsstelle Beiträge des Arbeitnehmers zur Sozialversicherung einschließlich der Arbeitsförderung, unabhängig davon, ob Arbeitsentgelt gezahlt wird, vorenthält, wird mit Freiheitsstrafe bis zu fünf Jahren oder mit Geldstrafe bestraft.

(2) Ebenso wird bestraft, wer als Arbeitgeber

1. der für den Einzug der Beiträge zuständigen Stelle über sozialversicherungsrechtlich erhebliche Tatsachen unrichtige oder unvollständige Angaben macht oder

2. die für den Einzug der Beiträge zuständige Stelle pflichtwidrig über sozialversicherungsrechtlich erhebliche Tatsachen in Unkenntnis lässt

und dadurch dieser Stelle vom Arbeitgeber zu tragende Beiträge zur Sozialversicherung einschließlich der Arbeitsförderung, unabhängig davon, ob Arbeitsentgelt gezahlt wird, vorenthält.

(3) Wer als Arbeitgeber sonst Teile des Arbeitsentgelts, die er für den Arbeitnehmer an einen anderen zu zahlen hat, dem Arbeitnehmer einbehält, sie jedoch an den anderen nicht zahlt und es unterlässt, den Arbeitnehmer spätestens im Zeitpunkt der Fälligkeit oder unverzüglich danach über das Unterlassen der Zahlung an den anderen zu unterrichten, wird mit Freiheitsstrafe bis zu fünf Jahren oder mit Geldstrafe bestraft. Satz 1 gilt nicht für Teile des Arbeitsentgelts, die als Lohnsteuer einbehalten werden.

(4) In besonders schweren Fällen der Absätze 1 und 2 ist die Strafe Freiheitsstrafe von sechs Monaten bis zu zehn Jahren. Ein besonders schwerer Fall liegt in der Regel vor, wenn der Täter

1. aus grobem Eigennutz in großem Ausmaß Beiträge vorenthält,

2. unter Verwendung nachgemachter oder verfälschter Belege fortgesetzt Beiträge vorenthält oder

3. die Mithilfe eines Amtsträgers ausnutzt, der seine Befugnisse oder seine Stellung missbraucht.

(5) Dem Arbeitgeber stehen der Auftraggeber eines Heimarbeiters, Hausgewerbetreibenden oder einer Person, die im Sinne des Heimarbeitsgesetzes diesen gleichgestellt ist, sowie der Zwischenmeister gleich.

(6) In den Fällen des Absätze 1 und 2 kann das Gericht von einer Bestrafung nach dieser Vorschrift absehen, wenn der Arbeitgeber spätestens im Zeitpunkt der Fälligkeit oder unverzüglich danach der Einzugsstelle schriftlich

1. die Höhe der vorenthaltenen Beiträge mitteilt und

2. darlegt, warum die fristgemäße Zahlung nicht möglich ist, obwohl er sich darum ernsthaft bemüht hat.

Liegen die Voraussetzungen des Satzes 1 vor und werden die Beiträge dann nachträglich innerhalb der von der Einzugsstelle bestimmten angemessenen Frist entrichtet, wird der Täter insoweit nicht bestraft. In den Fällen des Absatzes 3 gelten die Sätze 1 und 2 entsprechend.

Täterkreis

§ 266 a StGB richtet sich an den Arbeitgeber. Arbeitgeber ist die GmbH, nicht der Geschäftsführer selbst. Über § 14 Abs. 1 Nr. 1 StGB wird jedoch erreicht, dass der Geschäftsführer wie ein Arbeitgeber bestraft wird. Der Geschäftsführer kann daher tauglicher Täter einer Straftat nach § 266 a StGB sein. Dies gilt auch für den faktischen Geschäftsführer[520]. Ein Geschäftsführer muss sich allerdings nicht Verstöße gegen § 266 a StGB vorwerfen lassen, die von seinen Amtsvorgängern vor dem Zeitpunkt seiner Bestellung begangen wurden[521].

Hieran schließt sich die zivilrechtliche Haftung gemäß § 823 II BGB an, da § 266 a I StGB als Schutzgesetz einzustufen ist[522]. Eine zivilrechtliche Haftung setzt also voraus, dass der Straftatbestand des § 266 a StGB erfüllt ist. Bevor dies im Einzelnen erläutert wird, sollen einige Hintergrundinformationen zu § 266 a StGB gegeben werden.

Durchsetzung im Zivilrechtsweg

Über § 823 II BGB i.V.m. § 266 a StGB ergibt sich eine *zivilrechtliche* Haftung für die Verletzung der *öffentlich-rechtlichen* Pflicht, die Sozialversicherungsbeiträge abzuführen. Da es sich um eine zivilrechtliche Haftung handelt, hat die Einzugsstelle, d.h. die zuständige Krankenkasse - im Gegensatz zum Finanzamt - nicht die Möglichkeit, „einfach" einen Haftungsbescheid gegen den Geschäftsführer zu erlassen; sie ist vielmehr darauf angewiesen, den Geschäftsführer auf dem Zivilrechtsweg zu verklagen.

---

[520] Siehe zu diesem die Ausführungen im 3. Teil B III.

[521] BGH NZG 2002, 288, Leitsatz: *Der Geschäftsführer einer GmbH wird erst mit seiner Bestellung für die Abführung von Sozialversicherungsbeiträgen verantwortlich. Das pflichtwidrige Verhalten früherer Geschäftsführer kann ihm grundsätzlich nicht zugerechnet werden.* Anmerkung: Das bedeutet nicht, dass der neue Geschäftsführer nicht mehr zur Abführung von Sozialversicherungsbeiträgen verpflichtet ist, die vor seiner Bestellung fällig geworden sind. Dies ist er durchaus, wenn die allgemeinen Voraussetzungen, insbesondere eine Zahlungsfähigkeit der GmbH vorliegen, siehe unten unter 3. Dem Geschäftsführer wird nur nicht mit straf- und zivilrechtlicher Relevanz eine etwaige Pflichtwidrigkeit des vormaligen Geschäftsführers zugerechnet.

[522] BGHZ 134, 304, 307.

> **Achtung!**
>
> Da die Durchsetzung des Anspruchs aus § 823 II BGB i.V.m.
> § 266 a StGB im Zivilrechtsweg sehr mühsam ist, versuchen eini-
> ge Einzugsstellen, den Geschäftsführer in der Krise dazu zu bewe-
> gen, für rückständige Sozialversicherungsverbindlichkeiten eine
> *Bürgschaft* abzugeben. Diese Bürgschaft bezieht sich dann in der
> Regel sowohl auf Arbeitgeber- als auch auf Arbeitnehmeranteile
> zur Sozialversicherung. Sie wird dem Geschäftsführer oft gegen
> eine In-Aussicht-Stellung einer Stundungsvereinbarung „ent-
> lockt". Der Geschäftsführer, insbesondere der Fremdgeschäftsfüh-
> rer, sollte sich sehr genau überlegen, ob er eine solche Bürg-
> schaftserklärung für die Gesellschaft zugunsten der Einzugsstelle
> abgibt. In den meisten Fällen wird ihm hiervon abzuraten sein,
> denn er wirft sein persönliches Vermögen in die Waagschale, ob-
> wohl häufig keine reellen Chancen bestehen, die Gesellschaft zu
> sanieren. In jedem Fall sollte er nur dann bürgen, wenn die Gesell-
> schafter ihn persönlich von den finanziellen Nachteilen freistellen,
> was eine entsprechende Leistungsfähigkeit der Gesellschafter vor-
> aussetzt.

Weigert sich der Geschäftsführer allerdings, der Einzugsstelle eine
entsprechende Bürgschaft abzugeben, so muss er damit rechnen,
dass möglicherweise Strafantrag wegen Verstoßes gegen § 266 a
StGB gegen ihn gestellt wird. Kommt es danach zu einer strafrechtlichen Verurteilung des Geschäftsführers wegen Vorenthaltens von Arbeitnehmerbeiträgen zur Sozialversicherung, so ist es
ein leichtes für die Einzugsstelle, anschließend die zivilrechtliche
Haftung zu begründen. Das Zivilgericht ist zwar grundsätzlich
nicht an die Entscheidung des Strafgerichts gebunden, eine jedoch
in einem solchen Fall noch abweichende Entscheidung zu erreichen, stellt sich als nicht besonders Erfolg versprechend dar.

Erfolgt eine rechtkräftige Verurteilung nach § 266 a I, III oder
IV StGB zu einer Freiheitsstrafe von mehr als drei Monaten oder
einer Geldstrafe von mehr als 90 Tagessätzen, kann dies gemäß §
5 des Gesetzes zur Bekämpfung der Schwarzarbeit[523] zum Ausschluss des betreffenden Arbeitgebers von öffentlichen Aufträgen
führen. *(Ausschluss von öffentlichen Aufträgen)*

Durchläuft der Geschäftsführer ein Insolvenzverfahren und anschließend – gerechnet von der Eröffnung des Insolvenzverfahrens
an – eine sog. sechsjährige Wohlverhaltensperiode, kann ihm
Restschuldbefreiung erteilt werden. Die Restschuldbefreiung be- *(Keine Rest-schuldbefreiung)*

---

[523] Danach sollen Bewerber, die sich nach § 266 a StGB strafbar gemacht haben,
bis zu einer Dauer von drei Jahren von der Teilnahme an einem Wettbewerb um
einen Bauauftrag gemäß § 98 Nr. 1 bis 3 und 5 des Gesetzes gegen Wettbe-
werbsbeschränkungen ausgeschlossen werden.

trifft jedoch gemäß § 302 Nr. 1 InsO nicht Schulden aus *vorsätzlich* begangenen unerlaubten Handlungen (§§ 823 ff. BGB). Dazu gehört auch der gegen den Geschäftsführer gerichtete Anspruch aus § 823 II BGB i.V.m. § 266 a StGB. Dieser wird damit von der Restschuldbefreiung ausgenommen. Voraussetzung ist allerdings, dass der Gläubiger die entsprechende Forderung unter Angabe dieses Rechtsgrundes im Insolvenzverfahren angemeldet hat. Im Rahmen eines Prozesses gegen den Geschäftsführer beantragen die Sozialversicherungsträger häufig, dass das Gericht feststellen möge, dass ein Anspruch aus vorsätzlicher unerlaubter Handlung vorliegt, so dass sich dies aus dem Urteil eindeutig ergibt und später nicht zu Beweisschwierigkeiten seitens der Krankenkasse führt. Ist der Geschäftsführer zu Schadensersatz verurteilt worden oder liegt sonst ein sog. vollstreckbarer Titel gegen ihn vor (Vollstreckungsbescheid, notarielles Schuldanerkenntnis), ist eine Geltendmachung gegen ihn 30 Jahre lang möglich.

Verschärfungen der letzten Jahre

Durch die Verschärfung des § 266 a StGB in den Jahren 2002 und 2004 (siehe oben vor dem Gesetzestext) ist das Risiko der Bestrafung und damit korrespondierend das persönliche Haftungsrisiko des Geschäftsführers deutlich gestiegen. So wurden in § 266 a III StGB besonders schwere Fälle des Vorenthaltens und des Veruntreuens von Arbeitsgeld geregelt, die eine Freiheitsstrafe von sechs Monaten bis zu zehn Jahren vorsehen.

Zahlung der Nettolöhne ist nicht erforderlich

Zunächst einmal hat der Gesetzgeber jetzt ausdrücklich in § 266 a I StGB verankert, dass die Strafbarkeit selbst dann ausgelöst wird, wenn überhaupt keine Netto-Gehälter ausbezahlt werden. Diese Frage war strittig, wobei der *BGH in Zivilsachen* bereits am 16.05.2000 ebenfalls zu Gunsten der sog. Lohnpflichttheorie entschieden und festgestellt hatte, dass das Vorenthalten nicht voraussetzt, dass an die Arbeitnehmer tatsächlich Löhne ausbezahlt wurden[524]. Der *BGH in Strafsachen* hat sich am 28.05.2002 dieser Ansicht angeschlossen[525].

Strafbarkeit für vorenthaltene Arbeitgeberbeiträge

Neu ist die mit Wirkung ab 1. August 2004 geltende Strafbarkeit gemäß § 266 a II StGB für vorenthaltene *Arbeitgeber*beiträge, die allerdings weitere Voraussetzungen verlangt. Den für den Einzug der Beiträge zuständigen Stellen – also die Krankenkassen - müssen über sozialversicherungsrechtlich erhebliche Tatsachen unrichtige oder unvollständige Angaben gemacht oder die zuständige Stelle muss pflichtwidrig über sozialversicherungsrechtlich erhebliche Tatsachen in Unkenntnis gelassen worden sein. Dadurch müssen der Einzugsstelle vom Arbeitgeber zu tragende Beiträge zur Sozialversicherung einschließlich der Arbeitsförderung vorenthalten worden sein. Auch hier ist nicht maßgeblich, ob Ar-

---

[524] BGHZ 144, 311.
[525] BGH NZG 2002, 721.

beitsentgelt gezahlt wird. Wer also die monatlichen Beitragsmeldungen an die Krankenkassen unterlässt oder Arbeitnehmer gar nicht erst bei den Krankenkassen anmeldet, kann sich hiernach strafbar machen. Es ist damit zu rechnen, dass die Rechtsprechung auch § 266 a II StGB als Schutzgesetz gemäß § 823 II BGB einordnen wird, so dass sich hieran eine zivilrechtliche Haftung des Geschäftsführers anknüpft. Es bleibt zudem abzuwarten, wie die Rechtsprechung das Kausalitätserfordernis auslegt. Nach dem Wortlaut von § 266 a II StGB müssen der Einzugsstelle durch die unrichtig oder überhaupt nicht mitgeteilten Tatsachen Arbeitgeberbeiträge vorenthalten worden sein. Auch hier dürfte erforderlich sein, dass der Arbeitgeber überhaupt noch zur Zahlung in der Lage gewesen ist.

2. Grundsatz der Gesamtverantwortung

Bei Gesellschaften mit mehreren Geschäftsführern gilt auch für die öffentlich-rechtliche Pflicht, die Arbeitnehmerbeiträge zur Sozialversicherung abzuführen, der Grundsatz der Gesamtverantwortung. Auch hier muss jedoch wieder beachtet werden: Der Grundsatz der Gesamtverantwortung kann eingeschränkt werden durch Ressortaufteilungen oder auch durch Delegationen auf andere Personen unterhalb der Geschäftsführungsebene, etwa auf qualifizierte Mitarbeiter der Personalabteilung. Solche internen Zuständigkeitsvereinbarungen bzw. derartige Delegationen von Aufgaben auf nachgeordnete Mitarbeiter können die deliktische Verantwortlichkeit des Geschäftsführers beschränken. In jedem Fall verbleiben jedem Geschäftsführer jedoch Überwachungspflichten, die ihn zu einem Eingreifen verpflichten können. Insbesondere in finanziellen Krisensituationen muss der Geschäftsführer damit rechnen, dass die laufende Erfüllung der Gesellschaftsverbindlichkeiten nicht mehr gewährleistet ist, so dass er hier eine gesteigerte Überwachungspflicht hat[526]. Der Geschäftsführer muss kraft seiner Or-

Gesamtverantwortung des Geschäftsführers

---

[526] Grundlegend BGHZ 133, 370: Leitsätze:

a) Zu den Aufgaben des Geschäftsführers einer GmbH gehört es, dafür zu sorgen, dass die der Gesellschaft auferlegten öffentlich-rechtlichen Pflichten, zu denen die Abführung der Arbeitnehmerbeiträge zur Sozialversicherung gehört, erfüllt werden.

b) Diesen Pflichten können sich die Geschäftsführer einer mehrgliedrigen Geschäftsleitung weder durch Zuständigkeitsregelungen noch durch Delegation auf andere Personen entledigen.

c) Interne Zuständigkeitsvereinbarungen oder die Delegation von Aufgaben können aber die deliktische Verantwortlichkeit des Geschäftsführers beschränken. In jedem Fall verbleiben ihm Überwachungspflichten, die ihn zum Eingreifen verpflichten können. Eine solche Überwachungspflicht kommt vor allem in finanziellen Krisensituationen zum Tragen, in denen die laufende Erfüllung der Verbindlichkeiten nicht mehr gewährleistet erscheint.

Prägnant formuliert das OLG Frankfurt, NZG 2004, 388, Leitsätze:

ganisationsgewalt dafür sorgen, dass die öffentlich-rechtlichen Pflichten auch tatsächlich erfüllt werden. Eine Verantwortlichkeit des einzelnen Geschäftsführers entfällt nur dann, wenn er keine Zweifel haben musste, dass die zur Erfüllung der Aufgaben eingesetzten Personen diese ordnungsgemäß wahrnehmen werden.

3. Einzelne Voraussetzungen der Haftung aus § 823 II BGB i.V.m. § 266 a I StGB

a. Vorenthalten von Arbeitnehmerbeiträgen zur Sozialversicherung

Nur vorenthaltene Arbeitnehmerbeiträge lösen Haftung aus

Zunächst greift die Haftung nur dann ein, wenn *Arbeitnehmer*beiträge der zuständigen Einzugsstelle vorenthalten werden. Nicht betroffen sind also Beiträge zur gesetzlichen Unfallversicherung, die der Arbeitgeber allein zu tragen hat, oder die *Arbeitgeber*beiträge zu der Renten-, Kranken-, Arbeitslosen- und Pflegeversicherung. Die Nichtabführung der Arbeitgeberbeiträge stellt allerdings nach sozialrechtlichen Vorschriften eine Ordnungswidrigkeit dar.

Fälligkeit

§ 266 a I StGB erfordert zudem, dass *fällige* Sozialversicherungsbeiträge *vorenthalten* werden. Fällig werden die Sozialversicherungsbeiträge spätestens am 15. des Folgemonats[527]. Ab 1. Januar 2006 werden Beiträge am drittletzten Bankarbeitstag des Monats zur Zahlung fällig. Die Fälligkeit entfällt, wenn mit der Einzugsstelle eine Stundungsvereinbarung getroffen wurde.

Begriff des Vorenthaltens

Der Tatbestand des § 266 a I StGB setzt als Tathandlung das Vorenthalten von Arbeitnehmerbeiträgen voraus. Vorenthalten setzt nicht voraus, dass die Beiträge dauerhaft nicht abgeführt werden. Es genügt, wenn dies zum Fälligkeitszeitpunkt nicht geschah. Eine spätere Zahlung lässt jedoch die zivilrechtliche Haftung entfallen, da dann kein Schaden mehr vorliegt. Die Strafbar-

---

1. Bestehen Anhaltspunkte für die Annahme, dass der kaufmännische Geschäftsführer einer GmbH fällige Arbeitgeberanteile nicht an die Einzugsstelle abführt, so hat der technische Geschäftsführer kraft verbliebener Überwachungspflichten Sorge dafür zu tragen, dass aus eingehenden liquiden Mitteln vorrangig Beiträge abgeführt werden.

2. Ein in diesem Sinne hinreichender Anlass zum Tätigwerden ist spätestens dann gegeben, wenn auch dem technischen Geschäftsführer bekannt wird, dass die liquiden Mittel nicht mehr hinreichen, sämtliche fälligen Verbindlichkeiten sofort zu erfüllen.

[527] Die Fälligkeit ist in § 23 SGB IV geregelt. Danach sind die Regelungen der Satzung der Kranken- und Pflegekasse maßgeblich, wobei die Beiträge, die nach dem Arbeitsentgelt oder dem Arbeitseinkommen zu bemessen sind, spätestens am 15. des Monats fällig werden, der dem Monat folgt, in dem die Beschäftigung oder Tätigkeit, mit der das Arbeitsentgelt oder Arbeitseinkommen erzielt wird, ausgeübt worden ist oder als ausgeübt gilt. Beiträge sind abweichend von dem Vorgenannten spätestens am 25. des Monats fällig, in dem die Beschäftigung, mit der das Arbeitsentgelt erzielt wird, ausgeübt worden ist oder als ausgeübt gilt, wenn das Arbeitsentgelt bis zum 15. dieses Monats fällig ist.

keit bleibt jedoch grundsätzlich bestehen. Aus dem Wortlaut „Vorenthalten" folgt auch, dass im Gegensatz zu der älteren Fassung dieser Vorschrift kein *Einbehalten* mehr erforderlich ist. Das heißt, der Arbeitgeber muss nicht die Arbeitnehmerbeiträge von dem ausgezahlten Lohn einbehalten. Er macht sich vielmehr – wie der Wortlaut seit der bereits erwähnten Änderung vom Juli 2002 deutlich macht – auch dann strafbar, wenn er überhaupt *keine* Löhne überweist. Dies gilt erst recht, wenn er *teilweise* den Lohn auszahlt, ohne zum Fälligkeitszeitpunkt die Arbeitnehmerbeiträge an die Einzugsstelle abzuführen.

Für eine Vorenthaltung im Sinne von § 266 a StGB reicht es damit schon aus, wenn eine „schlichte Nichtzahlung" vorliegt. Dies lässt sich damit erklären, dass § 266 a StGB lediglich den Schutz der Solidargemeinschaft der Versicherten bezweckt. Das Aufkommen der Sozialversicherungsträger und der Bundesagentur für Arbeit soll gewährleistet werden. Damit ist allein entscheidend und maßgeblich, ob der Geschäftsführer den Anspruch des Sozialversicherungsträgers in der gesetzlichen Höhe zum Fälligkeitszeitpunkt befriedigt hat[528].

b. Möglichkeit der Abführung der geschuldeten Beiträge

§ 266 a I StGB ist ein sog. „echtes Unterlassungsdelikt". Das heißt, der Tatbestand wird durch ein „Nichtstun" verwirklicht. Dies setzt aber eine Handlungsfähigkeit und -möglichkeit des Geschäftsführers voraus. Fehlt eine solche, so ist der Tatbestand des § 266 a I StGB nicht erfüllt[529]. Der Geschäftsführer muss also in der Lage gewesen sein, die Sozialversicherungsbeiträge abzuführen. Diese Möglichkeit der Abführung muss sowohl *tatsächlich* als auch *rechtlich* bestanden haben.

Eine *rechtliche* Unmöglichkeit liegt meines Erachtens vor, wenn bereits Insolvenzreife besteht. Hier legt § 64 II GmbHG ausdrücklich fest, dass der Geschäftsführer haftet, wenn er masseschmälernde Leistungen vornimmt. Hieraus folgt ein den Geschäftsführer als Pflicht treffendes Auszahlungsverbot[530]. Dadurch gerät der Geschäftsführer in einen Konflikt. Besteht Insolvenzreife, so könnte er sich entweder gemäß § 266 a StGB oder ggf. wegen Insolvenzverschleppung straf- und haftbar machen. Solange sich der Geschäftsführer „normgerecht" verhält muss er allerdings nichts befürchten, da der 5. Strafsenat des *BGH* mit Urteil vom 30.07.2003 entschieden hat, dass zumindest in der in § 64 I GmbHG verankerten maximal dreiwöchigen Frist zwischen Eintritt der Insolvenzreife und Stellung des Insolvenzantrags eine Verpflichtung zur Zahlung der Sozialversicherungsbeiträge und

Rechtliche
Unmöglichkeit
wegen § 64 II
GmbHG

---

528 OLG Düsseldorf GmbHR 1994, 404.
529 BGH NZG 2002, 289, 290; BGH, Urt. vom 7.6.2005, zr-report.de.
530 BGH NZG 2004, 42, 43.

eine Strafbarkeit wegen § 266 a StGB nicht bestehe[531]. Damit ist das Spannungsverhältnis deutlich entschärft worden – sofern sich die Zivilgerichte dieser Auffassung anschließen[532]. Nach Ablauf der Insolvenzantragsfrist lebt jedoch nach Ansicht des BGH die Strafbarkeit wieder auf, der *BGH* formuliert wie folgt:

Lässt der Geschäftsführer die Frist für die Stellung des Konkurs-antrags verstreichen, fällt diese sich aus § 64 II GmbHG ergebende Rechtfertigung weg. Dies gilt namentlich dann, wenn die Insolvenzreife des Unternehmens fortbesteht. Die aus § 64 II GmbHG hergeleitete Rechtfertigung knüpft nämlich nicht an die Insolvenzreife des Unternehmens an sich an, sondern sie privilegiert lediglich die noch aussichtsreichen Sanierungsversuche nach Eintritt der Krise, und zwar beschränkt auf einen Zeitraum von höchstens drei Wochen. Daraus folgt, dass die Nichtbeachtung der strafbewehrten Pflicht zur Abführung der Arbeitnehmerbeiträge nach Ablauf der Frist nicht mehr gerechtfertigt ist. Soweit noch verfügbare Mittel des Unternehmens zur Verfügung stehen, sind diese dann in erster Linie für die Begleichung der Arbeitnehmerbeiträge im Sinne des § 266 a I StGB einzusetzen. Der Senat hält an seiner Rechtsprechung fest, dass sich aus der Strafbewehrung der Nichtabführung von Arbeitnehmerbeiträgen nach § 266 a I StGB deren Vorrang ergibt (BGHSt 47, 318 [321]).

Strafbarkeit und Haftung nach Eintritt der Insolvenzreife

Meines Erachtens muss entgegen der Auffassung des *BGH* gelten, dass sich der Geschäftsführer nach Eintritt der Insolvenzreife wegen des in § 64 II GmbHG verankerten Auszahlungsverbots gene-

---

[531]   BGH NZG 2004, 42, Leitsätze:
   1. Unterlässt der Verantwortliche während des Laufs der Insolvenzantragsfrist nach § 64 I GmbHG die Abführung von Arbeitnehmerbeiträgen an die Sozialversicherung, macht er sich nicht nach § 266a I StGB strafbar.
   2. Die Strafvorschrift des § 266a I StGB verlangt auch dann die vorrangige Abführung von Arbeitnehmerbeiträgen, wenn die Zahlung möglicherweise im Insolvenzverfahren später angefochten werden kann (im Anschluss an BGHSt 47, 318). Anmerkung: Zur Insolvenzanfechtung siehe die §§ 129 ff. InsO. Selbst wenn der Insolvenzverwalter später nach Inolvenzeröffnung die Sozialversicherungsbeiträge im Wege der Insolvenzanfechtung von der Krankenkasse zurückverlangen kann, bleibt der Geschäftsführer zur Vermeidung seiner Strafbarkeit gehalten, die Sozialversicherungsbeiträge solange abzuführen, wie noch keine Insolvenzreife vorliegt. Diese noch zur Konkursordnung ergangene Entscheidung steht allerdings in Widerspruch zum Urteil des BGH in Zivilsachen vom 16.04.2005, II ZR 61/03, zr-report.de, das ausdrücklich für die Insolvenzordnung den Vorrang der Zahlungspflicht gegenüber Sozialversicherungsträgern verneint und im Falle der Anfechtbarkeit durch den Insolvenzverwalter den Tatbestand des § 266a StGB mangels Schadens ablehnt.

[532]   Siehe ausführlich *Gross/Schork*, Der GmbH-Geschäftsführer im Spannungsverhältnis des Zahlungsverbots nach § 64 II 1 GmbHG und der Strafbarkeit wegen Vorenthaltens von Sozialversicherungsbeiträgen, Neue Zeitschrift für Insolvenzrecht 2004, 358.

rell nicht mehr gemäß § 266 a StGB strafbar machen kann, so dass auch eine zivilrechtliche Haftung wegen der nicht abgeführten Arbeitnehmerbeiträge ausscheidet. Die Entscheidung des *BGH* erging noch unter Geltung der Konkursordnung, als Beitragsansprüche der Sozialversicherungsträger dem Range nach bevorrechtigt waren. Dies gilt nach Inkrafttreten der Insolvenzordnung nicht mehr. Es bleibt daher abzuwarten, ob der BGH in Strafsachen seine Ansicht auch unter Geltung der Insolvenzordnung vertritt. Der BGH in Zivilsachen hat bereits entschieden, dass er insolvenzrechtlich den Forderungen der Sozialversicherungsträger keinen Vorrang mehr einräumt[533], so dass nach Eintritt der Insolvenzreife keine Haftung gemäß § 823 II BGB i.V.m. § 266 a StGB eintreten kann. Sofern allerdings der Insolvenzantrag nicht rechtzeitig gestellt wurde, wird der Geschäftsführer oft kaum einen Anreiz haben, sich auf die Insolvenzreife zu berufen. Einerseits würde der Geschäftsführer zwar durch die Berufung auf das Auszahlungsverbot einer Strafbarkeit und einer Haftung wegen der nicht abgeführten Arbeitnehmerbeiträge zur Sozialversicherung entgehen; andererseits aber würde er sich der Gefahr aussetzen wegen einer Insolvenzverschleppung gemäß § 84 GmbHG bestraft zu werden. Darüber hinaus hätte er dann noch nach § 823 II BGB i.V.m. § 64 I GmbHG zivilrechtlich für den entstandenen Schaden zu haften.

Vor- und Nachteile

Die Insolvenzverschleppung hat für den Geschäftsführer gegenüber der Haftung und Strafbarkeit wegen des Vorenthaltens der Arbeitnehmerbeiträge zwei wesentliche Nachteile: Erstens macht er sich schon dann strafbar, wenn er nur fahrlässig handelt - bei der Nichtabführung von Sozialversicherungsbeiträgen ist hingegen Vorsatz erforderlich -; zweitens gilt die Insolvenzverschleppungshaftung gemäß § 823 II BGB i.V.m. § 64 I GmbHG gegenüber allen Gläubigern und nicht nur gegenüber der Einzugsstelle. Der Geschäftsführer könnte also „ein Eigentor schießen", wenn er sich darauf beriefe, dass er aufgrund der Insolvenzreife die Sozialversicherungsbeiträge wegen des Verbots der Masseschmälerung (§ 64 II GmbHG) rechtlich nicht abführen durfte. Daher kann es trotz rechtlicher Unmöglichkeit der Abführung der Sozialversicherungsbeiträge zu einer Inanspruchnahme des Geschäftsführers kommen. Bei „überschaubaren" Rückständen hinsichtlich der Arbeitnehmerbeiträge zur Sozialversicherung sollte der Geschäftsführer erwägen, diese notfalls aus seinem Privatvermögen zu bezahlen und sofort Insolvenzantrag zu stellen.

Tatsächliche Unmöglichkeit

Eine *tatsächliche* Unmöglichkeit liegt vor, wenn der Geschäftsführer faktisch nicht mehr in der Lage ist, die Sozialversicherungsbeiträge einzuzahlen. Dies ist dann der Fall, wenn es

---

[533] BGH, Urt. vom 16.04.2005, II ZR 61/03, zr-report.de.

schlichtweg keine verfügbaren Mittel mehr gibt, die bei Fälligkeit
für die Begleichung der Sozialversicherungsbeiträge verwendet
werden könnten. Im Falle einer Zahlungsunfähigkeit der Gesellschaft entfällt damit eine Strafbarkeit[534]. Sollte Insolvenzreife vorliegen, wäre darin, wie ausgeführt, eine rechtliche Unmöglichkeit
zu sehen. Die Beweislast, dass die GmbH in der Lage gewesen
wäre, die Zahlungen zu erbringen hat grundsätzlich der Sozialversicherungsträger als Anspruchsteller. Es ist dem Sozialversicherungsträger nach Ansicht des *BGH* auch nicht unzumutbar oder
von vornherein unmöglich, den Beweis der Zahlungsfähigkeit des
Arbeitgebers zu erbringen. Hierfür genügt bereits der Nachweis
irgendeiner Zahlung in nicht nur unwesentlicher Höhe an einen
Dritten[535].

Achtung!

Der *BGH* hat mit Urteil vom 21. Januar 1997 die strittige Frage
entschieden, wie der Fall zu beurteilen ist, bei dem der Geschäftsführer zunächst die Nettolöhne ausgezahlt hat, anschließend aber
zum Fälligkeitszeitpunkt infolge nunmehr eingetretener Zahlungsunfähigkeit zur Abführung der Sozialversicherungsbeiträge außerstande war[536]. Der *BGH* geht von einem Vorrang der Abführungs-
pflicht aus. Er verlangt, dass der Geschäftsführer bei der Auszahlung des Lohnes die später fällig werdenden Sozialversicherungsbeiträge zurücklegt bzw. durch einen Liquiditätsplan oder notfalls
durch eine Lohnkürzung sicherstellt, dass die Arbeitnehmerbeiträ-

---

[534]   BGH GmbHR 1997, 29, 30. Danach soll eine Zahlungsunfähigkeit aber erst
dann vorliegen, wenn die GmbH keinerlei Mittel mehr hat, um die konkret
fälligen Arbeitnehmeranteile zur Sozialversicherung abzuführen. Es komme
nicht darauf an, ob die Gesellschaft in der Lage ist, weitere Verbindlichkeiten
zu begleichen. Dieser Entscheidung ist zudem zu entnehmen, dass eine
Überschuldung oder Zahlungsunfähigkeit, also eine Insolvenzreife die Strafbarkeit nicht entfallen läßt, sofern nur konkret Mittel vorhanden sind, die
Arbeitnehmerbeiträge zu zahlen. Diese Entscheidung setzt sich allerdings nicht
mit dem Auszahlungsverbot gemäß § 64 II GmbHG auseinander, sie ist zudem
vor Inkrafttreten der Insolvenzordnung ergangen. Nach der Insolvenzordnung
sind Beitragsansprüche der Sozialversicherungsträger nicht mehr bevorrechtigt.

[535]   BGH NZG 2002, 289, 291.

[536]   BGHZ 134, 304, Leitsätze:
*1. Der Arbeitgeber ist wegen der Nichtabführung von Arbeitnehmerbeiträgen
zur Sozialversicherung auch dann gemäß § 823 Abs. 2 BGB i.V.m. § 266 a Abs.
1 StGB haftungsrechtlich verantwortlich, wenn ihm die Abführung zwar im
Fälligkeitszeitpunkt wegen Zahlungsunfähigkeit unmöglich war, ihm aber die
Herbeiführung dieser Zahlungsunfähigkeit ihrerseits als (bedingt vorsätzliches) pflichtwidriges Verhalten zur Last zu legen ist.
2. Dies kann der Fall sein, wenn die Zahlungsunfähigkeit darauf beruht, dass
zwischen Auszahlung der Löhne und Fälligkeit der Arbeitnehmerbeiträge zur
Sozialversicherung Leistungen an andere Gläubiger, sei es auch in »kongruenter Deckung« auf bestehende Verbindlichkeiten des Arbeitgebers, erbracht
wurden.*

ge bei Fälligkeit zur Abführung an die Einzugsstelle auch zur Verfügung stehen. Zu Recht wird geltend gemacht, der Arbeitgeber
könne nicht gezwungen werden, der Einzugsstelle dadurch einen
derartig absoluten Vorrang einzuräumen, dass er dieser bereits eine
„inkongruente" Deckung schon vor Fälligkeit ermögliche[537]. Entscheidend muss daher sein, dass zum Fälligkeitszeitpunkt eine
Unmöglichkeit vorliegt; ob diese kurz zuvor noch nicht bestand,
ist grundsätzlich irrelevant. Da der *BGH* jedoch anders entschieden hat, muss sich die Praxis hieran ausrichten.

Tipp!
Sie sollten daher, um der Strafbarkeit und der persönlichen Haftung zu entgehen, in jedem Fall durch die Bildung einer Rücklage
sicherstellen, dass die Arbeitnehmerbeiträge bei Fälligkeit abgeführt werden.

---

c. Vorsatz des Geschäftsführers

Der Geschäftsführer muss vorsätzlich gehandelt haben, was dann
der Fall ist, wenn der Geschäftsführer die Abführung der fälligen
Beiträge bewusst und gewollt unterlassen hat. Für Vorsatz genügt
es, dass der Geschäftsführer zwar nicht beabsichtigt, die Sozialversicherungsbeiträge bei Fälligkeit nicht abzuführen, aber die
Möglichkeit einer Zahlungsunfähigkeit erkennt und das Vorenthalten der Sozialversicherungsbeiträge billigend in Kauf nimmt (sog.
bedingter Vorsatz)[538].

Beispiel: „*Ständige Übung"*
Eine Möbelhaus-GmbH hat seit längerem finanzielle Schwierigkeiten.
Zwischen der Hausbank und der Gesellschaft hat sich daher eine „Ü-
bung" entwickelt, wonach Abbuchungen von dem Geschäftskonto jeweils zuvor abzustimmen sind. Dies geschieht dergestalt, dass der Geschäftsführer G, bevor er einen Scheck ausstellt bzw. eine Überwei-
sung veranlasst, sich zunächst von der Bank das „Okay" geben lässt,
dass dieser auch eingelöst wird. Dieses Zusammenspiel hat über Jahre
gut funktioniert. Nun wird der Hausbank das Engagement „zu wacke-
lig", so dass sie eine weitere Kreditierung ablehnt. Geschäftsführer G
hat darauf vertraut, dass - wie immer – die Zahlungen für die Sozial-

---

[537] OLG Düsseldorf GmbHR 1994, 404, 405.
[538] Siehe auch BGH NZG 2001, 320; Leitsätze:
1. *Zu den Pflichten des Geschäftsführers einer GmbH gehört es, sich in der
finanziellen Krise des Unternehmens über die Einhaltung von erteilten Anweisungen zur pünktlichen Zahlung fälliger Arbeitnehmerbeiträge zur Sozialversicherung durch geeignete Maßnahmen zu vergewissern.*
2. *Ein Irrtum des Geschäftsführers über den Umfang seiner Pflicht zur Überwachung einer an die Buchhaltung erteilten Anweisung zur Zahlung fälliger
Arbeitnehmerbeiträge ist ein Verbotsirrtum, der in der Regel den Vorsatz hinsichtlich des Vorenthaltens dieser Beiträge nicht entfallen lässt.*

versicherungsbeiträge in Ordnung gehen. Diesmal wird sein Vertrauen enttäuscht. Die Sozialversicherungsbeiträge, einschließlich der Arbeitnehmerbeiträge, werden somit nicht fristgemäß abgeführt. Da der Geschäftsführer jedoch darauf vertrauen durfte, dass die Zahlungen auch diesmal ausgeführt werden, liegt kein Vorsatz vor[539].

Vorsatz gemäß § 266 a StGB erfordert also, dass der Geschäftsführer die Pflicht zur Abführung der Arbeitnehmerbeiträge und den Zeitpunkt der Fälligkeit kennt und zumindest billigend in Kauf nimmt, dass durch sein Untätigbleiben die Abführung nicht erfolgt[540].

Nicht jedes „Vertrauen" des Geschäftsführers kann ihn allerdings entlasten. Vertraut er etwa darauf, dass die Einzugsstelle der GmbH die Sozialversicherungsbeiträge „schon" stunden werde, so lässt dies grundsätzlich nicht seinen Vorsatz entfallen. Dies kann nur dann der Fall sein, wenn die Krankenkasse durch ihr Verhalten ein berechtigtes Vertrauen geweckt hat. Nur weil die Einzugsstelle bereits einmal eine Stundung gewährt hat, heißt dies nicht, dass sie diese „Wohltat" wiederholt.

d. Durch die Verletzung des Schutzgesetzes entstandener Schaden

Hat der Geschäftsführer gegen § 266 a StGB verstoßen, so führt dies nur dann zu einer zivilrechtlichen Haftung, wenn der Einzugsstelle dadurch ein Schaden entstanden ist. Dies ist immer dann der Fall, wenn noch Arbeitnehmerbeiträge ausstehen. Hätte allerdings der Insolvenzverwalter die Zahlungen an die Sozialkasse nach der InsO gemäß §§ 129 ff. anfechten können, entfällt mangels Kausalität der Schaden. Die Anfechtungstatbestände, die in ihren Einzelheiten nicht unkompliziert sind, sollten daher sehr genau überprüft werden.

Tipp!
Tilgungsbestimmung durch den Geschäftsführer
Genügen die Mittel der Gesellschaft nicht, um sowohl die Arbeitgeber- als auch die Arbeitnehmerbeiträge zu tilgen, so können Sie als Geschäftsführer bestimmen, worauf die Zahlung angerechnet wird. Hier sollten Sie stets - schon um eine Strafbarkeit und Haftung auszuschließen - bestimmen, dass zunächst die Arbeitnehmerbeiträge getilgt werden. Fehlt eine Tilgungsbestimmung, ist es umstritten, ob zugunsten des Geschäftsführers von einer stillschweigenden Tilgungsbestimmung hinsichtlich der Arbeitnehmerbeiträge ausgegangen werden muss[541]. Der *BGH* lehnt eine

---

[539]   BGH DB 1991, 2585, 2586.
[540]   BGH ZIP 1996, 2017, 2021.
[541]   OLG Dresden ZIP 1997, 647.

stillschweigende Tilgungsbestimmung hinsichtlich der Arbeitnehmerbeiträge ab, vielmehr müsse der Wille des Geschäftsführers
vorrangig Arbeitnehmerbeiträge tilgen zu wollen, greifbar in Erscheinung getreten bzw. für die Krankenkasse erkennbar gewesen
sein[542]. Die Einzugsstellen wenden die sog. Beitragszahlungsver-
ordnung an, danach werden Gesamtsozialversicherungsbeiträge
ohne Differenzierung danach, ob es sich um Arbeitnehmer- oder
um Arbeitgeberbeiträge handelt, nach ihrer Fälligkeit getilgt. Die
Verordnung sieht aber selbst vor, dass der Arbeitgeber Bestimmungen treffen kann. Diese gehen vor. Wichtig ist daher, dass der
Geschäftsführer bei dem Verwendungszweck den Beitragsmonat
angibt sowie bestimmt, dass es sich um Arbeitnehmerbeiträge
handelt.

f. Verjährung

Der Anspruch aus § 823 II BGB i.V.m. § 266 a StGB verjährt gemäß § 195 BGB in drei Jahren. Die Verjährungsfrist beginnt mit
dem Schluss des Jahres, in dem der Anspruch entstanden ist und
der Gläubiger von den den Anspruch begründenden Umständen
und der Person des Schuldners Kenntnis erlangt oder ohne grobe
Fahrlässigkeit erlangen müsste (§ 199 I BGB). Da der Sozialversicherungsträger von den Rückständen in der Regel sofort Kenntnis
erlangt und die Person des Geschäftsführers ggf. durch Handelsre-
gistereinsicht ermittelbar ist, ist grundsätzlich die dreijährige Verjährungsfrist maßgeblich. Bei mehrköpfigen Geschäftsführungsorganen kann allerdings der Fall vorliegen, dass nach außen nicht
deutlich wird, welcher Geschäftsführer verantwortlich und ggf.
vorsätzlich im Sinne von § 266 a StGB gehandelt hat[543]. Dann
könnte ausnahmsweise die gemäß § 199 III Nr. 1 BGB vorgesehene zehnjährige Verjährungsfrist Anwendung finden, die ohne
Rücksicht auf die Kenntnis oder grob fahrlässige Unkenntnis mit
Entstehung des Anspruchs beginnt.

---

[542] BGH NJW-RR 2001, 1280, 1281; BGH NZG 2001, 320, 321; BGH NJW-RR
2001, 1536, Leitsatz: *Eine Tilgungsbestimmung des Arbeitgebers dahin, an die
sozialversicherungsrechtliche Einzugsstelle geleistete Zahlungen sollten vorrangig auf fällige Arbeitnehmeranteile zu den Sozialversicherungsbeiträgen
angerechnet werden, kann zwar konkludent erfolgen, muss dann aber greifbar
in Erscheinung treten.*

[543] Meines Erachtens liegt allerdings eine grob fahrlässige Unkenntnis vor, wenn
der Sozialversicherungsträger keine Ermittlungen über die Zuständigkeitsver-
teilung anstellt. Dann bliebe es bei der dreijährigen Verjährungsfrist.

g. Abzugsfähigkeit als Werbungskosten

Wird der Geschäftsführer von einer Sozialkasse auf Schadensersatz in Anspruch genommen, so kann er die Beträge als (nachträgliche) Werbungskosten steuerrechtlich geltend machen[544].

G. Verantwortlichkeit des Geschäftsführers nach Straf- und Ordnungswidrigkeitenrecht

I. Grundlagen der Verantwortlichkeit

1. Überblick

Neben der zivilrechtlichen Haftung sind es vor allem Fragen des Straf- und Ordnungswidrigkeitenrechts, die den Geschäftsführer belasten und beschäftigen.

Rechtsprechung und Gesetzgebung tendieren zur Verschärfung der strafrechtlichen Verantwortlichkeit der Manager

Die Gefahr für den Geschäftsführer, eine Straftat oder eine Ordnungswidrigkeit zu begehen, wird in Anbetracht der Entwicklung immer schärferer Umweltstraftatbestände ständig relevanter. Von Bedeutung sind aber nicht nur die Vorschriften des Umweltstrafrechts, sondern auch jene des allgemeinen Strafrechts, des Wettbewerbs-, Wertpapier-, Gewerbe- sowie des Bilanz- und Steuerrechts. So handelt beispielsweise seit 1.1.2002 gemäß § 26 b UStG ordnungswidrig, wer die in einer Rechnung ausgewiesene Umsatzsteuer zum Fälligkeitszeitpunkt nicht oder nicht vollständig entrichtet

Die Tendenz zur Ausweitung der Strafbarkeit erfasst viele Bereiche. So ist in den letzten Jahren nicht nur das Umweltstrafrecht ständig erweitert und verschärft worden; im Bereich des Wertpapierrechts sind z.B. Insiderverstöße seit der Einführung des Wertpapierhandelsgesetzes unter Strafe gestellt; ferner ist für das produzierende Gewerbe durch die Rechtsprechung zur strafrechtlichen Produktverantwortung eine deutliche Ausweitung der Strafbarkeit erreicht worden.

Eine Straftat oder eine Ordnungswidrigkeit liegt vor, wenn ein gesetzlich geregelter Straftat- oder Ordnungswidrigkeitentatbestand schuldhaft und rechtswidrig verwirklicht wird. Grundsätzlich wird hierbei nur vorsätzliches Verhalten bestraft, es sei denn, dass die fahrlässige Begehung ausdrücklich straf- oder bußgeldbewehrt ist.

---

[544] BFH BStBl. III 1961, 20, Leitsatz: *Wird ein Steuerpflichtiger, der Geschäftsführer einer GmbH gewesen ist und es als solcher pflichtwidrig unterlassen hat, für die Abführung der von den Löhnen einbehaltenen Sozialversicherungsbeiträge zu sorgen, als Haftender in Anspruch genommen, so sind die auf den Haftungsanspruch geleisteten Zahlungen nachträglich angefallene Werbungskosten.*

> **Achtung!**
> Der Geschäftsführer muss sich vergegenwärtigen, dass er sich in
> drei Richtungen strafbar machen kann:
> 1. nach dem allgemeinen Strafrecht
> 2. wegen Verletzung der Straftatbestände, die sich an die GmbH
> als Unternehmen richten
> 3. wegen Verwirklichung von Straftatbeständen, die nur speziell
> für ihn als Geschäftsführergelten.

2. Grundsatz der Gesamtverantwortung

Problematisch ist, was gilt, wenn es mehrere Geschäftsführer gibt,
aber nicht alle Mitglieder der Geschäftsleitung an der Straftat mitgewirkt haben. Hier kommt - jedenfalls bei fahrlässigen Delikten -
wie bei der zivilrechtlichen Haftung der *Grundsatz der Gesamtverantwortung* zur Anwendung.

Dieser Grundsatz, der bei der zivilrechtlichen Haftung bereits
erörtert wurde, gilt ebenso für die strafrechtliche Verantwortlichkeit. Jedes Mitglied der Geschäftsführung ist grundsätzlich für alle
wesentlichen Belange der GmbH verantwortlich. Bei wichtigen
Entscheidungen gibt es eine Allzuständigkeit, von der sich der
einzelne nicht frei zeichnen kann. Dies hat der *BGH* in der sog.
Ledersprayentscheidung entschieden[545]. Danach kann sich der Geschäftsführer der strafrechtlichen Haftung nur dadurch entziehen,
dass er kraft seiner Kompetenzen alles unternimmt, um die Tat zu
verhindern. Der Geschäftsführer muss z.B. bei einem Beschluss
der Geschäftsführer, wonach ein gesundgefährdendes Produkt
nicht vom Markt genommen wird, dagegen votieren. Selbst wenn
seine Gegenstimme nicht den Beschluss und die Tat verhindert
hätte, kann er strafrechtlich zur Verantwortung gezogen werden,
wenn er nicht dagegen stimmt und weitere, ihm zumutbare Maßnahmen entfaltet. Dies kann nur dann nicht gelten, wenn die Tat
Vorsatz erfordert und der betreffende Geschäftsführer diesen nicht
gehabt hat. Weiß der Geschäftsführer nichts von der Tat und will
er diese auch nicht begehen, kann er, wenn die Straftat beispielsweise über seinen Kopf hinweg von den anderen Geschäftsführern
verwirklicht worden ist, hierfür auch nicht zur Verantwortung gezogen werden.

Grundsatz der Gesamtverant-wortung ver-langt vom Ge-schäftsführer, dass dieser alle ihm zumutba-ren Maßnah-men zur Scha-densabwen-dung ergreift

Beispiel: *„Holzschutzmittel"*
Die GmbH produziert ein gefährliches Holzschutzmittel. Sie hat drei
Geschäftsführer. Nunmehr sind erste wissenschaftliche Untersuchungen veröffentlicht worden, die zweifelsfrei die Gefährlichkeit des
verwendeten Holzschutzmittels für die Gesundheit des einzelnen be-
legen. Eine Rückrufaktion wäre zur Vermeidung weiterer Schäden un-

---

[545] BGHSt 37, 106.

erlässlich. Die Geschäftsführer beschließen jedoch, alles so weiterlaufen zu lassen, wie es ist. Einer der drei Geschäftsführer war zwar dagegen, hat aber dennoch keinen nennenswerten Widerstand geleistet und in der Sitzung, in der es um die Rückrufaktion ging, nicht für diese gestimmt. Hier muss auch der passive Geschäftsführer damit rechnen, wegen einer fahrlässig begangenen Körperverletzung strafrechtlich verfolgt zu werden.

> **Tipp!**
> Bestehen Sie darauf, dass Ihre Weigerung, einem Beschluss zuzustimmen, der zu einer Strafbarkeit führen kann, schriftlich dokumentiert wird. Suchen Sie den Weg zu den Gesellschaftern und verlangen Sie von diesen, dass sie mit einer Weisung das gesetzwidrige Handeln der Geschäftsführung verbieten. Notfalls legen Sie Ihr Amt nieder!

3. Begehung durch ein Tun oder Unterlassen

Sowohl im Straf- als auch Ordnungswidrigkeitenrecht ist eine Verwirklichung der Taten durch Unterlassen möglich.

Hierbei wird zwischen *echten* und *unechten* Unterlassungsdelikten unterschieden. Bei den echten Unterlassungsdelikten knüpft der Tatbestand ausdrücklich an ein Unterlassen an; hierzu gehört etwa die unterlassene Insolvenzantragstellung (§ 64 I GmbHG i.V.m. § 84 GmbHG) oder die unterlassene Buchführung (§ 283 b StGB). Diese Taten sind nur durch ein Unterlassen begehbar.

Bei den unechten Unterlassungsdelikten hingegen handelt es sich um Straftatbestände, die sowohl durch ein aktives Verhalten als auch durch ein Unterlassen begangen werden können.

Auch Unterlassen kann eine Strafbarkeit auslösen

So ist eine Körperverletzung z.B. dadurch möglich, dass jemand einen anderen etwa durch einen Schlag ins Gesicht verletzt, sie ist aber auch dadurch begehbar, indem man eine Körperverletzung, die durch eine Gefahrenquelle entstehen kann, nicht verhindert. Wer also etwa eine Baugrube nicht absichert, ermöglicht dadurch, dass ein Dritter hineinfällt. Dadurch könnte er eine Körperverletzung durch ein Unterlassen begehen. Bei den unechten Unterlassungsdelikten ist aber nur derjenige verantwortlich, der eine Pflicht zum Handeln gehabt hätte. Man spricht hier insoweit von einer *Garantenstellung*. Die Gesellschaft, die eine Baustelle unterhält, ist dafür verantwortlich, dass die notwendigen Sicherungsmaßnahmen durchgeführt werden. Das gleiche gilt etwa für eine GmbH, die eine emittierende oder sonst gefährliche Anlage betreibt. Wenn Unternehmen z.B. Produkte in den Umlauf bringen, die sich später als gefährlich erweisen, so sind diese für die Rückrufaktion verantwortlich.

4. Verbotsirrtum

Zu beachten ist, dass sich der Geschäftsführer – so wie jeder andere auch – grundsätzlich nicht darauf berufen kann, er habe eine
Strafvorschrift nicht gekannt. Nur in Ausnahmefällen kann er sich
auf einen sog. Verbotsirrtum berufen. Dieser Fall ist in § 17 StGB
geregelt:

§ 17 StGB Verbotsirrtum
*Fehlt dem Täter bei Begehung der Tat die Einsicht, Unrecht zu tun, so
handelt er ohne Schuld, wenn er diesen Irrtum nicht vermeiden konnte. Konnte der Täter den Irrtum vermeiden, so kann die Strafe nach
§ 49 I gemildert werden.*

Diese Vorschrift entlastet den Geschäftsführer nur, wenn er seinen
Irrtum nicht vermeiden konnte. Ein Geschäftsführer hat sich über
die Rechtslage zu informieren. Die Kenntnis des StGB wird erwartet. Über einschlägige Vorschriften, die für die jeweilige Branche
bzw. technische Anlage gelten, hat sich der Geschäftsführer zu unterrichten. Daher ist ein Irrtum in der Regel für den Geschäftsführer vermeidbar, so dass es bei seiner Strafbarkeit bleibt.

Unwissenheit schützt vor Strafe nicht, es sei denn, der Irrtum war un-vermeidbar

II. Verantwortlichkeit bei Verletzung allgemeiner Straftatbestände

Allgemeine Straftatbestände sind solche, die sich an jedermann
wenden. Hierzu gehört beispielsweise die Verletzung von Leib und
Leben anderer. Wirkt der Geschäftsführer hieran mit, so ist er
strafrechtlich zur Verantwortung zu ziehen. Dies gilt auch für zahlreiche Vermögensdelikte wie den Betrug, die Untreue zu Lasten
der Gesellschaft, die Unterschlagung oder den Diebstahl. Hier gibt
es bei der Untreue einige Besonderheiten. Diese sind bereits oben
erörtert worden[546].

III. Verletzung der für das Unternehmen geltenden Sonderdelikte

1. Überblick

Das StGB enthält Sonder- und Pflichtdelikte, die nur von bestimmten Personen begangen werden können. Dies gilt z.B. für die
bereits bei der zivilrechtlichen Haftung erörterte Untreue zu Lasten Dritter[547]. Die GmbH als Unternehmerin und Vertragspartnerin
hat häufig gegenüber Dritten Vermögensfürsorgepflichten, die ver-

---

[546] Siehe oben 3. Teil, C II.2.c.
[547] Siehe oben 3. Teil, C II.2.c.

letzt werden können. Die GmbH selbst kann als juristische Person aber nicht Täterin einer Untreue sein, da Straftaten nur von Menschen begangen werden können. Hier muss ein Weg gefunden werden, wie der Geschäftsführer, der selbst nicht Träger dieser Pflichten ist, strafrechtlich zur Verantwortung gezogen werden kann. Dieses Problem stellt sich nicht nur bei der Untreue zu Lasten Dritter, sondern auch bei anderen Straftatbeständen, die sich an die *Inhaberin des Unternehmens*, also an die GmbH richten.

GmbH als Unternehmerin zwar Adressatin von Pflichten - Geschäftsführer aber strafrechtlich verantwortlich

Täter bei einer Insolvenzstraftat ist meist der Schuldner. Schuldnerin ist aber stets nur die GmbH. Dies gilt etwa für die Strafbarkeit wegen Bankrotts und Gläubigerbegünstigung. Beim Vorenthalten und Veruntreuen von Arbeitsentgelt (§ 266 a StGB) ist Täter der Arbeitgeber[548]. Arbeitgeberin ist jedoch ebenfalls nur die Gesellschaft. Da die Gesellschaft als solche aber nicht bestraft werden kann, weil es sich - wie erwähnt - lediglich um eine juristische Person handelt, wird der Anwendungsbereich derartiger Sonderdelikte auf den Geschäftsführer erstreckt. Dieses wird durch § 14 StGB bewirkt.

§ 14 StGB [Handeln für einen anderen]
(1) Handelt jemand
    1. als vertretungsberechtigtes Organ einer juristischen Person oder als Mitglied eines solchen Organs,
    2. als vertretungsberechtigter Gesellschafter einer rechtsfähigen Personengesellschaft oder
    3. als gesetzlicher Vertreter eines anderen,
    so ist ein Gesetz, nach dem besondere persönliche Eigenschaften, Verhältnisse oder Umstände (besondere persönliche Merkmale) die Strafbarkeit begründen, auch auf den Vertreter anzuwenden, wenn diese Merkmale zwar nicht bei ihm, aber bei dem Vertretenen vorliegen.
(2) Ist jemand von dem Inhaber eines Betriebs oder einem sonst dazu Befugten
    1. beauftragt, den Betrieb ganz oder zum Teil zu leiten, oder
    2. ausdrücklich beauftragt, in eigener Verantwortung Aufgaben wahrzunehmen, die dem Inhaber des Betriebs obliegen,
    und handelt er auf Grund dieses Auftrags, so ist ein Gesetz, nach dem besondere persönliche Merkmale die Strafbarkeit begründen, auch auf den Beauftragten anzuwenden, wenn diese Merkmale zwar nicht bei ihm, aber bei dem Inhaber des Betriebs vorliegen. Dem Betrieb im Sinne des Satzes 1 steht das Unternehmen gleich. Handelt jemand auf Grund eines entsprechenden Auftrags für eine Stelle, die Aufgaben der öffentlichen Verwaltung wahrnimmt, so ist Satz 1 sinngemäß anzuwenden.
(3) Die Absätze 1 und 2 sind auch dann anzuwenden, wenn die Rechtshandlung, welche die Vertretungsbefugnis oder das Auftragsverhältnis begründen sollte, unwirksam ist.

---

[548]   Siehe hierzu die Ausführungen im 3. Teil, F.V.

Neben der Untreue und § 266 a StGB (Vorenthalten von Arbeitnehmerbeiträgen) sind auch der Bankrott und die Gläubigerbegünstigung als klassische Insolvenzdelikte von praktischer Bedeutung, so dass sie nunmehr erörtert werden.

2. Strafbarkeit wegen Bankrotts und Gläubigerbegünstigung

In der Krise muss sich der Geschäftsführer die Insolvenzdelikte vor Augen führen. Von Bedeutung sind der Bankrott und die Gläubigerbegünstigung. Auch diese Straftatbestände richten sich grundsätzlich an das Unternehmen, der Geschäftsführer kann jedoch über § 14 StGB strafrechtlich zur Verantwortung gezogen werden.

Die maßgeblichen Vorschriften lauten:

Geschäftsführer als Täter des Bankrotts und der Gläubigerbegünstigung

§ 283 StGB [Bankrott]

(1) Mit Freiheitsstrafe bis zu fünf Jahren oder mit Geldstrafe wird bestraft, wer bei Überschuldung oder bei drohender oder eingetretener Zahlungsunfähigkeit

1. Bestandteile seines Vermögens, die im Falle der Insolvenzeröffnung zur Insolvenzmasse gehören, beiseite schafft oder verheimlicht oder in einer den Anforderungen einer ordnungsgemäßen Wirtschaft widersprechenden Weise zerstört, beschädigt oder unbrauchbar macht,

2. in einer den Anforderungen einer ordnungsgemäßen Wirtschaft widersprechenden Weise Verlust- oder Spekulationsgeschäfte oder Differenzgeschäfte mit Waren oder Wertpapieren eingeht oder durch unwirtschaftliche Ausgaben, Spiel oder Wette übermäßige Beträge verbraucht oder schuldig wird,

3. Waren oder Wertpapiere auf Kredit beschafft und sie oder die aus diesen Waren hergestellten Sachen erheblich unter ihrem Wert in einer den Anforderungen einer ordnungsgemäßen Wirtschaft widersprechenden Weise veräußert oder sonst abgibt,

4. Rechte anderer vortäuscht oder erdichtete Rechte anerkennt,

5. Handelsbücher, zu deren Führung er gesetzlich verpflichtet ist, zu führen unterlässt oder so führt oder verändert, dass die Übersicht über seinen Vermögensstand erschwert wird,

6. Handelsbücher oder sonstige Unterlagen, zu deren Aufbewahrung ein Kaufmann nach Handelsrecht verpflichtet ist, vor Ablauf der für Buchführungspflichtige bestehenden Aufbewahrungsfristen beiseite schafft, verheimlicht, zerstört oder beschädigt und dadurch die Übersicht über seinen Vermögensstand erschwert,

7. entgegen dem Handelsrecht

    a) Bilanzen so aufstellt, dass die Übersicht über seinen Vermögensstand erschwert wird, oder

    b) es unterlässt, die Bilanz seines Vermögens oder das Inventar in der vorgeschriebenen Zeit aufzustellen,

oder

> 8. *in einer anderen, den Anforderungen einer ordnungsgemäßen Wirtschaft grob widersprechenden Weise seinen Vermögensstand verringert oder seine wirklichen geschäftlichen Verhältnisse verheimlicht oder verschleiert.*
>
> *(2) Ebenso wird bestraft, wer durch eine der in Absatz 1 bezeichneten Handlungen seine Überschuldung oder Zahlungsunfähigkeit herbeiführt.*
>
> *(3) Der Versuch ist strafbar.*
>
> *(4) Wer in den Fällen*
>
> > 1. *des Absatzes 1 die Überschuldung oder die drohende oder eingetretene Zahlungsunfähigkeit fahrlässig nicht kennt oder*
> > 2. *des Absatzes 2 die Überschuldung oder Zahlungsunfähigkeit leichtfertig verursacht,*
>
> *wird mit Freiheitsstrafe bis zu zwei Jahren oder mit Geldstrafe bestraft.*
>
> *(5) Wer in den Fällen*
>
> > 1. *des Absatzes 1 Nr. 2, 5 oder 7 fahrlässig handelt und die Überschuldung oder die drohende oder eingetretene Zahlungsunfähigkeit wenigstens fahrlässig nicht kennt oder*
> > 2. *des Absatzes 2 in Verbindung mit Absatz 1 Nr. 2, 5 oder 7 fahrlässig handelt und die Überschuldung oder Zahlungsunfähigkeit wenigstens leichtfertig verursacht,*
>
> *wird mit Freiheitsstrafe bis zu zwei Jahren oder mit Geldstrafe bestraft.*
>
> *(6) Die Tat ist nur dann strafbar, wenn der Täter seine Zahlungen eingestellt hat oder über sein Vermögen das Insolvenzverfahren eröffnet oder der Eröffnungsantrag mangels Masse abgewiesen worden ist.*

§ 283 a StGB [Besonders schwerer Fall des Bankrotts]

> *In besonders schweren Fällen des § 283 Abs. 1 bis 3 wird der Bankrott mit Freiheitsstrafe von sechs Monaten bis zu zehn Jahren bestraft. Ein besonders schwerer Fall liegt in der Regel vor, wenn der Täter*
>
> 1. *aus Gewinnsucht handelt oder*
> 2. *wissentlich viele Personen in die Gefahr des Verlustes ihrer ihm anvertrauten Vermögenswerte oder in wirtschaftliche Not bringt.*

§ 283 c StGB [Gläubigerbegünstigung]

> *(1) Wer in Kenntnis seiner Zahlungsunfähigkeit einem Gläubiger eine Sicherheit oder Befriedigung gewährt, die dieser nicht oder nicht in der Art oder nicht zu der Zeit zu beanspruchen hat, und ihn dadurch absichtlich oder wissentlich vor den übrigen Gläubigern begünstigt, wird mit Freiheitsstrafe bis zu zwei Jahren oder mit Geldstrafe bestraft.*
>
> *(2) Der Versuch ist strafbar.*
>
> *(3) § 283 Abs. 6 gilt entsprechend.*

Bankrott nur in der Krise möglich

Bankrott setzt zunächst eine Krise der Gesellschaft voraus. Diese liegt nach dem Gesetz bei einer Überschuldung oder einer drohenden oder eingetretenen Zahlungsunfähigkeit vor. Zu beachten ist, dass bereits drohende *Zahlungsunfähigkeit*, nicht jedoch eine drohende Überschuldung genügt. Wann genau eine drohende Zahlungsunfähigkeit vorliegt, ist nicht geklärt. Kommt es zu einem Strafverfahren, muss dies letztlich der Strafrichter im Einzelfall entscheiden.

Beispiel: *„Kundeninsolvenz"*
> G ist Geschäftsführer einer GmbH, die Kunststoffteile für die Produktion von Haushaltsgeräten herstellt. Einziger Abnehmer ist die Best-Toaster AG. Diese wird insolvent und stellt ihre Produktion ein. Es ist absehbar, dass dadurch auch die GmbH innerhalb kürzester Zeit zahlungsunfähig wird, d.h. dass eine drohende Zahlungsunfähigkeit vorliegen wird. Nimmt G nun eine Bankrotthandlung vor, indem er beispielsweise Vermögen der GmbH auf sein Privatkonto transferiert, so macht er sich wegen Bankrotts strafbar.

Eine Strafbarkeit wegen Bankrotts setzt neben der Krise voraus, dass der Geschäftsführer eine Bankrotthandlung vornimmt[549]. Diese sind in § 283 I Nr. 1 bis 8 StGB aufgeführt. Hierzu gehören unter anderem das Beiseiteschaffen von Vermögensgegenständen, die Vornahme von verlustreichen Spekulationsgeschäften, die Verschleuderung von auf Kredit gekauften Waren und die Vortäuschung Rechter Dritter, die in Wirklichkeit nicht bestehen.

> Bankrott lässt sich durch viele unterschiedliche Handlungen begehen

Ein *Beiseiteschaffen von Vermögensgegenständen* liegt vor bei einem Handeln außerhalb des ordnungsgemäßen Geschäftsverkehrs, durch das der alsbaldige Zugriff der Gläubiger auf die Gegenstände unmöglich gemacht oder wesentlich erschwert wird. Wird also z.B. der Laserdrucker aus den Geschäftsräumen entfernt und zu Hause bei dem Geschäftsführer deponiert, so kann dies schon eine Strafbarkeit wegen Bankrotts begründen. Vermögensgegenstände sind auch Forderungen. Tritt z.B. der Geschäftsführer eine Forderung der GmbH an einen Dritten ohne Gegenleistung ab, so liegt auch darin ein strafbares „Beiseiteschaffen".

Ein *Vortäuschen von Rechten* liegt z.B. vor, wenn der Geschäftsführer mit einem Freund einen fingierten Darlehensvertrag aufsetzt, diesen rückdatiert und nun die angebliche Darlehenssumme gegen Quittung an den Freund zurückzahlt.

Weitere Bankrotthandlungen sind die Verschleuderung von Ware, die noch unter Eigentumsvorbehalt steht, oder sonst grob wirtschaftswidrige Vermögensverringerungen. Dazu kann sogar das „Verramschen" eigener Ware gehören. Nicht vergessen darf der Geschäftsführer ferner, dass auch das völlige Unterlassen oder die mangelhafte Erfüllung der gesetzlichen Vorschriften über die

---

[549] Der *BGH* fordert, dass die Bankrotthandlung zumindest auch im Interesse der Gesellschaft erfolge, handele der Geschäftsführer eigennützig, liege Untreue bzw. ggf. Unterschlagung vor, siehe BGHZ 30, 127, 130; BGH wistra 1987. 148; BGH wistra 1987, 216.

Buchführung und Rechnungslegung zu den Bankrotthandlungen zählen.

> **Achtung!**
> Der Katalog der Bankrotthandlungen ist weit gesteckt, in der Krise sollte sich der Geschäftsführer anwaltlich beraten lassen, damit er für die Straftatbestände sensibilisiert wird. Zu beachten ist, dass eine Strafbarkeit auch dann besteht, wenn der Geschäftsführer die Krise infolge von Fahrlässigkeit nicht kennt oder wenn er sie zwar kennt, aber mit seinem Handeln „nur Gutes tun will". Der Geschäftsführer kann sich daher auch dann strafbar machen, wenn er nicht in der Absicht gehandelt hat, die Gläubiger zu benachteiligen. Selbst wenn der Geschäftsführer gerade deshalb eine Bankrotthandlung vornimmt, weil er sich hierdurch eine Rettung der Gesellschaft verspricht, kann er bestraft werden.

Beispiel: *„Alles auf eine Karte"*
Geschäftsführer G weiß, dass die Gesellschaft überschuldet ist. Er unternimmt einen letzten Rettungsversuch, indem er mit der „Notreserve" in Höhe von 20.000 € Dollaroptionen kauft. Er spekuliert auf einen steigenden Dollarkurs. In Wirklichkeit fällt der Dollar aber, so dass der Einsatz verloren ist. G hat mit dem Optionsgeschäft eine Bankrotthandlung in Kenntnis der Krise verwirklicht und sich damit strafbar gemacht. Dass dies ein verzweifelter Rettungsversuch war, ändert daran nichts.

Bankrott kann auch fahrlässig begangen werden

Es genügt für eine Bestrafung wegen Bankrotts, wenn die Gesellschaft erst durch die Bankrotthandlung in die Krise gerät (§ 283 II StGB). Im vorgenannten Beispiel reicht es daher aus, wenn die Gesellschaft durch die Dollaroptionsgeschäfte insolvenzreif wird. Der Geschäftsführer muss auch hier durch sein Handeln die Krise nicht bewusst und gewollt herbeiführen, er wird schon dann bestraft, wenn er leichtfertig, d.h. grob fahrlässig handelt.

Gläubigerbegünstigung erfordert hingegen Vorsatz

Eine Bestrafung wegen *Gläubigerbegünstigung* (§ 283 c StGB) setzt im Gegensatz zum Bankrott voraus, dass der Geschäftsführer in Kenntnis der Zahlungsunfähigkeit handelt. Hier genügt eine nur drohende Zahlungsunfähigkeit nicht.

Entscheidend ist die inkongruente Deckung

Eine Gläubigerbegünstigung nimmt der Geschäftsführer vor, wenn er einem Gläubiger eine sog. *inkongruente Deckung* gewährt. Diese liegt vor, wenn der Gläubiger den Vorteil nicht oder zumindest noch nicht beanspruchen kann. Eine Gläubigerbegünstigung wird daher schon dann begangen, wenn der Geschäftsführer Ansprüche vor Fälligkeit erfüllt. *Der Geschäftsführer darf bei bestehender Zahlungsunfähigkeit keinen Gläubiger bevorzugen!*

> **Wichtig!**
> Der Geschäftsführer macht sich nur dann wegen Bankrotts oder Gläubigerbegünstigung strafbar, wenn die GmbH die Zahlungen eingestellt hat oder das Insolvenzverfahren eröffnet oder die Eröffnung mangels Masse abgewiesen worden ist (§§ 283 VI, 283 c III StGB). Es handelt sich um eine sog. objektive Bedingung der Strafbarkeit. Kann die Krise also überwunden werden, so geht er straffrei aus. Im Einzelfall muss jedoch geprüft werden, ob sich der Geschäftsführer mit seinem Verhalten nicht wegen einer Untreue oder Unterschlagung strafbar gemacht hat.

Die *Schuldnerbegünstigung* (§ 283 d StGB) ist kein Sonderdelikt. Tauglicher Täter ist nicht die GmbH als Unternehmerin, sondern außen stehende Dritte, die der GmbH „helfen", indem sie „Bankrotthandlungen" vornehmen. Die Lebensgefährtin des Geschäftsführers schafft z.B. Geld der GmbH beiseite, damit es dem Zugriff der Gläubiger entzogen ist. Die GmbH als Schuldnerin wird durch diese Handlung begünstigt. Der Geschäftsführer kann Anstifter oder Gehilfe sein. Nimmt er die Handlung selbst vor, so macht er sich - wie ausgeführt - wegen Bankrotts strafbar.

Schuldnerbegünstigung ist kein Sonderdelikt

IV. Sonderdelikte speziell für den Geschäftsführer

Es gibt Straftatbestände, bei denen Adressat der Strafvorschrift speziell der Geschäftsführer ist. Hierzu gehören die Verletzung der Buchführungspflicht sowie die in §§ 82, 84, 85 GmbHG geregelten Sonderdelikte.

1. Verletzung der Buchführungspflicht (§ 283 b StGB)

Ein Straftatbestand, der sich gezielt an den Geschäftsführer richtet, ist § 283 b StGB (Verletzung der Buchführungspflicht).

§ 283 b StGB [Verletzung der Buchführungspflicht]
(1) Mit Freiheitsstrafe bis zu zwei Jahren oder mit Geldstrafe wird bestraft, wer
1. Handelsbücher, zu deren Führung er gesetzlich verpflichtet ist, zu führen unterlässt oder so führt oder verändert, dass die Übersicht über seinen Vermögensstand erschwert wird,
2. Handelsbücher oder sonstige Unterlagen, zu deren Aufbewahrung er nach Handelsrecht verpflichtet ist, vor Ablauf der gesetzlichen Aufbewahrungsfristen beiseite schafft, verheimlicht, zerstört oder beschädigt und dadurch die Übersicht über seinen Vermögensstand erschwert,
3. entgegen dem Handelsrecht

> *a) Bilanzen so aufstellt, dass die Übersicht über seinen Vermö-*
> *gensstand erschwert wird, oder*
> *b) es unterlässt, die Bilanz seines Vermögens oder das Inventar in*
> *der vorgeschriebenen Zeit aufzustellen.*
> *(2) Wer in den Fällen des Absatzes 1 Nr. 1 oder 3 fahrlässig handelt,*
> *wird mit Freiheitsstrafe bis zu einem Jahr oder mit Geldstrafe be-*
> *straft.*
> *(3) § 283 Abs. 6 gilt entsprechend.*

Verletzung der Buchführungs- und Bilanzierungsvorschriften löst unterschiedliche Straftatbestände aus

Da der Geschäftsführer gemäß § 41 GmbHG zur Buchführung verpflichtet ist, ist er Täter im Sinne dieser Vorschrift. Verletzt der Geschäftsführer seine Buchführungspflicht, so kann er sich ferner gemäß § 283 Abs. I Nr. 5 und 7 StGB wegen Bankrotts strafbar machen. § 283 b StGB setzt jedoch im Gegensatz zum Bankrott keine Krise voraus, d.h. der Geschäftsführer ist wegen Verletzung der Buchführungspflicht auch dann zu bestrafen, wenn noch gar keine Überschuldung oder (drohende) Zahlungsunfähigkeit vorliegt. Der Tatbestand der Verletzung der Buchführungspflicht ist im Verhältnis zum Bankrott nachrangig, das heißt, eine Bestrafung kommt nur in Betracht, wenn kein Bankrott vorliegt. Weitere einschlägige Straftatbestände enthält das Bilanzstrafrecht in den §§ 331 ff. HGB.

2. Straftaten im GmbHG (§§ 82, 84, 85 GmbHG)

Auch das GmbHG enthält einige für den Geschäftsführer relevante Strafvorschriften. Es handelt sich um die §§ 82, 84 und 85 GmbHG.

a. Falsche Angaben (§ 82 GmbHG)

Falsche Angaben können gefährlich werden!

Nach § 82 GmbHG wird der Geschäftsführer wegen bestimmter falscher Angaben bestraft. Im Einzelnen geht es um falsche Angaben bzw. Versicherungen bei der Gründung (*Gründungsschwindel*), bei der Kapitalerhöhung (*Kapitalerhöhungsschwindel*) und der Kapitalherabsetzung (*Kapitalherabsetzungsschwindel*). Unter Strafe gestellt sind auch falsche Versicherungen des Geschäftsführers hinsichtlich seiner Eignung, also das Verschweigen eines Berufsverbots oder einer Verurteilung wegen einer Insolvenzstraftat (*Eignungsschwindel*) sowie eine Verschleierung der Vermögenslage der Gesellschaft und falsche Angaben hierüber in öffentlichen Mitteilungen (*Geschäftslagetäuschung*). Zur zivilrechtlichen Haftung bei falschen Angaben während der Gründung, siehe bereits die Ausführungen im 3. Teil, E V.

b. Unterlassene Verlustanzeige und Insolvenzverschleppung (§ 84 GmbHG)

Ein weiteres Sonderdelikt des Geschäftsführers ist in § 84 GmbHG geregelt, in dem es heißt:

§ 84 GmbHG [Unterlassene Verlustanzeige und Insolvenzantrag]

> *(1) Mit Freiheitsstrafe bis zu drei Jahren oder mit Geldstrafe wird bestraft, wer es*
>> *1. als Geschäftsführer unterlässt, den Gesellschaftern einen Verlust in Höhe der Hälfte des Stammkapitals anzuzeigen, oder*
>> *2. als Geschäftsführer entgegen § 64 Abs. 1 GmbHG oder als Liquidator entgegen § 71 Abs. 4 GmbHG unterlässt, bei Zahlungsunfähigkeit oder Überschuldung die Eröffnung des Insolvenzverfahrens zu beantragen.*
>
> *(2) Handelt der Täter fahrlässig, so ist die Strafe Freiheitsstrafe bis zu einem Jahr oder Geldstrafe.*

Nach dieser Vorschrift macht sich also der Geschäftsführer wegen Insolvenzverschleppung oder wegen der unterlassenen Verlustanzeige strafbar. Bei § 84 GmbHG handelt es sich um ein echtes Unterlassungsdelikt, da die Strafbarkeit nur durch ein bloßes Untätigbleiben begründet werden kann. Gegen dieses Sonderdelikt kann nur der Geschäftsführer bzw. ggf. der Liquidator verstoßen. — „Unterlassen" mit weitreichenden Folgen!

Die Kapitalerhaltung ist bei der GmbH als Ausgleich zur fehlenden Haftung der Gesellschafter von großer Bedeutung. Hat die Gesellschaft mehr als die Hälfte ihres Stammkapitals verloren, so ist der Geschäftsführer verpflichtet, dies den Gesellschaftern anzuzeigen. Die Gesellschafter sollen damit in die Lage versetzt werden, sich über den Fortgang der Geschäfte und eine etwaige Finanzierung Gedanken zu machen. Der Geschäftsführer muss außerdem gemäß § 49 III GmbHG eine Gesellschafterversammlung einberufen. § 84 I Nr. 1 GmbHG verlangt jedoch nur die Anzeige gegenüber allen Gesellschaftern. Nimmt der Geschäftsführer diese Anzeige daher vor, so entgeht er der Strafbarkeit, auch wenn er keine Gesellschafterversammlung einberuft. Diese Strafvorschrift dürfte in der Praxis sehr häufig verletzt werden, dennoch gibt es hierzu - soweit ersichtlich - kaum veröffentlichte Rechtsprechung. Daraus lässt sich schließen, dass eine Strafverfolgung wegen Verstoßes gegen die Anzeigepflicht oft nicht eingeleitet wird. — Gesellschafter müssen informiert werden!

Die Voraussetzungen der Strafbarkeit sind noch nicht hinreichend geklärt. Voraussetzung der Anzeigepflicht ist eine Unterbilanz in Höhe der halben Stammkapitalziffer. Das bedeutet, dass das Reinvermögen die „Marke" von 50 % der Stammkapitalziffer erreicht bzw. unterschritten haben muss. Es ist strittig, ob der Verlust nach handelsrechtlichen Regeln, also nach Buchwerten, oder unter Zugrundelegung der effektiven Werte mit Berücksichtigung der stillen Reserven zu berechnen ist.

Zivilrechtliche Haftung kann sich anschließen

Die unterlassene Anzeige soll auch zu einer zivilrechtlichen Haftung des Geschäftsführers gegenüber den Gesellschaftern und nach überwiegender Ansicht auch gegenüber der GmbH führen. Als Anspruchsgrundlage wird § 823 II BGB i.V.m. § 84 I Nr. 1 GmbHG und im Verhältnis zur Gesellschaft zusätzlich § 43 GmbHG herangezogen. Der *BGH* hat sich zu dieser Frage noch nicht geäußert.

Insolvenzverschleppung ist strafbar

Führt der Geschäftsführer das Unternehmen trotz Insolvenzreife fort, so löst dies gemäß § 84 I Nr. 2 GmbHG eine Strafbarkeit wegen Insolvenzverschleppung aus. Daneben muss er damit rechnen, zivilrechtlich auf Schadensersatz in Anspruch genommen zu werden. Die Voraussetzungen der Insolvenzverschleppung sind bei den Ausführungen zur Haftung in der Krise bereits ausführlich dargestellt worden, insoweit kann verwiesen werden[550].

c. Verletzung der Geheimhaltungspflicht (§ 85 GmbHG)

Top secret! Sonst droht Strafbarkeit!

Der Geschäftsführer ist zur Verschwiegenheit verpflichtet und darf Gesellschaftsgeheimnisse nicht unbefugt offenbaren oder verwerten. Verstößt der Geschäftsführer gegen die Geheimhaltungspflicht, so kann er gemäß § 85 GmbHG hierfür bestraft werden. Die maßgebliche Vorschrift lautet:

§ 85 GmbHG [Verletzung der Verschwiegenheitspflicht]
(1) Mit Freiheitsstrafe bis zu einem Jahr oder mit Geldstrafe wird bestraft, wer ein Geheimnis der Gesellschaft, namentlich ein Betriebs- oder Geschäftsgeheimnis, das ihm in seiner Eigenschaft als Geschäftsführer, Mitglied des Aufsichtsrats oder Liquidator bekannt geworden ist, unbefugt offenbart.
(2) Handelt der Täter gegen Entgelt oder in der Absicht, sich oder einen anderen zu bereichern oder einen anderen zu schädigen, so ist die Strafe Freiheitsstrafe bis zu zwei Jahren oder Geldstrafe. Ebenso wird bestraft, wer ein Geheimnis der in Absatz 1 bezeichneten Art, namentlich ein Betriebs- oder Geschäftsgeheimnis, das ihm unter den Voraussetzungen des Absatzes 1 bekannt geworden ist, unbefugt verwertet.
(3) Die Tat wird nur auf Antrag der Gesellschaft verfolgt. Hat ein Geschäftsführer oder Liquidator die Tat begangen, so sind der Aufsichtsrat und, wenn kein Aufsichtsrat vorhanden ist, von den Gesellschaftern bestellte besondere Vertreter antragsberechtigt. Hat ein Mitglied des Aufsichtsrats die Tat begangen, so sind die Geschäftsführer oder Liquidatoren antragsberechtigt.

---

[550] Siehe 3. Teil, F.II.

Die Tat wird nur auf Antrag verfolgt. Der Antrag muss vom Aufsichtsrat, sofern ein solcher vorhanden ist, oder von einem von den Geschäftsführern eigens hierfür bestellten besonderen Vertreter innerhalb einer Frist von drei Monaten nach Kenntnis gestellt werden. Der besondere Vertreter kann auch ein Gesellschafter selbst sein.

Antrag ist obligatorisch

Was ein Geheimnis ist, dürfte nicht immer leicht zu beurteilen sein. Nach der gängigen Definition ist ein Geheimnis jede Tatsache, die nicht offenkundig ist und an dessen Geheimhaltung die Gesellschaft ein objektives Interesse hat. Hat die Gesellschaft sich beispielsweise an einer Ausschreibung beteiligt und macht der Geschäftsführer das Angebot publik, so hat er sich strafbar gemacht. Der Inhalt des Angebots war Dritten nicht bekannt und sollte auch nicht preisgegeben werden, damit Konkurrenten das Angebot nicht unterbieten können. Es bestand damit ein objektives Geheimhaltungsinteresse.

Geheimnisse der Gesellschaft

> **Tipp!**
> Da ein Einverständnis der Gesellschafter den Geschäftsführer in jedem Fall von seiner strafrechtlichen Verschwiegenheitspflicht befreit, sollten Sie in Zweifelsfällen vor einer Weitergabe von Informationen die Zustimmung der Gesellschafter einholen.

Die Geheimhaltungspflicht besteht nicht im Verhältnis zu einzelnen Gesellschaftern.

Beispiel: *„Onkel Alfons will Einsicht nehmen"*
Onkel Alfons (A) ist Gesellschafter einer GmbH. Er hält ein Drittel der Anteile, die beiden anderen Drittel gehören jeweils seinen Neffen Fritz und Günther. Das Verhältnis zwischen dem Onkel und seinen Neffen ist gespannt. Die GmbH hat einen Aufsichtsrat, der auf seiner letzten Sitzung wichtige Beschlüsse gefasst haben soll. A will daher in die Aufsichtsratsprotokolle Einsicht nehmen. Er wendet sich deswegen an den Geschäftsführer. Der Geschäftsführer verweigert die Einsicht und beruft sich auf seine Verschwiegenheitspflicht. A vermutet, dass seine Neffen den Geschäftsführer entsprechend angewiesen haben, und besteht auf Einsichtnahme in die Protokolle.
A darf auf sein Einsichtsrecht pochen. Zunächst hat er sich an den richtigen Ansprechpartner, nämlich den Geschäftsführer gewandt. Dieser hat gemäß § 51 a GmbHG auf Verlangen die Einsicht in die Bücher und Unterlagen der Gesellschaft zu gestatten. Dazu gehören auch die Protokolle des Aufsichtsrats. Eine Berufung auf die Verschwiegenheitspflicht ist nicht möglich. Der *BGH* führt in diesem Zusammenhang aus, dass § 85 GmbHG im Verhältnis zwischen Geschäftsführer und Gesellschafter anerkanntermaßen keine Anwendung findet, weil es bei Offenbarungen in diesem Verhältnis um den inner-

halb der Gesellschaft unerlässlichen Informationsaustausch und nicht um „ein unbefugtes Verhalten" geht[551].

Auch Verwerten ist strafbar

Neben dem Offenbaren eines Geheimnisses ist auch das unbefugte Verwerten strafbar. Hierunter fällt jede Verwendung eines Geheimnisses mit Gewinnerzielungsabsicht.

Achtung!
Zu beachten ist, dass das unbefugte Verwerten - übrigens auch das Offenbaren - selbst dann strafbar ist, wenn es nach dem Ausscheiden aus dem Amt des Geschäftsführers erfolgt. Entscheidend ist, dass der Geschäftsführer die Geheimnisse in seiner Eigenschaft als Geschäftsführer erfahren hat.

Beispiel: *„Fürst-Pücklers-Eis nach dem Geheimrezept vom alten Franz"*
Geschäftsführer G war zehn Jahre lang Leiter der Eisdielen der Franz Eis GmbH. Das von der GmbH hergestellte Eis beruht auf einem Geheimrezept des Unternehmensgründers Franz und erfreut sich großer Beliebtheit. G scheidet als Geschäftsführer aus und eröffnet seine eigene Eisdiele, wobei er sein Eis ebenfalls nach dem Geheimrezept herstellt. Hier hat er gegen seine Geheimhaltungspflicht verstoßen und sich strafbar gemacht.

Gefahren „lauern" auch nach dem Ausscheiden als Geschäftsführer

Die Grenzen der Geheimhaltungspflicht nach dem Ausscheiden sind noch nicht ausgelotet. Dies birgt für den Geschäftsführer, der sich nach seinem Ausscheiden selbständig macht, große Gefahren. Nimmt der Geschäftsführer beispielsweise Kundenlisten mit und wirbt er anschließend die Kunden ab, so ist nicht ausgeschlossen, dass dieses Verhalten, wenn ein entsprechender Strafantrag gestellt wird, zu einer strafrechtlichen Verurteilung des Geschäftsführers führt.

V. Besonderheiten im Ordnungswidrigkeitenrecht

1. Verantwortlichkeit des Geschäftsführers

Auch hier gilt (wie im Strafrecht): Es gibt Ordnungswidrigkeitentatbestände, die von jedermann verwirklicht werden können, und solche, die nur von bestimmten Täter begangen werden können (Sonderdelikte).

GmbH als Adressatin des Bußgeldtatbestands

Im Recht der Ordnungswidrigkeiten ist in der Regel der „Inhaber des Betriebes", also die GmbH, Normadressat. Die GmbH kann aber als juristische Person grundsätzlich keine Ordnungswidrigkeit begehen. Über § 9 OWiG wird daher der Geschäftsführer

---

[551]   BGH ZIP 1997, 978, 979.

zur Verantwortung gezogen. Einen wichtigen Ordnungswidrigkeitentatbestand enthält § 130 OWiG, der i.V.m. § 9 OWiG zu einer Verantwortlichkeit des Geschäftsführers führt. Es ist unmöglich, sämtliche Ordnungswidrigkeitentatbestände aufzuführen. Es existieren zahlreiche Bestimmungen, insbesondere des Arbeits- und Sozialrechts. Verstößt beispielsweise ein Unternehmen gegen die Vorschriften über die Arbeitszeit, so stellt dies eine Ordnungswidrigkeit dar, wegen der über § 9 OWiG der Geschäftsführer bzw. die sonstigen dort aufgeführten Personen bußgeldpflichtig werden können.

§ 9 OWiG [Handeln für einen anderen]

(1) Handelt jemand

1. als vertretungsberechtigtes Organ einer juristischen Person oder als Mitglied eines solchen Organs,

2. als vertretungsberechtigter Gesellschafter einer rechtsfähigen Personengesellschaft oder

3. als gesetzlicher Vertreter eines anderen,

so ist ein Gesetz, nach dem besondere persönliche Eigenschaften, Verhältnisse oder Umstände (besondere persönliche Merkmale) die Möglichkeit der Ahndung begründen, auch auf den Vertreter anzuwenden, wenn diese Merkmale zwar nicht bei ihm, aber bei dem Vertretenen vorliegen.

(2) Ist jemand von dem Inhaber eines Betriebes oder einem sonst dazu Befugten

1. beauftragt, den Betrieb ganz oder zum Teil zu leiten, oder

2. ausdrücklich beauftragt, in eigener Verantwortung Aufgaben wahrzunehmen, die dem Inhaber des Betriebes obliegen, und handelt er auf Grund dieses Auftrages, so ist ein Gesetz, nach dem besondere persönliche Merkmale die Möglichkeit der Ahndung begründen, auch auf den Beauftragten anzuwenden, wenn diese Merkmale zwar nicht bei ihm, aber bei dem Inhaber des Betriebes vorliegen. Dem Betrieb im Sinne des Satzes 1 steht das Unternehmen gleich. Handelt jemand auf Grund eines entsprechenden Auftrages für eine Stelle, die Aufgaben der öffentlichen Verwaltung wahrnimmt, so ist Satz 1 sinngemäß anzuwenden.

(3) Die Absätze 1 und 2 sind auch dann anzuwenden, wenn die Rechtshandlung, welche die Vertretungsbefugnis oder das Auftragsverhältnis begründen sollte, unwirksam ist.

§ 130 OWiG [Verletzung der Aufsichtspflicht in Betrieben und Unternehmen]

(1) Wer als Inhaber eines Betriebes oder Unternehmens vorsätzlich oder fahrlässig die Aufsichtsmaßnahmen unterlässt, die erforderlich sind, um in dem Betrieb oder Unternehmen Zuwiderhandlungen gegen Pflichten zu verhindern, die den Inhaber als solchen treffen und deren Verletzung mit Strafe oder Geldbuße bedroht ist, handelt ordnungswidrig, wenn eine solche Zuwiderhandlung begangen wird, die durch gehörige Aufsicht hätte verhindert werden

können. Zu den erforderlichen Aufsichtsmaßnahmen gehören auch die Bestellung, sorgfältige Auswahl und Überwachung von Aufsichtspersonen.

(2) Betrieb oder Unternehmen im Sinne des Absatzes 1 ist auch das öffentliche Unternehmen.

(3) Die Ordnungswidrigkeit kann, wenn die Pflichtverletzung mit Strafe bedroht ist, mit einer Geldbuße bis zu einer Million Euro geahndet werden. Ist die Pflichtverletzung mit Geldbuße bedroht, so bestimmt sich das Höchstmaß der Geldbuße wegen der Aufsichtspflichtverletzung nach dem für die Pflichtverletzung angedrohten Höchstmaß der Geldbuße. Satz 2 gilt auch im Falle einer Pflichtverletzung, die gleichzeitig mit Strafe und Geldbuße bedroht ist, wenn das für die Pflichtverletzung angedrohte Höchstmaß der Geldbuße das Höchstmaß nach Satz 1 übersteigt.

2. Verantwortlichkeit der Gesellschaft „*Verbandsstrafe*"

Verbandsstrafe gegen die GmbH möglich!

Ganz ausnahmsweise kann unter den Voraussetzungen des § 30 OWiG auch einmal eine Geldbuße gegen die GmbH verhängt werden. Diese Vorschrift durchbricht den Grundsatz, dass grundsätzlich nur Menschen wegen einer Straftat oder Ordnungswidrigkeit zur Verantwortung gezogen werden können.

Verletzt die GmbH eine Aufsichtspflicht oder eine sonstige betriebsbezogene Pflicht, so kann nach § 30 OWiG gegen sie selbst ein Bußgeld verhängt werden. Wird beispielsweise gegen Vorschriften, die den Arbeitgeber betreffen - etwa gegen Arbeitszeit bzw. Arbeitsschutzvorschriften - verstoßen, so kann auf Grundlage des § 30 OWiG gegen die GmbH ein Bußgeldbescheid ergehen.

Wegen des Verbots der doppelten Ahndung einer Handlung (Art. 103 Abs. 3 GG) soll bei der Verhängung einer Geldbuße gegen die Gesellschaft berücksichtigt werden, inwieweit das Organ, d.h. der Geschäftsführer hierfür bereits zur Verantwortung gezogen werden kann oder soll. In der Praxis werden beide Verfahren auch aus prozessökonomischen Gründen miteinander verbunden. Die insgesamt verhängten Geldbußen sollten nicht höher sein, als sie es bei einem hypothetischen Fall eines Einzelunternehmers wären.

§ 30 OWiG [Geldbuße gegen juristische Personen und Personenvereinigungen]

(1) Hat jemand

    1. als vertretungsberechtigtes Organ einer juristischen Person oder als Mitglied eines solchen Organs,

    2. als Vorstand eines nicht rechtsfähigen Vereins oder als Mitglied eines solchen Vorstandes,

    3. als vertretungsberechtigter Gesellschafter einer rechtsfähigen Personengesellschaft oder

    4. als Generalbevollmächtigter oder in leitender Stellung als Prokurist oder Handlungsbevollmächtigter einer juristischen Per-

son oder einer in Nummer 2 oder 3 genannten Personenvereinigung

5. *als sonstige Person, die für die Leitung des Betriebs oder Unternehmens einer juristischen Person oder einer in Nummer 2 oder 3 genannten Personenvereinigung verantwortlich handelt, wozu auch die Überwachung der Geschäftsführung oder die sonstige Ausübung von Kontrollbefugnissen in leitender Stellung gehört, eine Straftat oder Ordnungswidrigkeit begangen, durch die Pflichten, welche die juristische Person oder die Personenvereinigung treffen, verletzt worden sind, oder die juristische Person oder die Personenvereinigung bereichert worden ist oder werden sollte, so kann gegen diese eine Geldbuße festgesetzt werden.*

(2) Die Geldbuße beträgt

1. *im Falle einer vorsätzlichen Straftat bis zu einer Million Euro,*
2. *im Falle einer fahrlässigen Straftat bis zu fünfhunderttausend Euro.*

Im Falle einer Ordnungswidrigkeit bestimmt sich das Höchstmaß der Geldbuße nach dem für die Ordnungswidrigkeit angedrohten Höchstmaß der Geldbuße. Satz 2 gilt auch im Falle einer Pflichtverletzung, die gleichzeitig mit Strafe und Geldbuße bedroht ist, wenn das für die Pflichtverletzung angedrohte Höchstmaß der Geldbuße das Höchstmaß nach Satz 1 übersteigt.

(3) § 17 Abs. 4 und § 18 gelten entsprechend.

(4) Wird wegen der Straftat oder Ordnungswidrigkeit ein Straf- oder Bußgeldverfahren nicht eingeleitet oder wird es eingestellt oder wird von Strafe abgesehen, so kann die Geldbuße selbständig festgesetzt werden. Dies gilt jedoch nicht, wenn die Straftat oder Ordnungswidrigkeit aus rechtlichen Gründen nicht verfolgt werden kann; § 33 Abs. 1 Satz 2 bleibt unberührt.

(5) Die Festsetzung einer Geldbuße gegen die juristische Person oder Personenvereinigung schließt es aus, gegen sie wegen derselben Tat den Verfall nach den §§ 73 oder 73a des Strafgesetzbuches oder nach § 29a anzuordnen.

H. Versicherungslösungen

I. Grundlagen

Die Geschäftsführer und die Aufsichtsratsmitglieder, die sich mit den dargestellten Haftungsrisiken konfrontiert sehen, sind an einer Absicherung der Risiken stark interessiert. Hier können Versicherungslösungen helfen, einige nicht jedoch alle Risiken zu minimieren. Bevor spezielle Policen für Organmitglieder vorgestellt werden, wird zunächst erläutert, inwieweit die klassischen Haftpflichtversicherungen bereits Schutz gewähren.

Das Bedürfnis nach einer Absicherung steigt

1. Haftpflichtversicherungsschutz im Unternehmensbereich

Kein Risiko ohne Haftpflichtversicherungsschutz

Da jede unternehmerische Tätigkeit mit enormen Risiken behaftet ist, die zu Schäden bei Dritten führen können, ist Haftpflichtversicherungsschutz im gewerblichen Bereich heute weit verbreitet. Das „allgemeine Betriebsrisiko" ist in der Regel über eine Betriebshaftpflichtversicherung abgesichert. Dies gilt insbesondere für das produzierende und verarbeitende Gewerbe. Aber auch Dienstleister haben eine Haftpflichtversicherung etwa in Form eines sog. Bürohaftpflichtversicherungsvertrags. Spezielle Risiken werden mit einer Produkthaftpflicht- oder Umwelthaftpflichtpolice abgedeckt.

Die Betriebshaftpflicht ersetzt Personen- und Sachschäden

Die Betriebshaftpflichtversicherung mit ihren Erweiterungen der Produkthaftpflicht bzw. der Umwelthaftpflicht deckt grundsätzlich nur sog. Personen- und Sachschäden, nicht jedoch *unmittelbare* Vermögensschäden ab[552]. Da heute aber jeder Versicherer seine eigenen Bedingungen frei gestalten kann, kommt es bei der Frage, welcher Versicherungsschutz im Einzelfall besteht, immer jeweils auf die konkret dem Vertrag zugrunde liegenden Versicherungsbedingungen an.

Vermögensschäden ersetzt der D & O - Versicherer

Für bestimmte Berufsgruppen gibt es darüber hinaus Berufshaftpflichtversicherungen. Diese decken typischerweise hingegen gerade die reinen, d.h. unmittelbaren Vermögensschäden ab. Nicht erfasst sind dagegen in der Regel Personen- und Sachschäden. Solche Haftpflichtversicherungen sind z.B. für Rechtsanwälte oder Notare gesetzlich zwingend vorgeschrieben. In Anlehnung an diese Vermögensschadens-Haftpflicht-Versicherungen sind spezielle Policen für den GmbH-Geschäftsführer auf den deutschen Markt gebracht worden[553]. Vorbild bei der Markteinführung 1986 durch zwei US-amerikanischen Versicherer war die sog. D & O - Police des angloamerikanischen Rechts. D & O steht für Directors & Officers Liability. *Directors* und *Officers* sind geschäftsführende und beaufsichtigende Organe, also Geschäftsführer, Vorstände und Aufsichtsräte. In den USA ist Versicherungsschutz für Aufsichtsräte und Top-Manager weit verbreitet. Dies hängt insbesondere damit zusammen, dass das US-amerikanische Recht Möglichkeiten der direkten Inanspruchnahme der Manager durch die Anteilseigner zulässt. Da sich über Jahrzehnte eine Verschärfung der Managerhaftung auch im deutschen Recht abgezeichnet hat, sind seit Mitte der achtziger Jahre auch für den deutschen Markt zuerst von

---

[552]　Teils sind bestimmte Vermögensschäden mit geringeren Deckungssummen mitversichert.

[553]　Grundlegend: *Ihlas*, Organhaftung und Haftpflichtversicherung, 1997 und *Olbrich*, Die D & O-Versicherung in Deutschland, 2003 sowie *Koch*, Die Rechtsstellung der Gesellschaft und des Organmitglieds in der D & O-Versicherung, GmbHR 2004, 18 ff.; 160 ff.

amerikanischen Versicherern Vermögensschadens-Haftpflichtver-
sicherungs-Policen entwickelt worden. Die *deutschen* Versicherer
haben sich zunächst auf Rechtschutzversicherungs-Policen beschränkt, da die deutschen Rückversicherer bis 1995 nicht bereit
waren, das Geschäft zu zeichnen. Erst seit 1995 bieten auch die
deutschen Versicherer Haftpflichtversicherungsschutz für Top-
Manager und Aufsichtsräte an.

2. Der Geschäftsführer als Mitversicherter in der Betriebshaftpflichtversicherung

Der Geschäftsführer ist in der Betriebshaftpflichtversicherung
mitversichert. Das bedeutet, dass ein Rückgriff der Versicherungsgesellschaft nach einer Regulierung des Schadens nicht möglich
ist.

Geschäftsfüh-
rer ist grund-
sätzlich mitver-
sichert

Beispiel: *„Beim Bau ist die Hand blau"*
Der Geschäftsführer G verletzt bei einer Baustellenbesichtigung fahrlässig einen Kunden der GmbH, indem er dessen Hand versehentlich
einquetscht. Der Kunde verlangt und bekommt von der GmbH unter
anderem Schmerzensgeld, das der Betriebshaftpflichtversicherer der
GmbH ersetzt. Der Versicherer kann dieses Geld nun nicht von G erstattet verlangen, weil dieser in der Betriebshaftpflicht mitversichert
ist.

Zu beachten ist allerdings, dass der Betriebshaftpflichtversicherer
von der Leistung befreit ist, wenn der Geschäftsführer als Repräsentant den Schaden *vorsätzlich* verursacht. In diesem Fall haftet
der Geschäftsführer neben der GmbH, ohne dass der Versicherungsschutz eingreift. Erstattet die GmbH dem Dritten seinen
Schaden, kann sie ihren Geschäftsführer in Regress nehmen. Grobe Fahrlässigkeit ist hingegen in den gängigen Betriebshaftpflicht-
policen meist mitversichert, so dass der Versicherer eintrittspflichtig bleibt.

Geschäftsfüh-
rer ist Reprä-
sentant

II. Die Vermögensschadens-Haftpflicht-Versicherung (D & O - Deckung)

1. Überblick

Der GmbH-Geschäftsführer oder die Aufsichtsratsmitglieder können zusätzlich durch den Abschluss einer eigenen, speziellen
Vermögensschadens-Haftpflichtversicherung abgesichert werden.
Seit der Einführung von Haftpflichtversicherungen gibt es Diskus-
sionen über ihren Sinn und Zweck. Kritiker wenden bis heute ein,
Haftpflichtversicherungsverträge würden Pfusch Tür und Tor öff-
nen und seien deshalb abzulehnen. Gewährt man also dem Ge-

Das „Für und
Wider" einer
Haftpflichtversi-
cherung

schäftsführer Haftpflichtversicherungsschutz, so hätte dieser keinerlei Anreize mehr, ordentlich zu arbeiten.

D & O – Police als Anreiz

Diese These lässt sich überzeugend widerlegen: Der Geschäftsführer ist nicht deshalb daran interessiert, erfolgreich zu arbeiten, weil er dadurch Haftungsrisiken verhindert, sondern vor allem, weil ihm hierfür weitere Anreize geboten werden. So ist der Geschäftsführer in der Regel am Gewinn des Unternehmens beteiligt. Seine Reputation steht in enger Relation zum Erfolg des Unternehmens, dem er vorsteht. Erfolgreiche Geschäftsführer sind begehrtes Objekt von „Headhunters" und haben die Chance, in die Leitung von größeren Unternehmen berufen zu werden. Die Gefahr, dass durch eine Vermögensschadens-Haftpflicht-Police der Geschäftsführer nachlässig wird, ist vor diesem Hintergrund eher unwahrscheinlich. Auch muss berücksichtigt werden, dass der Geschäftsführer möglicherweise mit größerer Einsatzfreude und Risikobereitschaft Projekte angeht, wenn er den Versicherungsschutz im Hintergrund weiß. Auch der Deutsche Corporate-Governance-Kodex geht in Nr. 3.8. davon aus, dass es Versicherungsschutz für Vorstände und Aufsichtsräte gibt, empfiehlt aber einen angemessen Selbstbehalt[554].

Marktverhärtung durch spektakuläre Unternehmenszusammenbrüche

Durch den Anstieg der Unternehmenszusammenbrüche[555] und die Verschärfung durch die Gesetzgebung und Rechtsprechung beginnen die Versicherer ihre D & O-Verträge zu sanieren, indem sie bestimmte Branchen kündigen, Prämien erhöhen, nur noch Jahresverträge abschließen, ggf. bei Verlängerungen Bedingungswerke austauschen und insgesamt sehr restriktiv regulieren.

2. Vertragliche Gestaltung der Vermögensschadens-Haftpflichtversicherung

GmbH ist Versicherungsnehmerin, Geschäftsführer ist Versicherter

Die in der Praxis verbreiteten Vermögensschadens-Haftpflichtversicherungen sehen grundsätzlich vor, dass die Gesellschaft Versicherungsnehmerin wird. Das heißt, die GmbH schließt den Versicherungsvertrag mit dem Versicherer ab. Damit schuldet sie die Zahlung der Versicherungsprämien. Versicherungsschutz genießt jedoch der GmbH-Geschäftsführer oder die Mitglieder des Aufsichtsrats als versicherte Personen. Von vielen Policen werden auch leitende Angestellte erfasst. Üblich ist zudem die konzernweite Versicherung der Organmitglieder, das heißt unter Einschluss aller Tochtergesellschaften. Es handelt sich bei der D & O - Versicherung um eine sog. Versicherung auf fremde Rechnung[556].

---

[554] Siehe www.corporate-governance-code.de.
[555] So wurden bei der Philipp Holzmann AG, die im März 2002 Insolvenzantrag stellte, im Vergleichswege 19,4 Mio. € als Versicherungsleistung gezahlt.
[556] OLG München, Urt. vom 15.03.2005, zr-report.de; LG Wiesbaden VersR 2005, 545; LG Marburg DB 2005, 437.

Der Umstand, dass die GmbH Versicherungsnehmerin ist und damit die Versicherungsprämien zu begleichen hat, muss nicht bedeuten, dass der versicherte Geschäftsführer keinerlei Kosten für die Finanzierung des Versicherungsvertrags übernehmen muss. Der Versicherungsschutz ist letztlich eine Gegenleistung der Gesellschaft für die Tätigkeit des Geschäftsführers. Beim Abschluss des Anstellungsvertrags wird daher über die Frage, ob dem Geschäftsführer Versicherungsschutz gewährt wird, zu verhandeln sein.

Versicherungs-schutz als Bestandteil der Vergütung

Eine D & O – Versicherung darf der Geschäftsführer nur mit Zustimmung der Gesellschafterversammlung abschließen[557], da diese darüber zu befinden hat, ob sie die strenge Organhaftung durch Gewährung von Versicherungsschutz auf Kosten der GmbH, die für die Prämien aufkommen muss, abfedert.

Zustimmung der GmbH

Die GmbH ist daran interessiert bei Ansprüchen aus der Innenhaftung, insbesondere aus § 43 GmbHG Zahlung der Versicherungsleistung zu verlangen. Nach ganz überwiegender Auffassung hat der Versicherungsnehmer keinen Direktanspruch gegen den D & O - Versicherer[558]. Vielmehr hat der Versicherer ein Wahlrecht, ob er den Schaden reguliert oder den Anspruch der GmbH aus der Innenhaftung abwehrt.

Kein Direktanspruch der GmbH

Entscheidet sich der Versicherer für die Abwehr des Anspruchs, ist die GmbH gezwungen auf eigene Kosten den Geschäftsführer zu verklagen – diese Kosten erstattet auch kein Rechtschutzversicherer. Der D & O-Versicherer hingegen finanziert die Abwehrkosten des Geschäftsführers. In der Regel sind Abwehrkosten als sog. Sublimit mitversichert. Beträgt bei einem kleinen Betrieb die Versicherungssumme 500.000 €, könnten 50.000 € als Sublimit für die Abwehrkosten versichert sein. Das bedeutet, dass die Kosten die Versicherungssumme, die für den Schadensersatz zur Verfügung steht, reduzieren[559]. Dies kann, wie es die Branche ausdrückt, zu einer Verdampfung der Versicherungssumme führen. Vor allem aber muss die GmbH ggf. über drei Instanzen den Prozess vorfinanzieren. Dies wird die Gesellschaft, die durch den Schadensfall ggf. schon am Rande der Insolvenz steht, häufig überfordern.

Abwehr des Anspruchs und Verdampfung der Versicherungssumme

Beim Geschäftsführer ist die Prämie für die D & O - Versicherungsprämie nicht als Einnahme zu versteuern, sofern bestimmte Voraussetzungen eingehalten werden[560]. So darf u.a. die Leistung nur der GmbH als Versicherungsnehmerin zustehen, die Prämie

Kein steuerpflichtiger Vorteil

---

[557] *Meyke,* Die Haftung des GmbH-Geschäftsführers, Rdnr. 208.
[558] OLG München, Urt. vom 15.03.2005, zr-report.de; LG Wiesbaden VersR 2005, 545; LG Marburg DB 2005, 437, a.A. *Säcker,* VersR 2005, 10 ff.
[559] Eine solche Klausel, die eine Anrechnung von Rechtsverfolgungskosten auf die Versicherungssumme vorsieht, ist nach *Säcker,* VersR 2005, 10, 14 wegen Verstoßes gegen § 307 BGB unwirksam.
[560] Schreiben des BMF vom 24.1.2002, Aktenzeichen IV C 5 - S 2332 - 8/02.

darf sich nicht nach individuellen Kriterien des Geschäftsführers bestimmen, das Management muss als Ganzes versichert werden, die Versicherungssummen müssen deutlich höher als das übliche Privatvermögen der Organmitglieder sein.

3. Einzelheiten und Einschränkungen des Versicherungsschutzes

Vielfalt der Versicherungs-bedingungen

Der Umfang des Versicherungsschutzes, insbesondere die geltenden Ausschlüsse, richtet sich nach den konkreten Bedingungen. Da seit dem 01.07.1994 das Bundesaufsichtsamt für das Versicherungswesen keine Versicherungsbedingungen mehr genehmigen muss bzw. darf, gibt es bereits eine Vielzahl von Versicherungsbedingungen in diesem Bereich. Vor allem die Zahl der Ausschlüsse wird immer unübersichtlicher, außerdem ändern die Versicherer permanent, teilweise im Jahrestakt ihre Bedingungen. Trotz der Vielzahl der Bedingungen bestehen aber dennoch im Grundsatz zahlreiche Übereinstimmungen. Grundsätzlich sind nur *unmittelbare* Vermögensschäden versichert. Nicht versichert sind Personen- und Sachschäden. Damit soll eine Überschneidung mit der Betriebs- bzw. Bürohaftpflichtversicherung vermieden werden. Erfasst werden von den gängigen Policen sowohl die zivilrechtliche als auch die öffentlich-rechtliche Haftung aus der Organtätigkeit

Befriedigung oder umfassende Abwehr

Der Versicherungsschutz erstreckt sich sowohl auf die gerichtliche als auch auf die außergerichtliche Befriedigung, d.h. die Regulierung begründeter Ansprüche. Wie bei jeder Haftpflichtversicherung ist aber auch die *Abwehr unbegründeter Ansprüche* sowohl im außergerichtlichen wie im prozessualen Stadium erfasst.

Die Versicherungssumme wird im Einzelfall frei vereinbart. In der Praxis finden sich Versicherungssummen zwischen 500.00 € und 40 Mio. €.

„Claims-made-Prinzip"

Wichtig ist, dass bei der Vermögensschadens-Haftpflichtversicherung alle Schadensersatzansprüche versichert sind, die während des versicherten Zeitraums geltend gemacht werden (das sog. *„claims-made-Prinzip"*). Verlangt wird in der Regel eine schriftliche Geltendmachung durch das zuständige Organ, also die Gesellschafterversammlung bzw. ggf. durch den Aufsichtsrat. Das heißt zunächst einmal, dass der Versicherungsvertrag zum Zeitpunkt der Geltendmachung noch bestehen oder zumindest eine Nachhaftung vereinbart worden sein muss. In Anbetracht des Umstandes, dass Ansprüche aus § 43 GmbHG erst in fünf Jahren verjähren und die Verjährungsfrist erst beginnt, wenn der Schaden dem Grunde nach eingetreten ist, besteht die Gefahr, dass der Versicherer nicht mehr eintrittspflichtig ist, obwohl mit ihm zum Zeitpunkt der Pflichtverletzung ein Versicherungsvertrag bestand. Anders als im gängigen Haftpflichtversicherungsrecht kommt es also nicht auf den Zeitpunkt an, in dem der Schaden eintritt oder der Verstoß begangen wird, sondern entscheidend ist jener Zeitpunkt, in dem der Anspruch geltend gemacht wird. Dadurch wird erreicht, dass auch Ansprüche erfasst werden, die vor Vertragsschluss liegen. Insofern liegt eine sog. „Rückwärtsversicherung" vor. Versichert sind aber nur solche in der Vergangenheit vor dem formellen Versicherungsbeginn liegende Verstöße, von denen die versicherten Personen keine Kenntnis hatten oder – nach den üblichen Bedingungen - den Umständen nach keine Kenntnis haben mussten. Auch ist häufig die Rückwartsversicherung zeitlich begrenzt auf einen Zeitraum von einem oder zwei Jahren vor Vertragsbeginn. Für die Rückwärtsversicherung und die Nachhaftung kann der Versicherer gesonderte Prämien berechnen.

Zu beachten sind - wie bei jeder Versicherung - die **Ausschlüsse**: Nicht mitversichert sind sämtliche Schäden, die auf Vorsatz beruhen. Der Versicherungsschutz greift jedoch, wenn der im Raum stehende Vorsatz später nicht durch Urteil festgestellt wird. Durch den Vorsatzausschluss werden aber schon zahlreiche Schäden aus dem Versicherungsschutz herausfallen. Zu beachten ist, dass - wie in der Haftpflichtversicherung gemäß § 152 Versicherungsvertragsgesetz üblich - auch *grobe Fahrlässigkeit* mitversichert ist. Dies kann aber in den einzelnen Versicherungsbedingungen durchaus abweichend geregelt sein.

Ausschlüsse können für Überraschungen sorgen

In wohl allen Bedingungswerken werden Schäden, die durch die wissentliche Verletzung gesetzlicher Pflichten verursacht werden, vom Versicherungsschutz ausgenommen. Teils wird auch das wissentliche Abweichen von der Satzung, Gesellschafterbeschlüssen, von Vollmachten, Weisungen sowie sonstige Pflichtverletzungen zum Anlass genommen, den Versicherungsschutz auszuschließen. Hierzu muss man wissen, dass sich die wissentliche Pflichtverletzung nur auf die Pflicht, nicht auf den Erfolg, d.h. die Schadensherbeiführung, beziehen muss. Es genügt also, wenn der Geschäftsführer wissentlich, also mit direktem Vorsatz gegen eine Pflicht verstößt, um den Versicherungsschutz anfallen zu lassen.

Wissentliche Pflichtverletzung

Beispiel: *„Wider besseren Wissens"*
Der Geschäftsführer weiß, dass er laut Satzung Verträge mit einem Volumen von mehr als 20.000 € nur mit Zustimmung der Gesellschafterversammlung abschließen darf. Er schließt dennoch einen Beratungsvertrag über 40.000 € ab, weil er davon ausgeht, dass die Gesellschafterversammlung - wie stets in der Vergangenheit - zustimmen wird. Diesmal hat sich jedoch der Wind gedreht, die Gesellschafter sind mit dem Geschäft nicht einverstanden und machen geltend, dass der Vertrag nutzlos sei, weshalb der Gesellschaft ein Schaden in Höhe des Honorars entstanden sei, den der Geschäftsführer gemäß § 43 GmbHG ausgleichen möge. Der Versicherer kann sich auf den Standpunkt stellen, dass Versicherungsschutz wegen einer wissentlichen Pflichtverletzung nicht besteht.

Weitere typische Ausschlüsse

Typischerweise nicht versichert sind Schäden durch unzureichenden Versicherungsschutz. Versäumt der Geschäftsführer beispielsweise, ein Gebäude gegen Feuer zu versichern und ereignet sich ein Brandschaden, haftet er gemäß § 43 GmbHG für den entstandenen Schaden. Der Versicherer kann sich auf den vorbezeichneten Ausschluss berufen, sofern er diesen vereinbart hat. Ebenfalls nicht versichert sind in der Regel Schäden, die bei einer konzernverbundenen Gesellschaft zu einem Vorteil geführt haben. Kauft der Geschäftsführer einer Tochtergesellschaft von der Muttergesellschaft Waren zu überhöhten Preisen, schädigt er die Tochtergesellschaft, während die Muttergesellschaft spiegelbildlich einen Vorteil zieht. Die Wirksamkeit einer Konzernklausel wurde jüngst bejaht[561]. Regelmäßig ausgeschlossen sind ferner Ansprüche gegen den Geschäftsführer wegen zu Unrecht erhaltener Vergütungen oder sonstiger zu Unrecht geleisteter Zuwendungen.

Innenhaftung ist nicht immer mitversichert

Nicht in allen Bedingungen mitversichert sind Ansprüche aus der Innenhaftung. Gerade diese sind aber von größter praktischer Relevanz. Im Außenverhältnis wird der Geschäftsführer *außerhalb der Krise* der Gesellschaft kaum für unmittelbare Vermögensschäden in Anspruch genommen. Eine Absicherung auch des Risikos einer Inanspruchnahme aus der Innenhaftung, also insbesondere die Versicherung der Haftung aus § 43 GmbHG ist enorm wichtig. Einige Bedingungswerke sind sehr missverständlich formuliert, so dass nicht ganz klar ist, ob die Innenhaftung mitversichert ist oder nicht.

Kündigungs-, Öffentlichkeits- bzw. Prozessklausel

Ist die Innenhaftung versichert, finden sich teilweise in den Bedingungen Klauseln, die Versicherungsschutz erst dann eingreifen lassen, wenn dem Geschäftsführer gekündigt wird oder dieser auf Schadensersatz verklagt wird. Dadurch wird dem Manipulationsrisiko vorgebeugt, der sog. freundlichen Inanspruchnahme des Versicherers. So verständlich das Interesse des Versicherers ist, dürften solche Klauseln dennoch den Versicherungsnehmer unangemessen benachteiligen und daher gemäß § 307 BGB unwirksam sein[562]. Eine Kündigung kann bedeuten, sich von einem fähigen und schwer entbehrlichen Manager zu trennen und das „Aus" für die Gesellschaft bewirken, etwa wenn dieser anschließend noch zur Konkurrenz geht. Der Verweis auf die gerichtliche Geltendmachung – trotz ggf. klarer Rechtslage – führt zu einem Zeitverlust, der für die Gesellschaft existentiell werden kann. Zudem wird durch den Prozess der Haftungsfall öffentlich, was die Gesellschaft zusätzlich schädigen kann.

---

[561]   LG Wiesbaden VersR 2005, 545.

[562]   Siehe *Meyke*, Die Haftung des GmbH-Geschäftsführers, Rdnr. 204 (Sittenwidrigkeit); ausführlich *Olbrich*, Die D & O – Versicherung in Deutschland, S. 134 ff.

> **Tipp!**
> Schließen Sie grundsätzlich nur einen Vertrag ab, der die Innen-
> haftung abdeckt. Ergibt sich aus den Bedingungen nicht eindeutig,
> dass Ansprüche aus der Innenhaftung eingeschlossen sind, so
> nehmen Sie dies ausdrücklich in den Versicherungsantrag auf. Ver-
> lassen Sie sich nicht auf Zusagen des Vermittlers, die Sie später
> meist ohnehin nicht mehr beweisen werden können. Beantragen
> Sie die Innenhaftung. Will der Versicherer dieses Risiko nicht ver-
> sichern, so muss er das im Versicherungsschein deutlich kenntlich
> machen. Vergessen Sie nicht, sich eine Durchschrift des Antrags
> geben zu lassen.

Ist die Innenhaftung bedingungsgemäß mitversichert, so bezieht **Innenhaftung**
sich ein weit verbreiteter Ausschluss auf den Gesellschafterge- **ist für die Ge-**
schäftsführer. In der Regel ist vorgesehen, dass kein Versiche- **sellschafter-**
rungsschutz in der prozentualen Höhe besteht, in der der Ge- **Geschäftsfüh-**
schäftsführer bzw. das sonstige versicherte Organ an der Gesell- **rer nur einge-**
schaft beteiligt ist. **schränkt versi-**
cherbar

Beispiel: *„Der folgenschwere Fehler"*
Geschäftsführer G ist mit 25 % an der GmbH beteiligt. Er lässt versehentlich Forderungen in Höhe von 200.000 €, die die GmbH gegen
Dritte hat, verjähren. Auf der Gesellschafterversammlung wird beschlossen, dass G hierfür finanziell zur Verantwortung gezogen werden soll. G ist haftpflichtversichert. Der Haftpflichtversicherer muss,
sofern hier die üblichen Bedingungen zugrunde gelegt sind, nur 75 %
des Schadens ersetzen, weil in Höhe von 25 % ein Ausschluss vereinbart ist. G soll vom Haftpflichtversicherer nicht von dem Schaden
freigestellt werden, der seiner Beteiligung an der Gesellschaft entspricht.

Durch diesen Ausschluss wird die D & O -Deckung für den Ge- **Konsequenzen**
sellschaftergeschäftsführer, was die Innenhaftung betrifft, weitgehend uninteressant. Bei der Außenhaftung wird es oft um Perso-
nen- oder Sachschäden gehen, die über die Betriebshaftpflichtversicherung abgedeckt sind. Zudem fehlt es, wie ausgeführt, bezüglich der Außenhaftung in der Regel an einer direkten Anspruchsgrundlage gegen den Geschäftsführer. Wie erwähnt, hat die
D & O - Deckung - im Zusammenhang mit der Außenhaftung - ihre Berechtigung in der Krise. Hier stellt sie Deckung zur Verfügung für die zivilrechtliche Haftung des Geschäftsführers, für
nicht abgeführte Steuern sowie für den Fall der Insolvenzverschleppungshaftung. Zu beachten ist allerdings, dass häufig Vorsatz im Spiel sein wird, so dass die Deckung dann doch wieder
entfällt. So erfordert beispielsweise auch die Haftung wegen des
Vorenthaltens von Arbeitnehmerbeiträgen zur Sozialversicherung

stets Vorsatz. In der Praxis zeigt sich oft, dass die Geschäftsführer in Kenntnis der Insolvenzreife bewusst, d.h. vorsätzlich weiter wirtschaften, weil sie sich an einen Strohhalm klammern, obwohl sie selbst wissen, dass es sich nur um einen solchen handelt.

Die hier aufgeführten Ausschlüsse sind nur exemplarisch, keineswegs sind sie abschließend aufgezählt. Ein genaues Studium der jeweiligen Bedingungen, ggf. unter Hinzuziehung eines spezialisierten Rechtsanwalts, ist daher unentbehrlich.

Räumlicher Geltungsbereich

Wichtig ist es auch, das Augenmerk auf den räumlichen Geltungsbereich der D & O – Deckung zu legen. Häufig sind Ansprüche, die vor Gerichten in den USA, Canada und Großbritannien geltend gemacht werden, vom Versicherungsschutz ausgeschlossen.

Bestimmte Branchen werden meist nicht versichert

Zahlreiche Branchen werden zudem nicht versichert. So gibt es für Banken (zumindest für das Kreditausfallrisiko), EDV-Unternehmen, Immobiliengesellschaften, den Bergbau, Erdölbetriebe und das Baugewerbe in der Regel keinen Versicherungsschutz. Auch Existenzgründer werden meist nicht versichert. Insgesamt sind der Mittelstand und große Unternehmen die Zielgruppe der Versicherer.

D & O ist oft subsidiär

Ferner ist zu beachten, dass die D & O - Deckung meist subsidiär, d.h. nachrangig ist. Nur wenn kein anderer Versicherungsschutz eingreift, soll die D & O - Police zum Zuge kommen. Durch die Beschränkung auf Vermögensschäden greift die D & O-Deckung auch dann nicht ein, wenn die Deckungssummen der Betriebshaftpflichtversicherung aufgezehrt sind.

Selbstbehalte sind üblich

Regelmäßig gibt es hohe Selbstbehalte. Es finden sich sowohl feste Selbstbehalte, etwa in Höhe von 5.000 € oder prozentuale Vereinbarungen, die oft mit einer Begrenzung nach oben verbunden sind. Beispielsweise wird vereinbart, dass der Geschäftsführer 10 % des Schadens selbst trägt, maximal jedoch 50.000 €.

Die Prämie wird unterschiedlich kalkuliert. Häufigster Ansatzpunkt sind die Bilanzsummen der jeweiligen Unternehmen. Teils wird auch auf den jeweiligen Bruttojahresumsatz der Gesellschaft abgestellt.

4. Vor- und Nachteile der Haftpflichtversicherung

Abwägung im Einzelfall erforderlich

Die Vorteile für den Geschäftsführer liegen auf der Hand, sein Privatvermögen wird durch den Haftpflichtversicherungsvertrag weitgehend geschützt. Sein Schaden ist auf den Selbstbehalt begrenzt. Bekommt der Geschäftsführer die Haftpflichtversicherung allerdings nur gegen einen Gehaltsverzicht, so liegt hierin ein finanzieller Nachteil.

Die GmbH trägt die Kosten der Haftpflichtversicherungs-Police, insofern ist dies zunächst für sie nachteilig. Der entscheidende Vorteil einer Haftpflichtversicherungs-Police für die GmbH liegt jedoch darin, dass die Gesellschaft gegen die Insolvenz des Geschäftsführers abgesichert wird. Realisieren sich Schäden in Millionenhöhe, so wird der Geschäftsführer regelmäßig außerstande sein, diese zu ersetzen. Besteht nun ein Haftpflichtversicherungsvertrag, so hat die GmbH mit dem Versicherer einen solventen Partner, der die Schäden reguliert. Insofern könnte dies ein großer Anreiz für den Abschluss einer Haftpflichtversicherung sein. Letztlich kann dies immer nur im Einzelfall entschieden werden. Zu beachten ist die nicht unerhebliche Prämienbelastung sowie die jeweils bestehenden Ausschlüsse.

Insolvenzrisiko des Geschäftsführers wird abgesichert

III. Rechtsschutz für Geschäftsführer

Neben der Haftpflichtversicherungs-Police werden auf dem deutschen Markt zudem noch Rechtsschutzversicherungsverträge für Top-Manager und Aufsichtsräte angeboten. Diese sichern verschiedene Risiken ab. Vertragspartner des Versicherungsvertrags kann sowohl die GmbH (Firmenlösung) als auch der Geschäftsführer werden. Praktisch bedeutsame Bausteine sind der Strafrechtsschutz und der Vermögensschaden-Rechtsschutz sowie der Anstellungsvertrags-Rechtsschutz, wobei letzterer Baustein nur als Privatlösung für den Geschäftsführer angeboten wird. Zu beachten ist, dass teilweise D & O - Policen bereits der Strafrechtsschutz enthalten ist. Umgekehrt kann dem Baustein Vermögensschaden-Rechtsschutz der Versicherungsschutz auf das Kostenrisiko beschränkt werden, dass der Geschäftsführer trägt, wenn er gerichtlich oder außergerichtlich wegen des Ersatzes von Vermögensschäden seitens seines Unternehmens oder eines Dritten in Anspruch genommen wird. Im Gegensatz zur D & O – Deckung kann hier der Geschäftsführer selbst den Versicherungsvertrag abschließen, was sich dann empfiehlt, wenn die GmbH keine D & O – Versicherung verfügt.

Rechtsschutz zur Minimierung des Kostenrisikos

Die Einzelheiten der Bedingungswerke können hier nicht vertieft werden. Zu unterschiedlich sind die auf dem Markt befindlichen Policen. Häufig wird lediglich der gerichtliche Rechtsschutz, nicht jedoch die außergerichtliche Interessenwahrnehmung versichert. Dies gilt insbesondere für den Anstellungsvertrags-Rechtsschutz. Einigt sich daher der Geschäftsführer, wie es häufig geschieht, außergerichtlich nach einer fristlosen Kündigung mit der GmbH, muss er seinen Anwalt selbst bezahlen. Policen, die auch den außergerichtlichen Rechtsschutz absichern, sind entsprechend kostspieliger. Häufig sehen die Policen vor, dass bis zu einem bestimmten Stundensatz auch Honorarvereinbarungen mit dem An-

Umfang des Versicherungsschutzes

walt abgedeckt werden. Geht es um die strafrechtliche Verfolgung, gewährt der Versicherer bei Taten, die nur vorsätzlich begangen werden können, grundsätzlich nur vorläufig Rechtsschutz. Stellt sich heraus, dass der Geschäftsführer vorsätzlich gehandelt hat und wird er entsprechend verurteilt, entfällt die Deckung. Der Geschäftsführer muss die Anwaltskosten und die sonstigen Kosten des Verfahrens aus eigener Tasche zahlen.

> **Achtung!**
> Auch hier gilt: Geldstrafen und Geldbußen werden niemals von einem Versicherer erstattet. Die Rechtsschutzpolice deckt nur das Kostenrisiko ab.

VI. Prozessuales

Rechtsweg

Leider lassen sich Rechtsstreitigkeiten zwischen der GmbH und ihrem Geschäftsführer nicht immer vermeiden. Wesentlich seltener kommt es zu Klagen von Gesellschaftsgläubigern gegenüber dem Geschäftsführer. Für diese Streitigkeiten sind grundsätzlich die ordentlichen Gerichte, d.h. die Amts- und Landgerichte zuständig.

Der Geschäftsführer, der Ansprüche aus dem Anstellungsvertrag geltend macht, klagt ebenfalls vor dem Landgericht oder bei einem Streitwert bis 5.000 € vor dem Amtsgericht[563]. Erhebt der Geschäftsführer allerdings in Unkenntnis der Rechtslage Klage beim Arbeitsgericht, muss dieses den Rechtsstreit an das zuständige Land- bzw. Amtsgericht verweisen. Lässt sich die GmbH auf diese Klage allerdings rügelos ein, so wird dadurch die Zuständigkeit des Arbeitsgerichts begründet. Auch ist es möglich, dass GmbH und Geschäftsführer von vornherein vereinbart haben, dass ihre Streitigkeiten vor den Arbeitsgerichten entschieden werden. An eine solche Vereinbarung ist das Arbeitsgericht gebunden, da das Arbeitsgerichtsgesetz derartige Vereinbarungen in § 2 IV ausdrücklich zulässt.

Zusätzliches Arbeitsverhältnis

Ist der Geschäftsführer der Ansicht, dass zwischen ihm und der GmbH ein Arbeitsvertrag besteht, so sind ebenfalls die Arbeitsgerichte zuständig. Der Geschäftsführer kann entweder behaupten, neben dem Anstellungsverhältnis habe noch ein sog. ruhendes Arbeitsverhältnis fortbestanden, dessen Wiederaufleben der Geschäftsführer jetzt festgestellt haben möchte, oder aber reklamieren, dass das Anstellungsverhältnis nicht ersatzlos beendet, sondern in ein Arbeitsverhältnis umgewandelt worden ist. Bestand ein

---

[563] Bei einer Klage auf Feststellung der Unwirksamkeit der Kündigung bestimmt sich der Streitwert auf das Interesse bis zur ersten Kündigungsmöglichkeit, bei einer Befristung auf das Interesse bis zum Ablauf der Befristung, begrenzt auf drei Jahresvergütungen.

Fall der Drittanstellung, bei dem der Anstellungsvertrag nicht mit der GmbH, sondern mit einem anderen Unternehmen abgeschlossen wurde, so kann dieser Vertrag als Arbeitsverhältnis mit der Folge zu qualifizieren sein, dass für Streitigkeiten aus diesem Rechtsverhältnis die Arbeitsgerichte zuständig sind. Die Klage des Geschäftsführers ist dann allerdings gegen den Vertragspartner seines Anstellungsvertrags, also gegen den Dritten zu richten. Außerdem kann sich nach Auffassung des Bundesarbeitsgerichts das Dienstverhältnis im Einzelfall als Arbeitsverhältnis darstellen, wodurch ebenfalls die Zuständigkeit des Arbeitsgerichts begründet wäre[564].

Achtung!

Vor den Arbeitsgerichten trägt in erster Instanz jede Partei ihre Anwaltskosten selbst. Bei den Zivilgerichten erfolgt hingegen eine Kostenerstattung in der Weise, dass derjenige, der den Prozess verliert, auch die Anwaltskosten des Gegners begleichen muss. Vorteilhaft beim Arbeitsgerichtsprozess sind allerdings die weitaus geringeren Gerichtskosten im Verhältnis zum Zivilprozess. Für ein Urteil erster Instanz werden maximal 500 € fällig. Die Gerichtskosten trägt auch im Arbeitsgerichtsprozess derjenige, der den Prozess verliert.

Vertretung der GmbH

Die GmbH wird im Prozess gegen den Geschäftsführer durch einen besonderen Vertreter, den die Gesellschafterversammlung bestellt, vertreten (§ 46 Nr. 8 GmbHG). Die Gesellschafterversammlung entscheidet über die Prozessvertretung. Sie kann die Prozessvertretung einem Gesellschafter, einem Mitgeschäftsführer oder auch einem Dritten übertragen. Dies geschieht durch einen entsprechenden Gesellschafterbeschluss. Ein Geschäftsführer, der die Gesellschaft vertritt, wird aber ggf. die Umstände der Beendigung des Anstellungsverhältnisses eher aus der Perspektive des Managers und nicht aus jener des Anteilseigners sehen, so dass eine Betrauung desselben mit der Prozessführung nicht immer empfehlenswert ist. Solange die GmbH keinen Prozessvertreter bestellt, bleibt der Geschäftsführer zuständig. Besteht ein Aufsichtsrat, so vertritt dieser die GmbH in Prozessen gegenüber dem Geschäftsführer[565]. Die Zuständigkeit der Gesellschafterversammlung bzw. des Aufsichtsrats besteht nach überwiegender Auffassung auch bei Prozessen gegen ausgeschiedene Geschäftsführer[566]. Bei Gesamtvertretung bestellt das Prozessgericht, wenn z.B. ein Geschäftsführer gegen die GmbH auf Vergütung klagt, auf Antrag des klagen-

---

[564] Siehe oben 2. Teil, A.I.
[565] BGH GmbHR 1990, 297, 298; OLG Brandenburg NZG 2000, 143, 144.
[566] BGH MDR 1999, 1397; OLG München OLGR 2003, 273.

Gerichtsstand

den Geschäftsführers gemäß § 57 I ZPO einen Prozesspfleger, der die GmbH neben dem zweiten Geschäftsführer vertritt.

Grundsätzlich ist das Gericht am Sitz bzw. Wohnort des Beklagten örtlich zuständig. Bei Ansprüchen aus unerlaubter Handlung kommt auch das Gericht am Ort der unerlaubten Handlung (Handlungs- oder Erfolgsort) gemäß § 32 ZPO in Betracht. Klagt die Gesellschaft auf Ansprüche aus der Geschäftsführerhaftung gemäß § 43 II GmbHG hat sie die Wahl, ob sie den Geschäftsführer an dessen Wohnort oder am Sitz der Gesellschaft verklagt. Der Sitz der Gesellschaft begründet den besonderen Gerichtsstand des Erfüllungsortes der Geschäftsführerpflichten[567].

---

[567]   BGH MDR 1992, 565, Leitsatz: *Für auf § 43 II GmbHG gestützte Ansprüche wegen fehlerhafter Erfüllung von Geschäftsführerpflichten ist der Gerichtsstand des Erfüllungsortes (§ 29 I ZPO) am Sitz der Gesellschaft begründet.*

Anhang

Anstellungsvertrag

Zwischen

der Max Makler GmbH, vertreten durch die Gesellschafterversammlung, bestehend aus den Gesellschaftern Max Makler und Paula Proviso

- im folgenden Gesellschaft genannt -

und

Herrn Karl Knecht

- im folgenden Geschäftsführer genannt -

wird in Ausführung des Beschlusses der Gesellschafterversammlung vom [Datum], mit dem Herr Knecht zum Geschäftsführer der Gesellschaft bestellt wurde, nachfolgender Anstellungsvertrag abgeschlossen:

Der Anstellungsvertrag hat folgenden Inhalt:

§ 1
Grundlagen

(1)   Herr Knecht ist mit Wirkung ab [Datum] Geschäftsführer der Gesellschaft.
Bei Bedarf, falls bisher ein Arbeitsverhältnis bestand:
Das bestehende Arbeitsverhältnis wird einvernehmlich per [Datum] aufgehoben und durch diesen Anstellungsvertrag vollständig ersetzt.
Oder alternativ: Das bestehende Arbeitsverhältnis bleibt als ruhendes Arbeitsverhältnis bestehen. Es wird ab Beendigung des Geschäftsführer-Dienstverhältnisses als aktives Dienstverhältnis zu den bisherigen Konditionen fortgesetzt. Ist das für das Arbeitsverhältnis vereinbarte Grundgehalt nicht ohnehin aufgrund tarifvertraglicher Regelungen zu erhöhen, wird es unter Berücksichtigung der Entwicklung der allgemeinen Lebensverhältnisse sowie der Ertrags- und Umsatzentwicklung der Gesellschaft angepasst, wobei der Erhöhungsbetrag in das billige Ermessen der Gesellschaft gestellt wird.

(2)   Der Geschäftsführer führt die Geschäfte der Gesellschaft in Übereinstimmung mit den gesetzlichen Bestimmungen, den Vorgaben des Gesellschaftsvertrags sowie den Vereinbarungen dieses Anstellungsvertrags. Der Geschäftsführer hat ferner die Weisungen der Gesellschafterversammlung zu beachten.

§ 2
Mehrere Geschäftsführer

(1)   Der Geschäftsführer ist alleinvertretungsberechtigt. Die Gesellschafterversammlung hat ihm diese Befugnis eingeräumt.

Oder bei Bedarf: Der Geschäftsführer ist gemeinsam mit einem weiteren Geschäftsführer (oder einem Prokuristen) zur Vertretung der Gesellschaft berechtigt.

(2)   Der Geschäftsführer ist auch einzeln zur Geschäftsführung in den ihm über-
tragenen Ressorts berechtigt und verpflichtet.

Oder bei Bedarf: Der Geschäftsführer trifft Geschäftsführungsmaßnahmen stets
gemeinsam mit einem weiteren Geschäftsführer oder Prokuristen, sofern
nicht eine von der Gesellschafterversammlung genehmigte Geschäftsordnung ihn für bestimmte Geschäfte einzeln zur Geschäftsführung berechtigt.

§ 3
Aufgabenbereich

Solange der Geschäftsführer der alleinige Geschäftsführer ist, nimmt er sämtliche
Aufgabenbereiche wahr. Bestellt die Gesellschafterversammlung weitere Geschäftsführer, so kann sie diesen Ressorts zuordnen. Trifft die Gesellschafterversammlung keine Aufteilung, so können die Geschäftsführer ihre Aufgabenbereiche durch eine Geschäftsordnung, die schriftlich niedergelegt werden muss, voneinander abgrenzen.

§ 4
Genehmigungspflichtige Geschäfte
- bei Bedarf -

Der Geschäftsführer [bei Bedarf: , der nicht gleichzeitig Geschäftsführer ist,] bedarf für sämtliche Geschäfte, die über den gewöhnlichen Geschäftsbetrieb der Gesellschaft hinausgehen, der Genehmigung der Gesellschafterversammlung. Insbesondere bedürfen folgende Rechtsgeschäfte der Zustimmung der Gesellschafterversammlung:

1.   Sämtliche Grundstücksgeschäfte, sowohl Verpflichtungs- als auch Erfül-
lungsgeschäfte, einschließlich der Belastung, der Veräußerung und des Erwerbs von Grundstücken,

2.   Verträge mit einem Volumen, welches einen Betrag von ?? € übersteigt,

3.   die Eingehung von Dauerschuldverhältnissen mit einer monatlichen Verpflichtung von mehr als ?? €,

4.   die Anstellung und Entlassung von Arbeitnehmern, mit Ausnahme von geringfügig oder kurzfristig beschäftigten Mitarbeitern,

5.   die Einräumung von Sonderleistungen gegenüber Arbeitnehmern oder frei-
en Mitarbeitern, durch die diesen Versorgungsleistungen, Tantiemen oder
sonstige Ansprüche eingeräumt werden,

6.   die Aufnahme von Krediten, die Eingehung von Wechselverbindlichkeiten
und Bürgschaftsverpflichtungen,

7.   die Gewährung und die Zusage von Krediten sowie die Einräumung von Sicherheiten aus dem Gesellschaftsvermögen für Dritte,

8.   die Eröffnung und die Aufgabe von Filialen bzw. Zweigniederlassungen,

9.   die Veräußerung und Verpachtung des Unternehmens bzw. des Betriebs oder
von Betriebsteilen,

10. die Erteilung und der Widerruf von Prokura und Generalhandlungsvollmacht,

11. der Abschluss, die Aufhebung und die Änderung von Verträgen mit verschwägerten oder verwandten Personen eines Gesellschafters oder eines Geschäftsführers.

§ 5
Abschluss von Geschäften mit sich selbst oder als Vertreter von Dritten

Der Geschäftsführer ist von den Beschränkungen des § 181 BGB befreit.

oder

Der Geschäftsführer bedarf bei Rechtsgeschäften, die er namens der Gesellschaft vornimmt und bei denen er gleichzeitig für sich selbst oder als Vertreter von Dritten auftritt, der Zustimmung der Gesellschafterversammlung.

§ 6
Pflichten und Verantwortlichkeit des Geschäftsführers

(1) Der Geschäftsführer hat die Geschäfte der Gesellschaft mit der Sorgfalt eines ordentlichen Geschäftsmanns zu führen. Er ist zum Ersatz des Schadens verpflichtet, der der Gesellschaft durch die schuldhafte Verletzung dieser Pflichten entsteht.

(2) Der Geschäftsführer nimmt die Rechte und Pflichten des Arbeitgebers sowohl in sozialversicherungs- und steuerrechtlicher als auch in arbeitsrechtlicher Hinsicht wahr.

(3) Der Geschäftsführer hat innerhalb von drei Monaten nach Abschluss des Geschäftsjahres den Jahresabschluss (Bilanz und Gewinn- u. Verlustrechnung) für das abgelaufene Geschäftsjahr aufzustellen und mit einem von ihm anzufertigenden Geschäftsbericht jedem Gesellschafter zu übersenden.

(4) Der Geschäftsbericht enthält Angaben über den Geschäftsverlauf, insbesondere über die Umsatzentwicklung, den Auftragsbestand, die entstandenen Kosten sowie den Personalstand.

§ 6a
Besondere Vereinbarungen zur Verantwortlichkeit des Geschäftsführers
- bei Bedarf -

Vereinbarung des Arbeitnehmerhaftungsprivilegs/Freizeichnungsklauseln

(1) Die Verantwortlichkeit des Geschäftsführers gegenüber der GmbH richtet sich nach den vom Bundesarbeitsgericht entwickelten Grundsätzen der Arbeitnehmerhaftung in ihrer jeweils aktuellen Fassung.

Oder: Der Geschäftsführer haftet gegenüber der Gesellschaft nicht für Schäden, die nur auf einfacher Fahrlässigkeit beruhen.

Folgender Satz sollte ferner ergänzt werden, damit die Gefahr, dass die Regelung insgesamt unwirksam ist, minimiert wird:

Wurde der Anspruch zum Zwecke der Gläubigerbefriedigung zum Zeitpunkt seiner Entstehung benötigt, was bei einer Krise (gemäß 32 a I 1 GmbHG), Unterbilanz oder Insolvenzreife der Gesellschaft zu vermuten ist,

bleibt es bezüglich der Verantwortlichkeit des Geschäftsführers bei der gesetzlichen Regelung. Dies gilt jedoch nicht, wenn und insoweit zum Zeitpunkt der Geltendmachung (= Zeitpunkt der letzten mündlichen Verhandlung) der Anspruch zur Befriedigung der Gläubiger nicht mehr erforderlich
ist.

Abweichende Beweislastverteilung

Die GmbH hat im Fall der Geltendmachung von Schadensersatzansprüchen
gegenüber dem Geschäftsführer alle Anspruchsvoraussetzungen einschließlich des Verschuldens darzulegen und zu beweisen.

Vereinbarung einer Ausschlussfrist

Ansprüche aus dem Geschäftsführervertrag und dem organschaftlichen Ge-
schäftsführerverhältnis - gleich aus welchem Rechtsgrund - können nur binnen einer Frist von drei Monaten ab Kündigung des Geschäftsführervertrags
geltend gemacht werden. Die Geltendmachung bedarf der Schriftform.

Entlastung des Geschäftsführers

Der Geschäftsführer hat einen Anspruch darauf, dass einmal jährlich über
seine Entlastung abgestimmt wird. Eine Verweigerung der Entlastung ist
ihm schriftlich zu begründen. Dem Geschäftsführer ist es gestattet, sowohl
auf die Fassung des Entlastungsbeschlusses zu klagen als auch eine Anfech-
tungs- bzw. Feststellungsklage mit dem Ziel zu erheben, die Nichtigkeit
bzw. Fehlerhaftigkeit des die Entlastung versagenden Beschlusses feststellen zu lassen.

Vereinbarung einer D & O-Police (Directors & Officers-Police)

Der Geschäftsführer hat Anspruch auf den Abschluss einer D & O-
Versicherung mit einer Selbstbeteiligung von max. 5.000 € pro Versicherungsfall. Besteht der Versicherungsschutz nicht, so kann der Geschäftsführer im Innenverhältnis beanspruchen, haftungsrechtlich so gestellt zu werden, als bestünde ein Versicherungsvertrag auf der Grundlage der Versicherungsbedingungen, die als Anlage diesem Vertrag beigefügt sind (oder: die
die Arbeitsgruppe des GDV erarbeitet hat).

§ 7
Arbeitszeit

(1)   Der Geschäftsführer stellt seine volle Arbeitskraft mit 40 Stunden wöchentlich zur Verfügung.

Oder bei Bedarf: Der Geschäftsführer ist lediglich nebenberuflich für die Gesellschaft mit einem Stundenkontingent von x Stunden wöchentlich für die Gesellschaft tätig. Hierbei hat er die Erfüllung der ihm obliegenden Aufgaben
zu gewährleisten und stets präsent zu sein, wenn dies im Unternehmensinteresse geboten ist.

(2)   Überstunden sind zu leisten, wenn es das Wohl der Gesellschaft erfordert.
Sie werden nicht gesondert vergütet.

Oder bei Bedarf: Überstunden werden einem Arbeitszeitkonto gutgeschrieben. Das Arbeitszeitguthaben ist primär durch Freizeitgewährung an den Geschäftsführer abzubauen, wobei der Geschäftsführer im eigenen Ermessen mit Rücksicht auf das Wohl der Gesellschaft den Freizeitausgleich vornimmt, sofern dieser drei zusammenhängende Arbeitstage nicht übersteigt. Ein Freizeitausgleich von mehr als drei Tagen bzw. eine Abgeltung der Überstunden in Geld erfolgt auf Antrag des Geschäftsführers durch Beschluss der Gesellschafterversammlung. Pro Überstunde ist ein Betrag zu zahlen, der sich ergibt, wenn die zum Zeitpunkt des Beschlusses maßgebliche Jahresgrundvergütung durch 1.840 dividiert wird.

3) Der Geschäftsführer ist in der Gestaltung der Arbeit, insbesondere der Arbeitszeit, frei. Er unterliegt insofern keinen Weisungen der Gesellschafterversammlung oder weiterer Geschäftsführer. Er hat das Wohl der Gesellschaft im Auge zu behalten.

Oder bei Bedarf (Arbeitszeiten im Einzelfall): Der Geschäftsführer hat die betriebsüblichen Arbeitszeiten einzuhalten. Er hat in der Regel von 9.00 Uhr bis 18.00 Uhr im Dienst zu sein. Sofern es die Situation erfordert, muss er auch zu anderen Zeiten sowie ggf. an Wochenenden und Feiertagen erreichbar sein.

§ 8
Vergütung

(1) Der Geschäftsführer erhält eine Jahres-Grundvergütung in Höhe von x €, die in monatlichen Teilbeträgen in Höhe von x € jeweils zum 30. des Kalendermonats nach Abzug der gesetzlich vorgeschriebenen Abgaben ausbezahlt wird.

(2) Zuzüglich zur Grundvergütung erhält der Geschäftsführer folgende Gewinntantieme:

Eine variable Tantieme in Höhe von x % des Jahresgewinnes der Gesellschaft vor Ertragssteuern, welche nach Feststellung des Jahresabschlusses durch die Gesellschafterversammlung festgesetzt und anschließend in zwölf gleichmäßigen Beträgen mit der monatlichen Vergütung ausbezahlt wird. Maximal beträgt die Tantieme 1/3 der vereinbarten Grundvergütung.

(3) Ausgangsgrundlage für die Berechnung der Gewinntantieme ist festgestellte Gewinn der Gesellschaft vor Ertragssteuern (= Bemessungsgrundlage). Ergibt der spätere Steuerbescheid der Gesellschaft einen abweichenden Gewinn, so ist dieser für die Ermittlung der Bemessungsgrundlage maßgeblich, spätere Änderungen des Steuerbescheids, z.B. im Anschluss an Außenprüfungen, lassen die Bemessungsgrundlage hingegen unverändert.

(4) Dieser Betrag (Bemessungsgrundlage) erhöht sich um:
1. den Verlust, der durch die Bildung gewinnabhängiger Rückstellungen entstanden ist (ohne die das Geschäftsjahr betreffende Gewerbesteuerrückstellung),
2. den Verlust, der auf der Inanspruchnahme steuerrechtlicher Sonderabschreibungen und sonstiger steuerrechtlicher Präferenzen, die den Gewinn unmittelbar beeinflussen, beruht,

3. den Verlust, der durch nachteilige Geschäfte entstanden ist, die der Geschäftsführer auf Weisungsbeschluss der Gesellschafterversammlung ausführen musste, wobei der Geschäftsführer der Gesellschafterversammlung vor der Ausführung des Geschäfts anzuzeigen hat, dass er das Geschäft für nachteilig hält,

4. die im betreffenden Geschäftsjahr an ihn bzw. andere Geschäftsführer ausbezahlte(n) Gewinntantieme.

Die Bemessungsgrundlage verringert sich um:
1. Zuschüsse oder Subventionen, die den Gewinn erhöht haben,
2. etwaige Verlustvorträge, die aus Geschäftsjahren stammen, in denen der Geschäftsführer länger als sechs Monate als Geschäftsführer beschäftigt war,
3. Gewinne, die durch die Auflösung der gewinnabhängigen Rückstellungen, steuerrechtlichen Sonderposten und sonstiger steuerrechtlicher Positionen entstanden sind (mit Ausnahme der etwaigen Gewinne aus der Auflösung der für die laufende Gewerbesteuer zu bildenden Steuerrückstellungen),
4. Gewinne, die durch die Auflösung stiller Reserven entstanden sind.

(4) Hat das Dienstverhältnis im betreffenden Geschäftsjahr nicht während des gesamten Geschäftsjahres, sondern nur teilweise bestanden, so verringert sich die Tantieme im entsprechenden prozentualen Verhältnis, wobei angefangene Monate mitzuzählen sind. Im Falle der Beendigung des Dienstverhältnisses wird die Gewinntantieme einen Monat nach der Feststellung des Jahresgewinns, frühestens jedoch mit dem Ausscheiden des Geschäftsführers, in voller Höhe fällig.

§ 9
Fortzahlung der Vergütung

Der Geschäftsführer hat einen Anspruch auf Fortzahlung der Vergütung für den Fall der unverschuldeten Krankheit oder der sonstigen unverschuldeten Verhinderung. In diesen Fällen werden die Bezüge (Grundvergütung) für die Dauer von 90 Kalendertagen nach Eintritt der Verhinderung fortbezahlt. Je Kalendertag der Verhinderung wird 1/30 der monatlichen Grundvergütung ausbezahlt. Ein Anspruch auf Auszahlung einer bereits verdienten Gewinntantieme bleibt bestehen. Etwaiges, dem Geschäftsführer gewährtes Krankengeld, Krankentagegeld oder Krankenhaustagegeld sowie vergleichbare Lohnersatzleistungen werden auf den Anspruch des Geschäftsführers auf Entgeltfortzahlung angerechnet. Der Geschäftsführer tritt ferner schon jetzt Schadensersatzansprüche gegen Dritte ab, die er wegen des Ereignisses, das zur Verhinderung führte, möglicherweise haben wird. Im Falle des Todes wird die Vergütung - ebenfalls für 90 Tage - an die unterhaltsberechtigten Hinterbliebenen (Ehegattin, minderjährige oder in der Ausbildung befindliche Kinder) fortbezahlt. Der Geschäftsführer kann durch einfache schriftliche Erklärung gegenüber der Gesellschaft bestimmen, welche Personen diese Leistungen erhalten sollen.

§ 10
Urlaub

Der Geschäftsführer hat im Kalenderjahr 30 Arbeitstage Urlaub, wobei von einer 5-Tage-Woche auszugehen ist. War der Geschäftsführer nicht während des gesamten Kalenderjahres tätig, so stehen ihm für jeden vollen Kalendermonat 2,5 Urlaubstage zu. Der Urlaub ist so zu nehmen, dass die Belange der Gesellschaft gewahrt bleiben. Nicht genommene Urlaubstage können in das nächste Kalenderjahr übertragen werden, wobei diese dann bis zum 30. September genommen werden müssen. Anschließend besteht nur noch ein Anspruch auf Urlaubsabgeltung, wobei pro Urlaubstag 1/20 der monatlichen Grundvergütung, die zum Zeitpunkt der Abgeltung vereinbart ist, zu entrichten ist. Der Geschäftsführer ist berechtigt, die Auszahlung selbst vorzunehmen, er hat jedoch der nächsten Gesellschafterversammlung eine Abrechnung vorzulegen. Bei der Beendigung des Dienstverhältnisses besteht ebenfalls ein Anspruch auf Urlaubsabgeltung in gleicher Höhe, falls die Gesellschaft nicht von der Möglichkeit der Freistellung vom Dienst gegen Verrechnung mit dem Urlaubsanspruch Gebrauch macht.

§ 11
Erfindungen/Rechte an Software
- bei Bedarf -

(1) Der Geschäftsführer hat Erfindungen, die er innerhalb oder außerhalb seiner Diensttätigkeit macht, unverzüglich der GmbH zu melden. Die GmbH darf sodann innerhalb von vier Monaten nach der Meldung entscheiden, ob und in welchem Umfang sie Rechte an der Erfindung für sich beansprucht bzw. auf sich überleitet. Der Geschäftsführer ist zu allen Maßnahmen verpflichtet, um der Gesellschaft die geltend gemachten Rechte zu verschaffen. Die weiteren Einzelheiten richten sich nach den Vorschriften des Arbeitnehmererfindungsgesetzes. Nutzt die Gesellschaft nach Beendigung des Dienstverhältnisses die Erfindung, ohne dass eine Überleitung auf die Gesellschaft gegen Vergütung stattfand, hat sie dem Geschäftsführer eine angemessene marktübliche Lizenzgebühr zu zahlen, deren Höhe im Zweifel in das billige Ermessen der Gesellschaft gestellt ist. Sie hat auf Verlangen des Geschäftsführers die weitere Nutzung nach Beendigung des Dienstverhältnisses zu unterlassen.

(2) Für die Rechte an Computerprogrammen gilt § 69 b Urhebergesetz in seiner jeweiligen Fassung. Damit erhält die Gesellschaft an sämtlichen Computerprogrammen, mit deren Erstellung bzw. Überarbeitung der Geschäftsführer betraut ist, sämtliche Urheberrechte. Der Name des Geschäftsführers wird bei der Vermarktung der Software nicht genannt.

§ 12
Sonderleistungen/Ausstattung
je nach den Bedürfnissen des Einzelfalls

Dienstwagen

Der Geschäftsführer hat Anspruch auf Benutzung eines der GmbH gehörigen bzw. von ihr geleasten oder gemieteten PKW der Mittelklasse (im Einzelfall festzulegen). Die Nutzung für private Zwecke sowie für Fahrten zwischen Wohnung und Arbeitsstätte ist gestattet, wobei die Kosten für Schmier- und Kraftstoffe auch hier die Gesellschaft trägt. Den geldwerten Vorteil hat der Geschäftsführer zu versteuern. Er trägt die hierauf entfallenden Abzugsteuern. Im Falle des Bestehens bzw. des Eintritts einer Unterbilanz oder einer Überschuldung ist die Gesellschafterversammlung durch Beschluss berechtigt, dem Geschäftsführer diese Sonderleistung mit sofortiger Wirkung zu entziehen. Ist der betreffende Geschäftsführer selbst Gesellschafter, hat er Stimmrecht.

Mobiltelefon

Ferner erhält der Geschäftsführer ein Mobiltelefon mit Karte, das er auch privat nutzen darf, wobei der geldwerte Vorteil von ihm zu versteuern ist.

Direktversicherung

Nach Ablauf der Probezeit schließt die GmbH auf das Leben des Geschäftsführers eine Direktversicherung ab (Kapitallebensversicherung mit Berufsunfähigkeitszusatzversicherung), für die Jahresprämien in Höhe von ____ € entrichtet werden. Eine Anrechnung auf die Vergütung des Geschäftsführers erfolgt nicht. Die Versicherungssumme wird im Erlebensfall mit Vollendung des 65. Lebensjahres, ansonsten mit dem Tod des Geschäftsführers zur Zahlung fällig. Der Geschäftsführer ist mit Wirkung gegenüber der Gesellschaft und dem Versicherer berechtigt, die Bezugsberechtigung für den Fall seines Todes zu bestimmen. Im Erlebensfall ist er selbst bezugsberechtigt. Die Unverfallbarkeit der Direktversicherung richtet sich nach den Vorschriften des Betriebsrentengesetzes.

Pensionszusage

Nach Ablauf einer Dienstzeit von x Jahren verhandeln die Parteien über die Erteilung einer Pensionszusage, die in einer gesonderten Versorgungsvereinbarung festgelegt wird.

Unfallversicherung

Der Geschäftsführer wird gegen dienstliche und private Unfälle mit einer angemessenen Versicherungssumme versichert; der Arbeitgeber wird von der Möglichkeit der Pauschalversteuerung Gebrauch machen.

D & O-Police

(siehe bereits die Regelung oben bei § 6 a)

Top-Manager-Rechtsschutz

Die Gesellschaft schließt für den Geschäftsführer eine Top-Manager-Rechtsschutzversicherung ab, die mindestens die Bausteine „Strafrechtsschutz" sowie „Vermögensschaden-Rechtsschutz" enthält.

§ 13
Geheimhaltung

Der Geschäftsführer ist zur strikten Geheimhaltung der Betriebs- und Geschäftsgeheimnisse - auch nach seinem Ausscheiden - verpflichtet. Er wird auf die strafrechtlichen Folgen bei Verletzung des Geheimhaltungsgebots hingewiesen.

§ 14
Wettbewerbsverbot

(1) Der Geschäftsführer unterliegt während der Vertragsdauer einem Wettbewerbsverbot, das ihm verbietet, Tätigkeiten zu entfalten, durch die er sich mit dem Gesellschaftszweck und den Zielen der Gesellschaft in Widerspruch setzen würde. Hierzu gehört jede sonstige selbständige aber auch unselbständige Konkurrenztätigkeit, einschließlich des unmittelbaren oder mittelbaren Erwerbs bzw. des Haltens von Beteiligungen an Konkurrenzunternehmen.

(2) Verstößt der Geschäftsführer gegen dieses Wettbewerbsverbot, so darf die Gesellschaft die Rechte aus § 61 HGB geltend machen. Ferner schuldet der Geschäftsführer eine Vertragsstrafe in Höhe eines Viertels der zum Zeitpunkt der Geltendmachung vereinbarten Jahres-Grundvergütung. Über die Geltendmachung der Rechte entscheidet die Gesellschafterversammlung, wobei der betreffende Geschäftsführer, sofern er Gesellschafter ist, kein Stimmrecht hat.

§ 15
Nachvertragliches Wettbewerbsverbot

(1) Ein nachvertragliches Wettbewerbsverbot wird gesondert vereinbart, sofern die Gesellschaft dies verlangt. Kommt keine Einigung zustande, so gelten die Vorschriften für den Handlungsgehilfen analog, falls die Gesellschaft sich auf ein Wettbewerbsverbot beruft, wobei dies gegenständlich und regional soweit wie nötig zu beschränken ist.

oder

(1) Der Geschäftsführer verpflichtet sich, in einem Zeitraum von ?? (max. 2 Jahre) nach Beendigung des Anstellungsvertrags weder in selbständiger noch in unselbständiger Beschäftigung Tätigkeiten zu entfalten, durch die er mit der Gesellschaft sachlich und räumlich in Konkurrenz treten würde. Untersagt sind auch entsprechende beratende Tätigkeiten sowie die unmittelbare oder mittelbare Übernahme von Beteiligungen an Konkurrenzunternehmen.

(2) Als Gegenleistung für die Einhaltung des Wettbewerbsverbots zahlt die Gesellschaft dem Geschäftsführer für die Dauer des Verbots eine Entschädigung in Höhe von 50 % der Grundvergütung, wobei der Durchschnitt der drei letzten Jahres-Grundvergütungen anzusetzen ist. Diese Entschädigung wird monatlich jeweils zum 15. ausbezahlt.

(3) Auf die Entschädigung werden Einkünfte angerechnet, die durch die Verwertung der Arbeitskraft in der Zeit des Wettbewerbsverbots erzielt werden.

Ebenfalls angerechnet wird etwaiges bezogenes Arbeitslosengeld sowie sonstige Lohnersatzleistungen, wie z.B. Krankengeld, Krankentagegeld oder Krankenhaustagegeld sowie Renten und weitere Versorgungsleistungen. Unterlässt es der Geschäftsführer böswillig, seine Arbeitskraft zu verwerten, so wird die Entschädigung pauschal auf die Hälfte gekürzt. Die Gesellschaft hat die Kürzung schriftlich mitzuteilen, wobei substantiiert auszuführen ist, inwieweit der Geschäftsführer die Aufnahme einer Erwerbstätigkeit böswillig unterlassen hat. Die Kürzung ist nur für die Zukunft möglich, eine Rückforderung bereits gezahlter Leistungen findet nicht statt.

(4)   Der Geschäftsführer hat unaufgefordert unverzüglich anrechenbare Einkünfte unter Beifügung von Kopien der Bescheide bzw. Abrechnungen zu melden. Der Geschäftsführer hat ferner alle nötigen Auskünfte zu erteilen. Er bevollmächtigt die Gesellschaft schon jetzt, bei Dritten Auskünfte einzuholen.

(5)   Ein Verzicht auf das nachvertragliche Wettbewerbsverbot durch die Gesellschaft ist durch einseitige Erklärung der Gesellschaft bis zur Beendigung des Anstellungsverhältnisses möglich. Die Pflicht zur Zahlung der Entschädigung endet in diesem Fall sechs Monate nach Zugang der Verzichtserklärung.

(6)   Bei einer Kündigung aus wichtigem Grund darf sich der Kündigende binnen eines Monats nach Zugang der Kündigung durch einfache schriftliche Erklärung vom Wettbewerbsverbot lossagen. Unterlässt er dies, so gilt das nachvertragliche Wettbewerbsverbot.

(7)   Für jeden Verstoß gegen das nachvertragliche Wettbewerbsverbot schuldet der Geschäftsführer eine Vertragsstrafe in Höhe eines Viertels der zuletzt bezogenen Jahresvergütung. Dauerverstöße werden für jeden angefangenen Monat der Zuwiderhandlung als ein Verstoß gerechnet. Ferner besteht für die Zeit des Verstoßes kein Anspruch auf die Karenzentschädigung. Ansprüche auf Schadensersatz bleiben unberührt, der Gesellschaft stehen die Rechte aus § 61 HGB analog zu.

§ 16
Kündigung und Beendigung

(1)   *(sofern keine Befristung vereinbart ist)* Der Anstellungsvertrag wird auf unbestimmte Dauer geschlossen. Das Recht zur ordentlichen Kündigung besteht jederzeit mit einer Frist von sechs Wochen zum Quartalsende. Gelten zwingend längere gesetzliche Mindestkündigungsfristen, so sind diese vorrangig. Die Kündigung bedarf der Schriftform. Empfangszuständig auf Seiten der Gesellschaft ist jeder Mitgeschäftsführer. Fehlt ein solcher, so ist die Kündigung an den Gesellschafter mit der höchsten Beteiligung zu richten. Bei gleich hoher Beteiligung mehrerer Gesellschafter ist die Kündigung an einen Gesellschafter nach Wahl des Geschäftsführers zu richten. Ist der Kündigende selbst Gesellschafter, muss die Kündigung beim Fehlen eines Mitgeschäftsführers nach den vorgenannten Grundsätzen an den entsprechenden Mitgesellschafter gerichtet werden. Der Alleingesellschafter-Geschäftsführer ist selbst empfangszuständig.

(2) Im Falle der Kündigung ist die Gesellschaft - unabhängig davon, welche Seite gekündigt hat -, berechtigt, den Geschäftsführer unter Anrechnung etwaiger offener Urlaubsansprüche bis zum Ablauf der Kündigungsfrist von jeglicher Verpflichtung zur Dienstleistung widerruflich freizustellen. Eine Tätigkeit darf der Geschäftsführer nur mit Zustimmung der Gesellschaft aufnehmen, wobei der anderweitige Verdienst auf die Vergütung angerechnet wird. Im Falle der Aufnahme einer anderweitigen von der GmbH genehmigten Tätigkeit, wird die Freistellung unwiderruflich. Ferner darf die Gesellschaft dem Geschäftsführer ein Hausverbot erteilen. [bei Bedarf:] Die Gesellschaft ist berechtigt, den Geschäftsführer nach Zugang der Kündigung bis zur Beendigung des Dienstverhältnisses nachgeordnete Tätigkeiten, die seiner Qualifikation und Ausbildung entsprechen, zu übertragen.

(3) [Bei Bedarf] Der Widerruf der Organstellung gilt gleichzeitig als Kündigung des Anstellungsverhältnisses binnen einer Frist von vier Wochen zum Schluss eines Kalendermonats.

§ 17
Pflichten bei Beendigung

Nach Beendigung des Anstellungsvertrags oder nach erfolgter Freistellung hat der Geschäftsführer sämtliche ihm überlassene Unterlagen und Gegenstände der Gesellschaft, so auch die Schlüssel, Aufzeichnungen und Dokumente jeder Art, einschließlich sämtlicher Kopien, unverzüglich der Gesellschaft zu übergeben und auf Verlangen der Gesellschaft die Vollständigkeit schriftlich zu bestätigen. Ein Zurückbehaltungsrecht steht dem Geschäftsführer gegenüber der Gesellschaft an diesen Gegenständen nicht zu.

§ 18
Schlussbestimmungen

Ist eine dieser Vertragsbestimmungen unwirksam oder unvollständig, so bleibt der Vertrag im Übrigen wirksam. Anstelle der unwirksamen Regelung tritt jene, die von den Parteien vereinbart worden wäre, wenn sie den Punkt bedacht hätten. Änderungen des Vertrags bedürfen der Schriftform sowie der Zustimmung durch einen Beschluss der Gesellschafterversammlung.

(Datum/Unterschriften Gesellschafter) (Datum/Unterschrift Geschäftsführer)

Versorgungszusage

Zwischen

der Max Makler GmbH, vertreten durch die Gesellschafterversammlung, bestehend aus den Gesellschaftern Max Makler und Paula Proviso

- im folgenden Gesellschaft genannt -

und

Herrn Karl Knecht

- im folgenden Geschäftsführer genannt -

wird in Ergänzung des Anstellungsvertrags vom [Datum] folgende Versorgungsvereinbarung geschlossen:

§ 1
Versorgungsleistungen

Der Geschäftsführer hat gegenüber der Gesellschaft einen Anspruch auf:

(1) Zahlung eines Ruhegehalts,

(2) Zahlung von Hinterbliebenenbezügen,

(3) Zahlung einer Rente im Fall der Berufsunfähigkeit.

§ 2
Ruhegehalt

(1) Das Ruhegehalt wird dem Geschäftsführer gezahlt, wenn er mit Vollendung des 65. Lebensjahres aus den Diensten der Gesellschaft ausscheidet. Das Ruhegehalt beträgt 75 % der letzten Grundvergütung. Angesetzt wird die Grundvergütung, die für das letzte volle Kalenderjahr vor der Vollendung des 65. Lebensjahres vereinbart wurde.

(2) Der Geschäftsführer soll durch Einbeziehung sämtlicher Versorgungsbezüge (u.a. gesetzliche Renten, Renten aus privaten Verträgen, sonstige Betriebsrenten, Renten wegen Erwerbs- oder Berufsunfähigkeit, Unfallrenten) maximal eine Gesamtversorgung in Höhe von 75 % des im letzten Kalenderjahres vereinbarten Grundgehalts erhalten. Auf das Ruhegehalt werden daher sämtliche sonstige Versorgungsleistungen des Geschäftsführers angerechnet, soweit eine Zusammenrechnung der Bezüge eine Versorgung von über 75 % ergibt. Der Geschäftsführer ist zur umfassenden Auskunft verpflichtet und ermächtigt die Gesellschaft schon jetzt diesbezüglich, bei Dritten Auskünfte einzuholen.

(3) Das Ruhegehalt erhöht sich jährlich um jeweils 2 %, erstmals nach Ablauf des ersten vollen Kalenderjahres des Bezugs.

§ 3
Berufsunfähigkeitsrente

(1) Scheidet der Geschäftsführer vor Vollendung des 65. Lebensjahres infolge von Berufsunfähigkeit nach mindestens 5-jähriger Geschäftsführertätigkeit aus den Diensten der Gesellschaft aus, so erhält er eine monatliche Berufsunfähigkeitsrente in Höhe von 50 % der zum Zeitpunkt seines Ausscheidens bezogenen Vergütung. Angesetzt wird die Grundvergütung, die für das letzte volle Kalenderjahr vor Eintritt der Berufsunfähigkeit vereinbart wurde. Die Zahlung der Rente beginnt mit dem 1. des Kalendermonats, in dem die Berufsunfähigkeit - ärztlich festgestellt - eingetreten ist. Eine rückwirkende ärztliche Feststellung ist nicht möglich. Das Vorliegen der Berufsunfähigkeit bestimmt sich nach den Bedingungen über die Berufsunfähigkeits-Zusatzversicherung (BUZ 90). Maßgeblich ist die Fassung, die im Kommentar von *Prölss/Martin*, VVG, 27. Auflage 2004, veröffentlicht ist. Eine Berufsunfähigkeit besteht jedoch dann nicht, wenn diese ganz oder teilweise auf Suchtkrankheiten beruht.

(2) Im Falle der Berufsunfähigkeit wird die vereinbarte Rente lebenslang fortbezahlt. Dies gilt auch nach Vollendung des 65. Lebensjahres. Ein Anspruch auf das Ruhegehalt nach § 2 besteht in diesen Fällen nicht. Die monatliche Berufsunfähigkeitsrente erhöht sich jährlich um 2 %, erstmals nach Ablauf des ersten vollen Kalenderjahres des Bezugs. Mit Vollendung des 65. Lebensjahres beträgt die Berufsunfähigkeitsrente mindestens 75 % der zuletzt vereinbarten Grundvergütung. Für die Anrechnung anderer Rentenleistungen gilt § 2 Abs. 2 entsprechend. Vor Vollendung des 65. Lebensjahres findet eine Anrechnung nicht statt.

§ 4
Hinterbliebenenversorgung

(1) Verstirbt der Geschäftsführer, ohne dass er bereits ein Ruhegehalt nach § 2 bezogen hat, so werden Hinterbliebenenbezüge dann erbracht, wenn der Geschäftsführer zum Zeitpunkt seines Todes mindestens fünf Jahre als Geschäftsführer beschäftigt gewesen ist.

(2) Die Höhe der Hinterbliebenenbezüge beträgt bei der Ehepartnerin (oder der nichtehelichen Lebenspartnerin [Name/Geburtsdatum]) 60 % der Berufsunfähigkeitsrente, die der Geschäftsführer im Fall der Berufsunfähigkeit bezogen hätte. Die Hinterbliebenenrente wird lebenslang bezahlt und zwar auch dann, wenn die Versorgungsberechtigte eine neue Ehe oder nichteheliche Lebensgemeinschaft eingeht.

(3) Jedem unterhaltsberechtigten Kind des Geschäftsführers werden ferner Hinterbliebenenbezüge in Höhe von 25 % der Berufsunfähigkeitsrente, die der Geschäftsführer bei Eintritt der Berufsunfähigkeit zum Todeszeitpunkt erhalten hätte, gewährt. Die Zahlung der Hinterbliebenenbezüge an die unterhaltsberechtigten Kinder endet zum Schluss des Kalendermonats, in dem der Versorgungsberechtigte das 21. Lebensjahr vollendet. Im Falle der Ausbildung, des Wehr- oder Ersatzdienstes, was der Gesellschaft durch Vorlage entsprechender Bescheinigungen nachzuweisen ist, werden die

Hinterbliebenenbezüge an die unterhaltsberechtigten Kinder maximal bis zur Vollendung des 25. Lebensjahres weiter entrichtet.

(4) Die Hinterbliebenenbezüge dürfen zusammengerechnet den Betrag nicht übersteigen, der dem Geschäftsführer als Berufsunfähigkeitsrente zugestanden hätte, wenn er zum Zeitpunkt des Todes stattdessen berufsunfähig geworden wäre. Übersteigt die Summe der Hinterbliebenenrenten diesen Betrag, so werden alle Renten anteilig gekürzt. Die Kürzung bleibt auch dann erhalten, wenn einer der Hinterbliebenen nachträglich wegfällt.

(5) Stirbt der Geschäftsführer, der bereits eine Berufsunfähigkeitsrente bezog, so gelten die Absätze 1 bis 4 entsprechend, wobei sich die Hinterbliebenenbezüge nach der zuletzt bezogenen Berufsunfähigkeitsrente bestimmen. Entscheidend ist die im letzten vollen Kalendermonat vom Geschäftsführer zu beanspruchende Rente.

(6) Stirbt der Geschäftsführer, der bereits ein Ruhegehalt bezog, so gelten die Absätze 1 bis 4 entsprechend, wobei sich die Hinterbliebenenbezüge nach dem zuletzt bezogenen Ruhegehalt bestimmen. Entscheidend ist die im letzten vollen Kalendermonat vom Geschäftsführer zu beanspruchende Rente.

(7) Alle Hinterbliebenenrenten werden kalenderjährlich erstmals nach Ablauf des ersten vollen Kalenderjahres des Bezugs dynamisiert.

§ 5
Fälligkeit/Zahlung

Für den Monat, in dem der Versorgungsfall eintritt, besteht bereits ein Anspruch auf Zahlung der vereinbarten Versorgungsleistung. Die Versorgungsleistung ist jeweils zum Monatsende des betreffenden Monats zu erbringen. Die Gesellschaft hat nach Eintritt des Versorgungsfalls eine Frist zur Prüfung der Voraussetzungen von drei Monaten. In dieser Zeit kann kein Verzug eintreten.

§ 6
Unverfallbarkeit

(1) Ein Anspruch auf Ruhegeld-, Berufsunfähigkeits- und Hinterbliebenenversorgung bleibt bestehen, wenn die Voraussetzungen des Betriebsrentengesetzes in der jeweils geltenden Fassung vorliegen.

(2) Für die Berechnung der unverfallbaren Anwartschaft bzw. der Leistungen im Versorgungsfall gelten die Vorschriften des Betriebsrentengesetzes in der jeweils geltenden Fassung analog.

§ 7
Insolvenzsicherung

Die Gesellschaft verpflichtet sich, die nach dieser Versorgungszusage bestehenden Ansprüche kongruent durch Abschluss einer entsprechenden Rückdeckungsversicherung zu sichern. Der Geschäftsführer verpflichtet sich, alle für den Abschluss des Versicherungsvertrags notwendigen Mitwirkungspflichten zu erfüllen. Die Gesellschaft wird die Ansprüche aus der Rückdeckungsversicherung an den Geschäftsführer bzw. dessen Hinterbliebenen verpfänden.

§ 8
Abfindung

Die Gesellschaft ist berechtigt, den Anspruch des Geschäftsführers auf Versorgungsleistungen mit dessen Zustimmung ganz oder teilweise durch eine Kapitalzahlung abzugelten, sofern die Bestimmungen des Betriebsrentengesetzes dem nicht entgegenstehen. Die Höhe der Abfindung bestimmt sich nach dem Barwert der künftigen Versorgungsleistungen im Zeitpunkt der Beendigung des Geschäftsführerdienstverhältnisses (§§ 3 II, 2 BetrAVG).

§ 9
Vorbehalt und Entzug der Leistungen

(1)   Die Gesellschaft hat - sofern dies nicht das Betriebsrentengesetz ausgeschlossen oder sonstige Normen ist - das Recht, den Umfang der zugesagten Leistungen zu reduzieren oder zu erklären, dass sie die Leistungen ganz einstellen wird, wenn sich ihre wirtschaftlichen Verhältnisse wesentlich und dauerhaft im Vergleich zum Zeitpunkt des Vertragsschlusses geändert haben, so dass auch unter objektiver Einbeziehung der Interessen des Geschäftsführers bzw. seiner Hinterbliebenen eine Fortzahlung der Leistungen redlicherweise nicht erwartet werden kann.

(Anmerkung: Ein solcher Vorbehalt dürfte nur dann in Betracht kommen, wenn gerade keine Rückdeckungsversicherung abgeschlossen wird.)

(2)   Der Anspruch auf die Versorgungsleistung kann ferner ganz oder teilweise widerrufen werden, wenn der Geschäftsführer oder seine Hinterbliebenen sich derart gesellschaftsschädigend verhalten, dass der Gesellschaft eine Fortzahlung der Bezüge unter Berücksichtigung von Treu und Glauben nicht zugemutet werden kann. Die Parteien vereinbaren, hierbei dass der wichtige Grund derartig schwerwiegend sein muss, dass der dem Maßstab der Rechtsprechung des BGH zum Widerruf von Versorgungszusagen standhält.

§ 10
Schlussbestimmungen

Ist eine dieser Vertragsbestimmungen unwirksam oder unvollständig, so bleibt der Vertrag im Übrigen wirksam. Anstelle der unwirksamen Regelung tritt jene, die von den Parteien vereinbart worden wäre, wenn sie den Punkt bedacht hätten. Änderungen des Vertrags bedürfen der Schriftform sowie der Zustimmung durch einen Beschluss der Gesellschafterversammlung.

(Datum/Unterschriften Gesellschafter) (Datum/Unterschrift Geschäftsführer)

Verpfändungsvereinbarung

Versicherungsunternehmen:	[Name]
Versicherungsschein vom:	[Datum]
Versicherungsscheinnummer:	[Nr. ??]

GmbH/Versicherungsnehmerin/Bezugsberechtigte: [Name]
- im folgenden Gläubigerin genannt -
Geschäftsführer/Versicherter: [Name]
- im folgenden Pfandgläubiger genannt -
Hinterbliebene: [Namen]
- im folgenden Hinterbliebene genannt -

§ 1
Pfandgegenstand

Die Gläubigerin hat am [Datum] bei der [Name] Versicherungsgesellschaft in [Ort] einen Versicherungsvertrag zur Rückdeckung der dem Pfandgläubiger erteilten Versorgungszusage abgeschlossen.

§ 2
Umfang

Sämtliche Ansprüche der Gläubigerin aus diesem Vertrag werden zur Sicherung aller Ansprüche des Pfandgläubigers und seiner Hinterbliebenen aus der ihm von der Gläubigerin am [Datum] erteilten Versorgungszusage an den Pfandgläubiger und für den Fall seines Todes an die Hinterbliebenen verpfändet. Dieses Pfandrecht berechtigt den Pfandgläubiger bzw. die Hinterbliebenen als Gesamtgläubiger bei Pfandreife zur Ausübung sämtlicher im Versicherungsschein vereinbarter Leistungen sowie zur Ausübung sämtlicher vertraglicher Rechte, einschließlich der Kündigung und der Umwandlung in eine beitragsfreie Versicherung.

§ 3
Pfandreife

Die Pfandreife liegt vor:
- a. sobald die Gläubigerin mit einer fälligen Versorgungsleistung aus der Versorgungszusage mit mehr als einem Monat im Verzug ist oder
- b. sobald über das Vermögen der Gläubigerin das Insolvenzverfahren eröffnet oder die Eröffnung desselben mangels Masse abgelehnt wurde.

(Achtung! 3 b könnte unwirksam sein, siehe 2. Teil, G IV 2 c)bb.bbb.)

§ 4
Verpfändungsanzeige

Die Gläubigerin ist verpflichtet, die Verpfändung unverzüglich nach Abschluss dieser Vereinbarung unter Beifügung einer Ausfertigung dieser Verpfändungsvereinbarung dem Versicherungsunternehmen anzuzeigen. Das Versicherungsunternehmen wird gebeten, der Gläubigerin und dem Pfandgläubiger den Eingang der Verpfändungsanzeige zu bestätigen sowie anzuerkennen, dass die Verpfändung akzeptiert wird. Folgt seitens des Versicherungsunternehmens binnen zwei Monaten nach Unterzeichnung dieser Vereinbarung keinerlei Reaktion, so ist der Pfandgläubiger seinerseits ermächtigt, dem Versicherungsunternehmen die Verpfändung anzuzeigen.

§ 5
Fälligkeit vor Pfandreife

Für den Fall, dass Ansprüche aus dem Versicherungsvertrag fällig werden, obwohl von dem Pfandgläubiger Versorgungsansprüche noch nicht oder nicht in der Höhe der fällig werdenden Ansprüche beansprucht werden können, wird vereinbart, dass die fälligen Beträge an die Gläubigerin und den Pfandgläubiger gemeinschaftlich durch Zahlung auf ein Anderkonto geleistet werden. Beträge sind nach Möglichkeit verzinslich anzulegen. An dem hinterlegten Betrag zuzüglich Zinsen wird schon jetzt dem Pfandgläubiger bzw. aufschiebend bedingt mit dem Tode des Pfandgläubigers den Hinterbliebenen ein Pfandrecht bestellt.

§ 6
Auskünfte

Der Pfandgläubiger und im Fall des Todes die Hinterbliebenen sind berechtigt, umfassend Auskünfte, die den Versicherungsvertrag betreffen, bei dem Versicherungsunternehmen einzuholen.

§ 7
Schlussbestimmungen

Die Verpfändungsvereinbarung bleibt wirksam, auch wenn einzelne Bestimmungen unwirksam sein sollten. Die Lücke soll im Wege der ergänzenden Vertragsauslegung unter Berücksichtigung des hypothetischen Parteiwillens geschlossen werden.   Änderungen dieser Vereinbarung bedürfen der Schriftform.

(Datum/Unterschriften Gläubigerin/Pfandgläubiger/Hinterbliebene)

Direktversicherungszusage

Zwischen

der Max Makler GmbH, vertreten durch die Gesellschafterversammlung,
bestehend aus den Gesellschaftern Max Makler und Paula Proviso
                                    - im folgenden Gesellschaft genannt -

und

Herrn Karl Knecht
                              - im folgenden Geschäftsführer genannt -

wird in Ergänzung des Anstellungsvertrags vom [Datum] folgende Direktversicherungszusage getroffen:

§ 1
Abschluss der Direktversicherung

Die Gesellschaft schließt zum Zwecke der Alters-, Berufsunfähigkeits- und Hinterbliebenenversorgung auf das Leben des Geschäftsführers eine Kapitallebensversicherung/Rentenversicherung mit einer Versicherungssumme von [Betrag]/ einer Prämie in Höhe von monatlich [Betrag] ab. Die Gesellschaft verpflichtet sich für die Dauer des Anstellungsvertrags zur Zahlung der Versicherungsprämien. Eine Anrechnung auf die Vergütung des Geschäftsführers erfolgt nicht.

§ 2
Leistungen

Die Versicherungssumme/Die Rente wird im Erlebensfall mit Vollendung des 65. Lebensjahres, ansonsten mit dem Tod des Geschäftsführers zur Zahlung fällig. Der Geschäftsführer ist mit Wirkung gegenüber der Gesellschaft und dem Versicherer berechtigt, die Bezugsberechtigung für den Fall seines Todes zu bestimmen. Im Erlebensfall ist er selbst bezugsberechtigt. Nach Ablauf von fünf Jahren ab Erteilung der Zusage wird das Bezugsrecht unwiderruflich. Die Gesellschaft wird dies gegenüber dem Versicherer erklären und dem Geschäftsführer nachweisen. Für den Fall der Berufsunfähigkeit verpflichtet sich die Gesellschaft, den Geschäftsführer bei der Durchsetzung seiner Ansprüche gegen den Lebensversicherer zu unterstützen, falls dieser die Erbringung der Leistung wegen aus seiner Sicht nicht bestehender Berufsunfähigkeit, wozu auch die Verweisbarkeit gehört, ablehnt. Voraussetzung für die Unterstützungspflicht der GmbH ist, dass die Arbeitsunfähigkeit des Geschäftsführers fortbesteht. In diesem Fall verpflichtet sich die Gesellschaft zur Aufbringung der Kosten, die für ein etwaiges ärztliches und ein etwaiges berufskundliches Gutachten zur Feststellung der Berufsunfähigkeit und zur gerichtlichen Durchsetzung des Anspruchs erforderlich werden. Weitere Kosten werden nicht übernommen.

§ 3
Ausscheiden

Scheidet der Geschäftsführer vor Vollendung des 65. Lebensjahres aus den Diensten der Gesellschaft aus, ohne dass eine Berufsunfähigkeit eingetreten ist, so ist die Gesellschaft auf Verlangen des Geschäftsführers verpflichtet, die Versicherung mit allen Rechten und Pflichten auf den Geschäftsführer zu übertragen, sofern der Geschäftsführer zum Zeitpunkt seines Ausscheidens eine mindestens fünfjährige Dienstzeit bei der Gesellschaft erfüllt hat. Ein Anspruch auf Fortzahlung der Versicherungsprämien gegen die Gesellschaft besteht nicht.

(Datum/Unterschriften Gesellschafter) (Datum/Unterschrift Geschäftsführer)

Stichwortverzeichnis

Druck und Bindung: Strauss GmbH, Mörlenbach